Die europäische Regulierung audiovisueller Mediendienste

Studien zum deutschen und europäischen Medienrecht

Herausgegeben von Dieter Dörr und Udo Fink
mit Unterstützung der Dr. Feldbausch Stiftung

Band 65

Zur Qualitätssicherung und Peer Review der vorliegenden Publikation	Notes on the quality assurance and peer review of this publication
Die Qualität der in dieser Reihe erscheinenden Arbeiten wird vor der Publikation durch die Herausgeber der Reihe geprüft.	Prior to publication, the quality of the work published in this series is reviewed by the editors of the series.

Sarah Hartmann

Die europäische Regulierung audiovisueller Mediendienste

Kohärenz des materiellen Anwendungsbereichs der AVMD-Richtlinie für hybride Onlineangebote vor dem Hintergrund der Medienkonvergenz

Bibliografische Information der Deutschen Nationalbibliothek
Die Deutsche Nationalbibliothek verzeichnet diese Publikation
in der Deutschen Nationalbibliografie; detaillierte bibliografische
Daten sind im Internet über http://dnb.d-nb.de abrufbar.

Zugl.: Münster (Westf.), Univ., Diss. der Rechtswissenschaftlichen
Fakultät, 2018

Gedruckt auf alterungsbeständigem, säurefreiem Papier.
Druck und Bindung: CPI books GmbH, Leck

D 6
ISSN 1438-4981
ISBN 978-3-631-78005-3 (Print)
E-ISBN 978-3-631-78237-8 (E-Book)
E-ISBN 978-3-631-78238-5 (EPUB)
E-ISBN 978-3-631-78239-2 (MOBI)
DOI 10.3726/b15311

Open Access: Dieses Werk ist lizensiert unter der Creative Commons
Lizenz Namensnennung - Nicht kommerziell - Keine Bearbeitungen 4.0
International (CC BY-NC-ND 4.0). Den vollständigen Lizenztext finden
Sie unter: https://creativecommons.org/licenses/by-nc-nd/4.0/deed.de

Diese Publikation wurde begutachtet.

© Sarah Hartmann, 2019

Peter Lang GmbH
Internationaler Verlag der Wissenschaften
Berlin

Peter Lang – Berlin · Bern · Bruxelles · New York ·
Oxford · Warszawa · Wien

www.peterlang.com

Meiner Großtante, Ursula Wolf

Danksagung

Es ist ein großes Privileg, Jahre nach den ersten kühnen Gedanken an eine Dissertation, nun kurz vor der Drucklegung der Arbeit zu stehen. Auf dem Weg dorthin haben mich viele Menschen auf ganz unterschiedliche Weise begleitet und geprägt.

Mein besonderer Dank gilt zuerst meinem Doktorvater, Herrn Prof. Dr. Bernd Holznagel, ohne dessen Unterstützung und Förderung diese Arbeit nicht möglich gewesen wäre. Sie haben mir während meiner Zeit am Institut sehr viele bedeutsame Möglichkeiten eröffnet und stets mein wissenschaftliches Selbstvertrauen gestärkt. Noch heute stehen Sie mir mit wertvollen Ratschlägen zur Seite. Vielen herzlichen Dank!

Daneben möchte ich mich bei den Herausgebern der Studien zum deutschen und europäischen Medienrecht, Herrn Prof. Dr. Dieter Dörr und Herrn Prof. Dr. Udo Fink, für die Aufnahme meiner Arbeit in die Schriftenreihe bedanken. Herrn Prof. Dr. Dörr gilt zudem mein Dank für die freundliche Übernahme der Zweitbegutachtung der Arbeit.

Die Zeit am ITM in Münster wäre nicht dasselbe gewesen ohne meine Kollegen, die mich in vielerlei Hinsicht unterstützt und beraten haben. An ganz entscheidender Stelle habt ihr mich nicht aufgeben lassen. Allen von euch, denen die Abgabe noch bevorsteht, drücke ich ganz fest die Daumen und denjenigen, die vor mir das Verfahren durchlaufen haben, bin ich sehr dankbar, dass ihr unermüdlich eure Erfahrungen mit mir geteilt und mir geholfen habt.

Meinen lieben Freunden aus Bremen und Münster, die bis zum Schluss mitgefiebert haben, jeden Fortschritt mit mir gefeiert und mir über jeden Rückschlag hinweggeholfen haben, möchte ich ebenso danken. Ohne eure Hilfe bei der Endkorrektur wäre die Arbeit vermutlich heute noch nicht fertig, vor allem aber hätte ich nur halb so viel Grund zur Freude, wenn ihr euch nicht gemeinsam mit mir freuen würdet.

Meiner Familie und insbesondere meinen Eltern gebührt mehr Dank, als ich an dieser Stelle mit wenigen Worten auszudrücken vermag. Mein ganzes Leben lang habt ihr mir die Freiheit gegeben, meinen eigenen Weg zu finden und dabei immer zu wissen, dass ich einen Ort zum Zurückkehren habe falls ich mich verlaufe. Und meinem Partner, der oftmals mehr an mich glaubt als ich selbst, kann ich schließlich nur sagen, dass ich glücklich bin, dich auf diesem Weg an meiner Seite zu haben.

Inhaltsübersicht

Inhaltsverzeichnis 11

Erster Teil. Einleitung 23
    § 1 Die Konvergenz der audiovisuellen Medien 24
    § 2 Presse und Rundfunk als Grundmodelle der
        Medienregulierung am Beispiel des deutschen Rechts   31
    § 3 Problemstellung/Untersuchungsgegenstand 43

Zweiter Teil. Abgrenzungsprobleme der AVMD-Richtlinie im
Bereich hybrider Online-Bewegtbildangebote 47
    § 1 Die Richtlinie über audiovisuelle Mediendienste als
        europäisches Regulierungskonzept 47
    § 2 Rechtsprechung und Regulierungsentscheidungen
        zu Videos auf Presseseiten als Beispiel für die
        Abgrenzungsprobleme 96
    § 3 Zwischenfazit: Defizite der AVMD-Richtlinie 147

Dritter Teil. Der europäische Reformprozess zur AVMD-
Richtlinie 153
    § 1 Reformdebatte 153
    § 2 Die Überarbeitung der AVMD-Richtlinie ab 2016 214
    § 3 Zwischenfazit: Defizite der Reform 285

Vierter Teil. Entwicklung von Regulierungsalternativen für
hybride Online-Bewegtbildangebote 301
    § 1 Untersuchungen zum Umgang mit konvergenten
        Mediendiensten aus Großbritannien, Australien
        und Neuseeland 301

§ 2 Zusammenführung mit Ansätzen aus dem
deutschen Diskurs zur Rundfunkregulierung 335

§ 3 Übertragung auf die AVMD-Richtlinie 356

§ 4 Zwischenergebnis: Vorteile des vorgeschlagenen
Modells 385

Fünfter Teil. Fazit 395

Zusammenfassung der Kernthesen 401

Literaturverzeichnis 407

Fundstellen-Verzeichnis der internationalen
Entscheidungen 426

Inhaltsverzeichnis

Danksagung 7

Inhaltsübersicht 9

Erster Teil. Einleitung 23
    § 1 Die Konvergenz der audiovisuellen Medien 24
        I. Technische Konvergenz 25
        II. Entwicklung der Dienste und Inhalte 26
        III. Integration entlang der Wertschöpfungskette 27
        IV. Verändertes Nutzerverhalten 28
    § 2 Presse und Rundfunk als Grundmodelle der
        Medienregulierung am Beispiel des deutschen Rechts ... 31
        I. Übergreifende Regulierungsziele 32
        II. Begründung der Sonderrolle des Rundfunks 34
            1. Zugangshürden 35
            2. Meinungsbildungspotential 38
        III. Auswirkungen auf das Regulierungskonzept 39
    § 3 Problemstellung/Untersuchungsgegenstand 43

**Zweiter Teil. Abgrenzungsprobleme der AVMD-Richtlinie im
Bereich hybrider Online-Bewegtbildangebote** 47
    § 1 Die Richtlinie über audiovisuelle Mediendienste als
        europäisches Regulierungskonzept 47
        I. Entstehungsgeschichte der AVMD-Richtlinie 47
            1. Fernsehrichtlinie 47
            2. Umgestaltung zur AVMD-Richtlinie 49
                a) Reformbedarf 49
                b) Erweiterung des Anwendungsbereichs 51

II. Anforderungen der Richtlinie an nichtlineare Dienste 53
  1. Abgestufter Regulierungsansatz 53
  2. Allgemeine Vorschriften 54
  3. Vorschriften für Abrufdienste 55
  4. Unterschiede zu Angeboten außerhalb des Anwendungsbereichs 56
III. Der materielle Anwendungsbereich für audiovisuelle Mediendienste auf Abruf 58
  1. Dienstleistung 59
  2. Redaktionelle Verantwortung eines Mediendiensteanbieters 61
    a) Wirksame Kontrolle 61
    b) Videoplattformen und nutzergenerierte Inhalte 63
    c) Verantwortlicher Mediendiensteanbieter 65
  3. Hauptzweck 67
    a) Gesamtangebote und Unterangebote 68
    b) Gewichtung der Angebotsteile 70
  4. Bereitstellung von Sendungen zur Information, Unterhaltung oder Bildung 71
    a) Fernsehähnlichkeit 72
      aa) Wettbewerb mit linearen Angeboten 73
      bb) Regulierungserwartung der Nutzer 74
      cc) Kurzvideos 75
      dd) Reine Werbevideos – mangelnde Meinungsbildungsrelevanz? 76
    b) Regulierungspraxis 79
    c) OFCOM-Studien zu Fernsehähnlichkeit und Regulierungserwartung 82
      aa) Erhebung zur Fernsehähnlichkeit und Regulierungserwartung 2009 82
      bb) Erhebung zur Substituierbarkeit 2012 84

cc) Erhebung zur Regulierungserwartung 2015 85
5. An die Allgemeinheit gerichtet 86
   a) Narrowcasting 88
   b) Meinungsbildungsrelevanz 89
   c) Erbringung über elektronische Kommunikationsnetze 91
IV. Probleme und Konsequenzen der Einstufung 91
§ 2 Rechtsprechung und Regulierungsentscheidungen zu Videos auf Presseseiten als Beispiel für die Abgrenzungsprobleme 96
I. Großbritannien/OFCOM und ATVOD 97
   1. „Sun Video" 98
   2. „Vice Video" 102
II. Österreich/ KommAustria 105
   1. „Cultvisual" 106
   2. „Styria Multi Media" 107
III. EuGH/„New Media Online" 109
   1. Sachverhalt 110
   2. Entscheidung der KommAustria und des BKS ... 111
   3. Vorlagebeschluss des VwGH 112
   4. Schlussanträge des Generalanwalts 114
   5. Urteil des EuGH 117
IV. Slowakei/„TV SME" 121
V. Deutschland/„Tagesschau-App" 125
   1. Urteil des LG Köln 126
   2. Urteil des BGH 128
VI. Systematisierung und Vergleich 133
   1. Eigenständigkeit des Dienstes 133
      a) Zulässigkeit der Differenzierung 133
      b) Technische Angebotsstruktur 135
      c) Verbindung von Text und Video 136
   2. Hauptzweck 140

Inhaltsverzeichnis

       3. Fernsehähnlichkeit 142
          a) Vergleichsmaßstab Katalog oder Einzelbestandteile 142
          b) Länge der Inhalte 143
          c) Inhaltliche Vergleichbarkeit 144
          d) Meinungsbildungsrelevanz 146
§ 3 Zwischenfazit: Defizite der AVMD-Richtlinie 147

Dritter Teil. Der europäische Reformprozess zur AVMD-Richtlinie 153

§ 1 Reformdebatte 153
  I. Wesentliche Beiträge zur Reformdebatte 156
     1. Grünbuch und Konsultation der Europäischen Kommission zur Medienkonvergenz 156
     2. BRD: Rundfunkkommission der Länder und Konvergenzgutachten 156
        a) Konvergenzgutachten 157
        b) Positionspapier zur Novellierung der AVMD-Richtlinie 157
     3. ERGA-Bericht zum materiellen Anwendungsbereich der AVMD-Richtlinie 158
     4. REFIT-Konsultation zur Reform der AVMD-Richtlinie 158
  II. Zentrale Probleme des aktuellen Regulierungssystems und Lösungsansätze 159
     1. Der abgestufte Regelungsansatz nach Linearität 160
        a) Wettbewerbsverzerrungen zwischen linearen und nichtlinearen Diensten 160
        b) Aufgabe der Unterscheidung oder (teilweise) Angleichung des Regelungsniveaus 164
     2. Auslegungsschwierigkeiten im materiellen Anwendungsbereich 168

a) Klarstellung oder Änderung der
   Definitionen 170
   aa) Fernsehähnlichkeit 170
   bb) Hauptzweck 172
b) Neue Anknüpfungspunkte der Regulierung   173
   aa) Berücksichtigung der
       Meinungsbildungsrelevanz 174
   bb) Konvergenzgutachten: Modulare
       Regulierung anhand des Mehrwerts
       für die öffentliche Kommunikation 175
3. Angebote ohne redaktionelle Verantwortung 179
   a) Wettbewerbsverzerrung durch nicht vom
      Anwendungsbereich erfasste Dienste 180
   b) Erweiterung des Anwendungsbereichs auf
      Videoplattformen 182
III. Zusammenfassung der Ergebnisse 185
IV. Anforderungshorizont für die Reform 193
   1. Rechtskohärenz 194
      a) Art. 11 Grundrechtecharta 194
      b) Richtlinie über den elektronischen
         Geschäftsverkehr 197
   2. Erhaltung der Regulierungsziele der AVMD-
      Richtlinie 199
   3. Lösung der Auslegungsprobleme
      im materiellen Anwendungsbereich
      unter Berücksichtigung der
      Meinungsbildungsrelevanz 202
   4. Strukturelles Vollzugsdefizit im
      Zusammenhang mit Videoplattformen 206
      a) Insbesondere kommerzielle Kommunikation   208
      b) Überregulierung linearer Angebote 210
      c) Zusammenfassung 213
§ 2 Die Überarbeitung der AVMD-Richtlinie ab 2016 214
   I. Richtlinienvorschlag der Kommission 215

1. Allgemeine Vorschriften und nationale
Regulierungsbehörden 216
2. Materieller Anwendungsbereich 218
3. Verpflichtungen der Mediendiensteanbieter 221
4. Einbeziehung von Videoplattformdiensten 224
   a) Definition und räumlicher
      Anwendungsbereich 224
   b) Pflichten der Plattformanbieter 226
II. Weiteres Gesetzgebungsverfahren 227
1. Europäisches Parlament 229
   a) Allgemeine Vorschriften und nationale
      Regulierungsbehörden 229
   b) Materieller Anwendungsbereich 230
   c) Verpflichtungen der Mediendiensteanbieter 231
   d) Einbeziehung von Videoplattformdiensten ... 233
      aa) Erweiterte Definition von
           Videoplattformen 233
      bb) Pflichten der Plattformanbieter 234
           (1) Schutz vor Hass- und
               Gewaltkommunikation sowie
               Jugendschutz 234
           (2) Übertragung weiterer
               Vorschriften auf
               Videoplattformdienste 235
2. Rat der Europäischen Union 238
   a) Allgemeine Vorschriften und nationale
      Regulierungsbehörden 238
   b) Materieller Anwendungsbereich 239
   c) Verpflichtungen der Mediendiensteanbieter 239
   d) Einbeziehung von Videoplattformdiensten ... 240
III. Analyse der Regelungsvorschläge 242
1. Materieller Anwendungsbereich 244
   a) Hauptzweck 244

　　　　　aa) Klarstellung zur Eigenständigkeit von
　　　　　　　Diensten 245
　　　　　bb) Ratsvorschlag zum Ausschluss von
　　　　　　　Videoclips in Presseangeboten 247
　　　　　cc) Hauptzweck im engeren Sinne 248
　　　　　dd) Stellungnahme 249
　　　b) Fernsehähnlichkeit 250
　　　c) Kanäle auf Videoplattformen 254
　　2. Der abgestufte Regelungsansatz 255
　　　a) Unterscheidung nach Linearität 255
　　　b) Annäherung des Regelungsniveaus 258
　　3. Einbeziehung von Videoplattformen 262
　　　a) Definition der Videoplattformdienste 264
　　　b) Schutz vor Hass- und
　　　　Gewaltkommunikation sowie Jugendschutz 266
　　　　aa) Merkmale der Aufstachelung zu Hass
　　　　　　und Gewalt 266
　　　　bb) Bedeutung als Inhaltsverbote 269
　　　　cc) Erforderliche Maßnahmen der
　　　　　　Videoplattformanbieter 271
　　　　　　(1) Organisatorische Pflichten 272
　　　　　　(2) Handlungspflichten bezüglich
　　　　　　　　gemeldeter Inhalte 273
　　　c) Verpflichtungen bezüglich kommerzieller
　　　　Kommunikation 276
　　　d) Stellungnahme 278
　IV. Kompromissfassung des Trilogs 281
　　1. Nationale Regulierungsbehörden 281
　　2. Materieller Anwendungsbereich 282
　　3. Verpflichtungen der Mediendiensteanbieter 282
　　4. Einbeziehung von Videoplattformdiensten 283
§ 3 Zwischenfazit: Defizite der Reform 285
　I. Lösung der Auslegungsprobleme im materiellen
　　Anwendungsbereich? 286

   1. Anwendung auf Presseangebote mit Videos 286
   2. Abgrenzung des Anwendungsbereichs „nach
    außen" 289
  II. Schaffung gleicher Wettbewerbsbedingungen? 291
  III. Strukturelles Vollzugsdefizit und nationale
   Regulierungsstellen 293
  IV. Vereinbarkeit der Videoplattformregulierung
   mit der e-Commerce Richtlinie 295
  V. Zusammenfassung der Ergebnisse 297

Vierter Teil. Entwicklung von Regulierungsalternativen für hybride Online-Bewegtbildangebote 301

 § 1 Untersuchungen zum Umgang mit konvergenten
  Mediendiensten aus Großbritannien, Australien
  und Neuseeland 301
  I. Hintergrund 302
   1. Die britische Leveson Inquiry als
    Ausgangspunkt 303
   2. Grundlegende Ansätze der Untersuchungen 305
    a) Finkelstein Report (AU) 307
    b) Law Commission Report (NZ) 308
    c) Convergence Review (AU) 309
    d) Convergence Report (UK) 309
  II. Zentrale Ergebnisse 310
   1. Regulierungsadressaten und
    Abgrenzungskriterien 310
    a) Convergence Review und Convergence
     Report 310
    b) Definition und Abgrenzung von
     Nachrichtenmedien 312
   2. Abstufung der Regulierungsintensität und
    inhaltliche Standards 314
    a) Convergence Report 314
    b) Insbesondere Nachrichtenmedien 316

c) Modularer Ansatz des Convergence Review 318
III. Systematisierung und Vergleich 322
 1. Abstraktion der Anknüpfungspunkte der
    Untersuchungen 324
 2. Vergleich mit dem materiellen
    Anwendungsbereich der AVMD-Richtlinie 327
    a) Dienstleistung 327
    b) Redaktionelle Verantwortung eines
       Mediendiensteanbieters 328
    c) Hauptzweck 330
    d) Bereitstellung von Sendungen an die
       Allgemeinheit 331

§ 2 Zusammenführung mit Ansätzen aus dem
    deutschen Diskurs zur Rundfunkregulierung 335
 I. Vorüberlegung 335
 II. Meinungsbildungsrelevanz als zentrales Element
     des materiellen Anwendungsbereichs 337
 III. Gefährdungsregulierung als Alternative zur
      Begriffsregulierung 341
    1. Linearität als ungeeignetes Merkmal zur
       Abstufung der Regulierungsintensität 341
    2. Abstufung nach Gefährdungspotential 344
 IV. Reichweite als Konkretisierung von
     Meinungsbildungsrelevanz 348
 V. Zwischenergebnis 352

§ 3 Übertragung auf die AVMD-Richtlinie 356
 I. Konzept 356
   1. Ziele 356
   2. Abgrenzung und Abstufung anhand von
      Schwellenwerten 358
 II. Ausgestaltung der Kriterien des materiellen
     Anwendungsbereichs 359
   1. Zu erhaltende Kriterien 359
      a) Audiovisuelle Inhalte 359

b) Redaktionelle Verantwortung eines
Mediendiensteanbieters 360
c) An die Allgemeinheit gerichtet über
elektronische Kommunikationsnetze 362
2. Zu modifizierende Kriterien 363
a) Konkretisierung der Dienstleistung 363
b) Neuausrichtung des Kriteriums
der Fernsehähnlichkeit am Nutzer-
Schwellenwert 366
c) Verständnis des Hauptzwecks 368
aa) Von der Hauptzweckprüfung
ausgeschlossene Angebote 368
bb) Eigenständigkeit des audiovisuellen
Angebots 369
cc) Die Hauptzweckprüfung im engeren
Sinne 371
d) Die Festlegung der Schwellenwerte 372
III. Abgestuftes System der Gefährdungsregulierung 375
1. Ersatz des Kriteriums der Linearität durch
Abstufungs-Schwellenwert 376
2. Differenzierung des Regelungsniveaus und
Ausschluss von Intermediären 378
a) (Rück-)Verlagerung von Inhaltsverboten
und Drittschutz ins allgemeine Recht 378
b) Ausschluss von Intermediären 380
IV. Zusammenfassung der Prüfungsmerkmale 382

§ 4 Zwischenergebnis: Vorteile des vorgeschlagenen
Modells 385
I. Lösung der Auslegungsprobleme: Anwendung
auf Presseangebote mit Videos 385
II. Keine Überregulierung linearer Angebote
und Milderung des strukturellen
Vollzugsdefizits: Anwendung auf PietSmietTV 389
III. Rechtskohärenz und Erhaltung der
Regulierungsziele 390

Fünfter Teil. Fazit 395

    Zusammenfassung der Kernthesen 401

Literaturverzeichnis 407

    Fundstellen-Verzeichnis der internationalen
    Entscheidungen 426

Erster Teil. Einleitung

Es wirkt geradezu banal, diese Betrachtung mit der Feststellung zu eröffnen, dass das Internet und seine Entwicklung tiefgreifende Veränderungen in der Struktur von Medienangeboten hervorgerufen haben. Das Schlagwort der „Medienkonvergenz", das am Ausgangspunkt der folgenden Ausführungen steht, muss dennoch einleitend betrachtet werden.

Im Musiktheaterklassiker Anatevka[1] gibt es eine prägnante Streitszene zwischen zwei Dorfbewohnern. Aus juristischer Sicht werden hier von Dorfbewohner X (Käufer) Gewährleistungsansprüche aus einem Kaufvertrag gegen Dorfbewohner Y (Verkäufer) geltend gemacht. Der Y hat mit dem X einen Kaufvertrag über ein Pferd geschlossen, nach Auffassung des Käufers jedoch einen Esel geliefert. Im Nachhinein können sich die beiden nicht darauf einigen, ob es sich bei dem gelieferten Tier nun um ein Pferd oder um einen Esel handelte. Der Generalanwalt am Europäischen Gerichtshof *Szpunar* würde dem unter Verweis auf eine polnische Enzyklopädie aus dem 18. Jahrhundert entgegenhalten, jeder wisse schließlich wie ein Pferd aussieht.[2] Mit dieser Feststellung beginnen seine Schlussanträge im bis 2018 einzigen[3] Verfahren[4] vor dem *Europäischen Gerichtshof (EuGH)* zur Einstufung von Videoangeboten im Internet am Maßstab des materiellen Anwendungsbereichs der Richtlinie über audiovisuelle Mediendienste (AVMD-Richtlinie)[5]. Während (ebenso wie ein Pferd) jeder in der Lage sei, „intuitiv [einen audiovisuellen Mediendienst] zu erkennen" bereite die präzise Umschreibung dieser Dienste in rechtlicher Hinsicht jedoch erhebliche Schwierigkeiten.[6] Im Fall der zwei Dorfbewohner kann man – angesichts der Unmöglichkeit der nachträglichen Sachverhaltsaufklärung – lediglich

---

1 *Bock/Harrick/Stein*, Anatevka (orig: Fiddler on the Roof), Uraufführung 1964, basierend auf *Alejchem*, Tewje der Milchmann, 1894.
2 *Szpunar*, Schlussanträge v. 1.7.2015, Rs. C-347714, Rn. 1.
3 *Cabrera Blázquez/Capello/Fontaine/Valais*, Abrufdienste und der sachliche Anwendungsbereich der AVMD-Richtlinie, IRIS plus 1/2016, 54.
4 *EuGH*, Urt. v. 21.10.2015, Rs. C-347/14.
5 Richtlinie 2010/13/EU des Europäischen Parlaments und des Rates v. 10.2.2010 zur Koordinierung bestimmter Rechts- und Verwaltungsvorschriften der Mitgliedstaaten über die Bereitstellung audiovisueller Mediendienste (Richtlinie über audiovisuelle Mediendienste), ABl. L 95 v. 15.4.2010, S. 1.
6 *Szpunar*, Schlussanträge v. 1.7.2015, Rs. C-347714, Rn. 1.

vermuten, dass es sich bei dem gelieferten Tier wohl um einen Maulesel[7] oder ein Maultier[8] gehandelt haben muss, also um einen Hybrid aus Pferd und Esel. Wenn zur Beschreibung und Behandlung des Tieres jedoch nur die zwei Kategorien „Pferd" und „Esel" zur Verfügung stehen, in welche Kategorie sind der Maulesel und das Maultier dann einzuordnen[9] und welcher der Dorfbewohner hat nun Recht?[10]

§ 1 Die Konvergenz der audiovisuellen Medien

Vor einem ähnlichen Dilemma wie die Dorfbewohner aus Anatevka steht auch die europäische Medienregulierung. Die Kategorien, in die Medien umgangssprachlich und rechtlich eingeordnet werden, stammen aus einer Zeit, in der diese Unterscheidung zweifelsfrei anhand ihrer Darbietungsform gelang.[11] Physikalische Trägermedien konnten entweder gedruckten Text, Tonaufnahmen und/oder Bewegtbilder[12] enthalten. Nicht-physikalische Medien übertrugen nach dem one-to-many-Prinzip zeitgleich Ton und/oder Bewegtbilder an entsprechende Endgeräte. Mischformen dieser Mediengattungen waren rein technisch nicht möglich. Diesen Limitationen sind Medieninhalte im Bereich des Internets jedoch mittlerweile vollständig entwachsen.[13] Elektronische Ausgaben von Zeitungen und Zeitschriften können auf mobilen Endgeräten gelesen

---

7   Als Maulesel werden die Nachkommen einer Eselstute und eines Pferdehengstes bezeichnet.
8   Als Maultiere werden die Nachkommen einer Pferdestute und eines Eselhengstes bezeichnet.
9   Biologisch betrachtet handelt es sich bei Mauseln und Maultieren um echte Hybride, die keiner der beiden Spezies zuzuordnen sind, sondern lediglich Teil der selben übergeordneten Gattung sind wie Pferde und Esel.
10 Da es sich wohl zumindest nicht um ein Pferd handelte, hätte der Käufer Gewährleistungsansprüche aus dem Kaufvertrag. Der X und der Y streiten sich über diese Frage allerdings Jahre später, so dass unklar ist, ob die Ansprüche noch durchsetzbar wären. Zur Beurteilung wären nun aber vertiefte Kenntnisse der Rechtslage bezüglich kaufvertraglicher Gewährleistungsansprüche und Verjährungsfristen im Ansiedlungsrayon des frühen 20. Jahrhunderts erforderlich; siehe auch *Kogler*, Convergence 2016 (Vol. 22), 468, der auf ein ähnliches Bild einer Kreuzung zwischen Zebra und Pferd verweist.
11 *Möllers*, AfP 2008, 241.
12 Sofern im Folgenden von „Videos", „Videoinhalten", „Clips" oder audiovisuellem Material gesprochen wird, sind damit Inhalte im Sinne der Definition in Art. 1 Abs. 1 lit. b AVMD-Richtlinie gemeint, also Abfolgen bewegter Bilder.
13 *Lobigs/Neuberger*, Meinungsmacht im Internet, 2018, 37.

werden, linearer (Fernseh-)Rundfunk[14] kann wahlweise neben dem Fernseher auch auf dem PC genutzt werden und Fernsehgeräte ermöglichen über Internetbrowser und Applikationen Zugriff auf weitere audiovisuelle Inhalte neben dem linearen Rundfunk. Die Unabhängigkeit der Inhalte vom Endgerät ermöglicht nicht nur die parallele Nutzung verschiedener Medien, sondern erlaubt auch die für das Internet typischen multimedialen Mischformen, die Wort, Bewegtbilder und Ton nahtlos miteinander verbinden.[15] Multimedialität stellt eine prägende Kerncharakteristik des hybriden Mediums Internet dar.[16] Es liegt auf der Hand, dass die Übertragung und Anwendung der für analoge Medien konzipierten Unterscheidungskriterien auf digitale Onlinemedien Schwierigkeiten aufwirft.[17]

I. Technische Konvergenz

Dieser Prozess ist Teil des als Medienkonvergenz bezeichneten Phänomens. Konvergenz kann allgemein als Entkoppelung der Inhalte vom Endgerät beschrieben werden.[18] Spezifischer auf audiovisuelle Inhalte zugespitzt, definierte die *Europäische Kommission* Konvergenz im Grünbuch „über die Vorbereitung auf die vollständige Konvergenz der audiovisuellen Welt"[19] als „fortschreitendes Zusammenwachsen herkömmlicher Rundfunkdienste mit dem Internet".[20] Das *Europäische Parlament* verwendete eine ähnliche Formulierung des „Zusammenwachsen[s] von audiovisuellen Mediendiensten, die bisher weitgehend getrennt voneinander verbreitet wurden".[21] Zunächst ist Medienkonvergenz technisch[22] folglich von der Austauschbarkeit der Übertragungswege und der Endgeräte gekennzeichnet.[23]

---

14 Soweit im Folgenden von Rundfunk die Rede ist, ist damit Fernsehrundfunk gemeint.
15 *Szpunar*, Schlussanträge v. 1.7.2015, Rs. C-347/14, Rn. 24.
16 Vgl. *Lobigs/Neuberger*, Meinungsmacht im Internet, 2018, 38.
17 *Szpunar*, Schlussanträge v. 1.7.2015, Rs. C-347/14, Rn. 2.
18 *UK House of Lords – Select Committee on Communications*, Media Convergence, 2nd Report of Session 2012–13, HL Paper 154, 27.03.2013, Rn. 1; vgl. auch *Blaue*, ZUM 2005, 30 (31).
19 *Europäische Kommission*, Grünbuch über die Vorbereitung auf die vollständige Konvergenz der audiovisuellen Welt: Wachstum, Schöpfung und Werte, COM(2013) 231 final, 24.4.2013.
20 Ebd., 3.
21 *Europäisches Parlament*, Entschließung zur Vorbereitung auf die vollständige Konvergenz der audiovisuellen Welt (2013/2180(INI)), P7_TA(2014)0232, 12.03.2014, Erwägungsgrund A.
22 *Kluth/Schulz*, Konvergenz und regulatorische Folgen, 2014, 19.
23 *Schmidtmann*, Die verfassungsrechtliche Einordnung konvergenter Massenmedien, 2013, 141.

II. Entwicklung der Dienste und Inhalte

Die durch moderne Breitbandnetze entstandenen Möglichkeiten der Verbreitung audiovisueller Inhalte und deren Unabhängigkeit von spezifischen Endgeräten haben neue Arten von Videoangeboten entstehen und gedeihen lassen.[24] Nicht lediglich die Akteure der analogen Medienwelt haben ihre Inhalte zusätzlich ins Internet verlagert, sie konkurrieren dort mit Diensten und Anbietern, die sich unabhängig vom klassischen Rundfunk entwickelt haben[25] und sich in Form und Inhalt von diesem unterscheiden. Neben die Mediatheken beziehungsweise Catch-Up Dienste der Rundfunkanbieter[26] sind so On-Demand Online-Videotheken zum kostenpflichtigen Einzelabruf von Serien und Filmen und Abonnement-Video-on-Demand Dienste wie Netflix oder Amazon Prime Video getreten.[27] Zudem existieren auch Mischformen aus zeitversetzten Abrufinhalten und Inhalten zur zeitgleichen Wiedergabe.[28] Weiterhin sind Videoplattformen wie YouTube entstanden, die nutzergenerierte Videos bereithalten.[29] Erschwingliche Filmtechnik und Schnittsoftware ermöglichen einzelnen Nutzern die niedrigschwellige Produktion eigener Videoinhalte und machen sie so zu Kommunikatoren auf Plattformen wie YouTube.[30] Die Ausrichtung insbesondere von Inhalten auf Videoplattformen unterliegt dabei anderen Mustern als klassische Fernsehsendungen und die Inhalte der Online-Videotheken. Primär werden Kurzformate produziert und hochgeladen, die sich für den mobilen Abruf durch die Nutzer eignen.[31] Zudem besteht eine im Vergleich zum Fernsehprogramm schier unendliche Auswahl: im Jahr 2013 wurde die Dauer des

---

24 *Dörr/Holznagel/Picot*, Legitimation und Auftrag des öffentlich-rechtlichen Fernsehens in Zeiten der Cloud, 2016, 15; *Szpunar*, Schlussanträge v. 1.7.2015, Rs. C-347714, Rn. 23.
25 *Szpunar*, Schlussanträge v. 1.7.2015, Rs. C-347714, Rn. 23.
26 Siehe etwa die ARD-Mediathek unter http://www.ardmediathek.de/tv.
27 *Dörr/Holznagel/Picot*, Legitimation und Auftrag des öffentlich-rechtlichen Fernsehens in Zeiten der Cloud, 2016, 15 f.; *ERGA*, Report on material jurisdiction in a converged environment, ERGA 2015 (12), 18.12.2015, 14.
28 *ERGA*, Report on material jurisdiction in a converged environment, ERGA 2015 (12), 18.12.2015, 5.
29 Ebd., 14.
30 Ebd., 15.
31 *Cabrera Blázquez/Capello/Fontaine/Valais*, Abrufdienste und der sachliche Anwendungsbereich der AVMD-Richtlinie, IRIS plus 1/2016, 13.

bei YouTube weltweit pro Minute hochgeladenen Videomaterials auf 100 Stunden geschätzt, diese Anzahl hat sich bis 2014 bereits auf mehr als 300 Stunden erhöht[32] und ist bis 2015 auf 400 Stunden gestiegen[33]. Anschaulicher wird diese Menge, wenn man berücksichtigt, wie viel Zeit ein Mensch aufwenden müsste, um alle an einem durchschnittlichen Tag bei YouTube hochgeladenen Videos zu schauen. 2013 hätte dieser Mensch bereits über 16 Jahre gebraucht, um einen Tag kompletten YouTube-Upload zu bewältigen. Auf dem Stand von 2015 sind es beinahe 66 Jahre.

III. Integration entlang der Wertschöpfungskette

Neben der technischen Konvergenzentwicklung durch die Entgrenzung der Übertragungswege[34] und Endgeräte kann Konvergenz der Medien im engeren Sinne auch als „crossmediale Verflechtung"[35] und „Verzahnung entlang der Wertschöpfungskette"[36] beobachtet werden, in der Branchen, Wertschöpfung und Anwendungen zusammenwachsen.[37] Die traditionelle Wertschöpfungskette des Fernsehens besteht aus den Inhalteproduzenten, dem Rundfunkveranstalter, der die Inhalte zu einem Programm zusammenstellt und ausstrahlt, dem Infrastrukturbetreiber, der den Zugriff der Zuschauer auf die Inhalte ermöglicht sowie dem Hersteller des Empfangsendgerätes.[38] Im Zuge der Konvergenz haben sich diese Rollen jedoch teilweise verschoben oder sind verschmolzen.[39] Viele Telekommunikationsanbieter vermarkten mittlerweile Internetzugangsdienste

---

32 *Robertson*, 300+ Hours of Video Uploaded to YouTube every Minute, tubularinsights v. 21.11.2014, abrufbar unter: http://tubularinsights.com/YouTube-300-hours/ [Stand November 2018].
33 *Europäische Kommission*, AVMS Ex-post REFIT evaluation, SWD(2016) 170 final, 25.05.2016, Fn. 49 unter Verweis auf *Brouwer*, YouTube Now Gets Over 400 Hours of Content Uploaded Every Minute, tubefilter v. 26.07.2015, abrufbar unter: http://www.tubefilter.com/2015/07/26/YouTube-400-hours-content-every-minute/ [Stand November 2018].
34 *Kluth/Schulz*, Konvergenz und regulatorische Folgen, 2014, 19.
35 Ebd.
36 *Europäisches Parlament*, Entschließung zur Vorbereitung auf die vollständige Konvergenz der audiovisuellen Welt (2013/2180(INI)), P7_TA(2014)0232, 12.03.2014, Erwägungsgrund A.
37 Ebd. Erwägungsgrund C.
38 *ERGA*, Report on material jurisdiction in a converged environment, ERGA 2015 (12), 18.12.2015, 23.
39 *Gournalakis*, NJW-Beilage 23/2002, 20.

gebündelt mit Pay-TV Angeboten oder Video-on-Demand-Diensten.⁴⁰ Abonnement-Video-on-Demand Anbieter wie beispielsweise Amazon stellen nicht nur das Programm für ihren Dienst zusammen, sondern bieten darüber hinaus eigene Hard- und Software an, die den Zugriff auf den Dienst vom Fernseher des Nutzers aus erlaubt (Amazon Fire TV).⁴¹ Zusätzlich produzieren sie für den Dienst auch eigene, exklusive Inhalte,⁴² die als Alleinstellungsmerkmal gegenüber der Konkurrenz wirken.⁴³

IV. Verändertes Nutzerverhalten

Ein dritter Aspekt der Konvergenz ist das veränderte Verhalten der Mediennutzer.⁴⁴ Ihre Auswahlentscheidungen und Vorlieben bilden schließlich erst die Grundlage für den Erfolg und die Weiterentwicklung der verschiedenen audiovisuellen Angebote.⁴⁵ Die *Europäische Kommission* stellte hierzu im Grünbuch Konvergenz fest:

> „Die Grenzen zwischen den bekannten Konsummustern des 20. Jahrhunderts, die vom linearen, für den Empfang auf Fernsehgeräten ausgestrahlten Rundfunk geprägt sind, und Diensten, die auf Abruf am Computer bereitgestellt werden, verschwimmen rasch. Darüber hinaus trägt möglicherweise jedes Smartphone, das die Konvergenz sowohl durch seine Möglichkeiten der Erstellung als auch Nutzung von Inhalten unterstützt, zu einer künftigen Verlagerung von passivem Konsum hin zu aktivem Mitmachen bei."⁴⁶

Die Konkurrenz der verfügbaren Dienste um die „Zeit, die Aufmerksamkeit und das Entertainment-Budget der Zuschauer" wird ebenfalls als Teil der Medienkonvergenz verstanden.⁴⁷ Momentan kann das klassische Fernsehen

---

40 *ERGA*, Report on material jurisdiction in a converged environment, ERGA 2015 (12), 18.12.2015, 22.
41 Ebd.
42 Ebd., 14.
43 *Cabrera Blázquez/Capello/Fontaine/Valais*, Abrufdienste und der sachliche Anwendungsbereich der AVMD-Richtlinie, IRIS plus 1/2016, 12 f.
44 *Blaue*, ZUM 2005, 30 (31); *Kluth/Schulz*, Konvergenz und regulatorische Folgen, 2014, 19; *Kunisch*, Rundfunk im Internet und der Grundsatz der Staatsfreiheit des Rundfunks, 2011, 24 f.
45 *Gournalakis*, NJW-Beilage 23/2002, 20; *Schmidtmann*, Die verfassungsrechtliche Einordnung konvergenter Massenmedien, 2013, 148.
46 *Europäische Kommission*, Grünbuch über die Vorbereitung auf die vollständige Konvergenz der audiovisuellen Welt: Wachstum, Schöpfung und Werte, COM(2013) 231 final, 24.4.2013, 3.
47 *Cabrera Blázquez/Capello/Fontaine/Valais*, Abrufdienste und der sachliche Anwendungsbereich der AVMD-Richtlinie, IRIS plus 1/2016, 9.

diesen Wettbewerb insgesamt noch für sich entscheiden und seine Stellung als Hauptmedium gegenüber Internetdiensten verteidigen, allerdings nicht uneingeschränkt in Bezug auf jüngere Nutzer.[48] Für Deutschland wird im Rahmen des „MedienVielfaltsMonitor" der Medienanstalten die Bedeutung von Fernsehen, Internet, Hörfunk, Tageszeitungen und Zeitschriften für die Meinungsbildung der Nutzer durch eine Langzeitstudie der TNS Infratest erhoben.[49] Aus der Kombination der Daten zur Häufigkeit der Nutzung des jeweiligen Mediums zum Zweck der Information und der Daten zur Wichtigkeit des Mediums für die Meinungsbildung des Nutzers wird das sogenannte „Meinungsbildungsgewicht" des Mediums errechnet.[50] Auch hier schneidet das Fernsehen mit 35,7% besser ab als das Internet mit 22,3%.[51] Gegenüber den Werten aus dem Jahr 2011 stellt dies für das Fernsehen jedoch einen Verlust von 4,6% dar, während das Internet als einziges der untersuchten Medien sein Meinungsbildungsgewicht seit 2011 erhöhen konnte.[52] In der Untergruppe der Nutzer zwischen 14 und 29 Jahren kommt dem Internet mit 46% sogar das stärkste Meinungsbildungsgewicht zu.[53] Natürlich beziehen sich diese Daten nicht speziell auf Videoangebote im Internet, sondern auf das Informationsangebot des Mediums insgesamt. Dabei ist zu berücksichtigen, dass im Internet verschiedene Darbietungsformen multimedial zusammengeführt werden[54] und darüber hinaus auch inhaltlich eine Vermischung von Information, Unterhaltung, Alltagskommunikation und Werbung stattfindet[55]. In beiden Dimensionen ist das Internet, anders als traditionelle Medienformen, hybrid.[56]

Gemessen an den Anteilen von Videoinhalten am Gesamt-Verkehrsvolumen des Internets greifen Nutzer in hohem Maße auf Videoangebote zu. Innerhalb der Europäischen Union entfielen im Jahr 2014 bereits 64% des gesamten von europäischen Internetnutzern verursachten Datenverkehrsvolumens auf Videos,

---

48 *Dörr/Holznagel/Picot*, Legitimation und Auftrag des öffentlich-rechtlichen Fernsehens in Zeiten der Cloud, 2016, 31 f.; *ERGA*, Report on material jurisdiction in a converged environment, ERGA 2015 (12), 18.12.2015, 5.
49 *Arbeitsgemeinschaft der Landesmedienanstalten (ALM)*, MedienVielfaltsMonitor I/2016, 1.09.2016, 2.
50 Ebd., 5.
51 Ebd.
52 Für das Internet ist seit 2011 ein Zugewinn um 5,8% zu verzeichnen, Ebd., 6.
53 Im Vergleich zu nur 24,8% für das Fernsehen, Ebd., 7.
54 *Lobigs/Neuberger*, Meinungsmacht im Internet, 2018, 38.
55 Ebd., 55.
56 Vgl. Ebd.

bis 2019 wird gar eine Steigerung auf 80% erwartet.[57] Auch in wirtschaftlicher Hinsicht können Video-on-Demand Angebote Erfolge verbuchen. Die Einnahmen des Sektors sind zwischen 2010 und 2015 von 919 Millionen Euro um 272% auf 2,5 Milliarden Euro gewachsen.[58] Ein besonders starker Anstieg der Einnahmen ist seit dem Marktzutritt der Anbieter Netflix und Amazon Prime Video ab 2013 zu beobachten.[59] Bis 2020 wird erwartet, dass 20% aller europäischen Haushalte über ein Video-on-Demand Abonnement verfügen werden, die Werbeeinnahmen aus Online-Videoangeboten insgesamt sollten bis 2018 um 75% wachsen.[60]

Die Konvergenzentwicklung der Medien bildet lediglich den Hintergrund, nicht den Untersuchungsgegenstand dieser Arbeit. Die genannten Eckdaten und die angesprochenen Phänomene sind keinesfalls abschließend zu verstehen und dienen lediglich zur exemplarischen Verdeutlichung der grundlegenden Entwicklung der Medienangebote und der momentanen Ausgangssituation des Marktes. Hinterfragt werden soll vorliegend nicht die Ausdifferenzierung neuer Angebotsformen, sondern vielmehr deren rechtliche Behandlung.

Dabei steht am Anfang und im Mittelpunkt notwendigerweise die Frage, in welchem Maße und auf welchem Weg staatlicher Einfluss auf welche Medientätigkeit ausgeübt werden kann und darf. Charakteristisch für den rechtlichen Umgang mit neuen Sachverhalten in jedem Bereich ist der Versuch, diese zunächst unter bereits bestehende Regelungen und Konzepte zu fassen (ähnlich wie im eingangs beschriebenen Streit um Pferde und Esel). Nur in Fällen, in denen diese Regeln zu unbilligen Ergebnissen führen, wird der meist langwierige Prozess der gesetzgeberischen Neuordnung begonnen. Davon bildet auch das Medienrecht keine Ausnahme. Hier sind – um die Schlussrichtigkeit der aktuellen Regelungen möglichst lange zu erhalten – vom Normgeber beinahe hellseherische Fähigkeiten hinsichtlich der zukünftigen Entwicklung gefordert,[61] denn die Innovationszyklen der Angebote sind deutlich kürzer als die Reaktionszeit des demokratischen Gesetzgebers.[62] Die Verschmelzung und

---

57 *Europäische Kommission,* AVMS Ex-post REFIT evaluation, SWD(2016) 170 final, 25.05.2016, 15.
58 *Croce/Grece,* Trends in video-on-demand revenues, November 2015, 3.
59 Ebd., 4.
60 *Europäische Kommission,* AVMS Ex-post REFIT evaluation, SWD(2016) 170 final, 25.05.2016, 15.
61 *Holznagel,* in: Eifert/Hoffmann-Riem (Hrsg.), Innovation, Recht und öffentliche Kommunikation, 2011, 97 (98).
62 *Szpunar,* Schlussanträge v. 1.7.2015, Rs. C-347714, Rn. 2.

Annäherung verschiedener Angebotsformen erschwert hier allerdings zunehmend die Zuordnung unter bestehende Ordnungsrahmen. Aus Pferden und Eseln werden Maultiere und Maulesel. Eine Reform der maßgeblichen Vorgaben auf europäischer Ebene ist bereits in vollem Gange. Die grundlegende Frage, welche Dienste, Inhalte und Angebote von welchen Regelungen erfasst sein sollen, spielt eine bedeutende Rolle in diesem Prozess. Die Faktoren für die Abgrenzung der verschiedenen Kategorien von Mediendiensten voneinander ist auch der Schwerpunkt dieser Arbeit.

§ 2 Presse und Rundfunk als Grundmodelle der Medienregulierung am Beispiel des deutschen Rechts

Die einleitend beschriebenen Ansätze zur Umschreibung der Konvergenzentwicklung deuten darauf hin, dass sich Abgrenzungsschwierigkeiten für die Unterscheidung zwischen Rundfunkdiensten und anderen audiovisuellen Medien ergeben. In rechtlicher Hinsicht verläuft jedoch die Grenze zwischen streng und spezifisch regulierten Rundfunkdiensten sowie rundfunkähnlichen Diensten und nicht spezifisch regulierten, anderen audiovisuellen Inhalten. Die rechtlichen Rahmenbedingungen für verschiedene Medienformen basieren immer noch auf den für analoge Medien geschaffenen Darbietungsgrundformen „Presse" und „Rundfunk".[63] Für diese gelten jedoch vollkommen unterschiedliche Regulierungssysteme. Die Einordnung eines Medienangebots in eine an diesen Systemen ausgerichtete Dienstekategorie ist daher entscheidend für dessen rechtliche Behandlung.[64]

Im Folgenden sollen als Grundlage der Untersuchung die divergierenden Leitprinzipien der Regulierung von Rundfunk und Presse kurz dargestellt werden. Sowohl hinsichtlich der historischen Entwicklung als auch bezüglich inhaltlicher Regelungen für die Presse[65] bietet das europäische Recht keinen geeigneten, einheitlichen Referenzrahmen, weshalb in diesem Unterabschnitt im Wesentlichen auf die deutsche Tradition der Medienregulierung zurückgegriffen wird.

---

63 *Rossen-Stadtfeld*, Audiovisuelle Bewegtbildangebote von Presseunternehmen im Internet: Presse oder Rundfunk?, 2009, 18 f.
64 Ebd., 14.
65 *Engels*, ZUM 2000, 975 (983).

I. Übergreifende Regulierungsziele

Ausgangspunkt für die Regulierung von Medien in einem Rechtsstaat muss zunächst die Freiheit der Medien sein. Staatliche Interventionen kommen nur zur Schaffung der Grundbedingungen zur Ausübung dieser Freiheit, zum Schutz der Medienfreiheit und -vielfalt und zum Schutz der Rechte Dritter sowie zur Gewährleistung anderer Verfassungsgüter in Betracht. Grob lassen sich diese Schutzgüter also in kommunikationsbezogene und nicht-kommunikationsbezogene Regulierungsziele unterteilen.[66] Letztere betreffen Rechtsgüter, die durch die Medientätigkeit in besonderer Weise berührt oder gefährdet werden[67] und medienspezifischer Schutzvorkehrungen über allgemeine gesetzliche Regelungen hinaus bedürfen.[68] Zu nennen sind insbesondere der Schutz von Persönlichkeitsrechten, der sich etwa im Recht auf Gegendarstellung[69] niederschlägt,[70] und der Schutz von Kindern und Jugendlichen vor entwicklungsbeeinträchtigenden Inhalten[71].[72] Auch der Bereich des Verbraucherschutzes findet sich in der Medienregulierung in Form inhaltlicher Werbebeschränkungen wieder, etwa bezüglich alkoholischer Getränke[73] oder Tabakerzeugnisse.[74] Andere Werbebeschränkungen, wie das etwa das Trennungsgebot zwischen Werbung und Programm[75] oder auch quantitative Grenzen für Werbung[76], sind hingegen den kommunikationsbezogenen Schutzzielen zuzuordnen.

Die kommunikationsbezogenen Schutzziele der Medienregulierung lassen sich vom übergreifenden Ziel der Gewährleistung publizistischer Vielfalt ableiten.[77] Der Wettstreit verschiedener Meinungen ist nach der leidlich bekannten

---

66 *Paschke*, Medienrecht, 3. Aufl. 2009, Rn. 309.
67 Ebd., Rn. 325.
68 *Holznagel*, ZUM 1999, 425 (426).
69 Vgl. Art. 28 Richtlinie AVMD-Richtlinie, §56 RStV, §44 LMG-NRW, §9 ZDF-Staatsvertrag.
70 *Holznagel*, ZUM 1999, 425 (426).
71 Vgl. Art. 12, 27 AVMD-Richtlinie, §§5 ff. JMStV.
72 *Paschke*, Medienrecht, 3. Aufl. 2009, Rn. 326 ff.
73 Vgl. Art. 9 Abs. 1 lit. e, 22 AVMD-Richtlinie, §7 Abs. 10 RStV.
74 Vgl. Art. 9 Abs. 1 lit. d AVMD-Richtlinie, Art. 3, 4 Richtlinie 2003/33/EG des Europäischen Parlaments und des Rates v 26.05.2003 zur Angleichung der Rechts- und Verwaltungsvorschriften der Mitgliedstaaten über Werbung und Sponsoring zugunsten von Tabakerzeugnissen, ABl. L 152 v. 20.06.2003, S. 16; §§19, 20 TabakerzG.
75 Vgl. Art. 9 Abs. 1 lit. a AVMD-Richtlinie, §7 Abs. 2 RStV.
76 Vgl. Art. 20, 23 AVMD-Richtlinie, §§7a Abs. 3, 16, 45 RStV.
77 *Holznagel*, ZUM 1999, 425 (426); *Paschke*, Medienrecht, 3. Aufl. 2009, Rn. 318.

Formel des *Bundesverfassungsgerichts* (*BVerfG*) „schlechthin konstituierend" für die Demokratie[78] und die Medien wirken daran als „Medium und Faktor" der öffentlichen Meinungsbildung mit.[79] Anschaulich beschrieb das *Bundesverfassungsgericht* diese Aufgabe bezüglich der Presse folgendermaßen:

> „Eine freie, nicht von der öffentlichen Gewalt gelenkte, keiner Zensur unterworfene Presse ist ein Wesenselement des freiheitlichen Staates; insbesondere ist eine freie, regelmäßig erscheinende politische Presse für die moderne Demokratie unentbehrlich. Soll der Bürger politische Entscheidungen treffen, muß er umfassend informiert sein, aber auch die Meinungen kennen und gegeneinander abwägen können, die andere sich gebildet haben. Die Presse hält diese ständige Diskussion in Gang; sie beschafft die Informationen, nimmt selbst dazu Stellung und wirkt damit als orientierende Kraft in der öffentlichen Auseinandersetzung. In ihr artikuliert sich die öffentliche Meinung; die Argumente klären sich in Rede und Gegenrede, gewinnen deutliche Konturen und erleichtern so dem Bürger Urteil und Entscheidung. In der repräsentativen Demokratie steht die Presse zugleich als ständiges Verbindungs- und Kontrollorgan zwischen dem Volk und seinen gewählten Vertretern in Parlament und Regierung. Sie faßt die in der Gesellschaft und ihren Gruppen unaufhörlich sich neu bildenden Meinungen und Forderungen kritisch zusammen, stellt sie zur Erörterung und trägt sie an die politisch handelnden Staatsorgane heran, die auf diese Weise ihre Entscheidungen auch in Einzelfragen der Tagespolitik ständig am Maßstab der im Volk tatsächlich vertretenen Auffassungen messen können."[80]

Diese Funktion kommt ebenso dem Rundfunk zu, wie das *BVerfG* in seiner ersten Rundfunkentscheidung 1960 klarstellte:

> „Unbeschadet einer noch zu erörternden Besonderheit des Rundfunkwesens gehört der Rundfunk ebenso wie die Presse zu den unentbehrlichen modernen Massenkommunikationsmitteln, durch die Einfluß auf die öffentliche Meinung genommen und diese öffentliche Meinung mitgebildet wird. Der Rundfunk ist mehr als nur ‚Medium' der öffentlichen Meinungsbildung; er ist ein eminenter ‚Faktor' der öffentlichen Meinungsbildung. Diese Mitwirkung an der öffentlichen Meinungsbildung beschränkt sich keineswegs auf die Nachrichtensendungen, politischen Kommentare, Sendereihen über politische Probleme der Gegenwart, Vergangenheit oder Zukunft; Meinungsbildung geschieht ebenso in Hörspielen, musikalischen Darbietungen, Übertragungen kabarettistischer Programme bis hinein in die szenische Gestaltung einer Darbietung. Jedes Rundfunkprogramm wird durch die Auswahl und Gestaltung der Sendungen eine gewisse Tendenz haben, insbesondere soweit es um die Entscheidung darüber geht, was nicht gesendet werden soll, was die Hörer nicht zu interessieren braucht, was ohne

---

78 BVerfGE 7, 198 (208); grundlegend bereits BVerfGE 5, 85 (205).
79 Bezogen auf den Rundfunk BVerfGE 12, 205 (260); für die Presse siehe BVerfGE 20, 162 (174 f.).
80 BVerfGE 20, 162 (174 f.).

Schaden für die öffentliche Meinungsbildung vernachlässigt werden kann, und wie das Gesendete geformt und gesagt werden soll. Bei solcher Betrachtung wird deutlich, daß für den Rundfunk als einem neben der Presse stehenden, mindestens gleich bedeutsamen, unentbehrlichen modernen Massenkommunikationsmittel und Faktor der öffentlichen Meinungsbildung die institutionelle Freiheit nicht weniger wichtig ist als für die Presse."[81]

Als untergeordnete Funktionsbedingungen des pluralistischen Medienmarktes sind das Funktionieren und der chancengleiche Zugang zur Verbreitungsinfrastruktur zu nennen,[82] dessen Voraussetzungen gegebenenfalls im Wege staatlicher Zulassung geschaffen werden. Fehlentwicklungen im publizistischen Wettbewerb wird mit medienspezifischer Konzentrationskontrolle begegnet und vorgebeugt.[83] Ein weiteres übergeordnetes Ziel ist schließlich die Begrenzung staatlichen Einflusses auf die Medientätigkeit. Für den Rundfunk folgt ein Verbot der mittelbaren oder unmittelbaren staatlichen Beherrschung von Rundfunkanstalten aus Art. 5 GG,[84] das in jüngerer Vergangenheit durch das *Bundesverfassungsgericht* bezüglich der Aufsichtsgremien des öffentlich-rechtlichen Rundfunks in Deutschland weiter konkretisiert wurde.[85] Für die Presse schrieb das *Bundesverfassungsgericht* ebenfalls früh die Arbeit „nach privatwirtschaftlichen Grundsätzen und in privatrechtlichen Organisationsformen" vor, in deren „geistig[e] und wirtschaftlich[e] Konkurrenz [...] die öffentliche Gewalt grundsätzlich nicht eingreifen darf".[86]

II. Begründung der Sonderrolle des Rundfunks

Die Eigenarten der verschiedenen Medien erfordern zur Erreichung dieser Regulierungsziele unterschiedliche Konkretisierungen. Die Regulierung des Rundfunks basiert in weiten Zügen auf seiner nach wie vor betonten[87] „Sonderrolle"[88] gegenüber anderen Medien. Zur Begründung dieser Sondersituation sind zwei Faktoren maßgeblich: zum einen die hohen Zugangshürden für die Aufnahme der Rundfunktätigkeit und zum anderen das besondere Maß an Einfluss des Rundfunks auf die öffentliche Meinungsbildung.

---

81 BVerfGE 12, 205 (260 f.).
82 *Paschke*, Medienrecht, 3. Aufl. 2009, Rn. 310 ff.
83 Ebd., Rn. 317.
84 BVerfGE 12, 205 (263).
85 BVerfGE 136, 9.
86 BVerfGE 20, 162 (174 ff.).
87 BVerfGE 90, 60 (87 f.).
88 BVerfGE 12, 205 (261).

1. Zugangshürden

Die Übertragung von Rundfunkinhalten erfordert Frequenzkapazitäten. Der Rundfunkmarkt war folglich stets natürlich durch Ressourcenknappheit begrenzt.[89] Gleichzeitig war die Schaffung der technischen Bedingungen für Rundfunktätigkeit für die Marktteilnehmer in der Vergangenheit mit hohen Investitionen verbunden.[90] Selbst mit Aufgabe des Staatsmonopols für Rundfunk konnte auf Grundlage dieser Marktverhältnisse daher nicht mit der Entstehung pluralistischen Wettbewerbs gerechnet werden.[91] Das *Bundesverfassungsgericht* betonte bei der Einführung des privaten Rundfunks in Deutschland die Gefahr einer Verzerrung des „Meinungsmarktes" durch ungleich verteilte „Sendefrequenzen und Finanzmittel".[92] Die staatlich kontrollierte Zuteilung der Ressource sei notwendig, um die Grundbedingungen eines vielfältigen Wettbewerbs erst zu schaffen.[93] Die staatliche Steuerung im Wege des Zulassungserfordernisses für Rundfunktätigkeit ist auch in der Rechtsprechung des Europäischen Gerichtshofs für Menschenrechte anerkannt.[94]

Dieses Maß an Steuerungsbedürfnis durch den Gesetzgeber attestierte das *Bundesverfassungsgericht* dem Rundfunk gerade in Abgrenzung zur Presse (speziell den überregionalen Tageszeitungen).[95] Historisch habe sich auf dem Pressemarkt ein Gleichgewicht etabliert, das den Vielfaltanforderungen des Meinungsbildungsprozesses grundsätzlich genüge.[96] Marktzutrittsschranken bestehen für Pressetätigkeit weder in rechtlicher noch in finanzieller oder technischer Hinsicht[97] in mit dem Rundfunk vergleichbarem Maß.[98] Diese Unterscheidung sprach das *Bundesverfassungsgericht* bereits in seiner ersten Rundfunkentscheidung 1960 an:

> „Hier wird die Besonderheit bedeutsam, durch die sich der Rundfunk von der Presse unterscheidet. Zwar ist es unrichtig, daß Zeitungsverlage, Zeitungsdruckereien und

---

89 *Ariño*, Communications & Strategies 2007 (No. 66), 115 (129); *Katsirea*, Convergence 2016(Vol. 22), 463 (464); *Valcke/Ausloos*, in: Donders/Pauwels/Loisen (Hrsg.), The Palgrave Handbook of European Media Policy, 2014, 312 (312).
90 BVerfGE 12, 205 (261).
91 *Holznagel*, ZUM 1999, 425 (426).
92 BVerfGE 57, 295 (322 f.).
93 Ebd.; *Holznagel*, ZUM 1999, 425 (426).
94 EGMR, Urt. v. 28.03.1990, Rs. 10890/84, Rn. 60.
95 BVerfGE 57, 295 (322 f.).
96 Ebd.
97 BVerfGE 31, 314 (326).
98 *Seufert/Gundlach*, Medienregulierung in Deutschland, 2012, 182.

Zeitungen in beliebiger Anzahl neu gegründet und unterhalten werden können. Der Unterschied zwischen Presse und Rundfunk besteht aber darin, daß innerhalb des deutschen Pressewesens eine relativ große Zahl von selbständigen und nach ihrer Tendenz, politischen Färbung oder weltanschaulichen Grundhaltung miteinander konkurrierenden Presseerzeugnissen existiert, während im Bereich des Rundfunks sowohl aus technischen Gründen als auch mit Rücksicht auf den außergewöhnlich großen finanziellen Aufwand für die Veranstaltung von Rundfunkdarbietungen die Zahl der Träger solcher Veranstaltungen verhältnismäßig klein bleiben muß. Diese Sondersituation im Bereich des Rundfunkwesens erfordert besondere Vorkehrungen zur Verwirklichung und Aufrechterhaltung der in Art. 5 GG gewährleisteten Freiheit des Rundfunks."[99]

Die Herstellung von Presseprodukten erfordert keine hohen Anfangsinvestitionen in technische Infrastruktur. Für die Verbreitung der Druckerzeugnisse besteht mit dem deutschen System des Presse-Grossos eine spezifische Absicherung des chancengleichen Zugangs auch kleinerer Publikationen zur Vertriebsinfrastruktur.[100] Eine Zuteilung knapper Ressourcen findet auf dem Pressemarkt nicht statt,[101] eine Zulassung ist daher für die Aufnahme von Pressetätigkeit nicht erforderlich.[102] Die Grundannahme bezüglich des Pressemarktes ist daher, dass durch ausreichende Anbietervielfalt ein funktionierender Meinungswettbewerb auch ohne staatlichen Eingriff besteht.[103] Konzentrationstendenzen des Pressemarktes[104] können im Wege staatlicher Konzentrationskontrolle korrigiert werden.[105]

Angesichts der einleitend beschriebenen Digitalisierung der Übertragungswege und der darauf basierenden Konvergenzentwicklung der Medien ist allerdings zu beobachten, wie der Rundfunk zumindest einem Faktor seiner

---

99 BVerfGE 12, 205 (261).
100 BVerfGE 77, 346 (355); *Nordemann*, in: Alexander/Bornkamm/Buchner/Fritzsche/Lettl (Hrsg.), Festschrift für Helmut Köhler zum 70. Geburtstag, 2014, 495 f.
101 *Rahvar*, Die Zukunft des deutschen Presserechts im Lichte konvergierender Medien, 2011, 179 ff.
102 Vgl. etwa §2 LPG-NRW: „Die Pressetätigkeit einschließlich der Errichtung eines Verlagsunternehmens oder eines sonstigen Betriebes des Pressegewerbes darf von irgendeiner Zulassung nicht abhängig gemacht werden."; siehe auch *Rahvar*, Die Zukunft des deutschen Presserechts im Lichte konvergierender Medien, 2011, 187; *Seufert/Gundlach*, Medienregulierung in Deutschland, 2012, 182.
103 *Ariño*, Communications & Strategies 2007 (No. 66), 115 (130); *Rahvar*, Die Zukunft des deutschen Presserechts im Lichte konvergierender Medien, 2011, 179; *Seufert/Gundlach*, Medienregulierung in Deutschland, 2012, 182.
104 *Seufert/Gundlach*, Medienregulierung in Deutschland, 2012, 182 ff.
105 *Wissenschaftlicher Dienst des Bundestages*, Medienregulierung in Deutschland und Kanada, 2015, WD 10-3000-057/15, 9.

Sonderstellung zunehmend entwächst.[106] Bereits mit dem Hinzutreten von Satelliten- und Kabelrundfunk hat sich die Knappheitssituation entspannt.[107] Unter Einsatz digitaler statt analoger Signalverbreitung können die Kapazitäten zudem effizienter genutzt werden. Der in der digitalen Übermittlung eingesetzte Standard zur Codierung der Bild- und Toninformationen erlaubt die Kompression der Daten, so dass für deren Übertragung im Vergleich zu analogen Signalen eine geringere Bandbreite genügt.[108] Zudem können im Wege des sogenannten „Multiplexing" mehrere Programme auf einer Sendefrequenz übertragen werden.[109] An Stelle eines analogen Programms können auf dem jeweiligen Übertragungsweg vier terrestrische Programme,[110] acht bis zehn Satellitenprogramme[111] und 12 bis 16 Kabelprogramme[112] verbreitet werden. Daneben bestehen seit einigen Jahren quasi unbegrenzte Möglichkeiten der Übertragung von Inhalten aller Art über Breitbandinternetverbindungen ohne besondere eigene technische Infrastruktur.[113] Für diesen Übertragungsweg ist damit theoretisch nicht nur die Ressourcenknappheit, sondern auch die hohe finanzielle Zugangshürde entfallen.[114] Das *Bundesverfassungsgericht* machte jedoch im Jahr 2014 deutlich, dass die Regelungsbedürftigkeit dennoch fortbestehe. Der „Fortfall der bisherigen Beschränkungen" würde noch nicht dazu führen, dass „kraft der Eigengesetzlichkeit des Wettbewerbs" ein ausreichend vielfältiges Programmangebot entstehe, das einseitiger Einflussnahme auf die Meinungsbildung vorbeuge.[115] „Die Anforderungen an die gesetzliche Ausgestaltung der Rundfunkordnung zur Sicherung der Rundfunkfreiheit im Sinne des Art. 5 Abs. 1 Satz 2 GG [seien] somit durch die Entwicklung von Kommunikationstechnologie und Medienmärkten nicht überholt".[116]

---

106 *Katsirea*, Convergence 2016(Vol. 22), 463 (464).
107 *Janik*, in: Dörr/Kreile/Cole (Hrsg.), Handbuch Medienrecht, 2. Aufl. 2011, 128.
108 Ebd, 141.
109 Ebd., 142.
110 Ebd., 129.
111 Ebd., 132.
112 Ebd., 134.
113 *Kühling*, in: Gersdorf/Paal (Hrsg.), Beck'scher Online-Kommentar Informations- und Medienrecht, 17. Ed. 1.08.2017, Art. 5 GG, Rn. 5.
114 Siehe jedoch kritisch hinsichtlich der vielfaltssteigernden Wirkung *Lobigs/Neuberger*, Meinungsmacht im Internet, 2018, 47 ff.
115 BVerfGE 57, 295 (322).
116 BVerfGE 136, 9 (28).

2. Meinungsbildungspotential

Der zweite Faktor für die Sonderrolle des Rundfunks ist seine hervorgehobene Bedeutung für die öffentliche Meinungsbildung.[117] Zwar dienen sowohl der Rundfunk als auch die Presse als Massenmedien der Information der (Wahl-) Bevölkerung als Grundlage der öffentlichen Meinungsbildung[118] und damit auch als Grundlage der demokratischen Wahlentscheidung.[119] Allerdings zeichnet sich der Rundfunk nach ständiger Rechtsprechung des *Bundesverfassungsgerichts* durch im Vergleich zu anderen Medien höhere Breitenwirkung, Suggestivkraft und Aktualität aus.[120] Diese drei Merkmale sind „Anlass der gesetzlichen Ausgestaltung der Rundfunkordnung" in Deutschland.[121] Es gilt hier natürlich zu bedenken, dass diese Rechtsprechung ihren Ursprung in einer Zeit nahm, als der lineare Fernsehrundfunk tatsächlich das einzige Medium war, das diese Charakteristika aufwies. So führte das *Bundesverfassungsgericht* insbesondere zur Suggestivkraft aus:

> „Das Fernsehen ist zwar nicht das einzige Medium, das Informationen über Ereignisse von allgemeiner Bedeutung bietet. Es ist aber das einzige Medium, das zeitgleich in Bild und Ton über ein Ereignis zu berichten vermag. Wegen des dadurch vermittelten Anscheins der Authentizität und des Miterlebens sowie seiner bequemen Verfügbarkeit ist es mittlerweile zu dem Medium geworden, aus dem der größte Teil der Bevölkerung seinen Informationsbedarf deckt."[122]

Auch der *Europäische Gerichtshof für Menschenrechte (EGMR)* erkennt die besondere Meinungsbildungsrelevanz[123] audiovisueller Medien in seiner Rechtsprechung an und begründet diese ebenfalls mit hoher Reichweite[124] und größerer Unmittelbarkeit durch die Begleitung mit bewegten Bildern[125]. Zugleich

---

117 *Ariño*, Communications & Strategies 2007 (No. 66), 115 (129).
118 BVerfGE 27, 71 (81 f.); *Schmidtmann*, Die verfassungsrechtliche Einordnung konvergenter Massenmedien, 2013, 15.
119 *Valcke/Ausloos*, in: Donders/Pauwels/Loisen (Hrsg.), The Palgrave Handbook of European Media Policy, 2014, 312.
120 BVerfGE 90, 60 (87); 114, 371 (387); vgl. auch *Ariño*, Communications & Strategies 2007 (No. 66), 115 (130).
121 BVerfGE 119, 181 (214 f.).
122 BVerfGE 97, 228 (256).
123 *EGMR*, Urt. v. 10.06.2003, Rs. 44179/98, Rn. 69.
124 *EGMR*, Urt. v. 5.11.2002, Rs. 38743/97, Rn. 43.
125 EGMR, Urt. v. 23.9.1994, Rs. 15890/89, Rn. 31.

folgert der *EGMR* aus der Meinungsbildungsrelevanz auch ein erhöhtes Regelungsbedürfnis durch die Konventionsstaaten.[126]

Außerhalb des Verfassungsrechts diente die Meinungsbildungsrelevanz von medialen Inhalten in der Vergangenheit als Merkmal zur weiteren Abstufung der Regulierungsintensität.[127] Einfachgesetzlich wurden in Deutschland bis 2007 Rundfunk und Mediendienste unterschieden,[128] wobei letztere unter dem Mediendienstestaatsvertrag gerade aufgrund ihrer geringeren Bedeutung für die öffentliche Meinungsbildung weniger streng reguliert wurden.[129]

Die Meinungsbildungsrelevanz des Rundfunks steht nicht als isolierter Faktor neben den Zugangshürden der Rundfunktätigkeit. Vielmehr verstärken sich diese beiden Charakteristika gegenseitig. Gerade durch die hohen Zugangshürden und die begrenzte Anbietervielfalt des Rundfunkmarktes ist die Einflussnahme auf die öffentliche Meinungsbildung durch einzelne Meinungsträger umso wahrscheinlicher und gerade aufgrund der Meinungsbildungsrelevanz des Rundfunks muss gewährleistet sein, dass grundsätzlich „die Vielfalt der Meinungsrichtungen [im Gesamtprogramm] unverkürzt zum Ausdruck gelangt"[130].

III. Auswirkungen auf das Regulierungskonzept

Wie sich aus der Rechtsprechung des *Bundesverfassungsgerichts* ergibt, ist für den Rundfunk ein sehr engmaschiges Regulierungskonzept erforderlich, um den Anforderungen des Art. 5 GG Rechnung zu tragen.[131] Auf verfassungsrechtlicher Ebene wird dieser Unterschied des Rundfunks zur Presse als „Umkehrung der grundgesetzlichen Freiheitsvermutung" beschrieben.[132] Dies betrifft im Fall des privaten Rundfunks sowohl die Zulassung zur Aufnahme der Rundfunktätigkeit[133] als auch die staatliche Aufsicht über deren Ausübung[134]. Zudem

---

126 *EGMR*, Urt. v. 5.11.2002, Rs. 38743/97, Rn. 43; siehe auch *Dörr*, in: Hartstein/Ring u. a. (Hrsg.), Kommentar zum Rundfunkstaatsvertrag, 75. EGL 2018, Teil B4, Rn. 8.
127 *Blaue*, ZUM 2005, 30 (33); *Holznagel*, in: Eifert/Hoffmann-Riem (Hrsg.), Innovation, Recht und öffentliche Kommunikation, 2011, 97 (100).
128 Vgl. §2 MDStV, aufgehoben durch Art. 2 des neunten Staatsvertrag zur Änderung rundfunkrechtlicher Staatsverträge v. 31.07.2006, GVBl. Berlin 2007, S. 10.
129 Amtl. Begründung zu §2 MDStV, Bay. LT-Drs. 13/7716, 10; *Blaue*, ZUM 2005, 30 (33); *Holznagel*, in: Eifert/Hoffmann-Riem (Hrsg.), Innovation, Recht und öffentliche Kommunikation, 2011, 97 (100).
130 BVerfGE 57, 295 (323).
131 Ebd., 319.
132 *Möllers*, AfP 2008, 241.
133 Vgl. §20 RStV, §4 LMG-NRW.
134 Vgl. §36 RStV, §118 LMG-NRW.

bestehen eine Reihe von Anforderungen und Beschränkungen hinsichtlich des Programminhalts, insbesondere qualitative und quantitative Auflagen für die Ausstrahlung von Werbung[135] oder auch detaillierte Regelungen zum Jugendschutz[136]. Die Presse unterliegt hingegen keiner derart strikten Regulierung.[137] Staatliche Zulassungen sind zur Pressetätigkeit nicht erforderlich, eine staatliche Aufsicht findet ebenfalls nicht statt. Für die Presse besteht vielmehr eine weitestgehende Selbstregulierung, in Deutschland durch den deutschen Presserat.[138]

Rekurrierend auf das übergeordnete Ziel der Gewährleistung von Meinungsvielfalt bestehen für Rundfunk und Presse unterschiedliche Anforderungen. Während im Bereich der Presse die Außenpluralität als Grundzustand durch die Vielzahl der konkurrierenden Unternehmen auf dem Mark angesehen wird,[139] muss jedes Rundfunkprogramm innerhalb der dualen Ordnung[140] ein Mindestmaß an Ausgewogenheit[141] einhalten. Der Wettbewerb der Meinungen soll zwar primär in der Gesamtschau aller Rundfunkprogramme abgebildet werden,[142] sich jedoch ansatzweise auch im Programm jedes einzelnen Veranstalters als „inhaltliche Binnenpluralität"[143] wiederfinden. Das *BVerfG* fordert diesbezüglich, dass „für den Inhalt des Gesamtprogramms Leitgrundsätze verbindlich sind, die ein Mindestmaß von inhaltlicher Ausgewogenheit, Sachlichkeit und gegenseitiger Achtung gewährleisten".[144] Für den öffentlich-rechtlichen Rundfunk gelten hier deutlich höhere Maßstäbe,[145] auch der private Rundfunk muss jedoch einen „Grundstandard gleichgewichtiger Vielfalt"[146] einhalten. Einfachgesetzlich finden sich Ausprägungen dieses Gebots in den Programmgrundsätzen der Rundfunkgesetze. Für den öffentlich-rechtlichen Rundfunk heißt es in § 11 RStV:

---

135 Vgl. §§ 7, 16, 45 RStV.
136 Vgl. §§5 ff. JMStV.
137 *Valcke/Ausloos*, in: Donders/Pauwels/Loisen (Hrsg.), The Palgrave Handbook of European Media Policy, 2014, 312.
138 *Seufert/Gundlach*, Medienregulierung in Deutschland, 2012, 193.
139 BVerfGE 12, 205 (261).
140 BVerfGE 119, 181 (217); *Holznagel*, in: Spindler/Schuster (Hrsg.), Recht der elektronischen Medien, 3. Auflg. 2015, RStV Präambel, Rn. 42.
141 BVerfGE 12, 205 (263).
142 BVerfGE 73, 118 (156); 119, 181 (217).
143 BVerfGE 74, 297 (331).
144 BVerfGE 12, 205 (263).
145 BVerfGE 119, 181 (217).
146 BVerfGE 73, 118 (160).

"Die öffentlich-rechtlichen Rundfunkanstalten haben in ihren Angeboten einen umfassenden Überblick über das internationale, europäische, nationale und regionale Geschehen in allen wesentlichen Lebensbereichen zu geben. Sie sollen hierdurch die internationale Verständigung, die europäische Integration und den gesellschaftlichen Zusammenhalt in Bund und Ländern fördern. Ihre Angebote haben der Bildung, Information, Beratung und Unterhaltung zu dienen. Sie haben Beiträge insbesondere zur Kultur anzubieten. Auch Unterhaltung soll einem öffentlich-rechtlichen Angebotsprofil entsprechen."

Gemäß Absatz 2 der Vorschrift haben sie dabei „die Grundsätze der Objektivität und Unparteilichkeit der Berichterstattung, die Meinungsvielfalt sowie die Ausgewogenheit ihrer Angebote zu berücksichtigen". Für den privaten Rundfunk sind diese Anforderungen zwar abgestuft, es bestehen aber dennoch inhaltliche Programmgrundsätze. §41 RStV bestimmt:

„Die Rundfunkprogramme haben die Würde des Menschen sowie die sittlichen, religiösen und weltanschaulichen Überzeugungen anderer zu achten. Sie sollen die Zusammengehörigkeit im vereinten Deutschland sowie die internationale Verständigung fördern und auf ein diskriminierungsfreies Miteinander hinwirken. [...] Die Rundfunkvollprogramme sollen zur Darstellung der Vielfalt im deutschsprachigen und europäischen Raum mit einem angemessenen Anteil an Information, Kultur und Bildung beitragen;"

Besonders zugespitzt in Form einer Neutralitätsverpflichtung[147] ist die Chancengleichheit der politischen Parteien bei der Einräumung von Sendezeiten für Wahlkampfwerbung[148] durch die Rundfunkveranstalter zu wahren.[149] Derartige inhaltliche Vorgaben der Ausgewogenheit sind der Presse hingegen fremd.[150] Insbesondere muss auch keine Neutralität gegenüber politischen Parteien oder Positionen gewahrt werden, wie das *Bundesverfassungsgericht* in ständiger Rechtsprechung festhält:

„In der Rechtsprechung des Bundesverfassungsgerichts ist geklärt, dass die privatwirtschaftlich organisierte Presse bei der Auswahl der von ihr verbreiteten Nachrichten und Meinungen der Verpflichtung zu Neutralität nicht unterliegt [...]. Anders als die

---

147 *Rahvar*, Die Zukunft des deutschen Presserechts im Lichte konvergierender Medien, 2011, 185.
148 Vgl. für den bundesweit verbreiteten privaten Rundfunk §42 RStV, für den öffentlich-rechtlichen Rundfunk siehe beispielsweise §8 Abs. 2 WDR-Gesetz.
149 BVerfGE 47, 198 (225); *Flechsig*, in: Binder/Vesting, Rundfunkrecht, 4. Aufl. 2018, §42 RStV, Rn. 40 f.
150 BVerfGE 37, 84 (91); *Rahvar*, Die Zukunft des deutschen Presserechts im Lichte konvergierender Medien, 2011, 188.

öffentlich-rechtlichen Rundfunk- und Fernsehanstalten dürfen Presseorgane auch den Abdruck von Anzeigen und Leserzuschriften einer bestimmten Tendenz verweigern, ohne dass darin eine unzulässige Beeinträchtigung der Freiheit der politischen Willensbildung läge, selbst wenn zugleich entgegenstehenden Meinungen Raum gegeben würde. Daran ändert auch eine regionale Monopolstellung nichts. Da politische Wettbewerber – nicht zuletzt aufgrund der Entwicklung der modernen Informationstechnologien – über vielfältige Möglichkeiten der Verbreitung von Informationen verfügen, bedarf es auch bei einer regionalen Monopolstellung eines Presseorgans keiner Einschränkung der durch Art. 5 Abs. 1 Satz 2 GG geschützten verlegerischen Freiheit."[151]

Für die weitere Betrachtung im Rahmen der Fragestellung dieser Arbeit sind detailliertere Erwägungen zum deutschen Regulierungsrahmen für Presse und Rundfunk nicht relevant. Vielmehr dienen die vorstehenden Ausführungen als Veranschaulichung der Endpunkte auf einer Skala der Regulierungsintensität und als Grundlage eines abstrakten Konzeptes der Motive für Medienregulierung. Hierzu ist festzuhalten, dass zur Rechtfertigung staatlicher Medienregulierung primär an das Meinungsbildungspotential des jeweiligen Mediums angeknüpft wird.[152] Dieses bestimmt sich nach der Zahl der potentiell oder tatsächlich erreichten Rezipienten, der Wahrscheinlichkeit der Beeinflussung der Rezipienten durch die Art der Darstellung und der Geschwindigkeit mit der das Medium auf aktuelle Entwicklungen reagieren kann und so in noch laufende Meinungsbildungsprozesse einzugreifen vermag. Daneben sind etwaige Zugangshürden für Anbieter und die Anfälligkeit des jeweiligen Marktes für Konzentration zu berücksichtigen.

Bei der Übertragung dieses Konzeptes auf konkrete Angebote erfolgt jedoch ein weiterer Abstraktionsschritt. Unter Berücksichtigung ihres Meinungsbildungspotentials werden Kategorien von Medien gebildet, für die jeweils ein bestimmtes Regulierungsniveau festgelegt wird. Am Beispiel des Rundfunks ist dies klar ersichtlich: Das *Bundesverfassungsgericht* ist in seiner Rechtsprechung stets von den Eigenarten des gesamten Mediums ausgegangen und hat sich nicht etwa auf einzelne, konkrete Inhalte oder Anbieter bezogen. Dem gesamten Medium wird eine besondere Meinungsbildungsrelevanz unterstellt,[153] auf dieser Grundlage wurden daher durch den Gesetzgeber Regelungen für die Kategorie „Rundfunk" getroffen. Um diese Regelungen auf einzelne Marktteilnehmer anzuwenden ist zunächst erforderlich, dass sie der ebenfalls gesetzlich festgelegten Definition von „Rundfunk" unterfallen, mithin den einfachgesetzlichen

---

151 BVerfG, Beschl. v. 27.11.2015 – 2 BvQ 43/15, Rn. 6 = NJW 2016, 788.
152 *Blaue*, ZUM 2005, 30 (34).
153 *Schmid/Kitz*, ZUM 2009, 739 (742).

Rundfunkbegriff erfüllen. Seit der Reform des Rundfunkstaatsvertrags zur Umsetzung der Richtlinie über audiovisuelle Mediendienste 2009[154] enthält der einfachgesetzliche Rundfunkbegriff jedoch kein explizites Merkmal mehr, das sich auf die Meinungsbildungsrelevanz des Angebots bezieht.[155] Ein unmittelbarer Rückbezug zwischen der individuellen Meinungsbildungsrelevanz eines einzelnen Angebots und seiner Regulierung besteht somit nicht notwendigerweise.[156] Statt der Anknüpfung an die regulierungsbegründenden Gefährdungslagen erfolgt eine Anknüpfung an Kategorisierung unter Oberbegriffen.[157] Dieser Ansatz wird daher als „Begriffsregulierung" bezeichnet.[158] Den Gegensatz dazu bildet der „funktionale" Rundfunkbegriff, der sich am Beitrag des Angebots zur Meinungsbildung orientiert[159] und in Deutschland traditionell im Mittelpunkt des verfassungsrechtlichen Verständnisses stand.[160] Das europäische Konzept der Medienregulierung knüpft jedoch nicht an Gefährdungslagen und Meinungsbildungspotential an sondern hat sich als Begriffsregulierung entwickelt.[161] Hiermit entsteht die Gefahr, dass die realen Gefährdungslagen und die konkrete Regulierungsbedürftigkeit einzelner Angebote von den hinter den Begriffskategorien stehenden Fiktionen überlagert werden und die Regulierungsziele so nicht erreicht werden können.[162]

§ 3 Problemstellung/Untersuchungsgegenstand

Sowohl auf deutscher als auch auf europäischer Ebene existieren die im vorstehenden Abschnitt definierten Grundkategorien für die Medienregulierung: nach dem Vorbild des Rundfunks engmaschig regulierte Dienste und nach dem Vorbild der Presse weitgehend unregulierte Dienste. Die Zuordnung zu einer dieser

---

154 Zwölfter Staatsvertrag zur Änderung rundfunkrechtlicher Staatsverträge v. 18.12.2008, GVBl. Berlin 2009, S. 138.
155 Siehe zu den Details *Holznagel*, in: Spindler/Schuster (Hrsg.), Recht der elektronischen Medien, 3. Aufl. 2015, §2 RStV, Rn. 13, 22; *Schütz*, MMR 2009, 228 (229 f.); kritisch zur Einbeziehung der Meinungsbildungsrelevanz *Rahvar*, Die Zukunft des deutschen Presserechts im Lichte konvergierender Medien, 2011, 93 ff.
156 Kritisch hierzu *Holznagel*, in: Eifert/Hoffmann-Riem (Hrsg.), Innovation, Recht und öffentliche Kommunikation, 2011, 97 (104 f.).
157 *Möllers/Zwiffelhoffer*, MMR 2015, 161 (166).
158 *Schmid/Kitz*, ZUM 2009, 739 ff.
159 *Gournalakis*, ZUM 2003, 180 (184).
160 *Castendyk/Böttcher*, MMR 2008, 13 (16); *Schmid/Kitz*, ZUM 2009, 739 (740).
161 *Castendyk/Böttcher*, MMR 2008, 13 (14); *Schmid/Kitz*, ZUM 2009, 739 (740).
162 *Schmid/Kitz*, ZUM 2009, 739 (743).

Kategorien ist für die zulässige Ausgestaltung des Angebots von fundamentaler Bedeutung.[163] Im Rahmen dieser Arbeit soll nun untersucht werden, wie Online-Videodienste in diese Regulierungskategorien einzuordnen sind. Kommt ihnen eine dem Rundfunk ähnliche Sonderrolle[164] zu, die ein hohes Maß an Steuerung erfordert oder ist eine den Grundsätzen der Presseregulierung entsprechende Ausrichtung angemessen? Daran anknüpfend entsteht die Frage, welche Faktoren bei der Einstufung zu berücksichtigen sind. Denn am Ausgangspunkt jeder inhaltlichen Regelung steht die Entscheidung, für wen sie Geltung beansprucht.

Die deutsche Medienordnung ist in Bezug auf Bewegtbildinhalte jedoch in weiten Zügen von der europäischen Richtlinie über audiovisuelle Mediendienste (AVMD-Richtlinie) determiniert. Das „Gegenstück" der rundfunktypischen Regulierung unter der AVMD-Richtlinie auf europäischer Ebene ist die Richtlinie über den elektronischen Geschäftsverkehr (e-Commerce Richtlinie). Sie verfolgt einen zur AVMD-Richtlinie gegenläufigen Ansatz: der Anbieter muss hier unter bestimmten Voraussetzungen keine rechtliche Verantwortung für die Inhalte seines Angebots übernehmen, während die AVMD-Richtlinie gerade die redaktionelle Verantwortung des Anbieters für alle angebotenen Inhalte voraussetzt.[165] Dieser Grundsatz wird durch die aktuellen Reformbestrebungen jedoch in Frage gestellt. Wie die nachstehenden Ausführungen noch zeigen werden, ist die Einbeziehung bestimmter Intermediäre, die keine redaktionelle Verantwortung über die von ihnen angebotenen Inhalte ausüben, in den für Mediendiensteanbieter konzipierten Pflichtenkreis der AVMD-Richtlinie angedacht.[166]

Die Fragestellung der folgenden Untersuchung bezieht sich daher auf den Anwendungsbereich der AVMD-Richtlinie. Konkret ist zunächst zu klären, unter welchen Bedingungen Videoangebote im Internet als audiovisuelle Mediendienste in den materiellen Anwendungsbereich der Richtlinie fallen. Die eingangs dargestellte Konvergenzentwicklung der Medien macht die Beantwortung dieser Frage jedoch kompliziert. Deutlich wird dies besonders am Beispiel der Online-Presse. Internetpräsenzen klassischer Pressehäuser, wie etwa Zeit Online oder Spiegel Online, wären umgangssprachlich sicherlich unter den Begriff der Presse zu fassen. Die Kommunikation von Nachrichteninhalten ist

---

163 Zu den Anforderungen der AVMD-RL im Einzelnen siehe sogleich unter Zweiter Teil. § 1 II.
164 BVerfGE 12, 205 (261).
165 *Capello*, in: Cabrera Blázquez/Capello/Fontaine/Valais, Abrufdienste und der sachliche Anwendungsbereich der AVMD-Richtlinie, IRIS plus 1/2016, 1.
166 Siehe zu den Regelungen für Videoplattformdienste unten unter Dritter Teil. § 2 I. 4. sowie Dritter Teil. § 2 III. 3.

auf diesen Onlineportalen jedoch nicht den gleichen Limitationen ausgesetzt, die für die gedruckten Presseprodukte gelten. Vielmehr werden üblicherweise auf Pressewebseiten Texte zunehmend von Bewegtbildern ergänzt oder auch teilweise ersetzt.[167] Anders als die umgangssprachliche Zuordnung zur Presse gelingt die rechtliche Zuordnung dieser Angebote zur Presse oder zum Rundfunk nicht ohne Weiteres.[168] Übergeordnet stellt sich zudem die Frage nach der Billigkeit der erzielten Ergebnisse. Insbesondere das zentrale Kriterium der Meinungsbildungsrelevanz wird als Bewertungsgrundlage der Angemessenheit der Regulierung im Folgenden wiederholt aufzugreifen sein.

Im zweiten Teil der Arbeit sollen die Abgrenzungsprobleme unter dem aktuellen europäischen Regime erläutert und am Beispiel von Internetpräsenzen der Presse veranschaulicht werden. Im dritten Teil ist auf dieser Grundlage und unter Einbeziehung der europäischen Reformdebatte zunächst ein Anforderungshorizont für die Reform zu formulieren. Die Reformanstrengungen des europäischen Gesetzgebers sind daraufhin zu analysieren und am Maßstab des Anforderungshorizonts zu würdigen. Im vierten Teil wird auf Basis der im Ergebnis des dritten Teils identifizierten verbleibenden Problemkreise ein Lösungsansatz für die Zukunft entwickelt. Zusätzlich sollen zu diesem Zweck Ansätze zur regulatorischen Bewältigung der Medienkonvergenz aus anderen Staaten ausgewertet werden. Letztlich können so weitere Erkenntnisse gewonnen werden, die auch die EU in die zukünftigen Reformdebatten einbeziehen sollte.

---

167 *Katsirea*, International Journal of Law and Information Technology 2015, 1; *Valcke/Ausloos*, in: Donders/Pauwels/Loisen (Hrsg.), The Palgrave Handbook of European Media Policy, 2014, 312.
168 *Katsirea*, International Journal of Law and Information Technology 2015, 1; *Rossen-Stadtfeld*, Audiovisuelle Bewegtbildangebote von Presseunternehmen im Internet: Presse oder Rundfunk?, 2009, 84; *Valcke/Ausloos*, in: Donders/Pauwels/Loisen (Hrsg.), The Palgrave Handbook of European Media Policy, 2014, 313.

Zweiter Teil. Abgrenzungsprobleme der AVMD-Richtlinie im Bereich hybrider Online-Bewegtbildangebote

§ 1 Die Richtlinie über audiovisuelle Mediendienste als europäisches Regulierungskonzept

Für audiovisuelle Inhalte bestehen gemeinsame Standards auf europäischer Ebene durch die Richtlinie über audiovisuelle Mediendienste, die in ihrer aktuellen Form[169] seit 2007 in Kraft ist. Durch die Richtlinie werden viele regulatorische Weichenstellungen auf der nationalen Ebene vorgegeben, die gerade auch den Umgang mit neueren Mediendiensten und Fragen der Einstufung betreffen. Ein kursorischer Blick auf die Entstehungsgeschichte der Richtlinie in der Fassung von 2007 enthüllt eine Reihe von Parallelen zum aktuellen Reformprozess seit 2015.

I. Entstehungsgeschichte der AVMD-Richtlinie

1. Fernsehrichtlinie

Die heutige Regulierung audiovisueller Inhalte auf EU-Ebene geht auf die erste Fernsehrichtlinie[170] von 1989 zurück.[171] Anknüpfungspunkt in Hinblick auf die Regelungskompetenz der EU im Bereich der Rundfunktätigkeit ist der Binnenmarkt.[172] Der *EuGH* stufte Fernsehsendungen bereits 1974 im Rahmen eines Vorabentscheidungsverfahrens als Dienstleistungen ein[173] und legte so den

---

169 Richtlinie 2010/13/EU des Europäischen Parlaments und des Rates v. 10.2.2010 zur Koordinierung bestimmter Rechts- und Verwaltungsvorschriften der Mitgliedstaaten über die Bereitstellung audiovisueller Mediendienste (Richtlinie über audiovisuelle Mediendienste), ABl. L 95 v. 15.4.2010, S. 1.
170 Richtlinie 89/552/EWG des Rates v. 3.10.1989 zur Koordinierung bestimmter Rechts- und Verwaltungsvorschriften der Mitgliedstaaten über die Ausübung der Fernsehtätigkeit, ABl. L 298 v. 17.10.1989, S. 23.
171 *Dörr*, in: Hartstein/Ring u. a. (Hrsg.), Kommentar zum Rundfunkstaatsvertrag, 75. EGL 2018, Teil B4, Rn. 61.
172 *Europäische Kommission*, Grünbuch über die Vorbereitung auf die vollständige Konvergenz der audiovisuellen Welt: Wachstum, Schöpfung und Werte, COM(2013) 231 final, 24.4.2013, 12.
173 *EuGH*, Urt. v. 30.4.1974, Rs. 155-73, LS. 3.

Grundstein für die Regelungsbefugnis im Rahmen der Binnenmarktharmonisierung.[174] Zum Zeitpunkt des Urteils spielten Fernsehsendungen als grenzüberschreitende Dienstleistungen jedoch kaum eine Rolle, da die weit überwiegend eingesetzte terrestrische Übertragungstechnik auf die einzelnen Staatsgebiete begrenzt blieb.[175] Erst mit der Verbreitung von Kabel- und Satellitenfernsehen wurde ein europäischer Markt für Fernsehsendungen ermöglicht.[176] Um auf diesem Markt den freien Dienstleistungsverkehr zu fördern und gleichzeitig bestimmte Gemeinwohlziele zu gewährleisten,[177] war jedoch eine Angleichung der Rechtsvorschriften in den Mitgliedstaaten erforderlich.[178] Ein Hindernis für den freien Dienstleistungsverkehr stellten beispielsweise die unterschiedlichen Regelungen der Mitgliedstaaten zur Fernsehwerbung, die in einigen Staaten vollständig untersagt war, dar.[179] Insbesondere das sogenannte Sendestaatsprinzip[180] der Richtlinie ist Ausdruck dieses Harmonisierungsgedankens. Die Weiterverbreitung von Fernsehsendungen sowie anderen mittlerweile von der Richtlinie erfassten Mediendiensten darf grundsätzlich innerhalb des Unionsgebiets nicht von einem Mitgliedstaat untersagt werden, soweit der Dienst im Einklang mit den Vorschriften seines Herkunftslandes steht.[181]

Der Anwendungsbereich der Fernsehrichtlinie war bis zu ihrer zweiten Reform im Jahr 2005 auf Fernsehsendungen beschränkt und schloss alle anderen in der Zwischenzeit entstandenen Formen von Mediendiensten aus.[182] Bereits anlässlich der 1997 in Kraft getretenen ersten Überarbeitung der Richtlinie wurde die Erweiterung des Geltungsbereichs angestoßen.[183] Relevanz gewann dieser damals nicht weiter verfolgte Vorschlag durch die beschleunigte

---

174 *Dörr*, in: Hartstein/Ring u. a. (Hrsg.), Kommentar zum Rundfunkstaatsvertrag, 75. EGL 2018, Teil B4, Rn. 19; *Holtz-Bacha*, Medienpolitik für Europa, 2006, 86 f.; *Paschke*, Medienrecht, 3. Aufl. 2009, Rn. 128.
175 *Szpunar*, Schlussanträge v. 1.7.2015, Rs. C-347714, Rn. 15.
176 Ebd., Rn. 16.
177 *Europäische Kommission*, AVMS Ex-post REFIT evaluation, SWD(2016) 170 final, 25.05.2016, 4.
178 *Holznagel*, MMR 2014, 18 (19); *Schulz*, EuZW 2008, 107 (108).
179 *Holtz-Bacha*, Medienpolitik für Europa, 2006, 91.
180 Vgl. Art. 3 AVMD-Richtlinie.
181 *Paschke*, Medienrecht, 3. Aufl. 2009, Rn. 158; vgl. Art. 3 Abs. 1 AVMD-Richtlinie.
182 *Holtz-Bacha*, Medienpolitik für Europa, 2006, 181; *Stender-Vorwachs/Theißen*, ZUM 2006, 362 (363 f.).
183 *Kleist/Scheuer*, MMR 2006, 127.

Marktentwicklung im Zuge der Digitalisierung.[184] Durch die zusätzlich gewonnenen Übertragungskapazitäten stieg nicht lediglich die Zahl der vorhandenen Angebote sondern es konnten sich daneben auch neue Angebotsformen etablieren.[185] Mit Beginn des neuen Jahrtausends veränderten sich zunehmend die Nutzungsgewohnheiten der Zuschauer zugunsten von Internetmedien.[186] Neue Plattformen boten den Zuschauern mehr Auswahl, wobei kaum gemeinsame Schutzstandards etwa für Kinder und Jugendliche bestanden.[187] Abrufdienste fielen als Dienste der Informationsgesellschaft lediglich unter die e-Commerce Richtlinie[188],[189] die keinerlei inhaltliche Regelungen zum Jugendschutz enthält.[190]

2. Umgestaltung zur AVMD-Richtlinie

a) Reformbedarf

In einem umfangreichen Konsultationsprozess[191] bereitete die *Europäische Kommission* schließlich im Jahr 2005 die Modernisierung des bestehenden Rechtsrahmens für Fernsehsendungen und die Einführung von Mindeststandards für Abrufmedien vor.[192] Dabei sollten die Regelungen zu Übertragungswegen und Inhalten voneinander getrennt werden.[193] Auch das *Europäische Parlament* befürwortete in seiner Entschließung zum Anwendungsbericht der Fernsehrichtlinie die Erweiterung des Anwendungsbereichs[194] und einen

---

184 *Dörr*, in: Hartstein/Ring u. a. (Hrsg.), Kommentar zum Rundfunkstaatsvertrag, 75. EGL 2018, Teil B4, Rn. 61.
185 *Stender-Vorwachs/Theißen*, ZUM 2006, 362 (364).
186 *Szpunar*, Schlussanträge v. 1.7.2015, Rs. C-347714, Rn. 18.
187 *Europäische Kommission*, AVMS Ex-post REFIT evaluation, SWD(2016) 170 final, 25.05.2016, 4.
188 Richtlinie 2000/31/EG des Europäischen Parlaments und des Rates v. 8.6.2000 über bestimmte rechtliche Aspekte der Dienste der Informationsgesellschaft, insbesondere des elektronischen Geschäftsverkehrs, im Binnenmarkt („Richtlinie über den elektronischen Geschäftsverkehr" – „e-Commerce Richtlinie"), ABl. L178 v. 17.7.2000, S. 1.
189 *Barata*, in: Nikoltchev (Hrsg.), The Regulation of On-demand Audiovisual Services: Chaos or Coherence, IRIS Special, 2011, 95.
190 *Stender-Vorwachs/Theißen*, ZUM 2006, 362 (364 f.).
191 Zu den Details vgl. *Schoenthal*, Von der Fernsehregulierung zur Inhalteregulierung, 2009, 241 ff.
192 *Europäische Kommission*, AVMS Ex-post REFIT evaluation, SWD(2016) 170 final, 25.05.2016, 4.
193 *Stender-Vorwachs/Theißen*, ZUM 2006, 362 (363).
194 *Europäisches Parlament*, Entschließung zu der Anwendung der Artikel 4 und 5 der Richtlinie 89/552/EWG „Fernsehen ohne Grenzen" – in der Fassung der Richtlinie

technologieneutralen Ansatz[195]. Ein Hauptanliegen des Reformvorschlags der Kommission war die Schaffung fairer Wettbewerbsbedingungen[196] im Sinne eines „level playing field"[197] für Fernsehsendungen im Verhältnis zu Abrufdiensten, die das Potential haben, Fernsehsendungen zu ersetzen.[198] Bestimmte nichtlinear verbreitete Mediendienste würden bezüglich des inhaltlichen Angebots stark dem Rundfunk ähneln oder teils sogar identische Inhalte bereitstellen, dabei jedoch nicht vergleichbaren Regulierungsanforderungen unterliegen.[199] Diese Unterschiede seien nicht länger auf Grundlage des Verbreitungsweges zu rechtfertigen.[200] Daneben sollten auch die durch unterschiedliche nationale Regelungen für Abrufdienste entstandenen Handelshemmnisse auf dem Binnenmarkt abgebaut werden.[201] Die Erstreckung des Herkunftslandprinzips auf nichtlineare Mediendienste[202] und die Einführung eines verbindlichen inhaltlichen Mindeststandards auf europäischer Ebene sollte mehr Rechtssicherheit für die Anbieter schaffen.[203] Gleichzeitig müsse auch der Schutz der Zuschauer und insbesondere jugendlicher Nutzer gewährleistet werden.[204] Auf der anderen Seite wurde jedoch die Gefahr der Innovationshemmung durch Überregulierung der neuen Internetdienste erkannt.[205] Zu hohe Regulierungsanforderungen hätten die Wettbewerbsfähigkeit Europas in diesem Bereich nachhaltig schwächen können.[206]

97/36/EG – im Zeitraum 2001–2002 (2004/2236(INI)), P6_TA(2005)0322, 6.09.2005, Entschließung 36.
195 Ebd., Entschließung 35.
196 *ERGA*, Report on material jurisdiction in a converged environment, ERGA 2015 (12), 18.12.2015, 5.
197 *Katsirea*, International Journal of Law and Information Technology 2015, 1 (3); *Valcke/Ausloos*, in: Donders/Pauwels/Loisen (Hrsg.), The Palgrave Handbook of European Media Policy, 2014, 312 (313); vgl. Erwägungsgrund 10 AVMD-Richtlinie.
198 *Kleist/Scheuer*, MMR 2006, 127.
199 *Europäische Kommission*, AVMS Ex-post REFIT evaluation, SWD(2016) 170 final, 25.05.2016, 5.
200 Ebd.
201 Ebd.
202 Ebd.
203 Ebd.
204 *ERGA*, Report on material jurisdiction in a converged environment, ERGA 2015 (12), 18.12.2015, 6.
205 *Stender-Vorwachs/Theißen*, ZUM 2006, 362 (366); *United Kingdom*, Contribution to the Public Consultation for the review of the "Television without Frontiers" Directive – Towards a modern framework for audiovisual content, 2005, Rn. 10.
206 *Holznagel*, MMR 2014, 18 (19).

b) Erweiterung des Anwendungsbereichs

Den Ausgleich zwischen diesen divergierenden Zielen versuchte der Richtliniengeber mit der Ausgestaltung des Anwendungsbereichs[207] zu bewerkstelligen. Dieser wurde im Vergleich zur Fernsehrichtlinie erweitert und schließt nunmehr neben dem Rundfunk auch audiovisuelle Mediendienste auf Abruf ein.[208] Damit wurden – wenn auch abgeschwächt – rundfunktypische Regulierungselemente auf Mediendienste übertragen, deren Regulierungsniveau zuvor eher dem der Presse entsprach.[209] Eine maßgebliche Eingrenzung des Anwendungsbereichs findet jedoch durch das Erfordernis der redaktionellen Kontrolle eines Mediendiensteanbieters statt.[210] Hierdurch werden insbesondere Videoplattformen ohne redaktionelle Kontrolle über nutzergenerierte Inhalte nicht der AVMD-Richtlinie unterstellt.[211] Auch Angebote, die nur als Nebenzweck[212] audiovisuelle Inhalte bereitstellen, sollten nicht von der Richtlinie erfasst sein.[213] Dennoch wurde im Laufe des Konsultationsverfahrens vorgebracht, die Erstreckung der Regulierung auf Internetdienste sei insgesamt nicht zu rechtfertigen.[214] Die Regulierungslogik des Rundfunks folge aus seinem hohen Wirkungspotential beim Publikum,[215] das jedoch bei der Mehrzahl nichtlinearer audiovisueller Dienste nicht vorliege.[216] Zum Teil wird argumentiert, die Regulierung von „Abrufvideos in zugangsoffenen Netzen" nach Rundfunkstandards sei bereits nicht mit der Medienfreiheit aus Art. 11 Grundrechtecharta zu vereinbaren.[217]

---

207 Vgl. im Detail zum Anwendungsbereich sogleich unter Zweiter Teil. § 1 III.
208 *Dörr*, in: Hartstein/Ring u. a. (Hrsg.), Kommentar zum Rundfunkstaatsvertrag, 75. EGL 2018, Teil B4, Rn. 64; *Kleist/Scheuer*, MMR 2006, 127 (128).
209 *Fiedler*, in: Gersdorf/Paal (Hrsg.), Beck'scher Online Kommentar zum Informations- und Medienrecht, 17. Ed. 1.08.2017, §58 RStV, Rn. 17.
210 *Europäische Kommission*, Grünbuch über die Vorbereitung auf die vollständige Konvergenz der audiovisuellen Welt: Wachstum, Schöpfung und Werte, COM(2013) 231 final, 24.4.2013, 13; vgl. Art. 1 Abs. 1 lit. c AVMD-Richtlinie.
211 *Europäische Kommission*, AVMS Ex-post REFIT evaluation, SWD(2016) 170 final, 25.05.2016, 5.
212 Siehe zum „Hauptzweck" sogleich unter Zweiter Teil. § 1 III. 3.
213 *Europäische Kommission*, AVMS Ex-post REFIT evaluation, SWD(2016) 170 final, 25.05.2016, 5.
214 *United Kingdom*, Contribution to the Public Consultation for the review of the "Television without Frontiers" Directive – Towards a modern framework for audiovisual content, 2005, Rn. 8.
215 Ebd., Rn. 15 f.
216 Ebd., Rn. 5; siehe auch *Gournalakis*, ZUM 2003, 180 (183).
217 *Fiedler*, in: Gersdorf/Paal (Hrsg.), Beck'scher Online Kommentar zum Informations- und Medienrecht, 17. Ed. 1.08.2017, §58 RStV, Rn. 18.

Diesen Bedenken sollte eine weitere Eingrenzung des Anwendungsbereichs durch das qualitative Erfordernis der „Fernsehähnlichkeit"[218] der Inhalte entgegenwirken.[219]

Die als Ergebnis des Reformprozesses entstandene AVMD-Richtlinie von 2007 beanspruchte für sich, durch ihren technologieneutralen Ansatz in Hinblick auf die weitere Konvergenzentwicklung der Medien zukunftssicher zu sein.[220] Seit ihrer Verabschiedung haben sich jedoch wiederum die technischen und gesellschaftlichen Rahmenbedingungen verschoben. Zwar war bereits im Jahr 2006 zu erwarten, dass der Konsum von audiovisuellen Inhalten im Internet mit Steigen der verfügbaren Übertragungsbandbreite zunehmen würde.[221] Die in der Zwischenzeit tatsächlich eingetretene rasante Entwicklung im Bereich der Videoplattformen, sozialen Medien und des Internetfernsehens war jedoch nicht absehbar.[222] Insbesondere die Einführung und Verbreitung von Connected TV hat wiederholt die Reformdiskussionen zur AVMD-Richtlinie befeuert.[223] Zudem ist erneut zu beobachten, dass das von der Richtlinie angestrebte[224] level playing field in Schieflage gerät. Neben die von der Richtlinie erfassten audiovisuellen Mediendienste sind neue Angebote getreten, die nicht in ihren Anwendungsbereich fallen, aus Verbrauchersicht jedoch kaum von den regulierten Angeboten zu unterscheiden sind.[225] Eine Verzerrung des Wettbewerbs

---

218 Vgl. Erwägungsgrund 24 AVMD-Richtlinie; zu den Details siehe sogleich unter Zweiter Teil. § 1 III. 4. a).
219 *Chavannes/Castendyk*, in: Castendyk/Dommering/Scheuer (Hrsg.), European Media Law, 2008, Art. 1 AVMD, Rn. 60.
220 *Valcke/Ausloos*, in: Donders/Pauwels/Loisen (Hrsg.), The Palgrave Handbook of European Media Policy, 2014, 312 (313).
221 *Stender-Vorwachs/Theißen*, ZUM 2006, 362 (365).
222 *Valcke/Ausloos*, in: Donders/Pauwels/Loisen (Hrsg.), The Palgrave Handbook of European Media Policy, 2014, 312 (313).
223 *Artymiak*, in: Nikoltchev (Hrsg.), The Regulation of On-demand Audiovisual Services: Chaos or Coherence, IRIS Special, 2011, 31 (34); *Europäisches Parlament*, Entschließung zu "Connected TV", P7_TA(2013)0329, 4.07.2013, Erwägungsgrund M, Entschließung 25; *Scheuer*, in: Nikoltchev (Hrsg.), Converged Media: Same Content, Different Laws?, IRIS plus 3/2013, 7 (9 ff.).
224 *Katsirea*, International Journal of Law and Information Technology 2015, 1 (3); *Valcke/Ausloos*, in: Donders/Pauwels/Loisen (Hrsg.), The Palgrave Handbook of European Media Policy, 2014, 312 (313); vgl. Erwägungsgrund 10 AVMD-Richtlinie.
225 *Europäische Kommission*, Grünbuch über die Vorbereitung auf die vollständige Konvergenz der audiovisuellen Welt: Wachstum, Schöpfung und Werte, COM(2013) 231 final, 24.4.2013, 13; zur Regulierungserwartung der Zuschauer vgl. auch *Essential Research*, The regulation of video-on-demand: consumer views on what makes

zwischen diesen Diensten durch unterschiedliche Regulierungsanforderungen ist damit zu befürchten.[226] Die Richtlinie befindet sich daher seit 2016 erneut in einem Überarbeitungsprozess,[227] auf den an späterer Stelle einzugehen sein wird.

II. Anforderungen der Richtlinie an nichtlineare Dienste

1. Abgestufter Regulierungsansatz

Die AVMD-Richtlinie verfolgt einen abgestuften Regulierungsansatz.[228] Dabei wird zwischen der Regelungsdichte für lineare und nichtlineare Dienste differenziert,[229] ohne dass dem technischen Verbreitungsweg[230] oder dem Empfangsgerät weitere Bedeutung zukommt.[231] Entscheidend ist lediglich der entweder vom Anbieter vorgegebene oder vom Nutzer bestimmte Zeitpunkt der Übertragung des Inhalts.[232] Die Vorschriften für nichtlineare Dienste basieren zwar auf den Bestimmungen der Richtlinie für Fernsehsendungen,[233] weisen jedoch diesen gegenüber ein geringeres Schutzniveau für die Nutzer auf.[234] Zur Rechtfertigung dieses Ansatzes wird auf das höhere Maß an Nutzerkontrolle und -steuerung bei der Inhalteauswahl im Rahmen nichtlinearer Angebote verwiesen.[235] Die

---

audiovisual services "TV-Like" – a qualitative research report, December 2009, 3; *Essential Research*, On-demand services: understanding consumer choices – A research report for OFCOM, October 2012; *BDRC Continental*, Attitudes to Online and On-Demand Content – 2014 report, April 2015.

226 *Europäische Kommission*, Grünbuch über die Vorbereitung auf die vollständige Konvergenz der audiovisuellen Welt: Wachstum, Schöpfung und Werte, COM(2013) 231 final, 24.4.2013, 13.

227 Vgl. Ankündigung der *Europäischen Kommission*, Mitteilung an das Europäische Parlament, den Rat, den Europäischen Wirtschafts- und Sozialausschuss und den Ausschuss der Regionen, Strategie für einen digitalen Binnenmarkt für Europa, COM(2015) 192 final, 6.05.2015, 3.2.

228 *Stender-Vorwachs/Theißen*, ZUM 2006, 362 (369).

229 *Dörr*, in: Hartstein/Ring u. a. (Hrsg.), Kommentar zum Rundfunkstaatsvertrag, 75. EGL 2018, Teil B4, Rn. 65; *Schulz*, EuZW 2008, 107 (108).

230 *Kleist/Scheuer*, MMR 2006, 127 (128 f.).

231 *Europäische Kommission*, Grünbuch über die Vorbereitung auf die vollständige Konvergenz der audiovisuellen Welt: Wachstum, Schöpfung und Werte, COM(2013) 231 final, 24.4.2013, 13.

232 *Stender-Vorwachs/Theißen*, ZUM 2006, 362 (365).

233 *Szpunar*, Schlussanträge v. 1.7.2015, Rs. C-347714, Rn. 21.

234 *Kogler*, K&R 2011, 621 (623).

235 *Europäische Kommission*, AVMS Ex-post REFIT evaluation, SWD(2016) 170 final, 25.05.2016, 5; *Dies.*, Grünbuch über die Vorbereitung auf die vollständige

verschiedene Haltung der Nutzer wird auch als „lean back" (für lineare Angebote) und „lean forward" (für nichtlineare Angebote) bezeichnet.[236] In diesem Sinne charakterisiert auch Erwägungsgrund 58 der AVMD-Richtlinie Abrufdienste. Audiovisuelle Mediendienste auf Abruf unterschieden sich danach von Fernsehprogrammen darin, „welche Auswahl- und Steuerungsmöglichkeiten der Nutzer hat und welche Auswirkungen sie auf die Gesellschaft haben". Es sei daher gerechtfertigt, „für audiovisuelle Mediendienste auf Abruf weniger strenge Vorschriften zu erlassen, so dass sie nur den Grundvorschriften [der] Richtlinie unterliegen sollten".

Obwohl audiovisuelle Mediendienste auf Abruf sich nach dem Konzept der abgestuften Regelungsdichte weniger strengen Anforderungen ausgesetzt sehen als der lineare Rundfunk, ist zu bedenken, dass auch diese verminderten Anforderungen einen großen regulatorischen Eingriff im Vergleich zur Zeit vor Geltung der AVMD-Richtlinie darstellen. Die seit 2007 vom Anwendungsbereich der Richtlinie erfassten Angebote sind auf europäischer Ebene zuvor kaum reguliert gewesen.[237] Aus der e-Commerce Richtlinie ergeben sich etwa deutlich weniger Anforderungen an Werbung[238] in sonstigen Diensten der Informationsgesellschaft.[239] Im zuvor dargestellten Spektrum der Medienregulierung ist mit den Abrufdiensten so eine dritte Stufe zwischen der weitgehend unregulierten Presse und dem strenger regulierten Rundfunk hinzugetreten.

2. *Allgemeine Vorschriften*

Für audiovisuelle Mediendienste auf Abruf gelten zunächst – ebenso wie für lineare Angebote – die allgemeinen Vorschriften des dritten Kapitels der AVMD-Richtlinie. Daraus ergeben sich insbesondere Informationspflichten gegenüber

---

Konvergenz der audiovisuellen Welt: Wachstum, Schöpfung und Werte, COM(2013) 231 final, 24.4.2013, 12; *Dörr*, in: Hartstein/Ring u. a. (Hrsg.), Kommentar zum Rundfunkstaatsvertrag, 75. EGL 2018, Teil B4, Rn. 65; *Kogler*, K&R 2011, 621 (623).

236 *ERGA*, Report on material jurisdiction in a converged environment, ERGA 2015 (12), 18.12.2015, 41.

237 *Barata*, in: Nikoltchev (Hrsg.), The Regulation of On-demand Audiovisual Services: Chaos or Coherence, IRIS Special, 2011, 95.

238 In der Begrifflichkeit der AVMD-Richtlinie wird für Werbung der Oberbegriff der „audiovisuellen kommerziellen Kommunikation" gemäß Art. 1 Abs. 1 lit. h AVMD-Richtlinie verwendet. Soweit im Folgenden von Werbung gesprochen wird, sind damit Inhalte in diesem Sinne gemeint.

239 *Scheuer*, in: Nikoltchev (Hrsg.), Converged Media: Same Content, Different Laws?, IRIS plus 3/2013, 7 (16).

den Nutzern (Art. 5 AVMD-Richtlinie), das Verbot von Sendungen, die zu Hass aufstacheln (Art. 6 AVMD-Richtlinie), Anforderungen an Sponsoring und Produktplatzierung (Art. 10 und 11 AVMD-Richtlinie) sowie an kommerzielle audiovisuelle Kommunikation (Art. 9 AVMD-Richtlinie). Für Werbung gilt nach Art. 9 Abs. 1 lit. a AVMD-Richtlinie ein Erkennbarkeitsgebot. Eine strikte Trennung vom redaktionellen Inhalt, die Art. 19 Abs. 1 AVMD-Richtlinie für lineare Angebote anordnet, ist hingegen nicht vorgeschrieben. Aus Art. 9 Abs. 1 lit. d und f ergeben sich weiterhin Werbeverbote für Tabakerzeugnisse und verschreibungspflichtige Medikamente. Bezüglich Werbung für alkoholische Getränke gilt gemäß Art. 9 Abs. 1 lit. e die Einschränkung, dass diese sich nicht speziell an Minderjährige richten und nicht den „übermäßigen Genuss solcher Getränke" fördern darf. Im Unterschied hierzu muss Fernsehwerbung[240] für alkoholische Getränke die deutlich strengeren Grenzen des Art. 22 AVMD-Richtlinie einhalten, wonach unter anderem keine Minderjährigen beim Trinken alkoholischer Getränke gezeigt werden dürfen, die Höhe des Alkoholgehalts nicht positiv herausgestellt werden darf und keine Verbindung zwischen dem Konsum von Alkohol und einer verbesserten physischen Leistung oder gesteigertem sozialen Erfolg hergestellt werden darf. Quantitative Grenzen zu kommerzieller audiovisueller Kommunikation in Abrufdiensten normiert die Richtlinie nicht, während für Fernsehwerbung gemäß Art. 23 Abs. 1 AVMD-Richtlinie ein Höchstanteil von 20% der stündlichen Sendezeit nicht überschritten werden darf und in bestimmten Sendungsformaten gemäß Art. 20 Abs. 2 AVMD-Richtlinie nur eine Werbeunterbrechung für jeden programmierten Zeitraum von 30 Minuten zulässig ist.

3. Vorschriften für Abrufdienste

Aus dem vierten Kapitel der Richtlinie ergeben sich daneben noch besondere Anforderungen an Abrufdienste. Nach Art. 12 AVMD-Richtlinie sollen Abrufdienste, „die die körperliche, geistige oder sittliche Entwicklung von Minderjährigen ernsthaft beeinträchtigen können" nur so angeboten werden, dass Minderjährige sie üblicherweise nicht nutzen können. Zum Einsatz kommen hierzu häufig (technische) Altersverifikationssysteme.[241] In linearen Diensten

---

240 Der von der AVMD-Richtlinie in Art. 1 Abs. 1 lit. i definierte Begriff der „Fernsehwerbung" ist insofern missverständlich, dass er nicht lediglich Werbung im Fernsehen, sondern vielmehr Werbung in allen linearen audiovisuellen Mediendiensten umfasst, vgl. auch die Definition von „Fernsehprogrammen" in Art. 1 Abs. 1 lit. e AVMD-Richtlinie, die mit linearen audiovisuellen Mediendiensten gleichgesetzt werden.
241 *Scheuer*, in: Nikoltchev (Hrsg.), Converged Media: Same Content, Different Laws?, IRIS plus 3/2013, 7 (12).

sind derartige Inhalte hingegen gemäß Art. 27 Abs. 1 generell unzulässig, obwohl auch hier ähnliche technische Möglichkeiten der Zugangskontrolle bestünden.[242] Bezüglich sonstiger Inhalte, die keine „ernsthafte", sondern lediglich eine allgemeine Beeinträchtigung befürchten lassen, muss gemäß Art. 27 Abs. 2 durch Wahl der Sendezeit oder besondere technische Maßnahmen sichergestellt sein, dass Minderjährige die Inhalte üblicherweise nicht wahrnehmen. Zudem sind die Sendungen nach Abs. 3 zu kennzeichnen.

Aus Art. 13 AVMD-Richtlinie ergibt sich zudem die Verpflichtung der Mitgliedstaaten, die Anbieter audiovisueller Mediendienste auf Abruf zur Förderung europäischer Werke anzuhalten. Die Förderung kann nach Absatz 1 der Vorschrift in finanziellen Beiträgen zur Produktion der Werke, im Erwerb von Rechten an den Werken und der Einhaltung eines nicht näher bestimmten Anteils der Werke am Gesamtangebot des jeweiligen Katalogs bestehen. Die Vorschrift ist insgesamt sehr weit formuliert und lässt den Mitgliedstaaten erheblichen Spielraum für die Umsetzung im nationalen Recht. Konkreter ist hingegen die entsprechende Regelung für lineare Angebote in Art. 16 AVMD-Richtlinie formuliert, wonach der „Hauptanteil der Sendezeit" außerhalb von Nachrichten, Sportberichten, Spielshows und Werbung auf die Sendung europäischer Werke entfallen soll. Gemäß Absatz 2 darf sich der Anteil jedenfalls nicht gegenüber der im Jahr 1998 durchschnittlich erreichten Quote europäischer Werte verringern.

Weitere Unterschiede in den Regelungen für lineare und nichtlineare Dienste finden sich im in Art. 15 AVMD-Richtlinie normierten Recht auf Kurzberichterstattung, das lediglich Fernsehveranstaltern (allerdings nach Absatz 5 auch im Rahmen von deren zeitversetzen Abrufdiensten) zusteht und hinsichtlich des Rechts auf Gegendarstellung aus Art. 28 AVMD-Richtlinie, dass ebenfalls lediglich gegenüber Fernsehveranstaltern geltend gemacht werden kann.[243]

4. Unterschiede zu Angeboten außerhalb des Anwendungsbereichs

Für Angebote, die nicht in den Anwendungsbereich der AVMD-Richtlinie fallen, bestehen auf europäischer Ebene in den von der Richtlinie geregelten Bereichen kaum Anforderungen, so etwa im Bereich Jugendschutz.[244] Werbung für alkoholische Getränke wird ebenfalls ausschließlich durch die AVMD-Richtlinie geregelt, so dass sich in anderen Angeboten keine Einschränkung ergibt.[245]

---

242 *Kogler*, K&R 2011, 621 (623).
243 Kritisch hierzu Ebd.
244 *Scheuer*, in: Nikoltchev (Hrsg.), Converged Media: Same Content, Different Laws?, IRIS plus 3/2013, 7 (11).
245 Ebd., 14.

Für Tabakerzeugnisse ist allerdings bereits durch Richtlinie 2003/33/EG ein allgemeines Werbeverbot in Diensten der Informationsgesellschaft geregelt.[246] Hinsichtlich der Erkennbarkeit von Werbung legt Art. 6 lit. a der e-Commerce Richtlinie ebenso wie Art. 9 Abs. 1 lit. a AVMD-Richtlinie ein Erkennbarkeitsgebot fest. Auch die in der AVMD-Richtlinie enthaltenen Informationspflichten finden sich in Art. 5 der e-Commerce Richtlinie, der als Vorbild für die Gestaltung des entsprechenden Art. 5 AVMD-Richtlinie diente.[247]

Zur Illustration dieser unterschiedlichen Regelungsniveaus wurde von verschiedenen Autoren auf einen fiktiven mehrgeteilten Bildschirm verwiesen, der gleichzeitig Inhalte aus dem linearen Rundfunk, nichtlinearen Abrufdiensten und sonstigen, nicht von der AVMD-Richtlinie regulierten, Angeboten zeigt.[248] Eine derartige Mediennutzung ist mit heute erhältlichen Endgeräten, wie Smart-TVs oder auch herkömmlichen PCs, durchaus möglich.[249] Die dabei entstehenden Gegenüberstellungen wirken zum Teil grotesk: Während Pornografie im linearen Rundfunk vollständig untersagt ist, dürften pornografische Inhalte auf einem anderen Teil des Bildschirms entweder mit vorgeschalteter Altersverifikation oder im Fall sonstiger Dienste sogar vorbehaltlos gezeigt werden.[250] Als weiteres Beispiel lassen sich die Werbebeschränkungen für alkoholische Getränke anführen: Während in nicht der AVMD-Richtlinie unterfallenden Angeboten zu Werbezwecken unproblematisch Gruppen von Jugendlichen beim Alkoholkonsum gezeigt werden dürfen und in nichtlinearen Diensten ebenso unproblematisch die „beruhigende Wirkung" von Wodka vor „schwierigen beruflichen Entscheidungen" beworben werden darf, wären beide Werbebotschaften auf dem dem linearen Rundfunk vorbehaltenen Bildschirmteil untersagt.[251]

---

246 *Europäische Kommission*, Vorschlag für eine Richtlinie des Europäischen Parlaments und des Rates zur Änderung der Richtlinie 2010/13/EU zur Koordinierung bestimmter Rechts- und Verwaltungsvorschriften der Mitgliedstaaten über die Bereitstellung audiovisueller Mediendienste im Hinblick auf sich verändernde Marktgegebenheiten, COM(2016) 287 final, 25.05.2016, 3.
247 *Kogler*, K&R 2011, 621 (624).
248 Ebd., 622 ff.; *Scheuer*, in: Nikoltchev (Hrsg.), Converged Media: Same Content, Different Laws?, IRIS plus 3/2013, 7 (12 ff.).
249 *Europäisches Parlament*, Entschließung zu "Connected TV", P7_TA(2013)0329, 4.07.2013, Erwägungsgrund F; *Kogler*, K&R 2011, 621 (622 ff.); *Scheuer*, in: Nikoltchev (Hrsg.), Converged Media: Same Content, Different Laws?, IRIS plus 3/2013, 7 (9).
250 *Scheuer*, in: Nikoltchev (Hrsg.), Converged Media: Same Content, Different Laws?, IRIS plus 3/2013, 7 (12).
251 *Kogler*, K&R 2011, 621 (623 f.).

Ob diese Ergebnisse aus Nutzersicht nachvollziehbar sind, wird zu Recht angezweifelt.[252]

III. Der materielle Anwendungsbereich für audiovisuelle Mediendienste auf Abruf

Zu klären ist nun, welche Angebote den oben dargestellten Anforderungen im Einzelnen unterliegen. Audiovisuelle Mediendienste auf Abruf werden in Art. 1 Abs. 1 lit. g der AVMD-Richtlinie definiert als „[…] nichtlinear[e] audiovisuell[e] Mediendienste", die „von einem Mediendiensteanbieter für den Empfang zu dem vom Nutzer gewählten Zeitpunkt und auf dessen individuellen Abruf hin aus einem vom Mediendiensteanbieter festgelegten Programmkatalog bereitgestellt [werden]". Die Abgrenzung von linearen und nichtlinearen Mediendiensten bereitet keine Probleme, vielmehr ist für viele nichtlineare Internetangebote die entscheidende Frage, ob sie die allgemeinen Merkmale audiovisueller Mediendienste aufweisen. Diese werden in Art. 1 Abs. 1 lit. a i) AVMD-Richtlinie definiert als „eine Dienstleistung im Sinne der Artikel 56 und 57 des Vertrags über die Arbeitsweise der Europäischen Union", „für die ein Mediendiensteanbieter die redaktionelle Verantwortung trägt und deren Hauptzweck die Bereitstellung von Sendungen zur Information, Unterhaltung oder Bildung der allgemeinen Öffentlichkeit über elektronische Kommunikationsnetze im Sinne des Artikels 2 Buchstabe a der Richtlinie 2002/21/EG ist […]". Erwägungsgrund 29 der Richtlinie stellt dazu klar, dass „alle Kriterien eines audiovisuellen Mediendienstes gemäß seiner Definition und gemäß den Erläuterungen in den Erwägungsgründen 21 bis 28 […] gleichzeitig erfüllt sein [müssen]".

Hieraus ergeben sich fünf kumulative Voraussetzungen: das Vorliegen einer

1) Dienstleistung, unter der
2) redaktionellen Verantwortung eines Mediendiensteanbieters, deren
3) Hauptzweck die Bereitstellung von
4) Sendungen zur Information, Unterhaltung oder Bildung ist und die
5) an die allgemeine Öffentlichkeit gerichtet ist und über elektronische Kommunikationsnetze erbracht wird.

Die Tatbestandsmerkmale sollen im Folgenden einzeln näher erläutert und insbesondere auch durch Beispiele aus der Anwendungspraxis der Mitgliedstaaten ergänzt werden. Nicht einbezogen werden jedoch an dieser Stelle Entscheidungen

---

252 *Ebd.*, 625; *Scheuer*, in: Nikoltchev (Hrsg.), Converged Media: Same Content, Different Laws?, IRIS plus 3/2013, 7 (12).

zum Sonderproblem von Videoangeboten auf Internetseiten der Presse. Dieser Bereich soll im folgenden Abschnitt detailliert untersucht werden.

1. Dienstleistung

Dienstleistungen sind gemäß Art. 57 AEUV „Leistungen, die in der Regel gegen Entgelt erbracht werden, soweit sie nicht den Vorschriften über den freien Waren- und Kapitalverkehr und über die Freizügigkeit der Personen unterliegen". Erwägungsgrund 21 der AVMD-Richtlinie konkretisiert Dienstleistungen weiter als „alle Arten wirtschaftlicher Tätigkeiten, auch die öffentlich-rechtlicher Unternehmen, [die Richtlinie soll] sich jedoch nicht auf vorwiegend nichtwirtschaftliche Tätigkeiten erstrecken, die nicht mit Fernsehsendungen im Wettbewerb stehen, wie z. B. private Internetseiten und Dienste zur Bereitstellung oder Verbreitung audiovisueller Inhalte, die von privaten Nutzern für Zwecke der gemeinsamen Nutzung und des Austauschs innerhalb von Interessengemeinschaften erstellt werden".

Die wirtschaftliche Gegenleistung der Dienstleistung muss nicht von den Zuschauern beziehungsweise Nutzern des Angebots erbracht werden,[253] auch finanzielle Beiträge durch Sponsoren oder Werbeerträge von dritter Seite genügen den Voraussetzungen.[254] Für staatliche Internetangebote gilt die zum Dienstleistungsbegriff entwickelte Maßgabe,[255] dass zwischen wirtschaftlicher Betätigung und der Erfüllung öffentlicher Aufgaben zu unterscheiden ist.[256] Nicht auf Gewinnerzielung ausgerichtete, insbesondere staatliche Angebote oder gemeinnützige Angebote von Nichtregierungsorganisationen werden in der Slowakei und den Niederlanden regelmäßig nicht als Dienstleistungen eingestuft und fallen so nicht unter die Geltung der AVMD-Richtlinie.[257] Ausgeschlossen

---

253 *Machet*, 33rd EPRA meeting, Background Document for Plenary Session – Content Regulation and new Media: Exploring Regulatory Boundaries between Traditional and new Media, EPRA 2011/02, 2011, 9.
254 Vgl. zu Belgien *Cabrera Blázquez*, in: Nikoltchev (Hrsg.), What Is an On-demand Service?, IRIS plus 4/2013, 7 (15); *Valcke/Ausloos*, in: Donders/Pauwels/Loisen (Hrsg.), The Palgrave Handbook of European Media Policy, 2014, 312 (315).
255 *Kluth*, in: Calliess/Ruffert (Hrsg.), EUV/AEUV, 5. Aufl. 2016, Art. 57 AEUV, Rn. 14.
256 *Kogler*, MuR 2011, 228 (230).
257 *Machet*, 33rd EPRA meeting, Background Document for Plenary Session – Content Regulation and new Media: Exploring Regulatory Boundaries between Traditional and new Media, EPRA 2011/02, 2011, 9; *Valcke/Ausloos*, in: Donders/Pauwels/Loisen (Hrsg.), The Palgrave Handbook of European Media Policy, 2014, 312 (315).

ist ihre Einbeziehung in den Anwendungsbereich jedoch nicht.[258] In Österreich wird die Einstufung ähnlicher Angebote, die über Spenden finanziert werden, von der Regulierungsbehörde als problematisch empfunden.[259] Italien hat sich zugunsten der Rechtsklarheit entschlossen, eine finanzielle Erheblichkeitsschwelle einzuführen.[260] Danach fallen audiovisuelle Angebote, die ein Jahr nach ihrer Gründung weniger als 10.000 Euro jährlichen Einnahmen erzielen nicht in den Anwendungsbereich der Richtlinie.[261] Je nach tatsächlicher Entwicklung der Nutzerzahlen und Einnahmen kann die Einstufung eines Anbieters jährlich angepasst werden.[262] Kritisiert wird diese Lösung als Diskriminierung größerer Anbieter.[263] Zudem sei unklar, wie die Einnahmen aus audiovisuellen Angeboten von den Einnahmen aus anderen Diensten eines Anbieters[264] zu differenzieren sind.[265]

---

258 *Cabrera Blázquez*, in: Nikoltchev (Hrsg.), What Is an On-demand Service?, IRIS plus 4/2013, 7 (9); *Valcke/Ausloos*, in: Donders/Pauwels/Loisen (Hrsg.), The Palgrave Handbook of European Media Policy, 2014, 312 (315).

259 *Machet*, 33rd EPRA meeting, Background Document for Plenary Session – Content Regulation and new Media: Exploring Regulatory Boundaries between Traditional and new Media, EPRA 2011/02, 2011, 12; *Valcke/Ausloos*, in: Donders/Pauwels/Loisen (Hrsg.), The Palgrave Handbook of European Media Policy, 2014, 312 (315).

260 *Viola/Capello*, in: Nikoltchev (Hrsg.), The Regulation of On-demand Audiovisual Services: Chaos or Coherence?, IRIS Special, 2011, 47 (51).

261 *Machet*, 33rd EPRA meeting, Background Document for Plenary Session – Content Regulation and new Media: Exploring Regulatory Boundaries between Traditional and new Media, EPRA 2011/02, 2011, 9; *Valcke/Ausloos*, in: Donders/Pauwels/Loisen (Hrsg.), The Palgrave Handbook of European Media Policy, 2014, 312 (315). *Viola/Capello*, in: Nikoltchev (Hrsg.), The Regulation of On-demand Audiovisual Services: Chaos or Coherence?, IRIS Special, 2011, 47 (51).

262 *Viola/Capello*, in: Nikoltchev (Hrsg.), The Regulation of On-demand Audiovisual Services: Chaos or Coherence?, IRIS Special, 2011, 47 (51).

263 *Betzel*, in: Nikoltchev (Hrsg.), The Regulation of On-demand Audiovisual Services: Chaos or Coherence?, IRIS Special, 2011, 53 (59); *Valcke/Ausloos*, in: Donders/Pauwels/Loisen (Hrsg.), The Palgrave Handbook of European Media Policy, 2014, 312 (315).

264 *Machet*, 33rd EPRA meeting, Background Document for Plenary Session – Content Regulation and new Media: Exploring Regulatory Boundaries between Traditional and new Media, EPRA 2011/02, 2011, 9.

265 *Betzel*, in: Nikoltchev (Hrsg.), The Regulation of On-demand Audiovisual Services: Chaos or Coherence?, IRIS Special, 2011, 53 (59); *Valcke/Ausloos*, in: Donders/Pauwels/Loisen (Hrsg.), The Palgrave Handbook of European Media Policy, 2014, 312 (315).

2. Redaktionelle Verantwortung eines Mediendiensteanbieters

Die Dienstleistung muss unter der redaktionellen Verantwortung eines Mediendiensteanbieters angeboten werden. Als Mediendiensteanbieter ist gemäß der Definition in Art. 1 Abs. 1 lit. d der AVMD-Richtlinie „die natürliche oder juristische Person, die die redaktionelle Verantwortung für die Auswahl der audiovisuellen Inhalte des audiovisuellen Mediendienstes trägt und bestimmt, wie diese gestaltet werden" anzusehen. Auszuschließen sind davon gemäß Erwägungsgrund 26 der Richtlinie „natürliche oder juristische Personen [...], die Sendungen, für welche die redaktionelle Verantwortung bei Dritten liegt, lediglich weiterleiten".

Allerdings ist die redaktionelle Verantwortung gemäß Art. 1 Abs. 1 lit. c Satz 2 nicht zwangsläufig gleichzusetzen mit der „rechtliche[n] Haftung nach innerstaatlichem Recht für die bereitgestellten Inhalte oder Dienste". Erwägungsgrund 25 stellt dazu klar, dass die in der e-Commerce Richtlinie geregelten Haftungsausschlüsse von der AVMD-Richtlinie unberührt bleiben.

Das Kriterium der redaktionellen Verantwortung wurde vom *Parlament* im Laufe des Gesetzgebungsverfahrens zur AVMD-Richtlinie eingeführt, um eine klarere Abgrenzung zwischen professionellen und nicht-professionellen Angeboten zu schaffen.[266] Redaktionelle Verantwortung ist nach Art. 1 Abs. 1 lit. c der AVMD-Richtlinie zu verstehen als „Ausübung einer wirksamen Kontrolle sowohl hinsichtlich der Zusammenstellung der Sendungen als auch hinsichtlich ihrer Bereitstellung entweder anhand eines chronologischen Sendeplans im Falle von Fernsehsendungen oder mittels eines Katalogs im Falle von audiovisuellen Mediendiensten auf Abruf". Diese kann nach Erwägungsgrund 25 der Richtlinie insbesondere hinsichtlich des Begriffs der „wirksamen Kontrolle" durch die Mitgliedstaaten bei der Umsetzung der Richtlinie näher bestimmt werden.

a) Wirksame Kontrolle

Im Einzelnen ist umstritten, wodurch wirksame Kontrolle charakterisiert wird. Jedenfalls ist keine permanente Ausübung der Kontrolle zu verlangen.[267]

---

266 *Chavannes/Castendyk*, in: Castendyk/Dommering/Scheuer (Hrsg.), European Media Law, 2008, Art. 1 AVMD, Rn. 27.

267 *Valcke/Ausloos*, in: Donders/Pauwels/Loisen (Hrsg.), The Palgrave Handbook of European Media Policy, 2014, 312 (316); so auch *Conseil supérieur de l'audiovisuel de la Communauté française de Belgique (CSA) – Collège d'autorisation et de contrôle*, Recommandation relative au périmètre de la régulation des services de medias audiovisuels, 29.03.2012, 11.

Andernfalls könnten potentielle Verantwortliche sich auf ihre zeitweise mangelnde Kontrolle berufen um den Anforderungen der Richtlinie zu entgehen.[268] Als Definition wurde vielmehr die „Möglichkeit der Beeinflussung der kommunikativen Charakteristik" eines Angebots vorgeschlagen.[269] Ob es dabei auf die rechtliche oder die tatsächliche Möglichkeit ankommt, bleibt jedoch unklar.[270] Zweifelsfälle können insbesondere entstehen, sobald ein möglicher Verantwortlicher lediglich für die Präsentation und Aggregation der Inhalte zuständig ist.[271] In Italien sind vor diesem Hintergrund beispielsweise reine „Catch-Up"-Dienste, die ausschließlich zuvor im linearen Rundfunk ausgestrahlte Inhalte anbieten, von der Definition der audiovisuellen Mediendienste ausgenommen.[272]

Die Definition in Art. 1 Abs. 1 lit. c der AVMD-Richtlinie nennt zwei Möglichkeiten der Ausübung wirksamer Kontrolle. Zum einen die Zusammenstellung der Inhalte und zum anderen ihre Bereitstellung innerhalb eines Katalogs. Bezüglich der ersten Variante wird zumindest eine aktive Auswahlhandlung beziehungsweise -entscheidung notwendig sein.[273] Irrelevant ist dabei allerdings, ob der Verantwortliche inhaltlichen Einfluss auf die einzelnen Inhalte ausüben kann.[274] Ob seine Motive eine Rolle spielen ist umstritten.[275] Teilweise wird verlangt, dass für eine „wirksame Kontrolle" die Entscheidung über die Zusammenstellung der Inhalte vom Profil des Angebots beeinflusst werden muss.[276]

---

268 *Conseil supérieur de l'audiovisuel de la Communauté française de Belgique (CSA) – Collège d'autorisation et de contrôle*, Recommandation relative au périmètre de la régulation des services de medias audiovisuels, 29.03.2012, 11.
269 *Schulz*, EuZW 2008, 107 (109); *Valcke/Ausloos*, in: Donders/Pauwels/Loisen (Hrsg.), The Palgrave Handbook of European Media Policy, 2014, 312 (316).
270 *Chavannes/Castendyk*, in: Castendyk/Dommering/Scheuer (Hrsg.), European Media Law, 2008, Art. 1 AVMD, Rn. 65.
271 *Valcke/Ausloos*, in: Donders/Pauwels/Loisen (Hrsg.), The Palgrave Handbook of European Media Policy, 2014, 312 (316).
272 Ebd., 316; *Viola/Capello*, in: Nikoltchev (Hrsg.), The Regulation of On-demand Audiovisual Services: Chaos or Coherence?, IRIS Special, 2011, 47 (51).
273 *Valcke/Ausloos*, in: Donders/Pauwels/Loisen (Hrsg.), The Palgrave Handbook of European Media Policy, 2014, 312 (316).
274 Ebd.
275 Ebd.; dagegen: *ATVOD*, Determination BSKYB LTD, 23.01.2012, Rn. 5.5.
276 *Conseil supérieur de l'audiovisuel de la Communauté française de Belgique (CSA) – Collège d'autorisation et de contrôle*, Recommandation relative au périmètre de la régulation des services de medias audiovisuels, 29.03.2012, 12; *Valcke/Ausloos*, in: Donders/Pauwels/Loisen (Hrsg.), The Palgrave Handbook of European Media Policy, 2014, 312 (316).

Als zweite Variante der Ausübung wirksamer Kontrolle kommt gemäß der Definition der Richtlinie die Bereitstellung der Inhalte mittels eines Katalogs in Betracht. Der Beitrag des Organisators muss dabei einen Mehrwert für das Angebot darstellen um als Bereitstellung qualifiziert zu werden.[277] Dies kann zum Beispiel durch die Ergänzung der Inhalte mit Metadaten erreicht werden.[278] Der tschechische Regulierer verlangt konkret eine Organisation der Inhalte nach Genres oder sonstigen inhaltlichen Kriterien.[279] Nach überwiegender Ansicht soll hingegen die rein alphabetische Sortierung der Inhalte und Bereitstellung einer Suchfunktion nicht genügen.[280]

b) Videoplattformen und nutzergenerierte Inhalte

Die Einstufung von Diensten, die nutzergenerierte Inhalte bereitstellen, als audiovisuelle Mediendienste scheitert regelmäßig am Kriterium der redaktionellen Kontrolle.[281] Gewöhnlich findet bei diesen Diensten gerade keine Vorauswahl der Inhalte durch den Anbieter statt, sondern dieser reagiert nur nachträglich auf Beschwerden und Hinweise.[282] In Italien findet sich daher in

---

277 *Valcke/Ausloos*, in: Donders/Pauwels/Loisen (Hrsg.), The Palgrave Handbook of European Media Policy, 2014, 312 (317).
278 So in den Niederlanden, vgl. Ebd.
279 *Machet*, 33rd EPRA meeting, Background Document for Plenary Session – Content Regulation and new Media: Exploring Regulatory Boundaries between Traditional and new Media, EPRA 2011/02, 2011, 11; *Valcke/Ausloos*, in: Donders/Pauwels/Loisen (Hrsg.), The Palgrave Handbook of European Media Policy, 2014, 312 (317).
280 *Conseil supérieur de l'audiovisuel de la Communauté française de Belgique (CSA) – Collège d'autorisation et de contrôle*, Recommandation relative au périmètre de la régulation des services de medias audiovisuels, 29.03.2012, 12; *Machet*, 33rd EPRA meeting, Background Document for Plenary Session – Content Regulation and new Media: Exploring Regulatory Boundaries between Traditional and new Media, EPRA 2011/02, 2011, 11; *Valcke/Ausloos*, in: Donders/Pauwels/Loisen (Hrsg.), The Palgrave Handbook of European Media Policy, 2014, 312 (317).
281 *Chavannes/Castendyk*, in: Castendyk/Dommering/Scheuer (Hrsg.), European Media Law, 2008, Art. 1 AVMD, Rn. 73; *Conseil supérieur de l'audiovisuel de la Communauté française de Belgique (CSA) – Collège d'autorisation et de contrôle*, Recommandation relative au périmètre de la régulation des services de medias audiovisuels, 29.03.2012, 13; *Europäische Kommission*, AVMS Impact Assessment, SWD(2016) 168 final, 25.05.2016, 5; *Schulz*, EuZW 2008, 107 (109).
282 *Betzel*, in: Nikoltchev (Hrsg.), The Regulation of On-demand Audiovisual Services: Chaos or Coherence?, IRIS Special, 2011, 53 (61); *Chavannes/Castendyk*, in: Castendyk/Dommering/Scheuer (Hrsg.), European Media Law, 2008, Art. 1 AVMD, Rn. 73; *Europäische Kommission*, AVMS Impact Assessment, SWD(2016)

der entsprechenden gesetzlichen Regelung hierzu eine Klarstellung.[283] Die reine Indexierung nutzergenerierter Inhalte innerhalb eines Katalogs stellt danach kein Angebot eines audiovisuellen Mediendienstes auf Abruf dar.[284] Vereinzelt wird dagegen vorgebracht, auch die nachträgliche Auswahl oder Korrektur der Inhalte durch den Anbieter sei eine wirksame Kontrolle und genüge so dem Kriterium der redaktionellen Verantwortung.[285] Die britische *ATVOD* sah das Kriterium der redaktionellen Kontrolle über nutzergenerierte Inhalte lediglich als erfüllt an, falls die Inhalte nicht komplett eigenständig durch die Nutzer bereitgestellt werden können, sondern zunächst zur Freigabe an den Anbieter weitergeleitet werden müssen.[286] In diesem Fall verbleibt die Entscheidung über die Zusammenstellung des Angebots beim Anbieter.[287]

Auch in den Niederlanden werden bei gemischten Angeboten, die sowohl nutzergenerierte als auch eigene Inhalte des Anbieters bereitstellen, lediglich die eigenen Inhalte als unter der redaktionellen Verantwortung des Anbieters liegend angesehen.[288] Die bekannte Videoplattform YouTube hat etwa kürzlich begonnen unter dem Namen „YouTube Red Originals" Eigenproduktionen in Zusammenarbeit mit erfolgreichen aktiven Nutzern[289] der Plattform

---

168 final, 25.05.2016, 5; *Valcke/Ausloos*, in: Donders/Pauwels/Loisen (Hrsg.), The Palgrave Handbook of European Media Policy, 2014, 312 (317).
283 *Valcke/Ausloos*, in: Donders/Pauwels/Loisen (Hrsg.), The Palgrave Handbook of European Media Policy, 2014, 312 (317); *Viola/Capello*, in: Nikoltchev (Hrsg.), The Regulation of On-demand Audiovisual Services: Chaos or Coherence?, IRIS Special, 2011, 47 (51).
284 Ebd.; für die Slowakei vgl. *Machet*, 33rd EPRA meeting, Background Document for Plenary Session – Content Regulation and new Media: Exploring Regulatory Boundaries between Traditional and new Media, EPRA 2011/02, 2011, 15.
285 *Valcke/Ausloos*, in: Donders/Pauwels/Loisen (Hrsg.), The Palgrave Handbook of European Media Policy, 2014, 312 (317).
286 *ATVOD*, Determination BNP TV, 29.11.2010, Rn. (c); *Valcke/Ausloos*, in: Donders/Pauwels/Loisen (Hrsg.), The Palgrave Handbook of European Media Policy, 2014, 312 (317).
287 *ATVOD*, Determination BNP TV, 29.11.2010, Rn. (c).
288 *Machet*, 33rd EPRA meeting, Background Document for Plenary Session – Content Regulation and new Media: Exploring Regulatory Boundaries between Traditional and new Media, EPRA 2011/02, 2011, 15; *Valcke/Ausloos*, in: Donders/Pauwels/Loisen (Hrsg.), The Palgrave Handbook of European Media Policy, 2014, 312 (317).
289 Als aktive Nutzer von Videoplattformen sollen im Folgenden die Nutzer verstanden werden, die selbst Videoinhalte auf der Plattform publizieren. „Passive" Nutzer konsumieren im Gegensatz dazu lediglich die Inhalte der aktiven Nutzer.

anzubieten.²⁹⁰ Anders als bei den „regulären" Kanälen auf der Videoplattform übt YouTube über diesen abgrenzbaren Bereich des Angebots wohl redaktionelle Kontrolle aus.

Davon abzugrenzen sind jedoch einzelne sogenannte „branded channels", die zwar auf Plattformen ohne redaktionelle Kontrolle angeboten werden, selbst jedoch unter der redaktionellen Kontrolle des verantwortlichen Unternehmens oder des Nutzers stehen.²⁹¹ So verfahren auch die zuständigen nationalen Regulierungsstellen etwa in den Niederlanden²⁹² und Belgien²⁹³. Ein Beispiel hierfür wären einzelne Kanäle auf der Videoplattform YouTube, die einen audiovisuellen Mediendienst auf Abruf darstellen können.²⁹⁴ Mediendiensteanbieter ist in diesem Fall jedoch der für den Kanal verantwortliche Nutzer, nicht der Betreiber der Plattform YouTube.²⁹⁵

c) Verantwortlicher Mediendiensteanbieter

Einen Problemkreis im Zusammenhang mit der redaktionellen Kontrolle stellt schließlich noch die Identifikation des verantwortlichen Mediendiensteanbieters dar. In Konstellationen, in denen mehrere Stellen oder Anbieter an der Zusammenstellung und Bereitstellung beteiligt sind, ist fraglich, wonach der im Sinne der AVMD-Richtlinie Verantwortliche zu bestimmen ist.²⁹⁶ Eine nebeneinander bestehende Verantwortlichkeit mehrerer Beteiligter kommt bereits aus Gründen der Jurisdiktion nicht in Betracht: Sind die Beteiligten in verschiedenen Mitgliedstaaten niedergelassen, würde dies zur parallelen Zuständigkeit

---

290 Siehe den zugehörigen Kanal „YouTube Red Originals", abrufbar unter: https://www.YouTube.com/channel/UCqVDpXKLmKeBU_yyt_QkItQ/about [Stand November 2018].
291 *Szpunar*, Schlussanträge v. 1.7.2015, Rs. C-347714, Rn. 39.
292 *Betzel*, in: Nikoltchev (Hrsg.), The Regulation of On-demand Audiovisual Services: Chaos or Coherence?, IRIS Special, 2011, 53 (61).
293 *Cabrera Blázquez*, in: Nikoltchev (Hrsg.), What Is an On-demand Service?, IRIS plus 4/2013, 7 (15); *Conseil supérieur de l'audiovisuel de la Communauté française de Belgique (CSA) – Collège d'autorisation et de contrôle*, Recommandation relative au périmètre de la régulation des services de medias audiovisuels, 29.03.2012, 14.
294 *Fiedler*, in: Gersdorf/Paal (Hrsg.), Beck'scher Online-Kommentar Informations und Medienrecht, 17. Ed. 1.08.2017, §58 RStV, Rn. 26; *Fuchs/Hahn*, MMR 2016, 503.
295 *Fiedler*, in: Gersdorf/Paal (Hrsg.), Beck'scher Online-Kommentar Informations und Medienrecht, 17. Ed. 1.08.2017, §58 RStV, Rn. 26.
296 *Machet*, 35th EPRA meeting, Comparative Background Document for Plenary Session – New Media & Regulation: Towards a Paradigm Shift? New Services and Scope: "What's in, what's out Revisited", EPRA/2012/02a, 2012, 15.

unterschiedlicher Regulierungsbehörden für ein Angebot führen.[297] Als Verantwortlicher auszuschließen ist jedenfalls der Produzent beziehungsweise Hersteller des Inhalts.[298] Das britische *OFCOM* zieht vorrangig zwischen den Beteiligten gegebenenfalls vereinbarte Vertragsbedingungen heran, in denen die Verantwortlichkeit festgelegt wird.[299] Die untergeordnete *ATVOD* stellte zusätzlich auf Markennamen, Sponsoringvereinbarungen und die Bereitstellung der Metadaten ab.[300] In den Niederlanden wird von der zuständigen Behörde primär ebenfalls das Hinzufügen der Metadaten sowie die Endentscheidung über den Katalog berücksichtigt.[301] Im Zweifel sei dabei die Auswahl der Inhalte entscheidend für die redaktionelle Verantwortung.[302] Allerdings sollen hierzu nicht allgemeine Strategieentscheidungen genügen, sondern vielmehr die konkrete Auswahl einzelner Sendungen.[303] Der belgische Conseil Supérieur de l'Audiovisuel (CSA) sieht im Kontrast dazu die Organisation des Katalogs als Hauptbeitrag des Verantwortlichen.[304] Der Organisator sei in der geeigneteren Position, um die Einhaltung der Vorgaben der AVMD-Richtlinie, zum Beispiel hinsichtlich der Kennzeichnung jugendgefährdender Inhalte und der zeitlichen Grenzen

---

297 *Chavannes/Castendyk*, in: Castendyk/Dommering/Scheuer (Hrsg.), European Media Law, 2008, Art. 1 AVMD, Rn. 67.
298 *Valcke/Ausloos*, in: Donders/Pauwels/Loisen (Hrsg.), The Palgrave Handbook of European Media Policy, 2014, 312 (318).
299 *OFCOM*, Notification Guidance, 18.12.2015, Rn. 4.4; *OFCOM*, Scope Appeal Virgin Media Content, 18.01.2012, Rn. 37; *Valcke/Ausloos*, in: Donders/Pauwels/Loisen (Hrsg.), The Palgrave Handbook of European Media Policy, 2014, 312 (318).
300 *Valcke/Ausloos*, in: Donders/Pauwels/Loisen (Hrsg.), The Palgrave Handbook of European Media Policy, 2014, 312 (318).
301 Ebd.
302 *Machet*, 33rd EPRA meeting, Background Document for Plenary Session – Content Regulation and new Media: Exploring Regulatory Boundaries between Traditional and new Media, EPRA 2011/02, 2011, 11; *Valcke/Ausloos*, in: Donders/Pauwels/Loisen (Hrsg.), The Palgrave Handbook of European Media Policy, 2014, 312 (318); *Betzel*, in: Nikoltchev (Hrsg.), The Regulation of On-demand Audiovisual Services: Chaos or Coherence?, IRIS Special, 2011, 53 (58); so auch in der Slowakei *Cabrera Blázquez/Capello/Fontaine/Valais*, Abrufdienste und der sachliche Anwendungsbereich der AVMD-Richtlinie, IRIS plus 1/2016, 45; *Cabrera Blázquez*, in: Nikoltchev (Hrsg.), What Is an On-demand Service?, IRIS plus 4/2013, 7 (17).
303 *Chavannes/Castendyk*, in: Castendyk/Dommering/Scheuer (Hrsg.), European Media Law, 2008, Art. 1 AVMD, Rn. 69.
304 *Conseil supérieur de l'audiovisuel de la Communauté française de Belgique (CSA) – Collège d'autorisation et de contrôle*, Recommandation relative au périmètre de la régulation des services de medias audiovisuels, 29.03.2012, 13.

von Werbung, sicherzustellen.³⁰⁵ Bezüglich der Auswahl sei im Zweifelsfall unter mehreren Beteiligten derjenige der redaktionell Verantwortliche, der als letzter eine Entscheidung trifft.³⁰⁶ Als weiterer Anhaltspunkt wurde vorgeschlagen, auf den Inhaber der Senderechte der Inhalte abzustellen.³⁰⁷

3. Hauptzweck

Nach Erwägungsgrund 22 der AVMD-Richtlinie sollen von der Definition des audiovisuellen Mediendienstes „alle Dienste [ausgeschlossen sein], deren Hauptzweck nicht die Bereitstellung von Programmen ist, d. h. bei denen audiovisuelle Inhalte lediglich eine Nebenerscheinung darstellen und nicht Hauptzweck der Dienste sind. Dazu zählen beispielsweise Internetseiten, die lediglich zu Ergänzungszwecken audiovisuelle Elemente enthalten, z. B. animierte grafische Elemente, kurze Werbespots oder Informationen über ein Produkt oder nichtaudiovisuelle Dienste. Aus diesen Gründen sollten ferner folgende Dienste von dem Anwendungsbereich dieser Richtlinie ausgenommen sein: Glücksspiele mit einem einen Geldwert darstellenden Einsatz, einschließlich Lotterien, Wetten und andere Gewinnspiele, sowie Online-Spiele und Suchmaschinen, jedoch nicht Sendungen mit Gewinnspielen oder Glücksspielen".

Die Bestimmung des Hauptzwecks eines Dienstes gestaltet sich besonders schwierig im Rahmen gemischt-medialer Internetseiten,³⁰⁸ die etwa Texte, Grafiken und gegebenenfalls reine Audioinhalte neben Bewegtbildinhalten anbieten. Auf diese Art von Internetseiten zielt auch Erwägungsgrund 22 ab. In Deutschland legten sowohl das *LG Wuppertal* als auch das *OLG Köln* den Erwägungsgrund im Zusammenhang mit Werbevideos auf YouTube-Kanälen im Ergebnis falsch aus.³⁰⁹ Die Aufzählung „kurzer Werbespots" dient nicht deren Ausschluss aus dem Anwendungsbereich der Richtlinie, sondern nennt sie als Beispiel für begleitendes audiovisuelles Material auf Internetseiten, die vornehmlich nichtaudiovisuelle Inhalte bereitstellen. Hiervon kann jedoch – entgegen der Auffassung der Gerichte³¹⁰ – bei Werbevideos auf YouTube-Kanälen keine Rede sein.³¹¹

---

305 Ebd.
306 Ebd., 12; *Valcke/Ausloos*, in: Donders/Pauwels/Loisen (Hrsg.), The Palgrave Handbook of European Media Policy, 2014, 312 (316).
307 *Chavannes/Castendyk*, in: Castendyk/Dommering/Scheuer (Hrsg.), European Media Law, 2008, Art. 1 AVMD, Rn. 68.
308 Vgl. *Szpunar*, Schlussanträge v. 1.7.2015, Rs. C-347714, Rn. 49.
309 So auch *Sauer*, WRP 2016, 807 (808).
310 *OLG Köln*, Urt. v. 29.05.2015 – 6 U 177/14, Rn. 35; *LG Wuppertal*, Urt. v. 31.10.2014 – 12 O 25/14 = NJW 2015, 1256 (1257).
311 So auch zutreffend *BGH*, Urt. v. 12.01.2017 – I ZR 117/15, Rn. 29.

Das Paradebeispiel gemischt-medialer Internetangebote – und das in der Praxis relevanteste Phänomen – sind Internetseiten von Presseanbietern.[312] In diesem Fall ist zusätzlich Erwägungsgrund 28 der AVMD-Richtlinie zu beachten, wonach „elektronische Ausgaben von Zeitungen und Zeitschriften [...] nicht in den Anwendungsbereich dieser Richtlinie fallen [sollen]". Die Tragweite des Erwägungsgrundes ist jedoch umstritten.[313] In diesem Zusammenhang überrascht[314] die pauschale Behauptung in einer Studie der Europäischen Audiovisuellen Informationsstelle für die *Europäische Kommission*, es sei allgemein akzeptiert, dass es sich bei Nachrichtenvideos auf Zeitungsinternetseiten nicht um Abrufdienste handele, da diese den Text nur ergänzen würden.[315] Nach wohl überwiegender Ansicht soll die Regulierung solcher Angebote auf Internetseiten der Presse gerade nicht von vornherein ausgeschlossen sein.[316] Im Detail wird diese Problematik im folgenden Abschnitt zur Fallpraxis zu Videos auf Presseseiten erläutert.

a) Gesamtangebote und Unterangebote

Mit der Bestimmung des Hauptzwecks geht die Überlegung einher, welcher Teil des Gesamtangebots zu berücksichtigen ist. Die meisten Regulierungsbehörden der Mitgliedstaaten gehen davon aus, dass innerhalb einer Internetseite

---

312 *Machet*, 35th EPRA meeting, Comparative Background Document for Plenary Session – New Media & Regulation: Towards a Paradigm Shift? New Services and Scope: "What's in, what's out Revisited", EPRA/2012/02a, 2012, 15; *Dies.*, 33rd EPRA meeting, Background Document for Plenary Session – Content Regulation and new Media: Exploring Regulatory Boundaries between Traditional and new Media, EPRA 2011/02, 2011, 8; *Valcke/Ausloos*, in: Donders/Pauwels/Loisen (Hrsg.), The Palgrave Handbook of European Media Policy, 2014, 312 (318).
313 Vgl. nur die unterschiedliche Auslegung des *EuGH* und des Generalanwalts im Verfahren „New Media Online", *EuGH*, Urt. v. 21.10.2015, Rs. C-347/14, Rn. 28; *Szpunar*, Schlussanträge v. 1.7.2015, Rs. C-347714, Rn. 55.
314 *Kogler*, JRP 2014, 233 (240).
315 *Europäische Kommission,* On-Demand Audiovisual Markets in the European Union, final report, 2014, 1.1.2.
316 *Conseil supérieur de l'audiovisuel de la Communauté française de Belgique (CSA) – Collège d'autorisation et de contrôle*, Recommandation relative au périmètre de la régulation des services de medias audiovisuels, 29.03.2012, 15; *OFCOM,* Notification Guidance, 18.12.2015, Rn. 3.11 f.

verschiedene Dienste nebeneinander bestehen können[317] und der jeweilige Hauptzweck der Dienste getrennt vom übrigen Angebot zu beurteilen ist.[318] Für die angebotenen audiovisuellen Inhalte stellt sich in diesem Fall zunächst die Frage, ob sie Teil eines Gesamtdienstes sind oder als eigenständiger Dienst angesehen werden können.[319] Entscheidend wird dabei auf die Verbindungen der Videos zu anderen Angeboten der Internetseite,[320] z. B. in Form von Links,[321] die Verwendung von Subdomains für den Videobereich[322] und die Nutzbarkeit und Verständlichkeit der Videoinhalte unabhängig vom Text[323] abgestellt.

Die Verlinkungen zwischen verschiedenen Angebotsteilen und die in sich abgeschlossene oder unselbstständige Informationsvermittlung durch die audiovisuellen Angebote werden auch vom britischen *OFCOM* zur Bestimmung des Hauptzwecks eines Angebots herangezogen.[324] Das *OFCOM* hat seine Kriterien detailliert in einer für Inhalteanbieter zur Orientierung bereitgestellten Richtlinie dargelegt.[325] Danach soll weiterhin relevant sein, ob das audiovisuelle Angebot einen unabhängigen Zugangspunkt für Nutzer darstellt und das Angebot eine eigene Identität gegenüber dem Hauptangebot beziehungsweise anderen Angeboten auf der Seite aufweist.[326] Dies ist naheliegender, soweit die vorhandenen

---

317 *Conseil supérieur de l'audiovisuel de la Communauté française de Belgique (CSA) – Collège d'autorisation et de contrôle*, Recommandation relative au périmètre de la régulation des services de medias audiovisuels, 29.03.2012, 15; vgl. zu den Niederlanden *Betzel*, in: Nikoltchev (Hrsg.), The Regulation of On-demand Audiovisual Services: Chaos or Coherence?, IRIS Special, 2011, 53 (58).
318 *Betzel*, in: Nikoltchev (Hrsg.), The Regulation of On-demand Audiovisual Services: Chaos or Coherence?, IRIS Special, 2011, 53 (58); *Valcke/Ausloos*, in: Donders/Pauwels/Loisen (Hrsg.), The Palgrave Handbook of European Media Policy, 2014, 312 (319).
319 *Valcke/Ausloos*, in: Donders/Pauwels/Loisen (Hrsg.), The Palgrave Handbook of European Media Policy, 2014, 312 (319).
320 So z. B. in den Niederlanden und Schweden, *Betzel*, in: Nikoltchev (Hrsg.), The Regulation of On-demand Audiovisual Services: Chaos or Coherence?, IRIS Special, 2011, 53 (58); *Valcke/Ausloos*, in: Donders/Pauwels/Loisen (Hrsg.), The Palgrave Handbook of European Media Policy, 2014, 312 (320).
321 *OFCOM*, Notification Guidance, 18.12.2015, Rn. 3.10.
322 So z. B. in den Niederlanden, *Valcke/Ausloos*, in: Donders/Pauwels/Loisen (Hrsg.), The Palgrave Handbook of European Media Policy, 2014, 312 (320).
323 *Cabrera Blázquez*, in: Nikoltchev (Hrsg.), What Is an On-demand Service?, IRIS plus 4/2013, 7 (17); *OFCOM*, Notification Guidance, 18.12.2015, Rn. 3.10.
324 *OFCOM*, Notification Guidance, 18.12.2015, Rn. 3.10.
325 Ebd., Rn. 3.9 ff.
326 Ebd., Rn. 3.10.

audiovisuellen Inhalte an einer Stelle der Seite innerhalb eines Katalogs zusammengestellt sind und vom Rest der Seite losgelöst angeboten werden könnten.[327]

b) Gewichtung der Angebotsteile

In die Gewichtung nebeneinander innerhalb eines Dienstes bestehender Angebote können quantitative und qualitative Faktoren einbezogen werden,[328] wobei die Entscheidungspraxis sehr stark einzelfallgeprägt ist.[329] Die italienische Regulierungsbehörde hat auch zu diesem Zweck eine feste Grenze von 24 Stunden wöchentlicher Sendezeit festgesetzt, die als Mindestanforderung für Dienste, deren Hauptzweck die Bereitstellung von Sendungen ist, erreicht werden muss.[330] Der französische[331] und der belgische[332] CSA stellen auf die Menge des audiovisuellen Materials im Vergleich zu anderen Inhalten ab. Aus den Niederlanden wurde dieser Ansatz als Vergleich zwischen Äpfeln und Birnen[333] kritisiert.[334] In der Richtlinie des *OFCOM* finden sich ebenfalls quantitative Kriterien. Sowohl die absolute Menge der verschiedenen Inhaltsgattungen als auch die Rezeptionszeiten sollen zur Bestimmung des Hauptzwecks beitragen.[335] Zudem sei auf die strukturelle und optische Prominenz des Videoangebots gegenüber anderen Angebotsteilen abzustellen.[336]

---

327 Ebd.
328 *Machet*, 33rd EPRA meeting, Background Document for Plenary Session – Content Regulation and new Media: Exploring Regulatory Boundaries between Traditional and new Media, EPRA 2011/02, 2011, 8; *Valcke/Ausloos*, in: Donders/Pauwels/Loisen (Hrsg.), The Palgrave Handbook of European Media Policy, 2014, 312 (319).
329 *Valcke/Ausloos*, in: Donders/Pauwels/Loisen (Hrsg.), The Palgrave Handbook of European Media Policy, 2014, 312 (320).
330 *Valcke/Ausloos*, in: Donders/Pauwels/Loisen (Hrsg.), The Palgrave Handbook of European Media Policy, 2014, 312 (319); *Viola/Capello*, in: Nikoltchev (Hrsg.), The Regulation of On-demand Audiovisual Services: Chaos or Coherence?, IRIS Special, 2011, 47 (51).
331 *ERGA*, Report on material jurisdiction in a converged environment, 18.12.2015, ERGA 2015 (12), 36.
332 *Cabrera Blázquez*, in: Nikoltchev (Hrsg.), What Is an On-demand Service?, IRIS plus 4/2013, 7 (16); *Conseil supérieur de l'audiovisuel de la Communauté française de Belgique (CSA) – Collège d'autorisation et de contrôle*, Recommandation relative au périmètre de la régulation des services de medias audiovisuels, 29.03.2012, 15.
333 „Apples and Oranges".
334 *Valcke/Ausloos*, in: Donders/Pauwels/Loisen (Hrsg.), The Palgrave Handbook of European Media Policy, 2014, 312 (319).
335 *OFCOM*, Notification Guidance, 18.12.2015, Rn. 3.10.
336 Ebd.

Qualitativ können Zweck und Absicht des Angebots aus Nutzerperspektive eine Rolle spielen.[337] Hierauf nimmt der Anbieter durch seine Marketingstrategie Einfluss, wenn er zum Beispiel Logos oder Markennamen verwendet, die mit dem Fernsehen in Verbindung gebracht werden[338] oder sein Angebot als „Film-" oder „Fernsehdienst" beschreibt beziehungsweise betitelt.[339] Falls der Dienst über eine Abonnement-Funktion verfügt und der Hauptvorteil dieser Funktion die Nutzung der audiovisuellen Angebote ist, spricht dies laut den Richtlinien des OFCOM dafür, dass das audiovisuelle Angebot auch den Hauptzweck des Dienstes darstellt.[340] Die Identität des Anbieters, zum Beispiel als Rundfunkveranstalter, ist dabei für den niederländischen Regulierer unerheblich, entscheidend ist nur das Nutzungserlebnis und Geschäftsmodell des Dienstes.[341]

4. Bereitstellung von Sendungen zur Information, Unterhaltung oder Bildung

Bei den angebotenen audiovisuellen Inhalten muss es sich um Sendungen zur Information, Unterhaltung und Bildung handeln. Das Informations-, Unterhaltungs- oder Bildungspotential von Inhalten hat allerdings keine Bedeutung als taugliches Abgrenzungskriterium.[342] Der Sendungsbegriff ist hingegen eine höchst relevante Weichenstellung für die Festlegung der materiell von der Richtlinie erfassten Inhalte.[343] Sendungen sind gemäß Art. 1 Abs. 1 lit. b AVMD-Richtlinie „eine Abfolge von bewegten Bildern mit oder ohne Ton, die Einzelbestandteil eines von einem Mediendiensteanbieter erstellten Sendeplans oder Katalogs [sind] und deren Form und Inhalt mit der Form und dem Inhalt von Fernsehprogrammen vergleichbar sind. Beispiele für Sendungen sind unter

---

337 *Valcke/Ausloos*, in: Donders/Pauwels/Loisen (Hrsg.), The Palgrave Handbook of European Media Policy, 2014, 312 (319 f.).
338 Ebd., 320.
339 Ebd., 321.
340 *OFCOM*, Notification Guidance, 18.12.2015, Rn. 3.10.
341 *Valcke/Ausloos*, in: Donders/Pauwels/Loisen (Hrsg.), The Palgrave Handbook of European Media Policy, 2014, 312 (320).
342 *Cabrera Blázquez/Capello/Fontaine/Valais*, Abrufdienste und der sachliche Anwendungsbereich der AVMD-Richtlinie, IRIS plus 1/2016, 29; *Chavannes/Castendyk*, in: Castendyk/Dommering/Scheuer (Hrsg.), European Media Law, 2008, Art. 1 AVMD, Rn. 37 f.; *Kogler*, MuR 2011, 228 (231); *Schoenthal*, Von der Fernsehregulierung zur Inhalteregulierung, 2009, 266; *Schulz*, EuZW 2008, 107 (109).
343 *Dörr*, in: Hartstein/Ring u. a. (Hrsg.), Kommentar zum Rundfunkstaatsvertrag, 75. EGL 2018, Teil B4, Rn. 63.

anderem Spielfilme, Sportberichte, Fernsehkomödien, Dokumentarfilme, Kindersendungen und Originalfernsehspiele". Dies schließt nach Erwägungsgrund 23 Stummfilme ein, nicht jedoch reine Tonübertragungen oder Hörfunksendungen. Speziell für Abrufdienste konkretisiert Erwägungsgrund 24 den Sendungsbegriff durch das Merkmal der „Fernsehähnlichkeit". Fernsehähnlich sind demzufolge Dienste, die „auf das gleiche Publikum wie Fernsehsendungen ausgerichtet sind und [bei denen] der Nutzer aufgrund der Art und Weise des Zugangs zu diesen Diensten vernünftigerweise einen Regelungsschutz im Rahmen dieser Richtlinie erwarten kann. Angesichts dieser Tatsache sollte zur Vermeidung von Diskrepanzen bei der Dienstleistungsfreiheit und beim Wettbewerb der Begriff ‚Sendung' unter Berücksichtigung der Entwicklungen auf dem Gebiet der Fernsehsendungen dynamisch ausgelegt werden".

Die eigene Legaldefinition von Sendungen wurde erst im Laufe des Gesetzgebungsverfahrens zur AVMD-Richtlinie ergänzt.[344] Vom *Rat der Europäischen Union* wurde das Kriterium der Fernsehähnlichkeit hinzugefügt,[345] das Befürchtungen eines grenzenlosen Ausuferns des Anwendungsbereichs begegnen sollte.[346] Die dadurch erzielte Beschränkung[347] auf mit dem Fernsehen in Konkurrenz stehende Angebote dient auch der Wahrung der Medienfreiheit aus Grundrechtecharta und EMRK.[348]

a) Fernsehähnlichkeit

Von Beginn an wurde das Kriterium der Fernsehähnlichkeit als Durchbrechung der Technologieneutralität kritisiert.[349] Der Verweis auf das klassische Fernsehen als Vergleichsmaßstab würde die Regulierung für die Zukunft an überkommene Modelle binden und durch seine Unbestimmtheit Probleme verursachen.[350] Im Kern hänge die Regulierung des neueren Mediums von der Entwicklung des traditionellen Mediums ab.[351] Für die nationalen Regulierer würden sich aus den

---

344 *Chavannes/Castendyk*, in: Castendyk/Dommering/Scheuer (Hrsg.), European Media Law, 2008, Art. 1 AVMD, Rn. 54.
345 Ebd.
346 Ebd., Rn. 60; *Schulz*, EuZW 2008, 107 (109).
347 *Kogler*, MuR 2011, 228 (232).
348 *Fiedler*, in: Gersdorf/Paal (Hrsg.), Beck'scher Online Kommentar zum Informations- und Medienrecht, 17. Ed. 1.08.2017, §58 RStV, Rn. 18.
349 *Valcke/Ausloos*, in: Donders/Pauwels/Loisen (Hrsg.), The Palgrave Handbook of European Media Policy, 2014, 312 (321).
350 Ebd.
351 *Cabrera Blázquez*, in: Nikoltchev (Hrsg.), What Is an On-demand Service?, IRIS plus 4/2013, 7 (25).

Bestimmungen der Richtlinie kaum Anhaltspunkte zur Ermittlung der Fernsehähnlichkeit ergeben.[352]
Wirklich unproblematisch zu beurteilen sind lediglich solche Inhalte, die ohnehin zu einem früheren Zeitpunkt bereits im Fernsehen ausgestrahlt wurden, wobei dies umgekehrt keine Voraussetzung der Fernsehähnlichkeit ist[353]. Eine Besonderheit besteht diesbezüglich allerdings in Italien: Reine Mediathek-Angebote, die ausschließlich aus bereits zuvor linear ausgestrahlten Inhalten bestehen, sind dort vom Anwendungsbereich der Richtlinie ausgenommen worden.[354]

aa) Wettbewerb mit linearen Angeboten

Auf der anderen Seite existiert eine Vielzahl von Inhalten, deren Vergleich mit dem Fernsehen verfehlt erscheint, wie etwa Webangebote, die ausschließlich Filmtrailer bereitstellen.[355] Aus der Richtlinie direkt lassen sich nur zwei Leitaspekte der Fernsehähnlichkeit entnehmen. Dies ist zunächst der Wettbewerb mit dem linearen Rundfunk[356] um dasselbe Publikum. Laut Erwägungsgrund 69 der AVMD-Richtlinie haben „audiovisuelle Mediendienste auf Abruf [...] das Potenzial, Fernsehprogramme teilweise zu ersetzen". Erwägungsgrund 11 der AVMD-Richtlinie führt hierzu aus, um „Wettbewerbsverzerrungen zu vermeiden, die Rechtssicherheit zu verbessern, zur Vollendung des Binnenmarkts beizutragen und die Entstehung eines einheitlichen Informationsraums zu erleichtern, ist es notwendig, auf alle audiovisuellen Mediendienste — sowohl Fernsehprogramme (d. h. lineare audiovisuelle Mediendienste) als auch audiovisuelle Mediendienste auf Abruf (d. h. nichtlineare audiovisuelle Mediendienste) — zumindest bestimmte gemeinsame Grundvorschriften anzuwenden". Ziel der Richtlinie ist es also, durch die Einbeziehung der nichtlinearen Dienste

---

352 *Valcke/Ausloos*, in: Donders/Pauwels/Loisen (Hrsg.), The Palgrave Handbook of European Media Policy, 2014, 312 (321).
353 Ebd., 322.
354 *Cabrera Blázquez*, in: Nikoltchev (Hrsg.), What Is an On-demand Service?, IRIS plus 4/2013, 7 (15); *Viola/Capello*, in: Nikoltchev (Hrsg.), The Regulation of On-demand Audiovisual Services: Chaos or Coherence?, IRIS Special, 2011, 47 (51).
355 *Europäische Audiovisuelle Informationsstelle/Direction du développement des medias*, Video-on-Demand und Catch-Up-TV in Europa, 2009, 111; *Valcke/Ausloos*, in: Donders/Pauwels/Loisen (Hrsg.), The Palgrave Handbook of European Media Policy, 2014, 312 (321).
356 *OFCOM*, Notification Guidance, 18.12.2015, Rn. 2.2

in die Regulierung gleiche oder zumindest vergleichbare Regulierungsbedingungen für die Wettbewerber zu schaffen.

bb) Regulierungserwartung der Nutzer

Der zweite Leitaspekt der Richtlinie zur Fernsehähnlichkeit betrifft die Erwartungshaltung der Nutzer selbst. Erwägungsgrund 24 der AVMD-Richtlinie stellt darauf ab, ob die Nutzer „vernünftigerweise" damit rechnen können, dass der genutzte Dienst von den Regelungen der AVMD-Richtlinie erfasst wird und sie bei der Nutzung des Angebots von deren Schutz profitieren. Diese Erwartungshaltung betrifft zum einen den Schutz vor bestimmten Inhalten, wie beispielsweise Pornografie und Gewalt, und zum anderen die verbraucherschützenden Werberegelungen der Richtlinie.[357] Der auf der Rezipientenperspektive beruhende Ansatz[358] wurde von mehreren Seiten kritisiert.[359] Aus den Niederlanden wurde vorgebracht, dieses subjektive Kriterium sei bereits deshalb ungeeignet, da es einen „Durchschnittsnutzer" nicht gäbe.[360] Andere verweisen auf die durch das Kriterium entstehenden Unsicherheiten, die vermieden würden, wenn statt einer „vernünftigen" eine „berechtigte" Erwartungshaltung als Maßstab diente.[361]

Letztlich ergeben sich aus den Aspekten des Wettbewerbs mit linearen Angeboten und der Erwartungshaltung der Nutzer keine unterschiedlichen Wertungen. Entscheidend für das Substitutionspotenzial von nichtlinearen Inhalten gegenüber Fernsehprogrammen ist schließlich auch die Wertung der Nutzer. Nehmen diese einen Inhalt als möglichen Ersatz für den linearen Rundfunk wahr,[362] werden sie auch eine ähnliche Erwartung hinsichtlich der Regulierung dieses Inhalts haben. Umgekehrt werden wohl von vornherein solche Inhalte nicht als tauglicher Ersatz eingeschätzt, die aufgrund ihrer Form oder inhaltlichen Gestaltung auch keine Regulierungserwartung der Nutzer erzeugen.

---

357 *Kogler*, K&R 2015, 90 (93).
358 *Hermanns/Matzneller*, in: Nikoltchev (Hrsg.), The Regulation of On-demand Audiovisual Services: Chaos or Coherence, IRIS Special, 2011, 7 (11).
359 *Cole*, in: Nikoltchev (Hrsg.), The Regulation of On-demand Audiovisual Services: Chaos or Coherence, IRIS Special, 2011, 35 (37); *Katsirea*, International Journal of Law and Information Technology 2015, 1 (19).
360 *Betzel*, in: Nikoltchev (Hrsg.), The Regulation of On-demand Audiovisual Services: Chaos or Coherence?, IRIS Special, 2011, 53 (57); *Valcke/Ausloos*, in: Donders/Pauwels/Loisen (Hrsg.), The Palgrave Handbook of European Media Policy, 2014, 312 (322).
361 *Katsirea*, International Journal of Law and Information Technology 2015, 1 (19 f.).
362 *Kogler*, JRP 2014, 233 (237).

Beurteilt werden müssen also Form und Inhalt der audiovisuellen Angebote. Dies entspricht auch der Regulierungspraxis der nationalen Behörden. Als fernsehtypische Elemente werden Vor- und Abspann, Kommentare, Musikuntermalung und Sponsorenhinweise angesehen.[363] Allgemein spielt dabei die Produktionsqualität beziehungsweise das Maß an Professionalität eines Inhalts eine große Rolle.[364] In den Niederlanden ist beispielsweise die professionelle Nachbearbeitung des Materials ein starker Indikator für dessen Fernsehähnlichkeit.[365] Diese Auslegung der nationalen Regulierer folgt jedoch eigentlich nicht notwendigerweise aus dem (deutschen) Wortlaut der Richtlinie, wonach die Erwartungshaltung des Nutzers nicht auf dem eigentlichen Inhalt oder Dienst, sondern auf der „Art und Weise des Zugangs" zu dem Dienst beruhen soll.[366] Dies würde eher nahelegen, dass auf die Bedienbarkeit des Angebots und den möglichst niedrigschwelligen Zugang abzustellen ist, etwa durch automatische Wiedergabe einer Abfolge von Inhalten.[367] Die englische Fassung der Richtlinie spricht in Erwägungsgrund 24 hingegen davon, dass die Regulierungserwartung des Nutzers auf der Art des Dienstes und den Mitteln des Zugangs[368] beruhen soll.[369]

cc) Kurzvideos

Unsicherheit herrscht hinsichtlich der Frage, ob die Länge beziehungsweise Spieldauer eines Inhalts Aussagekraft bezüglich dessen Fernsehähnlichkeit hat. Zumeist wird dieser Aspekt als irrelevant oder zumindest untergeordnet betrachtet.[370] Verwiesen wird dabei auf vergleichbare Kurzformate in klassischen

---

363 *Machet*, 33rd EPRA meeting, Background Document for Plenary Session – Content Regulation and new Media: Exploring Regulatory Boundaries between Traditional and new Media, EPRA 2011/02, 2011, 9; *Kogler*, K&R 2015, 90 (92); *Valcke/Ausloos*, in: Donders/Pauwels/Loisen (Hrsg.), The Palgrave Handbook of European Media Policy, 2014, 312 (322).
364 So i.E. auch *Kogler*, K&R 2015, 90 (93).
365 *Machet*, 33rd EPRA meeting, Background Document for Plenary Session – Content Regulation and new Media: Exploring Regulatory Boundaries between Traditional and new Media, EPRA 2011/02, 2011, 9; *Valcke/Ausloos*, in: Donders/Pauwels/Loisen (Hrsg.), The Palgrave Handbook of European Media Policy, 2014, 312 (321 f.).
366 *Kogler*, K&R 2015, 90 (93).
367 Ebd., 94.
368 „the nature and the means of access to the service".
369 Vgl. *OFCOM*, Scope Appeal Playboy TV, 13.05.2011, 11.
370 *Valcke/Ausloos*, in: Donders/Pauwels/Loisen (Hrsg.), The Palgrave Handbook of European Media Policy, 2014, 312 (322).

Fernsehprogrammen, wie etwa Mode- oder Musikkanäle, Kindersendungen und speziell Cartoons.[371] Zudem seien bestimmte nichtlineare Formate für den mobilen Abruf konzipiert und daher eher kurz,[372] ohne dass dies einen Rückschluss auf die Professionalität der Produktion erlaubt.

dd) Reine Werbevideos – mangelnde Meinungsbildungsrelevanz?

In Deutschland haben sich bereits mehrere Gerichte mit der Einstufung von über Videoplattformen im Internet verbreiteten Werbevideos von Automobilherstellern auseinandergesetzt.[373] Hintergrund dieses Sonderproblems ist eine Kennzeichnungspflicht des Kraftstoffverbrauchs und der CO_2-Emmissionen von Personenkraftwagen in Werbeschriften aus §5 Abs. 1 Pkw-EnVKV[374], die in §5 Abs. 2 S. 1 HS. 2 PKW-EnVKV eine Ausnahme für audiovisuelle Mediendienste vorsieht. Folglich muss die Kennzeichnung nicht erfolgen, soweit die Werbevideos als audiovisuelle Mediendienste einzustufen sind.

Wie oben dargestellt, können von einzelnen Nutzern betreute Kanäle auf Videoplattformen durchaus als audiovisuelle Mediendienste auf Abruf eingestuft werden,[375] soweit sie alle Voraussetzungen der Definition erfüllen.[376] Insbesondere steht der Einstufung nicht entgegen,[377] dass die Kanäle im Rahmen eines Plattformdienstes angeboten werden, der selbst keine redaktionelle Kontrolle[378] über die Inhalte ausübt,[379] denn diese erfolgt stattdessen in Bezug auf

---

371 *Kogler*, K&R 2015, 90 (92).
372 Ebd.
373 Siehe hierzu auch *Sauer*, WRP 2016, 807 ff.
374 Verordnung über Verbraucherinformationen zu Kraftstoffverbrauch, CO2-Emmissionen und Stromverbrauch neuer Personenkraftwagen (Pkw-Energieverbrauchskennzeichnungsverordnung) v. 28.05.2004, BGBl. I S. 1037, zuletzt geändert durch Art. 330 der Verordnung v. 31.08.2015, BGBl. I S. 1474.
375 *Fiedler*, in: Gersdorf/Paal (Hrsg.), Beck'scher Online-Kommentar Informations und Medienrecht, 17. Ed. 1.08.2017, §58 RStV, Rn. 26; *Fuchs/Hahn*, MMR 2016, 503.
376 Siehe oben unter Zweiter Teil. § 1 III. 2. b).
377 *Fiedler*, in: Gersdorf/Paal (Hrsg.), Beck'scher Online-Kommentar Informations und Medienrecht, 17. Ed. 1.08.2017, §58 RStV, Rn. 26.
378 *Chavannes/Castendyk*, in: Castendyk/Dommering/Scheuer (Hrsg.), European Media Law, 2008, Art. 1 AVMD, Rn. 73; *Conseil supérieur de l'audiovisuel de la Communauté française de Belgique (CSA) – Collège d'autorisation et de contrôle*, Recommandation relative au périmètre de la régulation des services de medias audiovisuels, 29.03.2012, 13; *Europäische Audiovisuelle Informationsstelle/Direction du développement des medias*, Video-on-Demand und Catch-Up-TV in Europa, 2009, 110.
379 Siehe zu Belgien *Cabrera Blázquez*, in: Nikoltchev (Hrsg.), What Is an On-demand Service?, IRIS plus 4/2013, 7 (15); *Conseil supérieur de l'audiovisuel de la Communauté*

die Auswahl und Zusammenstellung der Videos auf dem eigenen Kanal durch den entsprechenden Nutzer selbst.[380] Alle den hier zitierten Urteilen zu Grunde liegende Sachverhalte betrafen die Bereitstellung von Videos mit Werbeinhalten im Rahmen eines eigens vom jeweiligen Automobilhersteller betriebenen Kanals auf der Videoplattform YouTube.[381]

Die deutschen Gerichte problematisierten jedoch hauptsächlich[382] nicht die mangelnde redaktionelle Kontrolle der Automobilhersteller über die Werbeinhalte, sondern die Anforderungen des Sendungsbegriffs, den die Werbevideos möglicherweise nicht erfüllten.[383] Der Subsumtion der Werbevideos unter den Sendungsbegriff steht nach Auffassung der Gerichte entgegen, dass die Inhalte reinen Werbezwecken[384] und nicht der Meinungsbildung dienten, die jedoch audiovisuelle Mediendienste im Sinne der AVMD-Richtlinie „vornehmlich" fördern sollen.[385] Der Bundesgerichtshof schloss sich dieser Meinung jedoch nicht uneingeschränkt an.[386] Auch audiovisuelle kommerzielle Kommunikation unterfalle schließlich nach Art. 1 Abs. 1 lit. a ii) AVMD-Richtlinie dem Begriff des audiovisuellen Mediendienstes.[387] Ob es sich allerdings bei dem fraglichen Werbevideo um audiovisuelle kommerzielle Kommunikation handelt, vermochte der *BGH* nicht abschließend zu klären. Zwar könnte auf die Vergleichbarkeit

---

française de Belgique (CSA) – Collège d'autorisation et de contrôle, Recommandation relative au périmètre de la régulation des services de medias audiovisuels, 29.03.2012, 14; zu den Niederlanden siehe *Betzel*, in: Nikoltchev (Hrsg.), The Regulation of On-demand Audiovisual Services: Chaos or Coherence?, IRIS Special, 2011, 53 (61).

380 Insofern unzutreffend: *LG Wuppertal*, Urt. v. 31.10.2014 – 12 O 25/14 = NJW 2015, 1256 (1257); vgl. So auch *Sauer*, WRP 2016, 807 (811).

381 *BGH*, Urt. v. 12.01.2017 – I ZR 117/15, Rn. 1; *OLG Köln*, Urt. v. 29.05.2015 – 6 U 177/14, Rn. 3; *LG Wuppertal*, Urt. v. 31.10.2014 – 12 O 25/14 = NJW 2015, 1256 (1257).

382 Das *LG Wuppertal* setzte sich allerdings mit den Voraussetzungen der redaktionellen Verantwortung eines Mediendiensteanbieters auseinander und lehnte diese für den YouTube-Kanal des Beklagten Atomobilherstellers i.E. unzutreffend ab: Urt. v. 31.10.2014 – 12 O 25/14 = NJW 2015, 1256 (1257).

383 *BGH*, Urt. v. 12.01.2017 – I ZR 117/15, Rn. 32, 34; *OLG Köln*, Urt. v. 29.05.2015 – 6 U 177/14, Rn. 33; *OLG München*, Urt. v. 5.02.2015 – 29 U 3689/14; *LG Wuppertal*, Urt. v. 31.10.2014 – 12 O 25/14 = NJW 2015, 1256 (1257).

384 *OLG München*, Urt. v. 5.02.2015 – 29 U 3689/14; *LG Wuppertal*, Urt. v. 31.10.2014 – 12 O 25/14 = NJW 2015, 1256 (1257).

385 *OLG Köln*, Urt. v. 29.05.2015 – 6 U 177/14, Rn. 33.

386 *BGH*, Urt. v. 12.01.2017 – I ZR 117/15, Rn. 34.

387 Ebd., Rn. 35.

des YouTube-Kanals mit einem der Eigenwerbung dienenden Fernsehkanal, der gemäß Art. 25 AVMD-Richtlinie als audiovisueller Mediendienst gilt, abgestellt werden.[388] Andererseits erfordert der Begriff der audiovisuellen kommerziellen Kommunikation in Art. 1 Abs. 1 lit. h AVMD-Richtlinie die Begleitung einer Sendung, die nach Ansicht des *BGH* auf dem YouTube-Kanal des PKW-Herstellers nicht gegeben sei.[389] Da es dabei auf die Auslegung der AVMD-Richtlinie ankommt, wurde die Frage vom *BGH* an den *EuGH* im Wege des Vorabentscheidungsverfahrens übermittelt.[390]

Dem *BGH* ist zwar zuzustimmen, dass die Einstufung der Werbevideos als audiovisuelle kommerzielle Kommunikation mangels begleitender Sendung Probleme aufwirft, allerdings hätte die Ablehnung der Einstufung als audiovisueller Mediendienst nach Art. 1 Abs. 1 lit. a i) AVMD-Richtlinie näherer Begründung bedurft. Aus der AVMD-Richtlinie ergibt sich nämlich kein direkter Bezug des Sendungsbegriffs zur Meinungsbildungsrelevanz der bereitgestellten Inhalte.[391] Auf die Bildungs-, Unterhaltungs- und Informationsfunktion der Inhalte soll es beim Sendungsbegriff nach überwiegender Ansicht nicht ankommen.[392] Der werbende Charakter eines Angebots allein genügt nicht für dessen Ausschluss aus dem Anwendungsbereich der AVMD-Richtlinie, vielmehr sind in den Vergleich mit Fernsehprogrammen auch deren werbende Bestandteile einzubeziehen.[393] Für Filmtrailer beispielsweise wird die Vergleichbarkeit mit Fernsehsendungen angenommen.[394] Filmtrailer dienen jedoch ebenfalls vornehmlich Werbezwecken. Zudem sind die zwei Varianten der Definition audiovisueller Mediendienste in Art. 1 Abs. 1 lit. a AVMD-Richtlinie nicht notwendigerweise alternativ zu verstehen.[395] Audiovisuelle kommerzielle Kommunikation kann nach dieser Auslegung entweder einer Sendung beigefügt sein oder selbst die

---

388 Ebd., Rn. 37.
389 Ebd., Rn. 38.
390 *EuGH*, Urt. v. 21.02.2018 – Rs. C-132/17.
391 So auch *Sauer*, WRP 2016, 807 (812 f.).
392 *Cabrera Blázquez/Capello/Fontaine/Valais*, Abrufdienste und der sachliche Anwendungsbereich der AVMD-Richtlinie, IRIS plus 1/2016, 29; *Chavannes/Castendyk*, in: Castendyk/Dommering/Scheuer (Hrsg.), European Media Law, 2008, Art. 1 AVMD, Rn. 37 f.; *Kogler*, MuR 2011, 228 (231); *Schoenthal*, Von der Fernsehregulierung zur Inhalteregulierung, 2009, 266; speziell zu den deutschen Urteilen siehe So auch *Sauer*, WRP 2016, 807 (809).
393 So auch *Sauer*, WRP 2016, 807 (810).
394 *KommAustria*, Bescheid 1.950/12-048 v. 9.10.2012, 10.
395 *Chavannes/Castendyk*, in: Castendyk/Dommering/Scheuer (Hrsg.), European Media Law, 2008, Art. 1 AVMD, Rn. 52.

Merkmale nach lit. a i) erfüllen.[396] Der Fernsehähnlichkeit stünde die reine Werbeabsicht so nicht entgegen.

Der *EuGH* entschied hingegen, dass die reine Werbeabsicht der Videos ihrer Einstufung als audiovisuellem Mediendienst entgegenstehe.[397] Eine Informations-, Unterhaltungs- oder Bildungsfunktion sei höchstens nachrangig vorhanden.[398] Auch könne nicht davon ausgegangen werden, dass die Werbeinhalte einer Sendung beigefügt seien,[399] da es hierfür an einer begleitenden, abgrenzbaren Sendung fehle.[400] Der Frage, ob die Werbevideos selbst als Sendungen i.s.d. Art. 1 Abs. 1 lit. h AVMD-Richtlinie einzustufen sind, entzog sich der *EuGH* explizit[401] indem er stattdessen auf die bisher unbeachtete und zu Recht als nicht aussagekräftig kritisierte[402] Zweckbestimmung der Inhalte abstellte.

b) Regulierungspraxis

Der belgische *CSA* umgeht diese Unklarheiten und unternimmt eine sehr weite Auslegung des Sendungsbegriffs,[403] wobei der Fernsehähnlichkeit nur untergeordnete Bedeutung beigemessen wird.[404] Ähnlich geht auch der niederländische Regulierer *CvdM* vor.[405] Zur Begründung wird ausgeführt, dass die große Vielfalt der im Fernsehen vorkommenden Inhalte diese weite Interpretation

---

396 Ebd., Rn. 53.
397 *EuGH*, Urt. v. 21.02.2018 – Rs. C-132/17, Rn. 22 ff.
398 Ebd., Rn. 23.
399 Ebd., Rn. 28.
400 Ebd., Rn. 30.
401 Ebd., Rn. 22.
402 *Cabrera Blázquez/Capello/Fontaine/Valais*, Abrufdienste und der sachliche Anwendungsbereich der AVMD-Richtlinie, IRIS plus 1/2016, 29; *Chavannes/Castendyk*, in: Castendyk/Dommering/Scheuer (Hrsg.), European Media Law, 2008, Art. 1 AVMD, Rn. 37 f.; *Kogler*, MuR 2011, 228 (231); *Schoenthal*, Von der Fernsehregulierung zur Inhalteregulierung, 2009, 266; speziell zu den deutschen Urteilen siehe So auch *Sauer*, WRP 2016, 807 (809).
403 *Cabrera Blázquez*, in: Nikoltchev (Hrsg.), What Is an On-demand Service?, IRIS plus 4/2013, 7 (16); *Conseil supérieur de l'audiovisuel de la Communauté française de Belgique (CSA) – Collège d'autorisation et de contrôle*, Recommandation relative au périmètre de la régulation des services de medias audiovisuels, 29.03.2012, 19.
404 *ERGA*, Report on material jurisdiction in a converged environment, 18.12.2015, ERGA 2015 (12), 32.
405 *Betzel*, in: Nikoltchev (Hrsg.), The Regulation of On-demand Audiovisual Services: Chaos or Coherence?, IRIS Special, 2011, 53 (57).

erfordere[406] und der materielle Anwendungsbereich nicht durch zu enge Vergleichsmaßstäbe eingeschränkt werden solle.[407] Auch Inhalte kurzer Länge oder geringer Reichweite können danach unproblematisch als Abrufdienste eingestuft werden.[408] Ausgeschlossen werden hingegen nur für rein private Zwecke hergestellte Videos, wie beispielsweise Urlaubsfilme[409] oder Inhalte, die sich an einen bestimmten und geschlossenen Personenkreis richten, wie beispielsweise Werbefilme in Unternehmen oder Geschäften.[410]

In Italien werden die von Angeboten generierten Einnahmen als Indikator für ihre Konkurrenzfähigkeit zum Fernsehen herangezogen. Wie oben bereits erwähnt kommen als audiovisuelle Mediendienste auf Abruf dort nur Dienste mit mindestens 100.000 Euro jährlichen Einnahmen in Betracht.[411]

Die Richtlinien des britischen *OFCOM* zur Notifikationspflicht für Anbieter von On-Demand Diensten enthalten hingegen eine Reihe von Kriterien zur Konkretisierung des Merkmals der Fernsehähnlichkeit,[412] die auch in der Entscheidungspraxis der Behörde und des ehemaligen Regulierers *ATVOD* vielfach zur Anwendung gekommen sind. Zum einen beziehen sich diese auf die Machart der jeweiligen Inhalte, ob diese beispielsweise über fernsehtypische Elemente wie Eröffnungs- und Schlusssequenzen, Ansagen, Kommentare und Untertitel sowie fernsehtypische Werbespots verfügen.[413] Die Produktionsqualität der Beiträge spielte in mehreren Entscheidungen zu pornografischen Inhalten eine herausgehobene Rolle. Professionelle Beleuchtung und Tonaufnahmen und die Aufnahmequalität der Bilder sind demnach Indizien für die Fernsehähnlichkeit.[414]

---

406 *Conseil supérieur de l'audiovisuel de la Communauté française de Belgique (CSA) – Collège d'autorisation et de contrôle*, Recommandation relative au périmètre de la régulation des services de medias audiovisuels, 29.03.2012, 15.
407 *ERGA*, Report on material jurisdiction in a converged environment, 18.12.2015, ERGA 2015 (12), 32.
408 Ebd.
409 *Cabrera Blázquez*, in: Nikoltchev (Hrsg.), What Is an On-demand Service?, IRIS plus 4/2013, 7 (16).
410 *Conseil supérieur de l'audiovisuel de la Communauté française de Belgique (CSA) – Collège d'autorisation et de contrôle*, Recommandation relative au périmètre de la régulation des services de medias audiovisuels, 29.03.2012, 19.
411 *Cabrera Blázquez*, in: Nikoltchev (Hrsg.), What Is an On-demand Service?, IRIS plus 4/2013, 7 (14); *Viola/Capello*, in: Nikoltchev (Hrsg.), The Regulation of On-demand Audiovisual Services: Chaos or Coherence?, IRIS Special, 2011, 47 (51).
412 *OFCOM*, Notification Guidance, 18.12.2015, Rn. 3.8.
413 Ebd.
414 *OFCOM*, Scope Appeal Frankie and Friends, 14.08.2014, Rn. 65–67; *Dass.*, Scope Appeal Urban Chick Supremacy Cell, 14.08.2014, Rn 60.

Die Verwendung von Kostümen und Kulissen wurde ebenfalls als ein solches Indiz gewertet.[415] Laienhaft inszenierte und produzierte Erwachsenenunterhaltung genügt diesen Anforderungen hingegen nicht.[416]

Inhaltlich sind laut *OFCOM* fernsehähnliche Inhalte eher in sich abgeschlossen und verfügen über einen Handlungsbogen, der in Szenen oder Akten fortentwickelt wird.[417] Speziell zu pornografischen Inhalten entschied die Behörde, dass es der Fernsehähnlichkeit der Videos nicht entgegenstehe, dass sie die inhaltlichen Grenzen des Fernsehens bezüglich der Darstellung sexueller Handlungen weit überschreiten.[418] Um mit dem Fernsehen ums selbe Publikum zu konkurrieren[419] müssten die Inhalte nicht identisch sondern lediglich vergleichbar sein.[420] Allerdings ist ein gewisses Maß an Erzähl- und Handlungsstruktur auch bei pornografischen Inhalten Voraussetzung für deren Fernsehähnlichkeit.[421]

Auch die Länge der Inhalte kann eine Rolle spielen, allerdings sei zu berücksichtigen, dass bestimmte Kurzformate, wie beispielsweise Musikvideos oder Nachrichtenbeiträge,[422] auch im Fernsehen vorkommen und daher als fernsehähnlich gelten können.[423] Im Fall kurzer Videos käme es zudem darauf an, ob diese als Einzelclips längeren Formaten entnommen wurden und für sich genommen abgeschlossen sind.[424] Beispiele für mit dem Fernsehen vergleichbare Kurzbeiträge sind laut der Entscheidung im Fall „OK!TV" etwa Interviews oder ein Video zum Thema Fotografie auf dem roten Teppich von Preisverleihungen.[425] Comedybeiträge von unter vier Minuten wurden hingegen auch auf Grundlage ihrer Länge als nicht fernsehähnlich eingestuft.[426] Sollten die Ausschnitte nicht in sich abgeschlossen sein, spiele es zusätzlich eine Rolle, ob eine

---

415 *Dass.*, Scope Appeal Frankie and Friends, 14.08.2014, Rn. 65, 66.
416 *Dass.*, Scope Appeal Urban Chick Supremacy Cell, 14.08.2014, Rn 60.
417 *Dass.*, Notification Guidance, 18.12.2015, Rn. 3.8.
418 *OFCOM*, Scope Appeal Playboy TV, 13.05.2011, 9.
419 Ebd., 10.
420 Ebd., 8.
421 *Dass.*, Scope Appeal Urban Chick Supremacy Cell, 14.08.2014, Rn 64.
422 *ATVOD*, Determination OK!TV, 7.12.2011, 3.
423 *OFCOM*, Notification Guidance, 18.12.2015, Rn. 3.8.
424 *ATVOD*, Determination OK!TV, 7.12.2011, 3; *OFCOM*, Notification Guidance, 18.12.2015, Rn. 3.8.
425 *ATVOD*, Determination OK!TV, 7.12.2011, 3.
426 *OFCOM*, Scope Appeal Channelflip, 14.12.2012, Rn. 59.

automatische Wiedergabe zusammengehöriger Ausschnitte durch eine Playlistfunktion ermöglicht wird.[427] Dies erwecke den Eindruck eines längeren Programms.[428]

Die vorherige Ausstrahlung eines Inhalts im linearen Rundfunk ist laut *OFCOM* ein starkes Indiz für seine Fernsehähnlichkeit, wobei im Umkehrschluss daraus nicht zu folgern sei, dass es sich dabei um eine Voraussetzung der Fernsehähnlichkeit handelt.[429]

c) OFCOM-Studien zu Fernsehähnlichkeit und Regulierungserwartung

Das britische *OFCOM* hat zur Vorbereitung der Umsetzung der AVMD-Richtlinie 2009 eine Studie in Auftrag gegeben, die empirisch die Einschätzung der Zuschauer bezüglich fernsehähnlicher Inhalte untersuchen sollte.[430] Dieser ersten Studie folgten 2012 und 2015 noch aktualisierte Untersuchungen mit ähnlichem Forschungsauftrag.[431] Die Ergebnisse der Studien werden regelmäßig auch in den Einstufungsentscheidungen der Behörde referenziert.[432]

aa) Erhebung zur Fernsehähnlichkeit und Regulierungserwartung 2009

Die erste Studie 2009 sollte untersuchen, welche Inhalte von Fernsehzuschauern als fernsehähnlich eingeschätzt werden und auf Grundlage welcher Kriterien diese Einschätzung erfolgt.[433] Zugleich sollte so auch die Regulierungserwartung der Nutzer erhoben werden.[434] Zu diesem Zweck wurden den Teilnehmern verschiedene Internetvideos gezeigt, von denen einige mit hoher Wahrscheinlichkeit in den Anwendungsbereich der Richtlinie fallen und andere nicht.[435] Diese

---

427 *Dass.*, Notification Guidance, 18.12.2015, Rn. 3.8.
428 *ATVOD*, Determination OK!TV, 7.12.2011, 3.
429 *OFCOM*, Notification Guidance, 18.12.2015, Rn. 3.8.
430 *Essential Research*, The regulation of video-on-demand: consumer views on what makes audiovisual services "TV-Like" – a qualitative research report, December 2009, 3.
431 Essential Research, On-demand services: understanding consumer choices – A research report for OFCOM, October 2012; *BDRC Continental*, Attitudes to Online and On-Demand Content – 2014 report, April 2015.
432 *OFCOM*, Scope Appeal Channelflip, 14.12.2012, Rn. 44 ff.
433 *Essential Research*, The regulation of video-on-demand: consumer views on what makes audiovisual services "TV-Like" – a qualitative research report, December 2009, 3.
434 Ebd., 4.
435 Ebd., 3.

Videos sollten von den Teilnehmern auf einem Spektrum als eher fernsehähnlich oder eher nicht fernsehähnlich eingeordnet werden.[436] Als wichtigste Faktoren der Fernsehähnlichkeit ergaben sich aus den Befragungen inhaltliche Gesichtspunkte der Videos. Zuvor im Fernsehen ausgestrahlte Inhalte wurden einhellig als fernsehähnlich eingestuft.[437] Eine wichtige Rolle spielten auch die Produktionsqualität der Videos und ihre Ausrichtung an ein breites Publikum.[438] Soweit es sich bei den Inhalten um bekannte Titel oder Reihen handelte oder aber der Produzent bekannt war, wurde dies ebenfalls als Indikator für eine Fernsehähnlichkeit angesehen.[439] Alle von großen Fernsehsendern produzierten Inhalte wurden ausnahmslos als fernsehähnlich eingestuft.[440] Schließlich bezogen die Teilnehmer der Studie auch die Länge der Videos in ihre Einschätzung ein.[441]

Einige Kriterien der Zuschauereinschätzung betrafen auch die Angebotsform. Hier war relevant, ob der Anbieter den Teilnehmern bekannt war und ob die Nutzeroberfläche strukturiert und professionell wirkte.[442] Als negativer Faktor wurde der kostenpflichtige Einzelabruf von Inhalten beurteilt.[443] Ein differenziertes Bild ergab sich schließlich hinsichtlich der Bedeutung des Abspielgeräts. Für Studienteilnehmer, die üblicherweise keine On-Demand Dienste im Internet nutzen, wirkten alle auf dem Fernsehgerät verfügbaren Angebote deutlich fernsehähnlicher als solche, die über einen Computer genutzt werden.[444]

Die Regulierungserwartung der Studienteilnehmer divergierte weit von der Rechtsrealität. Zum Zeitpunkt der Studie – vor dem Inkrafttreten der AVMD-Richtlinie – waren alle gezeigten Inhalte unreguliert.[445] Die Teilnehmer gingen jedoch davon aus, dass alle über den Fernseher nutzbaren On-Demand Dienste und alle Inhalte der Mediatheken von Rundfunkanbietern denselben Regeln unterfielen, wie linearer Rundfunk.[446] Zudem war ihnen nicht bewusst, dass die Mediatheken (z. B. der BBC iPlayer) auch Inhalte aufwiesen, die nicht zuvor im

---

436 Ebd.
437 Ebd., 9.
438 Ebd.
439 Ebd.
440 Ebd.
441 Ebd., 33.
442 Ebd., 9.
443 Ebd.
444 Ebd., 7.
445 Ebd., 10.
446 Ebd.

Fernsehen ausgestrahlt wurden.[447] Bezüglich aller anderen Videos, insbesondere von Nutzern generierte Inhalte, vermuteten die Teilnehmer keine Art von Regulierung, äußerten jedoch den Wunsch danach.[448]

bb) Erhebung zur Substituierbarkeit 2012

2012 wurde erneut eine Befragung durchgeführt. Laut der Studie hatten sich zu diesem Zeitpunkt die Rahmenbedingungen verändert.[449] Sowohl das Angebot von On-Demand Diensten als auch deren Nutzung waren seit 2009 deutlich angestiegen.[450] Parallel hätten sich laut der Studie negative Einstellungen der Befragten zum traditionellen Fernsehen vermehrt.[451] Die Nutzung von On-Demand Diensten wurde als aktiveres Erlebnis beschrieben.[452]

Die primäre Forschungsfrage der Studie zielte darauf ab, die Ersetzbarkeit von Fernsehprogrammen durch On-Demand Dienste zu untersuchen.[453] Im Unterschied zur ersten Studie 2009, sollten die Teilnehmer diesmal nicht die (abstrakte) Fernsehähnlichkeit einzelner Inhalte einschätzen, sondern angeben, nach welchen Kriterien sie selbst konkrete Angebote auswählen, wenn sie eine Sendung anschauen möchten.[454] Die Autoren leiteten Faktoren aus den Angaben der Teilnehmer ab, die die Ersetzbarkeit linearer Sendungen determinieren.[455] Die Struktur und Bedienbarkeit des Angebots spielte in mehreren Ausprägungen eine große Rolle für die Einschätzung der Studienteilnehmer. Zum einen wurden Dienste, die eher wie Fernsehzeitschriften aufbereitet waren, eher als Ersatz für lineares Fernsehen bewertet, als Dienste im klassischen Webseitenlayout.[456] Zudem beeinflusste die Einfachheit des Zugriffs und die Verfügbarkeit auf unterschiedlichen Endgeräten die Einschätzung. Angebote, die über den Fernseher genutzt werden können, oder zumindest über Applikationen auf Smartdevices verfügbar sind, wurden eher als Fernsehersatz wahrgenommen als nur über Webbrowser auf Computern nutzbare Angebote.[457] Im Zusammenhang

---

447 Ebd.
448 Ebd.
449 *Essential Research*, On-demand services: understanding consumer choices – A research report for *OFCOM*, October 2012, 4.
450 Ebd.
451 Ebd.
452 Ebd., 5.
453 Ebd.
454 Ebd., 28.
455 Ebd., 33.
456 Ebd.
457 Ebd., 35.

mit dem Nutzungserlebnis bewerteten die Teilnehmer vermehrt die Angebote als Fernsehersatz, die ihnen ein geringeres Maß an Einfluss auf die Auswahl der konkreten Inhalte ermöglichten und daher eher mit dem starren Sendeplan des linearen Fernsehens vergleichbar sind.[458]
Faktoren, die die verfügbaren Inhalte betrafen, waren zunächst deren Menge und Aktualität. Angebote, die fortlaufend neue Inhalte zur Verfügung stellen sind aus Nutzersicht danach eher ein Ersatz für Fernsehprogramme.[459] Ebenso erwarteten die Studienteilnehmer von Diensten eine große Anzahl verfügbarer Inhalte, vergleichbar mit der Vielzahl der auf unterschiedlichen Fernsehkanälen angebotenen Sendungen, um diese als Ersatz für Fernsehprogramme in Betracht zu ziehen.[460] Eindeutig fiel die Einschätzung der Teilnehmer bezüglich der Mindestdauer von Inhalten aus, die sie als Fernsehersatz nutzen würden. Die Mehrzahl nahm dies erst ab einer Länge von 15 bis 20 Minuten an, wobei jüngere Teilnehmer unter 30 Jahren diesem Punkt weniger Relevanz beimaßen, als ältere Befragte.[461] Schließlich bezogen die Befragten ähnlich wie in der Studie 2009[462] die Produktionsqualität der Inhalte[463] sowie die Bekanntheit des Produzenten oder des Sendeformats[464] in ihre Entscheidung ein.

cc) Erhebung zur Regulierungserwartung 2015

Eine dritte Studie, die 2015 veröffentlicht wurde, ging unter anderem auf die Regulierungserwartung der Nutzer bezüglich On-Demand Diensten ein.[465] Hier ergab sich ein differenzierteres Bild als in der Studie 2009.[466] Zunächst gaben

---

458 Ebd., 34.
459 Ebd.
460 Ebd., 37.
461 Ebd., 36.
462 *Essential Research*, The regulation of video-on-demand: consumer views on what makes audiovisual services "TV-Like" – a qualitative research report, December 2009, 9.
463 *Essential Research*, On-demand services: understanding consumer choices – A research report for *OFCOM*, October 2012, 37.
464 Ebd., 38.
465 *BDRC Continental*, Attitudes to Online and On-Demand Content – 2014 report, April 2015, 31 ff.
466 *Essential Research*, The regulation of video-on-demand: consumer views on what makes audiovisual services "TV-Like" – a qualitative research report, December 2009, 10.

71% der Befragten im Alter über 16 Jahre an, On-Demand Dienste zu nutzen.[467] Die Kenntnis über die tatsächliche Rechtslage hatte sich gegenüber 2009 verbessert. Bezüglich Online-Mediatheken von Rundfunkveranstaltern erkannten 63% der Studienteilnehmer zutreffend, dass diese einer Regulierung unterfallen.[468] Auf der anderen Seite glaubten viele Teilnehmer, dass Inhalte auf Videoplattformen wie YouTube, die nicht in den Anwendungsbereich der AVMD-Richtlinie und der nationalen Mediengesetze fallen, reguliert würden.[469] Dies betraf insbesondere offizielle YouTube-Kanäle mit professionellen Inhalten.[470] Aber auch bezüglich klassischen nutzergenerierten Inhalten auf YouTube gaben nur 40% der Teilnehmer in Bezug auf die britische Rechtslage korrekt an, dass diese unreguliert seien.[471] Große Schwierigkeiten hatten die Befragten mit der Einschätzung der Regulierung von Videos auf Zeitungswebseiten, 48% gingen hier von einer Regulierung aus.[472] Viele Teilnehmer glaubten zudem, dass die Regulierung von Inhalten vom jeweilig eingesetzten Endgerät abhinge.[473] Für Dienste, die über einen internetfähigen Fernseher oder eine Set-Top Box genutzt werden können, gingen mindestens 49% der Befragten von einer Regulierung unabhängig vom Dienst aus.[474]

5. An die Allgemeinheit gerichtet

Audiovisuelle Mediendienste müssen an die Allgemeinheit gerichtet sein. Nach Erwägungsgrund 21 der AVMD-Richtlinie soll diese nur Dienste erfassen, „bei denen es sich um Massenmedien handelt, das heißt, die für den Empfang durch einen wesentlichen Teil der Allgemeinheit bestimmt sind und bei dieser eine deutliche Wirkung entfalten könnten". Auch Erwägungsgrund 45 verweist auf den „Einflu[ss] auf die Meinungsbildung der Menschen" als „Besonderheit audiovisueller Mediendienste".

---

467 *BDRC Continental*, Attitudes to Online and On-Demand Content – 2014 report, April 2015, 3.
468 Ebd., 32.
469 Ebd., 33.
470 Ebd.
471 Ebd.
472 Ebd., 32.
473 Ebd., 31.
474 Ebd., 37.

Unproblematisch sind in diesem Zusammenhang allgemeine Zugangsbeschränkungen von Angeboten, wie etwa Nutzungskosten[475] oder auch der Schutz durch Passwörter oder Verschlüsselung,[476] solange potentiell jeder Person unter den gleichen Bedingungen der Zugriff auf das Angebot möglich ist.[477] Lediglich Inhalte, die tatsächlich und effektiv einer bestimmten Gruppe vorbehalten bleiben, sind in diesem Sinne nicht an die Allgemeinheit gerichtet.[478] Im Übrigen gewinnt dieses Abgrenzungskriterium für Internetangebote kaum Aussagekraft, da diese automatisch für jedermann potentiell abrufbar sind.[479]

Die tatsächlichen Nutzerzahlen eines Angebots sind grundsätzlich nicht relevant,[480] es kommt vielmehr auf seine Ausrichtung[481] und die potentielle Anzahl von Nutzern[482] und die beabsichtigte Konkurrenz mit anderen audiovisuellen Mediendiensten an.[483] Unter der Geltung der Fernsehrichtlinie wurde diese Abgrenzung danach vorgenommen, ob der Anbieter die einzelnen Nutzer seines

---

475 *Valcke/Ausloos*, in: Donders/Pauwels/Loisen (Hrsg.), The Palgrave Handbook of European Media Policy, 2014, 312 (322).
476 Für Belgien vgl. *Cabrera Blázquez*, in: Nikoltchev (Hrsg.), What Is an On-demand Service?, IRIS plus 4/2013, 7 (16).
477 *Chavannes/Castendyk*, in: Castendyk/Dommering/Scheuer (Hrsg.), European Media Law, 2008, Art. 1 AVMD, Rn. 47, *Valcke/Ausloos*, in: Donders/Pauwels/Loisen (Hrsg.), The Palgrave Handbook of European Media Policy, 2014, 312 (323); für Großbritannien vgl. *Machet*, 33rd EPRA meeting, Background Document for Plenary Session – Content Regulation and new Media: Exploring Regulatory Boundaries between Traditional and new Media, EPRA 2011/02, 2011, 10.
478 *Kogler*, MuR 2011, 228 (231).
479 *Betzel*, in: Nikoltchev (Hrsg.), The Regulation of On-demand Audiovisual Services: Chaos or Coherence?, IRIS Special, 2011, 53 (59); *Kogler*, MuR 2011, 228 (231).
480 *Chavannes/Castendyk*, in: Castendyk/Dommering/Scheuer (Hrsg.), European Media Law, 2008, Art. 1 AVMD, Rn. 45 f., für die Niederlande vgl. *Machet*, 33rd EPRA meeting, Background Document for Plenary Session – Content Regulation and new Media: Exploring Regulatory Boundaries between Traditional and new Media, EPRA 2011/02, 2011, 10; für Belgien vgl. *Cabrera Blázquez*, in: Nikoltchev (Hrsg.), What Is an On-demand Service?, IRIS plus 4/2013, 7 (16).
481 *Valcke/Ausloos*, in: Donders/Pauwels/Loisen (Hrsg.), The Palgrave Handbook of European Media Policy, 2014, 312 (323).
482 Für Belgien vgl. *Cabrera Blázquez*, in: Nikoltchev (Hrsg.), What Is an On-demand Service?, IRIS plus 4/2013, 7 (16); *Machet*, 33rd EPRA meeting, Background Document for Plenary Session – Content Regulation and new Media: Exploring Regulatory Boundaries between Traditional and new Media, EPRA 2011/02, 2011, 11.
483 Für Belgien vgl. *Cabrera Blázquez/Capello/Fontaine/Valais*, Abrufdienste und der sachliche Anwendungsbereich der AVMD-Richtlinie, IRIS plus 1/2016, 43.

Angebots identifizieren kann.[484] Dieses Kriterium scheitert jedoch im Fall von Abonnement-Diensten wie Netflix, bei denen zwar einzelne Nutzer identifizierbar sind, die aber dennoch klar an die Allgemeinheit gerichtet sind.[485]

a) Narrowcasting

Einer Ausrichtung an die Allgemeinheit könnte allerdings entgegenstehen, wenn sich die Inhalte entweder räumlich oder aber inhaltlich nur an eine bestimmte Gruppe wenden. In räumlicher Hinsicht wurde dieses Problem unter dem Stichwort „narrowcasting"[486] bereits unter der Geltung der Fernsehrichtlinie diskutiert.[487] Narrowcasting – oder auch „closed circuit"[488] – bezeichnet die Ausstrahlung von Bewegtbildern innerhalb begrenzter Räume wie Geschäften, Flughäfen oder öffentlichen Verkehrsmitteln.[489] Eine Ansicht vertritt die Erstreckung des Geltungsbereichs auf diese Dienste, solange die betroffenen Räume der allgemeinen Öffentlichkeit zugänglich sind und – wie insbesondere innerhalb öffentlicher Verkehrsmittel – eine große Anzahl an Zuschauern erreicht wird.[490] Nach anderer Ansicht und der überwiegenden Praxis der Mitgliedstaaten werden solche Sendeformen jedoch vom Anwendungsbereich ausgenommen.[491] In den

---

484 *Valcke/Ausloos*, in: Donders/Pauwels/Loisen (Hrsg.), The Palgrave Handbook of European Media Policy, 2014, 312 (323).
485 Ebd., 323.
486 Narrowcasting ist ein Wortspiel in Abwandlung von „Broadcasting", dem englischen Begriff für Rundfunk.
487 *Chavannes/Castendyk*, in: Castendyk/Dommering/Scheuer (Hrsg.), European Media Law, 2008, Art. 1 AVMD, Rn. 45 f.
488 *Schwarz/Reber*, in: Loewenheim (Hrsg.), Handbuch des Urheberrechts, 2. Aufl. 2010, §74, Rn. 45; *Valcke/Ausloos*, in: Donders/Pauwels/Loisen (Hrsg.), The Palgrave Handbook of European Media Policy, 2014, 312 (323).
489 Vgl. hierzu *Chavannes/Castendyk*, in: Castendyk/Dommering/Scheuer (Hrsg.), European Media Law, 2008, Art. 1 AVMD, Rn. 45 f.; *Machet*, 35th EPRA meeting, Comparative Background Document for Plenary Session – New Media & Regulation: Towards a Paradigm Shift? New Services and Scope: "What's in, what's out Revisited", EPRA/2012/02a, 2012, Fn. 31; *Viola/Capello*, in: Nikoltchev (Hrsg.), The Regulation of On-demand Audiovisual Services: Chaos or Coherence?, IRIS Special, 2011, 47 (49).
490 *Chavannes/Castendyk*, in: Castendyk/Dommering/Scheuer (Hrsg.), European Media Law, 2008, Art. 1 AVMD, Rn. 45 f.
491 *Contact Committee established by the Television Without Frontiers Directive*, Minutes of the 27th meeting, Doc CC TVSF (2008) 4, 16.04.2008, 2; *Valcke/Ausloos*, in: Donders/Pauwels/Loisen (Hrsg.), The Palgrave Handbook of European Media Policy, 2014, 312

Niederlanden[492] und Italien[493] beispielsweise genügen diese Dienste in Flughäfen oder Bahnhöfen mangels Ausrichtung an die Allgemeinheit nicht den Anforderungen an audiovisuelle Mediendienste. Auch der belgische Regulierer schließt an geschlossene Personenkreise gerichtete Angebote, wie etwa Werbefilme in Geschäften und Unternehmen, vom Anwendungsbereich aus.[494]

b) Meinungsbildungsrelevanz

In inhaltlicher Hinsicht soll unerheblich sein, ob die angebotenen Inhalte auf breites öffentliches Interesse stoßen.[495] Der österreichische *VwGH* hingegen stellte in seinem Vorlagebeschluss im Fall New Media Online auch auf die Meinungsbildungsrelevanz als Kriterium des Sendungsbegriffs ab.[496] Der Gerichtshof bezog sich dabei auf Erwägungsgrund 21 der AVMD-Richtlinie der den Rückschluss zulasse, alle nicht für einen wesentlichen Teil der Allgemeinheit interessanten Inhalte seien aus dem Sendungsbegriff auszuschließen.[497] Eine solche qualitative Komponente[498] würde dem Kriterium der Ausrichtung an die Allgemeinheit auch tatsächliche Aussagekraft verleihen, was diese Auslegung zumindest berechtigt erscheinen lässt. In dieser Frage hat das britische *OFCOM* bereits eine klare Entscheidung getroffen. Laut den Richtlinien zur Notifikationspflicht soll das gesamte Spektrum der im Fernsehen vorhanden Angebote als Vergleichsmaßstab für On-Demand Dienste gelten, selbst wenn es sich dabei um an ein spezielles Publikum gerichtete Inhalte, Erwachsenenunterhaltung oder Inhalte mit geringer Produktionsqualität handelt.[499] Andere Stimmen sprechen sich jedoch dafür aus, anhand der Meinungsbildungsrelevanz eine

---

(323); *Viola/Capello*, in: Nikoltchev (Hrsg.), The Regulation of On-demand Audiovisual Services: Chaos or Coherence?, IRIS Special, 2011, 47 (49).
492 *Betzel*, in: Nikoltchev (Hrsg.), The Regulation of On-demand Audiovisual Services: Chaos or Coherence?, IRIS Special, 2011, 53 (59).
493 *Viola/Capello*, in: Nikoltchev (Hrsg.), The Regulation of On-demand Audiovisual Services: Chaos or Coherence?, IRIS Special, 2011, 47 (49).
494 *Conseil supérieur de l'audiovisuel de la Communauté française de Belgique (CSA) – Collège d'autorisation et de contrôle*, Recommandation relative au périmètre de la régulation des services de medias audiovisuels, 29.03.2012, 19.
495 *Chavannes/Castendyk*, in: Castendyk/Dommering/Scheuer (Hrsg.), European Media Law, 2008, Art. 1 AVMD, Rn. 47.
496 VwGH, Beschl. v. 26.6.2014, 2013/03/0012, 6; vgl auch *Kogler*, K&R 2015, 90 (93).
497 VwGH, Beschl. v. 26.6.2014, 2013/03/0012, 6.
498 *Kogler*, MuR 2011, 228 (232).
499 *OFCOM*, Notification Guidance, 18.12.2015, Rn. 3.6.

Eingrenzung des Sendungsbegriffs vorzunehmen.[500] Auch die *Europäische Kommission* zog in der Vorbereitung des Richtlinienvorschlags zur AVMD-Richtlinie von 2005[501] das Kriterium der Meinungsbildungsrelevanz zur Eingrenzung der vom Anwendungsbereich erfassten Mediendienste in Betracht.[502] Diese Überlegung war erkennbar vom deutschen Rundfunkbegriff geprägt,[503] die deutsche Bezeichnung „Meinungsbildungsrelevanz" findet sich sogar erläuternd in der englischen Fassung eines Arbeitsgruppendokuments der Kommission.[504] Die deutsche Direktorenkonferenz der Landesmedienanstalten hatte das Kriterium der Meinungsbildungsrelevanz der Inhalte als entscheidenden Faktor der Regulierungsintensität ebenfalls bereits im Vorfeld des Richtlinienvorschlags ins Feld gebracht.[505] Aus der deutschen Literatur waren ähnliche Vorschläge zu vernehmen.[506] Hier ergeben sich letztlich Parallelen zu den unterschiedlichen Auslegungen des Kriteriums der Fernsehähnlichkeit eines Dienstes,[507] die auch deutsche Gerichte in Fällen mangelnder Meinungsbildungsrelevanz bereits ablehnten.[508] Für eine Berücksichtigung der Meinungsbildungsrelevanz von linearen und nichtlinearen Inhalten spreche nach dieser Auffassung, dass nur bei deren Vorliegen überhaupt von einem die Regulierung rechtfertigenden Gefahrenpotential ausgegangen werden könne.[509] Diversen im Internet

---

500 *Kogler*, MuR 2011, 228 (233); *Schmid/Kitz*, ZUM 2009, 739 (741).
501 *Europäische Kommission*, Vorschlag für eine Richtlinie des Europäischen Parlaments und des Rates zur Änderung der Richtlinie 89/552/EWG des Rates zur Koordinierung bestimmter Rechts- und Verwaltungsvorschriften der Mitgliedstaaten über die Ausübung der Fernsehtätigkeit v. 13.12.2005, KOM (2005) 646 endg.
502 *Europäische Kommission*, Focus Group 1 Working Paper on the Regulation of Audiovisual Content, 2004, 3; *Schoenthal*, Von der Fernsehregulierung zur Inhalteregulierung, 2009, 251.
503 *Schoenthal*, Von der Fernsehregulierung zur Inhalteregulierung, 2009, 251.
504 *Europäische Kommission*, Focus Group 1 Working Paper on the Regulation of Audiovisual Content, 2004, 3.
505 *Direktorenkonferenz der Landesmedienanstalten (DLM)*, Stellungnahme im laufenden Verfahren der Überprüfung der EG-Fernsehrichtlinie, 15.7.2003, 2.
506 Vgl. *Stender-Vorwachs/Theißen*, ZUM 2006, 362 (368); siehe auch *Schütz*, MMR 2009, 228 (231).
507 Vgl. oben unter Zweiter Teil. § 1 III. 4.
508 *OLG Köln*, Urt. v. 29.05.2015 – 6 U 177/14, Rn. 33; *OLG München*, Urt. v. 5.02.2015 – 29 U 3689/14; *LG Wuppertal*, Urt. v. 31.10.2014 – 12 O 25/14 = NJW 2015, 1256 (1257); Siehe hierzu oben unter Zweiter Teil. § 1 III. 4. a) dd).
509 *Schütz*, MMR 2005, Heft 9, VIII (IX).

vorzufindenden Videoangeboten mit engem Themenzuschnitt,[510] etwa Videoanleitungen für Heimwerker oder Autoprodukttests, mangele es hingegen am Potential eine „deutliche Wirkung" beim Publikum zu entfalten, womit sie nicht als Abrufdienste einzuordnen wären.[511] Kritisch wurde zur Integration des maßgeblich deutschen Konzepts eines „funktionalen"[512] Rundfunkbegriffs jedoch angemerkt, dass dieses nicht mit dem wirtschaftlich ausgerichteten Verständnis des Rundfunks auf europäischer Ebene zu vereinbaren sei.[513]

c) Erbringung über elektronische Kommunikationsnetze

Das Merkmal der Erbringung über elektronische Kommunikationsnetze, als letzte Voraussetzung des materiellen Anwendungsbereichs, dient schließlich lediglich der Abgrenzung von anderen Verbreitungsformen, wie physikalischen Trägermedien oder Vorführungen,[514] und ist in der Praxis vollkommen unproblematisch. Elektronische Kommunikationsnetze sind nach der Definition in Art. 2 lit. a der Rahmenrichtlinie „Übertragungssysteme und gegebenenfalls Vermittlungs- und Leitwegeinrichtungen sowie anderweitige Ressourcen, die die Übertragung von Signalen über Kabel, Funk, optische oder andere elektromagnetische Einrichtungen ermöglichen, einschließlich Satellitennetze, feste (leitungs- und paketvermittelte, einschließlich Internet) und mobile terrestrische Netze, Stromleitungssysteme, soweit sie zur Signalübertragung genutzt werden, Netze für Hör- und Fernsehfunk sowie Kabelfernsehnetze, unabhängig von der Art der übertragenen Informationen".

IV. Probleme und Konsequenzen der Einstufung

Wie sich in der Auseinandersetzung mit den Definitionsmerkmalen des audiovisuellen Mediendienstes zeigt, lassen viele Bestandteile des materiellen Anwendungsbereichs Raum für unterschiedliche Interpretation durch die nationalen Regulierungsbehörden. Letztlich entsteht so die Gefahr einer uneinheitlichen

---

510 *Machet*, 33rd EPRA meeting, Background Document for Plenary Session – Content Regulation and new Media: Exploring Regulatory Boundaries between Traditional and new Media, EPRA 2011/02, 2011, 11.
511 *Kogler*, MuR 2011, 228 (234 ff.) mit ausführlichen Beispielen.
512 Siehe hierzu *Gournalakis*, ZUM 2003, 180 (184 f.).
513 *Stender-Vorwachs/Theißen*, ZUM 2006, 362 (366).
514 *Cabrera Blázquez*, in: Nikoltchev (Hrsg.), What Is an On-demand Service?, IRIS plus 4/2013, 7 (11); *Valcke/Ausloos*, in: Donders/Pauwels/Loisen (Hrsg.), The Palgrave Handbook of European Media Policy, 2014, 312 (324).

Rechtsanwendung, die unterschiedliche Voraussetzungen für Medienanbieter innerhalb des europäischen Binnenmarktes schafft. Dass es sich dabei nicht um bloß theoretische Ambiguitäten handelt, verdeutlicht die bereits dargestellte unterschiedliche Handhabung der Merkmale durch einzelne Mitgliedstaaten. Bezüglich der erforderlichen redaktionellen Verantwortung eines Mediendiensteanbieters werden alternativ die Katalogorganisation[515] oder die Auswahl der darin vorhandenen Inhalte[516] als Hauptkriterien für die Identifikation des Verantwortlichen herangezogen. Teilweise wird die redaktionelle Verantwortung von Nutzern, die Kanäle auf Videoplattformen wie YouTube betreiben, abgelehnt,[517] teilweise werden solche „branded channels" jedoch auch als audiovisuelle Mediendienste eingestuft.[518] Die Bestimmung des Hauptzwecks eines Mediendienstes wird durch verästelte Vorfragen determiniert,[519] die selbst innerhalb verschiedener Behörden desselben Mitgliedstaats unterschiedlich gewichtet werden.[520] Hinsichtlich der im Rahmen des Sendungsbegriffs zu beurteilenden Fernsehähnlichkeit von Inhalten zeichnen sich zwar grob gemeinsame Kriterien

---

515 *Conseil supérieur de l'audiovisuel de la Communauté française de Belgique (CSA) – Collège d'autorisation et de contrôle*, Recommandation relative au périmètre de la régulation des services de medias audiovisuels, 29.03.2012, 13.
516 *Betzel*, in: Nikoltchev (Hrsg.), The Regulation of On-demand Audiovisual Services: Chaos or Coherence?, IRIS Special, 2011, 53 (58); *Machet*, 33rd EPRA meeting, Background Document for Plenary Session – Content Regulation and new Media: Exploring Regulatory Boundaries between Traditional and new Media, EPRA 2011/02, 2011, 11; *Valcke/Ausloos*, in: Donders/Pauwels/Loisen (Hrsg.), The Palgrave Handbook of European Media Policy, 2014, 312 (318); so auch in der Slowakei, *Cabrera Blázquez*, in: Nikoltchev (Hrsg.), What Is an On-demand Service?, IRIS plus 4/2013, 7 (17).
517 LG Wuppertal, Urt. v. 31.10.2014 – 12 O 25/14 = NJW 2015, 1256 (1257).
518 Zu den Niederlanden: *Betzel*, in: Nikoltchev (Hrsg.), The Regulation of On-demand Audiovisual Services: Chaos or Coherence?, IRIS Special, 2011, 53 (61); zu Belgien vgl. *Cabrera Blázquez*, in: Nikoltchev (Hrsg.), What Is an On-demand Service?, IRIS plus 4/2013, 7 (15); *Conseil supérieur de l'audiovisuel de la Communauté française de Belgique (CSA) – Collège d'autorisation et de contrôle*, Recommandation relative au périmètre de la régulation des services de medias audiovisuels, 29.03.2012, 14; siehe auch *Fiedler*, in: Gersdorf/Paal (Hrsg.), Beck'scher Online-Kommentar Informations und Medienrecht, 17. Ed. 1.08.2017, §58 RStV, Rn. 26; *Fuchs/Hahn*, MMR 2016, 503.
519 *Valcke/Ausloos*, in: Donders/Pauwels/Loisen (Hrsg.), The Palgrave Handbook of European Media Policy, 2014, 312 (319).
520 Vgl. *OFCOM*, Scope Appeal Sun Video, 21.12.2011, Rn. 48.

der Mitgliedstaaten ab,[521] hier besteht jedoch insgesamt große Unsicherheit,[522] was einige Regulierer dazu veranlasst, das Kriterium nur untergeordnet heranzuziehen.[523] In Hinblick auf die empirischen Erhebungen aus Großbritannien ist zudem festzustellen, dass die Regulierungserwartung[524] der Zuschauer und deren Verständnis[525] fernsehähnlicher Angebote teilweise auf anderen Kriterien beruhen, als die von den verschiedenen nationalen Regulierern verwendeten Maßstäbe. Dies ist besonders deutlich an der Frage erkennbar, ob die Länge audiovisueller Inhalte Aussagekraft bezüglich deren Vergleichbarkeit mit dem Fernsehen aufweist.[526] Im Einzelnen wird auf diese beiden Problemkreise noch im folgenden Abschnitt im Zusammenhang mit Videos auf Pressewebseiten näher einzugehen sein.

Sowohl für Medienanbieter als auch für die Zuschauer und Nutzer der Dienste schafft die AVMD-Richtlinie vor dem Hintergrund der Konvergenzentwicklung nicht das gewünschte Maß an Rechtssicherheit.[527] Die Einstufung der verschiedenen, auf ein und demselben Gerät verfügbaren Angebote erfolgt nicht anhand

---

521 *Machet*, 33rd EPRA meeting, Background Document for Plenary Session – Content Regulation and new Media: Exploring Regulatory Boundaries between Traditional and new Media, EPRA 2011/02, 2011, 9; *Kogler*, K&R 2015, 90 (92); *Valcke/Ausloos*, in: Donders/Pauwels/Loisen (Hrsg.), The Palgrave Handbook of European Media Policy, 2014, 312 (322).
522 Siehe nur das deutsche Vorabentscheidungsverfahren zu PkW-Werbevideos *BGH*, Urt. v. 12.01.2017 – I ZR 117/15 sowie das darauf ergangene Urteil des *EuGH*, v. 21.02.2018 – Rs. C-132/17; zu den Details vgl. oben unter Zweiter Teil. § 1 III. 4. a) dd).
523 Vgl zu Belgien *ERGA*, Report on material jurisdiction in a converged environment, 18.12.2015, ERGA 2015 (12), 32; zu den Niederlanden *Betzel*, in: Nikoltchev (Hrsg.), The Regulation of On-demand Audiovisual Services: Chaos or Coherence?, IRIS Special, 2011, 53 (57).
524 *Essential Research*, The regulation of video-on-demand: consumer views on what makes audiovisual services "TV-Like" – a qualitative research report, December 2009, 10.
525 Ebd., 9.
526 Zur Einschätzung britischer Studienteilnehmer siehe *Essential Research*, On-demand services: understanding consumer choices – A research report for *OFCOM*, October 2012, 36; zur Beurteilung der Regulierer vgl. *Valcke/Ausloos*, in: Donders/Pauwels/Loisen (Hrsg.), The Palgrave Handbook of European Media Policy, 2014, 312 (322); *OFCOM*, Notification Guidance, 18.12.2015, Rn. 3.8; siehe auch *Kogler*, K&R 2015, 90 (92).
527 *Fielden*, Regulating for Trust in Journalism – Standards regulation in the age of blended media, 2011, 15.

nachvollziehbarer und verlässlicher Kriterien, die den Verbrauchern als Grundlage informierter Entscheidungen dienen könnten[528] und damit ein einheitliches Schutzniveau gewährleisten.[529] Aus Sicht der Anbieter tritt neben die Rechtsunsicherheit auch die Gefahr von Wettbewerbsverzerrungen.[530] Wie bereits dargestellt ergeben sich aus der AVMD-Richtlinie eine Reihe von Anforderungen an die ihr unterfallenden Dienste. Im Verhältnis zu außerhalb des Anwendungsbereichs liegenden Angeboten werden die traditionell regulierten Medien dadurch benachteiligt, insbesondere wenn die Anwendung der Definitionsmerkmale des audiovisuellen Mediendienstes dazu führt, dass ein Großteil der neu hinzutretenden Angebote nicht der Regulierung unterfällt.[531] Die potentielle Verzerrung des Wettbewerbs gewinnt eine zusätzliche Dimension, wenn durch unterschiedliche Rechtsanwendung in den Mitgliedstaaten gleichartige Dienste unterschiedlich streng reguliert werden, etwa Nutzerkanäle auf Videoplattformen in einem Mitgliedstaat lediglich der e-Commerce Richtlinie unterfallen, in einem anderen Mitgliedstaat jedoch als audiovisuelle Mediendienste angesehen werden.

Ein in diesem Zusammenhang relevanter Bereich sind die in Art. 9 Abs. 1 lit. c AVMD-Richtlinie vorgegebenen Beschränkungen für audiovisuelle kommerzielle Kommunikation. Darunter fallen unter anderem Diskriminierungen aufgrund von Geschlecht, Religion oder sexueller Ausrichtung, sowie die Förderung von Verhaltensweisen, die die Gesundheit oder den Schutz der Umwelt gefährden. Derartige Inhaltsverbote sind der Presse fremd.[532] Die Vorschrift wurde in Hinblick auf Abrufdienste als unverhältnismäßige Verpflichtung zur „politischen Korrektheit" kritisiert, die den medialen öffentlichen Diskurs um „unerwünschte" Meinungen beschneide.[533] Nachdem die Gleichbehandlungsrichtlinie[534] von 2004 ausweislich ihres Art. 3 Abs. 3 explizit nicht auf Medieninhalte und Werbung erstreckt wurde um eine Beeinträchtigung der Medienfreiheit zu vermeiden, müsse es verwundern, dass „hoheitliche Kommunikationsverbote"

---

528 Ebd.
529 *Europäisches Parlament*, Entschließung zu "Connected TV", P7_TA(2013)0329, 4.07.2013, Erwägungsgrund M.
530 Ebd.
531 Ebd, 9. Entschließung.
532 *Katsirea*, International Journal of Law and Information Technology 2015, 1 (2).
533 *Fiedler*, in: Gersdorf/Paal (Hrsg.), Beck'scher Online Kommentar zum Informations- und Medienrecht, 17. Ed. 1.08.2017, §58 RStV, Rn. 37.
534 Richtlinie 2004/113/EG des Rates zur Verwirklichung des Grundsatzes der Gleichbehandlung von Männern und Frauen beim Zugang zu und bei der versorgung mit Gütern und Dienstleistungen v. 13.12.2004, Amtsblatt L 373/37.

durch die AVMD-Richtlinie auf alle Abrufdienste übertragen werden.[535] Die Grundpositionen dieser Kontroverse gehen auf die eingangs dargestellten divergierenden inhaltlichen Anforderungen an Presse und Rundfunk zurück.[536] Während in der Regulierung des Rundfunks ein Mindestmaß an Ausgewogenheit[537] des Programms sicherzustellen ist, können derartige Vorschriften für die Presse nicht gerechtfertigt werden.[538] Welcher Standard für Abrufdienste nun anzulegen ist, steht im unmittelbaren Zusammenhang mit dem Untersuchungsgegenstand dieser Arbeit.

Neben die direkt aus der Richtlinie folgenden rechtlichen und finanziellen Konsequenzen[539] für audiovisuelle Mediendienste treten gegebenenfalls noch zusätzlich nach nationalem Recht geregelte Anforderungen, denn die Richtlinie verfolgt das Prinzip der Mindestharmonisierung.[540] In vielen Mitgliedstaaten besteht für audiovisuelle Mediendienste auf Abruf eine Notifikationspflicht gegenüber der nationalen Regulierungsbehörde,[541] vereinzelt werden dafür sogar zusätzliche Gebühren fällig.[542] Dies wirft Fragen hinsichtlich der Legitimität staatlicher Aufsicht über die Presse auf.[543] Hinsichtlich des Rundfunks sind diese Aufsicht und Zulassungspflichten durch seine Sondersituation ausnahmsweise gerechtfertigt,[544] die Erweiterung auf andere Mediengattungen wird jedoch unter Verweis auf Art. 11 der Grundrechtecharta ausgeschlossen.[545] Art. 30 der AVMD-Richtlinie weist die Aufsicht über Mediendienste jedoch den

---

535 *Fiedler*, in: Gersdorf/Paal (Hrsg.), Beck'scher Online Kommentar zum Informations- und Medienrecht, 17. Ed. 1.08.2017, §58 RStV, Rn. 38.
536 Siehe oben unter Erster Teil. § 2 III.
537 BVerfGE 12, 205 (263).
538 *BVerfG*, Beschl. v. 27.11.2015 – 2 BvQ 43/15, Rn. 6 = NJW 2016, 788.
539 *Kogler*, MuR 2011, 228 (229).
540 *Cabrera Blázquez/Capello/Fontaine/Valais*, Abrufdienste und der sachliche Anwendungsbereich der AVMD-Richtlinie, IRIS plus 1/2016, 26.
541 *Machet*, 33rd EPRA meeting, Background Document for Plenary Session – Content Regulation and new Media: Exploring Regulatory Boundaries between Traditional and new Media, EPRA 2011/02, 2011, 2.
542 *Machet*, 33rd EPRA meeting, Background Document for Plenary Session – Content Regulation and new Media: Exploring Regulatory Boundaries between Traditional and new Media, EPRA 2011/02, 2011, 3.
543 *Klein*, K&R 2015, 793 (794); siehe auch *Fiedler*, ZUM 2010, 18 (25).
544 *Barata*, in: Nikoltchev (Hrsg.), The Regulation of On-demand Audiovisual Services: Chaos or Coherence?, IRIS Special, 2011, 95 (97).
545 *Fiedler*, in: Gersdorf/Paal (Hrsg.), Beck'scher Online Kommentar zum Informations- und Medienrecht, 17. Ed. 1.08.2017, §58 RStV, Rn. 43.

"zuständigen unabhängigen Regulierungsstellen" der Mitgliedstaaten zu, ohne zwischen linearen und nichtlinearen Diensten zu differenzieren.[546] Mit Einführung der Richtlinie 2007 wurde eine Reihe zuvor lediglich als Dienste der Informationsgesellschaft regulierter Angebote in die AVMD-Richtlinie einbezogen und Art. 4 Abs. 1 der e-Commerce Richtlinie schließt eine Zulassungspflicht für diese Dienste dem Grundsatz nach aus.[547] In Erwägungsgrund 20 der AVMD-Richtlinie findet sich der Hinweis, dass aus der Richtlinie weder die Verpflichtung noch die "Ermunterung" der Mitgliedstaaten folge, für audiovisuelle Mediendienste neue Genehmigungsverfahren einzuführen. Die bloße Notifikationspflicht für Abrufdienste ist gegenüber einer staatlichen Lizenzierung oder Zulassung allerdings die mildere Maßnahme.[548]

§ 2 Rechtsprechung und Regulierungsentscheidungen zu Videos auf Presseseiten als Beispiel für die Abgrenzungsprobleme

Die uneinheitliche Auslegung des Anwendungsbereichs der AVMD-Richtlinie lässt sich besonders anhand des Problemkreises der Einstufung von Pressewebseiten, die Videos enthalten, verdeutlichen. Die Beurteilung solcher Internetangebote anhand der Merkmale aus Art. 1 Abs. 1 lit. g AVMD-Richtlinie wurde von den Regulierungsbehörden der Mitgliedstaaten frühzeitig als besonders problematisch identifiziert.[549] Die kriegsentscheidenden Definitionsmerkmale sind dabei zum einen das "Hauptzweck"-Kriterium und zum anderen – als Anschlussfrage – der Sendungsbegriff, beziehungsweise die Fernsehähnlichkeit der bereitgestellten Inhalte. Allerdings erfolgt eine entscheidende Weichenstellung noch im Vorfeld durch die Abgrenzung des überhaupt in die Beurteilung einzubeziehenden "Dienstes". Als solcher kann entweder das Gesamtangebot der Webseite oder lediglich das Videoangebot zu Grunde gelegt werden.

---

546 Ebd.
547 Ebd, Rn. 44.
548 *Barata*, in: Nikoltchev (Hrsg.), The Regulation of On-demand Audiovisual Services: Chaos or Coherence?, IRIS Special, 2011, 95 (97).
549 *Machet*, 33rd EPRA meeting, Background Document for Plenary Session – Content Regulation and new Media: Exploring Regulatory Boundaries between Traditional and new Media, EPRA 2011/02, 2011, 12, 14; *Dies.*, 35th EPRA meeting, Comparative Background Document for Plenary Session – New Media & Regulation: Towards a Paradigm Shift? New Services and Scope: "What's in, what's out Revisited", EPRA/ 2012/02a, 2012, 15.

Einige Mitgliedstaaten gehen unter sehr niedrigen Voraussetzungen vom Vorliegen eines audiovisuellen Mediendienstes auf Presseseiten aus. Soweit die Internetseite einen getrennt zu erreichenden Videobereich aufweist und innerhalb dieses Bereichs die Videos in einem nach Themenkategorien sortierten Katalog abrufbar sind, stuften Behörden in Belgien, Frankreich, Ungarn, Schweden[550] und Norwegen den Videobereich als eigenständigen Dienst ein, dessen Hauptzweck die Bereitstellung von Sendungen ist.[551]

In der Fallpraxis anderer Mitgliedstaaten zeigt sich hingegen eine differenziertere Vorgehensweise. Im Folgenden sollen ausgewählte Fälle aus England, Österreich und der Slowakei sowie das Urteil des *EuGH* im Fall „New Media Online" näher betrachtet werden. Zudem wird vergleichend auch der „Tagesschau-App"-Fall aus Deutschland herangezogen, der die Gegenseite der Abgrenzung von Presseinhalten und Rundfunkinhalten beleuchten soll.

I. Großbritannien/OFCOM und ATVOD

In Großbritannien sind Mediendienste auf Abruf, sog. On-Demand Programme Services (ODPS), der zuständigen Regulierungsbehörde anzuzeigen.[552] Zudem ist für ihren Betrieb eine Gebühr an die Behörde zu entrichten.[553] Die Zuständigkeit für die Aufsicht über audiovisuelle Mediendienste war bis Ende 2015 zwischen zwei Regulierungsbehörden geteilt. Das Office of Communications (*OFCOM*) trat die Zuständigkeit für nichtlineare Mediendienste im Jahr 2010 an die ursprünglich als Selbstregulierungsorgan gegründete Authority for Television on Demand (*ATVOD*) ab[554] und fungierte selbst als Widerspruchs- und

---

550 *Ullberg/Plogell*, IRIS 2013-1/35.
551 *ERGA*, Report on material jurisdiction in a converged environment, 18.12.2015, ERGA 2015 (12), 36.
552 Section 368BA Abs. 1 des Communications Act 2003: "A person must not provide an on-demand programme service unless, before beginning to provide it, that person has given a notification to the appropriate regulatory authority of the person's intention to provide that service".
553 Section 368D Abs. 3 (za) des Communications Act 2003: "The provider of an on-demand programme service must— pay to the appropriate regulatory authority such fee as that authority may require […]".
554 Gemäß Section 368B Abs. 1 des Communications Act 2003 kann *OFCOM* eine andere Stelle als zuständige Regulierungsbehörde für ODPS bestimmen: "*OFCOM* may designate any body corporate to be, to the extent provided by the designation, the appropriate regulatory authority for the purposes of any provision of this Part […]".

Aufsichtsbehörde.⁵⁵⁵ Auch die Einstufung von Diensten als On-Demand Programme Services oblag *ATVOD*.

Seit 2016 ist wieder ausschließlich das *OFCOM* für die Aufsicht über alle audiovisuellen Mediendienste zuständig.⁵⁵⁶ Zur Begründung führte *OFCOM* die konvergenzbedingten Überschneidungen der Zuständigkeitsbereiche für verschiedene Angebote der gleichen Anbieter an.⁵⁵⁷

On-Demand Programme Services müssen gemäß Section 368A Abs. 1 (a) des Communications Act 2003 den Hauptzweck haben, Sendungen bereitzustellen, deren Form und Inhalt mit der Form und dem Inhalt von Sendungen vergleichbar sind, die normalerweise in Fernsehprogrammen vorkommen.⁵⁵⁸ Diese, für Videoangebote auf Zeitungswebseiten besonders strittige, Voraussetzung wurde von *ATVOD* und *OFCOM* unterschiedlich ausgelegt.

1. „Sun Video"

Im Rahmen ihrer Zuständigkeit für nichtlineare Mediendienste stufte *ATVOD* 2011 eine Reihe von Videoangeboten auf den Internetseiten von Zeitungen und Zeitschriften⁵⁵⁹ als ODPS ein.⁵⁶⁰ Dies war die erste Anwendung der Umsetzung der Vorschriften aus der AVMD-Richtlinie, zu denen entsprechend noch keine gesicherte und zwischen den beiden Regulierern abgestimmte Praxis entstanden war.⁵⁶¹ Anlässlich des Widerspruchs der Betreiberin im Fall Sun Video konnte sich *OFCOM* grundlegend zu dieser Problematik äußern⁵⁶² und *ATVOD* für die Zukunft an eine engere Auslegung der Vorschriften binden.⁵⁶³

Das Videoangebot der Sun, einer britischen Boulevard-Tageszeitung, bestand aus einem in Themenbereiche unterteilten⁵⁶⁴ Videobereich, der über einen Link

---

555 *OFCOM*, Future regulation of on-demand programme services, 17.12.2015, Rn. 1.4.
556 Ebd., Rn. 2.1.
557 Ebd., Rn. 1.5.
558 Section 368A Abs. 1 des Communications Act 2003: " For the purposes of this Act, a service is an 'on-demand programme service' if— its principal purpose is the provision of programmes the form and content of which are comparable to the form and content of programmes normally included in television programme services;".
559 Sun Video, The Independent Video, Elle TV, Sunday Times Video, News of the World, Telegraph, Guardian Video, Financial Times Video.
560 *Katsirea*, International Journal of Law and Information Technology 2015, 1 (6).
561 *OFCOM*, Scope Appeal Sun Video, 21.12.2011, Rn. 4.
562 Ebd., Rn. 14.
563 *Metzdorf*, in: Taeger (Hrsg.), IT und Internet – Mit Recht gestalten, DSRI-Tagungsband Herbstakademie 2012, 497 (505).
564 *OFCOM*, Scope Appeal Sun Video, 21.12.2011, Rn. 24.

von der Startseite der Internetseite erreicht werden konnte.[565] Der Bereich war im selben Design gehalten wie die übrige Internetpräsenz.[566] Beinahe alle über den Videokatalog abrufbaren Clips waren mit einem themenverwandten Textbeitrag verknüpft, der bei Aufruf des Videos über einen Link erreichbar war.[567] Der Videobereich der Seite diente nach Aussage der Betreiberin lediglich als Sammlung aller verfügbaren Videoinhalte,[568] die primär in die jeweils zugehörigen Artikel eingebettet waren.[569] Inhaltlich deckten die Videobeiträge ein sehr breites Spektrum ab, unter anderem Interviews mit Prominenten[570] und Modetipps[571].

ATVOD entschied im Februar 2011, dass es sich bei dem Videokatalog um einen ODPS handele.[572] Grundlage dieser Einstufung war die Ansicht der ATVOD, dass es sich bei dem Videobereich um einen eigenständigen, vom restlichen Angebot der Seite getrennt zu beurteilenden Dienst handele.[573] Zwar bestehe dieser Dienst neben der elektronischen Ausgabe der Zeitung, eine Webseite könne jedoch mehr als nur einen Dienst enthalten.[574] Bei den Nutzern würde der Eindruck eines eigenständigen Videodienstes erweckt, der ohne Rückgriff auf die Textinhalte genutzt und inhaltlich erfasst werden kann.[575] Die Verlinkung und der inhaltliche Zusammenhang zwischen Videos und Textbeiträgen genügen nicht, um die Dienste zu einem einheitlichen Angebot zu verbinden.[576] Zur Fernsehähnlichkeit der Videoinhalte führte ATVOD aus, dass diese der üblichen Form von Fernsehsendungen entsprächen, da sie über Eröffnungssequenzen, Untertitel, Musikuntermalung und Moderatoren verfügten.[577]

News Group, die Betreiberin der Sun Webseite, wandte in ihrem Widerspruchsschreiben an OFCOM gegen die Entscheidung der ATVOD ein, dass es sich bei dem Videobereich nicht um einen eigenständigen Dienst handele und

---

565 Ebd., Rn. 18.
566 Ebd.
567 Ebd., Rn. 28 c, 28 d.
568 Ebd., Rn. 18 e.
569 Ebd., Rn. 18 d.
570 Ebd., Rn. 111.
571 Ebd., Rn. 112.
572 Ebd., Rn. 19.
573 Ebd., Rn. 20.
574 Ebd., Rn. 20 a, 20 b.
575 Ebd., Rn. 20 d, 20 f.
576 Ebd., Rn. 20 g.
577 Ebd., Rn. 20 h.

zudem im Rahmen des Angebots keine fernsehähnlichen Sendungen bereitgestellt werden.[578] Die Unterteilung eines Dienstes in beliebig viele Unterdienste sei nicht durch die Definition von ODPS vorgesehen.[579] Insbesondere die enge inhaltliche Verknüpfung der Videoinhalte mit Textbeiträgen spräche für die Einheitlichkeit des Dienstes.[580] Bezüglich des Sendungsbegriffs führte News Group aus, dass die Videos weder hinsichtlich ihrer Form noch hinsichtlich ihres Inhalts mit Fernsehsendungen vergleichbar seien.[581] Als Beispiele seien ein Fünf-Sekunden-Clip einer auf einen Reporter fallenden Lampe sowie die Aufzeichnung eines Webchats mit einer Musikgruppe zu nennen, die typische Internetscheinungen darstellen.[582] Auch der Produktionsaufwand der Videos, zum Beispiel hinsichtlich Tontechnik und Regie, sei nicht mit Fernsehsendungen vergleichbar.[583] Zudem berief sich News Group auf den Ausschluss elektronischer Ausgaben von Zeitungen in Erwägungsgrund 28 der AVMD-Richtlinie.[584] Dieser erfasse nicht lediglich E-Paper-Ausgaben, sondern müsse sich gerade auf Presseangebote beziehen, die audiovisuelle Elemente enthalten.[585]

OFCOM wich im Widerspruchsverfahren maßgeblich von der Entscheidung der *ATVOD* ab und lehnte die Einstufung des Sun-Videoangebots als ODPS ab.[586] *ATVOD* habe den Zusammenhang zwischen Videos und Texten im Gesamtkonzept des Dienstes unzureichend berücksichtigt.[587] Zur Anwendung in zukünftigen Verfahren listet *OFCOM* in der Entscheidung eine (nicht abschließende) Reihe von Kriterien für die Beurteilung des Hauptzwecks eines Dienstes auf.[588] Anhand dieser müsse jedoch das gesamte Angebot einer Webseite überprüft werden, nicht lediglich ein Teil.[589]

Charakteristisch für ODPS sei danach die Zusammenstellung in Form eines Katalogs[590] auf einer eigenen Unterseite,[591] die Bezeichnung oder Aufmachung

---

578 Ebd., Rn. 21.
579 Ebd., Rn. 25.
580 Ebd., Rn. 28 c, 28 d.
581 Ebd., Rn. 29.
582 Ebd., Rn. 31.
583 Ebd.
584 Ebd., Rn. 27.
585 Ebd.
586 Ebd., Rn. 45 ff.
587 Ebd., Rn. 48.
588 Ebd., Rn. 88 ff.
589 Ebd., Rn. 91.
590 Ebd., Rn. 90 b.
591 Ebd., Rn. 90 a.

als Fernsehsender,[592] keine zu kurze Spieldauer der Videos[593] und die inhaltliche Unabhängigkeit der Videos vom übrigen Angebot der Seite sowie wenige Verlinkungen zu nicht-audiovisuellen Beiträgen.[594] Insbesondere für Zeitungswebseiten beziehungsweise Internetseiten mit Textinhalten müsse das Videomaterial quantitativ überwiegen oder im Vordergrund stehen und die primäre Informationsquelle darstellen, während die Textinhalte lediglich Einführungen oder Zusammenfassungen der Videos enthalten.[595] Erwägungsgrund 28 der AVMD-Richtlinie sei jedoch nicht dahingehend auszulegen, dass alle von Presseanbietern betriebenen Dienste vom Geltungsbereich der Richtlinie ausgeschlossen werden.[596] Vielmehr solle der Erwägungsgrund nur verdeutlichen, dass die untergeordnete Bereitstellung von audiovisuellem Material im Rahmen eines Presseinternetangebots keinen audiovisuellen Mediendienst auf Abruf darstellt.[597] Diese Feststellung ist allerdings angesichts des ohnehin vorhandenen Hauptzweck-Kriteriums redundant.

Für den konkreten Sachverhalt im Fall des Sun-Internetangebots war nach Ansicht von *OFCOM* entscheidend, dass die Videos ganz überwiegend Links zu Artikeln aufwiesen und die Artikel inhaltlich ergänzten.[598] Ohne die begleitenden Texte würde sich die Bedeutung der Videos nicht vollständig erschließen, beziehungsweise erst im Kontext der Artikel werde deutlich, warum ein bestimmtes Video auf der Webseite zu finden ist.[599] Die Videos würden zwar in Katalogform präsentiert,[600] dennoch sei die Hauptseite der Sun der bedeutendere Zugangspunkt der meisten Nutzer[601] und das Textangebot stehe im Vordergrund.[602] Aus Nutzersicht handle es sich bei dem Videoangebot lediglich um einen Zusatz zur elektronischen Zeitungsausgabe.[603]

Zur Fernsehähnlichkeit der Videos äußerte *OFCOM* sich nicht, da sich dies angesichts der nicht erfüllten Hauptzweck-Voraussetzung erübrigte und *ATVOD*

---

592 Ebd., Rn. 90 c.
593 Ebd., Rn. 90 d.
594 Ebd., Rn. 90 d.
595 Ebd., Rn. 90 g.
596 Ebd., Rn. 78.
597 Ebd., Rn. 77.
598 Ebd., Rn. 142.
599 Ebd., Rn. 152.
600 Ebd., Rn. 134 f.
601 Ebd., Rn. 131 f.
602 Ebd., Rn. 155.
603 Ebd., Rn. 159.

zudem in die Abstimmung zur Auslegung der Fernsehähnlichkeit einbezogen werden wollte.[604]

Auf Grundlage der Entscheidung von *OFCOM* widerrief *ATVOD* alle anderen bis zu diesem Zeitpunkt bezüglich Zeitungswebseiten getroffenen Einstufungen, die auf denselben Erwägungen fußten wie im Fall der Sun.

2. „Vice Video"

Im Jahr 2013 hatte *ATVOD* nochmals Gelegenheit, die Kriterien des *OFCOM* aus „Sun Video" auf die Einstufung einer Zeitschriftenwebseite anzuwenden. Gegenstand der Untersuchung war das Internetangebot des Lifestyle-Magazins „Vice". Die Magazinwebseite untergliederte sich in verschiedene thematische Kategorien, die neben Artikeln und Bildgalerien auch (eigenständige) Videobeiträge enthielten.[605] Die Videos waren zusätzlich in einer eigenen Kategorie der Internetseite (Vice Video) zusammengestellt und nicht mit konkreten Artikeln verknüpft.[606] Von den Videos aus existierten lediglich Links zu den anderen allgemeinen Kategorien der Seite, nicht jedoch zu einzelnen Beiträgen.[607] Zwar fanden sich in einigen Textbeiträgen auch thematisch ergänzende Videos, diese wiederum waren jedoch nicht Teil der über den Videobereich verfügbaren Inhalte.[608] *ATVOD* unterschied daher zwischen dem Videobereich der Seite und dem übrigen Angebot, das lediglich ergänzendes und untergeordnetes audiovisuelles Material innerhalb von Text- oder Bildbeiträgen enthielt.[609] Der Videobereich sei als eigener Dienst anzusehen, dessen Hauptzweck in der Bereitstellung von Sendungen liege.[610] Dies indiziere auch die Verfügbarkeit der Inhalte aus dem Videobereich über den YouTube-Kanal des Magazins.[611] Auf YouTube erschienen die Videoclips vollkommen losgelöst von den Inhalten der Vice-Internetseite, woraus zu schließen sei, dass sie des Kontexts auf der Magazinseite nicht bedürfen und eigenständig seien.[612]

Zur Fernsehähnlichkeit der Videos äußerte sich *ATVOD* nur knapp. Im Videobereich seien die Inhalte mit fernsehtypischem Vokabular als „Shows",

---

604 Ebd., Rn. 87.
605 *OFCOM*, Scope Appeal Vice Video, 21.07.2015, Rn. 44.
606 Ebd., Rn. 28.
607 Ebd.
608 Ebd., Rn. 29.
609 Ebd.
610 Ebd., Rn. 37.
611 Ebd., Rn. 30.
612 Ebd.

„Serien" und „Trailer" bezeichnet worden[613] und entsprächen inhaltlich und von der Produktionsqualität Fernsehsendungen.[614] Einige der Videos seien sogar zuvor durch den Fernsehsender HBO ausgestrahlt worden.[615] Das Angebot richte sich daher an dasselbe Publikum wie Fernsehsendungen und stehe mit linearen Angeboten in Konkurrenz.[616]

Die Betreiberin widersprach der Einstufung durch *ATVOD*. Sie wandte ein, das Internetangebot sei wenig mehr als die elektronische Version der gedruckten Zeitschrift.[617] Der Videobereich sei kein eigenständiger Dienst, sondern diene lediglich der Sammlung der Videos aus allen Themenkategorien der Webseite.[618] Zudem liege der Anteil von täglich veröffentlichten Videos nur bei etwa 10% gegenüber 90% Textbeiträgen.[619]

Interessant ist die sich daran anschließende grundlegende Kritik an den von *OFCOM* und *ATVOD* verwendeten Kriterien zur Bestimmung des Hauptzwecks eines Dienstes. Vice brachte vor, diese würden weniger traditionellen Publikationsgenres nicht gerecht.[620] Als untergeordnete beziehungsweise ergänzende Inhalte seien nicht lediglich Kurzvideos zu sehen, die in einen speziellen Textbeitrag eingebettet seien, sondern ebenso eigenständige Videos, die gleichberechtigt in entsprechenden thematischen Kategorien neben Textbeiträgen veröffentlicht werden.[621] Es entspreche gerade dem vom Magazin verfolgten Publikationsstil, kontinuierlich verschiedene Arten von Inhalten in Themengruppen zu veröffentlichen.[622] Die Unterscheidung zwischen in Textbeiträgen eingebetteten Videos und eigenständigen Videos, die ohne Textkontext verstanden werden können, sei irrelevant.[623] Der Hauptzweck des Angebots bestehe dennoch nicht in der Bereitstellung von Videos, sondern in der Bereitstellung von thematischen Beiträgen in unterschiedlicher medialer Form.[624] Diese Ausführungen weisen Parallelen zur Ansicht des Generalanwalts im *EuGH* Fall New Media Online[625]

---

613 Ebd., Rn. 31.
614 Ebd., Rn. 36.
615 Ebd., Rn. 31.
616 Ebd., Rn. 36.
617 Ebd., Rn. 41.
618 Ebd., Rn. 44.
619 *Szpunar*, Schlussanträge v. 1.7.2015, Rs. C-347714, Rn. 44.
620 *OFCOM*, Scope Appeal Vice Video, 21.07.2015, Rn. 44.
621 Ebd.
622 Ebd.
623 Ebd.
624 Ebd.
625 *Szpunar*, Schlussanträge v. 1.7.2015, Rs. C-347714.

auf. Auch dort wird auf die Existenz „multimedialer Informationsportale" abgestellt, die nicht von der AVMD-Richtlinie erfasst seien sollen.[626] Ebenso hielt der Generalanwalt die Verteilung der Videoinhalte auf der Seite für bedeutungslos für die Bestimmung des Hauptzwecks.[627]

Die Entscheidung von *OFCOM* fiel hinsichtlich der hier diskutierten Themenbereiche knapp aus, da die redaktionelle Verantwortung für die Videoauswahl nicht bei der britischen Tochtergesellschaft Vice UK limited, sondern bei Vice Media Inc. mit Hauptsitz in den USA lag[628] und das Videoangebot damit unabhängig von den materiellen Fragen nicht in den Anwendungsbereich der AVMD-Richtlinie fiel. Dennoch wies *OFCOM* erneut darauf hin, dass eine Gesamtbeurteilung der Webseite zur Bestimmung des Hauptzwecks notwendig sei.[629] Dies habe *ATVOD* im vorliegenden Fall möglicherweise nicht ausreichend berücksichtigt.[630] Für die Zukunft sollen zudem für vergleichbare Einstufungsentscheidungen konkrete empirische Daten über das Nutzerverhalten auf der betroffenen Internetseite herangezogen werden.[631]

Der Fall „Vice Video" ist trotz der fehlenden inhaltlichen Auseinandersetzung des *OFCOM* mit den Einstufungskriterien interessant. Für die Einstufung konnte die *ATVOD* die in „Sun Video" entwickelten Auslegungsvorgaben auf ein ähnliches Angebot anwenden. Trotz der pauschalen Aussage von *OFCOM*, *ATVOD* habe den Gesamtzusammenhang des Angebots erneut nicht ausreichend berücksichtigt, ist hier zu differenzieren. Die Sachverhalte der Fälle weisen entscheidende Unterschiede auf, auf deren Grundlage die Beurteilung der *ATVOD* auch unter Berücksichtigung der Vorgaben aus der „Sun Video"-Entscheidung konsequent erscheint. Als Hauptindiz für die Eigenständigkeit eines Dienstes hatte *OFCOM* die Verbindung zwischen Texten und Videos in der Grundlagenentscheidung ausführlich herausgearbeitet.[632] Hiernach sollen nur solche Videos als untergeordnet oder ergänzend gelten, die in einen Artikel eingebettet sind oder zumindest mit einem konkreten Artikel verlinkt sind.[633] Der Aussagegehalt der Videos muss sich in seiner Gesamtheit erst aus der Verbindung mit dem

---

626 Ebd., Rn. 49.
627 Ebd, Rn. 32.
628 *OFCOM*, Scope Appeal Vice Video, 21.07.2015, Rn. 93.
629 Ebd., Rn. 97.
630 Ebd.
631 Ebd., Rn. 99.
632 *OFCOM*, Scope Appeal Sun Video, 21.12.2011, Rn. 152.
633 Ebd., Rn. 90 d, 142.

Text ergeben.[634] Auch im Fall OK!TV aus dem Jahr 2011 hatte *ATVOD* auf dieser Grundlage das Videoangebot als ODPS eingestuft, da die Mehrzahl der Videos auf der Seite nicht mit Textbeiträgen verlinkt waren.[635] Auch das Angebot von Vice erfüllt diese Voraussetzungen jedoch nicht. Nach eigenen Angaben besteht ein Teil der Informationsvermittlung auf der Webseite aus eigenständigen Videos ohne Textkontext.[636] Zwar widersprach die Betreiberin der Einstufung durch *ATVOD*, in der Begründung des Widerspruchs lag jedoch auch eine Kritik der von *OFCOM* selbst entwickelten Vorgaben. Die daraufhin von *OFCOM* geäußerte Kritik an der inhaltlichen Entscheidung der *ATVOD* lässt zumindest vermuten, dass *OFCOM* eine Abweichung von den 2011 selbst aufgestellten Vorgaben in Erwägung zog. Im konkreten Fall erübrigte sich jedoch die Auseinandersetzung mit diesen Problemstellungen durch die fehlende Jurisdiktion.[637] Sollte sich die Behörde für eine engere Auslegung des Hauptzweck-Kriteriums entscheiden, die multimediale Informationsportale mit Schwerpunkt auf Texten als einheitlichen Dienst ansieht, würde dies der Meinung des *EuGH* Generalanwalts im Fall New Media Online[638] entsprechen. Ein zusätzlicher Hinweis auf eine Neuausrichtung ist die am Ende der Entscheidung angeregte[639] Einbeziehung von Daten zum Nutzerverhalten auf den untersuchten Seiten. Hierin könnte ein greifbarer Anknüpfungspunkt zur Beurteilung des Hauptzwecks der Seiten aus Sicht der Nutzer liegen, die nach Vorgaben der Richtlinie ausschlaggebend sein soll[640]. Mit den Reformvorschlägen zur AVMD-Richtlinie von 2016 wäre diese Ausrichtung nicht zu vereinbaren,[641] allerdings ist die rechtliche Bindungswirkung der europäischen Richtlinie für Großbritannien angesichts des bevorstehenden Austritts aus der EU begrenzt.

II. Österreich/ KommAustria

Die maßgeblichen Entscheidungskriterien der österreichischen Kommunikationsbehörde Austria (*KommAustria*) zur Einstufung von Videoinhalten auf Pressewebseiten lassen sich durch eine Gegenüberstellung von zwei Entscheidungen

---

634 Ebd., Rn. 90 d, 142, 152.
635 *ATVOD*, Determination OK!TV, 7.12.2011, 2.
636 *OFCOM*, Scope Appeal Vice Video, 21.07.2015, Rn. 44.
637 Ebd., Rn. 93.
638 *Szpunar*, Schlussanträge v. 1.7.2015, Rs. C-347/14, Rn. 49.
639 *OFCOM*, Scope Appeal Vice Video, 21.07.2015, Rn. 99.
640 *Valcke/Ausloos*, in: Donders/Pauwels/Loisen (Hrsg.), The Palgrave Handbook of European Media Policy, 2014, 312 (319).
641 Siehe zu den Reformvorschlägen unter Dritter Teil. § 2.

der Behörde illustrieren, bevor im Folgenden auf den ebenfalls aus Österreich stammenden New Media Online-Fall einzugehen sein wird.

1. „Cultvisual"

Nach §9 Abs. 1 des österreichischen Audiovisuellen Mediendienste-Gesetzes besteht für Mediendienste auf Abruf eine Anzeigepflicht.[642] Die *KommAustria* wies eine solche Anzeige der Netvisual OG für deren Angebot unter www.cultvisual.tv im Jahr 2012 zurück.[643] Dieses Angebot unterfalle nicht der Anzeigepflicht, da kein Mediendienst auf Abruf vorliege.[644] Die Netvisual OG stellte unter der genannten Domain Berichterstattungen zu aktuellen Kulturangeboten aus den Bereichen Theater, Musiktheater sowie Kabarett und Kino bereit.[645] Vier von insgesamt 16 Textbeiträgen wurden durch Videos zwischen vier und acht Minuten Spiellänge ergänzt.[646]

Im Mittelpunkt der Entscheidung der Regulierungsbehörde stand das Kriterium des Hauptzwecks, welches von *KommAustria* für das Angebot Cultvisual verneint wurde.[647] Es sei nach quantitativen und qualitativen Aspekten zu ermitteln, ob die audiovisuellen Elemente ein selbstständiges Angebot darstellen.[648] Ausschlaggebend war im Fall „Cultvisual" nach Ansicht der Behörde das mengenmäßige Überwiegen der 12 reinen Textbeiträge gegenüber vier durch Videos ergänzten Beiträgen sowie die inhaltlich rein begleitende Funktion der Videos, die im Vergleich zum Text wenig Informationen enthielten und nur Ausschnitte aus den vorgestellten Bühnenproduktionen beitrugen.[649] Zusätzlich stellte die *KommAustria* auch auf die Gliederung der Webseite ab. Die Videos seien nicht in einem „eigenständigen Teilbereich" der Webseite untergebracht.[650]

---

642 §9 Abs. 1 Audiovisuelle Mediendienste-Gesetz Österreich, BGBl I. Nr. 84/2001: „Fernsehveranstalter, soweit sie nicht einer Zulassungspflicht nach § 3 Abs. 1 unterliegen, sowie Anbieter von Mediendiensten auf Abruf, haben ihre Tätigkeit spätestens zwei Wochen vor Aufnahme der Regulierungsbehörde anzuzeigen.".
643 *KommAustria*, Bescheid 1.950/12-042 v. 24.9.2012.
644 Ebd., 7.
645 Ebd., 1.
646 Ebd., 2 f.
647 Ebd., 6 f.
648 Ebd., 6.
649 Ebd.
650 Ebd., 7.

2. „Styria Multi Media"

Anders als im Fall „Cultvisual" stufte *KommAustria* das Angebot der Styria Multi Media GmbH & Co KG im Jahr 2013 als anzeigepflichtigen Abrufdienst ein.[651] Diese betrieb unter www.typischich.at ein gemeinsames Internetportal für mehrere an Frauen gerichtete Magazine.[652] Nach Angaben der Betreiberin seien dort durchschnittlich 800 aktuelle Text- und Fotobeiträge zu „frauenaffinen" Themen abrufbar.[653] Das Angebot sollte um einen Videobereich erweitert werden, der auf der Unterseite www.typischich.at/tv täglich etwa 5 bis 10 neue ein- bis fünfminütige Clips aus demselben Themenspektrum bereit halten würde, die zwischen sieben und 14 Tagen auf der Seite verbleiben sollten.[654] So hätte sich eine Anzahl gleichzeitig abrufbarer Videos zwischen 50 und 150 ergeben.[655]

Die Betreiberin argumentierte, dass die Videoinhalte gegenüber der weit höheren Menge an Textinhalten nur untergeordnete Bedeutung hätten.[656] *KommAustria* setzte sich jedoch – anders als im „Cultvisual"-Fall[657] – nicht mit den mengenmäßigen Relationen der Angebotsteile auseinander.[658] Vielmehr ergebe sich die Eigenständigkeit des Videoangebots aus der inhaltlichen Eigenständigkeit der Videos, die „ohne jeden Textbeitrag" nutzbar seien.[659] Im „Cultvisual"-Fall war die Behörde davon ausgegangen, dass sich aus der alleinigen Wahrnehmung der Videos nicht der gesamte Sinngehalt der damit verbundenen Artikel erschließen lasse, der Text also mehr Informationen biete als das damit verbundene Video.[660] In diesem Sinne wurden im „Styria Multi Media"-Fall lediglich diejenigen Videos beurteilt, die vereinzelt in Artikel des Hauptangebots außerhalb des Videobereichs eingegliedert waren.[661] Hierbei handele es sich lediglich um untergeordnete Ergänzungen, die nicht als Mediendienst auf Abruf einzustufen seien.[662]

---

651 *KommAustria*, Bescheid 1.950/13-044 v. 17.6.2013.
652 Ebd., 3.
653 Ebd., 2.
654 Ebd., 3.
655 Ebd.
656 Ebd., 2.
657 *KommAustria*, Bescheid 1.950/12-042 v. 24.9.2012, 2 f.
658 *KommAustria*, Bescheid 1.950/13-044 v. 17.6.2013, 8 f.
659 Ebd., 9.
660 *KommAustria*, Bescheid 1.950/12-042 v. 24.9.2012, 6.
661 *KommAustria*, Bescheid 1.950/13-044 v. 17.6.2013, 9.
662 Ebd.

Der Ansatz der *KommAustria* weist Widersprüche auf: Einerseits setzt sich die Behörde detailliert mit der Menge und Länge der Text- und Videoinhalte auseinander und setzt diese in Relation zueinander („Cultvisual");[663] andererseits stellt sie die Überprüfung der Eigenständigkeit eines Angebots in den Mittelpunkt, so dass es im Zweifelsfall gar nicht auf die Menge nicht-audiovisueller Inhalte ankommt („Styria Multi Media").[664] Es solle gerade nicht das „gesamte Leistungsspektrum eines Diensteanbieters" beurteilt werden.[665] Wiederum sei „nach quantitativen Aspekten [zu] bestimmen, ab wann der Hauptzweck einer Dienstleistung in der Bereitstellung von Sendungen liegt".[666] Zudem wird zwar in der „Styria Multi Media"-Entscheidung zunächst betont, dass die verwendete Internetadresse beziehungsweise die technische Angebotsstruktur allenfalls ein Indiz für die Eigenständigkeit des Angebots sein könne,[667] allerdings scheint die Behörde die Einrichtung einer „lediglich von der Hauptseite verlinkt[en]" Unterseite wenige Absätze später schwer zu gewichten.[668] Im „Cultvisual"-Fall wurde ebenfalls die Angebotsstruktur, in diesem Fall der nicht vorhandene „eigenständige Teilbereich", als Argument herangezogen.[669]

Dieser Widerspruch geht auf die Vermischung zweier Prüfungspunkte zurück. Die Eigenständigkeit des Dienstes, also die Abgrenzung mehrerer auf einer Internetseite angebotener Dienstleistungen voneinander, ist logisch der Bestimmung des Hauptzweckes eines Dienstes vorgeschaltet. Die *KommAustria* zieht jedoch in „Cultvisual" die Mengenverhältnisse zur Beurteilung der Eigenständigkeit heran,[670] die eigentlich nur als Anhaltspunkt für die Beurteilung des Hauptzwecks eines einheitlichen Angebots dienen können. Der Prüfungsschritt der Dienstabgrenzung wurde in diesem Fall übersprungen und dem Gesamtangebot der Internetseite wurde quasi unterstellt, nur einen einheitlichen Dienst bereitzustellen. Anders gestaltet sich das Vorgehen im „Styria Multi Media"-Fall. Hier wurde nur die Eigenständigkeit des Videodienstes geprüft,[671]

---

663 Vgl. *KommAustria*, Bescheid 1.950/12-042 v. 24.9.2012, 2 f. mit Beschreibung jedes auf der Seite vorhandenen Videoinhalts und des zugehörigen Artikels.
664 *KommAustria*, Bescheid 1.950/13-044 v. 17.6.2013, 8.
665 Ebd.
666 Ebd.
667 Ebd., 9.
668 Ebd.
669 *KommAustria*, Bescheid 1.950/12-042 v. 24.9.2012, 7.
670 Ebd., 6.
671 *KommAustria*, Bescheid 1.950/13-044 v. 17.6.2013, 9.

dessen Hauptzweck ergab sich aufgrund der vorgenommenen Abgrenzung und bedurfte keiner weiteren Prüfung.

Mit der Form und dem Inhalt der Videos beschäftigt sich die *KommAustria* hingegen nicht. Die von *OFCOM* und *ATVOD* detailliert dargelegten Beurteilungsmaßstäbe zu Produktionsqualität und Aufmachung der Inhalte[672] sucht man in den Entscheidungen der *KommAustria* vergebens. Die Fernsehähnlichkeit der Inhalte spielte mit anderen Worten keine Rolle in diesen Verfahren.

Als zentrales Kriterium ergibt sich so – trotz der unklaren Formulierung in den Entscheidungen – zum einen die Aussagekraft der Videos im Vergleich zum Text[673] und zum anderen ihre technische Verteilung auf der Internetseite[674]. Das von der *KommAustria* uneinheitlich herangezogene Mengenverhältnis der Inhalte ist hingegen zu vernachlässigen. Allein die in der „Cultvisual"-Entscheidung verwendete undifferenzierte Angabe „eine halbe Seite" Text[675] vermag nicht zu überzeugen. Zudem waren in diesem Fall immerhin 25% der vorhandenen Beiträge mit Videos versehen, während im „Styria Multi Media"-Fall lediglich 15%[676] der abrufbaren (geplanten) Inhalte audiovisueller Art waren. Das Mengenverhältnis kann jedoch nur eine Rolle spielen, wo nicht bereits aufgrund der Dienstabgrenzung zwei getrennte Dienste definiert wurden.

III. EuGH/„New Media Online"

Der prominenteste Fall im Zusammenhang mit der Einstufung von Videos auf Pressewebseiten ist der letztlich vom *EuGH* entschiedene Rechtsstreit um die Internetseite der österreichischen Tiroler Tageszeitung. Hier stand neben dem Kriterium des Hauptzwecks auch der Begriff der Sendung beziehungsweise die Fernsehähnlichkeit der Videoinhalte im Mittelpunkt der Entscheidung. Zudem entstand anlässlich dieses Falls erstmals Gelegenheit für den *EuGH*, sich zur Auslegung des Begriffs der audiovisuellen Mediendienste zu äußern.[677] Dies muss angesichts der zahlreichen Auslegungsprobleme im Zusammenhang mit dem

---

672 *OFCOM*, Notification Guidance, 18.12.2015, Rn. 3.8.
673 Vgl. *KommAustria*, Bescheid 1.950/13-044 v. 17.6.2013, 9; *KommAustria*, Bescheid 1.950/12-042 v. 24.9.2012, 6.
674 Vgl. *KommAustria*, Bescheid 1.950/13-044 v. 17.6.2013, 9; *KommAustria*, Bescheid 1.950/12-042 v. 24.9.2012, 7.
675 *KommAustria*, Bescheid 1.950/12-042 v. 24.9.2012, 2 f.
676 *KommAustria*, Bescheid 1.950/13-044 v. 17.6.2013, 3.
677 *Szpunar*, Schlussanträge v. 1.7.2015, Rs. C-347714, Rn. 13.

Anwendungsbereich der Richtlinie überraschen.[678] Durch die zeitliche Nähe zur Reform der AVMD-Richtlinie 2016 sind die Standpunkte des Gerichtshofs und insbesondere auch die Schlussanträge des Generalanwalts durchaus als zukunftsgerichtet zu interpretieren.

1. Sachverhalt

Die Internetseite Tiroler Tageszeitung Online wird unter der Domain www.tt.com durch die New Media Online GmbH betrieben, unter deren Namen auch das Urteil des *EuGH* bekannt geworden ist. Die Internetseite enthielt neben der elektronischen Ausgabe der Zeitung mit klassischen Textinhalten einen Videobereich, der unter der Subdomain www.video.tt.com über einen Link von der Hauptseite zu erreichen war.[679] Der Videobereich tauchte als Rubrik neben den Bereichen „Nachrichten", „Tirol", „Sport", „Freizeit", „ToniTimes" und „Service" auf.[680] Er war im selben Design wie die Hauptseite gehalten.[681] Die etwa 300 Videos waren innerhalb des Katalogs in Kategorien unterteilt und konnten zudem über eine Volltext-Suchfunktion gefunden werden.[682] Einzelne Videos waren auch direkt im Nachrichtenbereich der Hauptseite in themenverwandte Textbeiträge eingebunden.[683] Darüber hinaus enthielt der Videokatalog jedoch auch Inhalte, die keinem Textbeitrag zugeordnet waren und nur über den Videobereich gefunden werden konnten.[684]

Die Inhalte der Videos reichten von Sportberichten und Filmtrailern bis hin zu Bastelanleitungen.[685] Neben Eigenmaterial der Zeitung waren auch ausgewählte nutzergenerierte Videoinhalte sowie Ausschnitte aus Sendungen des Lokalfernsehens verfügbar,[686] die zum Teil vom regionalen Fernsehsender Tirol TV stammten.[687] Die Videos hatten eine Spieldauer zwischen 30 Sekunden einigen Minuten.[688]

---

678 *Cabrera Blázquez/Capello/Fontaine/Valais*, Abrufdienste und der sachliche Anwendungsbereich der AVMD-Richtlinie, IRIS plus 1/2016, 54.
679 *KommAustria*, Bescheid 1.950/12-048 v. 9.10.2012, 2.
680 Ebd.
681 Ebd., 5.
682 Ebd.
683 Ebd., 3.
684 Ebd., 5.
685 Ebd.
686 *VwGH*, Beschl. v. 26.6.2014, 2013/03/0012, 2.
687 *EuGH*, Urt. v. 21.10.2015, Rs. C-347/14, Rn. 19.
688 *KommAustria*, Bescheid 1.950/12-048 v. 9.10.2012, 5.

2. Entscheidung der KommAustria und des BKS

KommAustria stufte das Videoangebot der Tiroler Tageszeitung unter der Domain www.video.tt.com mit Bescheid vom 9.10.2012 als audiovisuellen Mediendienst auf Abruf ein, der der Anzeigepflicht nach österreichischem Recht unterfällt.[689]

Nach den Begriffsbestimmungen in §2 Nr. 30 des Audiovisuellen Mediendienste-Gesetzes ist hierfür unter anderem entscheidend, dass es sich bei den Videos um Sendungen handelt, die Teil eines Katalogs oder Sendeplans sind.[690] Der in der entsprechenden Bestimmung der AVMD-Richtlinie enthaltene Verweis auf die Fernsehähnlichkeit fehlt in der österreichischen Umsetzung. Zur Auslegung des Sendungsbegriffs stellte KommAustria dennoch – anders als in den vorangegangenen Entscheidungen – auf die Fernsehähnlichkeit ab.[691] Bei den Videos auf der Internetseite der Tiroler Tageszeitung handele es sich um nach Form und Inhalt mit dem Fernsehen vergleichbare Sendungen, die auf dasselbe Publikum wie Fernsehsendungen ausgerichtet seien.[692] Als Beispiel wurden die teilweise auch im Videoangebot enthaltenen Sportberichte hervorgehoben, die im Beispielkatalog des Art. 1 Abs. 1 lit. b der AVMD-Richtlinie explizit genannt werden.[693] Die Bereitstellung von Sendungen als Voraussetzung eines audiovisuellen Mediendienstes sei somit erfüllt.[694]

Die Bereitstellung dieser Sendungen muss zudem auch der Hauptzweck des Angebots sein. Hierfür wurde, wie auch im „Styria Multi Media"-Fall,[695] nicht das gesamte Angebot der Internetseite einschließlich der Textbeiträge und deren quantitatives oder qualitatives Verhältnis zu den Videoinhalten beurteilt. Stattdessen kam die KommAustria zum Ergebnis, der Videobereich erfülle eine eigenständige Funktion und stelle keine bloße Begleiterscheinung des textbasierten Hauptangebots dar.[696] In klareren Worten ausgedrückt handelte es sich

---

689 Ebd., 1.
690 §2 Nr. 30 Audiovisuelle Mediendienste-Gesetz Österreich, BGBl I. Nr. 84/2001: „Im Sinne dieses Gesetzes ist [...] Sendung: ein einzelner, in sich geschlossener Teil eine Fernsehprogramms oder eines audiovisuellen Mediendienstes auf Abruf, der aus einer Abfolge von bewegten Bildern mit oder ohne Ton besteht und Bestandteil eines von einem Mediendiensteanbieter erstellten Sendeplans oder Katalogs ist.".
691 KommAustria, Bescheid 1.950/12-048 v. 9.10.2012, 10.
692 Ebd.
693 Ebd.
694 Ebd.
695 KommAustria, Bescheid 1.950/13-044 v. 17.6.2013, 8 f.
696 KommAustria, Bescheid 1.950/12-048 v. 9.10.2012, 11.

beim Videobereich nach Ansicht der *KommAustria* um einen eigenen, getrennt zu beurteilenden Dienst. Einzelne Videos innerhalb des Katalogs, die mit Artikeln verknüpft sind, würden nach diesen Kriterien keine eigenständige Funktion erfüllen.[697] Da ein Teil der Videos jedoch ausschließlich über den Katalog erreichbar ist, sei der Katalog als unabhängig vom restlichen Angebot zu sehen, der auch ohne die übrigen Inhalte unter www.tt.com angeboten werden könnte.[698] Die Verwendung einer Subdomain für den Videobereich habe dabei allenfalls Indizwirkung.[699] Unter diesen Voraussetzungen konnte unproblematisch von der Bereitstellung von Sendungen als Hauptzweck ausgegangen werden, da der so definierte Dienst keine anderen Inhalte mehr enthielt.

Die Betreiberin New Media Online legte gegen die Entscheidung der *KommAustria* Berufung beim *Bundeskommunikationssenat* (*BKS*) ein. Der *BKS* wies die Berufung mit Bescheid vom 13.12.2012 ab und bestätigte die Entscheidung der *KommAustria*.[700] Zwischen den Videos auf der Internetseite und herkömmlichen Fernsehbeiträgen bestünden keine nennenswerten Unterschiede.[701] Der Einstufung als Sendungen würde auch die kurze Spieldauer der Videos nicht entgegenstehen.[702] Eine solche zeitliche Untergrenze würde sich aus dem Gesetz nicht ergeben.[703] Der Videobereich sei des Weiteren als von den Textinhalten getrennt nutzbares Angebot zu sehen, das keine untergeordnete oder mit den Texten zusammenhängende Funktion erfülle.[704] Der Hauptzweck der Subdomain als eigenem Angebot liege in der Bereitstellung von Sendungen, so dass alle Voraussetzungen eines audiovisuellen Mediendienstes auf Abruf vorlägen.[705]

3. Vorlagebeschluss des VwGH

Nachdem der *BKS* die Entscheidung der *KommAustria* so bestätigte, wandte sich die New Media Online GmbH an den *österreichischen Verwaltungsgerichtshof* (*VwGH*). Sie brachte gegen die Entscheidungen der Behörden vor, dass die Videos lediglich eine untergeordnete Ergänzung zum Textangebot darstellten und weder mit Fernsehsendungen vergleichbar seien noch geeignet wären, diese

---

697 Ebd.
698 Ebd.
699 Ebd.
700 *BKS*, Bescheid GZ 611.191/0005-BKS/2012 v. 13.12.2012, 4 ff.
701 Ebd., 4.
702 Ebd.
703 Ebd.
704 Ebd., 5.
705 Ebd., 5 f.

zu ersetzen.⁷⁰⁶ Der *VwGH* sah wiederum durch das Verfahren die Auslegung der AVMD-Richtlinie berührt und legte dem *EuGH* zwei Fragen zur Vorabentscheidung vor. Die erste Frage betraf den Begriff der Fernsehähnlichkeit. Der *VwGH* bat den *EuGH* um Klärung, ob für die „in Form und Inhalt [erforderliche] Vergleichbarkeit eines in Prüfung stehenden Dienstes mit Fernsehprogrammen"⁷⁰⁷ der entsprechende Dienst auch innerhalb des Fernsehens angeboten werden können muss.⁷⁰⁸ Zur Erläuterung der Frage führte der Gerichtshof näher aus, dass dem Beispielkatalog in Art. 1 Abs. 1 lit. b AVMD-Richtlinie nicht zu entnehmen sei, ob auch solche Videoinhalte als Sendungen anzusehen sind, die nicht oder noch nicht im klassischen Fernsehen vorkommen.⁷⁰⁹ Die Kurzvideosammlung auf der Internetseite der Tiroler Tageszeitung sei keinem der Beispiele aus der AVMD-Richtlinie zuzuordnen und würde nach Auffassung des Gerichtshofs auch nicht in üblichen Fernsehprogrammen vorkommen.⁷¹⁰ Andererseits könne für die Zukunft nicht ausgeschlossen werden, dass ähnliche Inhalte in Fernsehsendungen integriert werden.⁷¹¹ Dies wiederum könnte unter Beachtung der von Erwägungsgrund 24 AVMD-Richtlinie angeordneten dynamischen Auslegung des Sendungsbegriffs für die Einstufung der fraglichen Videos als Sendung sprechen.⁷¹²

In diesem Zusammenhang wird vom *VwGH* ein weiterer interessanter Aspekt aufgeworfen. Der Gerichtshof fragt nach der Bedeutung des Erwägungsgrunds 21 AVMD-Richtlinie, wonach nur Massenmedien, die bei einem wesentlichen Teil der Allgemeinheit deutliche Wirkung entfalten können, in den Anwendungsbereich der Richtlinie fallen.⁷¹³ Dies könne so interpretiert werden, dass einzelne Fernsehprogramme, die keinen wesentlichen Teil der Allgemeinheit adressieren, nicht als Vergleichsmaßstab für den Begriff der Fernsehähnlichkeit geeignet sind.⁷¹⁴ Sofern in diesen Programmen mit der Internetkurzvideosammlung vergleichbare Inhalte vorkämen, würde dies demnach nicht zur Begründung der Fernsehähnlichkeit der Internetvideos führen.⁷¹⁵

---

706 *VwGH*, Beschl. v. 26.6.2014, 2013/03/0012, 3.
707 Ebd., 1.
708 Ebd.
709 Ebd., 5.
710 Ebd.
711 Ebd.
712 Ebd.
713 Ebd., 5 f.
714 Ebd., 6.
715 Ebd.

Neben dem Sendungsbegriff und den Kriterien der Fernsehähnlichkeit fordert der *VwGH* den *EuGH* in Frage zwei auf, auch die Beurteilung des Hauptzwecks eines Angebots näher zu erläutern.[716] Konkret fragt der Gerichtshof nach der Zulässigkeit der getrennten Beurteilung von Video- und Textbereichen bei elektronischen Ausgaben von Zeitungen.[717] Sowohl die *KommAustria* als auch der *BKS* hatten für die Einstufung des Angebots lediglich auf den Videokatalog unter www.video.tt.com abgestellt, ohne die Textangebote der Hauptseite www.tt.com mit einzubeziehen. Dies basierte, wie oben dargestellt auf der „Vorprüfung" der Eigenständigkeit eines Dienstes. Der *VwGH* selbst interpretiert die Bestimmungen der AVMD-Richtlinie dahingehend, dass eine solche Einstufung von Teilangeboten wohl zulässig sei.[718] Andernfalls könnten sich Anbieter audiovisueller Inhalte durch Erweiterung ihres Gesamtangebots auf text- und bildbasierte Inhalte einer Regulierung entziehen und den Nutzern der Dienste bliebe der Regelungsschutz verwehrt.[719]

4. Schlussanträge des Generalanwalts

Generalanwalt *Szpunar* lehnt in seinen Schlussanträgen die Vorgehensweise der österreichischen Behörden unter enger Auslegung des Begriffs der audiovisuellen Mediendienste ab.[720] Der Zweck der Richtlinie sei die Verhinderung von Wettbewerbsverzerrungen.[721] Demnach sollen sich auch nur für Dienste, die im direkten Wettbewerb miteinander stehen, dieselben Rahmenbedingungen aus der Richtlinie ergeben.[722] Andernfalls würden zu viele Dienste unter die Geltung der Richtlinie und damit auch unter behördliche Kontrolle fallen, womit sowohl die Anbieter der Dienste als auch die Behörden ungebührend belastet wären.[723] Die sich aus der Richtlinie und vor allem den nationalen Umsetzungsgesetzen ergebenden Pflichten, wie etwa eine Anzeigepflicht oder in Großbritannien auch die Entrichtung einer Gebühr, würde freiheitsbeschränkend gegenüber den Medien wirken.[724] Die Regulierungsbehörden wiederum sollten besser effektiv

---

716 Ebd., 1.
717 Ebd.
718 Ebd., 6.
719 Ebd.
720 *Szpunar*, Schlussanträge v. 1.7.2015, Rs. C-347714, Rn. 28.
721 Ebd., Rn. 29.
722 Ebd.
723 Ebd., Rn. 30.
724 Ebd.

ihre Kerntätigkeit ausüben anstatt ihre Zuständigkeit auf weitere Teile des Internets auszuweiten.[725]

Das Abstellen auf die technische Verteilung der Inhalte innerhalb eines Internetportals zur Einstufung des Angebots hält der Generalanwalt schließlich für völlig ungeeignet.[726] Es sei lediglich eine „technische Lösung", die Videos an einem Ort gesammelt zur Verfügung zu stellen oder an unterschiedlichen Stellen der Webseite einzubinden.[727] Auf den Charakter des Dienstes als Grundlage des Geltungsbereichs der Richtlinie dürfe dies keinen Einfluss haben.[728] Zwar hatten sowohl die *KommAustria*[729] als auch der *BKS*[730] nur untergeordnet auf diesen Punkt hingewiesen, in den Entscheidungen zu „Cultvisual" und „Styria Multi Media" kam diesem Punkt jedoch durchaus einiges Gewicht zu.[731]

Allgemein merkt der Generalanwalt an, dass die AVMD-Richtlinie ihr hochgestecktes Ziel der Zukunftssicherheit nicht erreicht habe.[732] Durch unbestimmte und zu weite Formulierungen[733] seien in der Anwendungspraxis Zweifel entstanden und haben zur uneinheitlichen Anwendung der Richtlinie in den Mitgliedstaaten geführt.[734] Er vertritt dementsprechend eine enge Auslegung aller Kriterien zur Definition eines audiovisuellen Mediendienstes auf Abruf, die auch durch Erwägungsgrund 29 der Richtlinie, wonach alle genannten Merkmale kumulativ erfüllt sein müssen, gestützt wird.[735]

Für ein Portal wie das der Tiroler Tageszeitung seien die Voraussetzungen einer Dienstleistung, die redaktionelle Auswahl sowie die Bereitstellung von Inhalten zur Information, Unterhaltung oder Bildung für die allgemeine Öffentlichkeit über elektronische Kommunikationsnetze unproblematisch erfüllt.[736] Dabei seien aber die letzten Kriterien für Internetseiten in der Regel immer erfüllt und damit nicht besonders aussagekräftig.[737] Das Kriterium der redaktionellen

---

725 Ebd., Rn. 31.
726 Ebd., Rn. 32.
727 Ebd.
728 Ebd.
729 *KommAustria*, Bescheid 1.950/12-048 v. 9.10.2012, 11.
730 *BKS*, Bescheid GZ 611.191/0005-BKS/2012 v. 13.12.2012, 5.
731 Vgl. *KommAustria*, Bescheid 1.950/13-044 v. 17.6.2013, 9; *KommAustria*, Bescheid 1.950/12-042 v. 24.9.2012, 7.
732 *Szpunar*, Schlussanträge v. 1.7.2015, Rs. C-347714, Rn. 34.
733 Ebd.
734 Ebd., Rn. 26.
735 Ebd., Rn. 37.
736 Ebd., Rn. 38 f.
737 Ebd., Rn. 40.

Verantwortung tauge lediglich zur Abgrenzung zwischen Mediendiensteanbietern und reinem Datentransfer.[738] Die Erbringung einer Dienstleistung im Sinne einer wirtschaftlichen Tätigkeit sei hingegen zwar im vorliegenden Fall unproblematisch, werfe jedoch viele Fragen im Zusammenhang mit Werbung auf privat betriebenen Internetseiten und professionellen Markenkanälen auf Portalen wie YouTube auf.[739]

Näher betrachtete der Generalanwalt die beiden im vorliegenden Fall problematischen Kriterien des Hauptzwecks und der Bereitstellung von Sendungen. Bezüglich des Hauptzwecks eines audiovisuellen Mediendienstes vertritt er abweichend von den österreichischen Regulierungsbehörden die Ansicht, ein Dienst müsse insgesamt beurteilt werden und dürfe nicht in ein Videoangebot und einen sonstigen Dienst aufgespalten werden.[740] Andernfalls sei die Beurteilung abhängig vom technischen Aufbau des Dienstes und das Kriterium des Hauptzwecks würde ins Leere laufen.[741] Der Generalanwalt lehnt die vorgeschaltete Diensteabgrenzung somit ab.

Bezüglich des Sendungsbegriffs dürfe das bloße Vorhandensein eines Katalogs nicht dazu führen, dass die Inhalte als Sendungen eingestuft werden.[742] Vielmehr sei der Katalog in der Definition des Art. 1 Abs. 1 lit. g AVMD-Richtlinie lediglich das Äquivalent des linearen Sendeplans und eine notwendige Voraussetzung für die Auswahlmöglichkeit des Nutzers, die nichtlineare Dienste gerade charakterisiert.[743] Darüber hinaus gehe von der Existenz eines Katalogs jedoch keine Indizwirkung für den Charakter und die Einstufung eines Mediendienstes aus.[744]

Die Fernsehähnlichkeit in Erwägungsgrund 24 versteht der Generalanwalt als reine Vorkehrung zur Gewährleistung unverzerrten Wettbewerbs.[745] Es entspräche hingegen nicht dem Willen des Gesetzgebers, jegliche multimedialen Internetseiten der Geltung der Richtlinie zu unterwerfen.[746] Die vielzitierte „dynamische" Auslegung des Sendungsbegriffs beziehe sich nämlich nur auf neue Formen des linearen Fernsehens, die als Vergleichsmaßstab für nichtlineare Dienste

---

738 Ebd., Rn. 41.
739 Ebd., Rn. 39.
740 Ebd., Rn. 42.
741 Ebd.
742 Ebd., Rn. 44.
743 Ebd.
744 Ebd.
745 Ebd., Rn. 47.
746 Ebd.

herangezogen werden sollen.⁷⁴⁷ Darüber hinaus würde unter Berücksichtigung des in Erwägungsgrund 28 AVMD-Richtlinie vorgesehenen Ausschlusses elektronischer Ausgaben von Zeitschriften und Zeitungen einiges dafür sprechen, gerade alle Arten multimedialer Informationsportale vom Anwendungsbereich der Richtlinie auszuschließen.⁷⁴⁸ Der Erwägungsgrund ergebe nur Sinn, wenn der Gesetzgeber bereits Internetseiten von Zeitungen im Sinn hatte, die auch audiovisuelles Material enthalten.⁷⁴⁹ Die Seite der Tiroler Tageszeitung sei ein Beispiel für derartige Informationsportale.⁷⁵⁰ Ähnlich hatte auch die Betreiberin der Online-Magazinseite Vice in Großbritannien argumentiert, um gegen die Einstufung ihres Angebots als Abrufdienst vorzugehen.⁷⁵¹

In Antwort auf die Vorlagefragen lehnt der Generalanwalt die Anwendung der AVMD-Richtlinie auf Portale wie die Internetseite der Tiroler Tageszeitung ab.⁷⁵² Genau diese Art von Internetseiten sei mit dem Ausschluss in Erwägungsgrund 28 AVMD-Richtlinie – in nicht zeitgemäßer Weise – gemeint.⁷⁵³ Die von den österreichischen Behörden vorgenommene Trennung der einzelnen Informationsangebote der Seite sei nicht mit dem Sinn und Zweck der Richtlinie vereinbar.⁷⁵⁴ Die Befürchtungen, nach denen dieser Prüfungsmaßstab es Diensteanbietern erlauben würde, ihre Angebote taktisch zuzuschneiden um sich einer Regulierung zu entziehen, hält der Generalanwalt für unbegründet.⁷⁵⁵ Zudem bestehe natürlich grundsätzlich die Möglichkeit, auch Informationsportale einer angemessenen und passend zugeschnittenen Regulierung zu unterwerfen.⁷⁵⁶ Diese müsse aber die Besonderheiten des Internets berücksichtigen.⁷⁵⁷

5. Urteil des EuGH

Der *EuGH* wich mit seinem – angesichts der erstmaligen Befassung mit der Frage bemerkenswert kurzen – Urteil stark von der Einschätzung des Generalanwalts

---

747 Ebd., Rn. 48.
748 Ebd., Rn. 49.
749 Ebd.
750 Ebd., Rn. 55.
751 *OFCOM,* Scope Appeal Vice Video, 21.07.2015, Rn. 44.
752 *Szpunar,* Schlussanträge v. 1.7.2015, Rs. C-347/14, Rn. 55 f.
753 Ebd., Rn. 55.
754 Ebd.
755 Ebd., Rn. 57.
756 Ebd., Rn. 59.
757 Ebd.

ab und bestätigte im Ergebnis die Entscheidungskriterien, die die österreichischen Behörden ihrer Beurteilung zu Grunde gelegt hatten.

Zur Auslegung des Sendungsbegriffs und der Feststellung der Fernsehähnlichkeit eines Angebots sei nicht die Vergleichbarkeit des Videokatalogs insgesamt mit einem Fernsehsendeplan oder Katalog entscheidend, sondern lediglich die Vergleichbarkeit der einzelnen Videos mit der Form und dem Inhalt von Fernsehprogrammen.[758] Die kurze Dauer von Videobeiträgen stehe der Fernsehähnlichkeit im Übrigen nicht entgegen, auch Fernsehprogramme enthielten der *Europäischen Kommission* zufolge Programme von kurzer Dauer.[759] Hervorzuheben sei darüber hinaus die Verhinderung ungleicher Wettbewerbsbedingungen als explizites Ziel der AVMD-Richtlinie.[760] Insbesondere die Tatsache, dass ein Teil der Videos vom regionalen Fernsehsender Tirol TV produziert werde, würde eine Wettbewerbssituation zwischen dem Angebot der Beschwerdeführerin und Informationsdiensten anderer regionaler Fernsehsender schaffen.[761] Somit umfasse der Sendungsbegriff in Art. 1 Abs. 1 lit. b der AVMD-Richtlinie Kurzvideosammlungen in einer Subdomain einer Zeitungswebsite.[762]

Auf die Bedeutung der Meinungsbildungsrelevanz eines Inhalts, die der *VwGH* im Vorlagebeschluss angesprochen hatte,[763] ging der *EuGH* nicht ein. Das Urteil enthält lediglich die pauschale Aussage, dass sich Internetvideos in Katalogen wie dem der Tiroler Tageszeitung „an ein Massenpublikum richten und bei diesem [...] auch eine deutliche Wirkung entfalten können."[764]

Zur zweiten Vorlagefrage im Zusammenhang mit der Beurteilung des Hauptzwecks eines Angebots setzte sich der Gerichtshof zunächst mit dem Ausschlussgrund für elektronische Zeitungen in Erwägungsgrund 28 AVMD-Richtlinie auseinander. Dieser sei nicht so auszulegen, dass alle von Zeitungsverlegern betriebenen Webseiten generell aus dem Anwendungsbereich der Richtlinie ausgenommen werden sollen.[765] Diese Herangehensweise berge die Gefahr, dass sich Marktteilnehmer durch Verwendung multimedialer Informationsportale den eigentlich für sie einschlägigen Vorschriften entziehen könnten.[766] Diese

---

758 *EuGH*, Urt. v. 21.10.2015, Rs. C-347/14, Rn. 19.
759 Ebd., Rn. 20.
760 Ebd., Rn. 22.
761 Ebd., Rn. 23.
762 Ebd., Rn. 24.
763 *VwGH*, Beschl. v. 26.6.2014, 2013/03/0012, 5 f.
764 *EuGH*, Urt. v. 21.10.2015, Rs. C-347/14, Rn. 21.
765 Ebd., Rn. 28.
766 Ebd., Rn. 29; siehe auch *Cabrera Blázquez/Capello/Fontaine/Valais*, Abrufdienste und der sachliche Anwendungsbereich der AVMD-Richtlinie, IRIS plus 1/2016, 57.

Passage des Urteils ist als klare Ablehnung des vom Generalanwalt in seinen Schlussanträgen vorgebrachten Ansatzes zu verstehen.

Näher befasste sich der *EuGH* auch mit der Zulässigkeit der getrennten Betrachtung verschiedener Angebotssegmente eines Anbieters. Eine Gesamtbetrachtung des Angebotsspektrums – die der Generalanwalt in seinen Schlussanträgen für notwendig gehalten hatte[767] – würde auf die Bedeutung einer Webseite aus Sicht des Unternehmens abstellen.[768] Dies dürfe jedoch auf die Schutzerwartung der Nutzer keinen Einfluss haben.[769] Geboten sei daher der auch von den österreichischen Behörden gewählte Ansatz, den Hauptzweck des jeweils als unabhängig eingestuften Dienstes zu ermitteln.[770] Die Strukturierung des Angebots und die Verwendung von Subdomains habe allerdings keinen Einfluss auf die Prüfung.[771] Als Anhaltspunkte für die Eigenständigkeit eines Dienstes verweist der Gerichtshof sehr knapp[772] auf die Verlinkung von Textartikeln im Zusammenhang mit den angebotenen Videos und den Zugriff auf die Videos ohne Umweg über Textbeiträge.[773]

Die Beurteilung des Sachverhalts im Ausgangsverfahren anhand dieser Vorgaben war Sache des vorlegenden Gerichts. Der Verwaltungsgerichtshof entschied mit Urteil vom 16.12.2015, dass der unter www.video.tt.com bereitgehaltene Videokatalog als audiovisueller Mediendienst auf Abruf zu qualifizieren sei und somit der Anzeigepflicht unterfällt.[774] In der Zwischenzeit wurde der Videobereich jedoch vom Seitenbetreiber deaktiviert.[775]

Das Urteil des *EuGH* ist in seiner Oberflächlichkeit enttäuschend. Die hier zuvor aufgeführten Beispiele aus der Regulierungspraxis zeigen, dass zwischen den Mitgliedstaaten und teilweise auch zwischen den verschiedenen Entscheidungsinstanzen innerhalb eines Mitgliedstaates keinesfalls Einigkeit über die Auslegung der Bestimmungen zu audiovisuellen Mediendiensten auf Abruf herrscht. Das New Media Online-Verfahren wäre eine Gelegenheit par excellence gewesen, eine einheitlichere Rechtsanwendung zu erleichtern. Der

---

767 *Szpunar*, Schlussanträge v. 1.7.2015, Rs. C-347/14, Rn. 55.
768 *EuGH*, Urt. v. 21.10.2015, Rs. C-347/14, Rn. 31.
769 Ebd., Rn. 32.
770 Ebd., Rn. 33; zustimmend: *Kogler*, JRP 2014, 233 (239).
771 *EuGH*, Urt. v. 21.10.2015, Rs. C-347/14, Rn. 35.
772 Vgl. *Spindler*, JZ 2016, 147 (149).
773 *EuGH*, Urt. v. 21.10.2015, Rs. C-347/14, Rn. 36.
774 *VwGH*, Urt. v. 16.12.2015, 2015/03/0004, 6.
775 *Cabrera Blázquez/Capello/Fontaine/Valais*, Abrufdienste und der sachliche Anwendungsbereich der AVMD-Richtlinie, IRIS plus 1/2016, 58.

Generalanwalt hatte sich mit seinen Schlussanträgen auf innovatives, wenn auch möglicherweise gewagtes Terrain begeben. Dass der Gerichtshof sich mit dem dort vorgebrachten Ansatz nicht einmal explizit auseinandergesetzt hat, ist bedauerlich. Zumal der Fall des Vice-Magazins[776] aus Großbritannien die praktische Bedeutung der Argumentationslinie des Generalanwalts belegt. Bestimmte Publikationsformen und -stile, die die multimedialen Möglichkeiten von Internetplattformen nutzen, fallen nach der vom *EuGH* und den österreichischen Regulierern vertretenen Ansicht beinahe unweigerlich in den Anwendungsbereich der AVMD-Richtlinie. Ob dieses Ergebnis jedoch angemessen ist, erscheint zumindest begründungswürdig. Der *EuGH* vermied hingegen, die Alternativen überhaupt in Betracht zu ziehen. Zentrales Kriterium der Einstufung bleibt damit die Eigenständigkeit eines Dienstes.[777] Soweit diese vorliegt, erübrigt sich die Prüfung des Hauptzweckes, da gerade nur ein Aspekt des Gesamtangebots in die Prüfung einbezogen wird.

Der Ausschluss elektronischer Ausgaben von Zeitungen und Zeitschriften aus Erwägungsgrund 28 AVMD-Richtlinie wurde vom *EuGH* ebenfalls als bedeutungslos abgetan.[778] Der Generalanwalt hatte diesbezüglich jedoch vollkommen zu Recht darauf hingewiesen, dass der Erwägungsgrund ins Leere läuft, wenn man daraus nur liest, dass digitale Presseangebote nicht in den Anwendungsbereich der Richtlinie fallen, soweit sie nur untergeordnet und ergänzend audiovisuelle Inhalte enthalten.[779] Denn dies würde sich schon einwandfrei aus den Merkmalen eines audiovisuellen Mediendienstes auf Abruf ergeben, dessen Hauptzweck ja gerade die Bereitstellung von Sendungen sein muss. Auch auf dieses Problem ging der *EuGH* jedoch nicht weiter ein. Er brachte in diesem Zusammenhang lediglich vor, dass für die Einstufung eines Dienstes nicht die Identität des Anbieters, sondern der Nutzereindruck entscheidend sei.[780] Dieser Ansatz ist für sich genommen begrüßenswert, müsste aber auch konsequent umgesetzt werden. OFCOM hatte in der Entscheidung zum Fall „Vice Video" ähnlich vorgeschlagen, Daten zum Nutzerverhalten auf den betroffenen Internetseiten in die Entscheidung einzubeziehen.[781]

Zu den Voraussetzungen der Fernsehähnlichkeit lässt sich dem Urteil ebenfalls wenig entnehmen. Schlichtweg nicht nachzuvollziehen ist die Bedeutung,

---

776 *OFCOM*, Scope Appeal Vice Video, 21.07.2015.
777 *EuGH*, Urt. v. 21.10.2015, Rs. C-347/14, Rn. 33
778 Ebd., Rn. 28.
779 *Szpunar*, Schlussanträge v. 1.7.2015, Rs. C-347714, Rn. 49.
780 *EuGH*, Urt. v. 21.10.2015, Rs. C-347/14, Rn. 28 ff.
781 *OFCOM*, Scope Appeal Vice Video, 21.07.2015, Rn. 99.

die der *EuGH* den Beiträgen des lokalen Fernsehsenders Tirol TV zur Videosammlung der Internetseite beimisst. Er argumentierte, dass dies die Wettbewerbssituation zwischen dem Angebot der Tiroler Tageszeitung und Angeboten lokaler Fernsehsender belege.[782] Aus dem Sachverhalt ist jedoch nicht zu entnehmen, dass diese Inhalte jemals im Fernsehen ausgestrahlt wurden oder werden sollten. Als Vergleichsmaßstab kommen jedoch bereits nach dem Wortlaut von Art. 1 Abs. 1 lit. b der AVMD-Richtlinie nur tatsächliche „Fernsehprogramme" in Betracht, nicht jedoch Angebote von Fernsehsendern im Internet. Auch ein Fernsehsender kann zudem Inhalte unterschiedlichster Art produzieren, ohne dass allein durch die Identität des Produzenten die Fernsehähnlichkeit der Inhalte indiziert wäre. Andernfalls müsste konsequenterweise für die Video-Eigenproduktionen des Presseanbieters eine Vermutung gegen die Fernsehähnlichkeit der Inhalte gelten. Dass die Identität des Anbieters nichts über die Art des Angebots aussagt, hat der Gerichtshof jedoch im selben Urteil bezüglich des Ausschlusses elektronischer Zeitungsausgaben festgestellt.[783]

Möglicherweise muss das Urteil in seinem zeitlichen Kontext betrachtet werden. Der *EuGH* hat in seinem Urteil sehr eng am Wortlaut der Richtlinie und den Vorlagefragen gearbeitet und jede darüberhinausgehende Aussage zur Folgerichtigkeit des Ergebnisses im Sinne einer Bewertung des Regulierungsregimes vermieden. Die stark wertenden Vorschläge des Generalanwalts hat der Gerichtshof ignoriert. Dies könnte mit der zum Zeitpunkt der Entscheidung unmittelbar bevorstehenden Reform der AVMD-Richtlinie zusammenhängen, an der die Kommission bereits arbeitete. Unter Umständen hat der Gerichtshof sich bewusst in seinen Aussagen beschränkt um keinen (indirekten) Einfluss auf das Gesetzgebungsverfahren zu nehmen, was unter Aspekten der Gewaltenteilung problematisch wäre.

IV. Slowakei/„TV SME"

In der Slowakei geht die zuständige Regulierungsbehörde, der *Council for Broadcasting and Retransmission of the Slovak Republic*, vergleichsweise zurückhaltend mit der Einstufung von Videos auf Pressewebseiten um.[784] Grundsätzlich ist die Behörde der Ansicht, dass der Hauptzweck der Onlineversionen von Zeitungen

---

782 *EuGH*, Urt. v. 21.10.2015, Rs. C-347/14, Rn. 23.
783 Ebd., Rn. 28.
784 *Machet*, 33rd EPRA meeting, Background Document for Plenary Session – Content Regulation and new Media: Exploring Regulatory Boundaries between Traditional and new Media, EPRA 2011/02, 2011, 14.

nicht in der Bereitstellung von Sendungen liegt und die Angebote so keine audiovisuellen Mediendienste auf Abruf[785] darstellen.[786] Dies gilt jedenfalls, solange die Videos auf der Internetseite nur konkrete Textbeiträge ergänzen.[787] Näherer Prüfung bedürfen hingegen Angebote, die innerhalb eines eigenen Bereiches der Seite längere Videos zur Verfügung stellen.[788]

Ein Kriterium dieser Prüfung ist die Beziehung der Videos zu den Textinhalten.[789] Enthält der Videobereich Inhalte, die nicht mit einem Textartikel verknüpft sind oder deren Aussagegehalt über den Text hinaus reicht, deutet dies eher auf die Unabhängigkeit des Videobereichs als eigenem Dienst hin.[790] Zudem ist auch die Einbindung des Videobereichs in das Gesamtangebot aus Nutzersicht sowie die Professionalität der Videoproduktionen relevant.[791]

Die Anwendung dieser Kriterien war unter anderem im Fall des Internetangebots der slowakischen Tageszeitung SME erforderlich. Im Jahr 2010 wurde dies entsprechend der zurückhaltenden Linie des *Broadcasting Council* nicht als Abrufdienst eingestuft.[792] Die Internetseite verfügte zum damaligen Zeitpunkt über einen getrennten Videobereich.[793] Dieser enthielt sowohl kurze Videos, die in einzelne Textbeiträge eingebunden waren[794] als auch darüber hinausgehende,

---

785 Act No. 308/2000 on Broadcasting and Retransmission and on the amendment of Act No. 195/2000 on Telecommunication, Section 3 lit. b: "an on-demand audiovisual media service is a service of a primarily economic nature for the viewing of programmes at the moment chosen by the user, provided by electronic means of communication at the user's individual request on the basis of a catalogue of programmes compiled by the provider of on-demand audiovisual media service for the purposes of providing information, entertainment or education to the general public; the provision of audio recordings shall not be deemed an on-demand audiovisual media service", englische Fassung abrufbar unter: http://www.rvr.sk/_cms/data/modules/download/1462523380_act_on_broadcasting_and_retransmission.pdf [Stand November 2018].
786 *Machet*, 33rd EPRA meeting, Background Document for Plenary Session – Content Regulation and new Media: Exploring Regulatory Boundaries between Traditional and new Media, EPRA 2011/02, 2011, 14.
787 Ebd., 15.
788 Ebd.
789 *Cabrera Blázquez*, in: Nikoltchev (Hrsg.), What Is an On-demand Service?, IRIS plus 4/2013, 7 (17).
790 Ebd.
791 Ebd.
792 Ebd., 21.
793 Ebd.; *Polak*, IRIS 2012-9:1/38.
794 *Polak*, IRIS 2012-9:1/38.

eigenständige Videos, unter denen sich auch Produktionen der BBC befanden.[795] Der *Broadcasting Council* kam bei der Beurteilung des Angebots nicht zu einem eindeutigen Ergebnis. Zu dieser Frage sei weder Rechtsprechung des *EuGH* noch Konsens der nationalen Regulierungsbehörden vorhanden.[796] Der *Broadcasting Council* orientierte sich daher an der für den Betroffenen günstigsten Auslegung und lehnte die Einstufung der Internetseite als Abrufdienst ab.[797]

Im Mai 2012, zwei Jahre nach der ursprünglichen Entscheidung, wurde aufgrund einer Neuausrichtung des Angebots von SME eine weitere Beurteilung durch den *Broadcasting Council* notwendig.[798] Die Inhalte des Videobereichs sollten über eine Applikation auf Samsung Smart-TVs angeboten werden.[799] Dabei entfiel jede Beziehung zu Textbeiträgen, abrufbar waren über die Applikation ausschließlich unabhängige Videoinhalte.[800] Zudem waren nach Auffassung des *Broadcasting Council* die Produktionsqualität der Videos deutlich gestiegen und neue Formate, wie Unterhaltungssendungen, in den Katalog aufgenommen worden.[801] Im Lichte dieser Veränderungen gelangte der *Broadcasting Council* zum Ergebnis, dass sowohl der Videobereich der Internetseite als auch die Smart-TV Applikation als audiovisuelle Mediendienste auf Abruf anzusehen seien.[802] Bereits die Ausrichtung des Angebots auf Fernseher als Empfangsgerät würde dieses Ergebnis nahelegen.[803]

Unter weniger hohen Voraussetzungen gelangt der *Broadcasting Council* hingegen bei reinen Online-Publikationen zur Einstufung als Abrufdienst.[804] Für diese Angebote, die über keine traditionelle Printausgabe verfügen, sei der Erwägungsgrund 28 der AVMD-Richtlinie, der elektronische Versionen von Zeitungen und Zeitschriften aus dem Anwendungsbereich ausschließt, nicht einschlägig.[805] Zudem sei bei dieser Art von Angeboten häufig eine Vielzahl von

---

795 *Cabrera Blázquez*, in: Nikoltchev (Hrsg.), What Is an On-demand Service?, IRIS plus 4/2013, 7 (21); *Polak*, IRIS 2012-9:1/38.
796 *Ebd.*
797 Ebd.
798 *Cabrera Blázquez*, in: Nikoltchev (Hrsg.), What Is an On-demand Service?, IRIS plus 4/2013, 7 (22); *Polak*, IRIS 2012-9:1/38.
799 Ebd.
800 Ebd.
801 Ebd.
802 Ebd.
803 Ebd.
804 *Machet*, 33rd EPRA meeting, Background Document for Plenary Session – Content Regulation and new Media: Exploring Regulatory Boundaries between Traditional and new Media, EPRA 2011/02, 2011, 15.
805 Ebd.

verschiedenen Diensten vorhanden, aus denen sich kein gemeinsamer Hauptzweck des Portals ableiten lässt.[806] Ein Videobereich auf Seiten dieser Art müsse so eher als eigenständiger Dienst zur Bereitstellung von Sendungen eingestuft werden.[807]

Die unterschiedliche Vorgehensweise bei der Beurteilung von Presseseiten gegenüber reinen Onlinemagazinen legt nahe, dass die slowakische Behörde dem Erwägungsgrund 28 der AVMD-Richtlinie eine größere Bedeutung beimisst, als die nationalen Regulierer in den anderen hier betrachteten Fällen. Insgesamt scheint das Leitbild des *Broadcasting Council* für Internetangebote aus einem einheitlichen Dienst mit einem gemeinsamen Hauptzweck und ergänzenden, untergeordneten Angeboten, die jedoch keine eigenständigen Dienste sind, zu bestehen. Für Presseangebote ist als Hauptzweck die Verbreitung von Presseinhalten indiziert. Nur in Ausnahmefällen und unter Hinzutreten weiterer Voraussetzungen kann ein solches Presseangebot einen weiteren, vom Hauptangebot getrennten, Videodienst enthalten. Es besteht eine Vermutung zugunsten eines einheitlichen Presseangebots, die sowohl auf den Grundsatz „im Zweifel für die Freiheit" als auch auf den Erwägungsgrund 28 der AVMD-Richtlinie zurückgeht.[808] Andere Behörden sind bei der Einstufung deutlich weniger restriktiv: Die österreichische *KommAustria* beispielsweise hätte aller Wahrscheinlichkeit nach bereits das 2010 bestehende Angebot der SME als audiovisuellen Mediendienst auf Abruf eingestuft, da nicht alle Videos mit Artikeln verknüpft waren und ein dedizierter Videobereich vorhanden war.

Diese Vermutungsregel für einen einheitlichen Dienst wendet der *Broadcasting Council* jedoch nicht in Fällen gemischtmedialer Portale an.[809] Anders als der Generalanwalt im *EuGH*-Fall „New Media Online"[810] berücksichtigt er Erwägungsgrund 28 ausschließlich für Onlineangebote der klassischen Printpresse.[811] Dennoch entspricht diese Auslegung des Erwägungsgrunds und die damit verbundene Eingrenzung des Anwendungsbereichs der AVMD-Richtlinie eher der Ansicht des Generalanwalts, als die Spruchpraxis der übrigen in diesen Abschnitt einbezogenen Behörden.

---

806 Ebd.
807 Ebd.
808 Vgl. Ebd.
809 Ebd.
810 *Szpunar*, Schlussanträge v. 1.7.2015, Rs. C-347714, Rn. 49.
811 *Machet*, 33rd EPRA meeting, Background Document for Plenary Session – Content Regulation and new Media: Exploring Regulatory Boundaries between Traditional and new Media, EPRA 2011/02, 2011, 15.

Abwegig erscheint hingegen, dass der *Broadcasting Council* die Möglichkeit der Nutzung eines Angebots über einen Fernseher als Beleg für das Vorliegen eines audiovisuellen Mediendienstes interpretiert.[812] Die Unabhängigkeit der Inhalte von bestimmten Empfangsgeräten ist gerade charakteristisch für Medienkonvergenz. Die (zusätzliche) Verfügbarkeit eines bestimmten Inhalts auf einem bestimmten Empfangsgerät kann daher kein Anhaltspunkt für dessen Einstufung sein.

V. Deutschland/„Tagesschau-App"

Aus Deutschland gibt es bisher keine Entscheidungen über die Anwendung der Vorschriften für audiovisuelle Mediendienste auf Abruf auf Presseinternetangebote. Für Aufsehen hat allerdings in einem ähnlichen Kontext der Rechtsstreit um die „Tagesschau-App" der ARD gesorgt. Hierbei handelt es sich um eine Art Gegenbeispiel zu den zuvor untersuchten Fragestellungen.[813] Ging es dort stets um die Einbindung von Videoinhalten auf Presseportalen, stand im Mittelpunkt des Streits um die Tagesschau-App die Verwendung von Presseinhalten in einem Angebot des öffentlich-rechtlichen Rundfunks sowie dessen Eignung, Presse zu ersetzen. Dies spiegelt unter dem Schlagwort der „Presseähnlichkeit" die Diskussion um die „Fernsehähnlichkeit" von Videos und die Bestimmung des Hauptzwecks von Internetseiten wieder.

Gemäß §11d Abs. 2 S. 1 Nr. 3 des Rundfunkstaatsvertrags ist es dem öffentlich-rechtlichen Rundfunk verboten, nichtsendungsbezogene presseähnliche Telemedien anzubieten. Dabei handelt es sich laut der Legaldefinition in §2 Abs. 2 Nr. 20 RStV „nicht nur [um] elektronische Ausgaben von Printmedien, sondern [um] alle journalistisch-redaktionell gestalteten Angebote, die nach Gestaltung und Inhalt Zeitungen oder Zeitschriften entsprechen." Die Vorschrift grenzt den Telemedienauftrag des öffentlich-rechtlichen Rundfunks ein und soll Wettbewerbsverzerrungen durch die gebührenfinanzierten Angebote entgegenwirken.[814]

---

812 *Cabrera Blázquez*, in: Nikoltchev (Hrsg.), What Is an On-demand Service?, IRIS plus 4/2013, 7 (22); *Polak*, IRIS 2012-9:1/38.
813 *Spindler*, JZ 2016, 147 (149).
814 *BGH*, Urt. v. 30.4.2015 – I ZR 13/14, Rn. 59; *Gersdorf*, in: Ders./Paal (Hrsg.), Beck'scher Online-Kommentar Informations- und Medienrecht, 17. Ed. 1.08.2017, §11d RStV, Rn. 25 f.; *Held*, in: Binder/Vesting, Rundfunkrecht, 4. Aufl. 2018, §11d RStV, Rn. 69; *Papier/Schröder*, epd medien Nr. 60 2010, 16 (23).

Die Entscheidungen des Landgerichts Köln, des Oberlandesgerichts Köln und schließlich des Bundesgerichtshofs setzen sich mit drei Themenkomplexen auseinander.[815] Zum einen beurteilen sie die presseähnliche Gestaltung des Angebots im Rahmen der Tagesschau-App,[816] die hier näher untersucht werden soll. Diese Frage ist jedoch zum anderen eingekleidet in beihilfe- und wettbewerbsrechtliche Probleme. Die Gerichte hatten zu entscheiden, ob es sich beim Verbot nichtsendungsbezogener presseähnlicher Telemedien um eine Marktverhaltensregel im Sinne des §4 Nr. 11 UWG handelt und ob der zuvor für das Telemedienkonzept durchgeführte Drei-Stufen Test eine Legalisierungswirkung entfaltet.[817] Diese Probleme liegen jedoch außerhalb des Untersuchungsgegenstand der vorliegenden Arbeit und sollen hier außer Betracht bleiben.

Die Frage der Presseähnlichkeit hingegen wirft ähnliche Probleme auf, wie die zuvor dargestellten Fälle. Die deutschen Gerichte standen diesbezüglich ebenfalls vor der Aufgabe, ein Konzept zur Gesamtbeurteilung und Einstufung des Angebots am Vergleichsmaßstab eines anderen Mediums zu entwickeln.

1. Urteil des LG Köln

Das Verfahren um die Tagesschau-App geht zurück auf eine Klage von 11 Zeitungsverlagen aus dem Jahr 2011 wegen unlauteren Wettbewerbs.[818] Die Klage richtete sich gegen das Angebot Tagesschau-App, das im Wesentlichen den Zugriff auf Inhalte des Portals tagesschau.de über eine Applikation für mobile Betriebssysteme ermöglicht.[819] Die Klägerinnen brachten vor, die in der App verfügbar gemachten Inhalte entsprächen als „typische Pressebeiträge" den Inhalten in vergleichbaren Apps ihrer Verlage.[820] Im Einzelnen ähnele die Aufteilung der Beiträge in Themenrubriken, die Dominanz von Text und Standbildern, die Aktualität der Berichterstattung und die Verfügbarkeit der Inhalte in einem Archiv den digitalen Angeboten der Klägerinnen und die Tagesschau-App sei daher als Ersatz für Presseangebote anzusehen.[821] Einzeln Verlinkungen zu Fernseh- oder Hörfunkbeiträgen seien zwar vorhanden, würden jedoch nur eine lose

---

815 *Hain/Brings*, AfP 2016, 11 (12).
816 Ebd.
817 Ebd.
818 *LG Köln*, Urt. v. 27.9.2012 – 31 O 360/11, Rn. 2 f.
819 Ebd., Rn. 7.
820 Ebd., Rn. 27.
821 Ebd., Rn. 27 ff.

thematische Verbindung zum Text aufweisen und zum Teil auf deutlich ältere Beiträge verweisen.[822]

Die *ARD* und der *NDR* als Verantwortliche für das Telemedienangebot bestritten, dass es sich um ein presseähnliches Angebot handele. Die von den Beklagten herangezogenen digitalen Presseangebote seien bereits als Vergleichsmaßstab ungeeignet, da diese technisch über dieselben Möglichkeiten der multimedialen Gestaltung verfügten.[823] Von einem presseähnlichen Angebot könne nicht ausgegangen werden, soweit Verlinkungen oder thematische Bezüge zu einem Video- oder Hörfunkbeitrag bestehen, es sich um die Verschriftlichung eines solchen Beitrags handelt oder interaktive Elemente integriert sind.[824] Daneben entspräche auch die hohe Aktualisierungsfrequenz nicht einem Presseprodukt.[825]

Das *LG Köln* setzte sich zunächst mit der Eingrenzung des Prüfungsgegenstands auseinander. Anders als der *EuGH* im Fall „New Media Online" war das Gericht der Auffassung, es sei nicht die Presseähnlichkeit der einzelnen Beiträge zu beurteilen, sondern vielmehr in einer „Gesamtschau" auf das Gesamtangebot abzustellen.[826] Dies entspräche dem Willen des Gesetzgebers, gerade gemischtmediale Informationsportale mit sendungsbezogenen und nichtsendungsbezogenen Inhalten zu ermöglichen.[827] Zudem sei maßgeblich die Eignung des Angebots als „Presseersatz" aus Nutzerperspektive, die sich ebenfalls auf das gesamte Angebot und nicht auf einzelne Beiträge beziehe.[828]

Eine entscheidende Weichenstellung des Urteils erfolgt über die Bestimmung des Vergleichsmaßstabs. Als solcher können laut Gericht nur gedruckte Presseerzeugnisse dienen, nicht jedoch die eigenen digitalen Angebote der Presse.[829] Andernfalls könnten die Verlage über die jeweilige Gestaltung ihrer eigenen Angebote den Rahmen des Zulässigen für die Angebote der Rundfunkanstalten willkürlich festlegen.[830]

Maßgeblich für die Presseähnlichkeit sei die Substituierbarkeit mit Presseerzeugnissen aus Sicht der Nutzer.[831] Für diese spielen Verlinkungen mit

---

822 Ebd., Rn. 35.
823 Ebd., Rn. 56.
824 Ebd., Rn. 57 ff.
825 Ebd., Rn. 63.
826 Ebd., Rn. 101.
827 Ebd.; vgl. auch Begründung zum 12. RÄStV, LT-Drs. BW 14/3859, 47.
828 *LG Köln*, Urt. v. 27.9.2012 – 31 O 360/11, Rn. 101.
829 Ebd., Rn. 105.
830 Ebd.
831 Ebd., Rn. 107.

Video- oder Hörfunkinhalten jedoch keine Rolle.[832] Ebenso sei für den Nutzer nicht unmittelbar erkennbar, ob es sich bei einem Text um die Verschriftlichung eines audiovisuellen Beitrags handelt, so dass auch dies nicht zum Eindruck eines „presseunähnlichen" Angebots beitragen könne.[833] Hierfür seien vielmehr die „Textlastigkeit" und Ausführlichkeit des Angebots entscheidend.[834] Die umfangreichen Textbeiträge innerhalb der Tagesschau-App erfüllten diese Voraussetzung nach Ansicht des *LG Köln* und seien aus Nutzersicht als „Zeitungsersatz" geeignet.[835] Zu berücksichtigen seien dabei die inhaltliche Tiefe und Ausführlichkeit der Berichterstattung,[836] und die „optische Dominanz" der Textinhalte,[837] nicht jedoch das quantitative Verhältnis der Textinhalte zu Video- und Hörfunkbeiträgen.[838] Die Texte seien auch nicht bloße (nicht eigenständige) Einführungen zu audiovisuellen Beiträgen aus denen sich sodann weitergehende Informationen ergeben.[839] Auf dieser Grundlage sprach das Gericht den Klägerinnen einen Unterlassungsanspruch gegen die ARD und den NDR zu.[840]

In der Berufung vor dem *OLG Köln* 2013 hatte das Urteil des *LG Köln* keinen Bestand. Das *OLG* stimmte zwar der materiellen Entscheidung des *LG* bezüglich der Presseähnlichkeit zu, hielt dies jedoch in der Sache aufgrund der Legalisierungswirkung des zuvor durchgeführten Drei-Stufen-Tests für außerhalb des gerichtlich überprüfbaren Bereichs.[841]

2. Urteil des BGH

Der *Bundesgerichtshof* entschied abweichend vom *Oberlandesgericht*, dass vom Drei-Stufen-Test keine Legalisierungswirkung ausgehe, die der gerichtlichen Überprüfung der Presseähnlichkeit entgegenstehen würde.[842] Der *BGH* verwies die Sache zur neuen Verhandlung und Entscheidung zurück an das Berufungsgericht und konnte daher nicht selbst über die Presseähnlichkeit des Angebots

---

832 Ebd., Rn. 108.
833 Ebd.
834 Ebd., Rn. 106.
835 Ebd., Rn. 112.
836 Ebd., Rn. 113.
837 Ebd., Rn. 114.
838 Ebd.
839 Ebd.
840 Ebd., Tenor 1.
841 *OLG Köln*, Urt. v. 21.12.2013 – 6 U 188/12.A, II. 2. c) cc).
842 *BGH*, Urt. v. 30.4.2015 – I ZR 13/14, Rn. 49.

entscheiden.[843] Er richtete aber dennoch Hinweise zu den Beurteilungsmaßstäben an das Berufungsgericht, das das Angebot mit Urteil vom 30. September 2016 für presseähnlich und damit unzulässig erklärte.[844] Gegenstand der Prüfung der Presseähnlichkeit eines Angebots muss danach das gesamte Telemedienangebot sein, eine isolierte Betrachtung einzelner Beiträge ist hingegen nicht geboten.[845] Dies folge bereits aus der Systematik der sonstigen im entsprechenden Abschnitt des RStV enthaltenen Bestimmungen, die stets auf ein gesamtes Telemedienangebot verweisen.[846] Nicht in der Prüfung berücksichtigt werden sollen hingegen die sendungsbezogenen Beiträge, die nicht unter das Verbot des §11d Abs. 2 S. 1 Nr. 3 RStV fallen.[847]

Den Maßstab für den Vergleich mit Presseprodukten können laut *BGH* nur gedruckte Ausgaben von Zeitungen und Zeitschriften und nicht deren Internetangebote bilden.[848] Dies ist eine weitere Parallele zur Beurteilung der Fernsehähnlichkeit nach der AVMD-Richtlinie, die in Art. 1 Abs. 1 lit. b als Vergleichsmaßstab für Abrufdienste ebenfalls auf (klassische) lineare „Fernsehprogramme" verweist. Gestalterisch soll – im Einklang mit der Begründung zum 12. RÄStV[849] – die Dominanz von Texten und unbewegten Bildern[850] ein Indiz für die Presseähnlichkeit sein.[851] Abweichend vom Landgericht Köln[852] berücksichtigte der *BGH* hingegen nicht, ob ein Dienst aus Sicht des Nutzers geeignet ist, Presse zu ersetzen.[853] Inhaltliche Tiefe und Ausführlichkeit der Berichterstattung seien keine geeigneten Kriterien zur Beurteilung der Presseähnlichkeit eines Angebots.[854] Dem öffentlich-rechtlichen Rundfunk stehe es nach den verfassungsrechtlichen Vorgaben aus Art. 5 Abs. 1 S. 2 GG frei, über beliebige Themen „ausführlich und umfassend" zu berichten.[855] Eine Einschränkung ergebe sich lediglich hinsichtlich der medialen Aufbereitung, die „hörfunk- oder

---

843 Ebd., Rn. 60.
844 *OLG Köln*, Urt. v. 30.9.2016 – I-6 U 188/12, Rn. 111.
845 *BGH*, Urt. v. 30.4.2015 – I ZR 13/14, Rn. 61.
846 Ebd.
847 Ebd., Rn. 62.
848 Ebd., Rn. 64, zustimmend: *Schmidtmann*, ZUM 2013, 536 (539).
849 Begründung zum 12. RÄStV, LT-Drs. BW 14/3859, 47.
850 *Schmidtmann*, ZUM 2013, 536 (539).
851 *BGH*, Urt. v. 30.4.2015 – I ZR 13/14, Rn. 65.
852 *LG Köln*, Urt. v. 27.9.2012 – 31 O 360/11, Rn. 113.
853 *BGH*, Urt. v. 30.4.2015 – I ZR 13/14, Rn. 66.
854 Ebd.
855 Ebd.

fernsehähnlich" bleiben muss, um nicht gegen das Verbot aus §11d Abs. 2 S. 1 Nr. 3 RStV zu verstoßen.[856] Vergleicht man die Prüfung der Presseähnlichkeit mit der zuvor dargestellten Prüfung der Fernsehähnlichkeit, sind zunächst einige evidente Unterschiede festzustellen. Während für die Einstufung als audiovisueller Mediendienst auf Abruf zwischen der „Bereitstellung von Sendungen" und dem „Hauptzweck" eines Dienstes als Prüfungspunkte zu differenzieren ist,[857] wird die Presseähnlichkeit als reines Überwiegen von Textinhalten verstanden.[858] Dabei sind nicht inhaltliche, sondern vielmehr „gestalterische"[859] Kriterien entscheidend.[860] Zwar enthält die Definition in §2 Abs. 2 Nr. 20 RStV die inhaltliche Vergleichbarkeit als Kriterium der Presseähnlichkeit, allerdings gebe es gerade im Bereich der tagesaktuellen Berichterstattung weder pressespezifische noch rundfunkspezifische Inhalte,[861] so dass dieses Kriterium keinen Beitrag zur Abgrenzung leiste.[862] Das *LG Köln* hatte sich noch an einem inhaltlichen Vergleich mit Presseprodukten versucht,[863] dies wird vom *BGH* jedoch abgelehnt.[864] Einschränkungen der inhaltlich zulässigen Berichterstattung durch den Rundfunk seien nicht mit der Rundfunkfreiheit vereinbar.[865] Diese Bedenken wurden auch im Schrifttum geteilt.[866] Der *BGH* führte zu diesem Punkt aus, es komme nicht darauf an, ob ein Angebot aus Sicht des Nutzers Presseprodukte ersetzen kann.[867] Die Presse müsse diese Konkurrenzsituation innerhalb der Grenzen des §11d Abs. 2 S. 1 Nr. 3 RStV hinnehmen.[868] Nach den Vorschriften der AVMD-Richtlinie ist eine solche Konkurrenzsituation zwischen Rundfunk und einem nichtlinearen Angebot hingegen gerade ein Anhaltspunkt für die Einstufung des Angebots als fernsehähnlich.[869] Die Gründe für diesen Unterschied liegen jedoch in den nicht deckungsgleichen Schutzzielen der Vorschriften: während die AVMD-Richtlinie

---

856 Ebd.
857 Vgl. Art. 1 Abs. 1 lit. a AVMD-Richtlinie.
858 *BGH*, Urt. v. 30.4.2015 – I ZR 13/14, Rn. 65.
859 Ebd.
860 *Schmidtmann*, ZUM 2013, 536 (538).
861 *Papier/Schröder*, epd medien Nr. 60 2010, 16 (28).
862 *Schmidtmann*, ZUM 2013, 536 (538).
863 *LG Köln*, Urt. v. 27.9.2012 – 31 O 360/11, Rn. 112.
864 *BGH*, Urt. v. 30.4.2015 – I ZR 13/14, Rn. 66.
865 Ebd.
866 *Hain/Brings*, AfP 2016, 11 (15).
867 *BGH*, Urt. v. 30.4.2015 – I ZR 13/14, Rn. 66.
868 Ebd.
869 Vgl Erwägungsgrund 24 der AVMD-Richtlinie.

ungleiche Wettbewerbsbedingungen für Anbieter, die ums selbe Publikum konkurrieren vermeiden möchte,[870] dient das Verbot presseähnlicher Telemedien im Rundfunkstaatsvertrag zwar dem Schutz der Presse vor Konkurrenz durch gebührenfinanzierte Angebote,[871] allerdings geht es dabei nicht um die Anpassung unterschiedlicher Regulierungsniveaus. Zu beachten ist zudem grundsätzlich, dass für nichtlineare Angebote „nur" das auf sie anwendbare Recht in Rede steht, während dem öffentlich-rechtlichen Rundfunk das Angebot presseähnlicher Telemedien komplett untersagt ist.

Die Textlastigkeit des Angebots soll nach einhelliger Auffassung des *LG Köln* und des *BGH* in einer Gesamtschau ermittelt werden, die das gesamte nichtsendungsbezogene Telemedienangebot berücksichtigt.[872] Im Schrifttum findet sich hierzu überwiegend Zustimmung,[873] vereinzelt wird jedoch auch die Beurteilung der einzelnen Beiträge gefordert.[874] Dieser Ansatz führt zu einer einheitlichen Einstufung des Telemedienangebots, ohne dass dieses in verschiedene Teilangebote aufgespalten würde und ist insofern konträr zur Vorgehensweise des *EuGH* im Fall „New Media Online"[875] und der Regulierungspraxis aus Österreich[876]. Unklar bleibt im Übrigen, ob das reine Mengenverhältnis von Videos und Texten beurteilt wird,[877] was vom *LG Köln* explizit abgelehnt wurde.[878] Der *BGH* bleibt in der Formulierung vage, wenn er auf den „inhaltlichen und gestalterischen Schwerpunkt" abstellt[879] und damit lediglich die Begründung des 12. Rundfunkänderungsstaatsvertrags[880] wiedergibt. Keines der Gerichte äußerte sich konkret dazu, wie Text und Bewegtbildbeiträge miteinander in Verhältnis zu setzen sind. Dieses Problem taucht ebenso in der Einstufung von Videos auf Pressewebseiten

---

870 Vgl. Erwägungsgrund 11 der AVMD-Richtlinie.
871 *Papier/Schröder*, epd medien Nr. 60 2010, 16 (24).
872 *BGH*, Urt. v. 30.4.2015 – I ZR 13/14, Rn. 61; *LG Köln*, Urt. v. 27.9.2012 – 31 O 360/11, Rn. 101.
873 *Hain*, Die zeitlichen und inhaltlichen Einschränkungen der Telemedienangebote von ARD, ZDF und Deutschlandradio nach dem 12. RÄStV, 2009, 106; *Ders/Brings*, WRP 2012, 1495 (1499); *Papier/Schröder*, epd medien Nr. 60 2010, 16 (29); *Schmidtmann*, ZUM 2013, 536 (539).
874 *Paal*, AfP 2015, 500 (502).
875 A.A. *Klein*, K&R 2015, 793 (794).
876 *KommAustria*, Bescheid 1.950/13-044 v. 17.6.2013, 9.
877 *Hain/Brings*, AfP 2016, 11 (15).
878 *LG Köln*, Urt. v. 27.9.2012 – 31 O 360/11, Rn. 114.
879 *BGH*, Urt. v. 30.4.2015 – I ZR 13/14, Rn. 65.
880 Begründung zum 12. RÄStV, LT-Drs. BW 14/3859, 47.

auf. In der Literatur wurde hierzu vorgeschlagen, die Rezeptionszeiten für Textbeiträge und Videobeiträge als Grundlage des Vergleichs zu nutzen.[881]

Eine Übertragung der vom *BGH* und *LG Köln* entwickelten Rahmenkriterien für Presseähnlichkeit auf die Fernsehähnlichkeit würde die Beurteilung von Pressewebseiten mit Videoangebot deutlich erleichtern. Maßgeblich wäre danach nur, ob das Gesamtbild des Angebots von Texten oder von Videos dominiert wird. Eine Differenzierung zwischen verschiedenen Diensten innerhalb des Angebots fiele weg. Somit bliebe mehr Raum für die Beurteilung des Hauptzwecks des Gesamtangebots. Dieser wird nach derartigen Maßstäben selten in der Bereitstellung von Videos liegen, selbst wenn diese keinen Bezug zu einem Textbeitrag aufweisen. Der inhaltliche Vergleich mit Fernsehprogrammen könnte komplett umgangen werden soweit darauf abgestellt wird, dass die Presse nicht an die Wiedergabe bestimmter Inhalte gebunden ist, sondern sich mit jedem beliebigen Thema befassen darf. Zudem müsste die für Fernsehveranstalter entstehende Konkurrenz unter ungleichen Bedingungen schlicht hingenommen werden. Dies wäre jedoch offenkundig nicht mit den Vorgaben der AVMD-Richtlinie zu vereinbaren. Zudem ist die Verwendung von Texten auf einer Internetseite kaum zu vermeiden, wie auch die Begründung zur Einführung des § 11d RStV ausführt.[882] Die Verwendung von Videos ist hingegen optional.

Denkbar ist auch die direkte Übertragung der Kriterien auf Pressewebseiten mit Videoangebot. Das Presseangebot müsste in diesem Modell die Kriterien der Presseähnlichkeit erfüllen um nicht als Mediendienst auf Abruf eingestuft zu werden. Damit bliebe die Presse beinahe vollständig an die bloße Reproduktion ihrer gedruckten Ausgaben gebunden, denn diese dienen bei der Beurteilung als Vergleichsmaßstab.[883] Sobald sich das Angebot von dieser Publikationsform nach dem gestalterischen Gesamteindruck zu weit entfernt, könnte es nicht mehr als Presse gelten. Auf den ersten Blick mag dies absurd erscheinen. Tatsächlich liegt dieser Maßstab jedoch nicht sehr weit von den Ergebnissen der österreichischen

---

881 *Hain/Brings*, WRP 2012, 1495 (1500); *Schmidtmann*, ZUM 2013, 536 (540).
882 Begründung zum 12. RÄStV, LT-Drs. BW 14/3859, 47. „Dies bedeutet, dass nichtsendungsbezogene Telemedienangebote der Rundfunkanstalten Texte aufweisen dürfen, denn das Verfassen und Lesen von Texten ist eine Kulturtechnik. Texte werden beispielsweise bereits benötigt, um dem Nutzer überhaupt den zielgerichteten Zugriff auf ein Telemedium zu ermöglichen. Bei nichtsendungsbezogenen Telemedien ist beispielsweise auch zu erwarten, dass Texte erforderlich sind, um durch Ton und Bild dargestellte Gestaltungselemente für den Nutzer kognitiv erfassbar zu machen."
883 *Spindler*, JZ 2016, 147 (149).

Regulierungsbehörden und des *EuGH* entfernt. Auf diese Tendenz wiesen auch bereits der Generalanwalt im Fall „New Media Online"[884] sowie die Betreiber des Onlinemagazins Vice[885] hin. Die Presse dürfte nur auf die klassischen Formen der Kommunikation von Inhalten zurückgreifen, um als reines Presseangebot zu gelten. Dem Rundfunk steht hingegen nach den Maßstäben des *BGH* deutlich mehr Freiheit zu, sich anderer Kommunikationsformen zu bedienen. Dies ergibt sich in Deutschland bereits aus der sogenannten Entwicklungsgarantie, die Teil der verfassungsrechtlich garantierten Rundfunkfreiheit ist[886] und in der Präambel des Rundfunkstaatsvertrags[887] explizit festgelegt wird.

VI. Systematisierung und Vergleich

Aus dem Vergleich der oben aufgeführten Fallbeispiele lässt sich ein grober Prüfungsablauf für die Beurteilung von Videoangeboten auf Presseinternetseiten ableiten. Zwar weichen die Einstufungskriterien und der Schwerpunkt der Prüfung im Einzelnen voneinander ab, grundsätzlich liegen jedoch allen Behörden- und Gerichtsentscheidungen aus diesem Themenfeld drei Fragen zu Grunde: (1) Welches (Teil-) Angebot der Internetseite ist für die Beurteilung relevant beziehungsweise welches Angebot kann als eigenständiger Dienst angesehen werden? (2) Besteht der Hauptzweck dieses Dienstes in der Bereitstellung von Videos oder dient er einem anderen Zweck? (3) Handelt es sich bei den Videoinhalten um Sendungen, die nach Form und Inhalt mit der Form und dem Inhalt von Fernsehprogrammen vergleichbar sind?

1. Eigenständigkeit des Dienstes

a) Zulässigkeit der Differenzierung

Die ersten beiden Fragen – die Beurteilung der Eigenständigkeit des Dienstes und des Hauptzwecks des Angebots – vermischen sich in der Praxis. Auch begrifflich greifen die Behörden und Gerichte eher auf das Hauptzweck-Kriterium zurück, subsumieren dann jedoch inhaltlich zur Eigenständigkeit des Dienstes. Dies ist zum einen darauf zurückzuführen, dass sich je nach Ergebnis

---

884 *Szpunar*, Schlussanträge v. 1.7.2015, Rs. C-347714, Rn. 49.
885 *OFCOM*, Scope Appeal Vice Video, 21.07.2015, Rn. 44.
886 BVerfGE 83, 238 (299 f.).
887 Präambel des RStV, Abs. 4 S. 1 und 2: „Für den öffentlich-rechtlichen Rundfunk sind Bestand und Entwicklung zu gewährleisten. Dazu gehört seine Teilhabe an allen neuen technischen Möglichkeiten in der Herstellung und zur Verbreitung sowie die Möglichkeit der Veranstaltung neuer Formen von Rundfunk."

der Angebotsabgrenzung der Hauptzweck des Dienstes von selbst ergibt.[888] Zum anderen besteht Unsicherheit darüber, ob die getrennte Beurteilung einzelner Angebotsteile überhaupt mit dem Sinn und Zweck der Richtlinie vereinbar ist.

Diese Frage legte der österreichische *VwGH* dem *EuGH* im „New Media Online"-Verfahren schließlich zur Vorabentscheidung vor.[889] Der *EuGH* entschied daraufhin, dass ein Teilangebot innerhalb einer Internetseite „unabhängig von dem Rahmen, in dem er angeboten wird" als audiovisueller Mediendienst eingestuft werden kann.[890] Dies entspricht auch der vorläufigen Auffassung des *VwGH*, die er im Rahmen der Vorlage formuliert hatte,[891] sowie der Herangehensweise der *KommAustria* im selben Verfahren[892] und im „Styria Multi Media"-Fall[893]. Auch die britischen Regulierer halten es für möglich, dass mehrere Dienste auf einer Internetseite grundsätzlich nebeneinander bestehen können.[894] Einzig Generalanwalt *Szpunar* äußerte sich im „New Media Online"-Verfahren dagegen, verschiedene Inhalte auf „multimedialen Internetportalen" getrennt zu beurteilen, denn so verlöre das Kriterium des Hauptzwecks jeden Sinn.[895] Zumindest für Internetangebote der Presse stimmt dem der slowakische *Broadcasting Council* teilweise zu und leitet aus dem Erwägungsgrund 28 der AVMD-Richtlinie eine Vermutungsregel zugunsten eines einheitlichen Angebots ab.[896] Für presseähnliche Telemedienangebote des öffentlich-rechtlichen Rundfunks kommt es laut *BGH* ebenfalls auf eine Gesamtbewertung des (einheitlichen) Telemedienangebots an, eine Abgrenzung mehrerer Angebotsteile wird nicht vorgenommen.[897]

Der *EuGH* formulierte im „New Media Online"-Urteil, ein Dienst könne entweder „untrennbar mit der journalistischen Tätigkeit [des Diensteanbieters] verknüpft" oder hingegen „in Inhalt und Funktion gegenüber den Presseartikeln

---

888 ERGA, Report on material jurisdiction in a converged environment, 18.12.2015, ERGA 2015 (12), 35.
889 *VwGH*, Beschl. v. 26.6.2014, 2013/03/0012, 6.
890 *EuGH*, Urt. v. 21.10.2015, Rs. C-347/14, Rn. 33.
891 *VwGH*, Beschl. v. 26.6.2014, 2013/03/0012, 6.
892 *KommAustria*, Bescheid 1.950/12-048 v. 9.10.2012, 11.
893 *KommAustria*, Bescheid 1.950/13-044 v. 17.6.2013, 8.
894 *OFCOM*, Scope Appeal Sun Video, 21.12.2011, Rn. 20, 79.
895 *Szpunar*, Schlussanträge v. 1.7.2015, Rs. C-347714, Rn. 42.
896 Vgl. *Machet*, 33rd EPRA meeting, Background Document for Plenary Session – Content Regulation and new Media: Exploring Regulatory Boundaries between Traditional and new Media, EPRA 2011/02, 2011, 15.
897 *BGH*, Urt. v. 30.4.2015 – I ZR 13/14, Rn. 61 f.

[…] der Online-Zeitung eigenständig" sein.[898] Die verschiedenen zur Ermittlung der Eigenständigkeit angewandten Kriterien lassen sich wiederum in zwei Bereiche unterteilen: den technischen und organisatorischen Aufbau der Webseite einerseits und die Beziehung zwischen Text- und Videoinhalten andererseits.

b) Technische Angebotsstruktur

Strukturell kann zunächst die Sammlung der Videos innerhalb eines eigenen Bereichs der Internetseite und dessen getrennte Adressierbarkeit als Subdomain eine Rolle in der Einstufung spielen. In allen oben dargestellten Fällen, mit Ausnahme des österreichischen „Cultvisual"-Falls, verfügten die Internetangebote über einen Videobereich, der auf diese Weise erreichbar war. Die Bedeutung des Aufbaus der Webseite für die Eigenständigkeit eines Dienstes wird sehr unterschiedlich beurteilt, wobei die Regulierungsbehörden zum Teil zwar behaupten, dieses Kriterium nur untergeordnet zu betrachten, es dann versteckt dennoch als Anknüpfungspunkt verwenden.

Für den slowakischen *Broadcasting Council* ist die Zusammenstellung von Videos innerhalb eines eigenen Bereichs im Rahmen der Pressewebseite eine der Voraussetzungen für die Widerlegung der Vermutung eines einheitlichen Angebots.[899] *OFCOM* nennt in der Leitentscheidung „Sun Video" die Organisation von Videos in einem Katalog innerhalb eines getrennten Bereichs der Internetseite, der von Nutzern direkt angesteuert werden kann, ebenfalls als Indiz für das Vorliegen eines Abrufdienstes.[900] *OFCOM* scheint es dabei auch um das tatsächliche Nutzerverhalten für das jeweilige Angebot zu gehen.[901] Ein eigenständiger Dienst wird von den Nutzern eher direkt aufgerufen. So sprach im Fall „Sun Video" gegen eine Einstufung als Abrufdienst, dass *OFCOM* die Startseite der Sun für den bedeutenderen Einstiegspunkt der meisten Nutzer hielt.[902] Auch *KommAustria* zieht das Vorliegen einer eigenen Unterseite, auf der die Videos gesammelt werden, als Argument für die Eigenständigkeit des Dienstes heran.[903]

---

898 *EuGH*, Urt. v. 21.10.2015, Rs. C-347/14, Rn. 34.
899 *Machet*, 33rd EPRA meeting, Background Document for Plenary Session – Content Regulation and new Media: Exploring Regulatory Boundaries between Traditional and new Media, EPRA 2011/02, 2011, 15.
900 *OFCOM*, Scope Appeal Sun Video, 21.12.2011, Rn. 90.
901 *Metzdorf*, in: Taeger (Hrsg.), IT und Internet – Mit Recht gestalten, DSRI-Tagungsband Herbstakademie 2012, 497 (509).
902 *OFCOM*, Scope Appeal Sun Video, 21.12.2011, Rn. 132.
903 *KommAustria*, Bescheid 1.950/13-044 v. 17.6.2013, 9; *KommAustria*, Bescheid 1.950/12-048 v. 9.10.2012, 11.

In der „Styria Multi Media"-Entscheidung verweist die Behörde zwar noch allgemein auf die untergeordnete Bedeutung dieses Umstands,[904] im Fall „New Media Online" scheint sie jedoch die Organisation der Videos innerhalb der Unterseite zur beinahe alleinigen Grundlage der Einstufung zu machen.[905] Mit der inhaltlichen Verbindung zwischen Video und Text setzt sich *KommAustria* in der Entscheidung gar nicht auseinander. Der wesentlichste Unterschied zwischen den Sachverhalten in „New Media Online" und dem älteren „Cultvisual"-Fall liegt nämlich in der Struktur der Webseite. Entgegen ihrer eigenen Aussage spielt diese für die Beurteilung der Eigenständigkeit eines Angebots offenkundig eine bedeutende Rolle für *KommAustria*. In den Fällen „Styria Multi Media" und „New Media Online" wurde dementsprechend zumindest der Teil der Videos, die außerhalb des Videobereichs nur in Artikel eingebunden waren, nicht als audiovisuellen Mediendienst eingestuft.[906]

Der *EuGH* lehnte im „New Media Online"-Urteil hingegen das Abstellen auf die Struktur der Webseite ab, da diese leicht durch den Anbieter zu manipulieren sei.[907] Der Generalanwalt im selben Verfahren hatte das Vorgehen der österreichischen Behörden zuvor bereits mit deutlichen Worten kritisiert.[908] Ob Inhalte an einer Stelle gesammelt werden oder auf mehrere Stellen des Portals „verstreut" sind, sei lediglich eine „technische Lösung" und habe keinen Einfluss auf den Charakter des Dienstes.[909]

c) Verbindung von Text und Video

Neben der Angebotsstruktur diente in den oben dargestellten Entscheidungen zumeist auch die Beziehung zwischen Textinhalten und audiovisuellem Material als Grundlage der Entscheidungen. Diese Differenzierung wird, wie bereits erwähnt, nicht von den Behörden aller Mitgliedstaaten vorgenommen, die teilweise bereits das Vorliegen eines Katalogs innerhalb eines eigenen Bereichs für die Einstufung als audiovisuellen Mediendienst genügen lassen.[910] Auch die britische *ATVOD* hatte sich in ihren ersten Einstufungsentscheidungen zu

---

904 *KommAustria*, Bescheid 1.950/13-044 v. 17.6.2013, 9.
905 *KommAustria*, Bescheid 1.950/12-048 v. 9.10.2012, 11.
906 *KommAustria*, Bescheid 1.950/13-044 v. 17.6.2013, 9; *KommAustria*, Bescheid 1.950/12-048 v. 9.10.2012, 11.
907 *EuGH*, Urt. v. 21.10.2015, Rs. C-347/14, Rn. 35.
908 *Szpunar*, Schlussanträge v. 1.7.2015, Rs. C-347714, Rn. 32.
909 Ebd.
910 *ERGA*, Report on material jurisdiction in a converged environment, 18.12.2015, ERGA 2015 (12), 36.

Pressewebseiten darauf beschränkt, den Videobereich isoliert von den anderen Teilen des Internetangebots zu betrachten, was zur Korrektur durch das *OFCOM* im Fall „Sun Video" führte.[911] Laut *OFCOM* müssen das gesamte Angebot und dessen Bezüge zum Videobereich stärker in die Einstufung einbezogen werden.[912]

In diesem Zusammenhang muss zunächst zwischen verschiedenen, unter dem Stichwort „Gesamtschau"[913] beschriebenen Herangehensweisen differenziert werden. Einerseits lässt sich die der Ansatz des *OFCOM* als „Gesamtschau" beschreiben[914], denn das gesamte Angebot einschließlich der Textinhalte wird in die Diensteabgrenzung und die Bestimmung des Hauptzwecks einbezogen. Andererseits stellt jedoch auch der Verzicht des Generalanwalts *Szpunar* auf die Abgrenzung einzelner Angebotsteile im „New Media Online"-Fall[915] eine Gesamtschau dar. Hierbei geht es jedoch um verschiedene Prüfungspunkte: Während *OFCOM* lediglich die Beziehung der verschiedenen Komponenten des Gesamtinternetangebots untersucht um festzustellen, ob es sich um einen einheitlichen Dienst handelt oder um mehrere eigenständige Angebote, unterlässt der Generalanwalt diesen Schritt gerade und ermittelt den Hauptzweck eines einheitlichen Dienstes. Der Generalanwalt geht dabei ähnlich wie der *BGH* in der „Tagesschau-App"-Entscheidung vor, bei der ebenfalls das gesamte Angebot nichtsendungsbezogener Inhalte[916] als Prüfungsgegenstand diente. Wenn auf der anderen Seite der *EuGH* davon spricht die „von einem Marktteilnehmer angebotenen Dienste [nicht] in ihrer Gesamtheit zu berücksichtigen"[917], wird damit lediglich der Prüfungsgegenstand im Sinne einer Diensteabgrenzung eingegrenzt. Die Verbindungen zwischen den (potentiellen) Angebotsteilen sind dennoch relevant. Ergebnis der Prüfung ist jedoch – abweichend von der Ansicht des Generalanwalts – die Einstufung lediglich eines Angebotsteils als audiovisueller Mediendienst auf Abruf, während andere Angebotsteile die Voraussetzungen hierfür nicht erfüllen müssen. Insofern ist ein Vergleich[918] zwischen der Gesamtschau des *BGH* und der Diensteabgrenzung des *EuGH* irreführend.

---

911 *OFCOM,* Scope Appeal Sun Video, 21.12.2011, Rn. 96.
912 Ebd.
913 *Klein,* K&R 2015, 793 (794).
914 *Metzdorf,* in: Taeger (Hrsg.), IT und Internet – Mit Recht gestalten, DSRI-Tagungsband Herbstakademie 2012, 497 (507).
915 *Szpunar,* Schlussanträge v. 1.7.2015, Rs. C-347714, Rn. 42.
916 *BGH,* Urt. v. 30.4.2015 – I ZR 13/14, Rn. 61.
917 *EuGH,* Urt. v. 21.10.2015, Rs. C-347/14, Rn. 30.
918 Vgl. *Klein,* K&R 2015, 793 (794).

Als Verbindung zwischen Text und Video kommt zunächst die Einbettung der Videoinhalte in Textbeiträge in Betracht, so dass Text und Video unmittelbar zusammen auf einer Seite erscheinen. Zudem können auch Links zwischen Videos und inhaltlich zusammenhängenden Artikeln bestehen, die unter dem Video angezeigt werden und den Nutzer erst nach Aktivierung des Links zum Artikel führen. Beide Formen der Verbindung kommen auch parallel innerhalb von Angeboten vor, die Videos sowohl direkt in Artikel einbetten als auch zusätzlich in einem Videobereich zusammenstellen, dessen Inhalte wiederum Links „zurück" zu den Artikeln enthalten, denen die Videos ursprünglich entnommen wurden.

Fraglich ist nun, was von den Gerichten und Regulierungsbehörden als „untrennbar verbunden"[919] im Sinne des „New Media Online"-Urteils angesehen wird. Den knappen Ausführungen des *EuGH* ist zumindest zu entnehmen, dass eine weit überwiegende Verlinkung von Videos mit Artikeln und die Anzeige der Artikel unmittelbar beim Abruf des Videos für eine solche Verbindung und gegen die Eigenständigkeit des Dienstes sprechen würde.[920] Auch der slowakische *Broadcasting Council* hält zwischen Videos und Artikeln bestehende Links für ein Indiz gegen die Eigenständigkeit des Videoangebots.[921] Das britische *OFCOM* stellt ebenfalls auf die Existenz von Links zu Artikeln und die Einbettung der Videos in Artikel ab und forderte *ATVOD* auf, diesen Aspekt zukünftig ebenfalls (stärker) in die Beurteilung einzubeziehen.[922]

Anders als der *EuGH* und *OFCOM* geht die *KommAustria* in dieser Frage vor.[923] Soweit sie in der Entscheidung zu „New Media Online" davon spricht, dass „nicht das gesamte Leistungsspektrum eines Diensteanbieters"[924] für die Beurteilung der Eigenständigkeit beziehungsweise des Hauptzwecks des Dienstes relevant sei, ist dies eng zu verstehen. Tatsächlich beschränkt sich die Betrachtung sehr auf die Videos und wertet Verbindungen zu Texten in Form von Links nicht als Indiz gegen die Eigenständigkeit des Dienstes.[925] In dieser Hinsicht unternimmt *OFCOM* verglichen mit *KommAustria* tatsächlich eine „Gesamtschau"[926].

---

919 *EuGH*, Urt. v. 21.10.2015, Rs. C-347/14, Rn. 34.
920 *EuGH*, Urt. v. 21.10.2015, Rs. C-347/14, Rn. 36.
921 *Cabrera Blázquez*, in: Nikoltchev (Hrsg.), What Is an On-demand Service?, IRIS plus 4/2013, 7 (22); *Polak*, IRIS 2012-9:1/38.
922 *OFCOM*, Scope Appeal Sun Video, 21.12.2011, Rn. 90 e.
923 *Katsirea*, International Journal of Law and Information Technology 2015, 1 (14).
924 *KommAustria*, Bescheid 1.950/12-048 v. 9.10.2012, 11.
925 Ebd.; *Katsirea*, International Journal of Law and Information Technology 2015, 1 (21).
926 Vgl. *Metzdorf*, in: Taeger (Hrsg.), IT und Internet – Mit Recht gestalten, DSRI-Tagungsband Herbstakademie 2012, 497 (507).

Für die österreichische Behörde hängt die Beziehung zwischen Video und Text lediglich von der inhaltlichen Eigenständigkeit[927] der audiovisuellen Beiträge ab. Diese dürfen keine bloße „Begleitung oder Ergänzung zu einem Textangebot" sein.[928] Entscheidend ist, ob die Videos getrennt vom restlichen Angebot verständlich und daher „getrennt konsumierbar" sind.[929] Diese inhaltliche Eigenständigkeit besteht unproblematisch bei Videos, die ausschließlich über den Videobereich abrufbar sind und keinem Artikel zugeordnet werden. Darüber hinaus können jedoch auch Videos, die eigentlich zu einem Artikel gehören, als eigenständig gelten,[930] wenn sie keiner näheren Erläuterung bedürfen um ihren Aussagegehalt zu verstehen, der Anbieter den Videokatalog also auch unabhängig von seinem textbasierten Rahmen anbieten könnte.[931] Anders sind nach der „Cultvisual"-Entscheidung Videos einzuordnen, die lediglich der Illustration eines inhaltlich weiterführenden Texts dienen.[932] Hierauf geht auch *OFCOM* in „Sun Video" ein.[933] Die inhaltliche Beziehung zwischen Videos und Text ergebe sich daraus, ob der Text benötigt wird um das Video zu verstehen, in einen Kontext einzuordnen[934] und die vermittelte Information zu erfassen oder ob der Aussagegehalt des Videos über den Text hinaus gehe.[935] Enthält der Text beispielsweise nur kurze Einführungen oder Zusammenfassungen des Videos spreche dies eher für eine Eigenständigkeit des Videos.[936] Die Maßstäbe des *OFCOM* sind hierbei jedoch viel höher als die der *KommAustria*.

In der Entscheidung der *ATVOD* zu „Vice Video" beruhte die Einstufung als audiovisueller Mediendienst zum großen Teil auf der fehlenden inhaltlichen Verbindung der Videos zu den Texten, die vollkommen unabhängig innerhalb der Themenkategorien des Magazins angeboten wurden.[937] Die Betreiberin beschrieb dies als Teil ihres Publikationsstils.[938] Die Videos seien zwar formal unabhängig, hätten aber dennoch nur eine untergeordnete Bedeutung den

---

927 *KommAustria*, Bescheid 1.950/12-048 v. 9.10.2012, 11.
928 *KommAustria*, Bescheid 1.950/12-042 v. 24.9.2012, 6.
929 *KommAustria*, Bescheid 1.950/13-044 v. 17.6.2013, 9.
930 *KommAustria*, Bescheid 1.950/12-048 v. 9.10.2012, 11.
931 *KommAustria*, Bescheid 1.950/13-044 v. 17.6.2013, 9.
932 *KommAustria*, Bescheid 1.950/12-042 v. 24.9.2012, 6.
933 *OFCOM*, Scope Appeal Sun Video, 21.12.2011, Rn. 90.
934 Ebd., Rn. 90 d.
935 Ebd., Rn. 90 f.
936 Ebd., Rn. 90 g ii.
937 *OFCOM*, Scope Appeal Vice Video, 21.07.2015, Rn. 44.
938 Ebd.

Textbeiträgen gegenüber.[939] Diese Meinung vertritt auch Generalanwalt *Szpunar*, der für ein derart gestaltetes Angebot von einem einheitlichen Dienst ausgehen würde, dessen Hauptzweck nicht die Bereitstellung von Videos ist.[940] In der Tat ist es leicht vorstellbar, dass auch solche „unabhängigen" Videos nur den Zweck haben, ein Presseangebot insgesamt zu ergänzen, selbst wenn es zum Thema des Videos keinen Artikel gibt. In diesem Sinne entschied auch der *BGH* den „Tagesschau-App"-Fall. Die dort angebotenen Textbeiträge dürfen beliebig detailreich und vertiefend in ihrer Informationsvermittlung sein, ohne dass sich aus diesem Umstand schon die Presseähnlichkeit des Angebots ergeben würde.[941]

2. Hauptzweck

Die Prüfung des Hauptzwecks eines Dienstes erübrigt sich in der Regel, soweit dieser Dienst nach dem Ergebnis der Abgrenzung im ersten Schritt ausschließlich der Videobereich einer Seite ist.[942] Eine Besonderheit besteht hinsichtlich dieses Prüfungspunktes beim britischen *OFCOM*. Dieses fasst die Diensteabgrenzung und die Ermittlung des Hauptzweckes als einheitlichen Prüfungsschritt auf.[943] Daher wird zur Ermittlung des Hauptzweckes stets vergleichend das Gesamtangebot herangezogen.[944] Hierbei fließen die soeben diskutierten Maßstäbe zur Angebotsstruktur und zur Verbindung von Video und Text ein.[945] Zudem spielt auch das Mengenverhältnis zwischen Text und Video eine Rolle. Ein Dienst, der den Hauptzweck hat, Sendungen bereitzustellen, enthalte tendenziell mehr audiovisuelle Inhalte als Textinhalte.[946] Im „Sun Video"-Fall wurden die untersuchten Videos mit Dauer von wenigen Minuten von Texten begleitet, die zwischen sechs und 16 Absätzen lang waren.[947]

Im „Cultvisual"-Fall hatte *KommAustria* sich ebenfalls mit diesen quantitativen Kriterien auseinandergesetzt, da von einem einheitlichen Angebot ausgegangen wurde. Die Erkenntnisse hierzu sind jedoch wenig substantiell. Rein mengenmäßig standen die Videos zu den Textbeiträgen in einem Verhältnis

---

939 Ebd.
940 *Szpunar*, Schlussanträge v. 1.7.2015, Rs. C-347714, Rn. 55.
941 *BGH*, Urt. v. 30.4.2015 – I ZR 13/14, Rn. 66.
942 *ERGA*, Report on material jurisdiction in a converged environment, 18.12.2015, ERGA 2015 (12), 35; *Szpunar*, Schlussanträge v. 1.7.2015, Rs. C-347714, Rn. 42.
943 *OFCOM*, Scope Appeal Sun Video, 21.12.2011, Rn. 66 f.
944 Ebd., Rn. 68.
945 Ebd., Rn. 96.
946 Ebd., Rn. 90 g i.
947 Ebd., Rn. 143 f.

von eins zu vier.[948] Die Länge der Videos lag zwischen vier und sieben Minuten, die Texte waren jeweils etwa „eine halbe Seite" lang,[949] wobei unklar ist, wie genau sich diese halbe Seite bestimmt – ob es sich etwa um eine halbe A4 Seite in Schriftgröße 12 handelt oder um eine halbe Seite in der Standard-Browseranzeige. Jedenfalls wurde dieses Mengenverhältnis als „untergeordnetes Ausmaß" gegenüber den Texten betrachtet.[950]

Für die Ermittlung der Presseähnlichkeit der Inhalte der Tagesschau-App hielt das *LG Köln* die „Textlastigkeit"[951] und „optische Dominanz" der Texte innerhalb des Angebots für relevant, nicht jedoch das Mengenverhältnis zwischen Text und Bild.[952] Der *BGH* verwies ebenfalls nur vage auf die Dominanz von Texten, die ein presseähnliches Angebot charakterisieren.[953]

Nach alledem bleibt völlig unklar, in welchen Dimensionen Text und Bewegtbilder miteinander zu vergleichen sind.[954] Auf dieses Problem wies auch die niederländische Regulierungsbehörde bereits hin und bezeichnete den Mengenvergleich zwischen Texten und Videos als Vergleich zwischen Äpfeln und Birnen.[955] Im Zusammenhang mit der Tagesschau-App wurde vorgeschlagen, auf die Rezeptionszeiten für Text und Video abzustellen.[956] Auch *OFCOM* hat für zukünftige Einstufungen den Wunsch geäußert, konkrete Nutzerdaten mit in die Entscheidung einzubeziehen.[957] Hieraus könnten tatsächlich wertvolle Erkenntnisse gewonnen werden, unter anderem auch über den tatsächlichen Nutzungsschwerpunkt des Angebots. Der reine Vergleich zwischen der Menge von Text und Video hinkt nämlich naturgemäß. Zum einen kann aus der bloßen Existenz und auch der Länge der Texte wenig über den Schwerpunkt des Angebots geschlossen werden, denn die Funktionsweise des Internets, insbesondere die Auffindbarkeit von Inhalten, beruht auf Textverarbeitung.[958] Suchmaschinen

---

948 *KommAustria*, Bescheid 1.950/12-042 v. 24.9.2012, 2.
949 Ebd., 2 f.
950 Ebd., 6.
951 *LG Köln*, Urt. v. 27.9.2012 – 31 O 360/11, Rn. 106.
952 Ebd., Rn. 114.
953 *BGH*, Urt. v. 30.4.2015 – I ZR 13/14, Rn. 65.
954 So auch: *Katsirea*, International Journal of Law and Information Technology 2015, 1 (17).
955 *Valcke/Ausloos*, in: Donders/Pauwels/Loisen (Hrsg.), The Palgrave Handbook of European Media Policy, 2014, 312 (319).
956 *Hain/Brings*, WRP 2012, 1495 (1500); *Schmidtmann*, ZUM 2013, 536 (540).
957 *OFCOM*, Scope Appeal Vice Video, 21.07.2015, Rn. 99.
958 Vgl. Begründung zum 12. RÄStV, LT-Drs. BW 14/3859, 47.

können Videoinformationen nicht gleichermaßen erfassen wie Texte und verwenden daher zur Zuordnung zu Suchanfragen den im Umfeld der Datei vorhandenen Text.[959] Zudem spielt es zur sogenannten Suchmaschinenoptimierung, also der Erzielung eines möglichst hohen Platzes in den Ergebnislisten entsprechender Suchanfragen,[960] eine Rolle, wie häufig das Suchwort im Text einer Seite enthalten ist.[961] Auch die Optimierung von Angeboten für die Nutzung auf mobilen Endgeräten kann Text erfordern, falls ein Video nicht geladen werden kann. Zum anderen kann es sich bei Texten auch um reine Transskripte von Videoinhalten wie Interviews oder Kommentaren handeln.

3. Fernsehähnlichkeit

Als letzter Prüfungsschritt nach der Ermittlung der Eigenständigkeit eines Dienstes und dessen Hauptzweck ist für die konkret angebotenen Videos zu bestimmen, ob es sich bei ihnen um Sendungen im Sinne des Art. 1 Abs. 1 lit. b der AVMD-Richtlinie handelt, die insbesondere auch dem in Erwägungsgrund 24 aufgeführten Kriterium der Fernsehähnlichkeit genügen. Aus der Definition ergibt sich bereits unmittelbar, dass als Vergleichsmaßstab auf Fernsehprogramme abzustellen ist, nicht hingegen auf Telemedienangebote von Rundfunkveranstaltern. Dies entspricht auch der Herangehensweise des *BGH* im „Tagesschau-App"-Fall, der als Vergleichsmaßstab nur auf die gedruckten Ausgaben von Presseprodukten verwies.[962]

a) Vergleichsmaßstab Katalog oder Einzelbestandteile

Zunächst ist zu differenzieren, ob die Gesamtheit der angebotenen audiovisuellen Inhalte diesen Anforderungen genügen muss, der ganze Videokatalog also mit dem Angebot eines Fernsehprogramms vergleichbar sein muss, oder ob stattdessen die einzelnen Inhalte mit einzelnen Bestandteilen eines Fernsehprogramms zu vergleichen sind. Der Wortlaut der Richtlinie in Art. 1 Abs. 1 lit. b stellt auf die Vergleichbarkeit der einzelnen Sendung als „Einzelbestandteil eines von einem Mediendiensteanbieter erstellten [...] Katalogs" ab, DEREN „Form und Inhalt mit der Form und dem Inhalt von Fernsehprogrammen vergleichbar" sind. In diesem Sinne entschied auch der *EuGH* im Fall „New Media Online".[963]

---

959 *Sieber*, in: Hoeren/Sieber/Holznagel, Multimedia-Recht, 42. EGL. 2015, Teil 1, Rn. 104.
960 *Micklitz/Schirmbacher*, in: Spindler/Schuster (Hrsg.), Recht der elektronischen Medien, 3. Aufl. 2015, §4 UWG, Rn. 298.
961 *Sieber*, in: Hoeren/Sieber/Holznagel, Multimedia-Recht, 42. EGL. 2015, Teil 1, Rn. 106.
962 *BGH*, Urt. v. 30.4.2015 – I ZR 13/14, Rn. 64.
963 *EuGH*, Urt. v. 21.10.2015, Rs. C-347/14, Rn. 19.

Die Videosammlung als Ganzes sei nicht Gegenstand des Vergleichs.[964] Diese Möglichkeit hatte jedoch der *VwGH* in seinem Vorlagebeschluss implizit zum Ausdruck gebracht, indem er auf die fragliche Fernsehähnlichkeit der „Zusammenstellung" von Inhalten beziehungsweise der „Kurzvideosammlung" hinwies.[965] Laut Auffassung des britischen *OFCOM* muss ebenfalls das gesamte Videoangebot dem Vergleich mit Form und Inhalt von Fernsehprogrammen standhalten.[966] Ähnlich unternahm auch der *BGH* bezüglich der Tagesschau-App einen Vergleich des Gesamtangebots mit Printpresseprodukten, anstatt die einzelnen Beiträge diesem Vergleich zu unterziehen.[967] Dieses Vorgehen hat einen entscheidenden Vorteil gegenüber der Einzelbetrachtung des *EuGH*. Aus dessen Urteil zu „New Media Online" ergibt sich nämlich keine Vorgabe zum Umgang mit heterogenen Befunden zu den einzelnen Beiträgen. Sollte es etwa genügen, wenn nur ein sehr geringer Teil der Videos als Sendungen im Sinne der Richtlinie anzusehen sind? In diesem Fall müsste eigentlich die Einstufung des Dienstes als audiovisueller Mediendienst auf Abruf daran scheitern, dass der Hauptzweck des Angebots nicht die Bereitstellung von „Sendungen", sondern die Bereitstellung nicht-fernsehähnlicher Videos ist. Zum – uneinheitlich verstandenen – Hauptzweck-Kriterium im engeren Sinne traf der *EuGH* jedoch keine Klarstellung.

b) Länge der Inhalte

Ob die Länge der Videos eine Rolle für deren Vergleichbarkeit mit Fernsehprogrammen spielt, wird uneinheitlich betrachtet. Die *KommAustria* und der *BKS* hielten die Spieldauer der Inhalte im Fall „New Media Online" für irrelevant, da sich aus den gesetzlichen Vorschriften keine Mindestdauer ergebe.[968] Der *VwGH* hatte hingegen Zweifel, ob „Kurzvideosammlungen" dieser Art, die im Fernsehen bisher nicht vertreten sind, als Sendungen gelten können.[969] *OFCOM* hatte die Länge von Videoinhalten in der „Sun Video"-Entscheidung zu einem Beurteilungsfaktor erklärt. Danach würden Abrufdienste typischerweise eher Videos von längerer Dauer bereitstellen, als kurze Videoclips und unvollständige

---

964 Ebd.
965 *VwGH*, Beschl. v. 26.6.2014, 2013/03/0012, 5.
966 *OFCOM*, Scope Appeal Sun Video, 21.12.2011, Rn. 73.
967 *BGH*, Urt. v. 30.4.2015 – I ZR 13/14, Rn. 61.
968 *KommAustria*, Bescheid 1.950/13-044 v. 17.6.2013, 10; *BKS*, Bescheid GZ 611.191/0005-BKS/2012 v. 13.12.2012, 10.
969 *VwGH*, Beschl. v. 26.6.2014, 2013/03/0012, 5.

Ausschnitte aus längeren Sendungen.[970] Der *EuGH* entschied in „New Media Online" hingegen, dass der Sendungsbegriff sowohl lange und mittlere, als auch kurze Inhalte miterfasse, so dass die Spieldauer eines Inhalts für seine Einstufung irrelevant sei.[971] In der Literatur wurde ebenfalls bereits auf typische Beispiele für Fernsehsendungen, die aus kurzen Sequenzen zusammengesetzt sind, hingewiesen, wie etwa Kindersendungen[972] oder Nachrichtenclips[973].

c) Inhaltliche Vergleichbarkeit

Ausführungen zu den inhaltlichen Voraussetzungen der Fernsehähnlichkeit sind in den Entscheidungen recht dünn gesät. Im „New Media Online"-Verfahren setzte sich die österreichische Behörde überhaupt erstmals mit dem Inhalt von Videos auseinander. Im „Styria Multi Media"-Fall war das Vorliegen von Sendungen unstrittig.[974] Auch für das Angebot der Tiroler Tageszeitung hielt die *KommAustria* den Sendungsbegriff jedoch für unproblematisch erfüllt, da die angebotene Art der Inhalte (u. a. Berichte über lokale Ereignisse, Filmtrailer, Bastelanleitungen) nach Ansicht der Behörde auch im Fernsehen vorkäme.[975] Der österreichische *VwGH* konnte hingegen nicht ohne Weiteres erkennen, dass im klassischen Fernsehen die auf dem Portal der Tiroler Tageszeitung angebotene Art von Inhalten ausgestrahlt wird.[976] Aus der Vorgabe zur dynamischen Auslegung des Sendungsbegriffs in Erwägungsgrund 24 der AVMD-Richtlinie sei jedoch unter Umständen zu schließen, dass auch diese Art von Inhalten, die irgendwann im Fernsehen vorkommen könnten, als Sendungen einzustufen sind.[977] Dem hielt der Generalanwalt entgegen, dass die dynamische Auslegung nach dem Willen des Gesetzgebers gerade nicht zur Ausdehnung des Anwendungsbereichs der Richtlinie auf neue Formen nichtlinearer Dienste führen soll, sondern nur alle tatsächlich im linearen Fernsehen vorhandenen Formate miterfassen soll.[978]

Die britische *ATVOD* stellte in ihrer Entscheidung zu „Sun Video" auf die Verwendung typischer Elemente von Fernsehsendungen, wie Eröffnungssequenzen,

---

970 OFCOM, Scope Appeal Sun Video, 21.12.2011, Rn. 90 d.
971 *EuGH*, Urt. v. 21.10.2015, Rs. C-347/14, Rn. 20.
972 *Kogler*, JRP 2014, 233 (237).
973 *Katsirea*, International Journal of Law and Information Technology 2015, 1 (14).
974 *KommAustria*, Bescheid 1.950/13-044 v. 17.6.2013, 8.
975 *KommAustria*, Bescheid 1.950/12-048 v. 9.10.2012, 10.
976 *VwGH*, Beschl. v. 26.6.2014, 2013/03/0012, 5.
977 Ebd.
978 *Szpunar*, Schlussanträge v. 1.7.2015, Rs. C-347714, Rn. 47, 48.

Untertitel, musikalische Untermalung und Moderatoren, ab.[979] Im Fall „Vice Video" wurde zusätzlich auf die hohe Produktionsqualität der Inhalte verwiesen, die mit der Produktionsqualität von Fernsehsendungen vergleichbar sei.[980] Dieser Faktor wurde auch vom slowakischen *Broadcasting Council* in seiner Einstufung des Angebots der SME berücksichtigt[981] und in der Literatur als wichtiges Kriterium zur Identifizierung fernsehähnlicher Inhalte betont.[982] Es erscheint jedoch problematisch, dieses Kriterium nur auf die einzelnen Beiträge anzuwenden, anstatt auf das gesamte Angebot. Soweit vereinzelt hochwertige Inhalte innerhalb eines eher unprofessionell gestalteten Dienstes angeboten werden, wird dieser vom Nutzer eher nicht als Konkurrenz zum Fernsehen wahrgenommen. Nach den Vorgaben des *EuGH* soll aber gerade nicht bezüglich des gesamten Katalogs, sondern lediglich auf Ebene der einzelnen Beiträge ein Vergleich zum Fernsehen erfolgen.[983]

Auch der Inhalt der Videos im eigentlichen Sinne kann als Faktor der Fernsehähnlichkeit herangezogen werden. *ATVOD* stellte in „Vice Video" zum einen auf die Bezeichnung der Beiträge mit fernsehüblichem Vokabular wie Serien, Shows und Trailer ab,[984] zum anderen auf den fernsehtypischen Inhalt sowie Struktur und Erzählweise.[985] Auch der slowakische *Broadcasting Council* zog das Format der angebotenen Inhalte, wie z. B. „leichte Unterhaltungsshows", als Kriterium heran.[986] Dies steht im starken Kontrast zur Vorgehensweise des *BGH* bei der Beurteilung der Tagesschau-App. Hier wurde gerade abgelehnt, bestimmte Themen oder Berichtsformen als pressetypisch oder rundfunktypisch zu definieren, da dies nicht mit der Rundfunkfreiheit zu vereinbaren sei. Auch die Presse wird jedoch durch die Anknüpfung an den Inhalt der angebotenen Videos aus bestimmten Formen der Informationsvermittlung ausgeschlossen, zumindest soweit eine staatliche Regulierung vermieden werden soll.

---

979 *OFCOM,* Scope Appeal Sun Video, 21.12.2011, Rn. 20 h.
980 *OFCOM,* Scope Appeal Vice Video, 21.07.2015, Rn. 36.
981 *Cabrera Blázquez,* in: Nikoltchev (Hrsg.), What Is an On-demand Service?, IRIS plus 4/2013, 7 (22); *Polak,* IRIS 2012-9:1/38.
982 *Kogler,* JRP 2014, 233 (238).
983 *EuGH,* Urt. v. 21.10.2015, Rs. C-347/14, Rn. 19.
984 *OFCOM,* Scope Appeal Vice Video, 21.07.2015, Rn. 31.
985 Ebd., Rn. 36.
986 *Polak,* IRIS 2012-9:1/38.

d) Meinungsbildungsrelevanz

Eine nur am Rande beachtete Unterfrage der Fernsehähnlichkeit ist schließlich die Meinungsbildungsrelevanz der Inhalte. Der österreichische *VwGH* griff diesen Punkt in seinem Vorlagebeschluss zu „New Media Online" auf.[987] Er knüpft an die Erwägungsgründe 21 und 24 der AVMD-Richtlinie an, aus denen hervorgeht, dass in den Anwendungsbereich nur Dienste einbezogen werden sollen, die bei einem wesentlichen Teil der Allgemeinheit deutliche Wirkung entfalten können.[988] Der Gerichtshof zieht in Erwägung, ob bestimmte Fernsehprogramme, die diese Voraussetzungen selbst nicht erfüllen,[989] als Vergleichsmaßstab für Abrufinhalte auszuschließen sind.[990] Dies würde jedoch auch bedeuten, dass diese im (linearen) Rundfunk ausgestrahlten Inhalte selbst nicht den Anforderungen der Richtlinie genügen müssen, soweit sie z. B. eine gewisse Zuschaueranteil-Mindestgrenze unterschreiten.[991] Dem steht jedoch Art. 18 der AVMD-Richtlinie entgegen, der Fernsehsendungen, die sich lediglich an ein lokales Publikum richten, von den Bestimmungen zur Förderung europäischer Fernsehprogramme ausnimmt.[992] Daraus ist zu schließen, dass auch diese Programme grundsätzlich von der Richtlinie erfasst werden, ansonsten wäre keine gesonderte Ausnahme für sie vorgesehen.[993] Dementsprechend wäre es wohl nicht mit der Richtlinie in ihrer aktuellen Form zu vereinbaren, Inhalte erst ab einer Mindestreichweite als Sendungen einzustufen. Für die Zukunft verdient diese Überlegung jedoch Aufmerksamkeit.[994] Eine Regulierung von Diensten, die weder mittels knapper Ressourcen angeboten werden, noch über wesentliche Meinungsbildungsrelevanz verfügen,[995] ist schwer zu rechtfertigen. Inhalte, die sich nur an spezielle Interessensgruppen richten und zudem thematisch keine gesellschaftlich relevanten Diskussionen betreffen, bedürfen gegebenenfalls weniger strenger Auflagen. Nach dem derzeitigen Einstufungssystem gelten jedoch unter Umständen für das Videoangebot auf der Internetseite eines

---

987 *VwGH*, Beschl. v. 26.6.2014, 2013/03/0012, 5 f.
988 Ebd.
989 Vgl. *Schütz*, MMR 2005, Heft 9, VIII (IX).
990 *VwGH*, Beschl. v. 26.6.2014, 2013/03/0012, 5 f.
991 *Kogler,* JRP 2014, 233 (238).
992 Ebd.
993 Ebd.
994 Siehe hierzu näher unter Vierter Teil. § 3 II. 2. b).
995 Vgl. *Direktorenkonferenz der Landesmedienanstalten (DLM)*, Stellungnahme im laufenden Verfahren der Überprüfung der EG-Fernsehrichtlinie, 15.7.2003, 2; *Schütz*, MMR 2005, Heft 9, VIII (IX).

Anglermagazins[996] dieselben Vorschriften wie für Videos auf großen Nachrichtenportalen.

§ 3 Zwischenfazit: Defizite der AVMD-Richtlinie

Vergleicht man die hier untersuchten Einstufungsentscheidungen der nationalen Regulierungsbehörden, ergeben sich offensichtliche Diskrepanzen in der Auslegung und Anwendung der Vorschriften der AVMD-Richtlinie für audiovisuelle Mediendienste auf Abruf.[997] Während der slowakische Regulierer bei Videos auf Presseseiten nur unter sehr hohen Voraussetzungen vom Vorliegen eines audiovisuellen Mediendienstes ausgeht[998] und das britische *OFCOM* durch die enge Auslegung[999] des Hauptzweck Kriteriums viele Videoangebote als untergeordnete Ergänzung der Pressetätigkeit ansieht,[1000] wird die Schwelle des Anwendungsbereiches der Richtlinie in Österreich durch die *KommAustria* deutlich niedriger angesetzt.[1001]

Das Internetangebot der Sun, mit seinem getrennten Videobereich[1002] und den in sich abgeschlossen Beiträgen, wäre von der *KommAustria* aller Wahrscheinlichkeit nach als audiovisueller Mediendienst auf Abruf eingestuft worden. Die umfangreiche Verlinkung der Videos mit Textbeiträgen[1003] hätte die Behörde außer Acht gelassen.[1004] Die getrennte Abrufbarkeit der Videos über den Videobereich und die inhaltliche Eigenständigkeit hätten nach den Maßstäben der *KommAustria*[1005] ausgereicht, um den Videobereich als eigenständigen Dienst einzuordnen, dessen Hauptzweck dann unproblematisch in der Bereitstellung

---

996 Vgl. *Kogler*, MuR 2011, 228 (236).
997 Vgl. hierzu die Systematisierung oben unter Zweiter Teil. § 2 VI.
998 *Machet*, 33rd EPRA meeting, Background Document for Plenary Session – Content Regulation and new Media: Exploring Regulatory Boundaries between Traditional and new Media, EPRA 2011/02, 2011, 14; siehe hierzu oben unter Zweiter Teil. § 2 IV.
999 *OFCOM,* Scope Appeal Sun Video, 21.12.2011, Rn. 68.
1000 *Katsirea*, International Journal of Law and Information Technology 2015, 1 (16); vgl. Oben unter Zweiter Teil. § 2 I.
1001 Vgl. zu den Entscheidungen der *KommAustria* oben unter Zweiter Teil. § 2 II sowie Zweiter Teil. § 2 III. 2.
1002 *OFCOM,* Scope Appeal Sun Video, 21.12.2011, Rn. 18.
1003 Ebd., Rn. 28c, 28 d.
1004 Vgl. *KommAustria*, Bescheid 1.950/12-048 v. 9.10.2012, 11; *Katsirea*, International Journal of Law and Information Technology 2015, 1 (21).
1005 *KommAustria,* Bescheid 1.950/12-048 v. 9.10.2012, 11.

von Videos liegt. Die Inhalte wären auch nach denselben Maßstäben, die in „New Media Online" angelegt wurden,[1006] als Sendungen eingestuft worden. Das *OFCOM* hätte andererseits vermutlich das Angebot im Fall „New Media Online"[1007] nicht als audiovisuellen Mediendienst auf Abruf angesehen. Zwischen den Videos und Texten bestand zumindest in gewissem Umfang eine Verlinkung,[1008] so dass die vom *OFCOM* gemeinsam geprüften Kriterien der Eigenständigkeit des Dienstes und seines Hauptzweckes[1009] bereits möglicherweise verneint worden wären. Zudem befanden sich insbesondere unter den nicht mit einem Artikel verbundenen Videos auch von Nutzern selbst erstellte Videos, die durch die Redaktion ausgewählt wurden.[1010] Nicht alle Videoinhalte hätten nach dem britischen Verständnis[1011] dem Sendungsbegriff genügt. Je nach Gesamteindruck des Angebots[1012] hätte auf dieser Grundlage kein audiovisueller Mediendienst auf Abruf vorgelegen.

Nach dem „New Media Online"-Urteil des *EuGH*[1013] sollten derartige Unterschiede in der Auslegung nun eigentlich ausgeräumt sein. Das Urteil ließ jedoch viele Detailfragen ungeklärt, so dass die nationalen Regulierer weiterhin nur begrenzt an eine einheitliche europäische Vorgabe gebunden sind. Der *EuGH* hat nicht festgelegt, welche Kriterien zur Ermittlung der Eigenständigkeit eines Angebots zu verwenden sind, lediglich, dass die Verwendung einer Subdomain hierfür nicht genügt.[1014] Verlinkungen zwischen Text und Videos sollen wohl in diese Beurteilung einfließen,[1015] aber in welchem Umfang sie vorhanden sein müssen um die Angebotsteile „untrennbar" zu verbinden[1016] bleibt ebenfalls völlig offen. Die Links in den Videos auf der Seite der Tiroler Tageszeitung genügten dem Anspruch des *EuGH* jedenfalls nicht.[1017] Man kann nur spekulieren ob das Ergebnis ein anderes gewesen wäre, wenn die Videos auch bei Abruf über den Videobereich in zugehörige Artikel eingebettet angezeigt worden wären. Zur

---

1006 Ebd., 10.
1007 Siehe zu „New Media Online" oben unter Zweiter Teil. § 2 III.
1008 *KommAustria*, Bescheid 1.950/12-048 v. 9.10.2012, 3.
1009 *OFCOM*, Scope Appeal Sun Video, 21.12.2011, Rn. 66 f.
1010 *VwGH*, Beschl. v. 26.6.2014, 2013/03/0012, 2.
1011 *OFCOM*, Scope Appeal Vice Video, 21.07.2015, Rn. 36.
1012 *OFCOM*, Scope Appeal Sun Video, 21.12.2011, Rn. 73.
1013 Vgl. hierzu oben unter Zweiter Teil. § 2 III.
1014 *EuGH*, Urt. v. 21.10.2015, Rs. C-347/14, Rn. 35.
1015 Ebd., Rn. 36.
1016 Ebd., Rn. 34.
1017 Ebd., Rn. 36.

Zwischenfazit: Defizite der AVMD-Richtlinie

Bestimmung des Hauptzwecks im engeren Sinne fehlt ebenfalls jegliche Vorgabe. Insbesondere ist unklar, wie mit verschiedenen Arten von Videos innerhalb des Videobereichs zu verfahren ist, wenn ein Teil von ihnen[1018] dem Sendungsbegriff nicht genügt. Die Konturen des Sendungsbegriffs selbst sind nach wie vor schwammig. Eine zeitliche Untergrenze für Inhalte scheidet aus,[1019] darüber hinaus fehlt jedoch jegliche Konkretisierung.

Zu Recht wurde in Reaktion auf das Urteil darauf hingewiesen, dass die mit dem Fall verknüpfte übergeordnete Frage der Medienaufsicht über Presse und Internetdienste vom *EuGH* außer Acht gelassen wurde.[1020] In einem offenen Netz mit unbegrenzten Ressourcen ist die Angemessenheit einer Anzeigepflicht, wie sie für audiovisuelle Mediendienste auf Abruf in Österreich besteht, fragwürdig.[1021] Staatliche Beschränkungen sind bezüglich der Veröffentlichung von Videos ebenso rechtfertigungsbedürftig wie für klassische Pressetätigkeit.[1022] Auch der Generalanwalt wies auf die freiheitbeschränkende Erstreckung der administrativen Kontrolle auf wesentliche Teile der Internettätigkeit hin.[1023] Mit der Festlegung, welche Arten von Diensten in den Anwendungsbereich der Richtlinie fallen ist auch die wertende Entscheidung verbunden, welche Arten von Diensten einem gewissen Maß an staatlicher Aufsicht unterstellt werden sollen. Das *OFCOM* vertritt hierbei einen marktliberalen Ansatz,[1024] während die *KommAustria* die Aufsicht über deutlich mehr Arten von Internetangeboten für sich in Anspruch nimmt[1025]. Wie bereits dargestellt sind mit der Regulierung durch die AVMD-Richtlinie nicht nur Beschränkungen der zulässigen Kommunikationsinhalte,[1026] sondern in vielen Mitgliedstaaten auch Notifikationspflichten

---

1018 Vgl. zur Einzelbetrachtung der Kataloginhalte Ebd., Rn. 19.
1019 Ebd., Rn. 20.
1020 *Klein,* K&R 2015, 793 (794).
1021 Ebd.
1022 *Fiedler,* in: Gersdorf/Paal (Hrsg.), Beck'scher Online-Kommentar Informations- und Medienrecht, 17. Ed. 1.08.2017, §58 RStV, Rn. 32.
1023 *Szpunar,* Schlussanträge v. 1.7.2015, Rs. C-347714, Rn. 30.
1024 *Katsirea,* International Journal of Law and Information Technology 2015, 1 (20); *Metzdorf,* in: Taeger (Hrsg.), IT und Internet – Mit Recht gestalten, DSRI-Tagungsband Herbstakademie 2012, 497 (513).
1025 *Katsirea,* International Journal of Law and Information Technology 2015, 1 (21).
1026 *Fiedler,* in: Gersdorf/Paal (Hrsg.), Beck'scher Online Kommentar zum Informations- und Medienrecht, 17. Ed. 1.08.2017, §58 RStV, Rn. 37.

oder Gebühren für die Anbieter verbunden.[1027] Bereits aus dem Verhältnismäßigkeitsgrundsatz folgt dabei, dass diese Beschränkungen hinsichtlich des „Ob" und „Wie" stets auf das erforderliche Mindestmaß zu begrenzen sind.[1028]

Eine Vermeidung der staatlichen Aufsichtsbefugnisse ist für die Presse nur möglich, wenn sie ihre Internetangebote so gestaltet, dass sie auch nach den unbestimmten Vorgaben des *EuGH* nicht als audiovisuelle Mediendienste auf Abruf angesehen werden können. Dies führt jedoch zu einer starken Limitierung in der Wahl der Berichtsformen und Informationsvermittlung. Man könnte den Maßstab hierfür vereinfacht als Presseähnlichkeit zusammenfassen. Presseähnlichkeit in diesem Sinne bedeutet, dass sich die Onlinepräsenzen von Zeitschriften und Zeitungen gestalterisch nicht zu weit von ihren Printausgaben entfernen dürfen, um nicht Gefahr zu laufen, in den fernsehähnlichen Bereich zu kommen. Ob der Gesetzgeber der AVMD-Richtlinie dies bezwecken wollte, zweifelt zumindest Generalanwalt *Szpunar* an.[1029] Seine enge Auslegung des Anwendungsbereichs der Richtlinie wurde vom *EuGH* jedoch klar abgelehnt.[1030]

Das von der AVMD-Richtlinie vorgesehene Regelungssystem für audiovisuelle Inhalte stößt in mehrfacher Hinsicht an seine Grenzen, wie die Ergebnisse dieses Abschnitts zeigen. Es herrscht in der Anwendungspraxis kein Konsens zwischen den Mitgliedstaaten. Diese Schwierigkeiten sind unmittelbar auf die zu unbestimmten Vorschriften zurückzuführen, die nicht für die Art von Internetangeboten konzipiert wurden, auf die sie nun angewendet werden müssen.[1031] Auch durch die Rechtsprechung des *EuGH* wurden diese Schwierigkeiten nicht beseitigt. Die nationalen Regulierer haben weiterhin einen zu großen Spielraum bei der Auslegung der Vorschriften.[1032] Dadurch entsteht für die Diensteanbieter erhebliche Rechtsunsicherheit. Zudem herrschen für in verschiedenen Mitgliedstaaten niedergelassene Anbieter nicht die gleichen Bedingungen. Der Herausforderung der Medienkonvergenz ist die Richtlinie nicht gewachsen.[1033]

1027 *Machet*, 33rd EPRA meeting, Background Document for Plenary Session – Content Regulation and new Media: Exploring Regulatory Boundaries between Traditional and new Media, EPRA 2011/02, 2011, 2 f.
1028 *Barata*, in: Nikoltchev (Hrsg.), The Regulation of On-demand Audiovisual Services: Chaos or Coherence?, IRIS Special, 2011, 95 (97); vgl. auch *Gournalakis*, ZUM 2003, 180 (183).
1029 *Szpunar*, Schlussanträge v. 1.7.2015, Rs. C-347714, Rn. 49.
1030 *EuGH*, Urt. v. 21.10.2015, Rs. C-347/14, Rn. 29.
1031 *Szpunar*, Schlussanträge v. 1.7.2015, Rs. C-347714, Rn. 59.
1032 *Metzdorf*, JIPITEC 2014 (Vol. 5), 88 (98).
1033 So auch: ebd.

Schließlich erscheint es fraglich, ob die vorgesehene Differenzierung zwischen verschiedenen Diensten das Wirkungspotenzial der Angebote widerspiegelt.[1034] Einerseits könnte man die Unterscheidung anhand von Linearität vor dem Hintergrund der steigenden Bedeutung der Abrufdienste in Frage stellen.[1035] Die „Fiktion überragender Meinungsmacht"[1036] des Fernsehens ist hinsichtlich des breiten Angebotsspektrums nicht für alle Fernsehsender haltbar,[1037] während einige Abrufportale im Internet sich zu mächtigen Kommunikatoren entwickelt haben,[1038] deren Inhalte durchaus öffentliche Debatten auslösen können.[1039] Dadurch entsteht ein Bedarf an alternativen Anknüpfungspunkten zur Messung der tatsächlichen Meinungsbildungsrelevanz von Diensten, an denen das Maß der Regulierung stärker auszurichten ist.[1040] In Reformüberlegungen sollte diesen Faktoren eine größere Bedeutung[1041] zugemessen werden als es die Regelungen bisher zulassen.[1042]

1034 Vgl. *Spindler,* JZ 2016, 147 (150).
1035 *Katsirea,* International Journal of Law and Information Technology 2015, 1 (23); *Kogler,* K&R 2011, 621 (625).
1036 *Schmid/Kitz,* ZUM 2009, 739 (742).
1037 Vgl. auch *Gournalakis,* ZUM 2003, 180 (186).
1038 *Schmid/Kitz,* ZUM 2009, 739 (742).
1039 So *Cabrera Blázquez/Capello/Fontaine/Valais,* Abrufdienste und der sachliche Anwendungsbereich der AVMD-Richtlinie, IRIS plus 1/2016, 12, bezüglich der Netflix Dokumentarserie „Making a Murderer"; vgl. zur Debatte um die Serie auch *Böhm,* Echter Mord, echter Hass, Spiegel Online v. 28.12.2015, abrufbar unter: http://www.spiegel.de/netzwelt/web/making-a-murderer-netflix-doku-ueber-steven-avery-reaktionen-a-1069586.html [Stand November 2018]; s.a. *Rehfeld,* Ein Land sucht einen Mörder, FAZ v. 22.01.2016, abrufbar unter: http://www.faz.net/aktuell/feuilleton/medien/warum-scheiden-sich-an-der-netflix-doku-making-a-murderer-die-geister-14025229.html [Stand November 2018].
1040 Vgl. *Direktorenkonferenz der Landesmedienanstalten (DLM),* Stellungnahme im laufenden Verfahren der Überprüfung der EG-Fernsehrichtlinie, 15.7.2003, 2; *Schütz,* MMR 2005, Heft 9, VIII (IX).
1041 So auch *Spindler,* JZ 2016, 147 (150).
1042 Siehe zu Reformvorschlägen unter Berücksichtigung der Meinungsbildungsrelevant unter Vierter Teil. § 3.

Dritter Teil. Der europäische Reformprozess zur AVMD-Richtlinie

Die Auseinandersetzung mit der AVMD-Richtlinie in ihrer seit 2009 geltenden Form ergibt, dass diese der Vielfalt der im Zuge der Medienkonvergenz ausdifferenzierten Dienste nicht vollends gerecht zu werden vermag. Die Suche nach alternativen Kriterien zur Abgrenzung der Dienste voneinander und Überlegungen zur Festlegung neuer Dienstekategorien schlagen den Bogen zurück zu den einleitend dargestellten Grundmodellen der Regulierung von Presse und Rundfunk.[1043] Eine Anpassung des Regulierungsniveaus kommt grundlegend entweder in Form einer Senkung der Anforderungen an den Rundfunk oder einer Erhöhung der Anforderung an den bisher presseähnlich regulierten Teil der Onlinemedien in Betracht.[1044] Um das in der Einleitung bemühte Bild aus Anatevka erneut aufzugreifen: wie soll das europäische Medienrecht zukünftig mit Mauseln und Maultieren umgehen, um den Streit um deren Einordnung beizulegen?

Die europäische Debatte über die Neuausrichtung der Richtlinie und die vorbereitenden Schritte des Reformprozesses werden im Folgenden nachgezeichnet und systematisiert, bevor der Reformvorschlag der Kommission von 2016 und das weitere Gesetzgebungsverfahren analysiert und gewürdigt werden.

§ 1 Reformdebatte

Bereits kurz nach dem In-Kraft-Treten der AVMD-Richtlinie wurde über den möglichen Reformbedarf ihrer Regelungen nachgedacht. Der erste Anwendungsbericht der Kommission zur AVMD-Richtlinie aus dem Jahr 2012 weist auf die Veränderung von Technik und Angebotsstrukturen durch die Verbreitung internetfähiger Fernsehgeräte hin.[1045] Die hierdurch verwischenden Grenzen zwischen verschiedenen audiovisuellen Angeboten und

---

1043 Siehe hierzu oben unter Erster Teil. § 2.
1044 *Katsirea*, International Journal of Law and Information Technology 2015, 1 (2).
1045 *Europäische Kommission,* Erster Bericht an das Europäische Parlament, den Rat, den Europäischen Wirtschafts- und Sozialausschuss und den Ausschuss der Regionen über die Anwendung der Richtlinie über audiovisuelle Mediendienste (Richtlinie 2010/13/EU) – Audiovisuelle Mediendienste und vernetzte Geräte: Entwicklung und Zukunftsperspektiven, COM(2012) 0203 final, 4.05.2012, 4.

die veränderten Nutzungsgewohnheiten würden potentiell eine Überarbeitung der Richtlinie erfordern.[1046] Das *Europäische Parlament* betonte in seiner Stellungnahme zum Anwendungsbericht der *Kommission*, dass im Falle einer solchen Überarbeitung die Auslegungsschwierigkeiten der Begriffsbestimmungen, die sich in den Mitgliedstaaten abzeichnen würden, auszuräumen wären.[1047] Dies betreffe insbesondere die Definition der audiovisuellen Mediendienste auf Abruf, die vor dem Hintergrund der Konvergenzentwicklung mit größerer Klarheit zu fassen sei.[1048]

In den folgenden Jahren wurde die *Kommission* wiederholt aufgefordert, die geltenden Vorschriften der AVMD-Richtlinie einer Prüfung vor dem Hintergrund des technischen Fortschritts und der Marktstrukturen zu unterziehen. Der *Europäische Wirtschafts- und Sozialausschuss* befürwortete in seiner Stellungnahme zum Medienkonvergenz-Grünbuch eine Konsultation zur Reform der Richtlinie,[1049] wobei insbesondere der Anwendungsbereich und das Konzept der redaktionellen Verantwortung zu überprüfen seien.[1050] Der Entschluss des *Europäischen Parlaments* zum Grünbuch[1051] deutete in eine ähnliche Richtung. Die nicht mehr bloß absehbare sondern vielmehr realisierte Medienkonvergenz erfordere die Gewährleistung eines einheitlichen Regulierungsniveaus[1052] für Rundfunkveranstalter und andere Marktteilnehmer,[1053] auch solche, die neuartige Dienste anbieten oder aus Drittstaaten stammen.[1054] Ob die Unterscheidung nach Linearität noch mit den Regulierungszielen zu vereinbaren ist, sei dabei durch die *Kommission* zu überprüfen.[1055] Die auf einem Endgerät

---

1046 Ebd.
1047 *Europäisches Parlament*, Entschließung zur Anwendung der Richtlinie über audiovisuelle Mediendienste (2012/2132(INI)), P7_TA(2013)0215, 22.05.2013, Entschließung 11.
1048 Ebd., Entschließung 69.
1049 Europäischer Wirtschafts- und Sozialausschuss, Stellungnahme zu dem Grünbuch über die Vorbereitung auf die vollständige Konvergenz der audiovisuellen Welt: Wachstum, Schöpfung und Werte (COM(2013) 231 final), TEN/524, 18.9.2013, 4.6.1.
1050 Ebd., 4.6.2.
1051 *Europäisches Parlament*, Entschließung zur Vorbereitung auf die vollständige Konvergenz der audiovisuellen Welt (2013/2180(INI)), P7_TA(2014)0232, 12.03.2014.
1052 Ebd., Erwägungsgrund F.
1053 Ebd., Entschließung 5.
1054 Ebd., Erwägungsgrund F.
1055 Ebd., Entschließung 48.

verfügbaren, gleichartigen Dienste seien einem „einheitlichen, flexiblen, nutzer- und zugangsorientierten Rechtsrahmen[...], welcher technologieneutral, transparent und durchsetzbar ist" zu unterstellen.[1056] Hieraufhin sei unter anderem der Geltungsbereich der Richtlinie zu überprüfen.[1057] Auch der *Rat der Europäischen Union* schloss sich Ende 2014 den Forderungen nach einer Revision der AVMD-Richtlinie angesichts der technischen Entwicklungen an.[1058]

Im Rahmen der Strategie für den Digitalen Binnenmarkt kündigte die *Kommission* 2015 schließlich unter der Zielsetzung einer „Mediengesetzgebung für das 21. Jahrhundert" die Überprüfung der AVMD-Richtlinie, unter anderem in Hinblick auf ihren Anwendungsbereich und dessen eventuelle Erweiterung, an.[1059] Der Legislativvorschlag für eine Änderungsrichtlinie zur AVMD-Richtlinie folgte im Mai 2016.[1060]

Im Folgenden sollen zunächst die entscheidenden Positionen und Vorschläge auf dem Weg zu einer Reform der AVMD-Richtlinie dargestellt werden. Dabei erfolgt eine Systematisierung nach den Schwerpunktthemen der Diskussion in Bezug auf die Problemfelder der aktuellen AVMD-Richtlinie und die vorgeschlagenen Lösungsansätze für die Zukunft. Die Betrachtung bleibt dabei entsprechend der übergreifenden Fragestellung der Arbeit auf den materiellen Anwendungsbereich der Richtlinie beschränkt. Inhaltliche Vorgaben für audiovisuelle Mediendienste werden nur insoweit einbezogen, als sie das Verhältnis der verschiedenen Dienste betreffen oder maßgeblich für das Verständnis des übergeordneten Regulierungskonzepts sind.

1056 Ebd., Entschließung 45.
1057 Ebd., Entschließung 47.
1058 *Rat der Europäischen Union,* Council Conclusions on European Audiovisual Policy in the Digital Era, 25.11.2014, Schlussfolgerung 11.
1059 *Europäische Kommission,* Mitteilung an das Europäische Parlament, den Rat, den Europäischen Wirtschafts- und Sozialausschuss und den Ausschuss der Regionen, Strategie für einen digitalen Binnenmarkt für Europa, COM(2015) 192 final, 6.05.2015, 3.2.
1060 *Europäische Kommission,* Vorschlag für eine Richtlinie des Europäischen Parlaments und des Rates zur Änderung der Richtlinie 2010/13/EU zur Koordinierung bestimmter Rechts- und Verwaltungsvorschriften der Mitgliedstaaten über die Bereitstellung audiovisueller Mediendienste im Hinblick auf sich verändernde Marktgegebenheiten, COM(2016) 287 final, 25.05.2016.

I. Wesentliche Beiträge zur Reformdebatte

1. Grünbuch und Konsultation der Europäischen Kommission zur Medienkonvergenz

Die Europäische Kommission veröffentlichte im April 2013 ein Grünbuch „über die Vorbereitung auf die vollständige Konvergenz der audiovisuellen Welt".[1061] Ziel des Grünbuchs war, die Diskussion über den Umgang mit Medienkonvergenz auf europäischer Gesetzesebene anzuregen.[1062] Diese Diskussion über mögliche Reformen des Regulierungssystems wurde insbesondere vor dem Hintergrund der Verbreitung internetfähiger Fernseher und des Aufkommens neuer Geschäftsmodelle im audiovisuellen Bereich für notwendig erachtet.[1063] Das Grünbuch diente als Grundlage einer Konsultation zu den europäischen Rechtsinstrumenten, insbesondere der AVMD-Richtlinie.[1064] Einerseits sollten dabei die benötigten Rahmenbedingungen für Innovation erfragt werden, andererseits die Auswirkungen auf Werte wie Medienpluralismus und den Schutz von Verbrauchern und Minderjährigen.[1065]

2. BRD: Rundfunkkommission der Länder und Konvergenzgutachten

In Deutschland wurde Ende 2014 die zeitlich befristete *Bund-Länder-Kommission zur Medienkonvergenz* eingesetzt, um Lösungsansätze im Umgang mit der Veränderung der Medienlandschaft auf deutscher und europäischer Ebene zu erarbeiten.[1066] Die Einrichtung der Kommission wurde bereits im Koalitionsvertrag für die 18. Legislaturperiode zwischen *CDU*, *CSU* und *SPD* festgelegt.[1067] Die Kommission setzt sich zusammen aus der *Beauftragten der Bundesregierung für Kultur und Medien*, dem Vorsitzland der

---

1061 *Europäische Kommission*, Grünbuch über die Vorbereitung auf die vollständige Konvergenz der audiovisuellen Welt: Wachstum, Schöpfung und Werte, COM(2013) 231 final, 24.4.2013; vgl. hierzu *Holznagel*, MMR 2014, 18 ff.
1062 *Europäische Kommission*, Grünbuch über die Vorbereitung auf die vollständige Konvergenz der audiovisuellen Welt: Wachstum, Schöpfung und Werte, COM(2013) 231 final, 24.4.2013, 3.
1063 Ebd., 3 f.
1064 Ebd., 4.
1065 Ebd.
1066 *Bund-Länder-Kommission zur Medienkonvergenz*, Bericht v. Juni 2016, 4.
1067 *CDU/CSU/SPD*, Koalitionsvertrag 18. Legislaturperiode: Deutschlands Zukunft gestalten, 27.11.2013, 134.

Rundfunkkommission, vier Bundesministerien[1068] sowie 7 Staats- und Senatskanzleien der Länder[1069].[1070]

a) Konvergenzgutachten

Als Grundlage der Kommissionsarbeit diente ein von den Ländern in Auftrag gegebenes Gutachten[1071] zu „Konvergenz und regulatorische[n] Folgen".[1072] Die Autoren arbeiteten auf Grundlage der Auswertung von Gerichts- und Behördenentscheidungen, wissenschaftlichen Studien und Brancheninformationen aus den relevanten Bereichen.[1073]

Der Schwerpunkt des Gutachtenauftrags lag in der Erarbeitung möglicher Regulierungsansätze für die Zukunft. Hinsichtlich der Forschungsfrage der vorliegenden Arbeit ist dabei zu berücksichtigen, dass das Gutachten sich auf die Anpassung der deutschen Rechtslage unter Beachtung der damaligen europarechtlichen Rahmenbedingungen[1074] bezieht. Dennoch können aus den Ergebnissen auch Rückschlüsse und Erkenntnisse für die europäische Regulierung gewonnen werden.

b) Positionspapier zur Novellierung der AVMD-Richtlinie

Eine der Arbeitsgruppen der *Bund-Länder-Kommission* beschäftigt sich mit der Ausarbeitung einer zwischen Bund und Ländern abgestimmten Position zur Reform der AVMD-Richtlinie.[1075] Das Ergebnis ihrer bisherigen Arbeit wurde in Form eines Positionspapiers[1076] als deutscher Beitrag zur REFIT-Konsultation zur AVMD-Richtlinie eingereicht.[1077]

1068 Bundesministerium für Wirtschaft und Energie, Bundesministerium des Inneren, Bundesministerium für Verkehr und Infrastruktur und Bundesministerium für Famiie, Senioren, Frauen und Jugend.
1069 Berlin, Bayern, Hessen, Hamburg, Nordrhein-Westfalen, Sachsen und Baden-Württemberg.
1070 *Bund-Länder-Kommission zur Medienkonvergenz*, Bericht v. Juni 2016, 4.
1071 *Kluth/Schulz*, Konvergenz und regulatorische Folgen, 2014.
1072 *Grewenig/Beaujean*, MMR 2016, 73.
1073 *Kluth/Schulz*, Konvergenz und regulatorische Folgen, 2014, 7.
1074 Vgl. Ebd., 81.
1075 *Bund-Länder-Kommission zur Medienkonvergenz*, Bericht v. Juni 2016, 9.
1076 *Bundesrepublik Deutschland*, Positionspapier zur Novellierung der Audiovisuellen Mediendienste Richtlinie (AVMD), 3.11.2015.
1077 *Bund-Länder-Kommission zur Medienkonvergenz*, Zwischenbericht v. Dezember 2015, 9.

3. ERGA-Bericht zum materiellen Anwendungsbereich der AVMD-Richtlinie

Im Februar 2014 wurde mit Beschluss der Europäischen Kommission die Gruppe europäischer Regulierungsstellen für audiovisuelle Mediendienste (ERGA) eingesetzt.[1078] Die Gruppe steht der Kommission beratend zur Seite und soll die Koordination der nationalen Regulierungsstellen untereinander und deren Zusammenarbeit mit der Kommission fördern.[1079] Zusammengesetzt ist die ERGA aus den Leitern oder Vertretern der nationalen Regulierungsstellen für audiovisuelle Medien.[1080]

ERGA wurde auch in die Überlegungen zur Reform und Weiterentwicklung des europäischen Rechtsrahmens für audiovisuelle Mediendienste einbezogen. Die Gruppe erstellte unter anderem mehrere Berichte zu einzelnen Problembereichen der AVMD-Richtlinie, die der Kommission als eine der Grundlagen zur Evaluation der Richtlinie dienten.[1081] Einer dieser Berichte befasst sich mit der potentiellen Weiterentwicklung des materiellen Anwendungsbereichs der Richtlinie.[1082]

Die dabei untersuchten Leitfragen betreffen schwerpunktmäßig die Geeignetheit der Fernsehähnlichkeit und des Hauptzwecks als Merkmale audiovisueller Mediendienste und die damit verbundene Suche nach alternativen Abgrenzungsmerkmalen.[1083] Zudem wird das Kriterium der redaktionellen Verantwortung eines Mediendiensteanbieters insofern in Frage gestellt, als die Einbeziehung von Plattformen und Intermediären in den Anwendungsbereich der Richtlinie erwogen wird.[1084]

4. REFIT-Konsultation zur Reform der AVMD-Richtlinie

Die AVMD-Richtlinie wurde zwischen März und Dezember 2015 einer umfangreichen Evaluation im Rahmen des „Programms zur Gewährleistung der Effizienz und Leistungsfähigkeit der Rechtsetzung/ Regulatory Fitness and Performance

---

1078 *Europäische Kommission*, Beschluss zur Einsetzung der Gruppe europäischer Regulierungsstellen für audiovisuelle Mediendienste, C(2014) 462 final, 3.02.2014.
1079 Ebd., Erwgr. 4.
1080 Ebd., Art. 4 Abs. 1.
1081 *ERGA*, Report on material jurisdiction in a converged environment, ERGA 2015 (12), 18.12.2015, 2 f.
1082 Ebd., 2.
1083 Ebd.
1084 Ebd., 3.

Programme" (REFIT) der *Europäischen Kommission* unterzogen.[1085] Diese Evaluation war Teil des Arbeitsprogramms der *Kommission* für 2015[1086] und dient unter anderem auch der Erfüllung ihrer Berichtspflicht über die Anwendung und den möglichen Anpassungsbedarf der Richtlinie aus Art. 33 AVMD-Richtlinie.[1087] Die REFIT-Evaluation orientiert sich an der Ermittlung der Relevanz, der Effizienz, dem Mehrwert für die EU, der Wirksamkeit und der Kohärenz der Richtlinie.[1088] Vom 6. Juli bis 30. September 2015 führte die *Europäische Kommission* als Teil der Untersuchung eine öffentliche Konsultation[1089] zur AVMD-Richtlinie durch.[1090]

II. Zentrale Probleme des aktuellen Regulierungssystems und Lösungsansätze

In der Reformdebatte werden im Zusammenhang mit dem materiellen Anwendungsbereich der AVMD-Richtlinie hauptsächlich drei Problemfelder thematisiert. Die Schwerpunkte der Diskussion lassen sich dabei folgendermaßen umreißen: Zum einen haben sich Wettbewerbsverzerrungen zwischen den strenger regulierten linearen Diensten und den weniger streng regulierten Abrufdiensten ergeben. Hierdurch wird die Differenzierung des Regulierungsniveaus anhand des Kriteriums der Linearität[1091] in Frage gestellt. Zur Ausräumung dieser ungleichen Bedingungen kommt entweder die Aufgabe des abgestuften Regelungsansatzes auf Grundlage der Linearität in Betracht oder die Anpassung und Annäherung des Regulierungsniveaus in einzelnen Punkten. Zum anderen

---

1085 *Europäische Kommission*, AVMS Ex-post REFIT evaluation, SWD(2016) 170 final, 25.05.2016, 10.
1086 *Europäische Kommission*, Mitteilung der Kommission an das Europäische Parlament, den Rat, den Europäischen Wirtschafts- und Sozialausschuss und den Ausschuss der Regionen, Arbeitsprogramm der Kommission für 2015 – Ein neuer Start, COM(2014) 910 final, 16.12.2014, , Annex 3, 5.
1087 *Europäische Kommission*, AVMS Ex-post REFIT evaluation, SWD(2016) 170 final, 25.05.2016, 3.
1088 Ebd., 9.
1089 *Europäische Kommission*, Konsultation zur Richtlinie 2010/13/EU über audiovisuelle Mediendienste (AVMD-RL) – Eine Mediengesetzgebung für das 21. Jahrhundert, Fragebogen, 6.07.2015.
1090 *Europäische Kommission*, Synopsis report of the Public consultation on Directive 2010/13/EU on Audiovisual Media Services (AVMSD) – A media framework for the 21st century, 25.05.2016, 1.
1091 Vgl. zum abgestuften Regulierungsansatz oben unter Zweiter Teil. § 1 II. 1.

stehen die Regulierungsbehörden der Mitgliedstaaten auch nach dem Urteil des *EuGH* im Fall „New Media Online" vor ungelösten Problemen bei der Auslegung der Merkmale des materiellen Anwendungsbereichs.[1092] Abhilfe könnte hier entweder die Änderung oder Klarstellung der Definitionsmerkmale schaffen oder eine Aufgabe der bisherigen Kategorisierung und die Bildung neuer Dienstekategorien, die sich an anderen Merkmalen orientieren. Schließlich zeichnen sich auch Wettbewerbsverzerrungen im Verhältnis der linearen und nichtlinearen audiovisuellen Mediendienste zu den nicht von der AVMD-Richtlinie erfassten Diensten, wie insbesondere Plattformen für nutzergenerierte Videos, ab. In diesem Zusammenhang wurde folglich die Erweiterung des Anwendungsbereiches der Richtlinie in sachlicher und auch räumlicher Hinsicht vorgeschlagen.

1. Der abgestufte Regelungsansatz nach Linearität

a) Wettbewerbsverzerrungen zwischen linearen und nichtlinearen Diensten

Das *Europäische Parlament* hat sich bereits im Rahmen einer Entschließung von 2013 zum „Vernetzten Fernsehen"[1093] zur Zukunft der europäischen Medienregulierung vor dem Hintergrund der Konvergenz geäußert. Angesichts der durch hybride Fernsehgeräte ermöglichten gleichzeitigen Nutzung linearer und nichtlinearer Mediendienste sowie unregulierter Inhalte auf einem Bildschirm[1094] werde das Regulierungskonzept der AVMD-Richtlinie in Frage gestellt.[1095] Das zum Entschließungszeitpunkt erreichte Maß an Medienkonvergenz werde durch die Richtlinie nicht abgebildet und die in der Richtlinie vorgesehene Anknüpfung an Linearität verliere zunehmend an Bedeutung.[1096] Im Ergebnis seien hierdurch ungleiche Wettbewerbsbedingungen und ein ungleiches Schutzniveau für die Nutzer zu befürchten.[1097]

Auch das Kommissions-Grünbuch zur Medienkonvergenz von 2013 verweist auf die Gefahr einer Marktverzerrung durch ungleiche Behandlung von Diensten, die von Verbrauchern über dasselbe Endgerät genutzt werden können und

---

1092 Siehe oben unter Zweiter Teil. § 3.
1093 *Europäisches Parlament*, Entschließung zu "Connected TV", P7_TA(2013)0329, 4.07.2013.
1094 Ebd., Erwägungsgrund F.
1095 Ebd., Erwägungsgrund M.
1096 Ebd.
1097 Ebd.

Reformdebatte

aus Nutzersicht daher nicht klar voneinander abzugrenzen sind.[1098] Der technologieneutrale Ansatz der AVMD-Richtlinie misst dem verwendeten Endgerät gerade keine Bedeutung bei, sondern stellt stattdessen auf die Steuerungsmöglichkeiten durch den Nutzer bei nichtlinearen Diensten ab.[1099] Entscheidend sei für die Zukunft die Frage, ob diese unterschiedlichen Regulierungsniveaus weiterhin auf Grundlage des unterschiedlichen Maßes an Kontrolle der Nutzer gerechtfertigt werden können oder ob die Unterscheidung nach Linearität aufzugeben ist.[1100]

Die Auseinandersetzung mit dem abgestuften Regelungsansatz und dem materiellen Anwendungsbereich der Richtlinie findet sich in zwei Fragen des Konsultationskatalogs zum Grünbuch wieder. Hierbei werden mögliche Marktverzerrungen zwischen linearen und nichtlinearen Diensten und Optionen zu deren Behebung durch Anpassung des Rechtsrahmens erfragt (Frage 10) sowie die Ausweitung des Anwendungsbereichs der Richtlinie auf weitere Dienste erwogen (Frage 11).[1101]

Nach Abschluss der Konsultation im September 2013 wertete die Kommission die Beiträge in einem 2014 veröffentlichten Feedback-Papier aus.[1102] Die Beurteilung der Marktverzerrung zwischen linearen und nichtlinearen Diensten fiel sehr gespalten aus. Viele Konsultationsteilnehmer sahen zum Zeitpunkt der Befragung keine Anzeichen für Wettbewerbsverzerrungen und hielten es zudem für zu früh für eine abschließende Beurteilung.[1103] Die Einhaltung der höheren Rundfunkstandards durch Abrufdienste sei bereits dadurch beinahe flächendeckend gewährleistet, dass die Mehrzahl der angebotenen Inhalte zuvor im Fernsehen ausgestrahlt würden und zudem die Nutzer eine dementsprechend hohe Erwartungshaltung[1104] hätten, die die Anbieter von Abrufdiensten tendenziell

---

1098 *Europäische Kommission,* Grünbuch über die Vorbereitung auf die vollständige Konvergenz der audiovisuellen Welt: Wachstum, Schöpfung und Werte, COM(2013) 231 final, 24.4.2013, 13.
1099 Ebd.
1100 Ebd.
1101 Ebd., 14 f.
1102 *Europäische Kommission,* Summaries of the replies to the public consultation launched by the Green Paper "Preparing for a Fully Converged Audiovisual World: Growth, Creation and Values", 12.9.2014.
1103 Ebd., 37.
1104 Siehe zur empirischen Erhebung über die Nutzererwartung die Studien von *OFCOM,* Zweiter Teil. § 1 III. 4. c).

zu erfüllen versuchen.[1105] Für die Zukunft zu erwägen sei allerdings die Angleichung der Standards in den Bereichen Jugendschutz und Schutz vor Diskriminierungen.[1106] Einige Teilnehmer bewerteten aus ähnlichen Gründen das Prinzip der abgestuften Regelungsdichte als nach wie vor angemessen.[1107] Die linearen Dienste seien noch vorherrschend und aufgrund ihrer höheren Reichweite und der daraus resultierenden größeren Meinungsbildungsrelevanz sei auch eine strengere Regulierung im Vergleich zu nichtlinearen Angeboten gerechtfertigt.[1108] Das Maß an Einfluss und Kontrolle des Nutzers stelle ein geeignetes Differenzierungskriterium dar.[1109] Zum Teil wurde eine direkte Konkurrenz zwischen den verschiedenen Angebotsformen sogar abgelehnt. Abrufdienste seien eher eine Ergänzung zu linearen Angeboten und böten auch Rundfunkanbietern Möglichkeiten für innovative Geschäftsmodelle.[1110]

Auf der anderen Seite ging aus einigen Beiträgen hervor, dass die Differenzierung nach Linearität der Dienste allmählich an ihre Grenzen stoße und die Unterscheidung aus Nutzerperspektive nicht mehr nachvollziehbar sei.[1111] Der Einfluss und die Kontrollmöglichkeiten des Nutzers auf die Auswahl der Inhalte seien nur im Vorfeld des eigentlichen Konsums der Inhalte relevant.[1112] Während des Konsums, der noch dazu über dasselbe Endgerät möglich ist, entstünde beim Nutzer kein unterschiedlicher Eindruck.[1113] Auch hinsichtlich der Meinungsbildungsrelevanz der Inhalte sei eine Unterscheidung nach linearen und nichtlinearen Angeboten kaum noch aussagekräftig.[1114] In dieser Situation würden unterschiedlich regulierte Dienste um dasselbe Publikum konkurrieren, obwohl die Rechtfertigung dieser Unterscheidung nicht mehr bestehe.[1115]

In diese Richtung weisen auch die Beiträge zur nur 2 Jahre später durchgeführten REFIT-Konsultation zur AVMD-Richtlinie. Hier verwies der *CSA*

1105 *Europäische Kommission,* Summaries of the replies to the public consultation launched by the Green Paper "Preparing for a Fully Converged Audiovisual World: Growth, Creation and Values", 12.9.2014, 38.
1106 Ebd.
1107 Ebd., 37.
1108 Ebd.
1109 Ebd.
1110 Ebd.
1111 Ebd, 38 f.
1112 Ebd., 38.
1113 Ebd.
1114 Ebd., 39.
1115 Ebd.

Belgien auf Wettbewerbsverzerrungen durch die Unterscheidung nach verschiedenen Verbreitungswegen, die nicht mehr zu rechtfertigen seien.[1116] Dem schloss sich auch die deutsche *Direktorenkonferenz der Landesmedienanstalten (DLM)* an. Die tradierte Vorstellung des Fernsehens sei nicht mit der tatsächlichen Entwicklung der Dienste zu vereinbaren.[1117] Laut dem *CSA* sind aus Nutzerperspektive Abrufdienste und lineare Dienste kaum mehr zu unterscheiden.[1118]

Einer der Untersuchungsgegenstände des deutschen Konvergenzgutachtens ist ebenfalls die durch Konvergenz erschwerte Abgrenzung verschiedener Mediendienste.[1119] Hierzu äußerten in einer Branchenbefragung[1120] der Arbeitsgruppen Kultur und Medien sowie Digitale Agenda der *SPD-Bundestagsfraktion* verschiedene Teilnehmer, dass die unterschiedlichen Vorschriften für lineare und nichtlineare Dienste zu ungleichen Wettbewerbsbedingungen führten.[1121] Andere Beiträge bezogen sich auf die immer noch höhere Suggestivkraft des Fernsehens zur Rechtfertigung dieser Ungleichbehandlung.[1122] Das Gutachten konkretisiert die Problemlage in diesem Bereich der Untersuchung weiter auf die (einfachgesetzliche deutsche) Definition des Rundfunks anhand des Merkmals der Linearität, das potentiell nicht mehr geeignet sei, die regulierungsbedürftigen Angebote zu bestimmen.[1123]

Im Zusammenhang mit dem materiellen Anwendungsbereich der Richtlinie setzt sich auch *ERGA* mit dem Prinzip der abgestuften Regelungsdichte

---

1116 *Conseil supérieur de l'audiovisuel de la Communauté française de Belgique (CSA)*, Beitrag zur Konsultation zur Richtlinie 2010/13/EU über audiovisuelle Mediendienste (AVMD-RL) – Eine Mediengesetzgebung für das 21. Jahrhundert, 6.07.2015 – 30.09.2015, 7.
1117 *Arbeitsgemeinschaft der Landesmedienanstalten (ALM)/Direktorenkonferenz der Landesmedienanstalten (DLM)*, Beitrag zur Konsultation zur Richtlinie 2010/13/EU über audiovisuelle Mediendienste (AVMD-RL) – Eine Mediengesetzgebung für das 21. Jahrhundert, 6.07.2015 – 30.09.2015, 8.
1118 *Conseil supérieur de l'audiovisuel de la Communauté française de Belgique (CSA)*, Beitrag zur Konsultation zur Richtlinie 2010/13/EU über audiovisuelle Mediendienste (AVMD-RL) – Eine Mediengesetzgebung für das 21. Jahrhundert, 6.07.2015 – 30.09.2015, 7.
1119 *Kluth/Schulz*, Konvergenz und regulatorische Folgen, 2014, 8.
1120 *SPD-Bundestagsfraktion*, Reform der Medien- und Kommunikationsordnung – Antworten zur Branchenbefragung der SPD-Bundestagsfraktion, 2014.
1121 *Kluth/Schulz*, Konvergenz und regulatorische Folgen, 2014, 14.
1122 Ebd.
1123 Ebd., 24.

auseinander.[1124] Hier stellt sich nicht die Frage, welche Arten von Diensten grundsätzlich überhaupt von der Richtlinie erfasst werden sollen, sondern welches Maß an Regulierung für die grundsätzlich erfassten Dienste jeweils angemessen ist.[1125] Damit geht auch die Hinterfragung des aktuellen Differenzierungskriteriums Linearität einher.[1126] Die Abgrenzung anhand des Verbreitungsweges geht im Konzept der AVMD-Richtlinie auf das unterschiedliche Maß an Kontrolle des Nutzers und die weniger hohe gesellschaftliche Bedeutung von Abrufdiensten zurück.[1127] Diese Unterscheidung wird jedoch von der Marktentwicklung aufgeweicht.[1128] Verschiedene Arten von Inhalten können über das gleiche Endgerät genutzt werden während andererseits gleiche Inhalte auf verschiedenen Wegen verbreitet werden.[1129] Aus Nutzerperspektive sei die Unterscheidung daher stellenweise nicht mehr erkennbar, auch hinsichtlich des Maßes der eigenen Kontrolle über die Inhalte.[1130] Durch das wachsende Angebot von Abrufdiensten und die zunehmende Nutzung dieser Angebote nähere sich auch deren gesellschaftliche Bedeutung dem linearen Rundfunk an.[1131] Hiermit gehe das Bedürfnis nach gleichen Wettbewerbsbedingungen einher.[1132]

b) Aufgabe der Unterscheidung oder (teilweise) Angleichung des Regelungsniveaus

In der Konsultation zum Grünbuch Konvergenz wurden die Teilnehmer auch angehalten, mögliche Regulierungsoptionen für die Zukunft zu identifizieren. Bezüglich des abgestuften Regelungsansatzes äußerten sich viele Teilnehmer im Sinne einer Angleichung der Anforderungen an lineare und nichtlineare Dienste.[1133]

1124 *ERGA*, Report on material jurisdiction in a converged environment, ERGA 2015 (12), 18.12.2015, 41 f.
1125 Ebd., 41.
1126 Ebd.
1127 Ebd.
1128 Ebd.
1129 Ebd.
1130 Ebd.
1131 Ebd.
1132 Ebd., 42.
1133 *Europäische Kommission*, Summaries of the replies to the public consultation launched by the Green Paper "Preparing for a Fully Converged Audiovisual World: Growth, Creation and Values", 12.9.2014, 39.

Eine der Hauptströmungen in den Konsultationsbeiträgen befürwortet eine Liberalisierung der Vorschriften für lineare Angebote, insbesondere im Bereich der quantitativen Werberegelungen.[1134] Auch die Stellungnahme des *Europäischen Parlaments* geht speziell auf mögliche Wettbewerbsverzerrungen durch die Werbevorschriften ein.[1135] Eine Abkehr von traditionellen Modellen der Rundfunkregulierung sei angezeigt.[1136] Einige Teilnehmer sprachen sich dafür aus, das Regulierungsniveau nichtlinearer Dienste anzuheben.[1137] Presseverbände äußerten hingegen die Befürchtung, dass mit der Lockerung der Zeitbegrenzungen für die Fernsehwerbung ein weiterer Verlust von Werbeeinnahmen für die Presse einhergehen werde.[1138] In der neueren Konsultation zur Reform der AVMD-Richtlinie im Rahmen des REFIT-Programms lehnt die Mehrheit der Konsultationsteilnehmer die Unterscheidung zwischen linearen und nichtlinearen Diensten im Bereich der Jugendschutzvorschriften ab.[1139]

Das deutsche Konvergenzgutachten sieht als eine von mehreren Regelungsoptionen die Beibehaltung der Trennung zwischen linearen und nichtlinearen Diensten vor.[1140] Hierfür lasse sich die zentrale Stellung des linearen Rundfunks innerhalb der gesellschaftlichen Nutzungsgewohnheiten anführen.[1141] Die Schaffung gleicher oder vergleichbarer Wettbewerbsbedingungen für Rundfunk und Telemedien käme innerhalb dieses Systems nur durch eine deutliche Deregulierung des Rundfunks in Betracht.[1142]

1134 Ebd., 40; so auch *Europäisches Parlament*, Entschließung zur Vorbereitung auf die vollständige Konvergenz der audiovisuellen Welt (2013/2180(INI)), P7_TA(2014)0232, 12.03.2014, Entschließung 20.

1135 *Europäisches Parlament*, Entschließung zur Vorbereitung auf die vollständige Konvergenz der audiovisuellen Welt (2013/2180(INI)), P7_TA(2014)0232, 12.03.2014, Entschließung 18.

1136 *Europäische Kommission,* Summaries of the replies to the public consultation launched by the Green Paper "Preparing for a Fully Converged Audiovisual World: Growth, Creation and Values", 12.9.2014, 40.

1137 Ebd., 41.

1138 *Bundesverband Deutscher Zeitungsverleger (BDVZ)/Verband Deutscher Zeitschriftenverleger (VDZ)*, Beitrag zur Konsultation zur Richtlinie 2010/13/EU über audiovisuelle Mediendienste (AVMD-RL) – Eine Mediengesetzgebung für das 21. Jahrhundert, 6.07.2015 – 30.09.2015, 19 f.

1139 *Europäische Kommission*, Synopsis report of the Public consultation on Directive 2010/13/EU on Audiovisual Media Services (AVMSD) – A media framework for the 21st century, 25.05.2016, 6.

1140 *Kluth/Schulz*, Konvergenz und regulatorische Folgen, 2014, 79.

1141 Ebd., 78.

1142 Ebd., 80.

Das deutsche Positionspapier zur AVMD-Richtlinie hält ebenfalls grundsätzlich am bestehenden System der abgestuften Regelungsdichte fest, allerdings unter vollständiger Aufgabe des Kriteriums der Linearität.[1143] Dennoch sollen neben grundlegenden Vorschriften für alle Dienste bestimmte Angebotsformen zusätzlichen Pflichten unterliegen.[1144] Nach welchen Kriterien diese Angebote zu bestimmen sind, wird nicht näher ausgeführt. In vielen Bereichen wird eine Vereinheitlichung der Vorschriften vorgesehen,[1145] so etwa für Jugendschutzvorschriften,[1146] das Recht auf Kurzberichterstattung[1147] und qualitative Werbevorschriften, insbesondere bezüglich Werbung für alkoholische Getränke, und die Ausweitung des Trennungsgebots für Werbung.[1148] Quantitative Werbevorschriften sollen auf einzelne Sendungsformate, zum Beispiel Kindersendungen und Nachrichten, beschränkt werden.[1149]

Der ERGA-Bericht zum materiellen Anwendungsbereich der Richtlinie wählt eine differenziertere Herangehensweise. Die noch vorherrschende Stellung des Fernsehens und die darauf beruhende höhere Regulierungserwartung der Zuschauer sei nicht vollends von der Hand zu weisen.[1150] Einige Vorschriften der AVMD-Richtlinie für lineare Dienste ließen sich zudem auch nicht auf Abrufdienste übertragen, etwa quantitative Werbebeschränkungen.[1151] Zumindest in dieser Hinsicht müsse die Unterscheidung daher aufrecht erhalten bleiben.[1152]

ERGA verfolgt im Bericht daher den Ansatz, die einzelnen Regelungsbereiche der AVMD-Richtlinie daraufhin zu untersuchen, ob ihre Bestimmungen zwischen linearen und nichtlinearen Angeboten angepasst werden sollten und können.[1153] Die abgestufte Regelungsdichte wird damit nicht aufgegeben, sondern nur in

---

1143 *Bundesrepublik Deutschland*, Positionspapier zur Novellierung der Audiovisuellen Mediendienste Richtlinie (AVMD), 3.11.2015, 2.
1144 Ebd.
1145 Ebd., 2 f.
1146 Ebd., 3.
1147 Allerdings beschränkt auf redaktionell verantwortete Angebote, Ebd.
1148 Ebd., 2.
1149 Ebd., 3.
1150 *ERGA*, Report on material jurisdiction in a converged environment, ERGA 2015 (12), 18.12.2015, 42.
1151 Ebd.
1152 Ebd.
1153 Ebd.

Teilen abgeschwächt.[1154] Daneben solle den Mitgliedstaaten ausreichender Raum für Abweichungen erhalten bleiben.[1155]

Die bereits in der AVMD-Richtlinie vorgesehenen gemeinsamen Vorschriften für alle audiovisuellen Mediendienste zu Informationspflichten, Verbot der Aufstachelung zu Hass und die qualitativen Werbevorschriften sollen nach Ansicht der *ERGA* unverändert weiter gelten.[1156] Die bisher nur auf lineare Dienste anwendbaren Art. 19 Abs. 1 und Art. 20 AVMD-Richtlinie zum Trennungsgebot für Werbung und zur Erhaltung der Programmintegrität sollten hingegen auf Abrufdienste erweitert werden.[1157] Das für lineare Dienste bestehende Verbot ernsthaft jugendgefährdender Inhalte aus Art. 27 Abs. 1 AVMD-Richtlinie sollte aufgrund gleicher Nutzererwartungen dem für nichtlineare Dienste geltenden Vorbehalt der Zugangssicherung aus Art. 12 AVMD-Richtlinie angeglichen werden.[1158] Schließlich sei noch das auf lineare Dienste beschränkte Recht auf Gegendarstellung aus Art. 28 AVMD-Richtlinie auch für nichtlineare Dienste einzuführen.[1159] Weiterhin ausschließlich linearen Diensten vorbehalten bleiben soll hingegen die Listenregelung für Ereignisse von erheblicher gesellschaftlicher Bedeutung aus Art. 14 AVMD-Richtlinie.[1160] Eine Ausweitung auf nichtlineare Dienste sei nicht zu rechtfertigen.[1161]

Weiteren Forschungsbedarf sieht die *ERGA* in Bezug auf die Förderungsoptionen für europäische Werke[1162] und Werbevorschriften für alkoholische Getränke und medizinische Produkte, die in einigen Mitgliedstaaten strenger ausgestaltet sind als in der AVMD-Richtlinie vorgesehen.[1163] Gleiches gilt hinsichtlich der quantitativen Werbevorschriften, die in Form einer täglichen Höchstdauer auch auf Abrufdienste übertragbar wären.[1164] Die Menge der geschalteten Werbung werde zudem auch aufgrund der Erwartungshaltung und Akzeptanzgrenze der Zuschauer vom Anbieter selbst begrenzt.[1165] Ein ebenfalls im Bericht noch nicht

---

1154 Ebd.
1155 Ebd.
1156 Ebd., 43.
1157 Ebd., 44.
1158 Ebd., 45.
1159 Ebd.
1160 Ebd., 46.
1161 Ebd.
1162 Ebd., 47.
1163 Ebd., 46.
1164 Ebd., 46 f.
1165 Ebd.

abschließend bewerteter Punkt ist die Ausweitung des Rechts auf Kurzberichterstattung aus Art. 15 AVMD-Richtlinie auf nichtlineare Dienste.[1166]

In der Konsultation zur Reform der AVMD-Richtlinie vertraten hingegen insbesondere Presseverbände die Meinung, dass eine abgestufte Regulierung von linearen und nichtlinearen Diensten immer noch durch die Funktion des Fernsehens als zentrales Leitmedium[1167] und die unterschiedlichen Nutzungsgewohnheiten und Ausgangsbedingungen der verschiedenen Medien gerechtfertigt sei.[1168] Eine Konvergenz der Verbreitungswege sei nicht gleichzusetzen mit der Konvergenz der Medien selbst.[1169] Die Schaffung eines einheitlichen Regelungsstandards für alle audiovisuellen Inhalte dürfe schließlich nicht auf dem Niveau der Vorschriften für den linearen Rundfunk erfolgen,[1170] sondern müsse stattdessen in Form einer Deregulierung an die außenpluralen Prinzipien der Presse anknüpfen.[1171]

2. Auslegungsschwierigkeiten im materiellen Anwendungsbereich

Der zweite Teil dieser Untersuchung hat sich bereits eingehend mit den rechtlichen Problemen im materiellen Anwendungsbereich der AVMD-Richtlinie[1172] und den darauf beruhenden Auslegungsschwierigkeiten in der Praxis der Regulierungsbehörden der Mitgliedstaaten[1173] auseinandergesetzt.

Die rechtlichen Konturen des materiellen Anwendungsbereichs audiovisueller Mediendienste sind das auch Kernthema des *ERGA*-Berichts. Durch das Aufkommen neuer audiovisueller Angebotsformen, die teilweise eine Kombination linearer, nichtlinearer, nutzergenerierter und nicht-audiovisueller Inhalte

---

1166 Ebd., 47 f.
1167 *European Magazine Media Association (EMMA)/European Newspaper Publishers Association (ENPA)*, Beitrag zur Konsultation zur Richtlinie 2010/13/EU über audiovisuelle Mediendienste (AVMD-RL) – Eine Mediengesetzgebung für das 21. Jahrhundert, 6.07.2015 – 30.09.2015, 7.
1168 *Bundesverband Deutscher Zeitungsverleger (BDVZ)/Verband Deutscher Zeitschriftenverleger (VDZ)*, Beitrag zur Konsultation zur Richtlinie 2010/13/EU über audiovisuelle Mediendienste (AVMD-RL) – Eine Mediengesetzgebung für das 21. Jahrhundert, 6.07.2015 – 30.09.2015, 9.
1169 Ebd.
1170 Ebd., 12.
1171 Ebd., 13.
1172 Siehe oben unter Zweiter Teil. § 1 III.
1173 Siehe insbesondere zu Videos auf Internetseiten der Presse oben unter Zweiter Teil. § 2.

bereitstellen, seien die Grenzen des materiellen Anwendungsbereichs weniger klar zu bestimmen als zum Zeitpunkt des Richtlinienerlasses.[1174] Es stelle sich so konsequenterweise die Frage, ob die Grenzziehung noch zu angemessenen Ergebnissen bezüglich der erfassten Dienste führt oder ob die Grenzen neu definiert werden müssen.[1175] Dabei verfolgt der Bericht allerdings nicht den Ansatz, einzelne neue Dienste zu kategorisieren, sondern die von der Legaldefinition des audiovisuellen Mediendienstes vorgenommene Weichenstellung zu überprüfen und gegebenenfalls klarzustellen oder auch anzupassen.[1176] Als Rahmenanforderung seien dabei jedoch die verfolgten Gemeinwohlziele mit der jeweiligen Belastung der Anbieter abzuwägen.[1177] Dies führe unter Umständen dazu, dass lediglich für Dienste, die von Bedeutung für Gesellschaft und Demokratie sind, ein regulatorisches Eingreifen gerechtfertigt werden kann.[1178]

Im deutschen Konvergenzgutachten wird ebenfalls die Dienstekategorie mit dem Rundfunk vergleichbarer Telemedien[1179] thematisiert,[1180] die ihrerseits auf der Definition der AVMD-Richtlinie für audiovisuelle Mediendienste auf Abruf beruht.[1181] In der Praxis seien dem Gutachten zufolge in diesem Bereich große Abgrenzungsschwierigkeiten entstanden.[1182]

Die Auslegungsschwierigkeiten lassen sich, wie oben bereits dargestellt,[1183] überwiegend an zwei Kriterien des materiellen Anwendungsbereichs verankern: dem Hauptzweck des Angebots, der in der Bereitstellung von Sendungen bestehen muss und der Fernsehähnlichkeit der angebotenen Inhalte. Die Vorschläge zum Umgang mit diesen Kriterien in der Zukunft lassen sich wiederum in zwei Kategorien einteilen: die Klarstellung oder Modifikation der Kriterien unter Beibehaltung der Definition audiovisueller Mediendienste sowie die Abkehr von der Kategorienbildung auf Grundlage der bisherigen Definition und die Einteilung der Dienste nach anderen Kriterien.

1174 *ERGA*, Report on material jurisdiction in a converged environment, ERGA 2015 (12), 18.12.2015, 30.
1175 Ebd.
1176 Ebd.
1177 Ebd.
1178 Ebd.
1179 Vgl. §58 Abs. 3 RStV.
1180 *Kluth/Schulz*, Konvergenz und regulatorische Folgen, 2014, 25.
1181 *Fiedler*, in: Gersdorf/Paal (Hrsg.), Beck'scher Online-Kommentar Informations- und Medienrecht, 17. Ed. 1.08.2017, §58 RStV Rn. 16.
1182 *Kluth/Schulz*, Konvergenz und regulatorische Folgen, 2014, 25.
1183 Siehe oben unter Zweiter Teil. § 1 IV. sowie Zweiter Teil. § 2 VI.

a) Klarstellung oder Änderung der Definitionen

Das deutsche Konvergenzgutachten schlägt als erste von drei Optionen für die zukünftige Kategorienbildung bei den audiovisuellen Mediendiensten[1184] vor, das derzeitige System mit geringen Anpassungen aufrecht zu erhalten.[1185] Im Detail könnten dabei bestimmte Abgrenzungsprobleme durch angepasste Definitionen gelöst werden, etwa durch die Abschaffung des Begriffs der vergleichbaren Telemedien aus dem RStV.[1186]

aa) Fernsehähnlichkeit

Eines der laut *ERGA* von den nationalen Regulierungsstellen als besonders problematisch empfundenen Definitionsmerkmale ist die Fernsehähnlichkeit von Sendungen.[1187] Die Auslegung dieses Kriteriums werde zunehmend von der Entwicklung neuer Abruf-Inhaltsformen erschwert, die kein klassisches Gegenstück im linearen Fernsehen aufweisen.[1188] In manchen Bereichen, wie Erwachsenenunterhaltung oder auch Kindersendungen, bestehe ein viel breiteres Angebot von Abrufdiensten, die das Angebot des linearen Rundfunks bereits ersetzen.[1189] Andere Inhaltsformen, insbesondere hochwertig produzierte Kurzinhalte für den mobilen Konsum, sind dagegen erst neu entstanden.[1190] Hier konkurrieren die Anbieter dieser Inhalte miteinander, nicht jedoch mit dem linearen Rundfunk, der keinerlei vergleichbare Sendungen aufweist.[1191] An den Ersatz vergleichbarer Fernsehsendungen kann so logisch in diesem Bereich nicht angeknüpft werden.[1192] Dieser Mangel an Vergleichbarkeit und Konkurrenz dürfe jedoch nicht zum Unterlaufen anderer Schutzziele der Richtlinie, insbesondere des Schutzes von Minderjährigen vor schädlichen Inhalten, führen.[1193]

Trotz der Schwierigkeiten im Zusammenhang mit der Auslegung der Fernsehähnlichkeit erfüllt das Kriterium nach Dafürhalten der *ERGA* eine wichtige

---

1184 *Kluth/Schulz*, Konvergenz und regulatorische Folgen, 2014, 78 ff.
1185 Ebd., 79.
1186 Ebd.
1187 *ERGA*, Report on material jurisdiction in a converged environment, ERGA 2015 (12), 18.12.2015, 30; vgl auch oben unter Zweiter Teil. § 1 III. 4.
1188 *ERGA*, Report on material jurisdiction in a converged environment, ERGA 2015 (12), 18.12.2015, 33.
1189 Ebd., 33 f.
1190 Ebd., 34.
1191 Ebd.
1192 Ebd.
1193 Ebd.

Funktion zur verhältnismäßigen Begrenzung des Anwendungsbereichs auf Dienste mit Bedeutung für Gesellschaft und Demokratie.[1194] Diese Bedeutung ist die Grundlage für Erwartungshaltungen der Zuschauer und zur Rechtfertigung eines Regulierungsbedürfnisses.[1195] ERGA empfiehlt daher, das Kriterium durch klarstellende Leitlinien zu ergänzen, um eine einheitlichere Anwendung zu gewährleisten.[1196]

Auch einige Teilnehmer der REFIT-Konsultation hielten übereinstimmend mit *ERGA* Abhilfe durch klarstellende Leitlinien der Kommission für ausreichend.[1197] Insbesondere das britische *OFCOM* bevorzugte diese Option zur Ausräumung der Auslegungsschwierigkeiten im Zusammenhang mit dem Kriterium der Fernsehähnlichkeit.[1198] Andere Konsultationsteilnehmer sahen in nicht-fernsehähnlichen Inhalten jedoch eine Konkurrenz zum Fernsehen, die nicht von der Richtlinie erfasst werde.[1199] Das Kriterium der Fernsehähnlichkeit sei nach dieser Ansicht insgesamt aufzugeben.[1200] Der belgische *CSA* befürwortete aus diesen Gründen ebenfalls eine Erweiterung des Anwendungsbereichs auf nicht-fernsehähnliche Inhalte.[1201] In diese Richtung argumentiert auch die *DLM*. Die nach Meinung des EuGH-Generalanwalts vom Kriterium der Fernsehähnlichkeit ausgeschlossenen Kurzvideos stünden nicht nur in Konkurrenz mit linearen Angeboten um dasselbe Publikum und dieselben Werbeschaltenden, sondern wiesen darüber hinaus auch Meinungsbildungspotential auf.[1202]

1194 Ebd.
1195 Ebd.
1196 Ebd.
1197 *Europäische Kommission,* Synopsis report of the Public consultation on Directive 2010/13/EU on Audiovisual Media Services (AVMSD) – A media framework for the 21st century v. 25.05.2016, 4.
1198 *OFCOM,* Beitrag zur Konsultation zur Richtlinie 2010/13/EU über audiovisuelle Mediendienste (AVMD-RL) – Eine Mediengesetzgebung für das 21. Jahrhundert, 6.07.2015 – 30.09.2015, 11.
1199 *Conseil supérieur de l'audiovisuel de la Communauté française de Belgique (CSA),* Beitrag zur Konsultation zur Richtlinie 2010/13/EU über audiovisuelle Mediendienste (AVMD-RL) – Eine Mediengesetzgebung für das 21. Jahrhundert, 6.07.2015 – 30.09.2015, 8.
1200 Ebd.
1201 Ebd, 10.
1202 *Arbeitsgemeinschaft der Landesmedienanstalten (ALM)/Direktorenkonferenz der Landesmedienanstalten (DLM),* Beitrag zur Konsultation zur Richtlinie 2010/13/EU über audiovisuelle Mediendienste (AVMD-RL) – Eine Mediengesetzgebung für das 21. Jahrhundert, 6.07.2015 – 30.09.2015, 8.

Auch die *Bund-Länder-Kommission* hält das Merkmal der Fernsehähnlichkeit für nicht mit der Technologieneutralität vereinbar und schlägt daher dessen Abschaffung vor.[1203]

bb) Hauptzweck

Der ERGA-Bericht setzt sich auch mit dem Hauptzweck-Merkmal aus der Definition audiovisueller Mediendienste auseinander.[1204] Hierbei steht die unterschiedlich gehandhabte Gesamt- oder Einzelbeurteilung verschiedener Inhalte oder Dienste innerhalb eines Angebots im Mittelpunkt.[1205] Die nationalen Regulierer verfolgen in diesem Punkt, wie oben ausführlich dargestellt,[1206] im Detail abweichende Ansätze, wobei die deutliche Mehrheit der Regulierer von der Möglichkeit ausgeht, zwischen verschiedenen Diensten innerhalb eines Angebots zu unterscheiden.[1207] *ERGA* empfiehlt daher eine Klarstellung der *Kommission*, ob die AVMD-Richtlinie diese Differenzierung zulässt.[1208] Dabei sei allerdings zu berücksichtigen, dass keine übermäßige Ausdehnung des Anwendungsbereichs erfolgen darf.[1209] Grundsätzlich sollen Angebote, die tatsächlich um dasselbe Publikum konkurrieren auch den selben Regelungen unterfallen.[1210] Als Anknüpfungspunkt sei dabei wiederum die Bedeutung der Dienste für Gesellschaft und Demokratie einzubeziehen.[1211]

In der REFIT-Konsultation zur AVMD-Richtlinie zeichnete sich ebenfalls eine Mehrheit für die Klarstellung des Hauptzweck-Kriteriums ab. Dem *CSA* zufolge bedarf es in diesem Zusammenhang einer Klarstellung zur getrennten Beurteilung von Angebotsteilen um der divergierenden Praxis der Mitgliedstaaten zu begegnen.[1212] Die *DLM* vertritt hierzu explizit die gesonderte Einstufung

---

1203 *Bundesrepublik Deutschland*, Positionspapier zur Novellierung der Audiovisuellen Mediendienste Richtlinie (AVMD), 3.11.2015, 1.
1204 *ERGA*, Report on material jurisdiction in a converged environment, ERGA 2015 (12), 18.12.2015, 35 f.
1205 Ebd., 35.
1206 Siehe oben unter Zweiter Teil. § 1 III. 3. a) sowie Zweiter Teil. § 2 VI. 1.
1207 *ERGA*, Report on material jurisdiction in a converged environment, ERGA 2015 (12), 18.12.2015, 35.
1208 Ebd., 37.
1209 Ebd.
1210 Ebd.
1211 Ebd.
1212 *Conseil supérieur de l'audiovisuel de la Communauté française de Belgique (CSA)*, Beitrag zur Konsultation zur Richtlinie 2010/13/EU über audiovisuelle Mediendienste (AVMD-RL) – Eine Mediengesetzgebung für das 21. Jahrhundert, 6.07.2015 – 30.09.2015, 8.

trennbarer Dienste auch im Zusammenhang mit Webseiten der Presse, die eine hohe Meinungsbildungsrelevanz aufwiesen.[1213] Presseverbände argumentierten hingegen ihrer Interessensperspektive entsprechend, dass eine Einbeziehung von Presseangeboten in den Anwendungsbereich und damit eine staatliche Regulierung der Presse[1214] ausgeschlossen werden müsse.[1215] Erwägungsgrund 28 der AVMD-Richtlinie müsse so interpretiert werden, dass gerade gemischt-mediale Angebote nicht von der Richtlinie erfasst werden.[1216] Hierzu sei eine enge Auslegung des Hauptzweck-Kriteriums unter Berücksichtigung des Charakters des Angebots statt der Struktur der Internetseite notwendig.[1217] Begleitende Videos auf Presseseiten würden diesem Maßstab in der Regel nicht genügen.[1218] Eine Begrenzung der Berichtsformen der Presse durch die Einbeziehung aller redaktionell kontrollierten audiovisuellen Inhalte sei abzulehnen.[1219]

b) Neue Anknüpfungspunkte der Regulierung
Neben den Vorschlägen zur Anpassung oder Klarstellung der Definitionen der audiovisuellen Mediendienste werden auch größere Umwälzungen der Kategorisierung vorgeschlagen. Ein wiederkehrendes Thema der Reformdebatte ist

---

1213 *Arbeitsgemeinschaft der Landesmedienanstalten (ALM)/Direktorenkonferenz der Landesmedienanstalten (DLM)*, Beitrag zur Konsultation zur Richtlinie 2010/13/EU über audiovisuelle Mediendienste (AVMD-RL) – Eine Mediengesetzgebung für das 21. Jahrhundert, 6.07.2015 – 30.09.2015, 9.
1214 *Verband Österreichischer Zeitungen (VOEZ)*, Beitrag zur Konsultation zur Richtlinie 2010/13/EU über audiovisuelle Mediendienste (AVMD-RL) – Eine Mediengesetzgebung für das 21. Jahrhundert, 6.07.2015 – 30.09.2015, 10.
1215 *News Media Association (NMA)*, Beitrag zur Konsultation zur Richtlinie 2010/13/EU über audiovisuelle Mediendienste (AVMD-RL) – Eine Mediengesetzgebung für das 21. Jahrhundert, 6.07.2015 – 30.09.2015, 7.
1216 *Verband Österreichischer Zeitungen (VOEZ)*, Beitrag zur Konsultation zur Richtlinie 2010/13/EU über audiovisuelle Mediendienste (AVMD-RL) – Eine Mediengesetzgebung für das 21. Jahrhundert, 6.07.2015 – 30.09.2015, 10.
1217 *European Magazine Media Association (EMMA)/European Newspaper Publishers Association (ENPA)*, Beitrag zur Konsultation zur Richtlinie 2010/13/EU über audiovisuelle Mediendienste (AVMD-RL) – Eine Mediengesetzgebung für das 21. Jahrhundert, 6.07.2015 – 30.09.2015, 8 f.
1218 *Bundesverband Deutscher Zeitungsverleger (BDVZ)/Verband Deutscher Zeitschriftenverleger (VDZ)*, Beitrag zur Konsultation zur Richtlinie 2010/13/EU über audiovisuelle Mediendienste (AVMD-RL) – Eine Mediengesetzgebung für das 21. Jahrhundert, 6.07.2015 – 30.09.2015, 9.
1219 Ebd., 12.

dabei allgemein die Einbeziehung der Meinungsbildungsrelevanz von Diensten in deren Einstufung unter der AVMD-Richtlinie.[1220] Eine vollständige Neuordnung – allerdings in Bezug auf das deutsche Medienrecht – wird schließlich im Konvergenzgutachten entworfen. Danach wäre der materielle Anwendungsbereich an anderen Kriterien auszurichten als bisher und würde in einigen Szenarien je nach Regelungsgegenstand unterschiedliche Angebote erfassen.

aa) Berücksichtigung der Meinungsbildungsrelevanz

Die Entschließung des *Europäischen Parlaments* zu Connected TV regt allgemein an, die Definition audiovisueller Mediendienste und damit den materiellen Anwendungsbereich der Richtlinie an andere Kriterien zu knüpfen.[1221] Dabei solle stärker auf die „gesellschaftspolitischen Wirkungsspezifika und – potenzial[e]" der Angebote und auf die redaktionelle Verantwortung abgestellt werden.[1222] Das *Parlament* konkretisiert hierzu noch, dass auch der abgestufte Regelungsansatz der Richtlinie in diese Richtung überdacht werden sollte.[1223] Hier solle die Differenzierung anhand von Linearität durch eine Differenzierung anhand der Meinungsbildungsrelevanz der Dienste ersetzt werden.[1224]

Eine ähnliche Option, die von einigen Beiträgen in der Konsultation zum Grünbuch Konvergenz aufgeworfen wurde, ist die stärkere Fokussierung der Regulierung auf Inhalte von öffentlichem Interesse beziehungsweise Inhalte mit hoher Meinungsbildungsrelevanz.[1225] Eine nationale Aufsichtsbehörde schlug in diesem Zusammenhang vor, nur bestimmte Sendungsformate, wie Nachrichten, politische Informationen, Bildungssendungen, Sendungen für Kinder und Verbraucherinformationen weiterhin streng zu regulieren, während für reine Unterhaltungsinhalte eine Deregulierung in Betracht zu ziehen sei.[1226] Andere Beiträge knüpften an die Entschließung des *Europäischen Parlaments* zu Connected

---

1220 Vgl. zur Berücksichtigung von Meinungsbildungsrelevanz auch oben unter Zweiter Teil. § 2 VI. 3. d).
1221 *Europäisches Parlament*, Entschließung zu "Connected TV", P7_TA(2013)0329, 4.07.2013, 3. Entschließung.
1222 Ebd.
1223 Ebd., 10. Entschließung.
1224 Ebd.
1225 *Europäische Kommission*, Summaries of the replies to the public consultation launched by the Green Paper "Preparing for a Fully Converged Audiovisual World: Growth, Creation and Values", 12.9.2014, 41.
1226 Ebd.

TV[1227] an und schlugen alternativ vor, nur den öffentlich-rechtlichen Rundfunk weiterhin dem traditionellen Regime zu unterwerfen.[1228] Insgesamt solle das Regelungsniveau sich stärker an den betroffenen Inhalten orientieren, statt an die Verbreitungsform anzuknüpfen.[1229]

Auch in der neueren REFIT-Konsultation finden sich vergleichbare Ansätze. Die *KommAustria* regte in ihrem Konsultationsbeitrag dazu an, Ausnahmebestimmungen für nichtlineare Dienste mit geringer Reichweite und geringem Umsatz, die keine deutliche Wirkung bei der Allgemeinheit entfalten können, zu schaffen.[1230] Diese kleinen Abrufdienste, wie beispielsweise YouTube-Kanäle mit geringfügiger Werbeschaltung, seien bisher durch den weiten Dienstleistungsbegriff umfasst.[1231] Für sie sei jedoch das Regulierungssystem für Dienste der Informationsgesellschaft aus der e-Commerce Richtlinie angemessener.[1232] Zur konkreten Umsetzung wurde die Einführung einer jährlichen Mindestumsatzgrenze vorgeschlagen,[1233] wie sie in Italien bereits existiert.[1234]

bb) Konvergenzgutachten: Modulare Regulierung anhand des Mehrwerts für die öffentliche Kommunikation

Der zentrale Vorschlag des deutschen Konvergenzgutachtens skizziert eine Neuordnung der Medienregulierung, die ebenfalls stärker als bisher an die gesellschaftliche Bedeutung der regulierten Angebote anknüpft. In einer „modularen Ausgestaltung"[1235] sollen die Rechtsfolgen nicht wie bisher an Angebotstypen,

---

1227 *Europäisches Parlament*, Entschließung zu "Connected TV", P7_TA(2013)0329, 4.07.2013.
1228 *Europäische Kommission*, Summaries of the replies to the public consultation launched by the Green Paper „Preparing for a Fully Converged Audiovisual World: Growth, Creation and Values", 12.9.2014, 41.
1229 Ebd.
1230 *KommAustria*, Beitrag zur Konsultation zur Richtlinie 2010/13/EU über audiovisuelle Mediendienste (AVMD-RL) – Eine Mediengesetzgebung für das 21. Jahrhundert, 6.07.2015 – 30.09.2015, 7 f.
1231 Ebd., 8.
1232 Ebd.
1233 Ebd., 9.
1234 *Machet*, 33rd EPRA meeting, Background Document for Plenary Session – Content Regulation and new Media: Exploring Regulatory Boundaries between Traditional and new Media, EPRA 2011/02, 2011, 9; *Valcke/Ausloos*, in: Donders/Pauwels/Loisen (Hrsg.), The Palgrave Handbook of European Media Policy, 2014, 312 (315). *Viola/Capello*, in: Nikoltchev (Hrsg.), The Regulation of On-demand Audiovisual Services: Chaos or Coherence?, IRIS Special, 2011, 47 (51).
1235 *Kluth/Schulz*, Konvergenz und regulatorische Folgen, 2014, 81.

sondern an die jeweiligen Regulierungsziele gekoppelt sein.[1236] Je nach Regulierungsziel wären dann unterschiedliche Arten von Angeboten vom sachlichen Anwendungsbereich der Regelungen erfasst.[1237] Im Mittelpunkt dieses Konzepts[1238] steht der sogenannte „Mehrwert für die öffentliche Kommunikation" eines Angebots als Kriterium für dessen Privilegierungen und Pflichten aber auch für dessen verfassungsrechtliche Steuerungsmöglichkeiten.[1239] Anstatt pauschal lediglich dem Rundfunk eine solche Bedeutung für den Kommunikationsprozess beizumessen, soll auch der Beitrag anderer Kommunikatoren berücksichtigt werden.[1240] Ähnliche Vorschläge der Anknüpfung an „Gefährdungslagen" statt strikter „Begriffsregulierung" finden sich bereits seit Jahren in der Literatur.[1241] Für die konkrete Abgrenzung von Diensten könnte deren Bedeutung für den Kommunikationsprozess im Begriff der „journalistisch-redaktionell gestalteten Telemedien" erfasst werden.[1242] Dieser Begriff soll technologieneutral verstanden werden und ist inhaltlich nicht auf das Angebot von Nachrichten beschränkt.[1243] Es sei allerdings zu erwägen, textbasierte Inhalte auszuschließen beziehungsweise nur audiovisuelle Inhalte zu erfassen.[1244] Kriterien für solche Dienste sollten, angelehnt an den Vielfaltsmonitor der Bayerischen Landeszentrale für neue Medien,[1245] insbesondere ein gezielter und professioneller Auswahlprozess, regelmäßige und aktuelle Veröffentlichungen, die allgemeine Zugänglichkeit des Angebots und die klare Trennung von Kommunikatoren und Rezipienten sein.[1246] Abzugrenzen wären diese meinungsrelevanten Angebote von „einfachen" Telemedien ohne besonderen Mehrwert für die öffentliche Kommunikation[1247] und Intermediären, die schwerpunktmäßig fremde Inhalte aggregieren und strukturieren[1248].

1236 Ebd., 78.
1237 Ebd., 81.
1238 Ebd., 82.
1239 Ebd., 23 f.
1240 Ebd., 24; vgl auch *Schmid/Kitz*, ZUM 2009, 739 (742).
1241 *Schmid/Kitz*, ZUM 2009, 739 (743 f.).
1242 *Kluth/Schulz*, Konvergenz und regulatorische Folgen, 2014, 82.
1243 Ebd., 83.
1244 Ebd.
1245 Vgl. *Bayerische Landeszentrale für neue Medien (BLM)*, MedienVielfaltsMonitor, abrufbar unter: https://www.blm.de/aktivitaeten/forschung/medienvielfaltsmonitor.cfm [Stand November 2018].
1246 *Kluth/Schulz*, Konvergenz und regulatorische Folgen, 2014, 82 f.
1247 Ebd., 82.
1248 Ebd., 83.

Die Festlegung der Kriterien zur Abgrenzung könnte klassisch per gesetzlicher Definition erfolgen,[1249] wobei im Einklang mit dem Wesentlichkeitsgrundsatz der Gesetzgeber die zentralen Entscheidungen zu treffen hätte.[1250] Die Auslegung in Zweifelsfällen würde den zuständigen Regulierungsinstanzen oder Gerichten obliegen.[1251] Die Details eines gegebenenfalls vom Gesetzgeber gröber abgesteckten Rahmens könnte jedoch auch eine „sachnah[e], staatsfern[e] Instanz" per delegiertem Rechtsakt konkretisieren.[1252] Dies hätte den Vorteil, dass die sachkundige Stelle schnell und flexibel auf Veränderungen auf dem Angebotsmarkt reagieren könnte.[1253]

Im REFIT-Konsultationsbeitrag befürwortet die *DLM* in starker Anlehnung an das Konvergenzgutachten eine insgesamt am Leitbild der Meinungsbildungsrelevanz der Inhalte ausgerichtete Regulierung.[1254] Die abgestufte Regelungsdichte sei dabei beizubehalten und müsse statt auf die Verbreitungsform auf die Meinungsbildungsrelevanz abstellen.[1255] Für die unterschiedlichen Regelungsbereiche könne dabei der Anwendungsbereich modular ausgestaltet werden.[1256]

Alternativ zur Grenzziehung durch den Gesetzgeber wird im Gutachten auch das Modell einer Anreizregulierung erwogen, der sich die Anbieter freiwillig unterwerfen können.[1257] Dies erfordere eine Verbindung der Angebotskategorien und der für den Anbieter daraus erwachsenden Pflichten mit positiven Rechtsfolgen, die aus rationaler Anbieterperspektive die regulatorischen Belastungen überwiegen.[1258] Als Beispiel für derartige Vorteile nennt das Gutachten die Auffindbarkeit des Angebots.[1259] Schwierig sei allerdings die Skalierung dieser Vorteile, etwa bei Angeboten die nur zu einem (geringen) Teil die Art von Inhalten bereitstellen, für die die Privilegien konzipiert sind.[1260] Zudem gehe mit

---

1249 Ebd.
1250 Ebd., 84.
1251 Ebd., 83.
1252 Ebd., 84.
1253 Ebd.
1254 *Arbeitsgemeinschaft der Landesmedienanstalten (ALM)/Direktorenkonferenz der Landesmedienanstalten (DLM)*, Beitrag zur Konsultation zur Richtlinie 2010/13/EU über audiovisuelle Mediendienste (AVMD-RL) – Eine Mediengesetzgebung für das 21. Jahrhundert, 6.07.2015 – 30.09.2015, 9.
1255 Ebd., 11.
1256 Ebd.
1257 *Kluth/Schulz*, Konvergenz und regulatorische Folgen, 2014, 84 f.
1258 Ebd., 84.
1259 Ebd., 85.
1260 Ebd.

der Freiwilligkeit des Systems naturgemäß die Gefahr einher, dass sich einige Anbieter einer Regulierung vollständig entziehen.[1261]

Als dritte Option legen die Autoren eine Kombination des bestehenden Modells mit einer Pilotphase der Anreizregulierung nahe.[1262] Während für den linearen Rundfunk zunächst das bestehende Regulierungssystem einschließlich der Abgrenzungskriterien aufrechterhalten würde, könnte parallel für Telemedien ein anreizbasiertes Modell getestet werden.[1263] Der endgültige Übergang in letzteres Modell wäre indes angezeigt, sobald sich die gesellschaftliche Bedeutung des Rundfunks nicht länger nennenswert von der Bedeutung der Telemedien unterscheidet.[1264]

Das deutsche Positionspapier zur AVMD-Reform enthält einen ausdrücklichen Verweis auf die Zulässigkeit von Anreizregulierungsmodellen zur Umsetzung der Richtlinienziele.[1265] Dies ist vermutlich im Zusammenhang mit den Empfehlungen des Konvergenzgutachtens[1266] zu deuten. Anreizregulierung beziehungsweise „Opt-In-Modelle" im Bereich des (privaten) Rundfunks und anderer audiovisueller Medien werden in Deutschland schon länger diskutiert[1267] und wurden insbesondere durch einen Vorschlag der Landesmedienanstalten aus dem Jahr 2010 zur Anreizregulierung des privaten Rundfunks im Bereich des Angebots von Nachrichtensendungen[1268] befeuert. Die Vorschläge stießen jedoch in der Literatur auf rechtspolitisch und verfassungsrechtlich fundierten Widerstand.[1269] Im Wesentlichen wurde vorgebracht, die gesetzten Vorteile (etwa Lockerung der Werbevorschriften und vergünstigter Infrastrukturzugang)[1270] würden keinen wirksamen Anreiz zur freiwilligen Einhaltung erhöhter Qualitätsstandards schaffen[1271] und zudem gegen die Programmfreiheit der privaten

---

1261 Ebd., 86.
1262 Ebd.
1263 Ebd.
1264 Ebd.
1265 *Bundesrepublik Deutschland*, Positionspapier zur Novellierung der Audiovisuellen Mediendienste Richtlinie (AVMD), 3.11.2015, 4.
1266 *Kluth/Schulz*, Konvergenz und regulatorische Folgen, 2014, 81 f.
1267 Vgl. *Möllers/Zwiffelhoffer*, MMR 2015, 161 (164 ff.).
1268 *Direktorenkonferenz der Landesmedienanstalten (DLM)*, Nachrichtensendungen im privaten Rundfunk, Positionspapier v. 1.3.2010.
1269 *Gersdorf*, MMR-Beilage 6/2012, 1 (6 ff.).
1270 *Direktorenkonferenz der Landesmedienanstalten (DLM)*, Nachrichtensendungen im privaten Rundfunk, Positionspapier v. 1.3.2010, 6; *Gersdorf*, MMR-Beilage 6/2012, 1 (4).
1271 *Gersdorf*, MMR-Beilage 6/2012, 1 (6).

Rundfunkanbieter verstoßen.[1272] Weiterhin lassen auch die im Positionspapier vertretenen Positionen bezüglich des Anwendungsbereichs und des Systems der abgestuften Regelungsdichte Raum für die Umsetzung der Optionen zur neuen Kategorienbildung. Konkrete Vorschläge für Kriterien der Unterscheidung von Diensten macht das Positionspapier hingegen nicht. Hier hätte die im Konvergenzgutachten zentral herausgearbeitete Meinungsrelevanz beziehungsweise der „Mehrwert für die öffentliche Kommunikation"[1273] angeführt werden können.

3. Angebote ohne redaktionelle Verantwortung

Auch die Rolle von Plattformen und Intermediären in der Medienordnung ist ein bedeutender Teil der Reformüberlegungen zur AVMD-Richtlinie. Der ERGA-Bericht widmet dieser Frage ebenfalls ein eigenes Kapitel.[1274] Mangels redaktioneller Verantwortung für die angebotenen Inhalte unterfallen Plattformen und Intermediäre bisher nicht der AVMD-Richtlinie,[1275] können jedoch in unterschiedlicher Form, z. B. durch die Bereitstellung von Suchfunktionen, Einfluss auf die Auffindbarkeit der Inhalte nehmen.[1276] Zum einen besteht zwischen den nationalen Regulierern Uneinigkeit,[1277] ob solche Einwirkungen auf die Präsentation der Inhalte bereits als redaktionelle Verantwortung zu qualifizieren sind,[1278] zum anderen werden die Intermediäre und Plattformen durch diesen Beitrag zu potentiellen Gatekeepern für den Zugang zum Nutzer.[1279] Ihr Verhalten kann sich negativ auf die Inhaltevielfalt auswirken, etwa durch

---

1272 Ebd., 15.
1273 *Kluth/Schulz*, Konvergenz und regulatorische Folgen, 2014, 23 f., 81 f.
1274 *ERGA*, Report on material jurisdiction in a converged environment, ERGA 2015 (12), 18.12.2015, 53 ff.
1275 Siehe zu Videoplattformen und nutzergenerierten Inhalten auch oben unter Zweiter Teil. § 1 III. 2. b).
1276 *ERGA*, Report on material jurisdiction in a converged environment, ERGA 2015 (12), 18.12.2015, 38.
1277 *Conseil supérieur de l'audiovisuel de la Communauté française de Belgique (CSA) – Collège d'autorisation et de contrôle*, Recommandation relative au périmètre de la régulation des services de medias audiovisuels, 29.03.2012, 12; *Machet*, 33rd EPRA meeting, Background Document for Plenary Session – Content Regulation and new Media: Exploring Regulatory Boundaries between Traditional and new Media, EPRA 2011/02, 2011, 11; *Valcke/Ausloos*, in: Donders/Pauwels/Loisen (Hrsg.), The Palgrave Handbook of European Media Policy, 2014, 312 (317).
1278 *ERGA*, Report on material jurisdiction in a converged environment, ERGA 2015 (12), 18.12.2015, 38.
1279 Ebd., 39.

personalisierte Empfehlungen an die Nutzer oder schlechte Auffindbarkeit europäischer Werke.[1280] Zudem gelten für Videoplattformanbieter keine europaweiten Jugendschutzstandards.[1281] Auf Videoplattformen sind viele Inhalte zum uneingeschränkten Abruf verfügbar, die in audiovisuellen Mediendiensten nicht oder nur unter zusätzlichen Vorkehrungen angeboten werden dürften.[1282]

a) Wettbewerbsverzerrung durch nicht vom Anwendungsbereich erfasste Dienste

Bereits in der Konsultation zum Kommissions-Grünbuch Konvergenz 2013 wiesen einige Teilnehmer auf das Problem der Wettbewerbsverzerrung durch Dienste hin, die in sachlicher oder räumlicher Hinsicht nicht in den Anwendungsbereich der AVMD-Richtlinie fallen.[1283] Hierdurch entstehe keine Verzerrung zwischen linearen und nichtlinearen Angeboten, sondern eine Verzerrung zwischen (europäischen) Abrufdiensten und anderen, unregulierten Angeboten.[1284] Sollte das Regulierungsniveau für nichtlineare Angebote weiter angehoben werden, würden sich diese Wettbewerbsnachteile noch gravierender abzeichnen.[1285]

Auch die Frage zur Bewertung des materiellen Anwendungsbereichs im Rahmen der AVMD-Konsultation ging auf dieses potentielle Ungleichgewicht ein. Die Konsultationsteilnehmer sollten einschätzen, ob die Bestimmungen des Anwendungsbereichs „nach wie vor relevant, wirksam und fair" sind und Angaben zu gegebenenfalls bekannten Problemen oder Wettbewerbsverzerrungen durch nicht erfasste Dienste machen (Frage 1.1.).[1286] Zu dieser Frage konkretisiert der Fragebogen noch die Bewertungskriterien: „Bei der Relevanz geht es um die Beziehung zwischen dem Bedarf/den Problemen der Gesellschaft und den Zielen der Maßnahme. Bei der Wirksamkeitsanalyse wird untersucht, wie

---

1280 Ebd., 10, 50.
1281 *Europäische Kommission,* AVMS Impact Assessment, SWD(2016) 168 final, 25.05.2016, 5 f.
1282 Ebd., 6.
1283 *Europäische Kommission,* Summaries of the replies to the public consultation launched by the Green Paper "Preparing for a Fully Converged Audiovisual World: Growth, Creation and Values", 12.9.2014, 39 f.
1284 Ebd.
1285 Ebd., 37.
1286 *Europäische Kommission,* Konsultation zur Richtlinie 2010/13/EU über audiovisuelle Mediendienste (AVMD-RL) – Eine Mediengesetzgebung für das 21. Jahrhundert, Fragebogen, 6.07.2015, 7 f.

erfolgreich die Maßnahmen der EU bisher bei der Erreichung der Ziele beziehungsweise auf dem Weg dorthin gewesen sind. Fairness bezieht sich auf die Frage, wie sich die Wirkung der Maßnahme auf die einzelnen Interessenträger verteilt."[1287] Als Antwortoptionen für zukünftig gewünschte Maßnahmen werden unter anderem die Erhaltung des Status quo, die Änderung der e-Commerce Richtlinie oder eine Ausweitung des Anwendungsbereichs der AVMD-Richtlinie angeboten.[1288]

Aus den eingereichten Konsultationsbeiträgen ergibt sich bezüglich dieser Fragen kein einheitliches Bild.[1289] Tendenziell überwog die Ansicht, dass die Regeln über den Anwendungsbereich nicht mehr für die Schaffung gleicher Wettbewerbsbedingungen sorgen.[1290] Viele plädierten aus diesem Grund für die Erweiterung des Anwendungsbereichs.[1291] Die Stimmen, die eine solche Erweiterung befürworten, bezogen sich dabei speziell auf die Einbeziehung nichtfernsehähnlicher Inhalte und nicht redaktionell-verantworteter Dienste.[1292] Diese Ansicht wurde verstärkt von Rundfunkveranstaltern[1293] und Verbraucherorganisationen[1294] geäußert.

Nationale Regulierungsbehörden vertraten konträre Auffassungen zur Konsultationsfrage. Das britische *OFCOM* sah keine Notwendigkeit für eine

---

1287 Ebd., 7.
1288 Ebd., 8.
1289 *Europäische Kommission*, Vorschlag für eine Richtlinie des Europäischen Parlaments und des Rates zur Änderung der Richtlinie 2010/13/EU zur Koordinierung bestimmter Rechts- und Verwaltungsvorschriften der Mitgliedstaaten über die Bereitstellung audiovisueller Mediendienste im Hinblick auf sich verändernde Marktgegebenheiten, COM(2016) 287 final, 25.05.2016, 7.
1290 *Europäische Kommission*, Synopsis report of the Public consultation on Directive 2010/13/EU on Audiovisual Media Services (AVMSD) – A media framework for the 21st century, 25.05.2016, 4.
1291 Ebd.
1292 Ebd.
1293 Ebd; *Dies.*, Vorschlag für eine Richtlinie des Europäischen Parlaments und des Rates zur Änderung der Richtlinie 2010/13/EU zur Koordinierung bestimmter Rechts- und Verwaltungsvorschriften der Mitgliedstaaten über die Bereitstellung audiovisueller Mediendienste im Hinblick auf sich verändernde Marktgegebenheiten, COM(2016) 287 final, 25.05.2016, 7.
1294 *Dies.*, Synopsis report of the Public consultation on Directive 2010/13/EU on Audiovisual Media Services (AVMSD) – A media framework for the 21st century, 25.05.2016, 4.

Erweiterung des materiellen Anwendungsbereichs der AVMD-Richtlinie.[1295] Eine direkte Konkurrenz zwischen regulierten und unregulierten Angeboten bestehe nicht.[1296] Auch die Ausgaben für Fernsehwerbung seien trotz des Anstiegs der Online-Werbung konstant geblieben.[1297] Der belgische *CSA* hingegen bejahte eine Konkurrenzsituation zwischen Fernsehangeboten und den nicht durch die Richtlinie erfassten Videoplattformen.[1298] Bloße Auslegungsleitlinien würden diesen Problemen nicht abhelfen, der Anwendungsbereich müsse daher im Ergebnis nach Meinung des *CSA* auf nicht-fernsehähnliche und nutzergenerierte Inhalte erweitert werden.[1299] Allerdings sei bei der Einbeziehung zusätzlicher Anbieter verstärkt auf Ko-Regulierungsmaßnahmen zu setzen.[1300]

b) Erweiterung des Anwendungsbereichs auf Videoplattformen

Schon in der Konsultation zum Grünbuch Konvergenz von 2013 wurde teilweise die Einbeziehung von Plattformen in den Anwendungsbereich für audiovisuelle Mediendienste gefordert.[1301] Hierzu solle das Kriterium der redaktionellen Verantwortung,[1302] das bisher zum Ausschluss von Videoplattformen mit nutzergenerierten Inhalten führt,[1303] überarbeitet

---

1295 *OFCOM*, Beitrag zur Konsultation zur Richtlinie 2010/13/EU über audiovisuelle Mediendienste (AVMD-RL) – Eine Mediengesetzgebung für das 21. Jahrhundert, 6.07.2015 – 30.09.2015, 13.
1296 Ebd., 12.
1297 Ebd.
1298 *Conseil supérieur de l'audiovisuel de la Communauté française de Belgique (CSA)*, Beitrag zur Konsultation zur Richtlinie 2010/13/EU über audiovisuelle Mediendienste (AVMD-RL) – Eine Mediengesetzgebung für das 21. Jahrhundert, 6.07.2015 – 30.09.2015, 8.
1299 Ebd., 10.
1300 Ebd., 11.
1301 *Europäische Kommission*, Summaries of the replies to the public consultation launched by the Green Paper "Preparing for a Fully Converged Audiovisual World: Growth, Creation and Values", 12.9.2014, 44.
1302 Vgl. oben unter Zweiter Teil. § 1 III. 2.
1303 *Chavannes/Castendyk*, in: Castendyk/Dommering/Scheuer (Hrsg.), European Media Law, 2008, Art. 1 AVMD, Rn. 73; *Conseil supérieur de l'audiovisuel de la Communauté française de Belgique (CSA) – Collège d'autorisation et de contrôle*, Recommandation relative au périmètre de la régulation des services de medias audiovisuels, 29.03.2012, 13; *Europäische Audiovisuelle Informationsstelle/Direction du développement des medias*, Video-on-Demand und Catch-Up-TV in Europa, 2009, 110; *Europäische Kommission*, AVMS Impact Assessment, SWD(2016) 168 final, 25.05.2016, 5.

werden.¹³⁰⁴ Der territoriale Anwendungsbereich könne zudem das Marktortprinzip einführen um Angebote zu erfassen, die von außerhalb der Europäischen Union angeboten werden, jedoch auf den europäischen Markt ausgerichtet sind.¹³⁰⁵ Viele Konsultationsbeiträge äußerten sich jedoch ablehnend gegenüber diesen Ansätzen.¹³⁰⁶ Für eine Bewertung der Wirksamkeit der bereits vorhandenen Regulierungsinstrumente und darauf beruhende zusätzliche Intervention sei es noch zu früh.¹³⁰⁷ Die außerhalb des Anwendungsbereichs der AVMD-Richtlinie liegenden Dienste seien ausreichend durch allgemeines Recht geregelt.¹³⁰⁸ Die Regulierung von Plattformen stehe zudem im Widerspruch zum Prinzip der Technologieneutralität und wirke innovationshemmend.¹³⁰⁹ Das *Europäische Parlament* vertrat in seiner Stellungnahme zum Grünbuch den Standpunkt, dass Plattformen in offenen Netzen ohne marktbeherrschende Stellung nicht in die Regulierung einzubeziehen seien.¹³¹⁰ Stattdessen sei es vorzugswürdig, die Regulierungslast für die territorial erfassten Dienste abzusenken um so deren internationale Wettbewerbsfähigkeit zu erhöhen.¹³¹¹

Als Alternative zur Ausweitung des Anwendungsbereichs gingen viele Konsultationsbeiträge zum Grünbuch auf die mögliche Ausweitung von Ko- und Selbstregulierung innerhalb der Regelungsbereiche der AVMD-Richtlinie ein.¹³¹² Gerade zur Konkretisierung gesetzgeberisch zu definierender Ziele in den Bereichen Werbung und Jugendschutz seien derartige Maßnahmen flexibler

---

1304 *Europäische Kommission,* Summaries of the replies to the public consultation launched by the Green Paper "Preparing for a Fully Converged Audiovisual World: Growth, Creation and Values", 12.9.2014, 44.
1305 Ebd.
1306 Ebd., 45.
1307 Ebd.
1308 Ebd.
1309 Ebd.
1310 *Europäisches Parlament,* Entschließung zur Vorbereitung auf die vollständige Konvergenz der audiovisuellen Welt (2013/2180(INI)), P7_TA(2014)0232, 12.03.2014, Entschließung 14.
1311 *Europäische Kommission,* Summaries of the replies to the public consultation launched by the Green Paper "Preparing for a Fully Converged Audiovisual World: Growth, Creation and Values", 12.9.2014, 45; ähnlich auch *Europäisches Parlament,* Entschließung zur Vorbereitung auf die vollständige Konvergenz der audiovisuellen Welt (2013/2180(INI)), P7_TA(2014)0232, 12.03.2014, Entschließung 49.
1312 *Europäische Kommission,* Summaries of the replies to the public consultation launched by the Green Paper "Preparing for a Fully Converged Audiovisual World: Growth, Creation and Values", 12.9.2014, 46 f.

und zukunftssicherer als die Regelungen der AVMD-Richtlinie.[1313] Ein weiterer Vorteil liege in der Möglichkeit, dass Anbieter außerhalb des Anwendungsbereichs der Richtlinie sich der Selbstregulierung freiwillig unterwerfen und so Standards portiert werden könnten.[1314] Sollte der Anwendungsbereich der Richtlinie ausgeweitet werden, könnte dies nach Ansicht einiger Mitgliedstaaten mit der deutlichen Absenkung der klassischen Regulierung einhergehen und stattdessen verstärkt auf Ko-Regulierungsmaßnahmen gesetzt werden.[1315] Durch Einbeziehung der betroffenen Marktteilnehmer und der Gesellschaft werde auch die Akzeptanz der Regelungen gestärkt.[1316] Eine Aufsicht durch unabhängige Institutionen sei allerdings zu befürworten.[1317] Lediglich Verbraucherschutzorganisationen äußerten sich skeptisch bezüglich der Effektivität von Selbstregulierungsmaßnahmen.[1318]

In der REFIT-Konsultation zur AVMD-Richtlinie finden sich die bereits in Reaktion auf das Grünbuch vorgeschlagenen Ansätze wieder. Deutlicher als im Jahr 2013 wurde in der neueren Konsultation gerade im Bereich des Jugendschutzes häufig die Einbeziehung von Videoplattformen in den Geltungsbereich der Regelungen gefordert, gegebenenfalls im Zusammenhang mit Selbstregulierungsmodellen.[1319] Ähnliches wurde im Zusammenhang mit dem Verbot der Aufstachelung zu Hass angeregt, dessen Diskriminierungsverbotsgründe zudem erweitert werden sollen.[1320] Der räumliche Anwendungsbereich sollte zudem nach teilweise vertretener Auffassung – ähnlich wie jüngst in der Datenschutz-Grundverordnung[1321] – auf Angebote erweitert werden, die auch ohne Niederlassung in der Europäischen Union auf den europäischen Markt ausgerichtet sind, zumindest soweit diese Angebote über beträchtliche Marktpräsenz in Europa

---

1313 Ebd., 47.
1314 Ebd., 46.
1315 Ebd.
1316 Ebd.
1317 Ebd.
1318 Ebd., 47.
1319 *Europäische Kommission,* Synopsis report of the Public consultation on Directive 2010/13/EU on Audiovisual Media Services (AVMSD) – A media framework for the 21st century, 25.05.2016, 6.
1320 Ebd.
1321 Vgl Art. 3 Abs. 2 der Verordnung (EU) 2016/679 des Europäischen Parlaments und des Rates v. 27.4.2016 zum Schutz natürlicher Personen bei der Verarbeitung personenbezogener Daten, zum freien Datenverkehr und zur Aufhebung der Richtlinie 95/46/EG (Datenschutz-Grundverordnung).

verfügen.[1322] Hiermit geht nach anderer Ansicht jedoch die Gefahr einher, dass der europäische Markt für ausländische Angebote unattraktiv werde.[1323]

Laut des deutschen Positionspapiers soll die Geltung bestimmter Schutzvorschriften der AVMD-Richtlinie, insbesondere Jugendschutzvorschriften[1324] und Werberegelungen,[1325] auf nicht-redaktionell gestaltete Angebote ausgedehnt werden.[1326] Dies stellt eine deutliche Abweichung von den Ergebnissen und Empfehlungen des Konvergenzgutachtens dar. Während das Gutachten Plattformen nicht in den Kernbereich der Regulierung einbezieht,[1327] fordert das Positionspapier eine Ausweitung des sachlichen Anwendungsbereichs.[1328]

Der ERGA-Bericht lehnt die vollständige Erweiterung des materiellen Anwendungsbereichs auf Videoplattformen hingegen ab.[1329] Eine Gleichstellung von Intermediären mit Anbietern audiovisueller Mediendienste sei nicht empfehlenswert, vielmehr müssten neue, eigens auf die Plattformen zugeschnittene Regelungen eingeführt werden. [1330] Andere Intermediäre, wie Suchmaschinen oder Appstores,[1331] sollten eher zu freiwilligen Maßnahmen im Bereich des Jugendschutzes, der Vielfaltssicherung und der Förderung von Inhaltsproduktionen angehalten werden.[1332]

III. Zusammenfassung der Ergebnisse

Der hier dargestellte Ausschnitt der europäischen Reformdebatte zur AVMD-Richtlinie ist in sachlicher und zeitlicher Hinsicht limitiert. Dennoch lassen sich bezogen auf die untersuchte Fragestellung deutliche Tendenzen ausmachen. Zu

---

1322 *Europäische Kommission,* Synopsis report of the Public consultation on Directive 2010/13/EU on Audiovisual Media Services (AVMSD) – A media framework for the 21st century, 25.05.2016, 4.
1323 Ebd., 5.
1324 *Bundesrepublik Deutschland,* Positionspapier zur Novellierung der Audiovisuellen Mediendienste Richtlinie (AVMD), 3.11.2015, 3.
1325 Ebd., 2.
1326 Ebd., 1 f.
1327 *Kluth/Schulz,* Konvergenz und regulatorische Folgen, 2014, 82 f.
1328 *Bundesrepublik Deutschland,* Positionspapier zur Novellierung der Audiovisuellen Mediendienste Richtlinie (AVMD), 3.11.2015, 1 f.
1329 *ERGA,* Report on material jurisdiction in a converged environment, ERGA 2015 (12), 18.12.2015, 39.
1330 Ebd., 40.
1331 Ebd., 10.
1332 Ebd., 57 f.

bedenken ist dabei, dass die *Kommission* bei der Erarbeitung des 2016 veröffentlichten Richtlinienvorschlags ebenfalls auf die hier ausgewählten Positionen zurückgegriffen hat. In der Zeit zwischen der Veröffentlichung des Grünbuchs zur Medienkonvergenz[1333] im April 2013 und dem Abschluss der REFIT-Konsultation[1334] im September 2015 wurden damit gewissermaßen die Weichen der späteren Reform gestellt.

Dieser Zeitraum von knapp zweieinhalb Jahren wirkt zunächst sehr kurz. Im Kontext der tatsächlichen Entwicklung nichtlinearer audiovisueller Mediendienste und anderer Videoangebote im Internet handelt es sich dabei jedoch um den entscheidenden Punkt, an dem viele der diskutierten Phänomene erst an konkreter Relevanz gewonnen haben. Wie bereits in der Einleitung angeführt,[1335] sind die heutigen Marktführer im Bereich der Online-Videotheken erst seit 2013 auf dem europäischen Markt vertreten.[1336] YouTube, als relevantestes Beispiel unter den Videoplattformen, verzeichnete zwischen 2013 und 2015 eine 400%-ige Steigerung der pro Minute hochgeladenen nutzergenerierten Videoinhalte.[1337] Mit den im Umfeld dieser Dienste entstandenen rechtlichen Problemen sind die nationalen Regulierungsstellen folglich auch erst seit 2013 real konfrontiert. Der Reformprozess des europäischen Rechtsrahmens stellt nun die naturgemäß verzögerte[1338] Reaktion des Rechts auf diese Angebotsentwicklung dar.

In Bezug auf den abgestuften Regelungsansatz der AVMD-Richtlinie für lineare und nichtlineare Dienste lässt sich die tatsächliche Entwicklung zwischen 2013 und 2015 gut an den Beiträgen zur Grünbuch-Konsultation einerseits und zur REFIT-Konsultation andererseits ablesen. In der früheren Konsultation

---

1333 *Europäische Kommission*, Grünbuch über die Vorbereitung auf die vollständige Konvergenz der audiovisuellen Welt: Wachstum, Schöpfung und Werte, COM(2013) 231 final, 24.4.2013.
1334 *Europäische Kommission*, Konsultation zur Richtlinie 2010/13/EU über audiovisuelle Mediendienste (AVMD-RL) – Eine Mediengesetzgebung für das 21. Jahrhundert, Fragebogen, 6.07.2015.
1335 Siehe oben unter Erster Teil. § 1 IV.
1336 *Croce/Grece*, Trends in video-on-demand revenues, November 2015, 4.
1337 *Europäische Kommission*, AVMS Ex-post REFIT evaluation, SWD(2016) 170 final, 25.05.2016, Fn. 49 unter Verweis auf *Brouwer*, YouTube Now Gets Over 400 Hours of Content Uploaded Every Minute, tubefilter v. 26.07.2015, abrufbar unter: http://www.tubefilter.com/2015/07/26/YouTube-400-hours-content-every-minute/ [Stand November 2018]; zu den Zahlen für 2013 siehe *Robertson*, 300+ Hours of Video Uploaded to YouTube every Minute, tubularinsights v. 21.11.2014, abrufbar unter: http://tubularinsights.com/YouTube-300-hours/ [Stand November 2018].
1338 Vgl. *Szpunar*, Schlussanträge v. 1.7.2015, Rs. C-347714, Rn. 2.

bewerteten viele Teilnehmer die Unterscheidung anhand der Linearität noch als angemessen oder lehnten eine direkte Konkurrenz zwischen linearen und nichtlinearen Diensten sogar ab.[1339] Betrachtet man diese Konsultationsergebnisse aus heutiger Perspektive, muss der in der Zwischenzeit erfolgte Wandel der Angebots- und Nutzungsstrukturen berücksichtigt werden. Die zur Aufrechterhaltung der Unterscheidung vorgebrachten Argumente haben größtenteils aus heutiger Sicht keinen Bestand mehr. Eine Konkurrenz zwischen linearem Rundfunk und bestimmten großen Abrufdiensten kann kaum abgestritten werden. Dabei stellen gerade diese Angebote – wie beispielsweise der Dienst Netflix – nicht mehr größtenteils bereits ausgestrahlte Inhalte zur Verfügung, sondern verfügen über viele Exklusivinhalte und Eigenproduktionen.[1340] Die unterschiedlichen Standards für lineare und nichtlineare Angebote haben in der Zeit seit Abschluss der Konsultation 2013 daher nochmals an Relevanz gewonnen. Dementsprechend wird das Vorliegen von Wettbewerbsverzerrungen zwischen diesen Diensten in allen späteren Beiträgen zur Debatte tendenziell bejaht.[1341] Als Lösungsoption werden entweder die vollständige Aufgabe der Unterscheidung nach Linearität[1342] oder eine Anpassung des Regelungsniveaus in einzelnen Bereichen[1343] vorgeschlagen. Erleichterungen für lineare Dienste[1344] könnten

---

1339 *Europäische Kommission*, Summaries of the replies to the public consultation launched by the Green Paper "Preparing for a Fully Converged Audiovisual World: Growth, Creation and Values", 12.9.2014, 37.
1340 *Steinkirchner/Maier/Kreß/Kuhn*, Wird Netflix zum Opfer seines Erfolgs?, WirtschaftsWoche v. 5.9.2016, abrufbar unter: http://www.wiwo.de/technologie/digitale-welt/internet-fernsehen-wird-netflix-zum-opfer-seines-erfolgs/14482842.html [Stand November 2018].
1341 *Arbeitsgemeinschaft der Landesmedienanstalten (ALM)/Direktorenkonferenz der Landesmedienanstalten (DLM)*, Beitrag zur Konsultation zur Richtlinie 2010/13/EU über audiovisuelle Mediendienste (AVMD-RL) – Eine Mediengesetzgebung für das 21. Jahrhundert, 6.07.2015 – 30.09.2015, 8; *Conseil supérieur de l'audiovisuel de la Communauté française de Belgique (CSA)*, Beitrag zur Konsultation zur Richtlinie 2010/13/EU über audiovisuelle Mediendienste (AVMD-RL) – Eine Mediengesetzgebung für das 21. Jahrhundert, 6.07.2015 – 30.09.2015, 7; *ERGA*, Report on material jurisdiction in a converged environment, ERGA 2015 (12), 18.12.2015, 42; *Kluth/Schulz*, Konvergenz und regulatorische Folgen, 2014, 14.
1342 *Bundesrepublik Deutschland*, Positionspapier zur Novellierung der Audiovisuellen Mediendienste Richtlinie (AVMD), 3.11.2015, 2.
1343 *ERGA*, Report on material jurisdiction in a converged environment, ERGA 2015 (12), 18.12.2015, 42.
1344 *Kluth/Schulz*, Konvergenz und regulatorische Folgen, 2014, 80.

durch die Liberalisierung der quantitativen Werberegeln geschaffen werden,[1345] Gewisser Konsens besteht auch hinsichtlich der Vereinheitlichung der Vorschriften zum Jugendschutz[1346] und der qualitativen Werbestandards.[1347] Die Stimmen, die für eine Aufgabe der Linearität der Dienste als Unterscheidungskriterium argumentieren, schlagen teilweise vor, die Unterscheidung stattdessen anhand der Meinungsbildungsrelevanz der jeweiligen Dienste vorzunehmen.[1348]

Bezüglich der Problemlage in der Auslegung des materiellen Anwendungsbereichs besteht Einigkeit. Die „Übeltäter" unter den Definitionsmerkmalen sind der Hauptzweck[1349] der Angebote sowie die Fernsehähnlichkeit der Inhalte[1350]. Zur Lösung dieser Probleme gehen die Meinungen jedoch auseinander. Zunächst sprechen sich einige Stimmen für die Beibehaltung der Definition[1351] an sich aus, die in den zwei problematischen Punkten jedoch durch Leitlinien der *Kommission* zur Auslegung klargestellt werden soll.[1352] Dies ist insbesondere

---

1345 *Bundesrepublik Deutschland*, Positionspapier zur Novellierung der Audiovisuellen Mediendienste Richtlinie (AVMD), 3.11.2015, 3; *Europäische Kommission*, Summaries of the replies to the public consultation launched by the Green Paper "Preparing for a Fully Converged Audiovisual World: Growth, Creation and Values", 12.9.2014, 40; so auch *Europäisches Parlament*, Entschließung zur Vorbereitung auf die vollständige Konvergenz der audiovisuellen Welt (2013/2180(INI)), P7_TA(2014)0232, 12.03.2014, Entschließung 20.

1346 *Bundesrepublik Deutschland*, Positionspapier zur Novellierung der Audiovisuellen Mediendienste Richtlinie (AVMD), 3.11.2015, 3; *Europäische Kommission*, Synopsis report of the Public consultation on Directive 2010/13/EU on Audiovisual Media Services (AVMSD) – A media framework for the 21st century, 25.05.2016, 6; *ERGA*, Report on material jurisdiction in a converged environment, ERGA 2015 (12), 18.12.2015, 45; so auch bereits zum Grünbuch Medienkonvergenz *Europäische Kommission*, Summaries of the replies to the public consultation launched by the Green Paper "Preparing for a Fully Converged Audiovisual World: Growth, Creation and Values", 12.9.2014, 38.

1347 *Bundesrepublik Deutschland*, Positionspapier zur Novellierung der Audiovisuellen Mediendienste Richtlinie (AVMD), 3.11.2015, 2.

1348 *Europäische Kommission*, Summaries of the replies to the public consultation launched by the Green Paper "Preparing for a Fully Converged Audiovisual World: Growth, Creation and Values", 12.9.2014, 41; *Europäisches Parlament*, Entschließung zu "Connected TV", P7_TA(2013)0329, 4.07.2013, 10. Entschließung.

1349 *ERGA*, Report on material jurisdiction in a converged environment, ERGA 2015 (12), 18.12.2015, 35.

1350 Ebd., 30.

1351 *Kluth/Schulz*, Konvergenz und regulatorische Folgen, 2014, 79.

1352 *ERGA*, Report on material jurisdiction in a converged environment, ERGA 2015 (12), 18.12.2015, 34; *Europäische Kommission*, Synopsis report of the Public consultation

die präferierte Option bezüglich des Hauptzweck-Kriteriums.[1353] Dabei soll nach überwiegender Ansicht eine weite Auslegung im Sinne der getrennten Beurteilung von Diensten innerhalb eines Angebots durch die *Kommission* zugelassen werden.[1354] Lediglich Presseverbände lehnen dies ab.[1355] Allerdings warnt auch der ERGA-Bericht vor einer Überdehnung des Kriteriums.[1356]

In der Behandlung des Fernsehähnlichkeits-Kriteriums besteht größere Uneinigkeit. Teils werden auch hier klarstellende Leitlinien für ausreichend gehalten.[1357] Zuspruch findet jedoch auch die vollständige Streichung dieses Merkmals aus der Definition der audiovisuellen Mediendienste.[1358] In der Konsequenz würde der Anwendungsbereich der Richtlinie damit auf nicht-fernsehähnliche

---

on Directive 2010/13/EU on Audiovisual Media Services (AVMSD) – A media framework for the 21st century, 25.05.2016, 4; *OFCOM*, Beitrag zur Konsultation zur Richtlinie 2010/13/EU über audiovisuelle Mediendienste (AVMD-RL) – Eine Mediengesetzgebung für das 21. Jahrhundert, 6.07.2015 – 30.09.2015, 11.

1353 *Conseil supérieur de l'audiovisuel de la Communauté française de Belgique (CSA)*, Beitrag zur Konsultation zur Richtlinie 2010/13/EU über audiovisuelle Mediendienste (AVMD-RL) – Eine Mediengesetzgebung für das 21. Jahrhundert, 6.07.2015 – 30.09.2015, 8; *ERGA,* Report on material jurisdiction in a converged environment, ERGA 2015 (12), 18.12.2015, 37.

1354 *Arbeitsgemeinschaft der Landesmedienanstalten (ALM)/Direktorenkonferenz der Landesmedienanstalten (DLM)*, Beitrag zur Konsultation zur Richtlinie 2010/13/ EU über audiovisuelle Mediendienste (AVMD-RL) – Eine Mediengesetzgebung für das 21. Jahrhundert, 6.07.2015 – 30.09.2015, 9.

1355 *European Magazine Media Association (EMMA)/European Newspaper Publishers Association (ENPA)*, Beitrag zur Konsultation zur Richtlinie 2010/13/EU über audiovisuelle Mediendienste (AVMD-RL) – Eine Mediengesetzgebung für das 21. Jahrhundert, 6.07.2015 – 30.09.2015, 8 f.

1356 *ERGA,* Report on material jurisdiction in a converged environment, ERGA 2015 (12), 18.12.2015, 37.

1357 Ebd., 34; *Europäische Kommission,* Synopsis report of the Public consultation on Directive 2010/13/EU on Audiovisual Media Services (AVMSD) – A media framework for the 21st century, 25.05.2016, 4; *OFCOM*, Beitrag zur Konsultation zur Richtlinie 2010/13/EU über audiovisuelle Mediendienste (AVMD-RL) – Eine Mediengesetzgebung für das 21. Jahrhundert, 6.07.2015 – 30.09.2015, 11.

1358 *Arbeitsgemeinschaft der Landesmedienanstalten (ALM)/Direktorenkonferenz der Landesmedienanstalten (DLM)*, Beitrag zur Konsultation zur Richtlinie 2010/13/ EU über audiovisuelle Mediendienste (AVMD-RL) – Eine Mediengesetzgebung für das 21. Jahrhundert, 6.07.2015 – 30.09.2015, 8; *Bundesrepublik Deutschland*, Positionspapier zur Novellierung der Audiovisuellen Mediendienste Richtlinie (AVMD), 3.11.2015, 1; *Conseil supérieur de l'audiovisuel de la Communauté française de Belgique (CSA)*, Beitrag zur Konsultation zur Richtlinie 2010/13/EU über audiovisuelle

Inhalte erweitert. Die Motivation der Befürworter dieser Option scheint jedoch gespalten zu sein: Während einige eher durch den Wegfall der mit dem Fernsehähnlichkeits-Kriteriums zusammenhängenden Auslegungs- und Abgrenzungsprobleme motiviert wirken,[1359] streben andere gerade die Erweiterung des materiellen Anwendungsbereichs zur Angleichung der Wettbewerbsbedingungen an.[1360] Der ERGA-Bericht wiederum mahnt den Rückbezug des Kriteriums zur gesellschaftlichen Bedeutung der Dienste an, das auch der Wahrung der Verhältnismäßigkeit der Regulierung dient und lehnt eine Abschaffung des Kriteriums daher ab.[1361]

Alternativ wird auch eine weitergehende Überarbeitung des Anwendungsbereichs vorgeschlagen. Hier überschneiden sich die Vorschläge mit den Lösungsoptionen zum abgestuften Regelungsansatz.[1362] Verschiedene Diskussionsbeiträge verweisen auf die stärkere Berücksichtigung der Meinungsbildungsrelevanz von Diensten.[1363] Konkreter wird ein ähnlicher Vorschlag im deutschen Konvergenzgutachten ausgearbeitet.[1364]

Mediendienste (AVMD-RL) – Eine Mediengesetzgebung für das 21. Jahrhundert, 6.07.2015 – 30.09.2015, 8.

1359 *Bundesrepublik Deutschland*, Positionspapier zur Novellierung der Audiovisuellen Mediendienste Richtlinie (AVMD), 3.11.2015, 1.

1360 *Arbeitsgemeinschaft der Landesmedienanstalten (ALM)/Direktorenkonferenz der Landesmedienanstalten (DLM)*, Beitrag zur Konsultation zur Richtlinie 2010/13/EU über audiovisuelle Mediendienste (AVMD-RL) – Eine Mediengesetzgebung für das 21. Jahrhundert, 6.07.2015 – 30.09.2015, 8; *Conseil supérieur de l'audiovisuel de la Communauté française de Belgique (CSA)*, Beitrag zur Konsultation zur Richtlinie 2010/13/EU über audiovisuelle Mediendienste (AVMD-RL) – Eine Mediengesetzgebung für das 21. Jahrhundert, 6.07.2015 – 30.09.2015, 8.

1361 *ERGA*, Report on material jurisdiction in a converged environment, ERGA 2015 (12), 18.12.2015, 34.

1362 *Europäisches Parlament*, Entschließung zu "Connected TV", P7_TA(2013)0329, 4.07.2013, 10. Entschließung.

1363 *Europäische Kommission*, Summaries of the replies to the public consultation launched by the Green Paper „Preparing for a Fully Converged Audiovisual World: Growth, Creation and Values", 12.9.2014, 41; *Europäisches Parlament*, Entschließung zu "Connected TV", P7_TA(2013)0329, 4.07.2013, 3. Entschließung; *KommAustria*, Beitrag zur Konsultation zur Richtlinie 2010/13/EU über audiovisuelle Mediendienste (AVMD-RL) – Eine Mediengesetzgebung für das 21. Jahrhundert, 6.07.2015 – 30.09.2015, 8.

1364 *Kluth/Schulz*, Konvergenz und regulatorische Folgen, 2014, 23 f.

Schließlich wird zunehmend die Einbeziehung von Angeboten ohne redaktionelle Kontrolle in die Regulierung befürwortet.[1365] Konkret würde dies Videoplattformen wie YouTube, die nutzergenerierte Inhalte anbieten, betreffen. Zum Teil wird zur Begründung auf Wettbewerbsverzerrungen verwiesen,[1366] zum Teil jedoch auch auf das mangelnde Jugendschutzniveau der Angebote.[1367] In Betracht kommt die Einbeziehung entweder über eine Erweiterung des materiellen Anwendungsbereichs,[1368] so dass auch Videoplattformen audiovisuelle Mediendienste darstellen würden, oder in Form der nur punktuellen Übertragung einzelner Verpflichtungen auf die Anbieter,[1369] insbesondere aus den Bereichen Jugendschutz,[1370] qualitativer Werbevorschriften[1371] und Verhinderung von

---

1365 *Conseil supérieur de l'audiovisuel de la Communauté française de Belgique (CSA)*, Beitrag zur Konsultation zur Richtlinie 2010/13/EU über audiovisuelle Mediendienste (AVMD-RL) – Eine Mediengesetzgebung für das 21. Jahrhundert, 6.07.2015 – 30.09.2015, 10; *Europäische Kommission*, Synopsis report of the Public consultation on Directive 2010/13/EU on Audiovisual Media Services (AVMSD) – A media framework for the 21st century, 25.05.2016, 4.

1366 *Conseil supérieur de l'audiovisuel de la Communauté française de Belgique (CSA)*, Beitrag zur Konsultation zur Richtlinie 2010/13/EU über audiovisuelle Mediendienste (AVMD-RL) – Eine Mediengesetzgebung für das 21. Jahrhundert, 6.07.2015 – 30.09.2015, 8; *Europäische Kommission*, Summaries of the replies to the public consultation launched by the Green Paper "Preparing for a Fully Converged Audiovisual World: Growth, Creation and Values", 12.9.2014, 39 f.; *Dies.*, Synopsis report of the Public consultation on Directive 2010/13/EU on Audiovisual Media Services (AVMSD) – A media framework for the 21st century, 25.05.2016, 4.

1367 *Europäische Kommission*, AVMS Impact Assessment, SWD(2016) 168 final, 25.05.2016, 5 ff.

1368 *Dies.*, Summaries of the replies to the public consultation launched by the Green Paper "Preparing for a Fully Converged Audiovisual World: Growth, Creation and Values", 12.9.2014, 44.

1369 *ERGA*, Report on material jurisdiction in a converged environment, ERGA 2015 (12), 18.12.2015, 40.

1370 *Bundesrepublik Deutschland*, Positionspapier zur Novellierung der Audiovisuellen Mediendienste Richtlinie (AVMD), 3.11.2015, 3; *Europäische Kommission*, Synopsis report of the Public consultation on Directive 2010/13/EU on Audiovisual Media Services (AVMSD) – A media framework for the 21st century, 25.05.2016, 6.

1371 *Bundesrepublik Deutschland*, Positionspapier zur Novellierung der Audiovisuellen Mediendienste Richtlinie (AVMD), 3.11.2015, 2.

Hassrede.[1372] Häufig wird die Umsetzung im Wege von Ko- und Selbstregulierung präferiert.[1373]
Vergleicht man die Ergebnisse der Berichte und Gutachten miteinander, fällt auf, dass der ERGA-Bericht am deutlichsten auf die Erhaltung des aktuellen Systems in weiten Teilen ausgerichtet ist. Innovative Ansätze sucht man im Bericht vergebens. Tendenziell bewegen sich die Vorschläge eher in Richtung einer Erhöhung des Regulierungsniveaus für Abrufdienste, auf die einige der bisher nur für lineare Dienste geltenden Standards übertragen werden sollen. Für einige besonders relevante Angebote mag dies angesichts der verschwindenden Unterschiede zwischen den Dienstekategorien gerechtfertigt sein und zur Behebung von Wettbewerbsverzerrungen beitragen. Für kleinere oder speziellere Angebote, die gleichwohl die im Wesentlichen unveränderten Kriterien des sachlichen Anwendungsbereichs erfüllen, erscheint diese Angleichung jedoch überzogen. Während sie beinahe auf dem Niveau des Rundfunks reguliert würden, könnten sich andere Angebotsformen weiterhin frei von Regulierung entwickeln. Die Ansätze zur Einbeziehung von Videoplattformen in die AVMD-Richtlinie sind nicht darauf ausgerichtet, gleiche Wettbewerbsbedingungen zu schaffen, sondern dienen eher den Regulierungszielen Jugendschutz und Vielfalt. Die Vorschläge aus der Konsultation zum Grünbuch Medienkonvergenz von 2013[1374] wiesen hingegen deutlicher in Richtung einer (deregulierenden) Überarbeitung des Gesamtkonzepts, wobei die Unterscheidung verschiedener Regulierungsniveaus an die angebotenen Inhalte und nicht an die eingesetzte Übertragungstechnik

---

1372 *Europäische Kommission,* Synopsis report of the Public consultation on Directive 2010/13/EU on Audiovisual Media Services (AVMSD) – A media framework for the 21st century, 25.05.2016, 6.
1373 *Conseil supérieur de l'audiovisuel de la Communauté française de Belgique (CSA),* Beitrag zur Konsultation zur Richtlinie 2010/13/EU über audiovisuelle Mediendienste (AVMD-RL) – Eine Mediengesetzgebung für das 21. Jahrhundert, 6.07.2015 – 30.09.2015, 11; *Europäische Kommission,* Summaries of the replies to the public consultation launched by the Green Paper "Preparing for a Fully Converged Audiovisual World: Growth, Creation and Values", 12.9.2014, 46 f.; *Dies.,* Synopsis report of the Public consultation on Directive 2010/13/EU on Audiovisual Media Services (AVMSD) – A media framework for the 21st century, 25.05.2016, 6.
1374 *Europäische Kommission,* Grünbuch über die Vorbereitung auf die vollständige Konvergenz der audiovisuellen Welt: Wachstum, Schöpfung und Werte, COM(2013) 231 final, 24.4.2013.

anknüpfen sollte.[1375] Auch im Vergleich zum deutschen Konvergenzgutachten[1376] fällt der ERGA Bericht deutlich konservativer aus, wobei andererseits gewisse Parallelen deutlich werden. Der häufige Verweis auf die Bedeutung der Dienste für Demokratie und Gesellschaft,[1377] der der bestehenden AVMD-Richtlinie in dieser Form eher fremd ist, erinnert an das Konzept des „Mehrwerts für die öffentliche Kommunikation"[1378] aus dem deutschen Papier. Die *DLM* war allerdings neben dem britischen *OFCOM*, der italienischen *AGCOM* und dem *CSA Frankreich* am Berichtsentwurf beteiligt.[1379]

IV. Anforderungshorizont für die Reform

Nachdem die allgemein vorgeschlagenen Optionen zur Neuausrichtung der AVMD-Richtlinie dargestellt wurden, ist vor der Auseinandersetzung mit den konkreten Regelungsvorschlägen noch zu untersuchen, welche Anforderungen grundlegend an die Novellierung zu stellen sind. Dabei kann der Anwendungsbereich wiederum nicht losgelöst vom Gesamtkonzept der Richtlinie betrachtet werden. Auch wenn für die vorliegende Untersuchung primär relevant ist, welche Arten von Diensten überhaupt von der Richtlinie erfasst sind und in der Zukunft erfasst sein sollen, ist auf der zweiten Stufe ebenfalls entscheidend, welche inhaltlichen Anforderungen daraus für sie – insbesondere im Unterschied zu anderen Dienstekategorien – erwachsen.

Welchen Rahmen muss ein Regulierungskonzept für die Zukunft zwingend einhalten? Und welchen Problemen muss die Überarbeitung sich insbesondere widmen um als Verbesserung im Vergleich zum Status quo angesehen werden zu können? Im Wesentlichen ist sicherzustellen, dass das übergeordnete Primärrecht und die Kohärenz mit dem sonstigen Medienrecht der Union gewahrt werden (1.) und die Regulierungsziele der AVMD-Richtlinie selbst erhalten bleiben (2.). Zudem ist zur Lösung der Abgrenzungsschwierigkeiten im materiellen Anwendungsbereich der Richtlinie das Meinungsbildungspotential der Dienste einzubeziehen (3.). Schließlich muss das derzeit bestehende strukturelle

---

1375 *Dies.*, Summaries of the replies to the public consultation launched by the Green Paper "Preparing for a Fully Converged Audiovisual World: Growth, Creation and Values", 12.9.2014, 41.
1376 *Kluth/Schulz*, Konvergenz und regulatorische Folgen, 2014.
1377 *ERGA*, Report on material jurisdiction in a converged environment, ERGA 2015 (12), 18.12.2015, 34.
1378 *Kluth/Schulz*, Konvergenz und regulatorische Folgen, 2014, 23 f.
1379 *ERGA*, Report on material jurisdiction in a converged environment, ERGA 2015 (12), 18.12.2015, 3.

Vollzugsdefizit[1380] im Zusammenhang mit Videoplattformen (4.) berücksichtigt werden, soweit eine Erweiterung des Anwendungsbereichs auf derartige Dienste angestrebt wird.

1. Rechtskohärenz

Zu fordern ist grundlegend, dass sich aus einem neuen Regulierungskonzept für audiovisuelle Medien keine Konflikte mit sonstigen Vorschriften des europäischen Rechts ergeben.[1381] Der Rahmen, der dabei eingehalten werden muss, ist zunächst durch das Primärrecht vorgegeben. Zum einen muss jede europäische Regelung den Grundsatz der begrenzten Einzelermächtigung[1382] sowie das Subsidiaritätsprinzip[1383] wahren und speziell im Bereich der Medienregulierung die Kulturhoheit der Mitgliedstaaten[1384] achten.[1385] Die Vorschriften für Mediendiensteanbieter müssen sich zum anderen am Maßstab der Grundrechtecharta, insbesondere Art. 11 GRCh, messen lassen und mit den Vorschriften der e-Commerce Richtlinie im Einklang stehen.

a) Art. 11 Grundrechtecharta

Art. 11 Abs. 1 der Grundrechtecharta schützt dem Wortlaut nach die Meinungsäußerungs- und Informationsfreiheit. Absatz 2 verweist zusätzlich auf die „Achtung" der Medienfreiheit und Medienpluralität. Die Freiheit der Medien ist somit als spezielle Ausprägung der gewährleisteten Kommunikationsgrundrechte umfasst.[1386] Eine Differenzierung nach Verbreitungsformen findet nicht statt, so dass jede Form der Massenkommunikation grundsätzlich in den Schutzbereich

---

1380 *Ruttig*, Kontrollieren die Landesmedienanstalten bald das Internet?, Legal Tribune Online v. 21.10.2015, 2.
1381 Vgl. auch *Europäische Kommission*, Vorschlag für eine Richtlinie des Europäischen Parlaments und des Rates zur Änderung der Richtlinie 2010/13/EU zur Koordinierung bestimmter Rechts- und Verwaltungsvorschriften der Mitgliedstaaten über die Bereitstellung audiovisueller Mediendienste im Hinblick auf sich verändernde Marktgegebenheiten, COM(2016) 287 final, 25.05.2016, 3.
1382 Art. 5 Abs. 2 EUV.
1383 Art. 5 Abs. 3 EUV.
1384 Art. 167 AEUV.
1385 Siehe hierzu *Dörr*, in: Hartstein/Ring u. a. (Hrsg.), Kommentar zum Rundfunkstaatsvertrag, 75. EGL 2018, Teil B4, Rn. 22 ff.
1386 *Bernsdorff*, in: Meyer (Hrsg.), Charta der Grundrechte der Europäischen Union, 4. Aufl. 2014, Art. 11, Rn. 1; *Dörr*, in: Hartstein/Ring u. a. (Hrsg.), Kommentar zum Rundfunkstaatsvertrag, 75. EGL 2018, Teil B4, Rn. 5.

des Art. 11 Abs. 2 GRCh fällt.[1387] Dies ergibt sich bereits aus dem Verhältnis der Grundrechtecharta zur Europäischen Menschenrechtskonvention (EMRK) des *Europarats*. Diese enthält in Art. 10 eine textidentische Verbürgung der Meinungs- und Informationsfreiheit, die die Freiheit der Massenmedien einschließt.[1388] Die Grundrechtecharta wiederum verkürzt ausweislich ihres Art. 52 Abs. 3 keines der Rechte aus der EMRK. Im Ergebnis ist die Medienfreiheit in Art. 11 GRCh also mindestens[1389] in gleichem Umfang geschützt wie durch Art. 10 EMRK.

Konkretere Anforderungen der Grundrechtecharta an die Medienregulierung lassen sich der Natur der Sache nach nur einzelfallbezogen ableiten. Jedenfalls unterwirft die Charta die Regulierung der Medien jedoch den Grundsätzen der Verhältnismäßigkeit und Erforderlichkeit.[1390] Grundsätzlich sind also so wenig Eingriffe in die Tätigkeit der Medien wie möglich vorzunehmen, um die Schutzziele der Medienregulierung[1391] zu gewährleisten. Als Ausprägung des Verhältnismäßigkeitsgrundsatzes darf Regulierung nur dann eingreifen, wenn andernfalls die Gefahr einer Fehlentwicklung mit Blick auf die Schutzziele besteht.[1392] Diese Gefahr muss wiederum größer sein als die Gefahr der Beeinträchtigung des Marktes durch die Regelungen selbst.[1393] Für die Medienschaffenden müssen Planungssicherheit und Rechtssicherheit zum Schutz der Innovation und Investition gewährleistet bleiben.[1394]

Spezifisch bezüglich Zulassungspflichten für Medien ergeben sich aus Art. 11 GRCh und Art. 10 EMRK jedoch konkrete Anforderungen. Art. 10 Abs. 1 S. 3 EMRK enthält einen Schrankenvorbehalt für staatliche Genehmigungspflichten für Hörfunk- Fernsehen- und Kinounternehmen. Dieser Schrankenvorbehalt erstreckt sich jedoch weder auf Pressetätigkeiten noch auf audiovisuelle

---

1387 Ebd., Rn. 17.
1388 *Cornils*, in: Gersdorf/Paal (Hrsg.), Beck'scher Online-Kommentar Informations- und Medienrecht, 17. Ed. 1.08.2017, Art. 11 GRCh, Rn. 13; *Grabenwarter/Pabel*, Europäische Menschenrechtskonvention, 6. Aufl. 2016, §23, Rn. 1.
1389 Vgl. *Dörr*, in: Hartstein/Ring u. a. (Hrsg.), Kommentar zum Rundfunkstaatsvertrag, 75. EGL 2018, Teil B4, Rn. 14 f.
1390 *Barata*, in: Nikoltchev (Hrsg.), The Regulation of On-demand Audiovisual Services: Chaos or Coherence, IRIS Special, 2011, 95 (96).
1391 Vgl. dazu auch oben unter Erster Teil. § 2 I.
1392 *Gournalakis*, NJW-Beilage 23/2002, 20 (22).
1393 Ebd.
1394 Ebd.

Mediendienste auf Abruf.[1395] Der *Europarat* sieht die Zulassungsfreiheit von Presse und Onlinemedien gar als einen „Indikator für Medien in einer Demokratie" an.[1396] Ausgenommen hiervon sind lediglich nicht-medienspezifische Meldepflichten wie Gewerbeanmeldung oder Steuerregistrierung.[1397] Der *EGMR* verweist zur Begründung des Schrankenvorbehalts auf die (ehemals) im Rundfunkbereich herrschende Frequenzknappheit und die hohen finanziellen Zugangshürden.[1398] Die Rechtfertigung eines Zulassungserfordernisses für Medien, die diesen Limitationen nicht unterliegen, würde folglich nur schwerlich gelingen.[1399]

Schließlich erfordert der Verhältnismäßigkeitsgrundsatz auch eine nach dem Gefährdungspotential der regulierten Dienste abgestufte Regelung. In der AVMD-Richtlinie von 2009 wird dies in Form des abgestuften Regelungsansatzes für audiovisuelle Mediendienste umgesetzt. Die weniger strengen Anforderungen an Abrufdienste, etwa im Bereich der ernsthaft entwicklungsbeeinträchtigenden Inhalte, die anders als im linearen Fernsehen unter zusätzlichen Vorkehrungen angeboten werden dürfen, sollen gerade auch die Verhältnismäßigkeit der Regelungen gewährleisten.[1400] Ein wichtiger Faktor dabei ist – wie eingangs für den Rundfunk dargestellt[1401] – die Meinungsbildungsrelevanz eines Angebots, an der die Regulierungsintensität auszurichten ist.[1402]

Mangels rundfunkrechtlicher Sondersituation im Bereich der audiovisuellen Abrufmedien muss sich deren Regulierung weiterhin eher am für die Presse geltenden Standard orientieren als am höheren Niveau des Rundfunks.[1403] Dies gilt insbesondere in Bezug auf die Beschränkungen[1404] bezüglich bestimmter Inhalte

---

1395 *Cornils*, in: Gersdorf/Paal (Hrsg.), Beck'scher Online-Kommentar Informations- und Medienrecht, 17. Ed. 1.08.2017, Art. 10 EMRK, Rn. 27.
1396 *Parlamentarische Versammlung des Europarats*, Indicators for media in a democracy, Resolution 1636 (2008), 2008, 8.15.
1397 Ebd.
1398 *EGMR*, Urt. v. 28.03.1990, Rs. 10890/84, Rn. 60; *Barata*, in: Nikoltchev (Hrsg.), The Regulation of On-demand Audiovisual Services: Chaos or Coherence, IRIS Special, 2011, 95 (97).
1399 *Barata*, Nikoltchev (Hrsg.), The Regulation of On-demand Audiovisual Services: Chaos or Coherence, IRIS Special, 2011, 95 (97).
1400 Ebd., 96.
1401 Siehe oben unter Erster Teil. § 2 II. 2.
1402 *Gournalakis*, ZUM 2003, 180 (183).
1403 *Katsirea*, International Journal of Law and Information Technology 2015, 1 (23).
1404 Vgl. Art. 9 Abs. 1 lit. c AVMD-Richtlinie.

in Programm und Werbung,[1405] die den Kern der Meinungsäußerungsfreiheit in der Medientätigkeit betreffen.[1406] Ebenso muss die Einbeziehung weiterer Angebotsformen in den Anwendungsbereich als Eingriff nach dem Maßstab von Art. 11 GRCh und Art. 10 EMRK gerechtfertigt sein.[1407] Unter den zur Verfügung stehenden Mitteln ist stets das bei gleicher Effektivität mildeste zu wählen, so dass gegebenenfalls Maßnahmen im Wege der Ko- und Selbstregulierung vorzugswürdig sind.[1408]

b) Richtlinie über den elektronischen Geschäftsverkehr

Die e-Commerce Richtlinie aus dem Jahr 2000 weist teilweise Überschneidungen mit den Regelungsbereichen der AVMD-Richtlinie auf. Anders als die AVMD-Richtlinie sieht die e-Commerce Richtlinie dabei jedoch keine medienspezifische, insbesondere publizistische Regulierung vor. Ihr Regelungsziel ist vielmehr die Vereinheitlichung des europäischen elektronischen Geschäftsverkehrs als Teil des Binnenmarktes.[1409] Gleichzeitig ist der Anwendungsbereich der e-Commerce Richtlinie jedoch so weit gefasst, dass auch ein Teil der unter die AVMD-Richtlinie fallenden Mediendienste materiell von der e-Commerce Richtlinie umfasst ist. Diese gilt für alle „Dienste der Informationsgesellschaft" gemäß Art. 2 lit. a e-Commerce Richtlinie in Verbindung mit Art. 1 Nr. 2 Richtlinie 98/48/EG[1410], d.h. alle „in der Regel gegen Entgelt elektronisch im Fernabsatz und auf individuellen Abruf eines Empfängers erbrachte Dienstleistung[en]". Von der Definition erfasst sind damit auch nichtlineare audiovisuelle Mediendienste im Sinne der AVMD-Richtlinie, die zu einem vom Nutzer gewählten Zeitpunkt abrufbar sind.[1411] Fernsehsendungen als lineare audiovisuelle Mediendienste sind hingegen keine Dienste der Informationsgesellschaft.[1412]

Art. 4 Abs. 1 e-Commerce Richtlinie schreibt den Grundsatz der Zulassungsfreiheit für Dienste der Informationsgesellschaft vor. Neben der Zulassungspflicht

---

1405 *Katsirea*, International Journal of Law and Information Technology 2015, 1 (23).
1406 *Fiedler*, in: Gersdorf/Paal (Hrsg.), Beck'scher Online Kommentar zum Informations- und Medienrecht, 17. Ed. 1.08.2017, §58 RStV, Rn. 37.
1407 *Ariño*, Communications & Strategies 2007 (No. 66), 115 (131).
1408 Ebd.
1409 Vgl. Art. 1 Abs. 1 e-Commerce Richtlinie.
1410 Richtlinie 98/48/EG des Europäischen Parlaments und des Rates zur Änderung der Richtlinie 98/34/EG über ein Informationsverfahren auf dem Gebiet der Normen und technischen Vorschriften v. 20.07.19998, ABl. L 217 v. 5.08.1998, S. 18 – 26.
1411 Vgl. Erwgr. 18 e-Commerce Richtlinie.
1412 Vgl. Ebd.

sind auch „sonstig[e] Anforderung[en] gleicher Wirkung" untersagt. Dies erfasst jedoch nicht reine Anzeigepflichten.[1413] Zudem sind gemäß Art. 4 Abs. 2 e-Commerce Richtlinie Zulassungsverfahren, „die nicht speziell und ausschließlich Dienste der Informationsgesellschaft betreffen" abweichend zulässig.

Relevante Bestimmungen der e-Commerce Richtlinie für die im Rahmen dieser Untersuchung diskutierten Fragestellungen sind weiterhin insbesondere die in Art. 14 und Art. 15 e-Commerce Richtlinie festgelegten Grundsätze zur Verantwortlichkeit von Vermittlern. Hier zeichnet sich der grundverschiedene Regelungsansatz der e-Commerce Richtlinie im Vergleich zur AVMD-Richtlinie ab: Während die AVMD-Richtlinie auf dem Prinzip der redaktionellen Verantwortung des Dienstanbieters für die bereitgehaltenen Inhalte beruht, setzt die e-Commerce Richtlinie gerade keine vergleichbare Verantwortung des Dienstanbieters für alle Inhalte voraus. Für bestimmte Tätigkeiten des Dienstanbieters ist die Verantwortung vielmehr ausgeschlossen, soweit es sich bei den angebotenen Inhalten nicht um „eigene" sondern um „fremde" Inhalte handelt.[1414] Eine solche Tätigkeit liegt unter anderem gemäß Art. 14 Abs. 1 e-Commerce Richtlinie vor, wenn der Dienst „in der Speicherung von durch einen Nutzer eingegebenen Informationen besteht" (Hosting). Solche Dienste sind im audiovisuellen Bereich etwa Videoplattformen wie YouTube, die nutzergenerierte Videos speichern und zum Abruf durch andere Nutzer bereithalten.[1415] Nicht unter die Vorschrift fallen hingegen audiovisuelle Mediendienste auf Abruf im Sinne der AVMD-Richtlinie, denn diese speichern gerade keine fremden Inhalte sondern bieten selbst redaktionell verantwortete Inhalte an. Bisher bestand demnach keine Überschneidung zwischen den Art. 14, 15 e-Commerce Richtlinie und der AVMD-Richtlinie. Wie aus der vorstehenden Darstellung der Reformdebatte hervorgeht, besteht jedoch ein Regelungswille auf europäischer Ebene im Rahmen der AVMD-Richtlinie auch gegenüber Videoplattformen mit nutzergenerierten Inhalten, so dass die Bestimmungen der Art. 14 und Art. 15 e-Commerce Richtlinie für die weiteren Ausführungen von Bedeutung sind.

1413 *Ferreau*, ZUM 2017, 632 (638); *Marly*, in: Grabitz/Hilf (Hrsg.), Recht der Europäischen Union – Bd. 4, 40. Auflg. 2009, Art. 4 ECRL, Rn. 4.
1414 *Marly*, in: Grabitz/Hilf (Hrsg.), Das Recht der Europäischen Union – Bd. 4, 40. EGL 2009, Vorbemerkung zu Art. 12–14 e-commerce Richtlinie, Rn. 2 ff.
1415 *Europäische Kommission*, Vorschlag für eine Richtlinie des Europäischen Parlaments und des Rates zur Änderung der Richtlinie 2010/13/EU zur Koordinierung bestimmter Rechts- und Verwaltungsvorschriften der Mitgliedstaaten über die Bereitstellung audiovisueller Mediendienste im Hinblick auf sich verändernde Marktgegebenheiten, COM(2016) 287 final, 25.05.2016, 3.

Das Haftungsprivileg des Art. 14 Abs. 1 e-Commerce Richtlinie schließt die Verantwortung des Hostinganbieters im oben festgelegten Sinne für die Inhalte des Nutzers aus, soweit der Anbieter keine Kenntnis von der Rechtswidrigkeit des Inhalts hat und sich diese auch nicht offensichtlich aus ihm bekannten Tatsachen ergibt und er, nachdem er Kenntnis von der Rechtswidrigkeit erlangt hat, unverzüglich den Inhalt löscht oder den Zugang dazu sperrt. Für die Löschung oder Sperrung dürfen von den Mitgliedstaaten gemäß Art. 14 Abs. 3 e-Commerce Richtlinie Verfahren festgelegt werden. Art. 15 Abs. 1 e-Commerce Richtlinie bestimmt flankierend dazu, dass Hostinganbieter von den Mitgliedstaaten nicht verpflichtet werden dürfen, die von Nutzern gespeicherten Inhalte (pro-) aktiv auf rechtswidrige Inhalte zu überprüfen oder allgemein zu überwachen, ohne dass konkrete Hinweise bezüglich individueller Inhalte vorliegen.

Das Verhältnis zwischen e-Commerce Richtlinie und AVMD-Richtlinie bestimmt sich nach Art. 4 Abs. 8 AVMD-Richtlinie. Die Regelungen der e-Commerce Richtlinie finden danach nur Anwendung, soweit die AVMD-Richtlinie nichts anderes bestimmt. Im Kollisionsfall ist die AVMD-Richtlinie als spezielleres Recht vorrangig. Damit wäre die Abweichung von den Bestimmungen der e-Commerce Richtlinie im Rahmen der Reform der AVMD-Richtlinie möglich. Sollen die Grundsätze der e-Commerce Richtlinie hingegen beibehalten werden, schränkt dies den Aktionsradius für Vorschriften in Bezug auf bisher nicht von der AVMD-Richtlinie erfasste Intermediäre deutlich ein. Soweit Anbieter von Plattformen mit nutzergenerierten Inhalten Verpflichtungen bezüglich der Inhalte unterworfen werden sollen, dürfen diese weder eine Haftung der Anbieter über die Bestimmungen von Art. 14 e-Commerce Richtlinie hinaus, noch eine allgemeine Überwachungspflicht entgegen Art. 15 Abs. 1 e-Commerce Richtlinie enthalten.

2. Erhaltung der Regulierungsziele der AVMD-Richtlinie

Die fundamentalen Regulierungsziele der AVMD-Richtlinie haben nach wie vor Bestand.[1416] Defizite mögen sich an den gewählten Instrumenten zur Erreichung dieser Ziele gezeigt haben, die grundlegend beabsichtigten Schutzgüter sind hingegen nicht durch technische oder gesellschaftliche Entwicklungen obsolet geworden.[1417]

1416 So auch *ERGA*, Report on material jurisdiction in a converged environment, ERGA 2015 (12), 18.12.2015, 29.
1417 Ebd., 28 f.

Am Ausgangspunkt der Regulierung durch die AVMD-Richtlinie steht – ebenso wie in der oben dargestellten Tradition des deutschen Rechts[1418] – die Bedeutung audiovisueller Medien für die demokratische Gesellschaft.[1419] Die spezifischen Ziele der Richtlinie lassen sich grob in Kategorien einteilen, deren Grenzen zueinander jedoch verschwimmen. Geschützt und gefördert werden durch die AVMD-Richtlinie der wirtschaftliche und publizistische Wettbewerb der Mediendienste sowie der Zugang der Mediennutzer zu den Diensten und deren Möglichkeit zur Meinungsbildung. Daneben wird als nicht-kommunikationsbezogenes Schutzziel der Schutz von Minderjährigen und Verbrauchern gewährleistet.

Zunächst dienen die Regelungen der AVMD-Richtlinie in der Tradition der Vorgänger-Fernsehrichtlinie[1420] der Förderung primär wirtschaftlicher Ziele. Zuvorderst ist hierbei die Herstellung des Binnenmarkts für audiovisuelle Medien als Dienstleistungen[1421] zu nennen.[1422] Hierzu ist ein Mindestmaß an Harmonisierung der rechtlichen Rahmenbedingungen in den Mitgliedstaaten erforderlich, damit zum einen Mediendienste innerhalb der EU grenzüberschreitend[1423] angeboten werden können,[1424] zum anderen keine Wettbewerbsnachteile im Verhältnis von Mediendiensteanbietern aus verschiedenen Mitgliedstaaten zueinander entstehen.[1425] Die Richtlinie muss daneben auch hinreichend bestimmt sein, um eine einheitliche Anwendung durch die nationalen Regulierungsstellen der Mitgliedstaaten zu gewährleisten, die wiederum zu Rechtssicherheit[1426] für die Mediendiensteanbieter führt.[1427] Ein weiteres (auch) wirtschaftliches Ziel ist die Schaffung fairer Wettbewerbsbedingungen[1428] im Sinne eines level playing field für die verschiedenen Dienstekategorien.[1429] Schließlich ist dabei jedoch auch

---

1418 Siehe oben unter Erster Teil. § 2 I.
1419 Vgl. Erwgr. 5 AVMD-Richtlinie; *ERGA*, Report on material jurisdiction in a converged environment, ERGA 2015 (12), 18.12.2015, 28.
1420 *Holznagel*, MMR 2014, 18 (19); *Schulz*, EuZW 2008, 107 (108).
1421 Vgl. hierzu grundlegend *EuGH*, Urt. v. 30.4.1974, Rs. 155–73, LS. 3.
1422 Vgl. Erwgr. 2, 10 AVMD-Richtlinie; *Europäische Kommission*, AVMS Impact Assessment, SWD(2016) 168 final, 25.05.2016, 3.
1423 Vgl. Erwgr. 8, 33 AVMD-Richtlinie.
1424 *Europäische Kommission*, AVMS Impact Assessment, SWD(2016) 168 final, 25.05.2016, 3.
1425 Vgl. Erwgr. 10 AVMD-Richtlinie.
1426 Vgl. Erwgr. 4 AVMD-Richtlinie.
1427 Vgl. Erwgr. 10 AVMD-Richtlinie.
1428 Vg. Erwgr. 2 AVMD-Richtlinie; *ERGA*, Report on material jurisdiction in a converged environment, ERGA 2015 (12), 18.12.2015, 28.
1429 Vgl. Erwgr. 11 AVMD-Richtlinie.

der Schutz der Innovationskraft zu berücksichtigen, die nicht durch übermäßige Regulierung gehemmt werden darf.[1430] Zudem gilt es, die Zutrittsschranken zum Medienmarkt so gering wie möglich zu halten.[1431]

Die wirtschaftlichen Schutzziele spiegeln sich in den publizistischen Schutzzielen der Richtlinie wider. Aus der Doppelnatur von Medien als Wirtschafts- und Kulturgüter[1432] folgt, dass neben dem wirtschaftlichen Wettbewerb auch der publizistische Wettbewerb gewährleistet sein muss.[1433] Die Pluralität des Medienmarktes ist eines der obersten Schutzziele der AVMD-Richtlinie.[1434] Die Schaffung gleicher Wettbewerbsbedingungen lässt sich daher auch in publizistischer Hinsicht begreifen. Die Anforderungen an Mediendienste müssen deren gesellschaftlicher Bedeutung, ihrem Gefährdungspotential und den spezifischen Eigenarten des Dienstes Rechnung tragen, um einen chancengleichen Wettbewerb zu ermöglichen.[1435] Daneben soll sich auch die kulturelle Vielfalt Europas im Angebot der audiovisuellen Medien widerspiegeln[1436] sowie der europäische Medienproduktionssektor gestärkt werden.[1437]

Die kommunikationsbezogenen Schutzziele der AVMD-Richtlinie bezüglich der Mediennutzer sind einerseits auf die Ermöglichung von Teilhabe an und Zugang zu Medieninhalten ausgerichtet. Darunter fallen die Förderung der Barrierefreiheit[1438] audiovisueller Mediendienste sowie die Absicherung der freien Übertragung von Ereignissen von erheblicher gesellschaftlicher Bedeutung.[1439] Andererseits wird die Möglichkeit der Meinungsbildung durch Mediennutzung und das Vertrauen der Zuschauer geschützt, etwa durch die Begrenzung der Konfrontation mit Werbung sowie das Trennungs- und Erkennbarkeitsgebot für

---

1430 Vgl. Erwgr. 14 AVMD-Richtlinie.
1431 Vgl. Erwgr. 10 AVMD-Richtlinie.
1432 Vgl. Erwgr. 5 AVMD-Richtlinie.
1433 Vgl. Erwgr. 5 AVMD-Richtlinie; siehe auch *Kammerevert*, promedia 7/2016, 10.
1434 Vgl. Erwgr. 5 AVMD-Richtlinie; *Europäische Kommission*, AVMS Impact Assessment, SWD(2016) 168 final, 25.05.2016, 3; *ERGA*, Report on material jurisdiction in a converged environment, ERGA 2015 (12), 18.12.2015, 28.
1435 Vgl. Erwgr. 58 AVMD-Richtlinie.
1436 Vgl. Erwgr. 4 AVMD-Richtlinie; *Europäische Kommission*, AVMS Impact Assessment, SWD(2016) 168 final, 25.05.2016, 3.
1437 Vgl. Erwgr. 63 ff. AVMD-Richtlinie; *ERGA*, Report on material jurisdiction in a converged environment, ERGA 2015 (12), 18.12.2015, 28.
1438 Vgl. Erwgr. 46 AVMD-Richtlinie.
1439 Vgl. Erwgr. 49 f. AVMD-Richtlinie; *ERGA*, Report on material jurisdiction in a converged environment, ERGA 2015 (12), 18.12.2015, 28.

Werbung.[1440] Die konkrete Umsetzung in Form zeitlicher Werbebeschränkungen wird allerdings angesichts der mittlerweile zahlreichen Quellen der Informationsbeschaffung in Frage gestellt.[1441]

Schließlich soll die AVMD-Richtlinie den Schutz Dritter, insbesondere Minderjähriger und Verbraucher gewährleisten.[1442] Entwicklungsbeeinträchtigende Inhalte sind von jugendlichen Mediennutzern fernzuhalten.[1443] Verbraucher hingegen werden unter anderem durch Werbebeschränkungen für gesundheitsgefährdende Produkte, wie Tabak und Alkohol, geschützt.[1444]

An diesen Zielen und Schutzgütern muss auch die künftige Regulierung audiovisueller Medien ausgerichtet bleiben.[1445] Sie fungieren als Bewertungsmaßstab für die Reformvorschläge: eine Verbesserung gegenüber den aktuellen Regelungen der AVMD-Richtlinie ist nur anzunehmen, wenn die Schutzziele effektiver erreicht werden als bisher.

3. Lösung der Auslegungsprobleme im materiellen Anwendungsbereich unter Berücksichtigung der Meinungsbildungsrelevanz

Auf den Betrachtungshorizont dieser Arbeit zugeschnitten lässt sich als eine Hauptanforderung an die Überarbeitung der AVMD-Richtlinie die Lösung der Auslegungs- und Abgrenzungsprobleme innerhalb des materiellen Anwendungsbereichs formulieren.[1446] In der oben nachgezeichneten Reformdebatte wurden diese Probleme zwar aufgegriffen,[1447] standen jedoch keinesfalls im Mittelpunkt der Diskussion.

Spezifisch sollten die Regelungen des materiellen Anwendungsbereichs in der Lage sein, die im zweiten Teil der Arbeit exemplarisch aufgeführten[1448]

1440 *Schmid/Kitz*, ZUM 2009, 739 (742).
1441 Ebd.; vgl. Erwgr. 85 AVMD-Richtlinie.
1442 Vgl. Erwgr. 12 AVMD-Richtlinie; *Europäische Kommission,* AVMS Impact Assessment, SWD(2016) 168 final, 25.05.2016, 3; *ERGA,* Report on material jurisdiction in a converged environment, ERGA 2015 (12), 18.12.2015, 28.
1443 Vgl. Erwgr. 59 AVMD-Richtlinie; *Schmid/Kitz*, ZUM 2009, 739 (743).
1444 Vgl. Erwgr. 88, 89 AVMD-Richtlinie
1445 *Europäische Kommission,* AVMS Impact Assessment, SWD(2016) 168 final, 25.05.2016, 4; *ERGA,* Report on material jurisdiction in a converged environment, ERGA 2015 (12), 18.12.2015, 29.
1446 Siehe im Detail hierzu oben unter Zweiter Teil. § 1 III.
1447 Siehe hierzu oben unter Dritter Teil. § 1 II. 2.; siehe auch *ERGA,* Report on material jurisdiction in a converged environment, ERGA 2015 (12), 18.12.2015, 30; *Kluth/ Schulz,* Konvergenz und regulatorische Folgen, 2014, 25;
1448 Siehe oben unter Zweiter Teil. § 2.

Zweifelsfälle bezüglich der Einstufung von Internetseiten der Presse mit Videoinhalten rechtssicher zu bewältigen. Die Ergebnisse des zweiten Teils belegen, dass zwischen den nationalen Regulierungsstellen nicht hinzunehmende Unterschiede in der Anwendung der Richtlinie bestehen.[1449] Auch das Urteil des *EuGH* im Fall „New Media Online" konnte diesbezüglich keine Rechtssicherheit schaffen.[1450] Ein wichtiger Maßstab zur Bewertung des zukünftigen Regelungskonzepts ist daher die Erzielung schlüssiger und klarer Ergebnisse in Sachverhaltskonstellationen gemischt-medialer Angebote. Natürlich ist dabei zu beachten, dass auch jede zukünftige Differenzierung eine Grenze zwischen regulierten und unregulierten Inhalten ziehen muss und diese Grenze kaum jemals jeden denkbaren Fall erfassen wird.[1451]

Die in den Konsultationen aufgeworfene, naheliegende Forderung der Klarstellung[1452] oder Streichung[1453] der problematischen Kriterien des materiellen Anwendungsbereichs wird diesem Anspruch allein nicht gerecht. Zu berücksichtigen ist auch der Rückbezug der Merkmale zu übergeordneten

---

1449 Siehe hierzu oben unter Zweiter Teil. § 3.; vgl. auch *Szpunar*, Schlussanträge v. 1.7.2015, Rs. C-347714, Rn. 26.
1450 Siehe hierzu oben unter Zweiter Teil. § 2 III.; vgl. auch *Klein*, K&R 2015, 793 (794).
1451 *Valcke/Ausloos*, in: Donders/Pauwels/Loisen (Hrsg.), The Palgrave Handbook of European Media Policy, 2014, 312 (325).
1452 Für die Klarstellung der Fernsehähnlichkeit vgl. *Europäische Kommission*, Synopsis report of the Public consultation on Directive 2010/13/EU on Audiovisual Media Services (AVMSD) – A media framework for the 21st century, 25.05.2016, 4; *ERGA*, Report on material jurisdiction in a converged environment, ERGA 2015 (12), 18.12.2015, 34; *OFCOM*, Beitrag zur Konsultation zur Richtlinie 2010/13/EU über audiovisuelle Mediendienste (AVMD-RL) – Eine Mediengesetzgebung für das 21. Jahrhundert, 6.07.2015 – 30.09.2015, 11; für die Klarstellung des Hauptzwecks vgl. *Conseil supérieur de l'audiovisuel de la Communauté française de Belgique (CSA)*, Beitrag zur Konsultation zur Richtlinie 2010/13/EU über audiovisuelle Mediendienste (AVMD-RL) – Eine Mediengesetzgebung für das 21. Jahrhundert, 6.07.2015 – 30.09.2015, 8; *ERGA*, Report on material jurisdiction in a converged environment, ERGA 2015 (12), 18.12.2015, 37.
1453 Für die Streichung der Fernsehähnlichkeit *Bundesrepublik Deutschland*, Positionspapier zur Novellierung der Audiovisuellen Mediendienste Richtlinie (AVMD), 3.11.2015, 1; *Conseil supérieur de l'audiovisuel de la Communauté française de Belgique (CSA)*, Beitrag zur Konsultation zur Richtlinie 2010/13/EU über audiovisuelle Mediendienste (AVMD-RL) – Eine Mediengesetzgebung für das 21. Jahrhundert, 6.07.2015 – 30.09.2015, 8.

Regulierungszielen und insbesondere dem Prinzip der Verhältnismäßigkeit.[1454] Eine Ausgestaltung des materiellen Anwendungsbereichs unter weiter Auslegung des Hauptzwecks eines Angebots,[1455] der zudem nicht mehr in der Bereitstellung fernsehähnlicher Inhalte liegen muss,[1456] würde zu einer massiven Ausdehnung der Regulierung auf bisher nicht erfasste Angebote führen.[1457] Fraglich wäre dabei, durch welche Charakteristika der Dienste diese Regulierung zu rechtfertigen ist. Als Eingriff in die Tätigkeit der betroffenen Medienanbieter bedarf die staatliche Steuerung einer Legitimation, die an das von den Angeboten ausgehende Gefährdungspotential anknüpft.[1458] Hier realisieren sich auch die aus der Grundrechtecharta an die Regulierung erwachsenden Anforderungen.[1459]

Aus den anfänglichen Überlegungen zur Regulierungslogik für Rundfunk und Presse haben sich zwei Anknüpfungspunkte zur Begründung der engmaschigen Rundfunkregulierung ergeben:[1460] hohe Zugangshürden für die Aufnahme der Medientätigkeit[1461] und das im Vergleich zu anderen Medien höhere Einflusspotential des Rundfunks auf die öffentliche Meinungsbildung[1462]. Im offen Internet angebotene Dienste unterliegen jedenfalls zweifelsfrei nicht den rundfunktypischen Restriktionen der Ressourcenknappheit und erfordern

---

1454 Vgl. *ERGA*, Report on material jurisdiction in a converged environment, ERGA 2015 (12), 18.12.2015, 34, 37.
1455 So *Arbeitsgemeinschaft der Landesmedienanstalten (ALM)/Direktorenkonferenz der Landesmedienanstalten (DLM)*, Beitrag zur Konsultation zur Richtlinie 2010/13/EU über audiovisuelle Mediendienste (AVMD-RL) – Eine Mediengesetzgebung für das 21. Jahrhundert, 6.07.2015 – 30.09.2015, 9.
1456 So *Bundesrepublik Deutschland*, Positionspapier zur Novellierung der Audiovisuellen Mediendienste Richtlinie (AVMD), 3.11.2015, 1; *Conseil supérieur de l'audiovisuel de la Communauté française de Belgique (CSA)*, Beitrag zur Konsultation zur Richtlinie 2010/13/EU über audiovisuelle Mediendienste (AVMD-RL) – Eine Mediengesetzgebung für das 21. Jahrhundert, 6.07.2015 – 30.09.2015, 8.
1457 So bezüglich des Hauptzwecks *ERGA*, Report on material jurisdiction in a converged environment, ERGA 2015 (12), 18.12.2015, 37; siehe auch *Szpunar*, Schlussanträge v. 1.7.2015, Rs. C-347/14, Rn. 29 f.
1458 *Gournalakis*, NJW-Beilage 23/2002, 20 (22); *Kammerevert*, promedia 7/2016, 10; *Schmid/Kitz*, ZUM 2009, 739 (740).
1459 Siehe hierzu oben unter Dritter Teil. § 1 IV. 1. a); siehe auch *Ariño*, Communications & Strategies 2007 (No. 66), 115 (130).
1460 Siehe hierzu oben unter Erster Teil. § 2 II.; vgl. *Ariño*, Communications & Strategies 2007 (No. 66), 115 (129).
1461 BVerfGE 57, 295 (322 f.).
1462 Grundlegend BVerfGE 97, 228 (256); siehe auch *EGMR*, Urt. v. 5.11.2002, Rs. 38743/97, Rn. 43.

auch keine vergleichbar hohen Anfangsinvestitionen.[1463] Folglich kommt als Anknüpfungspunkt der Regulierung lediglich ihr Meinungsbildungspotential in Betracht.[1464] Bezüglich der aktuellen Regelungen der Richtlinie ist umstritten, inwieweit bei der Bestimmung der Fernsehähnlichkeit auf die Meinungsbildungsrelevanz der Inhalte abzustellen ist.[1465] Jedenfalls dient aber das Kriterium grundsätzlich der verhältnismäßigen Beschränkung des Anwendungsbereiches und vermittelt zumindest indirekt einen Bezug zwischen den regulierten Diensten und ihrer Bedeutung für Demokratie und Gesellschaft.[1466] Entgegen der in den Konsultationen vorgebrachten Regelungsvorschläge sollte dem Kriterium der Fernsehähnlichkeit demnach im zukünftigen Anwendungsbereich eine größere Bedeutung zukommen oder es muss an anderer Stelle ein Ausgleich stattfinden, der das Meinungsbildungspotential bei der Bestimmung der von der Richtlinie regulierten Dienste stärker als bisher berücksichtigt,[1467] etwa durch den Ersatz der Unterscheidung nach Linearität durch eine Unterscheidung nach Meinungsbildungsrelevanz.[1468]

1463 EGMR, Urt. v. 28.03.1990, Rs. 10890/84, Rn. 60; *Ariño*, Communications & Strategies 2007 (No. 66), 115 (129); *Barata*, in: Nikoltchev (Hrsg.), The Regulation of On-demand Audiovisual Services: Chaos or Coherence, IRIS Special, 2011, 95 (97); vgl. BVerfGE 57, 295 (322), das für den Rundfunk dennoch von einem Steuerungsbedürfnis ausgeht.
1464 *Ariño*, Communications & Strategies 2007 (No. 66), 115 (123, 129); *Blaue*, ZUM 2005, 30 (34).
1465 Siehe hierzu oben unter Zweiter Teil. § 1 III. 4. a) dd) sowie Zweiter Teil. § 1 III. 5. b); siehe auch *Kogler*, MuR 2011, 228 (233); *Sauer*, WRP 2016, 807 (812 f.); *Schmid/Kitz*, ZUM 2009, 739 (741); *VwGH*, Beschl. v. 26.6.2014, 2013/03/0012, 6.
1466 ERGA, Report on material jurisdiction in a converged environment, ERGA 2015 (12), 18.12.2015, 34.
1467 Vgl. *Kluth/Schulz*, Konvergenz und regulatorische Folgen, 2014, 23 f.; zu den Details siehe oben unter Dritter Teil. § 1 II. 2. b) bb).
1468 Siehe hierzu oben unter Dritter Teil. § 1 II. 2. b) aa); *Arbeitsgemeinschaft der Landesmedienanstalten (ALM)/Direktorenkonferenz der Landesmedienanstalten (DLM)*, Beitrag zur Konsultation zur Richtlinie 2010/13/EU über audiovisuelle Mediendienste (AVMD-RL) – Eine Mediengesetzgebung für das 21. Jahrhundert, 6.07.2015 – 30.09.2015, 11; *Europäische Kommission*, Summaries of the replies to the public consultation launched by the Green Paper "Preparing for a Fully Converged Audiovisual World: Growth, Creation and Values", 12.9.2014, 41; *Europäisches Parlament*, Entschließung zu "Connected TV", P7_TA(2013)0329, 4.07.2013, 10. Entschließung; *Kammerevert*, promedia 7/2016, 10; vgl. auch *KommAustria*, Beitrag zur Konsultation

4. Strukturelles Vollzugsdefizit im Zusammenhang mit Videoplattformen

Verschiedene Defizite der AVMD-Richtlinie beziehungsweise ihrer Anwendung durch die nationalen Regulierungsbehörden haben sich im Kontext von Videoplattformen mit nutzergenerierten Inhalten ergeben. Auch in dieser Hinsicht wäre für die Reform ein Überdenken der Regelungen wünschenswert.

Zu unterscheiden sind dabei grundsätzlich drei potentielle Adressaten der Regulierung: die Nutzer, deren Inhalte dem Anwendungsbereich der Richtlinie unterfallen, andere Nutzer außerhalb der AVMD-Regulierung, deren Inhalte nicht als audiovisuelle Mediendienste einzustufen sind oder die aus dem territorialen Anwendungsbereich ausgeschlossen sind sowie schließlich der Betreiber der Videoplattform selbst, der keine redaktionelle Kontrolle über die Inhalte ausübt. Die Vorschriften der AVMD-Richtlinie erlauben momentan lediglich den Zugriff auf den ersten Typ Nutzer, Plattformbetreiber und Nutzer außerhalb des Anwendungsbereichs sind von ihnen hingegen nicht betroffen. In der Reformdebatte wurde das Bedürfnis nach einer Einbeziehung zumindest der Plattformbetreiber in den Anwendungsbereich der AVMD-Richtlinie geäußert,[1469] teils gestützt auf Bedenken hinsichtlich des Schutzniveaus,[1470] teils gestützt auf Wettbewerbsverzerrungen durch die Angebote.[1471] Unabhängig von einer solchen Erweiterung des Anwendungsbereichs stellt sich jedoch die Frage, ob die derzeit bereits bestehenden Möglichkeiten des regulatorischen Zugriffs effektiv genutzt werden. In der Tat zeichnen sich in diesem Bereich Defizite ab, die nur zum Teil

---

zur Richtlinie 2010/13/EU über audiovisuelle Mediendienste (AVMD-RL) – Eine Mediengesetzgebung für das 21. Jahrhundert, 6.07.2015 – 30.09.2015, 7 f.

[1469] *Conseil supérieur de l'audiovisuel de la Communauté française de Belgique (CSA)*, Beitrag zur Konsultation zur Richtlinie 2010/13/EU über audiovisuelle Mediendienste (AVMD-RL) – Eine Mediengesetzgebung für das 21. Jahrhundert, 6.07.2015 – 30.09.2015, 10; *Europäische Kommission,* Synopsis report of the Public consultation on Directive 2010/13/EU on Audiovisual Media Services (AVMSD) – A media framework for the 21st century, 25.05.2016, 4.

[1470] *Europäische Kommission,* AVMS Impact Assessment, SWD(2016) 168 final, 25.05.2016, 5 f.

[1471] *Conseil supérieur de l'audiovisuel de la Communauté française de Belgique (CSA)*, Beitrag zur Konsultation zur Richtlinie 2010/13/EU über audiovisuelle Mediendienste (AVMD-RL) – Eine Mediengesetzgebung für das 21. Jahrhundert, 6.07.2015 – 30.09.2015, 8; *Europäische Kommission,* Summaries of the replies to the public consultation launched by the Green Paper "Preparing for a Fully Converged Audiovisual World: Growth, Creation and Values", 12.9.2014, 39 f.; *Europäische Kommission,* Synopsis report of the Public consultation on Directive 2010/13/EU on Audiovisual Media Services (AVMSD) – A media framework for the 21st century, 25.05.2016, 4.

auf die Vorschriften der Richtlinie zurückzuführen sind und insbesondere nicht durch die Einbeziehung weiterer Angebote oder Adressaten in die Regulierung lösbar scheinen.

Zunächst gelingt bereits die Einstufung der gegebenenfalls unter die Richtlinie fallenden Kanäle auf Social-Media Plattformen nicht rechtssicher. Lange war umstritten, ob einzelne Nutzerkanäle, häufig unter dem Stichwort „branded channels" diskutiert, auf Videoplattformen audiovisuelle Mediendienste darstellen können.[1472] Abgesehen von den allgemeinen Problemen der Merkmale des materiellen Anwendungsbereichs[1473] ergibt sich aus der AVMD-Richtlinie diesbezüglich eigentlich keine besondere Schwierigkeit. Dennoch scheint auf nationaler Ebene Skepsis im Umgang mit nutzergenerierten Inhalten und Plattformen ohne redaktionelle Kontrolle zu herrschen. In Deutschland zeigte sich dies etwa in mehreren Urteilen zu Werbekanälen von Automobilherstellern. Diese wurden mit unzutreffender Begründung sowohl vom *LG Wuppertal*[1474] als auch vom *OLG Köln*[1475] nicht als audiovisuelle Mediendienste eingestuft.[1476] Beide Urteile stützten sich unter anderem auf eine falsche Auslegung[1477] von Erwägungsgrund 22 zum Hauptzweck eines audiovisuellen Mediendienstes, das *LG Wuppertal* lehnte zudem auch die redaktionelle Verantwortung des Kanalbetreibers ab, da der Kanal im Rahmen einer Videoplattform angeboten wurde.[1478] In einem sachverwandten Verfahren ist eine Vorlage des *BGH* beim *EuGH* anhängig.[1479]

Sofern die „erste Hürde" der zutreffenden Identifikation audiovisueller Mediendienste auf Videoplattformen bewältigt wird, ergeben sich jedoch weitere Probleme für die zuständigen nationalen Regulierungsbehörden. An mehreren Stellen der vorstehenden Ausführungen wurde bereits auf die schiere Menge der

---

1472 *Szpunar*, Schlussanträge v. 1.7.2015, Rs. C-347714, Rn. 39; vgl. zu den Niederlanden *Betzel*, in: Nikoltchev (Hrsg.), The Regulation of On-demand Audiovisual Services: Chaos or Coherence?, IRIS Special, 2011, 53 (61); zu Belgien *Cabrera Blázquez*, in: Nikoltchev (Hrsg.), What Is an On-demand Service?, IRIS plus 4/2013, 7 (15); *Conseil supérieur de l'audiovisuel de la Communauté française de Belgique (CSA) – Collège d'autorisation et de contrôle*, Recommandation relative au périmètre de la régulation des services de medias audiovisuels, 29.03.2012, 14.
1473 Siehe hierzu ausführlich oben unter Zweiter Teil. § 1 III.
1474 *LG Wuppertal*, Urt. v. 31.10.2014 – 12 O 25/14 = NJW 2015, 1256 (1257).
1475 *OLG Köln*, Urt. v. 29.05.2015 – 6 U 177/14, Rn. 35.
1476 Siehe dazu im Detail oben unter Zweiter Teil. § 1 III. 4. a) dd).
1477 So auch zutreffend *BGH*, Urt. v. 12.01.2017 – I ZR 117/15, Rn. 29.
1478 *LG Wuppertal*, Urt. v. 31.10.2014 – 12 O 25/14 = NJW 2015, 1256 (1257).
1479 Vgl. *BGH* Urt. v. 12.01.2017 – I ZR 117/15.

allein auf der Plattform YouTube täglich hinzutretenden Inhalte verwiesen.[1480] Beschränkt man die Betrachtung entsprechend der potentiellen Zuständigkeit der nationalen Regulierer auf ein Land, sind die Zahlen immer noch beeindruckend. Allein die zehn beliebtesten deutschen YouTube-Kanäle, die jeweils von mindestens 3 Millionen Nutzern abonniert wurden, stellen gemeinsam über 15.000 Videos bereit.[1481] Gerade bei beliebten Kanälen mit hohen Nutzer- und Upload-Zahlen besteht in vielen Fällen ein hinreichendes Maß an Professionalisierung.[1482] Viele der Kanäle sind danach als audiovisuelle Mediendienste auf Abruf einzustufen, mit der Folge dass sie der Aufsicht der jeweils zuständigen Landesmedienanstalt[1483] unterstehen. Ob der daraus folgende Aufwand von den Landesmedienanstalten realistisch zu bewältigen ist, erscheint zumindest zweifelhaft.[1484] EU-weit liegt der geschätzte Personalaufwand für die Aufsicht über jeweils einen Kanal eines Mediendiensteanbieters bei 0,56 Personen.[1485]

a) Insbesondere kommerzielle Kommunikation

Unter den für aktive Videoplattformnutzer relevanten Anforderungen der AVMD-Richtlinie sind insbesondere die Werbevorschriften hervorzuheben. Die Mehrzahl der aktiven Nutzer auf Videoplattformen wie YouTube stellt mittlerweile eigens produzierte Inhalte bereit, während vor einigen Jahren noch größtenteils aufgezeichnete Ausschnitte aus Fremdproduktionen dominierten.[1486] Das Geschäftsmodell professioneller Nutzer beruht primär auf zwei Einnahmequellen: zum einen der Partizipation an den von der Videoplattform

---

1480 Auf dem Stand von 2015 sind dies täglich weltweit ca. 66 Jahre Videomaterial, vgl. oben unter Erster Teil. § 1 II.
1481 Vgl. *Socialblade*, YouTube Top 250 Youtubers in Germany Sorted by Subscribers, Stand November 2018, abrufbar unter: https://socialblade.com/youtube/top/country/de/mostsubscribed [Stand November 2018].
1482 *ERGA*, Report on material jurisdiction in a converged environment, ERGA 2015 (12), 18.12.2015, 15.
1483 *Fuchs/Hahn*, MMR 2016, 503.
1484 So auch *Ruttig*, Kontrollieren die Landesmedienanstalten bald das Internet?, Legal Tribune Online v. 21.10.2015, 2; vgl. *Möllers/ Zwiffelhoffer*, MMR 2015, 161 (166).
1485 *Europäische Kommission*, AVMS Impact Assessment, SWD(2016) 168 final, 25.05.2016, 42.
1486 *Cabrera Blázquez/Capello/Fontaine/Valais*, Abrufdienste und der sachliche Anwendungsbereich der AVMD-Richtlinie, IRIS plus 1/2016, 13.

im Zusammenhang mit den Videos des Nutzers erwirtschafteten Werbeeinahmen,[1487] zum anderen den Einnahmen aus eigenen Absprachen mit Marken und Unternehmen, deren Produkte oder Dienstleistungen durch den Nutzer im Rahmen der Videos präsentiert oder beworben werden (sogenanntes Influencer-Marketing).[1488] Das durch die Nutzerkanäle abgedeckte Themenspektrum ist dabei sehr breit, im Bereich Mode und Kosmetik beispielsweise haben sich eigene „Formate" etabliert, etwa sogenannte „Hauls"[1489], in denen der Nutzer neuerworbene Produkte präsentiert, oder auch Favoritenvideos, in denen die bevorzugten Produkte einer Sparte vom Nutzer vorgestellt und empfohlen werden. Gerade diese Art von Inhalten eignet sich hervorragend für die Unterbringung bezahlter Werbebotschaften,[1490] die zudem für das Publikum schwer vom übrigen Inhalt des Videos zu unterscheiden sind.[1491]

Die Anforderung an die Kennzeichnung von Werbung, Sponsoring und Produktplatzierungen in audiovisuellen Mediendiensten ergeben sich klar aus der AVMD-Richtlinie beziehungsweise den entsprechenden nationalen Umsetzungsgesetzen. Angesichts des nicht bei allen Nutzern vorauszusetzenden[1492] Professionalisierungsgrads sehen die deutschen Landesmedienanstalten ihre Aufgabe offensichtlich auch darin, den Nutzern „Orientierung" und „Hilfestellung" im Umgang mit Werbekennzeichnung zu geben.[1493] Hierzu wurde ein leicht verständlicher Leitfaden publiziert.[1494] Ähnlich verfahren aus einer vergleichbaren Überlegung heraus auch die britischen Selbstregulierungsorgane für Werbung, die *Advertising Standards Authority (ASA)* und das *Committee of Advertising Practice (CAP)*, die ebenfalls einen Ratgeber für Werbung im Rahmen

---

1487 Vgl. zu *YouTube*, Hilfe – YouTube-Partnerprogramm – Überblick, abrufbar unter: https://support.google.com/youtube/answer/72851 [Stand November 2018]; siehe detaillierter hierzu sogleich unter Dritter Teil. § 2 II. 1. d) bb) (2).
1488 *Fuchs/Hahn*, MMR 2016, 503; *Gerecke*, GRUR 2018, 153 ff.; *Laoutoumai/ Dahmen*, K&R 2017, 29 (30).
1489 Englisch für „Ausbeute" oder „Fang".
1490 Siehe die verschiedenen Werbekonstellationen bei *Gerecke*, GRUR 2018, 153 (156 ff.).
1491 *Fuchs/Hahn*, MMR 2016, 503 (507); *Laoutoumai/ Dahmen*, K&R 2017, 29 (30); *Leitgeb*, ZUM 2009, 39 (40).
1492 *Fuchs/Hahn*, MMR 2016, 503.
1493 *Arbeitsgemeinschaft der Landesmedienanstalten (ALM)*, Pressemitteilung 17/2016 v. 18.10.2016; siehe auch *Fuchs/Hahn*, MMR 2016, 503 (505).
1494 *Arbeitsgemeinschaft der Landesmedienanstalten (ALM)*, FAQs – Antworten auf Werbefragen in sozialen Medien, 2016; kritisch hierzu *Fuchs/Hahn*, MMR 2016, 503 (506).

von Videoblogs veröffentlicht haben.[1495] Über die Größenordnung der Rechtsverstöße in diesem Bereich lässt sich naturgemäß nur spekulieren. Erstaunlich ist jedenfalls, dass bislang wohl in kaum einem Fall ein Sanktionsverfahren der deutschen Landesmedienanstalten eingeleitet wurde.[1496] Die französische Wettbewerbsbehörde *Direction générale de la concurrence, de la consommation et de la répression des fraudes (DGCCRF)* hat bereits 2015 bekanntgegeben, die Werbekennzeichnungspraktiken französischer YouTube Nutzer zu untersuchen.[1497] Ergebnisse der Untersuchung sind jedoch noch nicht bekannt. In Großbritannien liegt lediglich eine Entscheidung der für Werbung in nichtlinearen Mediendiensten zuständigen *ASA* zur mangelnden Werbekennzeichnung von nutzergenerierten Videos aus dem Jahr 2014 vor, die sich allerdings gegen das Unternehmen richtet, das die Werbung in Auftrag gegeben hatte, nicht jedoch gegen die YouTube Nutzer.[1498] Angesichts der Masse der nutzergenerierten Inhalte mit potentiellen Werbebotschaften würde ein konsequentes Vorgehen der Aufsichtsbehörden jedenfalls immense Kapazitäten erfordern.[1499]

b) Überregulierung linearer Angebote

Ein in Deutschland auf großes Medienecho[1500] gestoßener Fall der Aufsicht über YouTube-Kanäle ist die Entscheidung der *Kommission für Zulassung und*

1495 *Advertising Standards Authority (ASA)/Committee of Advertising Practice (CAP)*, Videoblogs: Scenarios – Advice Online, 19.08.2015.
1496 *Clamann*, YouTube-Stars verdienen Zehntausende Euro mit Werbung, Der Westen v. 10.11.2015, abrufbar unter: https://www.derwesten.de/panorama/youtube-stars-verdienen-zehntausende-euro-mit-werbung-id11271960.html [Stand November 2018]; *Gerecke*, GRUR 2018, 153 (159).
1497 *Audureau*, La répression des fraudes s'intéresse à la publicité déguisée chez les youtubeurs, Le Monde v. 4.12.2015, abrufbar unter: http://www.lemonde.fr/pixels/article/2015/12/04/la-repression-des-fraudes-s-interesse-a-la-publicite-deguisee-chez-les-youtubeurs_4824504_4408996.html [Stand November 2018].
1498 *Advertising Standards Authority*, Adjudictaion on Mondelez UK Ltd. v. 26.11.2014, Beschwerde A14-275018.
1499 *Ruttig*, Kontrollieren die Landesmedienanstalten bald das Internet?, Legal Tribune Online v. 21.10.2015, 2.
1500 *Martini*, in: Gersdorf/Paal (Hrsg.), Beck'scher Online-Kommentar Informations- und Medienrecht, 17. Ed. 1.08.2017, §20 RStV, Rn. 16; Vgl. etwa *Weidemann*, Wenn Youtuber abschalten, FAZ v. 9.05.2017, abrufbar unter: http://www.faz.net/aktuell/feuilleton/medien/youtuber-von-pietsmiettv-schalten-ihren-kanal-ab-15006280.html [Stand November 2018].

Aufsicht (ZAK) über das Streamingangebot PietSmietTV.[1501] Das Angebot war als Kanal über die Streamingplattform Twitch.tv abrufbar und verbreitete 24 Stunden am Tag an sieben Tagen die Woche in linearer Form sogenannte „Let's Plays"[1502] und andere Inhalte im Zusammenhang mit Videospielen.[1503] Die ZAK stufte den Kanal von PietSmietTV als Rundfunkdienst ein,[1504] der nach den Vorgaben des deutschen Rechts einer Zulassung bedarf.[1505] Dem Veranstalter wurde eine Frist zur Beantragung der Zulassung gesetzt, die ereignislos verstrich. Stattdessen wurde der betroffene Twitch-Kanal von den Betreibern aufgegeben.[1506]

Die Besonderheit dieses Falls liegt in der Linearität des Angebots, die dessen Einstufung als Rundfunk nach geltendem Recht erforderte.[1507] Für die Betrachtung des „PietSmietTV"-Falls im Rahmen der Fragestellung dieser Arbeit gilt natürlich zu bedenken, dass die Zulassungspflicht linearer Angebote sich nicht aus der AVMD-Richtlinie ergibt, sondern auf den nationalen Bestimmungen des deutschen Rechts beruht.[1508] Davon abgesehen ist aber auch auf europäischer Ebene das Angebot eines linearen Mediendienstes mit höheren Anforderungen als das Angebot eines nichtlinearen Mediendienstes verbunden.[1509] Im konkreten Fall wären für die Mediendiensteanbieter beispielsweise die schärferen

---

1501 *ZAK*, Pressemitteilung 07/2017 v. 21.03.2017, abrufbar unter: https://www.die-medienanstalten.de/service/pressemitteilungen/meldung/news/zak-beanstandet-verbreitung-des-lets-play-angebots-pietsmiettv-per-internet-stream/ [Stand November 2018].
1502 Als „Let's Play" wird ein beliebtes Videoformat bezeichnet, bei dem das Spielen eines Abschnitts eines Videospieles, meist mit Kommentar des Spielers, gezeigt wird; vgl. hierzu *Beyvers/Beyvers*, MMR 2015, 794.
1503 *ZAK*, Pressemitteilung 07/2017 v. 21.03.2017, abrufbar unter: https://www.die-medienanstalten.de/service/pressemitteilungen/meldung/news/zak-beanstandet-verbreitung-des-lets-play-angebots-pietsmiettv-per-internet-stream/ [Stand November 2018].
1504 *Arbeitsgemeinschaft der Landesmedienanstalten (ALM)*, Rundfunk oder nicht? Erläuterungen zur Pietsmiet TV-Entscheidung der ZAK, 6.04.2017, 1.
1505 Vgl. §20 Abs. 1 S. 1 RStV; *Ferreau*, ZUM 2017, 632 (634).
1506 *Ferreau*, ZUM 2017, 632 (634); *Herbig*, Streit über Rundfunklizenz: PietSmietTV geht vom Netz, heise online v. 10.05.2017, abrufbar unter: https://www.heise.de/newsticker/meldung/Streit-ueber-Rundfunklizenz-PietSmietTV-geht-vom-Netz-3709073.html [Stand November 2018].
1507 Vgl. *Leeb/Seiter*, ZUM 2017, 573 ff.
1508 Vgl. *Ferreau*, ZUM 2017, 632 (633).
1509 Vgl. hierzu oben unter Zweiter Teil. § 1 II.

Jugendschutzbestimmungen relevant gewesen,[1510] nach denen ernsthaft entwicklungsbeeinträchtigende Inhalte im Rahmen des linearen Angebots unzulässig sind.[1511] Gerade Videospiele enthalten jedoch häufig Gewaltdarstellungen. Der Fall „PietSmietTV" verdeutlicht ein weiteres Problem im Zusammenhang mit der Anwendung des aktuellen Regulierungssystems auf nutzergenerierte Videos. Bisher wurden im Rahmen der vorherigen Ausführungen die Abgrenzungsschwierigkeiten des materiellen Anwendungsbereichs für Abrufdienste dargestellt und die Billigkeit und Angemessenheit der Ergebnisse der Einstufung hinterfragt. Diese Frage stellt sich berechtigterweise jedoch auch für spezielle Arten linearer Dienste, die über das Internet verbreitet werden.[1512] „PietSmietTV" kann als Beispiel für die in der Reformdebatte in Frage gestellte[1513] Legitimation der Unterscheidung zwischen linearen und nichtlinearen Diensten verstanden werden.[1514] Übergeordnet kann zudem auch hier wieder an die Frage angeknüpft werden, ob die Unterteilung der Dienstekategorien nicht stärker an deren Meinungsbildungsrelevanz ausgerichtet werden sollte.[1515]

1510 Vgl. *Herbig*, Streit über Rundfunklizenz: PietSmietTV geht vom Netz, heise online v. 10.05.2017, abrufbar unter: https://www.heise.de/newsticker/meldung/Streit-ueber-Rundfunklizenz-PietSmietTV-geht-vom-Netz-3709073.html [Stand November 2018].
1511 Vgl. Art. 27 Abs. 1 AVMD-Richtlinie.
1512 *Ferreau*, ZUM 2017, 632 (637).
1513 *Arbeitsgemeinschaft der Landesmedienanstalten (ALM)/Direktorenkonferenz der Landesmedienanstalten (DLM)*, Beitrag zur Konsultation zur Richtlinie 2010/13/EU über audiovisuelle Mediendienste (AVMD-RL) – Eine Mediengesetzgebung für das 21. Jahrhundert, 6.07.2015 – 30.09.2015, 8; *Conseil supérieur de l'audiovisuel de la Communauté française de Belgique (CSA)*, Beitrag zur Konsultation zur Richtlinie 2010/13/EU über audiovisuelle Mediendienste (AVMD-RL) – Eine Mediengesetzgebung für das 21. Jahrhundert, 6.07.2015 – 30.09.2015, 7; *Europäische Kommission*, Grünbuch über die Vorbereitung auf die vollständige Konvergenz der audiovisuellen Welt: Wachstum, Schöpfung und Werte, COM(2013) 231 final, 24.4.2013, 13; *Dies.*, Summaries of the replies to the public consultation launched by the Green Paper "Preparing for a Fully Converged Audiovisual World: Growth, Creation and Values", 12.9.2014, 38 f.; *Europäisches Parlament*, Entschließung zu "Connected TV", P7_TA(2013)0329, 4.07.2013, Erwägungsgrund M; *ERGA*, Report on material jurisdiction in a converged environment, ERGA 2015 (12), 18.12.2015, 41; *Kluth/Schulz*, Konvergenz und regulatorische Folgen, 2014, 24.
1514 Vgl. hierzu oben unter Dritter Teil. § 1 II. 1.; siehe auch *Ferreau*, ZUM 2017, 632 (634 ff.); *Leeb/Seiter*, ZUM 2017, 573 (581).
1515 Vgl. hierzu oben unter Dritter Teil. § 1 IV. 3.; *Arbeitsgemeinschaft der Landesmedienanstalten (ALM)/Direktorenkonferenz der Landesmedienanstalten (DLM)*, Beitrag

c) Zusammenfassung

Im Zusammenhang mit der Anwendung der Vorschriften der AVMD-Richtlinie auf nutzergenerierte Videos zeigen sich weniger rechtliche als vielmehr faktische Probleme. Die besondere Gefahrenlage zum Beispiel in Hinblick auf die Kennzeichnung von Werbung in Verbindung mit der Masse der in die Zuständigkeit der Aufsichtsbehörden fallenden Inhalte birgt die Gefahr der Überforderung der Aufsicht. In diesem Zusammenhang wurde schon der Begriff des strukturellen Vollzugsdefizits aufgeworfen.[1516]

Die Reaktionen auf die Entscheidung der ZAK im Fall „PietSmietTV" lesen sich hierzu konträr. Den Landesmedienanstalten wird hier ein überzogener Kontrollanspruch unterstellt[1517] oder gar vorgeworfen, sie wollten „ein Exempel statuieren"[1518]. Die Landesmedienanstalten selbst wiederum verweisen auf die Determination der Entscheidung durch die bestehende Rechtslage, deren Wertung sie ebenfalls in Frage stellen.[1519] Für die Zukunft würden sie die Zulassungsfreiheit von linearem Web-TV, etwa nach dem Beispiel der „qualifizierten Anzeigepflicht" für reine Internetradios in §20b RStV, befürworten.[1520] Eine derartige Überarbeitung ist auch im Koalitionsvertrag von 2017 zwischen *FDP* und

---

     zur Konsultation zur Richtlinie 2010/13/EU über audiovisuelle Mediendienste (AVMD-RL) – Eine Mediengesetzgebung für das 21. Jahrhundert, 6.07.2015 – 30.09.2015, 11; *Europäische Kommission*, Summaries of the replies to the public consultation launched by the Green Paper "Preparing for a Fully Converged Audiovisual World: Growth, Creation and Values", 12.9.2014, 41; *Europäisches Parlament*, Entschließung zu "Connected TV", P7_TA(2013)0329, 4.07.2013, 10. Entschließung; siehe auch *Kluth/Schulz*, Konvergenz und regulatorische Folgen, 2014, 23 f.
1516 *Ruttig*, Kontrollieren die Landesmedienanstalten bald das Internet?, Legal Tribune Online v. 21.10.2015, 2; siehe auch *Möllers/ Zwiffelhoffer*, MMR 2015, 161 (166).
1517 *Wieduwilt*, Youtuber sollen Rundfunklizenz beantragen, FAZ v. 22.03.2017, abrufbar unter: http://www.faz.net/aktuell/feuilleton/medien/youtube-kollektiv-piet-smiet-tv-soll-rundfunklizenz-beantragen-14937681.html [Stand November 2018]; *Mühlbauer*, Doch keine Lizenzpflicht für Livestreamer?, Telepolis v. 18.06.2017, abrufbar unter: https://www.heise.de/tp/features/Doch-keine-Rundfunklizenzpflicht-fuer-Livestreamer-3746315.html [Stand November 2018].
1518 *Hanfeld*, Erst die Gamer, dann das ganze Internet, FAZ v. 28.03.2017, abrufbar unter: http://www.faz.net/aktuell/feuilleton/debatten/rundfunklizenz-fuer-youtuber-14945278.html [Stand November 2018].
1519 *Arbeitsgemeinschaft der Landesmedienanstalten (ALM)*, Rundfunk oder nicht? Erläuterungen zur Pietsmiet TV-Entscheidung der ZAK, 6.04.2017, 3.
1520 Ebd.

CDU in Nordrhein-Westfalen vorgesehen.[1521] Auch in der REFIT-Konsultation zur Reform der AVMD-Richtlinie wurde vorgeschlagen, bestimmte Dienste aus dem Anwendungsbereich der AVMD-Richtlinie auszunehmen.[1522] Der Vorschlag betraf allerdings nichtlineare Angebote mit niedriger Reichweite unterhalb einer noch festzulegenden Umsatzschwelle nach italienischem[1523] Vorbild.[1524]

Auch der Generalanwalt am EuGH *Szpunar* wies in seinen Schlussanträgen im Fall „New Media Online" auf das Problem des drohenden strukturellen Vollzugsdefizits hin.[1525] Die Regulierungsbehörden sollten sich seiner Ansicht zufolge besser auf ihre Kerntätigkeit konzentrieren, statt ihre Zuständigkeit auf neue Teile des Internets auszudehnen.[1526] Vor diesem Hintergrund muss jede Ausweitung des Anwendungsbereiches für Videoplattformen und nutzergenerierte Inhalte in materieller oder territorialer Hinsicht kritisch hinterfragt werden.

§ 2 Die Überarbeitung der AVMD-Richtlinie ab 2016

Am 25. Mai 2016 legte die *Europäische Kommission* auf Grundlage der Ergebnisse[1527] der REFIT-Evaluation[1528] ihren Vorschlag für eine Änderungsrichtlinie

---

[1521] *CDU/FDP*, Koalitiosvertrag für Nordrhein-Westfalen 2017–2022, 16.06.2017, 97; vgl. *Mühlbauer*, Doch keine Lizenzpflicht für Livestreamer?, Telepolis v. 18.06.2017, abrufbar unter: https://www.heise.de/tp/features/Doch-keine-Rundfunklizenzpflicht-fuer-Livestreamer-3746315.html [Stand November 2018].

[1522] *KommAustria*, Beitrag zur Konsultation zur Richtlinie 2010/13/EU über audiovisuelle Mediendienste (AVMD-RL) – Eine Mediengesetzgebung für das 21. Jahrhundert, 6.07.2015 – 30.09.2015, 7 f.

[1523] *Machet*, 33rd EPRA meeting, Background Document for Plenary Session – Content Regulation and new Media: Exploring Regulatory Boundaries between Traditional and new Media, EPRA 2011/02, 2011, 9; *Valcke/Ausloos*, in: Donders/Pauwels/Loisen (Hrsg.), The Palgrave Handbook of European Media Policy, 2014, 312 (315). *Viola/Capello*, in: Nikoltchev (Hrsg.), The Regulation of On-demand Audiovisual Services: Chaos or Coherence?, IRIS Special, 2011, 47 (51).

[1524] *KommAustria*, Beitrag zur Konsultation zur Richtlinie 2010/13/EU über audiovisuelle Mediendienste (AVMD-RL) – Eine Mediengesetzgebung für das 21. Jahrhundert, 6.07.2015 – 30.09.2015, 9.

[1525] *Szpunar*, Schlussanträge v. 1.7.2015, Rs. C-347714, Rn. 31.

[1526] Ebd.

[1527] *Europäische Kommission*, AVMS Ex-post REFIT evaluation, SWD(2016) 170 final, 25.05.2016.

[1528] Vgl. zum REFIT-Programm oben unter Dritter Teil. § 1 I. 4.

zur AVMD-Richtlinie (AVMD-ÄRL-V)[1529] vor und leitete damit das Reform-Gesetzgebungsverfahren ein. In der Begründung zum Richtlinienvorschlag wird an die anhaltende Konvergenzentwicklung und insbesondere die zunehmende Nutzung von Abrufdiensten und Videoplattformen angeknüpft.[1530] Zwar habe das Fernsehen nach wie vor eine starke Stellung, müsse jedoch mit nichtlinearen Mediendiensten und nutzergenerierten Inhalten unter ungleichen Bedingungen um dasselbe Publikum konkurrieren.[1531] Zugleich seien auch die Verbraucher bei der Nutzung dieser Dienste nicht in gleichem Maße geschützt.[1532]

Die Kompetenz der EU zur Überarbeitung der AVMD-Richtlinie stützt sich unverändert auf die Koordinationsbefugnis im Zusammenhang mit dem freien Dienstleistungsverkehr auf dem Binnenmarkt aus Art. 53 Abs. 1 i.V.m. Art. 62 AEUV.[1533] Zur Begründung wird auf den Anteil der innerhalb der EU niedergelassenen Fernsehsender und Videoabrufdienste, die auf ausländische Märkte ausgerichtet sind oder im Fall von Videodiensten aus einem anderen Mitgliedstaat stammen, verwiesen, der 38% beziehungsweise 31% betrage.[1534] Die Schaffung eines Binnenmarkts für audiovisuelle Dienstleistungen sowie die Gewährleistung von Allgemeinwohlzielen, wie dem Schutz von Minderjährigen, könne in diesem Zusammenhang nicht von den einzelnen Mitgliedstaaten erreicht werden und erfordere eine Regelung auf europäischer Ebene.[1535]

I. Richtlinienvorschlag der Kommission

Die im Kommissionsvorschlag vorgesehenen Änderungen betreffen sowohl die Anforderungen an audiovisuelle Mediendienste als auch den Anwendungsbereich der AVMD-Richtlinie. Die mit der Überarbeitung verfolgten Ziele konkretisierte die *Kommission* in ihrer den Richtlinienvorschlag begleitenden Folgenabschätzung.[1536] Eine hervorgehobene Rolle spielt dabei die Anpassung

---

1529 *Europäische Kommission*, Vorschlag für eine Richtlinie des Europäischen Parlaments und des Rates zur Änderung der Richtlinie 2010/13/EU zur Koordinierung bestimmter Rechts- und Verwaltungsvorschriften der Mitgliedstaaten über die Bereitstellung audiovisueller Mediendienste im Hinblick auf sich verändernde Marktgegebenheiten, COM(2016) 287 final, 25.05.2016.
1530 Ebd., 2.
1531 Ebd.
1532 Ebd.
1533 Ebd., 5.
1534 Ebd.
1535 *Europäische Kommission*, AVMS Impact Assessment, SWD(2016) 168 final, 25.05.2016, 6.
1536 Ebd., 4 f.

des abgestuften Regulierungsniveaus zwischen linearen und nichtlinearen Diensten,[1537] insbesondere in Bezug auf die nicht mehr den Marktverhältnissen entsprechenden Werbevorschriften[1538].[1539] Zudem soll der Schutz von Verbrauchern und Jugendlichen vor der Konfrontation mit entwicklungsbeeinträchtigenden Inhalten und Hasskommunikation im Rahmen von Videoplattformdiensten verbessert werden.[1540] Schließlich sollen auch die Zusammenarbeit der nationalen Regulierungsstellen sowie die Regeln über deren Zuständigkeit und Abstimmungsverfahren im Zusammenhang mit dem Herkunftslandprinzip vereinfacht werden[1541] um so den Binnenmarkt zu stärken.[1542] In diesem Zusammenhang ist ein zusätzliches Anliegen die Absicherung der Unabhängigkeit nationaler Regulierer von anderen staatlichen oder privaten Stellen.[1543] Vergeblich sucht man hingegen in der Folgeabschätzung nach Erwägungen zum materiellen Anwendungsbereich der AVMD-Richtlinie für nichtlineare Mediendienste.[1544] Die hieran vorgenommenen, nicht sehr umfangreichen Veränderungen zählt die *Kommission* offenbar nicht zum Herzstück der Reform.

Eine revolutionäre Neukonzeption der Regulierung audiovisueller Medien ist durch den Reformvorschlag insgesamt nicht vorgesehen.[1545] Das bestehende Konzept der AVMD-Richtlinie wird lediglich in einzelnen Punkten angepasst.[1546] Seine Grundpfeiler, wie das System der abgestuften Regelungsdichte, bleiben dabei bestehen.

1. Allgemeine Vorschriften und nationale Regulierungsbehörden

Das Herkunftslandprinzip in Art. 2 AVMD-Richtlinie wird beibehalten. Durch Art. 2 Abs. 5a und 5b AVMD-ÄRL-V werden jedoch neue Abstimmungsverfahren zur Ermittlung der Rechtshoheit eines Mitgliedstaats eingeführt. Diese sollen das Prinzip laut der Begründung des Vorschlags stärken.[1547] Das

---

1537 Ebd., 7 f.
1538 Ebd., 11 f.
1539 Ebd., 14.
1540 Ebd.
1541 Ebd., 9 f.
1542 Ebd., 14.
1543 Ebd.
1544 Vgl. insb. die Zusamenfassung der Reformziele und zu lösenden Probleme Ebd.
1545 So auch *Grewenig*, MMR 2017, 649 (650); *Kogler,* Convergence 2016 (Vol. 22), 468 (471).
1546 *Brings-Wiesen*, AfP 2016, 323.
1547 *Europäische Kommission,* Vorschlag für eine Richtlinie des Europäischen Parlaments und des Rates zur Änderung der Richtlinie 2010/13/EU zur Koordinierung

free-flow-of-information Prinzip in Art. 3 AVMD-Richtlinie soll nach dem Vorschlag für alle audiovisuellen Mediendienste unter denselben Abweichungsbefugnissen der Mitgliedstaaten gelten. Die Befugnis der Mitgliedstaaten zur Abweichung von den Bestimmungen der Richtlinie wird durch Art. 4 Abs. 1 AVMD-ÄRL-V auf bestimmte Vorschriften eingeschränkt. Zwar verfolgt die Richtlinie weiterhin das Prinzip der Mindestharmonisierung,[1548] allerdings enthält der Kommissionsvorschlag einige, insbesondere strukturell-institutionelle, Vorkehrungen zur Gewährleistung einer einheitlicheren nationalen Anwendungspraxis.

Eine wesentliche Neuerung ist in Art. 30 AVMD-ÄRL-V für die nationale Medienaufsicht vorgesehen. Dieser schafft eine Pflicht der Mitgliedstaaten zur Benennung unabhängiger nationaler Regulierungsstellen für die Medienaufsicht und legt weitere Bedingungen für deren Tätigkeit fest. Unparteiische Entscheidungen der Stellen und die Gewährleistung fairer Wettbewerbsbedingungen erfordern nach Erwägungsgrund 33 AVMD-ÄRL-V die Unabhängigkeit der Entscheidungsträger sowohl von der Regierung und öffentlichen Einrichtungen, als auch von der Branche. Unabhängige Medienregulierungsstellen seien damit eine Bedingung für die effektive Durchsetzung der Richtlinie.[1549] Während in anderen Regulierungsbereichen, etwa dem Telekommunikationsrecht oder dem Datenschutzrecht, bereits ähnliche europäische Vorgaben zur Unabhängigkeit der Regulierungsstellen bestehen, traf die alte Fassung der AVMD-Richtlinie hierzu keine Vorkehrungen.[1550] Die Entwicklungen in verschiedenen Mitgliedstaaten habe jedoch in den letzten Jahren sowohl zu Hindernissen für die Niederlassung von Mediendiensteanbietern geführt, als auch die Medienfreiheit und den Medienpluralismus eingeschränkt.[1551] Die in Art. 30 AVMD-ÄRL-V vorgesehenen Regelungen sollen demgegenüber sowohl ein höheres Maß an Harmonisierung in der Umsetzung der Richtlinie erzielen, als auch den Binnenmarkt stärken und Medienpluralismus gewährleisten.[1552]

---

bestimmter Rechts- und Verwaltungsvorschriften der Mitgliedstaaten über die Bereitstellung audiovisueller Mediendienste im Hinblick auf sich verändernde Marktgegebenheiten, COM(2016) 287 final, 25.05.2016, 13.
1548 Ebd.
1549 *Europäische Kommission,* AVMS Impact Assessment, SWD(2016) 168 final, 25.05.2016, 10.
1550 Ebd.
1551 Ebd., 10 f.
1552 *Europäische Kommission,* Vorschlag für eine Richtlinie des Europäischen Parlaments und des Rates zur Änderung der Richtlinie 2010/13/EU zur Koordinierung bestimmter Rechts- und Verwaltungsvorschriften der Mitgliedstaaten über die Bereitstellung

Schließlich wird in Art. 30a AVMD-ÄRL-V die *Gruppe europäischer Regulierungsstellen für audiovisuelle Mediendienste* (*ERGA*) eingesetzt, die sich aus Vertretern der nationalen Regulierungsstellen zusammensetzt. *ERGA* soll nach Art. 30a Abs. 3 AVMD-ÄRL-V sowohl beratend für die *Kommission* tätig werden als auch die Zusammenarbeit der nationalen Regulierungsbehörden fördern und hierdurch gemäß Erwägungsgrund 35 AVMD-ÄRL-V eine „einheitliche Anwendung des Rechtsrahmens [...] für den audiovisuellen Bereich in allen Mitgliedstaaten" gewährleisten.

2. Materieller Anwendungsbereich

Der materielle Anwendungsbereich der Richtlinie bestimmt sich wie zuvor am Begriff des audiovisuellen Mediendienstes. Die Definition in Art. 1 Abs. 1 lit. a AVMD-Richtlinie wird in den AVMD-ÄRL-V übernommen, wobei allerdings das in der Praxis problematische Hauptzweck-Kriterium um eine Klarstellung ergänzt wird. In der neuen Formulierung muss die Bereitstellung von Sendungen „der Hauptzweck oder ein trennbarer Teil der Dienstleistung" sein. Erwägungsgrund 3 des AVMD-ÄRL-V bestimmt dazu, „[d]as Hauptzweckerfordernis sollte auch dann als erfüllt gelten, wenn der Dienst audiovisuelle Inhalte enthält und eine Form hat, die sich von der Hauptaktivität des Diensteanbieters trennen lässt, beispielsweise eigenständige Teile von Online-Zeitungen mit audiovisuellen Sendungen oder von Nutzern erstellten Videos, soweit solche Teile als von ihrer Haupttätigkeit trennbar gelten können. [...] Ein Dienst sollte lediglich als untrennbare Ergänzung der Haupttätigkeit betrachtet werden, wenn die Verknüpfungen zwischen dem audiovisuellen Angebot und der Haupttätigkeit dies rechtfertigen". Ausweislich der REFIT-Evaluationsergebnisse seien die Anforderungen an den Hauptzweck des Angebots im Lichte der *EuGH*-Rechtsprechung in „New Media Online"[1553] zu sehen.[1554] Die getrennte Beurteilung verschiedener Angebotsteile als eigener Dienste sei danach[1555] zulässig und geboten, soweit zwischen ihnen keine untrennbaren Verknüpfungen insbesondere durch Links bestehen.[1556]

---

audiovisueller Mediendienste im Hinblick auf sich verändernde Marktgegebenheiten, COM(2016) 287 final, 25.05.2016, 13.
1553 *EuGH*, Urt. v. 21.10.2015, Rs. C-347/14, Rn. 33; siehe hierzu im Detail oben unter Zweiter Teil. § 2 III.
1554 *Europäische Kommission,* AVMS Ex-post REFIT evaluation, SWD(2016) 170 final, 25.05.2016, 17.
1555 *EuGH*, Urt. v. 21.10.2015, Rs. C-347/14, Rn. 33.
1556 *Europäische Kommission,* AVMS Ex-post REFIT evaluation, SWD(2016) 170 final, 25.05.2016, 17.

Der Richtlinienvorschlag stellt mit dieser Formulierung zunächst klar, dass eine getrennte Beurteilung verschiedener Dienste innerhalb des größeren Angebots eines Mediendiensteanbieters explizit von der Richtlinie gefordert ist. Mit Erwägungsgrund 3 wird die Kernargumentation des *EuGH* im Fall „New Media Online" in die Richtlinie integriert. Ob eine getrennte oder verbundene Beurteilung des Angebots geboten ist, soll sich nach den „Verknüpfungen" zwischen audiovisuellem Angebot und der Haupttätigkeit bemessen. Die Formulierung legt dabei nahe, dass im Regelfall von getrennten Diensten auszugehen ist, die nur unter besonderen Umständen als „untrennbare Ergänzung der Haupttätigkeit"[1557] anzusehen sind. Im Vergleich zum Urteil des *EuGH*[1558] bringt diese Neufassung der Definition mit dem ergänzenden Erwägungsgrund keinen neuen Erkenntnisgewinn und ist nicht geeignet, die noch zahlreich bestehenden Auslegungsschwierigkeiten[1559] auszuräumen.[1560]

Eine weitere Neuerung im Zusammenhang mit der Definition audiovisueller Mediendienste ist am Sendungsbegriff vorgesehen. Der in der Definition des Art. 1 Abs. 1 lit. b AVMD-Richtlinie enthaltene Beispielkatalog wird zunächst durch den Zusatz „u. a." als explizit nicht abschließend gekennzeichnet. Zudem fügt der Richtlinienvorschlag eine weitere Beispielkategorie „Kurzvideos" hinzu. Hiermit dürfte der Streit um eine etwaig geforderte Mindestspieldauer[1561] von Videoinhalten beigelegt werden. In den Ergebnissen der REFIT-Evaluation führt die *Kommission* aus, das zunehmende Angebot und der steigende Konsum kurzer Abrufvideos würden nahelegen, dass diese Form von Inhalten nicht aus dem Anwendungsbereich der Richtlinie ausgeschlossen werden kann.[1562] Dies entspreche auch der Rechtsprechung des *EuGH* im Fall „New Media Online"[1563].[1564]

1557 Vgl. Erwgr. 3 AVMD-ÄRL-V.
1558 *EuGH*, Urt. v. 21.10.2015, Rs. C-347/14, Rn. 36.
1559 Vgl. zur Kritik am Urteil oben unter Zweiter Teil. § 3.
1560 So auch *Brings-Wiesen*, AfP 2016, 323 (325).
1561 Vgl. *Valcke/Ausloos*, in: Donders/Pauwels/Loisen (Hrsg.), The Palgrave Handbook of European Media Policy, 2014, 312 (322); siehe auch oben unter Zweiter Teil. § 2 VI. 3. b).
1562 *Europäische Kommission,* AVMS Ex-post REFIT evaluation, SWD(2016) 170 final, 25.05.2016, 17.
1563 *EuGH*, Urt. v. 21.10.2015, Rs. C-347/14, Rn. 20.
1564 *Europäische Kommission,* AVMS Ex-post REFIT evaluation, SWD(2016) 170 final, 25.05.2016, 17.

Der Sendungsbegriff wird durch den AVMD-ÄRL-V jedoch tiefgreifender verändert. Die Voraussetzung, dass Sendungen „mit der Form und dem Inhalt von Fernsehprogrammen vergleichbar" sein müssen, entfällt. Dieses neben dem „Hauptzweck" sicherlich meistdiskutierte Kriterium[1565] soll somit zukünftig keinen Einfluss mehr auf die Einstufung eines Angebots als audiovisuellen Mediendienst haben. Laut den Ergebnissen der REFIT-Evaluation sei das Kriterium der Fernsehähnlichkeit als Teil des Sendungsbegriffs als nicht mehr zeitgemäß einzustufen.[1566] Hinsichtlich der Fernsehähnlichkeit und des Hauptzwecks sei es aufgrund unterschiedlicher Auslegung der Mitgliedstaaten zu Marktfragmentierung und Rechtsunsicherheit gekommen.[1567] Die Streichung des Kriteriums mag eine pragmatische Lösung dieser Auslegungsschwierigkeiten sein. Ob die durch die verschlankte Definition erzielten Ergebnisse jedoch mit den Zielen der Richtlinie zu vereinbaren sind, ist zu bezweifeln.[1568]

Eine letzte Klarstellung des Anwendungsbereichs erfolgt schließlich eher überraschend im Kontext des Hauptzwecks und betrifft die Beurteilung sog. „branded channels"[1569] auf Videoplattformen.[1570] Aus der AVMD-Richtlinie ging nicht klar hervor, wie solche Kanäle, die auf Plattformen ohne redaktionelle Kontrolle über die bereitgestellten Inhalte angeboten werden, zu beurteilen sind.[1571] Erwägungsgrund 3 bestimmt hierzu nun, dass „Kanäle oder andere audiovisuelle Dienste, die der redaktionellen Verantwortung eines Anbieters unterliegen, selbst audiovisuelle Dienste darstellen [können], auch wenn sie im Rahmen

---

1565 Vgl. zur Fernsehähnlichkeit oben unter Zweiter Teil. § 1 III. 4.
1566 *Europäische Kommission*, AVMS Ex-post REFIT evaluation, SWD(2016) 170 final, 25.05.2016, 17.
1567 Ebd., 21.
1568 Siehe hierzu sogleich unter Dritter Teil. § 2 III. 1. b).
1569 *Cabrera Blázquez*, in: Nikoltchev (Hrsg.), What Is an On-demand Service?, IRIS plus 4/2013, 7 (15).
1570 Siehe hierzu oben unter Dritter Teil. § 1 IV. 4. sowie grundlegend unter Zweiter Teil. § 1 III. 2. b).
1571 So auch *Szpunar*, Schlussanträge v. 1.7.2015, Rs. C-347/14, Rn. 39; Vgl. zu den Niederlanden *Betzel*, in: Nikoltchev (Hrsg.), The Regulation of On-demand Audiovisual Services: Chaos or Coherence?, IRIS Special, 2011, 53 (61); zu Belgien *Cabrera Blázquez*, in: Nikoltchev (Hrsg.), What Is an On-demand Service?, IRIS plus 4/2013, 7 (15); *Conseil supérieur de l'audiovisuel de la Communauté française de Belgique (CSA) – Collège d'autorisation et de contrôle*, Recommandation relative au périmètre de la régulation des services de medias audiovisuels, 29.03.2012, 14.

einer Videoplattform dargeboten werden, bei der es ihrerseits an einer redaktionellen Verantwortung fehlt. In solchen Fällen werden die Anbieter, die eine redaktionelle Verantwortung wahrnehmen, den Bestimmungen dieser Richtlinie nachzukommen haben". Übertragen auf das naheliegendste Anwendungsbeispiel bedeutet das, dass aktive Nutzer von Videoplattformen wie YouTube, die mit Gewinnerzielungsabsicht Videos erstellen und ein hinreichendes Maß an Professionalisierung aufweisen, mit den von ihnen betreuten Kanälen audiovisuelle Mediendienste auf Abruf anbieten, die uneingeschränkt der AVMD-ÄRL-V unterfallen.

3. Verpflichtungen der Mediendiensteanbieter

Der Vorschlag der *Kommission* enthält auch eine Reihe inhaltlicher Änderungen der Anforderungen für audiovisuelle Mediendienste. Die REFIT-Evaluation hat ergeben, dass durch die Differenzierung zwischen linearen und nichtlinearen Diensten im Rahmen des Systems der abgestuften Regelungsdichte zunehmend Nachteile für die strenger regulierten Rundfunkanbieter hervorgerufen würden, die insbesondere im Bereich des Jugendschutzes,[1572] der Werbevorschriften und der Förderung Europäischer Werke sichtbar seien.[1573] Insgesamt entstünden allerdings durch die Regulierung der AVMD-Richtlinie auch positive Effekte für die betroffenen Anbieter, wie etwa Kostenersparnisse durch Rechtssicherheit (insbesondere im Rahmen des Herkunftslandprinzips)[1574] und bewusste Bevorzugung durch Nutzer, die auf die Schutzvorschriften insbesondere für Minderjährige vertrauen.[1575] Die *Kommission* hat daher den Ansatz gewählt, durch Erleichterungen für lineare Mediendienste und teilweise strengere Vorschriften für nichtlineare Dienste das Regulierungsniveau insgesamt anzunähern.

Das in Art. 6 AVMD-Richtlinie enthaltene Verbot von Inhalten, die zu Hass gegen nach bestimmten Merkmalen definierte Personengruppen aufstacheln, umfasst in der Fassung des AVMD-ÄRL-V auch die Merkmale ethnische Herkunft, Weltanschauung, Behinderung, Alter und sexuelle Ausrichtung. Zudem

---

1572 *Europäische Kommission*, AVMS Impact Assessment, SWD(2016) 168 final, 25.05.2016, 9.
1573 *Europäische Kommission*, AVMS Ex-post REFIT evaluation, SWD(2016) 170 final, 25.05.2016, 57.
1574 Ebd.
1575 Ebd., 22.

ist neben der Aufstachelung zu Hass nun auch die Aufstachelung zu Gewalt von der Vorschrift umfasst.

Im Bereich des Jugendschutzes sollen die Vorschriften für lineare und nichtlineare audiovisuelle Mediendienste angeglichen werden.[1576] Bisher war durch Art. 12 und Art. 27 AVMD-Richtlinie ein unterschiedlicher Standard vorgesehen.[1577] Im Vorschlag wird nun Art. 27 gestrichen und der bisher nur für Abrufdienste geltende Art. 12 wird auf alle audiovisuellen Mediendienste erweitert. Dabei fällt das Merkmal der „ernsthaften" Beeinträchtigung der Entwicklung Minderjähriger weg. Alle potentiell beeinträchtigenden Inhalte dürfen nur unter zusätzlichen Vorkehrungen, wie beispielsweise die Wahl der Sendezeit oder die Verwendung technischer Maßnahmen zur Altersüberprüfung, bereitgestellt werden. Die in der bisherigen Fassung der AVMD-Richtlinie als „ernsthafte" Beeinträchtigungen bezeichneten Inhalte, wie „grundlose Gewalttätigkeiten und Pornografie", dürfen zukünftig auch in linearen Diensten angeboten werden, soweit sie „strengsten Maßnahmen, wie Verschlüsselung und wirksamen Systemen zur elterlichen Kontrolle, unterliegen". Ergänzend überträgt der neue Art. 6a Abs. 1 AVMD-ÄRL-V die bisher nach Art. 27 Abs. 3 AVMD-Richtlinie nur für lineare Dienste geltende Pflicht zur Kennzeichnung jugendgefährdender Inhalte auch auf nichtlineare Dienste. Zum Einsatz kommen kann nach Art. 6a Abs. 1 S. 2 AVMD-ÄRL-V ein „System von Deskriptoren". Erwägungsgrund 9 konkretisiert hierzu, dass die Deskriptoren in schriftlicher, grafischer oder akustischer Form erfolgen können.

Die Pflicht zur Förderung europäischer Werke für Anbieter von Abrufdiensten in Art. 13 AVMD-Richtlinie wird durch den Vorschlag verschärft.[1578] Zum einen entfällt die relativierende Formulierung „im Rahmen des praktisch Durchführbaren und mit angemessenen Mitteln", die den Mitgliedstaaten bei der Umsetzung weite Spielräume ließ. Zum anderen legt Art. 13 Abs. 1 AVMD-ÄRL-V einen konkreten Anteil von 20% europäischer Werke am Katalog der Anbieter fest. Zur Begründung verweist die *Kommission* in ihrer Folgenabschätzung auf die geringen Beiträge der Abrufdienstanbieter nach der bisherigen

---

1576 *Europäische Kommission*, Vorschlag für eine Richtlinie des Europäischen Parlaments und des Rates zur Änderung der Richtlinie 2010/13/EU zur Koordinierung bestimmter Rechts- und Verwaltungsvorschriften der Mitgliedstaaten über die Bereitstellung audiovisueller Mediendienste im Hinblick auf sich verändernde Marktgegebenheiten, COM(2016) 287 final, 25.05.2016, 13.
1577 Vgl. oben unter Zweiter Teil. § 1 II. 3.; siehe auch *Kogler*, K&R 2011, 621 (623).
1578 *Brings-Wiesen*, AfP 2016, 323 (324).

Regelung. Im Jahr 2013 hätten Anbieter nichtlinearer Dienste nur etwa 1% ihrer Umsätze in die Produktion europäischer Inhalte investiert, für größere Fernsehsender läge dieser Anteil hingegen bei 24% ihres Jahresumsatzes.[1579] In Art. 13 Abs. 2 AVMD-ÄRL-V wird den Mitgliedstaaten freigestellt, die Anbieter von Abrufdiensten zu finanziellen Beiträgen in nationale Fonds oder durch Direktinvestitionen in Inhalte zu verpflichten. Eine Ausnahme hiervon ist in Abs. 5 unter anderem für Anbieter mit geringen Umsätzen und Kleinunternehmen vorgesehen.

Eine erhebliche Liberalisierung und Flexibilisierung nimmt der Vorschlag der *Kommission* im Bereich der Werbevorschriften vor. Das Regel-Ausnahme-Verhältnis zum grundsätzlichen Verbot der Produktplatzierung in Art. 11 Abs. 2 AVMD-Richtlinie wird umgekehrt. Diese ist nun grundsätzlich zulässig, außer in Sendungen zur politischen Information, Verbrauchersendungen, Sendungen mit religiösem Inhalt und Sendungen mit beträchtlicher kindlicher Zuschauerschaft. Die vorherige Regelung hat laut Erwägungsgrund 15 AVMD-ÄRL-V zu Rechtsunsicherheit für Medienanbieter geführt. Auch die Voraussetzungen zulässiger Produktplatzierung unterscheiden sich von der geltenden Fassung der AVMD-Richtlinie. Es ist nach Art. 11 Abs. 3 AVMD-ÄRL-V unerheblich, ob die Produkte kostenlos zur Verfügung gestellt werden, zudem entfallen die Verbote verkaufsfördernder Hinweise und der zu starken Herausstellung der Produkte. Laut Erwägungsgrund 17 hat sich insbesondere Letzteres „als in der Praxis schwer anwendbar erwiesen". Produktplatzierung müsse „von Natur aus mit einer gewissen Herausstellung einhergehen".

Die quantitativen Vorschriften für Fernsehwerbung in Art. 20 und Art. 23 AVMD-Richtlinie wurden ebenfalls gelockert. Nachrichten und Filme dürfen nach Art. 20 Abs. 2 AVMD-ÄRL-V alle 20 statt vorher 30 Minuten durch Werbung unterbrochen werden. Zur Begründung verweist Erwägungsgrund 13 AVMD-ÄRL-V auf die Gefahr der Nutzerabwanderung zu neuen Diensten. Art. 23 Abs. 1 AVMD-ÄRL-V ersetzt den stündlichen Höchstanteil von 20% Werbung am Programm durch einen täglichen Höchstanteil für den Zeitraum zwischen 7 und 23 Uhr. Erwägungsgrund 19 führt hierzu aus, die Änderung solle es den Fernsehveranstaltern ermöglichen, „die Nachfrage der Werbenden und den Zuschauerfluss bestmöglich aufeinander abzustimmen".

1579 *Europäische Kommission,* AVMS Impact Assessment, SWD(2016) 168 final, 25.05.2016, 8.

4. Einbeziehung von Videoplattformdiensten

Neben den wie zuvor von der Richtlinie erfassten audiovisuellen Mediendiensten führt der AVMD-ÄRL-V mit den „Videoplattformdiensten" eine weitere Kategorie von Diensten ein. Bei dieser Art von Dienst handelt es sich jedoch nicht um audiovisuelle Mediendienste, so dass lediglich einzelne, ausdrücklich für diese Dienste festgelegte Regelungen zur Anwendung kommen, während die allgemeinen Bestimmungen und Vorschriften für audiovisuelle Mediendienste nicht auf Videoplattformdienste übertragen werden. Dies stellt einen Bruch im System der abgestuften Regelungsdichte dar, das gerade auf der Festlegung allgemeiner Regelungen für alle von der Richtlinie erfassten Dienste beruht. Der Ausschluss nicht redaktionell verantworteter Angebote aus dem Anwendungsbereich der Richtlinie, der ursprünglich eine Überregulierung des Online-Markts verhindern sollte, gefährdet laut den REFIT-Evaluationsergebnissen jedoch die Schaffung gleicher Wettbewerbsbedingungen.[1580] Einerseits werde ein beträchtlicher Teil der verfügbaren audiovisuellen Inhalte von Diensten angeboten, die mangels redaktioneller Verantwortung für die Inhalte nicht von der Richtlinie erfasst sind.[1581] Andererseits verschiebe sich auch das Nutzungsverhalten des Publikums zugunsten solcher Dienste, insbesondere in den jüngeren Altersgruppen.[1582] Auch die Gewährleistung eines angemessenen Verbraucher- und Jugendschutzniveaus werde durch den derzeitigen Anwendungsbereich der Richtlinie nicht vollständig erreicht.[1583] Probleme seien insbesondere im Bereich des Schutz von Minderjährigen vor schädlichen Inhalten auf Videoplattformen erkennbar, die nicht von der AVMD-Richtlinie erfasst werden.[1584]

a) Definition und räumlicher Anwendungsbereich

Die Definition des Videoplattformdienstes findet sich in Art. 1 Abs. 1 lit. aa des AVMD-ÄRL-V. Danach muss ein solcher Dienst eine Dienstleistung im Sinne der Art. 56 und 57 AEUV sein, die in „der Speicherung einer großen Menge an Sendungen oder an von Nutzern erstellten Videos" besteht, „für die der Videoplattformanbieter keine redaktionelle Verantwortung trägt". Weiterhin wird „die Organisation der gespeicherten Inhalte [...] vom Anbieter des

---

1580 *Europäische Kommission,* AVMS Ex-post REFIT evaluation, SWD(2016) 170 final, 25.05.2016, 18.
1581 Ebd.
1582 Ebd., 18 f.
1583 Ebd, 19.
1584 Ebd, 20.

Dienstes bestimmt, auch mit automatischen Mitteln oder Algorithmen, insbesondere durch Hosten, Anzeigen, Markieren und Anordnen". Im Übrigen muss der Dienst oder ein trennbarer Teil des Dienstes ebenso wie ein audiovisueller Mediendienst den Hauptzweck haben, Sendungen – oder nutzergenerierte Videos – über elektronische Kommunikationsnetze bereitzustellen.

Diese Erweiterung des sachlichen Anwendungsbereichs der AVMD-Richtlinie würde in der Praxis viele große Anbieter jedoch nicht erfassen, da der räumliche Anwendungsbereich der Richtlinie an die Niederlassung des Anbieters innerhalb eines Mitgliedstaats anknüpft. Art. 28b Abs. 1 AVMD-ÄRL-V bestimmt daher flankierend, dass für die Zwecke des Art. 3 Abs. 1 e-Commerce Richtlinie auch solche Videoplattformanbieter als innerhalb des Hoheitsgebiets eines Mitgliedstaats niedergelassen gelten, die „entweder ein in ihrem Gebiet niedergelassenes Mutter- oder Tochterunternehmen haben oder aber zu einem Konzern gehören, wobei ein anderer Teil dieses Konzerns in ihrem Gebiet niedergelassen ist". Zur Begründung führt Erwägungsgrund 32 des AVMD-ÄRL-V aus es sei „angemessen, dass für nicht in einem Mitgliedstaat niedergelassene Videoplattformanbieter dieselben Vorschriften gelten, um die Wirksamkeit der in dieser Richtlinie vorgesehenen Maßnahmen zum Schutz Minderjähriger und zum Schutz der Bürger zu sichern und um soweit wie möglich gleiche Wettbewerbsbedingungen zu gewährleisten [...]".

Der Verweis auf den Anwendungsbereich der e-Commerce Richtlinie bewirkt hierbei, dass die inhaltlichen Vorschriften für Videoplattformanbieter aus dem AVMD-ÄRL-V auf diese Dienste anwendbar sind, da nach Art. 3 Abs. 1 e-Commerce Richtlinie jeder räumlich erfasste Dienst der Informationsgesellschaft alle Vorschriften einhalten muss, die in den „koordinierten Bereich" fallen, zu dem auch die AVMD-Richtlinie gehört. Der in Art. 2 AVMD-Richtlinie festgelegte räumliche Anwendungsbereich bezieht sich hingegen weiterhin nur auf Anbieter audiovisueller Mediendienste, zu denen Videoplattformdienste gerade nicht gehören.

Diese Erstreckung des räumlichen Anwendungsbereiches erinnert in gewisser Weise an die Konstruktion, mit der der *EuGH* die Anwendung der Datenschutzrichtlinie auf Google im Urteil „Google Spain"[1585] begründete. Auch hier wurde auf das in Spanien vorhandene Tochterunternehmen des eigentlich für die Datenverarbeitung verantwortlichen Mutterunternehmens Google Inc. abgestellt.[1586] Es liegt nahe, dass es sich bei Art. 28b AVMD-ÄRL-V um ein

---

1585 *EuGH*, Urt. v. 13.5.2014, Rs. C-131712.
1586 Ebd., Rn. 50 ff.

weiteres „lex Google" beziehungsweise spezieller um ein „lex YouTube" handelt. Die wohl bekannteste Plattform für nutzergenerierte Videos, YouTube,[1587] verfügt über keinerlei Niederlassungen in der Europäischen Union, gehört aber zum Google Konzern, der wiederum Tochterunternehmen in mehreren Mitgliedstaaten betreibt[1588]. Eine Anwendung der Vorschriften für Videoplattformdienste aus dem AVMD-ÄRL-V auf YouTube wäre so gewährleistet.[1589]

b) Pflichten der Plattformanbieter

Inhaltlich finden sich die Anforderungen an Videoplattformdienste in Art. 28a AVMD-ÄRL-V. Videoplattformanbieter sollen nach Abs. 1 „geeignete Maßnahmen" zum Schutz Minderjähriger vor Inhalten, „die deren körperliche, geistige oder sittliche Entwicklung beeinträchtigen könnten", treffen und zudem alle Bürger vor Inhalten schützen, die Gewaltaufrufe enthalten oder zu Hass „gegen eine nach Geschlecht, Rasse, Hautfarbe, Religion, Abstammung oder nach nationaler oder ethnischer Herkunft definierte Gruppe von Personen" aufstacheln. Geeignete Maßnahmen können nach Art. 28a Abs. 2 lit. a-f AVMD-ÄRL-V die Aufnahme näherer Konkretisierungen der zuvor genannten Gruppen von Inhalten in die Geschäftsbedingungen des Anbieters, die Einrichtung von Melde- und Bewertungssystemen für die angebotenen Inhalte sowie bezüglich des Jugendschutzes die Einrichtung von Altersverifikationssystemen und Systemen zur Kontrolle durch Erziehungsberechtigte sein. Diese Aufzählung ist jedoch nicht abschließend zu verstehen. Art. 28a Abs. 2 S. 1 AVMD-ÄRL-V knüpft die Geeignetheit der Maßnahmen an eine Abwägung zwischen den Interessen der betroffenen Personengruppe und den Interessen der Nutzer sowie des Plattformanbieters. Aus dieser Bestimmung geht zunächst nicht hervor, ob je nach Abwägungsergebnis auch „Reaktionspflichten" des Anbieters ausgelöst werden können, beispielsweise die Pflicht zur Löschung betroffener Inhalte.

Die Einführung einer solchen Verpflichtung von Videoplattformanbietern zur – zumindest nachträglichen – Kontrolle der von ihnen angebotenen Inhalte birgt Konfliktpotential in Hinblick auf die Bestimmungen der e-Commerce

---

1587 Siehe zum Marktanteil in Deutschland *Direktorenkonferenz der Landesmedienanstalten (DLM)*, Medienkonvergenzmonitor v. 16.11.2015, Ergebnisse des MedienVielfaltsMonitor für das 1. Halbjahr 2015, 35.
1588 Vgl. *Google*, Standorte abrufbar unter: https://www.google.de/intl/de/about/company/facts/locations/ [Stand November 2018]; siehe auch *Schöwerling*, MR-Int. 2016, 85 (87).
1589 *Schöwerling*, MR-Int. 2016, 85 (87).

Richtlinie.[1590] Zum einen bestimmt daher Art. 28a Abs. 5 AVMD-ÄRL-V, dass die Mitgliedstaaten den Anbietern in Bezug auf rechtmäßige Inhalte keine strengeren Pflichten auferlegen dürfen, als die in der Richtlinie vorgesehenen. Es handelt sich um eine Vollharmonisierungsvorschrift.[1591] Eine allgemeine Überwachungspflicht der Anbieter stünde im Widerspruch zu Art. 15 Abs. 1 e-Commerce Richtlinie. Zum anderen stellt Erwägungsgrund 29 klar, dass die „Anforderungen dieser Richtlinie [...] unbeschadet des Art. 14 der [e-Commerce Richtlinie] gelten [sollen], der eine Ausnahme von der Haftung für rechtswidrige Inhalte, die von bestimmten Anbietern von Diensten der Informationsgesellschaft gespeichert werden, vorsieht". Laut der Begründung des Vorschlags sollen durch Art. 28a AVMD-ÄRL-V nur organisatorische Pflichten betroffen sein und keine Haftung für rechtswidrige Informationen ausgelöst werden.[1592] Dies spricht gegen eine aus Art. 28a AVMD-ÄRL-V folgende Pflicht zur Löschung einzelner Inhalte. Den Anbietern wird lediglich eine „Sorgfaltspflicht", keine „Ergebnispflicht" auferlegt.[1593] Sie müssen auf Grundlage der in ihren Nutzungsbedingungen festgelegten Regeln über Hinweise und Meldungen von Nutzern entscheiden. Zudem müssen die betroffenen Nutzer die Reaktion des Anbieters auf ihre Meldungen und Hinweise einsehen können (lit. f) und es sollen Beschwerde- und Streitbeilegungsmechanismen hinsichtlich der Entscheidungen des Plattformanbieters zur Verfügung stehen (Abs. 6).

II. Weiteres Gesetzgebungsverfahren

Die Initiative der *Kommission* wurde im *Europäischen Parlament* und im *Rat der Europäischen Union*[1594] an die zuständigen Ausschüsse beziehungsweise Vorbereitungsgremien weitergeleitet. In Vorbereitung der Trilogverhandlungen nahm das *Parlament* statt der ersten Lesung den Bericht des

---

1590 *Raji*, AfP 2017, 192 f.; vgl. zu Art. 14, 15 e-Commerce Richtlinie oben unter Dritter Teil. § 1 IV. 1. b).
1591 *Europäische Kommission*, AVMS Impact Assessment, SWD(2016) 168 final, 25.05.2016, 20.
1592 *Europäische Kommission*, Vorschlag für eine Richtlinie des Europäischen Parlaments und des Rates zur Änderung der Richtlinie 2010/13/EU zur Koordinierung bestimmter Rechts- und Verwaltungsvorschriften der Mitgliedstaaten über die Bereitstellung audiovisueller Mediendienste im Hinblick auf sich verändernde Marktgegebenheiten, COM(2016) 287 final, 25.05.2016, 14.
1593 *Cabrera Blázquez/Capello/Fontaine/Valais*, Abrufdienste und der sachliche Anwendungsbereich der AVMD-Richtlinie, IRIS plus 1/2016, 74.
1594 Im Folgenden „Rat".

federführenden Ausschusses als Position an[1595] und der *Rat* kam zu seiner allgemeinen Ausrichtung[1596].

Über viele Eckpunkte des Kommissionsvorschlags bestand zwischen den Institutionen bereits vor den Trilogverhandlungen ein gewisser Grundkonsens. Insbesondere die im Entwurf der Kommission unverändert oder lediglich leicht verändert übernommenen Bestimmungen und Prinzipien der AVMD-Richtlinie in derzeit gültiger Fassung wurden auch von *Rat* und *Parlament* nicht in Frage gestellt. Ebenso stießen die vorgesehenen Neuregelungen größtenteils auf positive Resonanz. Konfliktfelder finden sich eher im Detail. Grob zusammengefasst zeichnete sich Konfliktpotential in folgenden Bereichen ab:

- Die Regelungen zur Flexibilisierung der Werbezeit in linearen Diensten;
- der sachliche Anwendungsbereich für Videoplattformdienste;
- das Maß der Regulierung von Videoplattformdiensten, insbesondere deren Einbeziehung in die Vorschriften zu kommerzieller Kommunikation, Sponsoring und Produktplatzierung;
- die Quote europäischer Werke, die Anbieter nichtlinearer audiovisueller Mediendienste in ihren Katalogen einhalten müssen;
- die Bedingungen der Unabhängigkeit der nationalen Medienregulierungsstellen.

Weder *Rat* noch *Parlament* haben hingegen die Absicht gezeigt, den hier schwerpunktmäßig untersuchten materiellen Anwendungsbereich der Richtlinie bezüglich nichtlinearer audiovisueller Mediendienste weitreichender zu reformieren, als dies die *Kommission* in ihrem Entwurf angelegt hat.[1597]

1595 *Europäisches Parlament*, Report on the proposal for a directive of the European Parliament and of the Council amending Directive 2010/13/EU on the coordination of certain provisions laid down by law, regulation or administrative action in Member States concerning the provision of audiovisual media services in view of changing market realities (COM(2016)0287 – C8-0193/2016 – 2016/0151(COD)), A8-0192/2017, 10.05.2017.

1596 *Rat der Europäischen Union*, Proposal for a directive of the European Parliament and of the Council amending Directive 2010/13/EU on the coordination of certain provisions laid down by law, regulation or administrative action in Member States concerning the provision of audiovisual media services in view of changing market realities – General approach, 9691/17, 24.05.2017.

1597 Vgl. auch *Kogler*, K&R 2018, 537 (539).

Im Folgenden sollen daher nur die wesentlichen Änderungsvorschläge der Institutionen am Entwurf der *Kommission* dargestellt werden,[1598] soweit sie von Bedeutung für das Gesamtkonzept der Richtlinie sind.

1. Europäisches Parlament

Das *Europäische Parlament* billigte in seiner Sitzung vom 18. Mai 2017 den Bericht[1599] des federführenden *Ausschuss für Kultur und Bildung (CULT)* von Ende April 2017 und erteilte dem *Ausschuss* damit das Mandat für die Verhandlungen mit dem *Rat*.[1600] Die Erteilung des Mandats bedeutet, dass das Plenum des *Parlaments* auf die erste Lesung verzichtet und keine weiteren Änderungen beschlossen hat, sondern stattdessen die interinstitutionellen Verhandlungen auf Grundlage des Ausschussberichts und der darin enthaltenen Änderungen geführt werden.[1601]

a) Allgemeine Vorschriften und nationale Regulierungsbehörden

Die Abweichungsbefugnis der Mitgliedstaaten von bestimmten Bestimmungen der Richtlinie wird durch Art. 4 Abs. 1 AVMD-ÄRL-P unter den zusätzlichen Vorbehalt der ausreichenden Berücksichtigung von Kommunikationsfreiheiten und Medienpluralismus gestellt. Zudem sind *Kommission* und *ERGA* sowie der *Kontaktausschuss* über strengere nationale Regelungen nach Art. 4 Abs. 1 AVMD-ÄRL-P zu informieren.

1598 Für einen Überblick vgl. ebd., 538 ff.
1599 *Europäisches Parlament*, Report on the proposal for a directive of the European Parliament and of the Council amending Directive 2010/13/EU on the coordination of certain provisions laid down by law, regulation or administrative action in Member States concerning the provision of audiovisual media services in view of changing market realities (COM(2016)0287 – C8-0193/2016 – 2016/0151(COD)), A8-0192/2017, 10.05.2017.
1600 *Europäisches Parlament*, Abstimmung PV 18/05/2017 – 11.8, abrufbar unter: http://www.europarl.europa.eu/sides/getDoc.do?type=PV&reference=20170518&secondRef=ITEM-011-08&language=DE&ring=A8-2017-0192 [Stand November 2018]; vgl. *Europäisches Parlament*, Audiovisual Media: clear rules to protect children, Pressemitteilung v. 18.05.2017, 20170511IPR74351.
1601 Vgl. Art. 69c Geschäftsordnung des Europäischen Parlaments, 8. Wahlperiode 2014–2019, abrufbar unter: http://www.europarl.europa.eu/sides/getDoc.do?pubRef=-//EP//NONSGML+RULES-EP+20170116+0+DOC+PDF+V0//DE&language=DE [Stand November 2018].

Die umstrittene Regelung in Art. 30 AVMD-ÄRL-V zur Unabhängigkeit der nationalen Regulierungsstellen wird in der Parlamentsfassung (AVMD-ÄRL-P) modifiziert. Während die *Kommission* sowohl die funktionelle Unabhängigkeit als auch die rechtliche Trennung von anderen öffentlichen oder privaten Einrichtungen in Art. 30 Abs. 1 AVMD-ÄRL-V voraussetzt, wurde die Vorschrift vom *Ausschuss* auf die funktionelle und effektive Unabhängigkeit von der Regierung und anderen öffentlichen und privaten Einrichtungen begrenzt[1602]. Die Voraussetzung der rechtlichen Trennung der Regulierungsstellen wurde aus dem Text der Vorschrift und dem zugehörigen Erwägungsgrund[1603] gestrichen. Weiterhin enthält die Parlamentsfassung des Art. 30 Abs. 2 jedoch ein explizites Verbot der ex-ante Kontrolle und Beeinflussung redaktioneller Entscheidungen.[1604] Die Verpflichtung zur Schaffung unabhängiger Aufsichtsbehörden für die Medien wurde bereits im deutschen Positionspapier zur Novelle der AVMD-Richtlinie explizit abgelehnt.[1605] Dies stelle nicht lediglich einen Eingriff der EU in die Staatsorganisation dar, sondern sei zudem nicht mit der Kette demokratischer Legitimation vereinbar.[1606]

In Art. 7a AVMD-ÄRL-P wird die Möglichkeit der Mitgliedstaaten eingeführt, Mediendiensteanbieter zur angemessenen Hervorhebung audiovisueller Mediendienste von „allgemeinem Interesse" zu verpflichten. Der Kommissionsvorschlag enthielt hierzu nur den Hinweis, dass die Möglichkeit der Mitgliedstaaten zur Gewährleistung der „Auffindbarkeit und Zugänglichkeit" von Inhalten von allgemeinem Interesse durch die Richtlinie unberührt bleibe.[1607]

b) Materieller Anwendungsbereich

Die Klarstellungen des Kommissionsentwurf am materiellen Anwendungsbereich für audiovisuelle Mediendienste bleiben in der Parlamentsfassung unverändert.[1608] Der Beispielkatalog des Sendungsbegriffs wird lediglich in Art. 1 Abs. 1 lit. b AVMD-ÄRL-P weiter ergänzt um Unterhaltungssendungen und Reality-Sendungen, das Kriterium der Fernsehähnlichkeit wird vom *Parlament* in Übereinstimmung mit dem Kommissionsentwurf gestrichen. Der *Europäische*

1602 Art. 30 Abs. 1 S. 2 AVMD-ÄRL-P.
1603 Erwgr. 33 AVMD-ÄRL-P.
1604 Art. 30 Abs. 2 S. 2 AVMD-ÄRL-P.
1605 *Bundesrepublik Deutschland*, Positionspapier zur Novellierung der Audiovisuellen Mediendienste Richtlinie (AVMD), 3.11.2015, 4.
1606 Ebd., 4.
1607 Vgl. Erwgr. 38 AVMD-ÄRL-V.
1608 Vgl. Art. 1 Abs. 1 lit. a AVMD-ÄRL-P.

Wirtschafts- und Sozialausschuss hatte hingegen in seiner Stellungnahme grundlegend die Aufgabe der Unterscheidung nach linearen und nichtlinearen Diensten angeregt,[1609] die von der Parlamentsfassung jedoch nicht angetastet wird.

c) Verpflichtungen der Mediendiensteanbieter

In Art. 6 AVMD-ÄRL-P wird die Aufstachelung zu Hass und Gewalt gegen nach bestimmten Merkmalen definierte Personengruppen um einige Definitionsmerkmale erweitert um die Formulierung an Art. 21 der Grundrechtecharta anzupassen.[1610] Neu hinzugetreten sind gegenüber dem Kommissionsentwurf die Merkmale Nationalität, Rasse, Hautfarbe, soziale Herkunft, genetische Merkmale, Sprache, politische oder andere Meinung, Zugehörigkeit zu einer nationalen Minderheit, Eigentum, Geburt, Geschlechtszugehörigkeit und -identität, Aufenthaltsstatus und Gesundheit.[1611] Zudem sollen audiovisuelle Mediendienste auch keine Aufstachelung zur Untergrabung der Menschenwürde sowie die Anstiftung zum Terrorismus enthalten.[1612]

Im Bereich des Jugendschutzes integriert die Parlamentsfassung den Schutz von Minderjährigen vor entwicklungsbeeinträchtigenden Inhalten aus Art. 12 des Kommissionsvorschlags in Art. 6a AVMD-ÄRL-P zur Alterskennzeichnung audiovisueller Inhalte. Zudem bestimmt ein neu eingefügter Absatz die Berücksichtigung des Verhältnismäßigkeitsgrundsatzes und der Kommunikationsfreiheiten bei der Anwendung der Vorschriften.[1613] Der *Ausschuss für bürgerliche Freiheiten, Justiz und Inneres (LIBE)* hatte in seiner Stellungnahme zuvor darauf hingewiesen, dass Schutzmaßnahmen für Minderjährige in einigen Mitgliedstaaten als Vorwand genutzt wurden um gegen Inhalte vorzugehen, die sich mit Sexismus und Homophobie auseinandersetzen.[1614]

1609 *Europäischer Wirtschafts- und Sozialausschuss*, Stellungnahme zum Vorschlag für eine Richtlinie des Europäischen Parlaments und des Rates zur Änderung der Richtlinie 2010/13/EU zur Koordinierung bestimmter Rechts- und Verwaltungsvorschriften der Mitgliedstaaten über die Bereitstellung ausdiovisueller Mediendienste im Hinblick auf sich verändernde Marktgegebenheiten (COM(2016) 287 final – 2016/0151 (COD)), TEN/599,. 19.10.2016, Rn. 4.20.
1610 Erwgr. 8 AVMD-ÄRL-P.
1611 Art. 6 lit. b AVMD-ÄRL-P.
1612 Art. 6 lit. a, c AVMD-ÄRL-P.
1613 Art. 6a Abs. 2a AVMD-ÄRL-P.
1614 *Europäisches Parlament – Ausschuss für bürgerliche Freiheiten, Justiz und Inneres*, Stellungnahme zu dem Vorschlag für eine Richtlinie des Europäischen Parlaments und des Rates zur Änderung der Richtlinie 2010/13/EU zur Koordinierung bestimmter Rechts- und Verwaltungsvorschriften der Mitgliedstaaten über die Bereitstellung

Der erstmals im Kommissionsentwurf konkret benannte Anteil europäischer Werke, den Mediendiensteanbieter in ihren Katalogen einhalten müssen, wird vom *Parlament* von 20% auf 30% erhöht.[1615] Zur Erleichterung des Zugriffs auf diese Werke innerhalb des Katalogs soll eine Kennzeichnung in den Metadaten durch die Rechteinhaber ermöglicht werden.[1616] Der *Europäische Wirtschafts- und Sozialausschuss* hatte im Vorfeld eine deutlich höhere Quote von 50% gefordert, die der Mindestquote europäischer Werke im Fernsehen entsprechen würde.[1617]

Für Werbung in allen audiovisuellen Mediendiensten wird in Art. 9 Abs. 1 lit. a AVMD-ÄRL-P der Trennungsgrundsatz zwischen Werbung und Programm, der bisher gemäß Art. 19 Abs. 1 AVMD-Richtlinie nur für Fernsehwerbung gilt, zusätzlich zum Erkennbarkeitsgebot eingeführt. Für Produktplatzierungen ist in der Parlamentsfassung im Unterschied zum Kommissionsvorschlag weiterhin das Verbot der zu starken Herausstellung des Produkts vorgesehen.[1618]

Schließlich werden in der Parlamentsfassung der Richtlinie die von der *Kommission* vorgesehenen Werbezeitflexibilisierungen wieder eingeschränkt. Die 30-minütige Frequenz von Werbeunterbrechungen in Art. 20 Abs. 2 AVMD-RL wird in der Parlamentsfassung beibehalten, der Kommissionsentwurf hatte diese auf 20 Minuten gesenkt.[1619] Der im Kommissionsentwurf festgesetzte tägliche Höchstsatz von Werbung wird in der Parlamentsfassung übernommen und auch auf den Zeitraum zwischen 23 Uhr und 7 Uhr ausgedehnt.[1620] Zusätzlich wird allerdings den Mitgliedstaaten die Möglichkeit eröffnet, einen täglichen Zeitraum von vier Stunden (Hauptsendezeit) festzusetzen,[1621] in dem die Grenze von 20% Werbeanteil nicht überschritten werden darf.[1622] Im ursprünglichen

---

audiovisueller Mediendienste im Hinblick auf sich verändernde Marktgegebenheiten (COM(2016)0287 – C8-0193/2016 – 2016/0151(COD)), PE593.952, 3.02.2017, 4.
1615 Art. 13 Abs. 1 AVMD-ÄRL-P.
1616 Erwgr. 21 AVMD-ÄRL-P.
1617 *Europäischer Wirtschafts- und Sozialausschuss*, Stellungnahme zum Vorschlag für eine Richtlinie des Europäischen Parlaments und des Rates zur Änderung der Richtlinie 2010/13/EU zur Koordinierung bestimmter Rechts- und Verwaltungsvorschriften der Mitgliedstaaten über die Bereitstellung ausdiovisueller Mediendienste im Hinblick auf sich verändernde Marktgegebenheiten (COM(2016) 287 final – 2016/0151 (COD)), TEN/599,. 19.10.2016, Rn. 4.10.
1618 Art. 11 Abs. 3 lit. ba AVMD-ÄRL-P.
1619 Art. 20 Abs. 2 AVMD-ÄRL-V.
1620 Art. 23 Abs. 1 S. 1 AVMD-ÄRL-P.
1621 Vgl. Erwgr. 19 AVMD-ÄRL-P.
1622 Art. 23 Abs. S. 2 u. 3 AVMD-ÄRL-P.

Berichtsentwurf des *CULT-Ausschusses* war eine einheitliche Definition dieser Hauptsendezeit zwischen 20 und 23 Uhr ohne Abweichungsbefugnis der Mitgliedstaaten vorgesehen.[1623] Hiermit sollten ausweislich der Begründung sowohl die Zuschauer vor exzessiver Werbung geschützt werden, als auch die Stabilität der Werbeeinahmen gewährleistet werden.[1624] Der *Europäische Wirtschafts- und Sozialausschuss* verwies zusätzlich auf mögliche Beeinträchtigungen der Werksintegrität durch zu lockere Werbevorschriften.[1625]

d) *Einbeziehung von Videoplattformdiensten*

aa) Erweiterte Definition von Videoplattformen

Die Definition der neu eingeführten Dienstekategorie der Videoplattformdienste wird in der Parlamentsfassung des Richtlinienentwurfs modifiziert. Zunächst wird als eine Hauptfunktion des Dienstes die Bereitstellung von Sendungen oder von Nutzern erstellter Videos an die Allgemeinheit vorausgesetzt.[1626] Der Kommissionsentwurf stellt hingegen auf die „Speicherung einer großen Menge" solcher Inhalte ab.[1627] Die geänderte Formulierung steht im Zusammenhang mit der beabsichtigten Erweiterung des Videoplattformbegriffs auf soziale Netzwerke wie Facebook. Diese stehen nach Auffassung des *Parlaments* zunehmend im Zusammenhang mit der Verbreitung audiovisueller Inhalte und sollten daher von den Vorschriften der Richtlinie erfasst sein.[1628] Zu diesem Zweck kann ein Videoplattformdienst nach der Definition des Art. 1 Abs. 1 lit. aa AVMD-ÄRL-P alternativ den Hauptzweck haben, Videoinhalte bereitzustellen oder eine

---

1623 *Europäisches Parlament – Ausschuss für Kultur und Bildung*, Entwurf eines Berichts über den Vorschlag für eine Richtlinie des Europäischen Parlaments und des Rates zur Änderung der Richtlinie 2010/13/EU zur Koordinierung bestimmter Rechts- und Verwaltungsvorschriften der Mitgliedstaaten über die Bereitstellung audiovisueller Mediendienste im Hinblick auf sich verändernde Marktgegebenheiten (COM(2016)0287 – C8-0193/2016 – 2016/0151(COD)), 5.09.2016, 65.
1624 Ebd.
1625 *Europäischer Wirtschafts- und Sozialausschuss*, Stellungnahme zum Vorschlag für eine Richtlinie des Europäischen Parlaments und des Rates zur Änderung der Richtlinie 2010/13/EU zur Koordinierung bestimmter Rechts- und Verwaltungsvorschriften der Mitgliedstaaten über die Bereitstellung audiovisueller Mediendienste im Hinblick auf sich verändernde Marktgegebenheiten (COM(2016) 287 final – 2016/0151 (COD)), TEN/599,. 19.10.2016, Rn. 1.9.
1626 Art. 1 Abs. 1 lit. aa AVMD-ÄRL-P.
1627 Art. 1 Abs. 1 lit. aa AVMD-ÄRL-V.
1628 Erwgr. 3 AVMD-ÄRL-P.

wesentliche Rolle bei der Bereitstellung der Videoinhalte spielen. Eine ähnliche Formulierung fand sich bereits in der Stellungnahme des *Ausschusses für bürgerliche Freiheiten, Justiz und Inneres*.[1629]

bb) Pflichten der Plattformanbieter

Neu eingeführt wird eine Informationspflicht der Videoplattformanbieter in Art. 28c AVMD-ÄRL-P, die der Informationspflicht der Anbieter audiovisueller Mediendienste in Art. 5 AVMD-ÄRL-P entspricht.

(1) Schutz vor Hass- und Gewaltkommunikation sowie Jugendschutz

Die grundlegenden organisatorischen Pflichten der Plattformanbieter nach Art. 28a AVMD-ÄRL-V werden in der Parlamentsfassung übernommen. Allerdings findet eine Anpassung der Merkmale, anhand derer sich die Aufstachelung zu Gewalt und Hass bestimmt, in Art. 28a Abs. 1 lit. a AVMD-ÄRL-P an die ebenfalls überarbeiteten Merkmale in Art. 6 AVMD-ÄRL-P statt.[1630] Das Konzept der Jugendschutzmaßnahmen ist in der Fassung des *Parlaments* nicht unbedingt kohärenter geworden. Einerseits gilt die Verpflichtung zur Alterskennzeichnung nach Art. 6a AVMD-ÄRL-P weiterhin nur für Mediendiensteanbieter und gerade nicht für Videoplattformanbieter. Andererseits weist Erwägungsgrund 9 darauf hin, dass auch Videoplattformanbieter entwicklungsbeeinträchtigende Inhalte kennzeichnen sollen.[1631] Diese Kennzeichnung soll unter Berücksichtigung der Vorschriften der e-Commerce Richtlinie stattfinden[1632] und kann daher nur als nachträgliche Reaktionspflicht auf Hinweise von Nutzern verstanden werden.

Dem Plattformanbieter obliegt die Anwendung der Jugendschutzvorschriften und des Verbots von Aufstachelung zu Hass und Gewalt weiterhin eigenständig auf Grundlage seiner Nutzungsbedingungen, die Mitgliedstaaten müssen jedoch sicherstellen, dass neben plattforminternen Streitbeilegungsmechanismen auch Rechtsschutz vor nationalen Gerichten bezüglich der Maßnahmen

---

1629 *Europäisches Parlament – Ausschuss für bürgerliche Freiheiten, Justiz und Inneres*, Stellungnahme zu dem Vorschlag für eine Richtlinie des Europäischen Parlaments und des Rates zur Änderung der Richtlinie 2010/13/EU zur Koordinierung bestimmter Rechts- und Verwaltungsvorschriften der Mitgliedstaaten über die Bereitstellung audiovisueller Mediendienste im Hinblick auf sich verändernde Marktgegebenheiten (COM(2016)0287 – C8-0193/2016 – 2016/0151(COD)), PE593.952, 3.02.2017, Art. 1 Abs. 1 lit. aa.
1630 Siehe hierzu sogleich unter Dritter Teil. § 2 III. 3. b).
1631 Erwgr. 9 S. 2 AVMD-ÄRL-P.
1632 Erwgr. 9 S. 2 AVMD-ÄRL-P.

des Anbieters erlangt werden kann.[1633] Damit wird eine zentrale Forderung des *LIBE-Ausschusses* nur abgeschwächt umgesetzt, der die Einführung von Verfahrensvorkehrungen in Form richterlicher Genehmigungen von Inhaltebeschränkungen forderte.[1634] Bei der Beurteilung entsprechend von Nutzern gekennzeichneter Inhalte soll auch die Absicht des Autoren und die Wirkung des Inhalts berücksichtigt werden.[1635] Auf diese Notwendigkeit der Rücksichtnahme auf die Meinungsfreiheit des betroffenen Nutzers und die Informationsfreiheit aller Nutzer bei der „subjektiven Auslegung" des Plattformanbieters hatte der *LIBE-Ausschuss* in seiner Stellungnahme bereits hingewiesen.[1636] Insgesamt werden an mehreren Stellen der Vorschrift zusätzliche Hinweise auf die Berücksichtigung der Kommunikationsfreiheiten der Nutzer bei Maßnahmen des Plattformbetreibers hinzugefügt,[1637] ohne dass diese Hinweise jedoch zusätzliche Vorkehrungen oder Absicherungen enthalten. Das in Art. 28a Abs. 5 AVMD-ÄRL-V enthaltene Verbot der Auferlegung striktere Maßnahmen in Bezug auf rechtmäßige Inhalte wurde aus dem Text des *Parlamentes* gestrichen.

(2) Übertragung weiterer Vorschriften auf Videoplattformdienste
Abgesehen von den Änderungen an der Definition von Videoplattformdiensten unterscheidet sich die Parlamentsfassung soweit nur im Detail vom Vorschlag der *Kommission* zur Regulierung von Videoplattformen. Der federführende *CULT-Ausschuss* verfolgte jedoch ursprünglich ein deutlich abweichendes Konzept. Neben die speziell geregelten organisatorischen Pflichten der

---

1633 Art. 28a Abs. 2 lit. a AVMD-ÄRL-P.
1634 *Europäisches Parlament – Ausschuss für bürgerliche Freiheiten, Justiz und Inneres*, Stellungnahme zu dem Vorschlag für eine Richtlinie des Europäischen Parlaments und des Rates zur Änderung der Richtlinie 2010/13/EU zur Koordinierung bestimmter Rechts- und Verwaltungsvorschriften der Mitgliedstaaten über die Bereitstellung audiovisueller Mediendienste im Hinblick auf sich verändernde Marktgegebenheiten (COM(2016)0287 – C8-0193/2016 – 2016/0151(COD)), PE593.952, 3.02.2017, 4, Erwgr. 30a, Art. 28a Abs. 5.
1635 Erwgr. 26 AVMD-ÄRL-P.
1636 *Europäisches Parlament – Ausschuss für bürgerliche Freiheiten, Justiz und Inneres*, Stellungnahme zu dem Vorschlag für eine Richtlinie des Europäischen Parlaments und des Rates zur Änderung der Richtlinie 2010/13/EU zur Koordinierung bestimmter Rechts- und Verwaltungsvorschriften der Mitgliedstaaten über die Bereitstellung audiovisueller Mediendienste im Hinblick auf sich verändernde Marktgegebenheiten (COM(2016)0287 – C8-0193/2016 – 2016/0151(COD)), PE593.952, 3.02.2017, 4, Erwgr. 8, 26.
1637 Art. 28a Abs. 1 lit. e, Abs. 2a, Abs. 3, Abs. 4.

Videoplattformanbieter im neuen Kapitel IXa sollten danach einige der allgemeinen Regelungen der Richtlinie auch für Videoplattformen gelten.[1638] Unter anderem wurden die Vorschriften zu Aufstachelung zu Hass und Gewalt, Jugendschutz vor entwicklungsbeeinträchtigenden Inhalten, kommerzieller Kommunikation, Produktplatzierung und Sponsoring und Informationsrechten in einem neuen ersten Kapitel, das für alle Mediendienste und Videoplattformdienste gelten sollte, zusammengefasst und damit vereinheitlicht.[1639] Der *Ausschuss* verwies zur Begründung auf die Schaffung „wirklich gleicher Wettbewerbsbedingungen" unter den Bedingungen der Medienkonvergenz, zudem könne mit der Vereinheitlichung auch ein höheres Level an Verbraucherschutz erzielt werden.[1640]

Die Umstrukturierung des ersten Kapitels findet sich in der vom *Parlament* angenommen Fassung des Ausschussberichts nicht mehr wieder, obwohl widersprüchlich in der Begründung des Berichts nach wie vor die Rede von diesem Kapitel ist.[1641] Vermutlich handelt es sich dabei lediglich um einen redaktionellen Fehler. Inhaltlich wird jedoch über Verweise die Geltung beinahe aller ursprünglich als allgemeine Vorschriften geplanter Regelungen auf Videoplattformen erstreckt. Im Ergebnis plant das *Parlament* damit eine deutlich weitreichendere Regulierung der Videoplattformdienste als die *Kommission*. Im Einzelnen sollen Videoplattformanbieter die Anforderungen des Art. 9 AVMD-ÄRL-P an kommerzielle Kommunikation, der unter anderem das Trennungsgebot und inhaltliche Werbeverbote enthält, sowie Art. 10 AVMD-ÄRL-P an Sponsoring einhalten.[1642] Da Videoplattformanbieter gerade keine redaktionelle Kontrolle über die Inhalte auf ihrer Plattform ausüben, gelten diese Anforderungen zunächst nur in Bezug auf Werbung und Sponsoringvereinbarungen, die vom Plattformanbieter selbst

---

1638 *Europäisches Parlament – Ausschuss für Kultur und Bildung*, Entwurf eines Berichts über den Vorschlag für eine Richtlinie des Europäischen Parlaments und des Rates zur Änderung der Richtlinie 2010/13/EU zur Koordinierung bestimmter Rechts- und Verwaltungsvorschriften der Mitgliedstaaten über die Bereitstellung audiovisueller Mediendienste im Hinblick auf sich verändernde Marktgegebenheiten (COM(2016)0287 – C8-0193/2016 – 2016/0151(COD)), 5.09.2016, 79.
1639 Ebd., 79 f.; vgl. auch ebd. Art. 2 – 2f.
1640 Ebd., 79, 80.
1641 *Europäisches Parlament*, Report on the proposal for a directive of the European Parliament and of the Council amending Directive 2010/13/EU on the coordination of certain provisions laid down by law, regulation or administrative action in Member States concerning the provision of audiovisual media services in view of changing market realities (COM(2016)0287 – C8-0193/2016 – 2016/0151(COD)), A8-0192/2017, 10.05.2017, 75.
1642 Art. 28a Abs. 5a AVMD-ÄRL-P.

vermarktet, verkauft oder eingerichtet werden,[1643] die also von Seiten der Plattform und nicht von Seiten der Nutzer initiiert wird. Am Beispiel von YouTube sind dies beispielsweise die Videoanzeigen vor, nach und während der Nutzervideos.[1644] Um auf diesem Weg Geld mit den eigenen Videos verdienen zu können, müssen Nutzer Mitglieder des YouTube-Partnerprogramms sein und die sogenannte „Monetarisierung" der Videos aktiviert haben.[1645] Die Nutzer können die Spot-Werbung im Zusammenhang mit ihren Videos nur begrenzt der Form, der Länge und der zeitlichen Platzierung im Video nach beeinflussen, nicht jedoch inhaltlich die konkret gezeigte Werbung auswählen.[1646] Diese Auswahl wird von Seiten des Anbieters (YouTube) vorgenommen,[1647] der die Werbung auch akquiriert. Zwischen den Werbetreibenden und den Nutzern im YouTube-Partnerprogramm besteht keine direkte Verbindung. Den Nutzern ist es auf Grundlage der Nutzungsbedingungen sogar untersagt, unter Umgehung von YouTube selbst Werbeformen in ihren Inhalten an Dritte anzubieten, die auch YouTube anbietet.[1648]

Im Übrigen sollen die Videoplattformanbieter die Verpflichtung zur Offenlegung von Werbung, Sponsoring oder Produktplatzierungen jedoch an ihre inhaltsschaffenden Nutzer weitergeben.[1649] Die entsprechende Kennzeichnung soll dann im Regelfall durch den jeweils verantwortlichen Nutzer selbst erfolgen. Subsidiär ist jedoch auch der Videoplattformanbieter verpflichtet, die Kennzeichnung zu gewährleisten, soweit er Kenntnis von der Werbung, Produktplatzierung oder dem Sponsoring hat.[1650]

Parallel werden auch die Definitionen von Sponsoring und Produktplatzierung vom *Parlament* angepasst. Sponsoring ist gemäß Art. 1 Abs. 1 lit. k

---

1643 Art. 28a Abs. 5a AVMD-ÄRL-P.
1644 *Google*, Display-Specs-Hilfe – Videoanzeigen, abrufbar unter: https://support.google.com/displayspecs/answer/6244557 [Stand November 2018].
1645 *YouTube*, Hilfe – Mit deinen Videos Geld verdienen, abrufbar unter: https://support.google.com/youtube/answer/72857?hl=de [Stand November 2018].
1646 *YouTube*, Creators Academy – Einnahmen erzielen mit YouTube – Lektion: Werbung auf YouTube – Verfügbare Anzeigenformate, abrufbar unter: https://creatoracademy.youtube.com/page/lesson/ad-types?hl=de#strategies-zippy-link-2 [Stand November 2018].
1647 Die Auswahl erfolgt algorithmengestützt mit dem Ziel der Optimierung der Zielgruppenansprache, vgl. *YouTube*, Creators Academy – Einnahmen erzielen mit YouTube – Lektion: Werbung auf YouTube – So gelangen Anzeigen in dein Video, abrufbar unter: https://creatoracademy.youtube.com/page/lesson/ad-types?hl=de#strategies-zippy-link-3 [Stand November 2018].
1648 *YouTube*, Nutzungsbedingungen, Abschnitt 6E, abrufbar unter: https://www.youtube.com/t/terms [Stand November 2018].
1649 Art. 28a Abs. 5a S. 2 AVMD-ÄRL-P.
1650 Art. 28a Abs. 5a S. 3 AVMD-ÄRL-P.

AVMD-ÄRL-P „jeder Beitrag […] zur Finanzierung von audiovisuellen Mediendiensten oder Videoplattformdiensten oder von Nutzern erstellten Videos oder Sendungen". Art. 1 Abs. 1 lit. m AVMD-ÄRL-P definiert Produktplatzierung als finanzielle oder ähnliche Gegenleistung für die Einbeziehung oder Erwähnung eines Produkts, einer Dienstleistung oder einer Marke in eine Sendung oder ein von Nutzern erstelltes Video. Unverändert bleibt im Gegensatz dazu die Definition audiovisueller kommerzieller Kommunikation in Art. 1 Abs. 1 lit. h AVMD-Richtlinie. Diese erfordert eine Sendung, der die entsprechende Werbung beigefügt wird. Die Beibehaltung dieser Definition ist inkonsistent mit den übrigen Änderungen, denn Sponsoring und Produktplatzierung sind ausweislich der Definition Unterformen der audiovisuellen kommerziellen Kommunikation.

2. Rat der Europäischen Union

Der *Rat* hat seinen gemeinsamen Standpunkt unter maltesischer Ratspräsidentschaft am 23. Mai 2017 beschlossen.[1651] In vielen Punkten entsprechen die vom *Rat* vorgesehenen Änderungen der Parlamentsfassung oder verfolgen zumindest einen ähnlichen Grundansatz.

a) Allgemeine Vorschriften und nationale Regulierungsbehörden

Wie das *Parlament* hat auch der *Rat* die Voraussetzungen der Unabhängigkeit der nationalen Medienregulierungsstellen verändert. Art. 30 Abs. 1 S. 1 des gemeinsamen Standpunkts des *Rats* (AVMD-ÄRL-GA) fordert nur noch die rechtliche Trennung zwischen der Regulierungsstelle und der Regierung. Im Übrigen soll die funktionelle Unabhängigkeit von anderen öffentlichen oder privaten Stellen genügen. Insbesondere soll damit auch die Rechtsaufsicht durch andere öffentliche Stellen, wie sie beispielsweise auch in Deutschland ausgeübt wird,[1652] vereinbar sein.[1653]

In Art. 5 Abs. 1b AVMD-ÄRL-GA führt der *Rat* im Zusammenhang mit den Informationspflichten von Mediendiensteanbietern eine Öffnungsklausel für die Mitgliedstaaten ein. Diese können Mediendiensteanbieter verpflichten, zusätzlich zu den in Absatz 1 der Vorschrift genannten Informationen auch ihre Eigentumsstrukturen offenzulegen. Der *Rat* begründet die Vorschrift mit dem

---

1651 *Rat der Europäischen Union*, Proposal for a directive of the European Parliament and of the Council amending Directive 2010/13/EU on the coordination of certain provisions laid down by law, regulation or administrative action in Member States concerning the provision of audiovisual media services in view of changing market realities – General approach, 9691/17, 24.05.2017.
1652 Vgl. etwa §117 LMG-NRW, §54 WDR-Gesetz.
1653 Erwgr. 33 AVMD-ÄRL-GA.

herausgehobenen Einflusspotential audiovisueller Medien auf die öffentliche Meinungsbildung und dem unmittelbaren Rückbezug zur Meinungsfreiheit als „Eckstein der Demokratie".[1654] Mediennutzer sollen in die Lage versetzt werden, Medieninhalte fundiert beurteilen zu können und dies erfordere auch die Kenntnis über die hinter den Inhalten stehenden Verantwortlichen.[1655]

b) Materieller Anwendungsbereich

Den materiellen Anwendungsbereich für audiovisuelle Mediendienste lässt der *Rat* gegenüber dem Kommissionsentwurf beinahe unverändert. Der Sendungsbegriff wird allerdings um die Klarstellung ergänzt, dass die Länge eines Inhalts keinen Einfluss auf seine Einstufung als Sendung hat.[1656] Im Zusammenhang mit der Abgrenzung von Videoplattformdiensten schlägt der *Rat* vor, in Erwägungsgrund 3c explizit die Geltung der Richtlinie für eingebettete Videoclips in elektronischen Versionen von Zeitungen und Zeitschriften auszuschließen.

c) Verpflichtungen der Mediendiensteanbieter

Die in Art. 6 AVMD-ÄRL-V aufgezählten Anknüpfungspunkte für die Aufstachelung zu Hass und Gewalt werden vom *Rat* gegenüber dem Kommissionsvorschlag lediglich um das Merkmal der Nationalität ergänzt. Das *Parlament* hatte hier deutlich umfangreichere Anknüpfungspunkte vorgeschlagen.

Im Bereich des Jugendschutzes führt der *Rat* den Vorbehalt strengerer Regelungen durch die Mitgliedstaaten für Inhalte mit dem höchsten Beeinträchtigungspotential ein.[1657] Das *Parlament* hatte an dieser Stelle hingegen unter Berücksichtigung der Bedenken des *LIBE-Ausschusses*, der auf die potentielle Ausnutzung des Jugendschutzes als vorgeschobene Rechtfertigung für Inhaltebeschränkungen hingewiesen hatte,[1658] einen Vorbehalt zugunsten der Kommunikationsfreiheiten eingefügt.[1659]

1654 Erwgr. 45 AVMD-ÄRL-GA.
1655 Erwgr. 45 AVMD-ÄRL-GA.
1656 Art. 1 Abs. 1 lit. b AVMD-ÄRL-GA.
1657 Art. 12 Abs. 2 S. 3 AVMD-ÄRL-GA.
1658 *Europäisches Parlament – Ausschuss für bürgerliche Freiheiten, Justiz und Inneres*, Stellungnahme zu dem Vorschlag für eine Richtlinie des Europäischen Parlaments und des Rates zur Änderung der Richtlinie 2010/13/EU zur Koordinierung bestimmter Rechts- und Verwaltungsvorschriften der Mitgliedstaaten über die Bereitstellung audiovisueller Mediendienste im Hinblick auf sich verändernde Marktgegebenheiten (COM(2016)0287 – C8-0193/2016 – 2016/0151(COD)), PE593.952, 3.02.2017, 4.
1659 Art. 6a Abs. 2a AVMD-ÄRL-P.

Vom *Parlament* übernommen wird im gemeinsamen Standpunkt des *Rates* die erhöhte Quote europäischer Werke in den Abrufkatalogen von Mediendiensteanbietern.[1660] Frühere Ratsentwürfe hatten demgegenüber noch in Übereinstimmung mit dem Kommissionsvorschlag eine Quote von 20% vorgesehen.[1661]

Konsens deutet sich zwischen *Parlament* und *Rat* auch bezüglich der Werbevorschriften an. Die zu starke Herausstellung eines Produktes im Rahmen von Produktplatzierungen sieht der *Rat* im gemeinsamen Standpunkt ebenso wie das *Parlament* als unzulässig an.[1662] Auch die Verringerung der Mindestzeit zwischen zwei Fernsehwerbeblöcken auf 20 Minuten, die der Kommissionsvorschlag enthält,[1663] lehnt der *Rat* übereinstimmend mit dem *Parlament* ab.[1664] Die Werbezeitflexibilisierung über Einführung einer täglichen statt stündlichen Quote schränkt der *Rat* ein. Die Quote soll gemäß Art. 23 Abs. 1 AVMD-ÄRL-GA für zwei tägliche Zeitblöcke getrennt eingehalten werden, von 6 Uhr bis 18 Uhr sowie von 18 Uhr bis 24 Uhr. Dies unterscheidet sich zwar von der Hauptsendezeitregelung des *Parlaments*, verfolgt jedoch eine ähnliche Grundidee, allerdings ohne den Mitgliedstaaten Entscheidungsspielraum zu überlassen.

d) Einbeziehung von Videoplattformdiensten

Eine weitere Parallele zwischen dem Ratsstandpunkt und der Parlamentsfassung findet sich in Bezug auf die Definition von Videoplattformdiensten. Die Voraussetzung des Kommissionsvorschlags, dass „eine große Menge" von nutzergenerierten Videos oder Sendungen gespeichert werden muss, hat der *Rat* ebenfalls fallengelassen.[1665] Zudem kommt alternativ zum Hauptzweck der Bereitstellung von Videoinhalten auch in Betracht, dass dies eine „essentielle Funktionalität" des Dienstes ist.[1666] Als essentiell soll das Videoangebot laut

---

1660 Art. 13 Abs. 1 AVMD-ÄRL-GA.
1661 Vgl. *Rat der Europäischen Union*, Proposal for a directive of the European Parliament and of the Council amending Directive 2010/13/EU on the coordination of certain provisions laid down by law, regulation or administrative action in Member States concerning the provision of audiovisual media services in view of changing market realities – General approach, 8572/17, 5.05.2017, Art. 13 Abs. 1.
1662 Art. 11 Abs. 3 AVMD-ÄRL-GA.
1663 Art. 20 Abs. 2 AVMD-ÄRL-V.
1664 Art. 20 Abs. 2 AVMD-ÄRL-GA.
1665 Art. 1 Abs. 1 lit. aa AVMD-ÄRL-GA.
1666 Art. 1 Abs. 1 lit. aa AVMD-ÄRL-GA.

den Erwägungsgründen gelten, soweit es nicht lediglich eine untergeordnete Rolle spielt, wobei der *Rat* die Erarbeitung von Auslegungsrichtlinien durch die *Kommission* empfiehlt.[1667] Berücksichtigt werden können dabei auch die übliche Nutzung durch die Plattformrezipienten und gegebenenfalls bestehende Werbeprogramme beziehungsweise finanzielle Partizipationsmodelle im Zusammenhang mit den Videoinhalten.[1668] Aus den Erwägungsgründen geht ebenfalls klar hervor, dass die Formulierung primär auf die Einbeziehung sozialer Netzwerke in die Vorschriften für Videoplattformdienste abzielt.[1669] Da diese insbesondere für junge Nutzer ein wichtiges Medium zur Informationsbeschaffung und -weitergabe seien, würden sie im besonderen Maße die Beeinflussung der Meinungsbildung der Nutzer durch andere Nutzer oder Kommunikatoren auf der Plattform ermöglichen.[1670] Zudem würden Videoangebote in sozialen Netzwerken mit anderen Mediendiensteanbietern um dasselbe Publikum konkurrieren.[1671] Es sei daher gerechtfertigt, die Schutzvorschriften für Minderjährige und bezüglich Hass- und Gewaltaufrufen auch auf soziale Netzwerke anzuwenden, soweit ihr Videoangebot sich als Videoplattformdienst einstufen lässt.[1672] Ursprünglich enthielt eine frühere Version des Ratsvorschlags auch die Ausdehnung der Definition von Videoplattformanbietern auf Livestreaming-Angebote, also linear bereitgestellte Videoinhalte.[1673] Dies wurde im Vorschlag von Ende Mai 2017 jedoch fallengelassen.[1674]

1667 Erwgr. 3b AVMD-ÄRL-GA.
1668 Erwgr. 3b AVMD-ÄRL-GA.
1669 Erwgr. 3a AVMD-ÄRL-GA.
1670 Erwgr. 3a AVMD-ÄRL-GA.
1671 Erwgr. 3a AVMD-ÄRL-GA.
1672 Erwgr. 3a AVMD-ÄRL-GA.
1673 Vgl. *Rat der Europäischen Union*, Proposal for a directive of the European Parliament and of the Council amending Directive 2010/13/EU on the coordination of certain provisions laid down by law, regulation or administrative action in Member States concerning the provision of audiovisual media services in view of changing market realities – General approach, 8572/17, 5.05.2017, Art. 1 Abs. 1 lit. aa.
1674 Vgl. *Rat der Europäischen Union*, Proposal for a directive of the European Parliament and of the Council amending Directive 2010/13/EU on the coordination of certain provisions laid down by law, regulation or administrative action in Member States concerning the provision of audiovisual media services in view of changing market realities – General approach, 9691/17, 24.05.2017, Fn. 5.

Der *Rat* folgt auch dem Vorschlag des *Parlaments*, die Videoplattformanbieter zur Einhaltung der Werberegeln aus Art. 9 Abs. 1 AVMD-ÄRL-GA zu verpflichten.[1675] Diese soll der Videoplattanbieter zunächst bei kommerzieller Kommunikation beachten, die von ihm selbst vermarktet, verkauft oder eingerichtet wurde.[1676] In Bezug auf andere, von ihm nicht selbst veranlasste Werbung trifft ihn nur die Verpflichtung zur Ergreifung geeigneter Maßnahmen. Diese können gemäß Art. 28a Abs. 2 lit. aa AVMD-ÄRL-GA darin bestehen, die Anforderungen aus Art. 9 Abs. 1 in die Nutzungsbedingungen der Plattform aufzunehmen und damit die Nutzer zu ihrer Einhaltung zu verpflichten. Anders als der Parlamentstext geht der Ratsstandpunkt nicht auf Sponsoring ein. Zudem werden auch die Definitionen von kommerzieller Kommunikation, Sponsoring und Produktplatzierung nicht verändert,[1677] so dass alle Formen kommerzieller Kommunikation nur in Sendungen beziehungsweise audiovisuellen Mediendiensten vorliegen können.

Das im Kommissionsentwurf enthaltene Verbot strikterer Maßnahmen der Mitgliedstaaten im Zusammenhang mit rechtmäßigen Inhalten auf Videoplattformen kehrt der *Rat* zu einer Erlaubnis solcher Maßnahmen, unter dem Vorbehalt der Vereinbarkeit mit der e-Commerce Richtlinie, um.[1678]

III. Analyse der Regelungsvorschläge

Die Unterschiede des Kommissionsvorschlags[1679] zur Parlamentsfassung[1680] und dem gemeinsamen Standpunkt des *Rats*[1681] wurden im Detail im vorstehenden

---

1675 Art. 28a Abs. 1a AVMD-ÄRL-GA.
1676 Vgl. zum Beispiel YouTube oben unter Dritter Teil. § 2 II. 1. d) bb) (2).
1677 Vgl. Art. 1 Abs. 1 lit. h, k, m AVMD-ÄRL-GA.
1678 Art. 28a Abs. 5 AVMD-ÄRL-GA.
1679 *Europäische Kommission,* Vorschlag für eine Richtlinie des Europäischen Parlaments und des Rates zur Änderung der Richtlinie 2010/13/EU zur Koordinierung bestimmter Rechts- und Verwaltungsvorschriften der Mitgliedstaaten über die Bereitstellung audiovisueller Mediendienste im Hinblick auf sich verändernde Marktgegebenheiten, COM(2016) 287 final, 25.05.2016.
1680 *Europäisches Parlament,* Report on the proposal for a directive of the European Parliament and of the Council amending Directive 2010/13/EU on the coordination of certain provisions laid down by law, regulation or administrative action in Member States concerning the provision of audiovisual media services in view of changing market realities (COM(2016)0287 – C8-0193/2016 – 2016/0151(COD)), A8-0192/2017, 10.05.2017.
1681 *Rat der Europäischen Union,* Proposal for a directive of the European Parliament and of the Council amending Directive 2010/13/EU on the coordination of certain provisions laid down by law, regulation or administrative action in Member States

Abschnitt zum Gesetzgebungsverfahren behandelt.[1682] An dieser Stelle der Untersuchung soll nun jedoch eine strukturierte Analyse der für den Untersuchungsgegenstand dieser Arbeit besonders relevanten Regelungsvorschläge erfolgen. Dabei ist es wenig überraschend, dass sich viele der im Rahmen der Konsultationen und Studien vorgebrachten Ansätze im Richtlinienvorschlag der *Kommission* wiederfinden, denn dieser beruht gerade auf diesen vorbereitenden Schritten der Reform.[1683] In kaum einem Punkt ergab sich allerdings ein vollkommen einheitliches Meinungsbild,[1684] so dass naturgemäß mit jedem berücksichtigten Vorschlag auch die Ablehnung der vorgebrachten Alternativen einhergeht.

Erneut ist zu konstatieren, dass sich weder im Kommissionsvorschlag noch in den Textfassungen von *Parlament* und *Rat* innovative Überarbeitungen des materiellen Anwendungsbereichs finden. Insgesamt wird ein eher konservativer Ansatz gewählt, der das bestehende System weitestgehend erhält.[1685] Dies gilt auch in Bezug auf die sachverwandte Ausgestaltung des abgestuften Regelungsansatzes, wobei sich hier erhebliche Verschärfungen der Anforderungen an nichtlineare Dienste abzeichnen. Dabei ist insgesamt allerdings zu bedenken, dass die Gesetzesinitiativen der *Kommission* in der Regel bereits auf die größtmögliche Erleichterung der späteren Konsensfindung in und zwischen *Parlament* und *Rat* ausgerichtet sind. Im Unterschied zu Gesetzgebungsverfahren auf nationaler Ebene sind in der europäischen Dimension deutlich heterogenere

---

concerning the provision of audiovisual media services in view of changing market realities – General approach, 9691/17, 24.05.2017.

1682 Siehe oben unter Dritter Teil. § 2 II.
1683 Vgl. die Begründung zu *Europäische Kommission,* Vorschlag für eine Richtlinie des Europäischen Parlaments und des Rates zur Änderung der Richtlinie 2010/13/EU zur Koordinierung bestimmter Rechts- und Verwaltungsvorschriften der Mitgliedstaaten über die Bereitstellung audiovisueller Mediendienste im Hinblick auf sich verändernde Marktgegebenheiten, COM(2016) 287 final, 25.05.2016, 6 ff.
1684 Siehe hierzu oben unter Dritter Teil. § 1 III.; vgl. auch *Europäische Kommission,* Vorschlag für eine Richtlinie des Europäischen Parlaments und des Rates zur Änderung der Richtlinie 2010/13/EU zur Koordinierung bestimmter Rechts- und Verwaltungsvorschriften der Mitgliedstaaten über die Bereitstellung audiovisueller Mediendienste im Hinblick auf sich verändernde Marktgegebenheiten, COM(2016) 287 final, 25.05.2016, 7.
1685 Vgl. *Kogler,* Convergence 2016 (Vol. 22), 468 (471).

Interessenslagen und Ausgangssituationen der beteiligten Mitgliedstaaten, Fraktionen und Parteien in Einklang zu bringen.[1686]
Eine Ausnahme der konservativen Ausrichtung stellt der Vorschlag zur Einbeziehung von Videoplattformdiensten in das Regulierungssystem der AVMD-Richtlinie dar.[1687] Diesbezüglich wird gar von einem Bruch mit dem bisherigen Regulierungskonzept gesprochen.[1688] Die Eingrenzung des Adressatenkreises sowie der Umfang der für die Videoplattformanbieter geltenden Pflichten gehören daher zu den umstrittensten Punkten der Reform.

1. Materieller Anwendungsbereich

Die am materiellen Anwendungsbereich vorgesehen Veränderungen lassen sich in drei Punkten zusammenfassen: Sie betreffen das Merkmal des Hauptzwecks, das Merkmal der Fernsehähnlichkeit als Voraussetzung des Sendungsbegriffs sowie den Umgang mit redaktionell verantworteten Unterangeboten beziehungsweise Kanälen auf Videoplattformen.

a) Hauptzweck

Inhaltlich übereinstimmend bezieht sich der Hauptzweck eines audiovisuellen Mediendienstes im Richtlinienvorschlag der *Kommission*, der Parlamentsfassung sowie dem gemeinsamen Standpunkt des *Rats* nun alternativ auf die Dienstleistung „oder ein[en] trennbare[n] Teil der Dienstleistung".[1689] Die Trennbarkeit ist ausweislich Erwägungsgrund 3 AVMD-ÄRL-V anhand der Verknüpfungen zwischen Haupttätigkeit und audiovisuellem Angebot zu beurteilen. Der *Rat* fügt im gemeinsamen Standpunkt lediglich hinzu, dass eingebettete Videoclips im Rahmen der Angebote elektronischer Zeitungen nicht als trennbare Teile der Dienstleistung anzusehen sind.[1690]
Diese Präzision des Hauptzweckbegriffs entspricht auch der Mehrheit der Konsultationsergebnisse[1691] und steht im Einklang mit dem Urteil des *EuGH* im

---

1686 *Mayer*, in: Grabitz/Hilf/Nettesheim, Das Recht der Europäischen Union, 61. EGL. 2017, Art. 19 EUV, Rn. 70.
1687 Vgl. Art. 1 Abs. 1 lit. aa AVMD-ÄRL-V, AVMD-ÄR-P sowie AVMD-ÄRL-GA.
1688 *European Digital Rights (EDRi)*, AVMS Directive: It isn't censorship if the content is mostly legal, right?, 27.04.2017.
1689 Art. 1 Abs. 1 lit. a AVMD-ÄRL-V.
1690 Vgl. Erwägungsgrund 3c AVMD-ÄRL-GA.
1691 *Arbeitsgemeinschaft der Landesmedienanstalten (ALM)/Direktorenkonferenz der Landesmedienanstalten (DLM)*, Beitrag zur Konsultation zur Richtlinie 2010/13/EU über audiovisuelle Mediendienste (AVMD-RL) – Eine Mediengesetzgebung für

Fall „New Media Online".[1692] Die Klarstellung zur Zulässigkeit der getrennten Beurteilung verschiedener Angebotsteile wurde beispielsweise im Konsultationsbeitrag der *DLM* explizit gefordert,[1693] Presseverbände hatten sich hingegen für ein engeres Verständnis des Hauptzwecks eines Angebots ausgesprochen[1694]. Angesichts des in diesem Punkt deutlichen Urteils des *EuGH* kann die Herangehensweise der *Kommission* allerdings nicht überraschen.

aa) Klarstellung zur Eigenständigkeit von Diensten

Die Beweggründe hinter der so erfolgten „Klarstellung" der *Kommission* sind aus pragmatischer Sicht nachvollziehbar. Die Ermittlung des Hauptzwecks eines Dienstes soll nach der vorgeschlagenen Formulierung in Zukunft mehr Rechtssicherheit und eine einheitlichere Herangehensweise der nationalen Regulierungsstellen gewährleisten.[1695] In der bisherigen Fassung war die Auslegung der Richtlinie in drei Punkten unklar: der nun explizit zugelassenen getrennten Beurteilung verschiedener Angebotsteile, den daran anknüpfenden Kriterien zur Abgrenzung verschiedener Dienste innerhalb eines Angebots und der Gewichtung unterschiedlicher Inhalte im Rahmen einheitlicher Dienste.[1696] Tatsächlich klargestellt wird in der Neufassung, ebenso wie im Urteil des *EuGH*, lediglich der erste dieser drei Punkte.[1697] Die Differenzierung verschiedener Angebotsteile als eigenständige Dienste kann und muss nun als vorgelagerter

---

das 21. Jahrhundert, 6.07.2015 – 30.09.2015, 9; *Conseil supérieur de l'audiovisuel de la Communauté française de Belgique (CSA)*, Beitrag zur Konsultation zur Richtlinie 2010/13/EU über audiovisuelle Mediendienste (AVMD-RL) – Eine Mediengesetzgebung für das 21. Jahrhundert, 6.07.2015 – 30.09.2015, 8; *ERGA*, Report on material jurisdiction in a converged environment, ERGA 2015 (12), 18.12.2015, 37.

1692 *EuGH*, Urt. v. 21.10.2015, Rs. C-347/14, Rn. 33 f.
1693 *Arbeitsgemeinschaft der Landesmedienanstalten (ALM)/Direktorenkonferenz der Landesmedienanstalten (DLM)*, Beitrag zur Konsultation zur Richtlinie 2010/13/EU über audiovisuelle Mediendienste (AVMD-RL) – Eine Mediengesetzgebung für das 21. Jahrhundert, 6.07.2015 – 30.09.2015, 9.
1694 *European Magazine Media Association (EMMA)/European Newspaper Publishers Association (ENPA)*, Beitrag zur Konsultation zur Richtlinie 2010/13/EU über audiovisuelle Mediendienste (AVMD-RL) – Eine Mediengesetzgebung für das 21. Jahrhundert, 6.07.2015 – 30.09.2015, 8 f.
1695 *Europäische Kommission,* AVMS Impact Assessment, SWD(2016) 168 final, 25.05.2016, 17.
1696 Vgl. oben unter Zweiter Teil. § 1 III. 3. sowie Zweiter Teil. § 2 VI. 1. und Zweiter Teil. § 2 VI. 2.
1697 Vgl. *EuGH*, Urt. v. 21.10.2015, Rs. C-347/14, Rn. 34.

Schritt der Ermittlung des Hauptzweck erfolgen. Dies entspricht jedoch bereits der Praxis aller im zweiten Teil der Arbeit exemplarisch untersuchten Regulierungsstellen.[1698] Deutlich umstrittener als die Zulässigkeit der Differenzierung ist die auf dieser Grundlage notwendige Beurteilung potentiell zu differenzierender Dienste, mithin nicht das „Ob" der Differenzierung sondern vielmehr das „Wie".[1699] In Betracht kommen hierzu als Kriterien sowohl die technische Struktur der Internetseite, etwa das Vorliegen eines eigenen Videobereichs,[1700] als auch die technische[1701] oder inhaltliche[1702] Verbindung von Texten und Videos. In diesem Punkt ergeben sich jedoch aus dem Richtlinienvorschlag der *Kommission* und seinen begleitenden Dokumenten keine aufschlussreichen Vorgaben.[1703] *Parlament* und *Rat* setzen sich mit dieser Frage ebenfalls nicht auseinander. Der *EuGH* hatte in seinem „New Media Online"-Urteil die technische Angebotsstruktur der Internetseite als untaugliches Kriterium abgelehnt,[1704] stellte jedoch auf den vom Textangebot unabhängigen Zugriffspunkt des Nutzers ab.[1705] Der einzige weitere Anhaltspunkt zur Konkretisierung der „untrennbaren

---

1698 *KommAustria*, Bescheid 1.950/13-044 v. 17.6.2013, 8; *Dies.*, Bescheid 1.950/12-048 v. 9.10.2012, 11; *OFCOM*, Scope Appeal Sun Video, 21.12.2011, Rn. 20, 79; eingeschränkt allerdings in der Slowakei, siehe hierzu *Machet*, 33rd EPRA meeting, Background Document for Plenary Session – Content Regulation and new Media: Exploring Regulatory Boundaries between Traditional and new Media, EPRA 2011/02, 2011, 15; Vgl. auch *ERGA*, Report on material jurisdiction in a converged environment, ERGA 2015 (12), 18.12.2015, 35.
1699 Vgl. oben unter Zweiter Teil. § 2 VI. 1. b) sowie Zweiter Teil. § 2 VI. 1. c).
1700 So für die Slowakei *Machet*, 33rd EPRA meeting, Background Document for Plenary Session – Content Regulation and new Media: Exploring Regulatory Boundaries between Traditional and new Media, EPRA 2011/02, 2011, 15; auch *KommAustria*, Bescheid 1.950/13-044 v. 17.6.2013, 9; *Dies.*, Bescheid 1.950/12-048 v. 9.10.2012, 11; *OFCOM*, Scope Appeal Sun Video, 21.12.2011, Rn. 90; dagegen *EuGH*, Urt. v. 21.10.2015, Rs. C-347/14, Rn. 35; *Szpunar*, Schlussanträge v. 1.7.2015, Rs. C-347714, Rn. 32.
1701 Für die Slowakei *Cabrera Blázquez*, in: Nikoltchev (Hrsg.), What Is an On-demand Service?, IRIS plus 4/2013, 7 (22); *Polak*, IRIS 2012-9:1/38, auch *OFCOM*, Scope Appeal Sun Video, 21.12.2011, Rn. 90 e; 96.
1702 *KommAustria*, Bescheid 1.950/12-048 v. 9.10.2012, 11; vgl. auch *Katsirea*, International Journal of Law and Information Technology 2015, 1 (21); *OFCOM*, Scope Appeal Sun Video, 21.12.2011, Rn. 90 d.
1703 So auch: *Brings-Wiesen*, AfP 2016, 323 (325).
1704 *EuGH*, Urt. v. 21.10.2015, Rs. C-347/14, Rn. 35; so auch *Szpunar*, Schlussanträge v. 1.7.2015, Rs. C-347714, Rn. 32.
1705 *EuGH*, Urt. v. 21.10.2015, Rs. C-347/14, Rn. 36.

Verknüpfung" ist die beispielhafte Nennung von Hyperlinks.[1706] Daraus ließe sich folgern, dass eher eine technische Verknüpfung als ein inhaltlicher Zusammenhang gemeint sein soll.

bb) Ratsvorschlag zum Ausschluss von Videoclips in Presseangeboten

In eine ähnliche Richtung lässt sich auch der Formulierungsvorschlag des *Rats* deuten, der in Erwägungsgrund 3c seines gemeinsamen Standpunkts eingebettete Videoclips in redaktionellen Beiträgen der elektronischen Presse vom Anwendungsbereich der Richtlinie ausschließen möchte. Derart an Textbeiträge gebundene Videoinhalte müssten wohl als untrennbar verknüpft angesehen werden. Die explizite Erwähnung durch den *Rat* gibt dann jedoch neue Rätsel auf. Denn die für eingebettete Videoclips vorgegebene Wertung kann sich nicht auf die elektronische Presse beschränken, sondern gilt für alle anderen Arten von Textangeboten ebenfalls.[1707] Dies bedürfte jedoch keiner expliziten Erwähnung. Eine Vermutungsregel zugunsten der Einheitlichkeit von Presseangeboten, wie sie in der Vergangenheit auch der slowakische Regulierer verwendet hat,[1708] kann aus dem Erwägungsgrund ebenfalls nicht abgeleitet werden. Denn die Formulierung hat nicht lediglich das Hauptzweckkriterium zum Gegenstand, sondern spricht gerade vom Ausschluss dieser Videoclips aus dem ganzen Anwendungsbereich.[1709] Um zu diesem Ergebnis zu gelangen, ist jedoch ein weiterer Prüfungsschritt erforderlich.[1710] Selbst wenn aufgrund untrennbarer Verknüpfung von Videoinhalten mit anderen Medienformen innerhalb eines Angebots ein einheitlicher Dienst anzunehmen ist, muss noch dessen Hauptzweck im eigentlichen Wortsinne des Kriteriums ermittelt werden. Aus dem Erwägungsgrund des *Rates* müsste so eine doppelte Vermutung folgen, um den Ausschluss von Videoclips in elektronischen Presseprodukten zu bewirken: die Einheitlichkeit des Dienstes und ein nicht auf die Bereitstellung audiovisueller Inhalte ausgerichteter Hauptzweck dieses Dienstes.

1706 Ebd.; *Europäische Kommission,* AVMS Ex-post REFIT evaluation, SWD(2016) 170 final, 25.05.2016, 17.
1707 Vgl. auch *Szpunar*, Schlussanträge v. 1.7.2015, Rs. C-347714, Rn. 49.
1708 Vgl. *Machet*, 33rd EPRA meeting, Background Document for Plenary Session – Content Regulation and new Media: Exploring Regulatory Boundaries between Traditional and new Media, EPRA 2011/02, 2011, 15.
1709 Erwgr. 3c AVMD-ÄRL-GA: „[...] Video clips embedded in editorial content of electronic versions of newspapers and magazines [...] should not be covered by this Directive.".
1710 Vgl. oben unter Zweiter Teil. § 2 VI. 2.

cc) Hauptzweck im engeren Sinne

Bezüglich der eigentlichen Prüfung des Hauptzweckes im Sinne einer Gewichtung bezogen sich die zur alten Fassung der Richtlinie vertretenen Auslegungen teilweise auf die qualitative,[1711] teilweise auf die quantitative[1712] Bedeutung der verschiedenen Medienformate innerhalb eines Angebots.[1713] Zu den ungeklärten[1714] Kriterien dieser Gewichtung ergeben sich ebenfalls keine neuen Anhaltspunkte aus den Richtlinienvorschlägen von *Kommission*, *Parlament* und *Rat*. Vermutlich wird dieser Prüfungsschritt als in der Praxis irrelevant angesehen, denn bei getrennter Beurteilung des audiovisuellen Angebots als eigenem Dienst erübrigt sich in der Regel diese Überlegung.[1715] Das Hauptzweckkriterium verliert so seinen ursprünglichen Sinn.[1716] Es gleicht einem Zirkelschluss, den Kreis der zu beurteilenden Inhalte zunächst so eng zu definieren, dass beinahe ausschließlich audiovisuelle Inhalte darin enthalten sind und dann zu untersuchen, ob die audiovisuellen Inhalte überwiegen.[1717] Entgegen dem Wortlaut der Vorschrift ist der eigentliche Hauptzweck eines Angebots damit quasi irrelevant für dessen Einstufung als audiovisueller Mediendienst. Es kommt lediglich darauf an, ob der Dienst überhaupt audiovisuelle Inhalte enthält, die nicht in direkter Verbindung mit anderen Inhalten stehen.

1711 *OFCOM*, Notification Guidance, 18.12.2015, Rn. 3.10; *Valcke/Ausloos*, in: Donders/Pauwels/Loisen (Hrsg.), The Palgrave Handbook of European Media Policy, 2014, 312 (319 f.).
1712 *Cabrera Blázquez*, in: Nikoltchev (Hrsg.), What Is an On-demand Service?, IRIS plus 4/2013, 7 (16); *Conseil supérieur de l'audiovisuel de la Communauté française de Belgique (CSA) – Collège d'autorisation et de contrôle*, Recommandation relative au périmètre de la régulation des services de medias audiovisuels, 29.03.2012, 15; *ERGA*, Report on material jurisdiction in a converged environment, 18.12.2015, ERGA 2015 (12), 36; *KommAustria*, Bescheid 1.950/12-042 v. 24.9.2012, 2 f; *OFCOM*, Notification Guidance, 18.12.2015, Rn. 3.10.
1713 *Machet*, 33rd EPRA meeting, Background Document for Plenary Session – Content Regulation and new Media: Exploring Regulatory Boundaries between Traditional and new Media, EPRA 2011/02, 2011, 8; *Valcke/Ausloos*, in: Donders/Pauwels/Loisen (Hrsg.), The Palgrave Handbook of European Media Policy, 2014, 312 (319).
1714 *Katsirea*, International Journal of Law and Information Technology 2015, 1 (17); *Valcke/Ausloos*, in: Donders/Pauwels/Loisen (Hrsg.), The Palgrave Handbook of European Media Policy, 2014, 312 (319).
1715 *ERGA*, Report on material jurisdiction in a converged environment, 18.12.2015, ERGA 2015 (12), 35; *Szpunar*, Schlussanträge v. 1.7.2015, Rs. C-347714, Rn. 42.
1716 So auch *Szpunar*, Schlussanträge v. 1.7.2015, Rs. C-347714, Rn. 42.
1717 Vgl. Ebd.

dd) Stellungnahme

Es ist klar ersichtlich, dass unter diesen Voraussetzungen deutlich mehr Angebote die Anforderungen des Hauptzweckkriteriums erfüllen könnten, als bei Gesamtbeurteilung des Angebots mit qualitativer oder quantitativer Gewichtung. Vor einer derartigen Ausdehnung des Anwendungsbereichs im Wege der Senkung des Auslegungsmaßstabs für den Hauptzweck hatte *ERGA* in ihrem Bericht zum materiellen Anwendungsbereich explizit gewarnt.[1718] Die Folgenabschätzung zum Richtlinienvorschlag der *Kommission* ist in diesem Punkt widersprüchlich. Einerseits wird der Zuwachs der von der vorgeschlagenen Regelung erfassten Dienste explizit angesprochen,[1719] zumal als flankierende Maßnahme der Verbesserung des Jugendschutzes auf Videoplattformen. Hier lässt sich die Intention der Erweiterung des Anwendungsbereichs recht deutlich herauslesen. Andererseits wird unter Verweis auf die *EuGH*-Rechtsprechung festgestellt, dass sich rechtlich keine Unterschiede zwischen dem Status quo und der Neuregelung ergäben, da das Urteil ohnehin bei der Auslegung der Richtlinie beachtet werden müsse und die Reform nicht über die im Urteil vorgegebene Auslegung hinausgehe.[1720] Alternativen hierzu werden in der Folgenabschätzung konsequenterweise auch gar nicht erwogen. Diesem Argument liegt jedoch wiederum ein Zirkelschluss zugrunde. Das Urteil des *EuGH* bezieht sich auf die alte Fassung der AVMD-Richtlinie. Aufgabe des *Gerichtshofes* ist es ausweislich Art. 19 Abs. 1 S. 2 EUV, „die Wahrung des Rechts bei der Auslegung und Anwendung der Verträge" zu sichern, mithin die Überwachung „[der] Rechtmäßigkeit der Gesetzgebungsakte sowie der Handlungen des *Rates*, der *Kommission* und der Europäischen Zentralbank"[1721] durch Auslegung und Kontrolle im Nachhinein.[1722] Es ist hingegen nicht seine Aufgabe, im Sinne eines „politischen Initiativrechts"[1723] verbindliche Regelungen für die Zukunft zu treffen.[1724] Das hier fragliche Urteil „New Media Online" enthielt auch keine Ableitung der Auslegung aus höherrangigem Recht. Die *Kommission* war daher keinesfalls daran

---

1718 *ERGA*, Report on material jurisdiction in a converged environment, ERGA 2015 (12), 18.12.2015, 37.
1719 *Europäische Kommission*, AVMS Impact Assessment, SWD(2016) 168 final, 25.05.2016, 17.
1720 Ebd., 18.
1721 Art. 263 AEUV.
1722 *Mayer*, in: Grabitz/Hilf/Nettesheim, Das Recht der Europäischen Union, 61. EGL. 2016, Art. 19 EUV, Rn. 32.
1723 Ebd., Rn. 3.
1724 Ebd., Rn. 31.

gebunden, bei der Reform der Richtlinie den materiellen Anwendungsbereich lediglich an die Rechtsprechung des *EuGH* anzupassen. Stattdessen hätte der Anwendungsbereich beispielsweise auch an neuen oder modifizierten Kriterien ausgerichtet werden können.[1725] Die Entscheidung über Rechtssetzung bleibt der Legislative vorbehalten,[1726] die *Kommission* muss ihr Initiativrecht zwar im „Interesse der Union" ausüben,[1727] ist dabei jedoch nicht an die Rechtsprechung des *EuGH* zu alten Fassungen der Rechtsakte gebunden.

b) Fernsehähnlichkeit

Der Begriff der Sendung, definiert in Art. 1 Abs. lit. b AVMD-Richtlinie, setzt nach den Entwürfen von *Kommission, Parlament* und *Rat* übereinstimmend nicht länger die Vergleichbarkeit mit der Form und dem Inhalt von Fernsehprogrammen voraus.[1728] Die Streichung der Fernsehähnlichkeit wurde vermehrt in den Konsultationen angeregt.[1729] Hier ging es insbesondere darum, das tatsächlich bestehende Konkurrenzverhältnis zwischen nicht-fernsehähnlichen Inhalten und audiovisuellen Mediendiensten im Anwendungsbereich der Richtlinie abzubilden.[1730] Die Kritik am Kriterium der Fernsehähnlichkeit im Rahmen der Konsultationen wurde teilweise damit begründet, dass dies gerade Kurzvideos

---

1725 *Brings-Wiesen*, AfP 2016, 323 (325).
1726 *Mayer*, in: Grabitz/Hilf/Nettesheim, Das Recht der Europäischen Union, 61. EGL. 2017, Art. 19 EUV, Rn. 32; *Ziegenhorn*, in: Grabitz/Hilf/Nettesheim, Das Recht der Europäischen Union, 61. EGL. 2017, Art. 16 EUV, Rn. 12.
1727 *Martenczuk*, in: Grabitz/Hilf/Nettesheim, Das Recht der Europäischen Union, 61. EGL. 2017, Art. 17 EUV, Rn. 57.
1728 Vgl. Art. 1 Abs. 1 lit. b AVMD-ÄRL-V, AVMD-ÄRL-P sowie AVMD-ÄRL-GA.
1729 *Arbeitsgemeinschaft der Landesmedienanstalten (ALM)/Direktorenkonferenz der Landesmedienanstalten (DLM)*, Beitrag zur Konsultation zur Richtlinie 2010/13/EU über audiovisuelle Mediendienste (AVMD-RL) – Eine Mediengesetzgebung für das 21. Jahrhundert, 6.07.2015 – 30.09.2015, 8; *Bundesrepublik Deutschland*, Positionspapier zur Novellierung der Audiovisuellen Mediendienste Richtlinie (AVMD), 3.11.2015, 1; *Conseil supérieur de l'audiovisuel de la Communauté française de Belgique (CSA)*, Beitrag zur Konsultation zur Richtlinie 2010/13/EU über audiovisuelle Mediendienste (AVMD-RL) – Eine Mediengesetzgebung für das 21. Jahrhundert, 6.07.2015 – 30.09.2015, 8.
1730 *Conseil supérieur de l'audiovisuel de la Communauté française de Belgique (CSA)*, Beitrag zur Konsultation zur Richtlinie 2010/13/EU über audiovisuelle Mediendienste (AVMD-RL) – Eine Mediengesetzgebung für das 21. Jahrhundert, 6.07.2015 – 30.09.2015, 8.

aus dem Anwendungsbereich der Richtlinie ausschließe.[1731] Diese Ansicht ist nach dem „New Media Online"-Urteil jedoch nicht haltbar. Der *EuGH* stellte explizit klar, dass auch Kurzvideos fernsehähnliche Inhalte darstellen können.[1732] Die *Kommission* geht in der Folgenabschätzung davon aus, dass die praktischen Auswirkungen der Änderungen sehr begrenzt seien, da die vom *EuGH* im Fall „New Media Online" entwickelte Auslegung des Sendungsbegriffs bereits einen ähnlichen Effekt habe.[1733] Alternativen zur Streichung wurden in der Folgenabschätzung nicht in Betracht gezogen. Auch hier gilt das soeben zur gesetzgeberischen Gestaltung des Hauptzweckkriteriums ausgeführte. Das Urteil des *EuGH* zur alten Rechtslage wirkt keinesfalls als Vorgabe für die Reformierung der Richtlinie. Im Übrigen geht der Kommissionsvorschlag über die Wirkung des Urteils hinaus. Der *EuGH* hatte nicht die Existenzberechtigung der Fernsehähnlichkeit als Merkmal von Sendungen angezweifelt, sondern lediglich eine weite Auslegung unternommen.[1734]

Anders als bezüglich des Hauptzweckkriteriums besteht hier kein Zweifel, dass es sich um eine inhaltliche Veränderung des Anwendungsbereichs handelt und nicht etwa lediglich um eine Klarstellung. Die Funktion des Vergleichs mit dem Inhalt und der Form von Fernsehsendungen fällt nicht dadurch weg, dass die Länge eines Inhalts für diesen Vergleich keine Rolle spielen soll.[1735] Diese Maßgabe zur Auslegung des Kriteriums wurde von der *Kommission* auch in den Beispielkatalog zum Sendungsbegriff aufgenommen. Der Text des gemeinsamen Standpunkts des Rats sieht eine anders formulierte aber inhaltlich gleiche Klarstellung vor.[1736]

Die bloße Klarstellung des Kriteriums war hingegen die vom *OFCOM* im Rahmen der Konsultation zur AVMD-Richtlinie präferierte Option[1737] und

---

1731 *Arbeitsgemeinschaft der Landesmedienanstalten (ALM)/Direktorenkonferenz der Landesmedienanstalten (DLM)*, Beitrag zur Konsultation zur Richtlinie 2010/13/EU über audiovisuelle Mediendienste (AVMD-RL) – Eine Mediengesetzgebung für das 21. Jahrhundert, 6.07.2015 – 30.09.2015, 8.
1732 *EuGH*, Urt. v. 21.10.2015, Rs. C-347/14, Rn. 24.
1733 *Europäische Kommission*, AVMS Impact Assessment, SWD(2016) 168 final, 25.05.2016, 18.
1734 *EuGH*, Urt. v. 21.10.2015, Rs. C-347/14, Rn. 24.
1735 So Ebd., Rn. 20.
1736 Art. 1 Abs. 1 lit. b AVMD-ÄRL-GA.
1737 *OFCOM*, Beitrag zur Konsultation zur Richtlinie 2010/13/EU über audiovisuelle Mediendienste (AVMD-RL) – Eine Mediengesetzgebung für das 21. Jahrhundert, 6.07.2015 – 30.09.2015, 11.

wurde zudem von *ERGA* empfohlen.[1738] Die Geltung der Richtlinie müsse auf der Bedeutung der erfassten Dienste für Gesellschaft und Demokratie beruhen, diese Verbindung werde durch die Anforderung der Fernsehähnlichkeit geschaffen.[1739] Zudem hätte gerade das nun abgeschaffte Merkmal die Möglichkeit geboten, eine stärkere Differenzierung nach der Meinungsbildungsrelevanz der Inhalte umzusetzen, die in den Konsultationen teilweise vorgeschlagen wurde.[1740] Auch die von der *KommAustria* angeregte Mindestumsatzgrenze[1741] wird im Richtlinienvorschlag nicht aufgegriffen. Als einziger Anknüpfungspunkt für Meinungsbildungsrelevanz findet sich im gemeinsamen Standpunkt des *Rates* die neu eingeführte Öffnungsklausel für die Mitgliedstaaten zur Einführung von Informationspflichten zu Eigentumsstrukturen an Mediendiensten, die mit dem Einfluss audiovisueller Medien auf die öffentliche Meinungsbildung begründet wird.[1742]

Die Fernsehähnlichkeit als Voraussetzung des Sendungsbegriffs mag weniger als perfekt gewesen sein, um die beabsichtigte[1743] verhältnismäßige Eingrenzung[1744] des Anwendungsbereichs zu erreichen. Immerhin öffnete das Merkmal jedoch eine Schnittstelle für wertende Überlegungen zur gesellschaftlichen Relevanz der Angebote. In dieser vitalen Funktion des Kriteriums lag wohl auch gerade seine Schwäche in der Anwendungspraxis.[1745] Der Spielraum für Wertungen wurde von nationalen Regulierern uneinheitlich genutzt.[1746] Diesem Problem hätte die *Kommission* jedoch mit Leitlinien begegnen können. Stattdessen ergibt sich ein eklatanter Widerspruch zwischen der Begründung der Änderung

---

1738 *ERGA*, Report on material jurisdiction in a converged environment, ERGA 2015 (12), 18.12.2015, 34.
1739 Ebd.
1740 *Europäische Kommission*, Summaries of the replies to the public consultation launched by the Green Paper "Preparing for a Fully Converged Audiovisual World: Growth, Creation and Values", 12.9.2014, 41; *Europäisches Parlament*, Entschließung zu "Connected TV", P7_TA(2013)0329, 4.07.2013, 3. Entschließung.
1741 *KommAustria*, Beitrag zur Konsultation zur Richtlinie 2010/13/EU über audiovisuelle Mediendienste (AVMD-RL) – Eine Mediengesetzgebung für das 21. Jahrhundert, 6.07.2015 – 30.09.2015, 8.
1742 Erwgr. 45 AVMD-ÄRL-GA.
1743 *Chavannes/Castendyk*, in: Castendyk/Dommering/Scheuer (Hrsg.), European Media Law, 2008, Art. 1 AVMD, Rn. 60; *Schulz*, EuZW 2008, 107 (109).
1744 *Fiedler*, in: Gersdorf/Paal (Hrsg.), Beck'scher Online Kommentar zum Informations- und Medienrecht, 17. Ed. 1.08.2017, §58 RStV, Rn. 18.
1745 Vgl. *OLG Köln*, Urt. v. 29.05.2015 – 6 U 177/14, Rn. 33.
1746 Siehe hierzu im Detail oben unter Zweiter Teil. § 1 III. 4.

am Sendungsbegriff und dessen Anforderungen. Voraussetzung und Charakteristikum fernsehähnlicher Inhalte im Sinne der alten Fassung der Richtlinie war, dass diese in Konkurrenz mit Fernsehsendungen um dasselbe Publikum stehen.[1747] Diese Konkurrenz begründet gerade das Regulierungsbedürfnis bezüglich nichtlinearer Mediendienste im Sinne des Regulierungsziels der Schaffung gleicher Wettbewerbsbedingungen[1748] in publizistischer und wirtschaftlicher Hinsicht. Mit anderen Worten brachte das Kriterium der Fernsehähnlichkeit die Kerneigenschaft von Mediendiensten zum Ausdruck, die – neben linearen Diensten – in die Regulierung der AVMD-Richtlinie einbezogen werden sollten. Nun wurde widersprüchlicherweise erneut auf ausgerechnet diese Konkurrenzsituation verwiesen, um damit die Streichung des Fernsehähnlichkeitsmerkmals zu begründen.[1749] Die deutsche *ALM* und *DLM* sprachen in diesem Zusammenhang sogar von der Meinungsbildungsrelevanz des nicht erfassten „short form content".[1750]

Zunächst ist erneut darauf zu verweisen, dass das Kriterium der Fernsehähnlichkeit nach Maßgabe der Auslegung des *EuGH* ohnehin bereits Kurzvideos erfasst.[1751] Darüber hinaus lässt sich die Kritik wohl an der Formulierung der Vergleichbarkeit „mit der Form und dem Inhalt von Fernsehprogrammen" verorten.[1752] Dieser Vergleich wird durch die zunehmend unabhängige Entwicklung nichtlinearer Formate und deren Entfernung von klassischen Fernsehprogrammen erschwert.[1753] Insofern ist der Kritik zu folgen. Der in der alten Fassung

---

1747 Erwgr. 24 AVMD-Richtlinie; vgl. nur *EuGH*, Urt. v. 21.10.2015, Rs. C-347/14, Rn. 22.
1748 Vgl. Erwgr. 11 AVMD-Richtlinie; *Kleist/Scheuer*, MMR 2006, 127.
1749 *Arbeitsgemeinschaft der Landesmedienanstalten (ALM)/Direktorenkonferenz der Landesmedienanstalten (DLM)*, Beitrag zur Konsultation zur Richtlinie 2010/13/EU über audiovisuelle Mediendienste (AVMD-RL) – Eine Mediengesetzgebung für das 21. Jahrhundert, 6.07.2015 – 30.09.2015, 8; *Conseil supérieur de l'audiovisuel de la Communauté française de Belgique (CSA)*, Beitrag zur Konsultation zur Richtlinie 2010/13/EU über audiovisuelle Mediendienste (AVMD-RL) – Eine Mediengesetzgebung für das 21. Jahrhundert, 6.07.2015 – 30.09.2015, 8 f.
1750 *Arbeitsgemeinschaft der Landesmedienanstalten (ALM)/Direktorenkonferenz der Landesmedienanstalten (DLM)*, Beitrag zur Konsultation zur Richtlinie 2010/13/EU über audiovisuelle Mediendienste (AVMD-RL) – Eine Mediengesetzgebung für das 21. Jahrhundert, 6.07.2015 – 30.09.2015, 8.
1751 *EuGH*, Urt. v. 21.10.2015, Rs. C-347/14, Rn. 24.
1752 Art. 1 Abs. 1 lit. b AVMD-Richtlinie.
1753 In diesem Sinne auch *Conseil supérieur de l'audiovisuel de la Communauté française de Belgique (CSA)*, Beitrag zur Konsultation zur Richtlinie 2010/13/EU über audiovisuelle Mediendienste (AVMD-RL) – Eine Mediengesetzgebung für das 21. Jahrhundert, 6.07.2015 – 30.09.2015, 9.

der AVMD-Richtlinie vorgesehene Vergleich ist nicht mehr geeignet, das übergeordnete Regulierungsziel der Schaffung gleicher Wettbewerbsbedingungen abzubilden. Maßgeblich für die Konkurrenz der Dienste untereinander ist nicht deren Form und deren Inhalt, sondern deren Wirkung. Eine Überarbeitung oder Klarstellung hätte daran ausgerichtet werden müssen.[1754] Die ersatzlose Streichung des Kriteriums wird dem Ziel jedoch ebenfalls nicht gerecht. Statt miteinander konkurrierende Dienste zielgerichtet zu identifizieren, werden nun im Ergebnis auch Inhalte vom Sendungsbegriff erfasst, die nicht in Konkurrenz zum Fernsehen stehen.

c) Kanäle auf Videoplattformen

Die in Erwägungsgrund 3 des Kommissionsvorschlags vorgesehene Klarstellung zu redaktionell kontrollierten Kanälen auf Videoplattformen bewirkt keine materielle Veränderung des Anwendungsbereichs. Hier wird tatsächlich nur das bereits in der alten Fassung der Richtlinie geltende Recht konkretisiert. In der Vergangenheit wurde teilweise angezweifelt, ob der einzelne Nutzer redaktionelle Kontrolle über den von ihm erstellten Videokatalog auf Videoplattformen ausübt.[1755] Wie oben erläutert,[1756] kommen für die Ausübung „wirksamer Kontrolle" gemäß Art. 1 Abs. 1 lit. c AVMD-Richtlinie zwei Varianten in Betracht, die Zusammenstellung der Inhalte sowie Bereitstellung innerhalb eines Katalogs. Bereits die erste Variante wird bei Nutzern von Videoplattformen in der Regel erfüllt sein, denn nur durch deren aktive Auswahl[1757] gelangen Inhalte überhaupt auf ihren Kanal. Dabei wird nicht einmal eine dauerhafte Ausübung der Kontrolle vorausgesetzt,[1758] sondern die potentielle „Beeinflussung der kommunikativen Charakteristik" soll bereits genügen.[1759] Lässt sich die redaktionelle Verantwortung bejahen, ist nach der Klarstellung des Erwägungsgrunds

---

1754 So auch *ERGA*, Report on material jurisdiction in a converged environment, ERGA 2015 (12), 18.12.2015, 34.
1755 Vgl. *LG Wuppertal*, Urt. v. 31.10.2014 – 12 O 25/14 = NJW 2015, 1256 (1257); siehe hierzu auch *Sauer*, WRP 2016, 807 (811).
1756 Siehe oben unter Zweiter Teil. § 1 III. 2.
1757 *Valcke/Ausloos*, in: Donders/Pauwels/Loisen (Hrsg.), The Palgrave Handbook of European Media Policy, 2014, 312 (316).
1758 Ebd.; so auch *Conseil supérieur de l'audiovisuel de la Communauté française de Belgique (CSA) – Collège d'autorisation et de contrôle*, Recommandation relative au périmètre de la régulation des services de medias audiovisuels, 29.03.2012, 11.
1759 *Schulz*, EuZW 2008, 107 (109); *Valcke/Ausloos*, in: Donders/Pauwels/Loisen (Hrsg.), The Palgrave Handbook of European Media Policy, 2014, 312 (316).

unerheblich, ob das Angebot im Rahmen einer Videoplattform ohne redaktionelle Kontrolle erfolgt.[1760]
Für die aktiven Nutzer von Videoplattformen wie YouTube bedeutet dies, dass ihre dort angebotenen Kanäle, soweit sie darüber hinaus alle Voraussetzungen eines audiovisuellen Mediendienstes auf Abruf, insbesondere den Dienstleistungsbegriff, erfüllen, in den materiellen Anwendungsbereich des AVMD-ÄRL-V fallen. Die Einordnung wird nun weiterhin erheblich dadurch erleichtert, dass die Nutzervideos sich nicht mehr am Kriterium der Fernsehähnlichkeit messen lassen müssen. Die Länge der Inhalte spielt hierfür ohnehin seit dem Urteil des *EuGH* keine Rolle mehr und wird nun im Kommissionsentwurf,[1761] der gleichlautenden Fassung des *Parlaments* und im Ratsstandpunkt[1762] explizit als Faktor ausgeschlossen. Dies könnte auch eine ganze Reihe von Kanälen von Presseanbietern betreffen.[1763] Häufig betreiben diese auf Drittplattformen wie YouTube Kanäle, die zum Großteil mit den auch auf der eigenen Website bereitgehaltenen Videoinhalten bestückt werden.[1764] Selbst wenn die Websites selbst auf eine Art und Weise strukturiert sind, die keinen von der Haupttätigkeit „trennbaren" audiovisuellen Mediendienst aufweist und so nicht in den materiellen Anwendungsbereich der AVMD-Richtlinie fallen, würden über einen Umweg die angebotenen audiovisuellen Inhalte der Richtlinie unterstellt.[1765]

2. Der abgestufte Regelungsansatz

a) Unterscheidung nach Linearität

Der im Rahmen der Konsultationen und Studien in Frage gestellte[1766] abgestufte Regelungsansatz[1767] wurde im Kommissionsentwurf dem Grunde nach beibehalten.[1768] *Parlament* und *Rat* stellen diese Entscheidung in ihren Textfassungen der Änderungsrichtlinie nicht in Frage.[1769] Damit bleibt die Linearität eines Dienstes zentrales Anknüpfungskriterium für das Maß seiner Regulierung im Rahmen

---

1760 Vgl. Erwgr. 3 AVMD-ÄRL-V; siehe auch *Brings-Wiesen*, AfP 2016, 323 (324).
1761 Siehe den Beispielskatalog in Art. 1 Abs. 1 lit. b AVMD-ÄRL-V.
1762 Siehe die Sendungsdefinition in Art. 1 Abs. 1 lit. b AVMD-ÄRL-GA.
1763 *Brings-Wiesen*, AfP 2016, 323 (325).
1764 Ebd.
1765 Ebd.
1766 *Europäische Kommission*, AVMS Ex-post REFIT evaluation, SWD(2016) 170 final, 25.05.2016, 57.
1767 Siehe hierzu grundlegend oben unter Zweiter Teil. § 1 II. 1.
1768 Vgl. Art. 1 Abs. 1 lit. g AVMD-ÄRL-V.
1769 Vgl. Art. 1 Abs. 1 lit. g AVMD-ÄRL-P, AVMD-ÄRL-GA.

der AVMD-Richtlinie.[1770] Gleichsam wird implizit die Fiktion[1771] der inhärent größeren Bedeutung des klassischen Fernsehens[1772] und anderer linearer Dienste für die Gesellschaft sowie des geringeren Gefährdungspotentials nichtlinearer Dienste vor dem Hintergrund der Nutzerkontrolle[1773] aufrechterhalten.[1774]

Im Vorfeld der Reform wurde diese Unterscheidung nach Linearität vielfach kritisiert.[1775] Teils wurde der Ersatz der Linearität durch ein anderes Abgrenzungsmerkmal,[1776] das sich stärker auf die tatsächliche Meinungsbildungsrelevanz der Dienste bezieht, vorgeschlagen.[1777] Selbst die Ko-Berichterstatterin des federführenden *Ausschusses des Parlaments* stufte die Anknüpfung an die Verbreitungsart eines Dienstes als nicht mehr zu rechtfertigen ein und bezweifelte

---

1770 Kritisch hierzu: *Brings-Wiesen*, AfP 2016, 323 (325); *Kammerevert*, promedia 7/2016, 10.
1771 *Schmid/Kitz*, ZUM 2009, 739 (742).
1772 *Kluth/Schulz*, Konvergenz und regulatorische Folgen, 2014, 78.
1773 *Europäische Kommission,* AVMS Ex-post REFIT evaluation, SWD(2016) 170 final, 25.05.2016, 5; *Dies.,* Grünbuch über die Vorbereitung auf die vollständige Konvergenz der audiovisuellen Welt: Wachstum, Schöpfung und Werte, COM(2013) 231 final, 24.4.2013, 12; *Dörr,* in: Hartstein/Ring u. a. (Hrsg.), Kommentar zum Rundfunkstaatsvertrag, 75. EGL 2018, Teil B4, Rn. 65; *Kogler,* K&R 2011, 621 (623).
1774 Vgl. Erwgr. 58 AVMD-Richtlinie; siehe auch *ERGA,* Report on material jurisdiction in a converged environment, ERGA 2015 (12), 18.12.2015, 41; *Grewenig,* MMR 2017, 649 f.
1775 *Arbeitsgemeinschaft der Landesmedienanstalten (ALM)/Direktorenkonferenz der Landesmedienanstalten (DLM),* Beitrag zur Konsultation zur Richtlinie 2010/13/ EU über audiovisuelle Mediendienste (AVMD-RL) – Eine Mediengesetzgebung für das 21. Jahrhundert, 6.07.2015 – 30.09.2015, 8; *Conseil supérieur de l'audiovisuel de la Communauté française de Belgique (CSA),* Beitrag zur Konsultation zur Richtlinie 2010/13/EU über audiovisuelle Mediendienste (AVMD-RL) – Eine Mediengesetzgebung für das 21. Jahrhundert, 6.07.2015 – 30.09.2015, 7; *Europäisches Parlament,* Entschließung zu "Connected TV", P7_TA(2013)0329, 4.07.2013, Erwägungsgrund M; *Europäische Kommission,* Summaries of the replies to the public consultation launched by the Green Paper "Preparing for a Fully Converged Audiovisual World: Growth, Creation and Values", 12.9.2014, 38 f.; *Kluth/Schulz,* Konvergenz und regulatorische Folgen, 2014, 14.
1776 *Bundesrepublik Deutschland,* Positionspapier zur Novellierung der Audiovisuellen Mediendienste Richtlinie (AVMD), 3.11.2015, 2.
1777 *Europäische Kommission,* Summaries of the replies to the public consultation launched by the Green Paper "Preparing for a Fully Converged Audiovisual World: Growth, Creation and Values", 12.9.2014, 41; *Europäisches Parlament,* Entschließung zu "Connected TV", P7_TA(2013)0329, 4.07.2013, 10. Entschließung.

insgesamt deren Aussagegehalt hinsichtlich des Regulierungsbedürfnisses.[1778] Der *Europäische Wirtschafts- und Sozialausschuss* forderte in seiner Stellungnahme zum Kommissionsentwurf ebenfalls die Aufgabe der Unterscheidung zwischen linearen und nichtlinearen Diensten.[1779]

Das Abgrenzungsmerkmal der Linearität als Grundlage des abgestuften Regelungsansatzes ist im Grunde ähnlich zu beurteilen wie das Kriterium der Fernsehähnlichkeit.[1780] Es konkretisiert ein wesentliches Charakteristikum bestimmter Angebote, die für die Gesellschaft von zentraler Bedeutung sind und daher strenger reguliert werden sollen als andere Dienste.[1781] Vor diesem Hintergrund ist die regulatorische Ungleichbehandlung nicht lediglich gerechtfertigt, sondern vielmehr geboten. Denn andersherum betrachtet wäre es unverhältnismäßig, die Dienste, denen diese Bedeutung nicht zukommt, vergleichbar strengen Anforderungen zu unterwerfen.[1782] Der abgestufte Regelungsansatz ist so Ausdruck des Verhältnismäßigkeitsprinzips[1783] und damit nicht per se überholt. Schwächen weist hingegen das konkret gewählte Abgrenzungsmerkmal der Linearität auf.[1784] Die Abstufung der Bedeutung eines Angebots gelingt nicht mehr pauschal anhand dessen Verbreitungsform.[1785] Lineare Angebote, wie

---

1778 *Kammerevert*, promedia 7/2016, 10.
1779 *Europäischer Wirtschafts- und Sozialausschuss*, Stellungnahme zum Vorschlag für eine Richtlinie des Europäischen Parlaments und des Rates zur Änderung der Richtlinie 2010/13/EU zur Koordinierung bestimmter Rechts- und Verwaltungsvorschriften der Mitgliedstaaten über die Bereitstellung ausdiovisueller Mediendienste im Hinblick auf sich verändernde Marktgegebenheiten (COM(2016) 287 final – 2016/0151 (COD)), TEN/599,. 19.10.2016, Rn. 4.20
1780 Siehe hierzu soeben unter Dritter Teil. § 2 III. 1. b).
1781 Vgl. Erwgr. 58 AVMD-Richtlinie; siehe auch *ERGA, Report on material jurisdiction in a converged environment*, ERGA 2015 (12), 18.12.2015, 41.
1782 *Barata*, in: Nikoltchev (Hrsg.), The Regulation of On-demand Audiovisual Services: Chaos or Coherence, IRIS Special, 2011, 95 (96).
1783 Ebd.
1784 *Conseil supérieur de l'audiovisuel de la Communauté française de Belgique (CSA)*, Beitrag zur Konsultation zur Richtlinie 2010/13/EU über audiovisuelle Mediendienste (AVMD-RL) – Eine Mediengesetzgebung für das 21. Jahrhundert, 6.07.2015 – 30.09.2015, 7; *Europäische Kommission*, Summaries of the replies to the public consultation launched by the Green Paper "Preparing for a Fully Converged Audiovisual World: Growth, Creation and Values", 12.9.2014, 38; *Kammerevert*, promedia 7/2016, 10.
1785 *Europäische Kommission*, Summaries of the replies to the public consultation launched by the Green Paper "Preparing for a Fully Converged Audiovisual World: Growth, Creation and Values", 12.9.2014, 39; *Kammerevert*, promedia 7/2016, 10.

etwa der oben in Bezug genommene Dienst PietSmietTV,[1786] können nicht allein aufgrund ihrer zeitgleichen Verbreitung als relevanter gegenüber nichtlinearen Angeboten, wie etwa Netflix, eingestuft werden.[1787] Gleichzeitig hätte auch hier eine Verbesserung im Rahmen der Reform erreicht werden können,[1788] wenn die Vorschläge zur Anknüpfung an die Meinungsbildungsrelevanz der Dienste Berücksichtigung gefunden hätten und die Abgrenzung entsprechend umgestaltet worden wäre.

b) Annäherung des Regelungsniveaus

Trotz der Aufrechterhaltung des abgestuften Regelungsansatzes wurden die mehrheitlich in den Konsultationen und Studien vorgebrachten Forderungen nach der Angleichung des Regelungsniveaus[1789] in vielen Bereichen des Richtlinienentwurfs umgesetzt, entweder in Form einer Erleichterung für lineare Dienste oder aber in Form strengerer Regelungen für nichtlineare Dienste. Die Vorschläge von *Kommission*, *Parlament* und *Rat* fallen dabei jedoch unterschiedlicher aus, als bezüglich des materiellen Anwendungsbereichs der Richtlinie.

Die quantitativen Einschränkungen der Werbung in linearen Diensten werden im Kommissionsvorschlag erheblich gelockert.[1790] Gerade in diesem Punkt hatten einige Stimmen auf Wettbewerbsverzerrungen durch liberalere Werbevorschriften für nichtlineare Dienste hingewiesen.[1791] Eine Übertragung der Werbezeitbeschränkungen auf Abrufdienste zum Zwecke der Angleichung der

---

1786 *Arbeitsgemeinschaft der Landesmedienanstalten (ALM)*, Rundfunk oder nicht? Erläuterungen zur Pietsmiet TV-Entscheidung der ZAK, 6.04.2017, 1; siehe im Detail oben unter Dritter Teil. § 1 IV. 4. b).
1787 Vgl. *Cabrera Blázquez/Capello/Fontaine/Valais*, Abrufdienste und der sachliche Anwendungsbereich der AVMD-Richtlinie, IRIS plus 1/2016, 12; *Schmid/Kitz*, ZUM 2009, 739 (742).
1788 So auch *Spindler*, JZ 2016, 147 (150).
1789 *Bundesrepublik Deutschland*, Positionspapier zur Novellierung der Audiovisuellen Mediendienste Richtlinie (AVMD), 3.11.2015, 2 f.; *Europäische Kommission*, Summaries of the replies to the public consultation launched by the Green Paper "Preparing for a Fully Converged Audiovisual World: Growth, Creation and Values", 12.9.2014, 39.
1790 Vgl. Art. 20 Abs. 2, Art. 23 Abs. 1 AVMD-ÄRL-V.
1791 *Europäische Kommission*, Summaries of the replies to the public consultation launched by the Green Paper "Preparing for a Fully Converged Audiovisual World: Growth, Creation and Values", 12.9.2014, 40; so auch *Europäisches Parlament*, Entschließung zur Vorbereitung auf die vollständige Konvergenz der audiovisuellen Welt (2013/2180(INI)), P7_TA(2014)0232, 12.03.2014, Entschließung 20.

Wettbewerbsbedingungen ist rein faktisch aufgrund deren nichtlinearen Charakters ausgeschlossen.[1792] Insofern soll aber die Flexibilisierung die Wettbewerbsposition linearer Dienste zumindest verbessern. Die Folgenabschätzung der *Kommission* verweist insbesondere auf so neu entstehendes wirtschaftliches Potenzial für kommerzielle Kommunikation zur Hauptsendezeit sowie durch die Erleichterung der Produktplatzierung.[1793] Im Übrigen wird auf eine hinreichende Selbstheilung des Marktes zum Schutz vor übermäßiger Werbung vertraut, wie sie in den USA durch die Konkurrenz zwischen Online-Abonnementdiensten ohne Werbung, wie Netflix, und den linearen Fernsehsendern eingetreten sei.[1794] *Rat* und *Parlament* sehen hingegen durch den Kommissionsvorschlag einen drohenden Verfall der Werbepreise und die potentielle Beeinträchtigung der Zuschauer durch übermäßige Werbung.[1795] Die im Kommissionsvorschlag vorgesehenen Lockerungen werden in den Entwurfstexten größtenteils übereinstimmend eingeschränkt.[1796]

Näher am thematischen Schwerpunkt dieser Untersuchung liegen jedoch die parallel vorgesehenen Verschärfungen der Vorschriften für nichtlineare Dienste. Insbesondere die vollständige Übertragung der bisher für lineare Dienste geltenden Jugendschutzvorschriften auf nichtlineare Angebote bedarf näherer Betrachtung. Dieser Regelungsbereich wurde in den Konsultationen und Studien häufig aufgegriffen und die unterschiedlichen Anforderungen als unangemessen eingestuft.[1797]

1792 *ERGA*, Report on material jurisdiction in a converged environment, ERGA 2015 (12), 18.12.2015, 42.
1793 *Europäische Kommission*, AVMS Impact Assessment, SWD(2016) 168 final, 25.05.2016, 12.
1794 Ebd., 11.
1795 *Europäisches Parlament – Ausschuss für Kultur und Bildung*, Entwurf eines Berichts über den Vorschlag für eine Richtlinie des Europäischen Parlaments und des Rates zur Änderung der Richtlinie 2010/13/EU zur Koordinierung bestimmter Rechts- und Verwaltungsvorschriften der Mitgliedstaaten über die Bereitstellung audiovisueller Mediendienste im Hinblick auf sich verändernde Marktgegebenheiten (COM(2016)0287 – C8-0193/2016 – 2016/0151(COD)), 5.09.2016, 65.
1796 So zur Produktplatzierung Art. 11 Abs. 3 AVMD-ÄRL-P und AVMD-ÄRL-GA; zur Häufigkeit von Werbeunterbrechungen Art. 20 Abs. 2 AVMD-ÄRL-P und AVMD-ÄRL-GA; zum täglichen Werbeanteil Art. 23 Abs. 1 AVMD-ÄRL-P und AVMD-ÄRL-GA.
1797 *Bundesrepublik Deutschland*, Positionspapier zur Novellierung der Audiovisuellen Mediendienste Richtlinie (AVMD), 3.11.2015, 3; *Europäische Kommission*, Synopsis report of the Public consultation on Directive 2010/13/EU on Audiovisual Media Services (AVMSD) – A media framework for the 21st century, 25.05.2016,

Die Textfassungen von *Kommission, Parlament* und *Rat* sehen weitestgehend übereinstimmend eine Kennzeichnungspflicht von entwicklungsbeeinträchtigenden Inhalten in allen audiovisuellen Mediendiensten vor.[1798] Die Kennzeichnung soll sich dabei laut dem Kommissionsvorschlag auf potentielle Beeinträchtigungen der „körperliche[n], geistige[n] oder sittliche[n] Entwicklung Minderjähriger" beziehen und mittels eines Systems beschreibender Deskriptoren erfolgen.[1799] Mehrere Ausschüsse hatten in ihren Stellungnahmen zum Entwurfstext die Streichung des Schutzgegenstands der „sittlichen" Entwicklung angeregt.[1800] Das Verständnis von „Sittlichkeit" weiche in den Mitgliedstaaten stark voneinander ab und beeinträchtige so die Bestimmtheit des Merkmals.[1801] Die vom *Parlament* gebilligte Version des Ausschussberichtes übernimmt das Merkmal der Sittlichkeit jedoch unverändert.[1802] Gleiches gilt für den Standpunkt des *Rats*.[1803]

6; *ERGA*, Report on material jurisdiction in a converged environment, ERGA 2015 (12), 18.12.2015, 45.

1798 Vgl. Art. 6a Abs. 1 AVMD-ÄRL-V; Art. 6a Abs. 2 AVMD-ÄRL-P; Art. 12 Abs. 1a AVMD-ÄRL-GA.

1799 Art. 6a Abs. 1 AVMD-ÄRL-V.

1800 *Europäisches Parlament – Ausschuss für bürgerliche Freiheiten, Justiz und Inneres*, Stellungnahme zu dem Vorschlag für eine Richtlinie des Europäischen Parlaments und des Rates zur Änderung der Richtlinie 2010/13/EU zur Koordinierung bestimmter Rechts- und Verwaltungsvorschriften der Mitgliedstaaten über die Bereitstellung audiovisueller Mediendienste im Hinblick auf sich verändernde Marktgegebenheiten (COM(2016)0287 – C8-0193/2016 – 2016/0151(COD)), PE593.952, 3.02.2017, Änderungsanträge 38, 43, 45, 47, 49, 51; Eingeschränkt auf Art. 28a: *Europäisches Parlament – Ausschuss für Binnenmarkt und Verbraucherschutz*, Stellungnahme zu dem Vorschlag für eine Richtlinie des Europäischen Parlaments und des Rates zur Änderung der Richtlinie 2010/13/EU zur Koordinierung bestimmter Rechts- und Verwaltungsvorschriften der Mitgliedstaaten über die Bereitstellung audiovisueller Mediendienste im Hinblick auf sich verändernde Marktgegebenheiten (COM(2016)0287 – C8-0193/2016 – 2016/0151(COD)), PE589.291v03-00, 7.12.2016, Änderungsantrag 82.

1801 *Europäisches Parlament – Ausschuss für bürgerliche Freiheiten, Justiz und Inneres*, Stellungnahme zu dem Vorschlag für eine Richtlinie des Europäischen Parlaments und des Rates zur Änderung der Richtlinie 2010/13/EU zur Koordinierung bestimmter Rechts- und Verwaltungsvorschriften der Mitgliedstaaten über die Bereitstellung audiovisueller Mediendienste im Hinblick auf sich verändernde Marktgegebenheiten (COM(2016)0287 – C8-0193/2016 – 2016/0151(COD)), PE593.952, 3.02.2017, 8.

1802 Art. 6a Abs. 2 AVMD-ÄRL-P.

1803 Art. 12 Abs. 1a AVMD-ÄRL-GA.

Für die Mediendiensteanbieter bedeutet dies, dass das modifizierte mehrstufige Jugendschutzkonzept nun auch von nichtlinearen Diensten einzuhalten ist. In der Folgenabschätzung begründet die *Kommission* dies unter Verweis auf das Mediennutzungsverhalten der betroffenen Altersgruppe, das stärker auf Abrufdienste als auf lineare Angebote ausgerichtet sei.[1804] Zum einen müssen für alle potentiell entwicklungsbeeinträchtigenden Inhalte Maßnahmen ergriffen werden, die üblicherweise die Konfrontation Minderjähriger mit diesen Inhalten verhindern.[1805] Diese Pflicht traf Anbieter nichtlinearer Dienste unter der alten Rechtslage nur hinsichtlich „ernsthaft" entwicklungsbeeinträchtigender Inhalte.[1806] Im Rahmen einer Abwägung ist die Angemessenheit der Maßnahme anhand der Schädlichkeit des Inhalts zu ermitteln.[1807] Für die beispielhaft als schädlichste Inhalte genannte Pornografie und grundlose Gewaltdarstellungen wäre daher allein die Wahl der Sendezeit wohl nicht ausreichend, sondern es müsste auf strengere Mittel, wie Verschlüsselung und Systeme zur elterlichen Kontrolle, zurückgegriffen werden.[1808] In der Textfassung des *Rates* wird zusätzlich die Zulässigkeit strengerer Maßnahmen der Mitgliedstaaten geregelt.[1809] Außerdem sind unabhängig vom Ergebnis der Abwägung alle entwicklungsbeeinträchtigenden Inhalte zu kennzeichnen. Diese Kennzeichnungspflicht erinnert an den 14. Rundfunkänderungsstaatsvertrag (RÄStV)[1810], der im Jahr 2010 maßgeblich wegen einer sehr umstrittenen[1811] Regelung zur Kennzeichnung entwicklungsbeeinträchtigender Online-Inhalte gescheitert ist.[1812]

1804 *Europäische Kommission,* AVMS Impact Assessment, SWD(2016) 168 final, 25.05.2016, 9.
1805 Art. 12 Abs. 1 AVMD-ÄRL-V; Art. 6a Abs. 1 AVMD-ÄRL-P; Art. 12 Abs. 1 AVMD-ÄRL-GA.
1806 Vgl. Art. 12 AVMD-Richtlinie.
1807 Art. 12 Abs. 1 S. 3 AVMD-ÄRL-V; Art. 6a Abs. 1 S. 3 AVMD-ÄRL-P; Art. 12 Abs. 1 S. 3 AVMD-ÄRL-GA.
1808 Art. 12 Abs. 1 S. 4 AVMD-ÄRL-V; Art. 6a Abs. 1 S. 4 AVMD-ÄRL-P; Art. 12 Abs. 1 S. 4 AVMD-ÄRL-GA.
1809 Art. 12 Abs. 1 S. 4 AVMD-ÄRL-GA.
1810 Siehe zum Inhalt des 14. RÄStV *Braml/Hopf,* ZUM 2010, 645 ff.; *Erdemir,* in: Spindler/Schuster (Hrsg.), Recht der elektronischen Medien, 3. Aufl. 2015, §1 JMStV, Rn. 38 ff.
1811 Siehe *Hoeren,* Jugendmedienstaatsvertrag und Altersfreigabe im Internet, beck-blog v. 30.11.2010; vgl. auch *Freude/Tillmann/Ertelt,* Jugendschutz im Internet – Warum die Novelle des Jugendmedienschutz-Staatsvertrags nicht nur das Ziel verfehlt, sondern auch schädlich ist und welche Alternativen besser sind, Offener Brief an die SPD-Abgeordneten des nordrhein-westfälischen Landtags v. 18.11.2010.
1812 *Hopf,* K&R 2011, 6 ff.

Bei Betrachtung der neu hinzugetretenen inhaltlichen Verpflichtungen für Anbieter nichtlinearer Mediendienste ist klar zu resümieren, dass das Regelungsniveau dieser Dienste insgesamt in Richtung der linearen Dienste angehoben wurde. Eine Deregulierung, wie sie etwa in den Konsultationsbeiträgen von Presseverbänden gefordert wurde,[1813] ist hingegen nicht erfolgt. Neben die in diesem Unterabschnitt dargestellten Veränderungen tritt etwa auch noch die verschärfte Quotenregelung für europäische Werke. Bei der Formulierung der Quotenpflicht wurde allerdings eine Ausnahmebestimmung zu Gunsten kleiner oder spezialisierter Anbieter vorgesehen. Hierunter würden wohl Nischenangebote fallen, etwa ein europäischer Streamingdienst, der ausschließlich auf japanische Animationsfilme spezialisiert ist. In einem solchen Fall wäre es aufgrund von „Art und Thema" des Dienstes „undurchführbar oder ungerechtfertigt" die Einhaltung der Quote zu fordern.[1814]

Die höheren Jugendschutzstandards für nichtlineare Mediendienste haben hingegen weitaus größere Konsequenzen für die Mediendiensteanbieter. Von einer Entwicklungsbeeinträchtigung in beliebig geringer Abstufung wird deutlich einfacher auszugehen sein, als von einer ernsthaften Beeinträchtigung, dem Maßstab der alten Fassung der Richtlinie für nichtlineare Dienste. Zu Recht wies der *LIBE–Ausschuss* in seiner Stellungnahme zum Kommissionsentwurf darauf hin, dass Jugendschutzvorschriften hohes Missbrauchspotential zur Beschränkung bestimmter politischer oder aufklärender Inhalte bieten."[1815]

3. Einbeziehung von Videoplattformen

Die bisher betrachteten Veränderungen des materiellen Anwendungsbereichs der AVMD-Richtlinie werden von der geplanten Neuregelung bezüglich Videoplattformen geradezu in den Schatten gestellt. Das bisherige System der Richtlinie beruhte maßgeblich auf zwei Anknüpfungspunkten der Regulierung

---

1813 *Bundesverband Deutscher Zeitungsverleger (BDVZ)/Verband Deutscher Zeitschriftenverleger (VDZ)*, Beitrag zur Konsultation zur Richtlinie 2010/13/EU über audiovisuelle Mediendienste (AVMD-RL) – Eine Mediengesetzgebung für das 21. Jahrhundert, 6.07.2015 – 30.09.2015, 13.
1814 Vgl. Art. 13 Abs. 5 AVMD-ÄRL-V.
1815 *Europäisches Parlament – Ausschuss für bürgerliche Freiheiten, Justiz und Inneres*, Stellungnahme zu dem Vorschlag für eine Richtlinie des Europäischen Parlaments und des Rates zur Änderung der Richtlinie 2010/13/EU zur Koordinierung bestimmter Rechts- und Verwaltungsvorschriften der Mitgliedstaaten über die Bereitstellung audiovisueller Mediendienste im Hinblick auf sich verändernde Marktgegebenheiten (COM(2016)0287 – C8-0193/2016 – 2016/0151(COD)), PE593.952, 3.02.2017, 4.

audiovisueller Mediendienste. Zum einen war vor der Reform der Fernsehrichtlinie im Jahr 2007 allen Diensten gemein, dass sie als klassisches Fernsehen zeitgleich verbreitet wurden.[1816] Unter erheblichem Begründungsaufwand wurden bei der Umgestaltung zur AVMD-Richtlinie nichtlineare Dienste in den Geltungsbereich einbezogen.[1817] Die Regulierungslogik knüpfte für diese Dienste an die redaktionelle Verantwortung der Dienstanbieter an[1818] und glich hiermit die mangelnde Linearität aus.[1819] Die nun mit dem Kommissionsvorschlag neu eingeführte Kategorie der Videoplattformdienste weist jedoch keines dieser Charakteristika auf.[1820] Einleitend wurden Grenzfälle audiovisueller Internetangebote mit Mauleseln und Maultieren verglichen, die zwar gewisse Merkmale von Pferden und Eseln aufweisen, jedoch keiner der beiden Spezies zuzuordnen sind.[1821] Mit einem ähnlichen Bild wird auch der deutlich größere Systembruch durch die Regelungen zu Videoplattformen beschrieben: Die Anwendung der AVMD-Richtlinie auf diese Dienste gleiche der Regulierung eines Porsches durch Vorschriften, die für Eselkarren konzipiert sind.[1822]

Der Kommissionsvorschlag kann sich auf vielfach im Rahmen der Konsultationen und Studien geäußerte Forderungen der Regulierung von Videoplattformen stützen.[1823] Die Zielrichtung des Kommissionsentwurfs ist dabei

---

1816 *Holtz-Bacha*, Medienpolitik für Europa, 2006, 181; *Stender-Vorwachs/Theißen*, ZUM 2006, 362 (363 f.).
1817 *Kleist/Scheuer*, MMR 2006, 127 (128).
1818 *Schöwerling*, MR-Int. 2016, 85 (86); Vgl auch *Kammerevert*, promedia 7/2016, 10 (11).
1819 *Europäische Kommission*, Grünbuch über die Vorbereitung auf die vollständige Konvergenz der audiovisuellen Welt: Wachstum, Schöpfung und Werte, COM(2013) 231 final, 24.4.2013, 13; vgl. Art. 1 Abs. 1 lit. c AVMD-Richtlinie.
1820 *European Digital Rights (EDRi)*, AVMS Directive: It isn't censorship if the content is mostly legal, right?, 27.04.2017.
1821 Siehe oben unter Zweiter Teil. .
1822 *European Digital Rights (EDRi)*, AVMS Directive: It isn't censorship if the content is mostly legal, right?, 27.04.2017.
1823 *Bundesrepublik Deutschland*, Positionspapier zur Novellierung der Audiovisuellen Mediendienste Richtlinie (AVMD), 3.11.2015, 1 f.; *Conseil supérieur de l'audiovisuel de la Communauté française de Belgique (CSA)*, Beitrag zur Konsultation zur Richtlinie 2010/13/EU über audiovisuelle Mediendienste (AVMD-RL) – Eine Mediengesetzgebung für das 21. Jahrhundert, 6.07.2015 – 30.09.2015, 10; *Europäische Kommission*, Summaries of the replies to the public consultation launched by the Green Paper "Preparing for a Fully Converged Audiovisual World: Growth, Creation and Values", 12.9.2014, 44; *Europäische Kommission*, Synopsis report of the Public

allerdings beschränkt auf die Gewährleistung bestimmter Schutzziele, insbesondere Jugendschutz und Schutz vor Hasskommunikation. Eine Angleichung des Regulierungsniveaus der Plattformen mit audiovisuellen Mediendiensten kann aus dem Text der *Kommission* hingegen nicht gelesen werden. In diese Richtung gehen allerdings die deutlich weitreichenderen Vorschläge von *Parlament* und *Rat*, die insbesondere Verpflichtungen hinsichtlich kommerzieller Kommunikation auf die Videoplattformdienstanbieter ausweiten.[1824]

a) Definition der Videoplattformdienste

Die europäischen Institutionen scheiden sich bereits an der Definition der Videoplattformdienste. Der Formulierungsvorschlag der *Kommission* fiel hier deutlich enger aus als die Positionen von *Parlament* und *Rat*. Erfasst sein sollten nur Dienste, die in der „Speicherung einer großen Menge an Sendungen oder an von Nutzern erstellten Videos" bestehen und deren Hauptzweck die Bereitstellung dieser Inhalte ist.[1825] Das *Parlament* modifizierte die Definition hingegen, um darunter auch soziale Netzwerke wie Facebook subsumieren zu können. Wenn der Dienst eine „wesentliche Rolle" bei der Bereitstellung der Inhalte spielt, ist sein eigentlicher Hauptzweck unerheblich.[1826] In der Fassung des *Rates* ist auf die „essentielle Funktionalität" des Dienstes abzustellen,[1827] womit ebenfalls soziale Netzwerke unabhängig von ihrem Hauptzweck erfasst werden sollen.[1828] Die *Kommission* hatte hingegen in Erwägungsgrund 3 ihres Vorschlags gerade soziale Netzwerke als Beispiel für Dienste genannt, deren Hauptzweck üblicherweise nicht in der Bereitstellung von Sendungen oder nutzergenerierten Videos liegt.[1829]

Obwohl die gemeinsame Stoßrichtung von *Parlament* und *Rat* explizit in der Erfassung sozialer Netzwerke beziehungsweise der dort vorhandenen Videoangebote liegt, verwundert die gewählte Formulierung des *Parlaments*. Die Anknüpfung an die Bedeutung des Angebots zur Verbreitung der Inhalte[1830] widerspricht den ansonsten klargestellten und gestärkten Grundsätzen des

---

consultation on Directive 2010/13/EU on Audiovisual Media Services (AVMSD) – A media framework for the 21st century, 25.05.2016, 6.
1824 Siehe hierzu sogleich unter Dritter Teil. § 2 III. 3. c).
1825 Art. 1 Abs. 1 lit. aa AVMD-ÄRL-V.
1826 Art. 1 Abs. 1 lit. aa AVMD-ÄRL-P.
1827 Art. 1 Abs. 1 lit. aa AVMD-ÄRL-GA.
1828 Erwgr. 3a AVMD-ÄRL-GA.
1829 Erwgr. 3 AVMD-ÄRL-V.
1830 Art. 1 Abs. 1 lit. aa AVMD-ÄRL-P.

Hauptzweckkriteriums. Während für die Ermittlung des Hauptzwecks audiovisueller Mediendienste die Gestaltung und Ausrichtung des Angebots maßgeblich ist,[1831] soll für Videoplattformen deren objektiver Beitrag zur Verbreitung von Inhalten ebenso bedeutsam sein. Dies geht beinahe in Richtung eines Beitrags zur öffentlichen Meinungsbildung, der für alle sonstigen von der Richtlinie erfassten Dienste nach hier vertretener Meinung gerade zu wenig berücksichtigt wurde.

Der gemeinsame Standpunkt des *Rats* konkretisiert die maßgebliche „essentielle Funktionalität" anders als das *Parlament* in Richtung der (wirtschaftlichen) Bedeutung des Videoangebots für den Plattformanbieter und die Videoinhalte publizierenden Nutzer sowie die allgemeine Nutzung der Plattform.[1832] Diese Kriterien scheinen einfacher zu ermitteln und anzuwenden als die vom *Parlament* geforderte Bedeutung. Beide Definitionen wirken jedoch, als seien sie nur mit Blick auf die Einbeziehung einzelner sozialer Netzwerke, wie etwa Facebook, formuliert worden, ohne dass die Konsequenzen für andere von der Definition potentiell erfassten Dienste und für die Anwendungspraxis der nationalen Regulierungsstellen ausreichend bedacht wurden.

Ähnliche Bedenken wurden von den *Ratsdelegationen* von sieben Mitgliedstaaten vorgebracht, die sich im Rahmen eines sogenannten „Non-Papers" deutlich gegen den gemeinsamen Standpunkt des *Rates* bezüglich Videoplattformen, insbesondere die Einbeziehung sozialer Netzwerke, aussprechen.[1833] Darin läge eine Abweichung vom nicht-horizontalen Ansatz der Richtlinie, der sich negativ auf den Markt auswirken und immensen Verwaltungsaufwand verursachen werde.[1834] Bisher seien die vom Hostingprivileg[1835] der e-Commerce Richtlinie erfassten Anbieter klar aus dem Anwendungsbereich der AVMD-Richtlinie ausgeschlossen gewesen, diese Trennung werde nun durchbrochen.[1836] Der von

---

1831 Siehe hierzu oben unter Dritter Teil. § 2 III. 1. a).
1832 Erwgr. 3b AVMD-ÄRL-GA.
1833 *Rat der Europäischen Union – Ratsdelegationen von Tschechien, Dänemark, Finnland, Irland, Luxemburg, den Niederlanden und Schweden*, Joint non-paper on the scope of the Audiovisual Media Services Directive – Revised Presidency compromise text amending Directive 2010/13/EU (AVMS) – The Scope of the Audiovisual Media Services Directive – Main points, 2017.
1834 Ebd., 1.
1835 Siehe hierzu oben unter Dritter Teil. § 1 IV. 1. b).
1836 *Rat der Europäischen Union – Ratsdelegationen von Tschechien, Dänemark, Finnland, Irland, Luxemburg, den Niederlanden und Schweden*, Joint non-paper on the scope of the Audiovisual Media Services Directive – Revised Presidency compromise text

der *Kommission* gewählte Anwendungsbereich für die Plattformen solle nicht weiter ausgedehnt werden,[1837] zumal die Vorschriften gerade als Vollharmonisierungsvorschriften konzipiert sind.[1838] Die umfangreiche Erstreckung auf viele weitere Dienste, insbesondere soziale Netzwerke, gehe weit über die vernünftige Regulierungserwartung der Nutzer hinaus und könne in der Regulierungspraxis unmöglich umgesetzt werden.[1839] Die *Ratsdelegationen* fordern daher die Klarstellung der Kriterien und die Begrenzung der Regelung auf Dienste mit ähnlicher gesellschaftlicher Funktion wie das Fernsehen.[1840]

b) Schutz vor Hass- und Gewaltkommunikation sowie Jugendschutz

Die von der *Kommission* vorgesehenen zentralen Verpflichtungen der Videoplattformanbieter erschöpfen sich in der Ergreifung von Maßnahmen gegen Inhalte, die die Entwicklung Minderjähriger beeinträchtigen sowie Inhalte, die zu Hass und Gewalt gegen nach bestimmten Merkmalen definierte Personengruppen aufstacheln.[1841] Diesen Reglungsgehalt haben sowohl das *Parlament* als auch der *Rat* in modifizierter Form übernommen.[1842] Maßgeblich erweitert werden in den späteren Fassungen die relevanten Diskriminierungsmerkmale.[1843]

aa) Merkmale der Aufstachelung zu Hass und Gewalt

Die Liste der Merkmale, anhand derer eine Aufstachelung zu Hass und Gewalt gegen Personengruppen vorliegen kann, findet sich an zwei Stellen der Reformentwürfe. Dementsprechend beziehen sich die folgenden Erwägungen zum Teil ebenfalls auf die allgemeine Regelung für audiovisuelle Mediendienste. Zum

---

amending Directive 2010/13/EU (AVMS) – The Scope of the Audiovisual Media Services Directive – Main points, 2017, 1.

1837 Ebd.

1838 *Europäische Kommission,* AVMS Impact Assessment, SWD(2016) 168 final, 25.05.2016, 20.

1839 *Rat der Europäischen Union – Ratsdelegationen von Tschechien, Dänemark, Finnland, Irland, Luxemburg, den Niederlanden und Schweden,* Joint non-paper on the scope of the Audiovisual Media Services Directive – Revised Presidency compromise text amending Directive 2010/13/EU (AVMS) – The Scope of the Audiovisual Media Services Directive – Main points, 2017, 2.

1840 Ebd.

1841 Art. 28a Abs. 1 AVMD-ÄRL-V.

1842 Art. 28a Abs. 1 AVMD-ÄRL-P; Art. 28a Abs. 1 AVMD-ÄRL-GA.

1843 Vgl. Art. 28a Abs. 1 lit. b AVMD-ÄRL-V; Art. 28a Abs. 1 lit. a AVMD-ÄRL-P; Art. 28a Abs. 1 lit. b AVMD-ÄRL-GA.

einen werden derartige Inhalte gemäß Art. 6 in allen audiovisuellen Mediendiensten untersagt.[1844] Zudem sollen Videoplattformdienstanbieter gemäß Art. 28a Maßnahmen bezüglich dieser Inhalte innerhalb ihrer Angebote ergreifen.[1845] Im Kommissionsentwurf weichen jedoch die Merkmalslisten in Art. 6 und Art. 28a Abs. 1 lit. b AVMD-ÄRL-V voneinander ab. Der für alle audiovisuellen Mediendienste geltende Art. 6 AVMD-ÄRL-V ist weiter gefasst als die entsprechende Bestimmung für Videoplattformdienste. Während letztere Vorschrift als Merkmale auch Abstammung und Hautfarbe aufführt, fehlen dort hingegen die Merkmale Behinderung, Alter und sexuelle Ausrichtung, die durch den Entwurf neu in Art. 6 eingefügt werden sollen.

Es ist unklar, ob es sich bei dieser ursprünglich von der *Kommission* gewählten, uneinheitlichen Formulierung um einen redaktionellen Fehler handelte oder ob eine inhaltliche Abstufung vorgesehen war. Eine Begründung hierzu findet sich im Kommissionsentwurf nicht. Es ist zwar nachvollziehbar, dass den Videoplattformanbietern nicht dasselbe Maß an Pflichten auferlegt werden soll, nicht jedoch, warum die Diskriminierungsverbote an unterschiedliche Merkmale anknüpfen. In diesem Sinne äußerte sich auch der *Europäische Wirtschafts- und Sozialausschuss* in seiner Stellungnahme zum Kommissionsentwurf.[1846] Durch den unterschiedlichen Wortlaut entsteht beinahe der Eindruck einer Rangfolge diskriminierender Inhalte, die jedoch nicht sachlich zu rechtfertigen ist. Diskriminierungen und Aufrufe zu Gewalt gegen Personengruppen aufgrund ihrer Religion können nicht schwerer wiegen als entsprechende Diskriminierungen aufgrund ihrer sexuellen Orientierung. Erwägungsgrund 8 AVMD-ÄRL-V verweist ausdrücklich auf den Rahmenbeschluss des *Rates* zur strafrechtlichen Bekämpfung bestimmter Formen und Ausdrucksweisen von Rassismus und Fremdenfeindlichkeit,[1847] an den die Kriterien angeglichen werden sollen. Dieser entspricht der Formulierung in Art. 28a AVMD-ÄRL-V.

1844 Vgl. Art. 6 AVMD-ÄRL-V; Art 6 lit. b AVMD-ÄRL-P; Art. 6 lit. b AVMD-ÄRL-GA.
1845 Vgl. Art. 28a Abs. 1 lit. b AVMD-ÄRL-V; Art. 28a Abs. 1 lit. a AVMD-ÄRL-P; Art. 28a Abs. 1 lit. b AVMD-ÄRL-GA.
1846 *Europäischer Wirtschafts- und Sozialausschuss*, Stellungnahme zum Vorschlag für eine Richtlinie des Europäischen Parlaments und des Rates zur Änderung der Richtlinie 2010/13/EU zur Koordinierung bestimmter Rechts- und Verwaltungsvorschriften der Mitgliedstaaten über die Bereitstellung ausdiovisueller Mediendienste im Hinblick auf sich verändernde Marktgegebenheiten (COM(2016) 287 final – 2016/0151 (COD)), TEN/599,. 19.10.2016, Rn. 1.7.
1847 *Rat der Europäischen Union,* Rahmenbeschluss 2008/913/JI zur strafrechtlichen Bekämpfung bestimmter Formen und Ausdrucksweisen von Rassismus und Fremdenfeindlichkeit, 28.11.2008, ABl L 328/55.

Die uneinheitliche Aufzählung der Merkmale wurde in den Fassungen von *Parlament* und *Rat* behoben. Der *Rat* ergänzte die Merkmalsliste in seinem gemeinsamen Standpunkt zusätzlich um das Merkmal der Nationalität.[1848] Das *Parlament* hingegen nimmt alle in Art. 21 GRCh untersagten Diskriminierungsmerkmale sowohl in Art. 6 lit. b als auch in Art. 28a Abs. 1 lit. a AVMD-ÄRL-P auf.[1849] Die Neuformulierung des *Parlaments* führt dabei weitere unbestimmte Rechtsbegriffe ein.[1850] Der Merkmalskatalog wird nicht lediglich erweitert, sondern enthält nun das Verbot der Aufstachelung zu Hass und Gewalt aufgrund „politischer oder sonstiger Anschauung".[1851] Unter dieses Merkmal lässt sich jede beliebige Meinung subsumieren, es entspricht damit nicht den Anforderungen[1852] an die Bestimmtheit von Gesetzen.[1853] Der Vorwurf der mangelnden Bestimmtheit betrifft darüber hinaus auch den Jugendschutzstandard,[1854] der für Videoplattformen und audiovisuelle Mediendienste gleichlautend den Schutz der „sittlichen" Entwicklung Minderjähriger vorschreibt.[1855] Mehrere Ausschüsse des *Parlaments* hatten in ihren Stellungnahmen die Streichung dieses Schutzzwecks vorgeschlagen.[1856]

1848 Vgl. Art. 6 lit. aa, 28a Abs. 1 lit. b AVMD-ÄRL-GA.
1849 Vgl. Erwgr. 8 AVMD-ÄRL-P.
1850 *European Digital Rights (EDRi)*, Analysis on the CULT compromise on Art. 28a of the draft Audiovisual Media Services Directive (AVMSD) proposal, 13.04.2017, 1.
1851 Vgl. Art. 6 lit. b AVMD-ÄRL-P.
1852 Vgl. *EGMR*, Urt. v. 5.5.2011, Rs. 33014/05, Rn. 51.
1853 *European Digital Rights (EDRi)*, Analysis on the CULT compromise on Art. 28a of the draft Audiovisual Media Services Directive (AVMSD) proposal, 13.04.2017, 2.
1854 Ebd.; *McNamee*, AVMS Directive – censorship by coercive comedy confusion, EDRi. org v. 19.04.2017.
1855 Art. 12, 28a Abs. 1 lit. b AVMD-ÄRL-V; Art. 6a Abs. 1, 28a Abs. 1 lit. a AVMD-ÄRL-P; Art. 28a lit. b AVMD-ÄRL-GA.
1856 *Europäisches Parlament – Ausschuss für bürgerliche Freiheiten, Justiz und Inneres*, Stellungnahme zu dem Vorschlag für eine Richtlinie des Europäischen Parlaments und des Rates zur Änderung der Richtlinie 2010/13/EU zur Koordinierung bestimmter Rechts- und Verwaltungsvorschriften der Mitgliedstaaten über die Bereitstellung audiovisueller Mediendienste im Hinblick auf sich verändernde Marktgegebenheiten (COM(2016)0287 – C8-0193/2016 – 2016/0151(COD)), PE593.952, 3.02.2017, Änderungsanträge 38, 43, 45, 47, 49, 51; Eingeschränkt auf Art. 28a: *Europäisches Parlament – Ausschuss für Binnenmarkt und Verbraucherschutz*, Stellungnahme zu dem Vorschlag für eine Richtlinie des Europäischen Parlaments und des Rates zur Änderung der Richtlinie 2010/13/EU zur Koordinierung bestimmter Rechts- und Verwaltungsvorschriften der Mitgliedstaaten über die Bereitstellung audiovisueller Mediendienste im Hinblick auf sich verändernde Marktgegebenheiten

bb) Bedeutung als Inhaltsverbote

Die Regelungen zur Aufstachelung von Hass und Gewalt stellen, unabhängig von den unterschiedlichen Anknüpfungsmerkmalen, im Kern Inhaltsverbote dar.[1857] Dieses Problem lässt sich auch bereits anhand der Quelle der Parlamentsformulierung verdeutlichen. Die ergänzten Merkmale entstammen dem Diskriminierungsverbot in Art. 21 GRCh. Die Charta bindet die Organe der Europäischen Union sowie die Mitgliedstaaten bei der Umsetzung europäischen Rechts.[1858] Das Diskriminierungsverbot ist in dieser Dimension eine Vorkehrung gegen die willkürliche Ungleichbehandlung[1859] anhand sachlich nicht zu rechtfertigender[1860] Unterscheidungsmerkmale.[1861] Das Diskriminierungsverbot in Art. 21 bezieht sich, genau wie die GRCh insgesamt,[1862] hingegen nicht unmittelbar auf das Verhältnis Privater untereinander.[1863] Die Übertragung der Merkmale als Einschränkungen der Meinungsäußerungen Privater gegenüber Privaten[1864] widerspricht somit fundamental dem Regelungszweck des Diskriminierungsverbots.[1865]

Bereits die in Art. 9c AVMD-Richtlinie enthaltenen Diskriminierungsverbote in der kommerziellen Kommunikation wurden als „Beschneidung"

(COM(2016)0287 – C8-0193/2016 – 2016/0151(COD)), PE589.291v03-00, 7.12.2016, Änderungsantrag 82.

1857 *European Digital Rights (EDRi)*, AVMS Directive: It isn't censorship if the content is mostly legal, right?, 27.04.2017.
1858 Art. 51 Abs. 1 GRCh; die Reichweite der Bindungswirkung für die Mitgliedstaaten ist im Einzelnen umstritten, hier jedoch nicht weiter relevant. vgl. hierzu *Jarass*, in: Ders., Charta der Grundrechte der EU, 3. Aufl. 2016, Art. 51, Rn. 18 ff.
1859 Ebd., Rn. 9.
1860 Ebd., Rn. 28.
1861 *Hölscheidt*, in: Meyer (Hrsg.), Charta der Grundrechte der Europäischen Union, 4. Aufl. 2014, Art. 21 GRCh, Rn. 30.
1862 *Jarass*, in: Ders., Charta der Grundrechte der EU, 3. Aufl. 2016, Art. 51, Rn. 31.
1863 *Hölscheidt*, in: Meyer (Hrsg.), Charta der Grundrechte der Europäischen Union, 4. Aufl. 2014, Art. 21 GRCh, Rn. 34; *Jarass*, in: Ders., Charta der Grundrechte der EU, 3. Aufl. 2016, Art. 21, Rn. 4; *Rossi*, in: Calliess/Ruffert (Hrsg.), EUV/AEUV, 5. Aufl. 2016, Art. 21 GRCh, Rn. 5.
1864 Die von der Vorschrift für audiovisuelle Mediendienste mitbetroffenen öffentlich-rechtlichen Rundfunkanstalten werden auch auf europäischer Ebene als grundrechtsberechtigt angesehen, vgl. *Grabenwarter/Pabel*, Europäische Menschenrechtskonvention, 6. Aufl. 2016, §17, Rn. 5 m.w.N.
1865 *European Digital Rights (EDRi)*, AVMS Directive: It isn't censorship if the content is mostly legal, right?, 27.04.2017.

des medialen Meinungsdiskurses kritisiert.[1866] Dieser müsse auch drastische Ablehnung und Provokationen enthalten dürfen,[1867] eine Pflicht zur politischen Korrektheit sei nicht mit einer demokratischen Gesellschaft zu vereinbaren.[1868] Derartige Beschränkungen werden wie oben ausgeführt[1869] für den klassischen Rundfunk unter Verweis auf seine Sonderrolle gerechtfertigt.[1870] Zumindest in zugangsoffenen Netzen werden die Kommunikationsverbote jedoch als unangemessen kritisiert.[1871]

Auf der anderen Seite ist die grundsätzliche Regelung zumindest bezüglich audiovisueller Mediendienste nicht neu. Die alte Fassung der AVMD-Richtlinie enthält in Art. 6 ebenfalls ein Verbot der Aufstachelung zu Hass unter Nennung von weniger Merkmalen. Die Richtlinie überlässt mit ihrer weiten Formulierung[1872] den Mitgliedstaaten diesbezüglich viel Spielraum bei der Umsetzung.[1873] Die nationalen Gesetzgeber haben dabei die Kommunikationsfreiheiten mit den Schutzzielen in Ausgleich zu bringen.[1874] Insgesamt wird ein enges Verständnis der Diskriminierungsverbote zu fordern sein und Verstöße können nur unter hohen Voraussetzungen angenommen werden. So soll der Begriff der Aufstachelung deutlich mehr erfordern, als die bloße Befürwortung von Hass.[1875] Vielmehr muss bei Dritten eine emotional übersteigerte, feindselige Haltung

---

1866 *Fiedler*, in: Gersdorf/Paal (Hrsg.), Beck'scher Online Kommentar zum Informations- und Medienrecht, 17. Ed. 1.08.2017, §58 RStV, Rn. 37.
1867 Vgl. *EGMR*, Urt. v. 25.06.1992, Rs. 13778/88, Rn. 63; Urt. v. 16.03.2000, Rs. 23144/93, Rn. 57.
1868 *Bundesverband Deutscher Zeitungsverleger (BDVZ)/Verband Deutscher Zeitschriftenverleger (VDZ)*, Beitrag zur Konsultation zur Richtlinie 2010/13/EU über audiovisuelle Mediendienste (AVMD-RL) – Eine Mediengesetzgebung für das 21. Jahrhundert, 6.07.2015 – 30.09.2015, 19.
1869 Siehe hierzu oben unter Erster Teil. § 2 III.
1870 Vgl. *Bundesverband Deutscher Zeitungsverleger (BDVZ)/Verband Deutscher Zeitschriftenverleger (VDZ)*, Beitrag zur Konsultation zur Richtlinie 2010/13/EU über audiovisuelle Mediendienste (AVMD-RL) – Eine Mediengesetzgebung für das 21. Jahrhundert, 6.07.2015 – 30.09.2015, 18 f.
1871 Ebd., 19.
1872 *Ukrow*, in: Castendyk/Dommering/Scheuer (Hrsg.), European Media Law, 2008, Art. 22a TWFD, Rn. 18.
1873 *Ukrow*, in: Castendyk/Dommering/Scheuer (Hrsg.), European Media Law, 2008, Art. 3b AVMD, Rn. 4.
1874 Ebd.
1875 *Ukrow*, in: Castendyk/Dommering/Scheuer (Hrsg.), European Media Law, 2008, Art. 22a TWFD, Rn. 4.

ausgelöst werden können, die sich nicht in bloßer Ablehnung oder Verachtung erschöpft.[1876]

Angesichts dieser Maßstäbe mögen die Inhaltsverbote bezüglich audiovisueller Mediendienste noch gerechtfertigt erscheinen. Zweifel ergeben sich allenfalls unter Berücksichtigung des stark erweiterten Anwendungsbereichs für audiovisuelle Mediendienste und der unbestimmten Formulierung der Parlamentsfassung. Deutlich problematischer ist aber die Verpflichtung von Videoplattformdienstanbietern zur Ergreifung von Maßnahmen gegen diese Form von Inhalten. Der komplexe Prozess der gesetzgeberischen Abwägung fällt diesbezüglich vollständig weg. Stattdessen werden die Plattformanbieter unfreiwillig selbst zum Normgeber und zur Entscheidungsinstanz über die Standards der AVMD-ÄRL auf ihrer Plattform.

cc) Erforderliche Maßnahmen der Videoplattformanbieter

Zum besseren Verständnis der vorgesehenen Regelungen soll das Konzept der Richtlinienentwürfe für Maßnahmen gegen die Aufstachelung zu Hass und Gewalt sowie Maßnahmen zum Schutz Minderjähriger vor entwicklungsbeeinträchtigenden Inhalten im Folgenden aus praktischer Sicht der Videoplattformdienstanbieter und verschiedenen Kategorien (aktiver) Plattformnutzer dargestellt werden.

Zunächst steht außer Frage, dass Nutzer, die auf Videoplattformdiensten eigene Inhalte veröffentlichen, die den Sendungsbegriff erfüllen und die (in der Regel in Form eines eigenen „Kanals" auf der Plattform) unter der redaktionellen Kontrolle des Nutzers stehen, als Anbieter von audiovisuellen Mediendiensten einzustufen sind (Nutzertyp 1).[1877] Dies entspricht im Übrigen auch der Rechtslage unter der geltenden AVMD-Richtlinie und wird in Erwägungsgrund 3 des Kommissionsvorschlags lediglich klargestellt. Hinzu kommt die durch den Wegfall der Voraussetzung der Fernsehähnlichkeit[1878] erleichterte Erfüllung des Sendungsbegriffs. Soweit der jeweilige Nutzer die Inhalte mit Gewinnerzielungsabsicht anbietet, wird also regelmäßig ein audiovisueller Mediendienst auf Abruf vorliegen, der allen Anforderungen der Richtlinie entsprechen muss.

1876 Ebd.; vgl. zum Verständnis des deutschen §130 StGB *Schäfer*, in: Joecks/Miebach (Hrsg.), Münchener Kommentar zum StGB, 3. Aufl. 2017, §130 StGB, Rn. 40.
1877 Vgl. hierzu auch oben unter Zweiter Teil. § 1 III. 2. b).
1878 Vgl. Art. 1 Abs. 1 lit. b AVMD-ÄRL-V; siehe hierzu oben unter Dritter Teil. § 2 III. 1. b).

Es sind ebenso Fälle denkbar, in denen Nutzer eigene Inhalte im Rahmen eines Videoplattformdienstes ohne Gewinnerzielungsabsicht anbieten oder in denen die Inhalte nicht als Sendungen qualifiziert werden können, sondern lediglich der Definition der von Nutzern erstellten Videos[1879] unterfallen. Bei diesen Nutzern handelt es sich folglich nicht um Mediendiensteanbieter und es ergeben sich aus der AVMD-Richtlinie keinerlei Anforderungen an sie (Nutzertyp 2).

Auf der anderen Seite steht der Anbieter des Videoplattformdienstes. Soweit sein Dienst materiell den Begriff der Videoplattform erfüllt und er selbst oder ein Mutter- oder Tochterunternehmen oder ein anderer Teil desselben Konzerns über eine Niederlassung innerhalb eines Mitgliedstaates verfügt,[1880] greifen die Verpflichtungen der Art. 28a f. AVMD-ÄRL-V.

(1) Organisatorische Pflichten

In der Regel müssen Nutzer ein Nutzerkonto beim Videoplattformdienst anlegen, bevor eigene Inhalte dort publiziert werden können. Im Zuge dieser Registrierung müssen die Geschäfts- beziehungsweise Nutzungsbedingungen des Anbieters durch den Nutzer akzeptiert werden. An dieser Schnittstelle setzt das Konzept des Kommissionsentwurfs an. Die Verpflichtung zur Ergreifung „geeigneter Maßnahmen" aus Art. 28a Abs. 1 AVMD-ÄRL-V wird in Absatz 2 der Vorschrift konkretisiert. Nach Art. 28a Abs. 2 lit. a AVMD-ÄRL-V muss der Plattformanbieter in seinen Nutzungsbedingungen die Aufstachelung zu Hass und Gewalt sowie entwicklungsbeeinträchtigende Inhalte „definieren und anwenden". Der gemeinsame Standpunkt des *Rats* hat hier eine deutlichere Formulierung gewählt, wonach derartige Inhalte zu untersagen sind.[1881] Jedenfalls bleibt es dem Plattformanbieter überlassen, die Konzepte von Aufstachelung zu Hass und Gewalt und entwicklungsbeeinträchtigenden Inhalten zunächst für seine Nutzer zu konkretisieren. In Rückbezug auf die obenstehenden Erwägungen zur Unklarheit der Formulierung in den Richtlinienentwürfen[1882] sowie der Bedeutung als Inhaltsverbote[1883] ist dies bereits problematisch. Anders als der parlamentarische Gesetzgeber ist der Videoplattformanbieter bei der Umsetzung der Inhaltsverbote nicht an Kommunikationsfreiheiten gebunden.[1884] Die

---

1879 Vgl. Art. 1 Abs. 1 lit. ba AVMD-ÄRL-V.
1880 Art. 28b Abs. 1 AVMD-ÄRL-V.
1881 Art. 28a Abs. 2 lit. a AVMD-ÄRL-GA.
1882 Siehe oben unter Dritter Teil. § 2 III. 3. b) aa).
1883 Siehe oben unter Dritter Teil. § 2 III. 3. b) bb).
1884 So auch *European Digital Rights (EDRi)*, Analysis on the CULT compromise on Art. 28a of the draft Audiovisual Media Services Directive (AVMSD) proposal,

Parlamentsfassung enthält in Art. 28a Abs. 3 AVMD-ÄRL-P den Passus, dass die Mitgliedstaaten und die *Kommission* die Vereinbarkeit der Nutzungsbedingungen mit den Rechten aus der Grundrechtecharta sicherstellen sollen. In welchem Wege dies jedoch erfolgen soll, geht aus dem Text nicht hervor.[1885]

Alle Nutzer der Plattform verpflichten sich im Wege der Nutzungsbedingungen zur Einhaltung der vom Plattformanbieter festgelegten Standards. Der Unterschied zwischen Nutzertyp 1 und Nutzertyp 2 besteht allerdings darin, dass Nutzertyp 1 selbst originär aus der Richtlinie verpflichtet ist, seine Inhalte mit den Anforderungen an audiovisuelle Mediendienste in Einklang zu halten, während Nutzertyp 2 sich lediglich im Verhältnis zum Videoplattformdienstanbieter über die Nutzungsbedingungen verpflichtet hat, die darin vorgesehenen inhaltlichen Grenzen für Aufrufe zu Hass und Gewalt sowie die Jugendschutzstandards einzuhalten.

Bis zu diesem Punkt treffen den Plattformanbieter bezüglich konkreter Inhalte der Nutzer keine weiteren Verpflichtungen. Er bleibt in seiner passiven Rolle und übt insbesondere keine redaktionelle Kontrolle über die Videos aus.[1886] Eine Vorauswahl oder Überprüfung der Videos findet durch ihn nicht statt.[1887] Ihn treffen jedoch bestimmte in Art. 28a Abs. 2 AVMD-ÄRL-V festgelegte organisatorische Pflichten.[1888] Nach Art. 28a Abs. 2 lit. b und d AVMD-ÄRL-V muss der Plattformanbieter Mechanismen einrichten, mittels derer alle Nutzer der Plattform Videoinhalte bewerten und melden können. Sobald ein Nutzer einen Inhalt als Aufruf zu Hass oder Gewalt oder als entwicklungsbeeinträchtigend wahrnimmt, soll er dem Plattformanbieter dies im Wege der bereitgestellten Mechanismen anzeigen können. Erst wenn den Plattformanbieter ein solcher Hinweis erreicht, ist er zur Ergreifung weiterer Maßnahmen angehalten.

(2) Handlungspflichten bezüglich gemeldeter Inhalte

Aus Sicht des Plattformanbieters ist zunächst für jeden eingehenden Hinweis auf Inhalte nach Art. 28a Abs. 1 AVMD-ÄRl-V eine Prüfung erforderlich. Dabei muss der Anbieter feststellen, ob der gemeldete Inhalt tatsächlich den in den Nutzungsbedingungen konkretisierten Voraussetzungen des Aufrufs zu Hass

---

13.04.2017, 4; vgl. zur Bindungswirkung der Grundrechtecharta oben unter Dritter Teil. § 2 III. 3. b) bb).
1885 *European Digital Rights (EDRi)*, Analysis on the CULT compromise on Art. 28a of the draft Audiovisual Media Services Directive (AVMSD) proposal, 13.04.2017, 4.
1886 Vgl. Erwgr. 28 AVMD-ÄRL-V.
1887 Vgl. Art. 28a Abs. 2a AVMD-ÄRL-P.
1888 Siehe auch *Raji*, AfP 2017, 192 f.

oder Gewalt oder der Entwicklungsbeeinträchtigung entspricht. Zusätzlich muss er prüfen, ob es sich um einen rechtmäßigen oder einen rechtswidrigen Inhalt handelt.

Hinsichtlich der in Bezug auf gemeldete Inhalte konkret zu ergreifenden Maßnahmen treffen die Richtlinienentwürfe keine weiteren Aussagen. Sie sind auf die Auferlegung der organisatorischen Verpflichtungen beschränkt.[1889] Grundsätzlich bliebe es so auf Grundlage der AVMD-ÄRL-V allein dem Anbieter überlassen, wie er mit den Inhalten verfährt. Reaktionspflichten können sich jedoch je nach Art des Inhalts aus anderen Vorschriften ergeben. Entscheidend ist zunächst, ob es sich um einen rechtswidrigen Inhalt handelt. In diesem Fall entfiele mit der Meldung durch einen Nutzer an den Anbieter das Hostingprivileg gemäß Art. 14 Abs. 1 lit. a e-Commerce-Richtlinie,[1890] das durch die Reformvorschläge nicht eingeschränkt werden soll.[1891] Um weiterhin von der Verantwortlichkeit für den rechtswidrigen Inhalt freigestellt zu bleiben muss der Anbieter diesen nach Art. 14 Abs. 1 lit. b e-Commerce-Richtlinie unverzüglich entfernen oder sperren.

Fraglich bleibt jedoch, wie mit nicht rechtswidrigen Inhalten umzugehen ist. Handelt es sich um einen entwicklungsbeeinträchtigenden, jedoch nicht rechtswidrigen Inhalt sind noch die Regelungen in Art. 28a Abs. 2 lit. c und e AVMD-ÄRL-V zu beachten. Hiernach soll der Plattformanbieter Systeme zur Altersverifikation und zur elterlichen Kontrolle bezüglich entwicklungsbeeinträchtigender Inhalte einrichten. Dies ist zunächst ebenso wie die nach Art. 28a Abs. 2 lit. b und d AVMD-ÄRL-V zu implementierenden Mechanismen eine rein organisatorische Pflicht ohne Bezug zu einzelnen Inhalten. Allerdings würden diese Systeme praktisch keine Wirkung entfalten,[1892] wenn nicht gleichzeitig ein Kennzeichnungssystem für entwicklungsbeeinträchtigende Inhalte besteht, auf dessen Grundlage das Kontrollsystem Inhalte filtern kann.[1893] Die Kennzeichnung muss im Fall von Nutzertyp 1 durch den verantwortlichen Nutzer selbst erfolgen, denn als Anbieter eines audiovisuellen Mediendienstes unterfällt er der neu eingeführten Kennzeichnungspflicht.[1894] Weder die Fassung der *Kommission*

1889 Erwgr. 29 AVMD-ÄRL-V.
1890 Vgl. hierzu oben unter Dritter Teil. § 1 IV. 1. b).
1891 Erwgr. 29 AVMD-ÄRL-V; siehe auch: *Brings-Wiesen*, AfP 2016, 323 (325); *Kammerevert*, promedia 7/2016, 10 (11).
1892 *Brings-Wiesen*, AfP 2016, 323 (325 f.).
1893 So auch *Raji*, AfP 2017, 192 (195).
1894 Vgl. Art. 6a Abs. 1 AVMD-ÄRL-V; Art. 6a Abs. 2 AVMD-ÄRL-P; Art. 12 Abs. 1a AVMD-ÄRL-GA.

noch die Fassung des *Rats* verpflichten jedoch die Videoplattformdienstanbieter zur Kennzeichnung entwicklungsbeeinträchtigender Inhalte auf der Plattform. Dies wäre auch kaum mit Art. 15 e-Commerce-Richtlinie zu vereinbaren, denn eine Kennzeichnung würde eine ex-ante Kontrolle der Videos voraussetzen.[1895] Der Anbieter könnte jedoch selbst seine Nutzer in den Nutzungsbedingungen verpflichten, eine entsprechende Kennzeichnung ihrer Inhalte zu gewährleisten und so auch Nutzertyp 2 erfassen, der nicht schon auf Grundlage der Richtlinie eine Kennzeichnung vornehmen muss. Zusätzlich kommen als Grundlage eines Jugendschutzsystems noch die Bewertungen anderer Nutzer in Systemen gemäß Art. 28a Abs. 2 lit. d AVMD-ÄRL-V in Betracht.

Der Parlamentsentwurf hingegen bezieht in Erwägungsgrund 9 Videoplattformdienstanbieter in die Pflicht zur Alterskennzeichnung ein. Dies wird allerdings zum einen unter den Vorbehalt der Art. 14, 15 e-Commerce-Richtlinie gestellt, zum anderen ist diese Pflicht nicht im regelnden Teil des Richtlinienentwurfs enthalten. Das *Parlament* geht demnach davon aus, dass die geeigneten Schutzmaßnahmen des Videoplattformanbieters die nachträgliche Kennzeichnung entwicklungsbeeinträchtigender Inhalte einschließen. Wird dem Plattformanbieter der Hinweis durch einen Nutzer übermittelt, dass ein bestimmtes Video entwicklungsbeeinträchtigende Inhalte aufweist, müsste der Plattformanbieter diesem Hinweis nachgehen und im Falle eines positiven Befunds den Inhalt entsprechend kennzeichnen.

Für rechtswidrige oder entwicklungsbeeinträchtigende Inhalte auf der Plattform werden bei Kenntnis des Plattformanbieters demnach bestimmte Handlungspflichten ausgelöst. Es verbleibt aber ein Teil von Inhalten, deren Behandlung sich nicht aus dem Reformvorschlag ergibt: Aufrufe zu Hass und Gewalt, die nicht rechtswidrig auf Grundlage anderer Vorschriften sind. Einerseits ist der Plattformanbieter nach Art. 28a Abs. 1 AVMD-ÄRl-V dazu angehalten, seine Nutzer auch vor diesen Inhalten zu schützen. Andererseits bleibt ihm in diesen Fällen die Wahl des Instruments selbst überlassen. Der Kommissionsvorschlag sah bezüglich dieser rechtmäßigen Inhalte ein explizites Verbot strengerer Maßnahmen der Mitgliedstaaten vor,[1896] dass in den Fassungen von *Rat*[1897] und *Parlament*[1898] jedoch nicht übernommen wurde.

1895 *Brings-Wiesen*, AfP 2016, 323 (325 f.).
1896 Art. 28a Abs. 5 AVMD-ÄRL-V.
1897 Vgl. Art. 28a Abs. 5 AVMD-ÄRL-GA.
1898 Vgl. Art. 28a Abs. 5 AVMD-ÄRL-P.

Für die Maßnahmen des Plattformanbieters ist unerheblich, ob es sich bei den jeweiligen Inhalten um Sendungen handelt oder lediglich um sonstige von Nutzern erstellte Videos, ob also Inhalte von Nutzertyp 1 oder Nutzertyp 2 betroffen sind. Die Grundlage für alle Maßnahmen des Videoplattformanbieters sind in beiden Fällen die Nutzungsbedingungen, denn aus der Richtlinie beziehungsweise den späteren nationalen Umsetzungsgesetzen ergeben sich für den privaten Anbieter keine Befugnisse, sondern lediglich Verpflichtungen. Allein aus diesem Grund ist die „Doppelverpflichtung" von Nutzertyp 1 erforderlich.

Die Rechte der von den Maßnahmen des Anbieters betroffenen Nutzer sollen durch die Regelung des Art. 28a Abs. 2 lit. f sowie Abs. 6 AVMD-ÄRL-V berücksichtigt werden. Zum einen soll der Anbieter Systeme einrichten, mittels derer für die Nutzer nachvollziehbar ist, wie der Anbieter auf ihre Meldungen gemäß Art. 28a Abs. 2 lit. b AVMD-ÄRL-V reagiert hat.[1899] Zudem sollen Beschwerde- und Streitbeilegungsmechanismen eingerichtet werden.[1900] Im Parlamentsentwurf ist zusätzlich in Art. 28a Abs. 2 lit. a S. 2 AVMD-ÄRL-P geregelt, dass die Mitgliedstaaten dafür Sorge zu tragen haben, dass gegen alle Maßnahmen des Plattformanbieters auf Grundlage der Nutzungsbedingungen den Nutzern der Rechtsweg zu den nationalen Gerichten eröffnet ist.

c) Verpflichtungen bezüglich kommerzieller Kommunikation

Neben den Maßnahmen gegen Aufrufe zu Hass und Gewalt und zum Jugendschutz werden in der Parlamentsversion und im gemeinsamen Standpunkt des *Rats* weitere Verpflichtungen hinsichtlich kommerzieller Kommunikation auf die Plattformanbieter übertragen.[1901] Das schutzzentrierte Konzept der *Kommission* in Bezug auf Videoplattformdienste wird damit durchbrochen und zentrale Regelungen der wirtschaftlichen Dimension audiovisueller Mediendienste werden auf nicht redaktionell verantwortete Angebote erweitert. Auch diese sollen anhand ihrer praktischen Auswirkungen auf die oben definierten Nutzertypen und den Videoplattformanbieter dargestellt werden.

Bezüglich Werbung und Sponsoring muss der Videoplattformdienstanbieter nach der Textfassung des *Parlaments* zunächst dafür Sorge tragen, dass von ihm selbst arrangierte Sponsoringvereinbarungen und gezeigte Werbung[1902] die

---

1899 Art. 28a Abs. 2 lit. f AVMD-ÄRL-V; Art. 28a Abs. 2 lit. ba AVMD-ÄRL-P; Art. 28a Abs. 2 lit. f AVMD-ÄRL-GA.
1900 Art. 28a Abs. 6 AVMD-ÄRL-V; Art. 28a Abs. 2 lit. f AVMD-ÄRL-P; Art. 28a Abs. 6 AVMD-ÄRL-GA.
1901 Art. 28a Abs. 5a AVMD-ÄRL-P; Art. 28a Abs. 1a AVMD-ÄRL-GA.
1902 Vgl. zum Beispiel YouTube oben unter Dritter Teil. § 2 II. 1. d) bb) (2).

Anforderungen der Art. 9 und 10 einhalten.[1903] Im gemeinsamen Standpunkt des Rats bezieht sich diese Pflicht ausschließlich auf kommerzielle Kommunikation, nicht aber speziell auf Sponsoring.[1904] Daneben muss der Anbieter in den Nutzungsbedingungen seine Nutzer verpflichten, ihre Inhalte nach den Vorgaben der Art. 9, 10, 11 AVMD-ÄRL-P beziehungsweise Art. 9 Abs. 1 AVMD-ÄRL-GA zu kennzeichnen.[1905]

Hier ergeben sich allerdings Differenzierungen zwischen Nutzertyp 1 (Mediendiensteanbieter im Sinne der AVMD-Richtlinie) und Nutzertyp 2 (kein Mediendiensteanbieter im Sinne der AVMD-Richtlinie).[1906] Zunächst ist schwer eine Konstellation denkbar, in der ein Nutzer Sponsoring- oder Produktplatzierungsvereinbarungen abschließt, ohne dass seine Inhalte jedoch den Sendungsbegriff erfüllen oder er mit Gewinnerzielungsabsicht agiert. Gerade solche Vereinbarungen sind doch zumindest ein starker Indikator dafür, dass es sich um einen Nutzer mit gewissem professionellen Anspruch an seine Inhalte handelt, der zudem mit Gewinnerzielungsabsicht arbeitet. Nutzertyp 2 kann lebenspraktisch betrachtet mit anderen Worten kaum gegen die Art. 10, 11 AVMD-ÄRL-P verstoßen. Der Regelungsgehalt der Art. 10 und 11 AVMD-ÄRL-P wird auch ausschließlich in der Parlamentsfassung auf Nutzertyp 2 übertragen. Hier kann nach den Definitionen in Art. 1 Abs. 1 lit. h, k, m AVMD-ÄRL-P zwar Sponsoring und Produktplatzierung in von Nutzern erstellten Videos vorliegen, nicht jedoch bloße Werbung (kommerzielle Kommunikation). Danach würde auch für den Videoplattformdienstanbieter Art. 9 AVMD-ÄRL-P in den Fällen nicht gelten, in denen Werbung ausschließlich im Zusammenhang mit Inhalten von Nutzertyp 2 gezeigt wird und es sich nicht um Sponsoring handelt.

Die Ratsfassung verzichtet auf die Änderungen der Definitionen von kommerzieller Kommunikation, Sponsoring und Produktplatzierungen.[1907] Somit kann in von Nutzern erstellten Videos, die den Sendungsbegriff nicht erfüllen, keine dieser Werbeformen vorliegen. Die von Nutzertyp 2 erstellten Inhalte müssten die Anforderungen von Art. 9 Abs. 1 AVMD-ÄRL-GA demnach nicht einhalten, auch nicht mittelbar über eine Verpflichtung aus den Nutzungsbedingungen. Darin unterscheiden sich der Ratsstandpunkt und die Parlamentsfassung des Richtlinienentwurfs deutlich.

1903 Art. 28a Abs. 5a AVMD-ÄRL-P
1904 Art. 28a Abs. 1a AVMD-ÄRL-GA.
1905 Art. 28a Abs. 5a S. 2 AVMD-ÄRL-P; Art. 28a Abs. 2 lit. aa AVMD-ÄRL-GA.
1906 Siehe zur Bedeutung der hier zu Grunde gelegten Nutzertypen oben unter Dritter Teil. § 2 III. 3. b) cc).
1907 Vgl. Art. 1 Abs. 1 lit. h, k, m AVMD-ÄRL-GA.

d) Stellungnahme

Insgesamt betrachtet weist das Konzept der Regulierung von Videoplattformdiensten im Rahmen der Richtlinienvorschläge vielerlei Unklarheiten auf. Bereits die Definition der erfassten Angebote gelingt in den Fassungen von *Parlament* und *Rat* nicht rechtssicher. Die Reichweite der alternativ zum Hauptzweck der Angebote eingeführten Kriterien „essentielle Funktionalität"[1908] und der „wesentlichen Rolle"[1909] für die Verbreitung der Inhalte werden in den Entwürfen nicht abschließend festgelegt und scheinen zu sehr mit Blick auf einzelne, große Angebote formuliert worden zu sein. Weiterhin ist der ausufernde Merkmalskatalog zur Aufstachelung zu Hass und Gewalt in der Parlamentsfassung kritisch zu betrachten.[1910] Für die Videoplattformanbieter, die den Schutz der Nutzer vor von diesem Katalog erfassten Inhalten gewährleisten sollen, ergeben sich daraus kaum Anhaltspunkte. Im Ergebnis verliert die Aufzählung der Merkmale damit ihren Sinn. Es ist kein Fall vorstellbar, der sich nicht zumindest unter das Merkmal der „sonstigen Anschauung" subsumieren ließe. Effektiv sind alle Aufstachelungen zu Hass und Gewalt unabhängig von ihrer Zielrichtung davon erfasst.

Zu den oben dargestellten erforderlichen Maßnahmen der Videoplattformdienstanbieter ist zu berücksichtigen, dass alle in den Richtlinienentwürfen zur Verhinderung von Hasskommunikation und Entwicklungsbeeinträchtigungen exemplarisch genannten Maßnahmen als kumulativ erforderlich vorausgesetzt wurden, um eine kohärente Erläuterung der Zusammenhänge zwischen den organisatorischen Pflichten des Videoplattformanbieters und den daraus folgenden Handlungspflichten zu ermöglichen. Bei dem geschilderten Szenario handelt es sich also gewissermaßen um den schlimmsten anzunehmenden Fall für den Videoplattformanbieter. In der Regelungslogik des Art. 28a Abs. 2 AVMD-ÄRL-V ist hingegen eine Abwägung vorgesehen, anhand derer sich die vom Videoplattformanbieter zu ergreifenden geeigneten Maßnahmen bestimmen. Unter Berücksichtigung „der Art der fraglichen Inhalte, des Schadens, den sie anrichten können, der Merkmale der zu schützenden Personenkategorie sowie der betroffenen Rechte und rechtmäßigen Interessen, einschließlich derer der Videoplattformanbieter und der Nutzer, die die Inhalte erstellt und/oder

---

1908 Art. 1 Abs. 1 lit. aa AVMD-ÄRL-GA.
1909 Art. 1 Abs. 1 lit. aa AVMD-ÄRL-P.
1910 So auch *European Digital Rights (EDRi)*, Analysis on the CULT compromise on Art. 28a of the draft Audiovisual Media Services Directive (AVMSD) proposal, 13.04.2017, 2.

hochgeladen haben, sowie des öffentlichen Interesses" müssen beispielsweise die hier dargestellten Maßnahmen ergriffen werden, soweit dies zweckmäßig ist.[1911] Die Abwägung weist jedoch Wertungswidersprüche auf. Die für Videoplattformanbieter direkt in den Richtlinienentwürfen vorgesehenen Pflichten sind rein organisatorischer Natur und sollen sich grundsätzlich nicht auf einzelne Inhalte beziehen.[1912] Zwar folgen dennoch im Einzelfall Handlungspflichten, diese bestehen zumindest bezüglich rechtswidriger Inhalte jedoch bereits unabhängig von der AVMD-Richtlinie. Verwunderlich ist demnach, inwiefern die Abwägung in Art. 28a Abs. 2 AVMD-ÄRL-V sich auf die „Art der fraglichen Inhalte" und den zu befürchtenden Schaden sowie die „Merkmale der zu schützenden Personenkategorie" beziehen soll. Diese Anknüpfungspunkte können hinsichtlich der organisatorischen Pflichten des Anbieters nur allgemein, also in Bezug auf das Gesamtangebot der Plattform, berücksichtigt werden. Der Plattformanbieter ist jedoch gerade dadurch gekennzeichnet, dass er keine Kontrolle über die Inhalte auf der Plattform ausübt und auch keine Kenntnis über die im Einzelnen vorhandenen Inhalte hat. Zudem sind die nach Art. 28a Abs. 2 AVMD-ÄRL-V einzurichtenden Mechanismen und Systeme allgemeiner Art und ebenfalls nicht auf einzelne Inhalte bezogen. Sie sollen den Nutzern grundsätzlich und inhaltsübergreifend zur Verfügung stehen. Die Rückwirkung der Abwägung auf die Einrichtung dieser Mechanismen ist somit nicht ersichtlich.

Über die organisatorischen Maßnahmen hinaus ergeben sich zumindest mittelbare Handlungspflichten der Videoplattformanbieter. Diese beziehen sich auf konkrete Inhalte und betreffen damit die Rechtssphäre der Plattformnutzer. Die vorangestellte Beurteilung der Inhalte bleibt dem Plattformanbieter überlassen, zumal nach weitestgehend selbst festzulegenden Maßstäben als Konsequenz der unklaren Formulierungen des Merkmalkatalogs. Es liegt nahe, dass sowohl diese Prüfung durch den Plattformanbieter als auch die vorherige Konkretisierung des Beurteilungsmaßstabs in den Nutzungsbedingungen im Zweifel zu Lasten der Äußerungsfreiheit ausfallen werden.[1913] Ob und gegebenenfalls in welchem Maße das fragliche Video Gewaltaufrufe oder entwicklungsbeeinträchtigende Inhalte aufweist, ob es sich darüber hinaus um rechtswidrige Inhalte handelt und was im Einzelnen als jeweils geeignete Maßnahme gelten kann, ist für den

---

1911 Art. 28a Abs. 2 AVMD-ÄRL-V; Art. 28a Abs. 2a AVMD-ÄRL-P; Art. 28a Abs. 2 AVMD-ÄRL-GA.
1912 So auch Erwgr. 29 AVMD-ÄRL-V.
1913 *McNamee*, AVMS Directive – censorship by coercive comedy confusion, EDRi.org v. 19.04.2017.

Plattformanbieter überaus schwierig einzuschätzen. Rechtlich abgesichert ist er daher am ehesten bei Ergreifung der jeweils strengsten Maßnahme, im Zweifel besteht also ein Anreiz zur Entfernung der Inhalte.[1914] Zu erheblichen Teilen wird es sich dabei um rechtmäßige Inhalte handeln.[1915]

Das *Parlament* beweist in seiner Fassung immerhin Problembewusstsein hinsichtlich des Konflikts mit den Kommunikationsfreiheiten der Nutzer, die an mehreren Stellen des Entwurfstexts betont werden.[1916] Die Hinweise und die Betonung der Grundrechte sind jedoch nicht mit zusätzlichen Absicherungen verbunden und weisen so keinen eigenständigen Regelungsgehalt auf, denn bei der Umsetzung der Richtlinie in nationales Recht sind die Mitgliedstaaten selbstverständlich ohnehin an die Grundrechtecharta gebunden.[1917]

Weiterhin ist auch der effektive Regelungsgehalt der Vorschläge von *Parlament* und *Rat* zur kommerziellen Kommunikation auf Videoplattformdiensten als eher gering einzuschätzen. Wie sich aus den vorstehenden Erwägungen ergibt, ist faktisch von der Verpflichtung aus den Nutzungsbedingungen eher Nutzertyp 1 betroffen, der jedoch ohnehin originär aus den Vorschriften für audiovisuelle Mediendienste verpflichtet wird. Die zusätzliche Übertragung der Werbevorschriften auf Nutzertyp 2 hat keinen Mehrwert. Als Regelungsgehalt verbleibt damit nur die Möglichkeit des Videoplattformanbieters, gegen Verstöße von Nutzertyp 1 auf Grundlage der Nutzungsbedingungen vorzugehen sowie die eigene Verpflichtung des Anbieters, mit eigenen Sponsoringvereinbarungen Art. 10 AVMD-ÄRL-P einzuhalten und eigene Werbung an Art. 9 auszurichten, jedoch lediglich im Zusammenhang mit Inhalten, die den Sendungsbegriff erfüllen. Auch von anderer Seite wurde das Regelungsbedürfnis für die Vorschrift bereits angezweifelt.[1918]

Schließlich stellt sich noch die Frage, in welcher geografischen Dimension die Pflichten der Videoplattformanbieter bestehen. Im Gegensatz zu Anbietern von Video-on-Demand Diensten, wie Netflix oder Amazon Video, sind üblicherweise anbieterseitig keine Einschränkungen der Abrufbarkeit von Inhalten auf

---

1914 *McNamee*, AVMS Directive – censorship by coercive comedy confusion, EDRi.org v. 19.04.2017.
1915 *European Digital Rights (EDRi)*, AVMS Directive: It isn't censorship if the content is mostly legal, right?, 27.04.2017; *McNamee*, AVMS Directive – censorship by coercive comedy confusion, EDRi.org v. 19.04.2017.
1916 Vgl. Art. 28a Abs. 2a S. 3, Abs. 3 S. 1, Abs. 4 S. 3 AVMD-ÄRL-P.
1917 Art. 51 Abs. 1 GRCh.
1918 *European Digital Rights (EDRi)*, Analysis on the CULT compromise on Art. 28a of the draft Audiovisual Media Services Directive (AVMSD) proposal, 13.04.2017, 6.

den Plattformen von beliebigen Standorten aus vorgesehen. Eine globale Umsetzung der verschiedenen Kennzeichnungspflichten und gegebenenfalls entstehenden Pflichten zur Entfernung von Inhalten aus den Richtlinienvorschlägen kann die Richtlinie jedoch nicht regeln. Die Übertragung der in Art. 28a Abs. 1 AVMD-ÄRL-V vorgesehenen Standards in die Nutzungsbedingungen des Plattformanbieters kann auf europäische Nutzer beschränkt werden. Wie ist dann aber mit Inhalten zu verfahren, die diesen Standards nicht entsprechen, jedoch von außerhalb des räumlichen Anwendungsbereichs der AVMD-Richtlinie stammen? Muss der Plattformanbieter in derartigen Fällen Zugangsrestriktionen für europäische Nutzer schaffen? Hier zeichnen sich ähnliche Konflikte ab, wie sie bezüglich der räumlichen Umsetzung des sogenannten „Rechts auf Vergessenwerden" diskutiert wurden.[1919]

IV. Kompromissfassung des Trilogs

Im April 2018 gab das *Parlament* bekannt, dass in den wesentlichen Punkten der Überarbeitung der AVMD-Richtlinie eine Einigung mit dem *Rat* erzielt worden sei.[1920] Die Trilogfassung (AVMD-ÄRL-T) wurde Anfang Oktober 2018 in erster Lesung vom *Parlament* angenommen.[1921]

1. Nationale Regulierungsbehörden

Bezüglich der von Art. 30 AVMD-ÄRL-T gestellten Anforderungen an die Unabhängigkeit der nationalen Regulierungsbehörden entspricht die Trilogfassung inhaltlich dem Vorschlag des *Rates*, der eine rechtliche Trennung lediglich gegenüber der Regierung voraussetzt und im Übrigen eine funktionale

---

1919 Vgl. *Holznagel/Hartmann*, in: Miller (Hrsg.), Privacy and Power, 2017, 586 (609 f.).
1920 *Europäisches Parlament*, Audiovisuelle Medien: Einigung auf eine neue Mediendienste-Richtlinie, Pressemitteilung v. 27.04.2018, 20180423IPR02332, abrufbar unter: http://www.europarl.europa.eu/news/de/press-room/20180423IPR02332/audiovisuelle-medien-einigung-auf-eine-neue-mediendienste-richtlinie [Stand November 2018].
1921 *Europäisches Parlament*, Legislative Entschließung zu dem Vorschlag für eine Richtlinie des Europäischen Parlaments und des Rates zur Änderung der Richtlinie 2010/13/EU zur Koordinierung bestimmter Rechts- und Verwaltungsvorschriften der Mitgliedstaaten über die Bereitstellung audiovisueller Mediendienste im Hinblick auf sich verändernde Marktgegebenheiten (COM(2016)0287 – C8-0193/2016 – 2016/0151(COD)) (Ordentliches Gesetzgebungsverfahren: erste Lesung), P8_TA-PROV(2018)0364, 2.10.2018, im Folgenden: AVMD-ÄRL-T; siehe hierzu auch *Kogler*, K&R 2018, 537 (538 ff.).

Unabhängigkeit gegenüber anderen öffentlichen und privaten Stellen genügen lässt. Damit wird die Vereinbarkeit der Regelung mit dem unter anderem in Deutschland etablierten System der Rechtsaufsicht durch andere öffentliche Stellen gewährleistet.[1922]

2. Materieller Anwendungsbereich

Die Definition audiovisueller Mediendienste in Art. 1 Abs. 1 lit. a lautet in der Trilogfassung wie folgt: „eine Dienstleistung im Sinne der Artikel 56 und 57 des Vertrags über die Arbeitsweise der Europäischen Union, bei der der Hauptzweck der Dienstleistung oder ein trennbarer Teil der Dienstleistung darin besteht, unter der redaktionellen Verantwortung eines Mediendiensteanbieters der Allgemeinheit Sendungen zur Information, Unterhaltung oder Bildung über elektronische Kommunikationsnetze im Sinne des Artikels 2 Buchstabe a der Richtlinie 2002/21/EG bereitzustellen". Sendungen werden in Art. 1 Abs. 1 lit b definiert als „eine Abfolge von bewegten Bildern mit oder ohne Ton, die *unabhängig von ihrer Länge* Einzelbestandteil eines von einem Mediendiensteanbieter erstellten Sendeplans oder Katalogs ist, einschließlich *Spielfilme, Videoclips*, Sportberichte, Sitcoms, Dokumentationen, Kindersendungen und Originalproduktionen". Gegenüber dem ursprünglichen Entwurf der *Kommission* ist auf Vorschlag des *Rates*[1923] lediglich die Klarstellung zur Irrelevanz der Länge der Inhalte zusätzlich in den Text aufgenommen worden.

Ebenfalls aus der Ratsfassung[1924] übernommen wurde der Ausschluss *von „Videoclips und animierte[r] Bilder wie Bilder im GIF-Format" die „in die redaktionellen Inhalte elektronischer Ausgaben von Zeitungen und Zeitschriften" eingebettet sind.*[1925] *Der Regelungsgehalt in Bezug auf die Hauptzweckprüfung bleibt vollkommen ungeklärt.*[1926]

3. Verpflichtungen der Mediendiensteanbieter

Die umstrittene Quotenregelung für den Anteil europäischer Werke in den Katalogen von Abrufdiensten wurde nach den gemeinsamen Vorschlägen von *Parlament* und *Rat* gegenüber dem Kommissionsvorschlag von 20% auf 30%

1922 Vgl. Erwgr. 33 AVMD-ÄRL-GA.
1923 Vgl. Art. 1 Abs. 1 lit. b AVMD-ÄRL-GA.
1924 Vgl. Erwgr. 3c AVMD-ÄRL-GA.
1925 Erwgr. 6 AVMD-ÄRL-T.
1926 Siehe hierzu oben unter Dritter Teil. § 2 III. 1. a) bb).

erhöht.[1927] Die von der *Kommission* vorgesehene Verringerung des Zeitraums zwischen zwei Werbeunterbrechungen von 30 auf 20 Minuten wurde von *Rat* und *Parlament* im Ergebnis abgelehnt,[1928] während der tägliche Anteil der Werbezeit nach Art. 23 Abs. 1 AVMD-ÄRL-T, gleichlautend mit der Fassung des *Rates*, jeweils zwischen 6 und 18 Uhr sowie zwischen 18 und 0 Uhr 20% nicht überschreiten darf. Das Trennungsgebot wurde entgegen dem Vorschlag des Parlaments[1929] nicht für alle audiovisuellen Mediendienste in Art. 9 der Richtlinie übernommen.

Die gemeinsamen Bestimmungen zum Jugendschutz für alle audiovisuelle Mediendienste finden sich in Art. 6a AVMD-ÄRL-T. Der Vorbehalt strengerer Maßnahmen der Mitgliedsstaaten aus der Ratsfassung[1930] wurde nicht in den Kompromiss übernommen. Das Verbot der Aufstachelung zu Hass und Gewalt in Art. 6 Abs. 1 lit. a AVMD-ÄRL-T verweist nun auf die Diskriminierungsmerkmale des Art. 1 GRCh, gleiches gilt für die entsprechende Vorschrift für Videoplattformdienste in Art. 28b Abs. 1 lit. b AVMD-ÄRL-T. Die nicht nachvollziehbaren Abweichungen[1931] zwischen den in beiden Vorschriften genannten Anknüpfungspunkten für Diskriminierungen sind damit behoben worden.

4. *Einbeziehung von Videoplattformdiensten*

Die zu Beginn der Triloge stark voneinander abweichenden Definitionen der Videoplattformdienste wurden im Kompromiss zusammengeführt. Der *„Hauptzweck der Dienstleistung oder eines trennbaren Teils der Dienstleistung oder eine wesentliche Funktion der Dienstleistung"* muss darin bestehen *„Sendungen oder nutzergenerierte Videos" bereitzustellen.*[1932] *Nähere Ausführungen zur wesentlichen Funktionalität finden sich nunmehr in Erwägungsgrund 5 AVMD-ÄRL-T, diese entsprechen in verkürzter Form den Erwägungen aus der Ratsfassung*[1933] *und verweisen auf die Erarbeitung von Auslegungsrichtlinien durch die Kommission und den Kontaktausschuss.*[1934]

1927 Art. 13 Abs. 1 AVMD-ÄRL-T.
1928 Vgl. Art. 20 Abs. 2 AVMD-ÄRL-T.
1929 Art. 9 Abs. 1 lit. a AVMD-ÄRL-P.
1930 Vgl. Art. 12 Abs. 2 S. 3 AVMD-ÄRL-GA.
1931 Siehe hierzu oben unter Dritter Teil. § 2 III. 3. b) aa).
1932 Art. 1 Abs. 1 lit. aa AVMD-ÄRL-T.
1933 Vgl. Erwgr. 3b AVMD-ÄRL-GA.
1934 Siehe hierzu im Detail oben unter Dritter Teil. § 2 II. 2. d).

Während sich die von der Kommission in Art. 1 Abs. 1 lit. aa AVMD-ÄRL-V verwendete Definition der Videoplattformdienste nur auf gespeicherte Inhalte bezog und der Rat in der späteren Fassung seines Standpunktes die Anwendung auf Livestreaming-Angebote explizit ausschloss,[1935] finden sich diese Beschränkungen nicht in der Trilogfassung wieder. Auch linear über Videoplattformdienste verbreitete Inhalte sind damit vom Anwendungsbereich der AVMD-ÄRL-T erfasst.[1936]
Die in Art. 28a geregelten Verpflichtungen der Videoplattformanbieter wurden in der Trilogfassung in Art. 28b übertragen, während die zuvor durch Art. 28b eingeführte Modifikation des räumlichen Anwendungsbereiches nunmehr in Art. 28a AVMD-ÄRL-T normiert wird. Die Pflicht zur Alterskennzeichnung entwicklungsbeeinträchtigender Inhalte in Art. 6a Abs. 3 AVMD-ÄRL-T ist entgegen der – insofern inkonsistenten –[1937] Fassung des Parlaments[1938] nicht auf Videoplattformdienstanbieter übertragen worden.

Parlament und *Rat* haben die Übertragung der Verpflichtungen bezüglich kommerzieller Kommunikation auf Videoplattformdienstanbieter vollumfänglich durchsetzen können. Die Definitionen von audiovisueller kommerzieller Kommunikation, Sponsoring und Produktplatzierung wurden angepasst um auch nutzergenerierte Videos einzubeziehen.[1939] Neben der Verpflichtung des Anbieters zur Kennzeichnung durch ihn selbst vermarkteter Werbung[1940] wird auch die Weitergabe der Verpflichtungen aus Art. 9 Abs. 1 im Wege der Nutzungsbedingungen an die inhaltsschaffenden Nutzer als angemessene Maßnahme festgelegt[1941]. Zu diesem Zweck soll der Anbieter den Nutzern die Kennzeichnung der von ihnen hochgeladenen Inhalte ermöglichen[1942] und subsidiär bei Kenntnis eine Kennzeichnung selbst vornehmen[1943]. Die Regelungssystematik ist an die Ratsfassung angelehnt,[1944] wobei die Ausweitung der Definitionen auf

---

1935 Vgl. *Rat der Europäischen Union*, Proposal for a directive of the European Parliament and of the Council amending Directive 2010/13/EU on the coordination of certain provisions laid down by law, regulation or administrative action in Member States concerning the provision of audiovisual media services in view of changing market realities – General approach, 9691/17, 24.05.2017, Fn. 5.
1936 Vgl. auch *Kogler*, K&R 2018, 537 (538).
1937 Siehe oben unter Dritter Teil. § 2 II. 1. d) bb) (1).
1938 Vgl. Erwgr. 9 AVMD-ÄRL-P.
1939 Art. 1 Abs. 1 lit. h, k, m AVMD-ÄRL-T.
1940 Art. 28b Abs. 1 S. 1 AVMD-ÄRL-T.
1941 Art. 28b Abs. 3 lit. b AVMD-ÄRL-T.
1942 Art. 28b Abs. 3 lit. c AVMD-ÄRL-T.
1943 Art. 28b Abs. 2 S. 3 AVMD-ÄRL-T.
1944 Vgl. Art. 28a AVMD-ÄRL-GA.

den Parlamentsvorschlag zurückgeht[1945] und darüber hinaus nun auch die allgemeine Begriffsbestimmung audiovisueller kommerzieller Kommunikation betrifft. Im Ergebnis können daher alle Formen kommerzieller Kommunikation auch in Videos ohne Sendungsqualität vorkommen, was den Pflichtenkreis des Videoplattformanbieters auf alle Inhalte der Plattform ausdehnt.[1946]

Übereinstimmend mit dem Vorschlag des *Rates*[1947] steht es den Mitgliedstaaten gem. Art. 28b Abs. 6 AVMD-ÄRL-T frei, den Anbietern von Videoplattformdiensten strengere Maßnahmen in Bezug auf strafbare, entwicklungsbeeinträchtigende oder zu Hass aufstachelnde Inhalte sowie kommerzielle Kommunikation aufzuerlegen. Gegen alle vom Anbieter auf Grundlage des Art. 28b Abs. 1, 3 AVMD-ÄRL-T ergriffenen Maßnahmen muss gem. Art. 28b Abs. 8 AVMD-ÄRL-T gerichtlicher Rechtsschutz der Nutzer ermöglicht werden,[1948] ähnlich wie in der Parlamentsfassung[1949] vorgesehen.

§ 3 Zwischenfazit: Defizite der Reform

Die Regelungsvorschläge sind abschließend am Maßstab des oben definierten Anforderungshorizonts[1950] zu bewerten. Dabei wird sich zeigen, dass zum einen einige der im zweiten Teil der Arbeit analysierten Probleme der alten Fassung der Richtlinie nicht durch die Reformvorschläge behoben werden können, zum anderen zeichnen sich unabhängig davon eigene Defizite der AVMD-ÄRL[1951] ab, die gegenüber der alten Fassung der AVMD-Richtlinie eine Verschlechterung darstellen.

An dieser Stelle soll hingen nicht vertieft auf mögliche Regelungsalternativen eingegangen werden. Diese werden im folgenden Teil der Untersuchung entwickelt.[1952] Zudem ist zu berücksichtigen, dass die Bewertung sich allein auf die Fragestellung dieser Arbeit bezieht und nicht als Gesamtabwägung aller positiven und negativen Folgen der geplanten Regelungen zu verstehen ist.

1945 Vgl. Art. 1 Abs. 1 lit. k, m AVMD-ÄRL-P.
1946 Siehe zu den Verpflichtungen des Anbieters oben unter Dritter Teil. § 2 III. 3. c).
1947 Vgl. Art. 28a Abs. 5 AVMD-ÄRL-GA.
1948 Siehe auch *Kogler*, K&R 2018, 537 (539).
1949 Vgl. Art. 28a Abs. 2 lit. a AVMD-ÄRL-P.
1950 Siehe oben unter Dritter Teil. § 1 IV.
1951 Soweit zwischen den Texten von Kommission, Rat und Parlament und der Trilogfassung inhaltlich kein Unterschied besteht, werden die Regelungen im Folgenden als AVMD-ÄRL zitiert und beziehen sich auf die AVMD-ÄRL-V, AVMD-ÄRL-P, AVMD-ÄRL-GA und AVMD-ÄRL-T.
1952 Siehe sogleich unter Vierter Teil. § 3.

I. Lösung der Auslegungsprobleme im materiellen Anwendungsbereich?

Im Zusammenhang mit dem Untersuchungsgegenstand dieser Arbeit ist die zentrale Anforderung an eine Überarbeitung der AVMD-Richtlinie die Behebung der Auslegungsschwierigkeiten der Merkmale des materiellen Anwendungsbereiches für audiovisuelle Mediendienste sowie die darauf beruhende rechtssichere Abgrenzung zwischen erfassten und nicht erfassten Diensten, insbesondere hinsichtlich gemischt-medialer Angebote wie Pressewebseiten mit Videos.[1953]

Verschiedene in den AVMD-ÄRL vorgesehene Änderungen müssen hier im Zusammenhang miteinander betrachtet werden. Die Klarstellung zur Eigenständigkeit von Diensten im Rahmen der Ermittlung des Hauptzwecks,[1954] der Wegfall der Fernsehähnlichkeit als Voraussetzung des Sendungsbegriffs sowie die Aufnahme von „Kurzvideos" in den Beispielkatalog von Sendungen[1955] führen insgesamt dazu, dass Videoangebote auf gemischt-medialen Internetseiten, einschließlich solchen der Presse, mit deutlich niedrigerem Prüfungsaufwand als audiovisuelle Mediendienste auf Abruf eingestuft werden können, als unter der AVMD-Richtlinie in der alten Fassung.[1956]

1. Anwendung auf Presseangebote mit Videos

Exemplarisch lassen sich die Auswirkungen der Änderungen an den oben dargestellten Sachverhaltskonstellationen[1957] von Pressewebseiten verdeutlichen. Der österreichische „New Media Online"-Fall[1958] lässt sich nach den Vorgaben der AVMD-ÄRL allein deshalb klar lösen, da das Urteil des *EuGH* in diesem Fall gerade als Grundlage des Kommissionsvorschlags zum materiellen Anwendungsbereich diente.[1959] Die als Unterkategorie der Hauptseite der Tiroler Tageszeitung verfügbare Videosammlung war nicht vollständig mit den Textangeboten an anderer Stelle der Webseite verknüpft.[1960] Die Sammlung wäre daher gemäß

1953 Vgl. zu dieser Anforderung näher oben unter B. I. 4. c).
1954 Art. 1 Abs. 1 lit. a AVMD-ÄRL, vgl. auch Erwgr. 3 AVMD-ÄRL-V.
1955 Art. 1 Abs. 1 lit. b AVMD-ÄRL.
1956 Vgl. oben unter Dritter Teil. § 2 III. 1.
1957 Siehe hierzu oben unter Zweiter Teil. § 2.
1958 *EuGH*, Urt. v. 21.10.2015, Rs. C-347/14; vgl oben unter Zweiter Teil. § 2 III.
1959 *Europäische Kommission*, AVMS Ex-post REFIT evaluation, SWD(2016) 170 final, 25.05.2016, 17.
1960 *KommAustria*, Bescheid 1.950/12-048 v. 9.10.2012, 5.

Art. 1 Abs. 1 lit. a AVMD-ÄRL als eigenständiger Teil des Angebots zu bewerten. Der Hauptzweck des Dienstes liegt auch vollkommen unproblematisch in der Bereitstellung von Sendungen. Die im Katalog zur Verfügung gestellten Inhalte können gemäß Art. 1 Abs. 1 lit. b AVMD-ÄRL unter vereinfachten Bedingungen als Sendungen eingestuft werden. Ihre zum Teil sehr kurze Spieldauer ist in Hinblick auf die veränderte Sendungsdefinition unschädlich, die Fernsehähnlichkeit der Inhalte ist darüber hinaus nicht mehr zu prüfen. Der Videokatalog dient isoliert vom Rest des Internetangebots betrachtet auch hauptsächlich dem Zweck, diese Sendungen bereitzustellen. Eine andere Auslegung der Vorschriften wäre für diese Sachverhaltskonstellation kaum vertretbar.

Für den britischen Fall „Vice Video"[1961] ergibt sich ein ähnliches Bild. Die Videoinhalte waren dort sowohl über einen dezidierten Videobereich als auch über die Themenkategorien unabhängig von Textbeiträgen der Internetseite abrufbar,[1962] womit ebenso wie im „New Media Online"-Fall von einem nicht „untrennbar verknüpften" Dienst auszugehen ist. Anhand des vereinfachten Sendungsbegriffs in Art. 1 Abs. 1 lit. b AVMD-ÄRL ließen sich die Videos auch als Sendungen einstufen. Darüber hinaus stellte der Anbieter alle auf der Internetseite verfügbaren Videos auch zusätzlich im Rahmen eines YouTube-Kanals bereit.[1963] Dieser Kanal, der nach der Klarstellung in Erwägungsgrund 3 AVMD-ÄRL-V unter der redaktionellen Kontrolle des Kanalbetreibers liegt, wäre ebenfalls und unabhängig als audiovisueller Mediendienst einzustufen.

Im Mittelpunkt der Prüfung steht erkennbar allein die Verbindung zwischen Videoinhalten und anderen Berichtsformen. Die ebenfalls im zweiten Teil der Arbeit geschilderte Sachverhaltskonstellation „Styria Multi Media"[1964] aus Österreich sowie der slowakische Fall „TV SME"[1965] wären nach diesen Maßstäben ähnlich zu beurteilen wie „New Media Online" und „Vice Video". Das geplante Portal der Styria Multi Media GmbH & Co KG sollte Videoclips unabhängig von Textbeiträgen enthalten.[1966] Das gegen die Einstufung als audiovisueller Mediendienst vorgetragene Argument der Betreiberin, die sich auf die deutlich untergeordnete Menge der Videoinhalte im Vergleich zu den Textinhalten berief,[1967]

1961 *OFCOM*, Scope Appeal Vice Video, 21.07.2015; vgl. hierzu oben unter Zweiter Teil. § 2 I. 2.
1962 *OFCOM*, Scope Appeal Vice Video, 21.07.2015, Rn. 28.
1963 Ebd., Rn. 30.
1964 Siehe oben unter Zweiter Teil. § 2 II. 2.
1965 Siehe oben unter Zweiter Teil. § 2 IV.
1966 *KommAustria*, Bescheid 1.950/13-044 v. 17.6.2013, 9.
1967 Ebd., 2.

hätte keine Relevanz für die Prüfung. Auch in dieser Konstellation wäre das Videoangebot bereits als eigenständiger Dienst anzusehen, dessen Mengenverhältnis zu sonstigen Angeboten daraufhin keine Rolle mehr für die Beurteilung des Hauptzwecks spielt. Auch das slowakische Angebot TV SME stellte zum Teil von Textbeiträgen unabhängige Videoinhalte bereit,[1968] die als eigenständiger Dienst im Sinne des Art. 1 Abs. 1 lit. a AVMD-ÄRL zu sehen wären.

Schwieriger wird die Einstufung in einem Fall wie „Sun Video".[1969] Im Unterschied zu den Angeboten von Vice und der Tiroler Tageszeitung waren auf der Internetseite der Sun beinahe alle abrufbaren Videos über Links mit einem zugehörigen Textartikel verknüpft.[1970] Dennoch bestand für die Nutzer die Möglichkeit, die Videos auch über den Direktzugriff auf den Videobereich unabhängig von den zugehörigen Textbeiträgen abzurufen.[1971] Einerseits deutet die umfangreiche Verlinkung auf das Vorliegen einer untrennbaren Verknüpfung nach dem Maßstab des *EuGH* hin, andererseits steht dieser Annahme die Möglichkeit des unabhängigen Abrufs der Videos entgegen.[1972] Ob die Kriterien alternativ oder kumulativ vorliegen müssen, ergibt sich nicht aus dem Urteil. Die Sachverhaltskonstellation wird demnach nicht eindeutig von den Vorschriften der AVMD-ÄRl gelöst. Insbesondere materialisiert sich hier der Mangel an Vorgaben zur Beurteilung der untrennbaren Verknüpfung.[1973] Geht man, wie im damaligen Verfahren das britische *OFCOM*,[1974] davon aus, dass das Videoangebot der Sun nicht als eigener Dienst einzustufen wäre, schließt sich als nächster Prüfungsschritt die Ermittlung des Hauptzwecks des Gesamtangebots der Internetseite an. Auch hierzu ergeben sich aus den AVMD-ÄRL keine Anhaltspunkte, die der Gewichtung verschiedener Inhalte zugrunde gelegt werden könnten.[1975]

Im Ergebnis ist daher festzuhalten, dass zwar bestimmte Typen gemischtmedialer Angebote nach den modifizierten Maßstäben der AVMD-ÄRl klarer als audiovisuelle Mediendienste auf Abruf einzustufen sind als unter der

---

1968 *Cabrera Blázquez,* in: Nikoltchev (Hrsg.), What Is an On-demand Service?, IRIS plus 4/2013, 7 (21); *Polak,* IRIS 2012-9:1/38.
1969 *OFCOM,* Scope Appeal Sun Video, 21.12.2011; vgl. hierzu oben unter Zweiter Teil. § 2 I. 1.
1970 Ebd., Rn. 28 c, 28 d.
1971 Ebd., Rn. 20 d, 20 f.
1972 *EuGH,* Urt. v. 21.10.2015, Rs. C-347/14, Rn. 36.
1973 Siehe auch oben unter Dritter Teil. § 2 III. 1. a) aa).
1974 *OFCOM,* Scope Appeal Sun Video, 21.12.2011, Rn. 155; anders zuvor *ATVOD,* vgl. *OFCOM,* Scope Appeal Sun Video, 21.12.2011, Rn. 20.
1975 Siehe oben unter Dritter Teil. § 2 III. 1. a) cc).

AVMD-Richtlinie alter Fassung, andererseits jedoch nach wie vor Unklarheiten im materiellen Anwendungsbereich verbleiben. Insbesondere die Behandlung von Fällen, die von der Konstellation im „New Media Online"-Urteil abweichen, ergibt sich nicht lückenlos aus den Regelungsvorschlägen. Zur untrennbaren Verknüpfung fehlen Konkretisierungen. Unter anderem ist dabei fraglich, welches Ausmaß an Verlinkung zwischen Videoinhalten und Textbeiträgen als ausreichend anzusehen ist. Wenn beispielsweise 90% aller Videoclips in Artikel eingebunden wären, würden dann die verbleibenden 10% der Videos einen eigenen Dienst darstellen? Bisher differenzierten nationale Regulierungsstellen meist zwischen den Videos, die in Artikel eingebunden sind und den übrigen Videos.[1976] Lediglich letztere stellen als unabhängiges Angebot einen getrennt zu beurteilenden Dienst dar.[1977]

2. Abgrenzung des Anwendungsbereichs „nach außen"

Bisher lag der Auseinandersetzung mit dem materiellen Anwendungsbereich für audiovisuelle Mediendienste in dieser Untersuchung meist implizit die Frage zugrunde, welche Angebote davon erfasst sind. Nach den von der AVMD-ÄRL vorgesehenen Änderungen bietet es sich jedoch an, die Frage andersherum zu betrachten und zu ermitteln, welche Arten von Angeboten von der Definition audiovisueller Mediendienste nicht erfasst sind.

Als eindeutigstes Ausschlusskriterium des Anwendungsbereichs ist zunächst der unveränderte Dienstleistungsbegriff zu nennen. Rein private Angebote unterfallen damit nach wie vor nicht der Richtlinie. Wo genau die Grenze zur relevanten wirtschaftlichen Gegenleistung verläuft, dürfte jedoch gerade im Umfeld mehr oder weniger professioneller Kanäle auf Videoplattformen[1978] schwierig zu beurteilen sein.

Die Voraussetzung der redaktionellen Verantwortung eines Mediendiensteanbieters kann lediglich als nicht erfüllt angesehen werden, soweit fremde Inhalte ohne jegliche zwischengeschaltete Auswahlmöglichkeit des Dienstanbieters verbreitet werden. Zu bedenken ist allerdings, dass in solchen Fällen der Dienst gegebenenfalls als Videoplattformdienst gemäß Art. 1 Abs. 1 lit. aa AVMD-ÄRL einzustufen ist.

1976 *KommAustria*, Bescheid 1.950/13-044 v. 17.6.2013, 9; *OFCOM*, Scope Appeal Vice Video, 21.07.2015, Rn. 29.
1977 *KommAustria*, Bescheid 1.950/12-048 v. 9.10.2012, 11.
1978 Siehe hierzu oben unter Dritter Teil. § 1 IV. 4. a).

Durch das Hauptzweckkriterium findet angesichts der soeben dargestellten Unklarheiten lediglich ein eindeutiger Ausschluss von Angeboten statt, die Videoinhalte ausschließlich im Zusammenhang und in unmittelbarer Verbindung mit Textbeiträgen bereitstellen. Zweifelsfrei gelingt selbst unter diesen Voraussetzungen die Abgrenzung nur, wenn zusätzlich keine Möglichkeit besteht, ohne Aufruf der zugehörigen Artikel auf die Videos zuzugreifen. Als Beispiel für eine diesen Anforderungen genügende Angebotsgestaltung wäre wohl der österreichische „Cultvisual"-Fall zu nennen.[1979]

Der Sendungsbegriff taugt in der Fassung der AVMD-ÄRL kaum noch zur Abgrenzung zwischen erfassten und nicht erfassten Angeboten. Zur alten Fassung der Richtlinie wird überwiegend vertreten, dass der Eingrenzung auf Angebote zur Information, Unterhaltung oder Bildung keinerlei Bedeutung zukommt.[1980] Damit verbleibt als Voraussetzung des Sendungsbegriffs, dass es sich um „eine Abfolge von bewegten Bildern mit oder ohne Ton" im Katalog oder Sendeplan eines Mediendiensteanbieters handeln muss.[1981] Es ist kein audiovisueller Inhalt denkbar, der diese Voraussetzung nicht erfüllt. Qualitative Anforderungen, insbesondere im Sinne einer Meinungsbildungsrelevanz, werden an die Inhalte weiterhin nicht gestellt.[1982] Interessant ist in diesem Zusammenhang jedoch, dass der *EuGH* in einem aktuellen Urteil ausgerechnet die Zweckbestimmung des Angebots maßgeblich heranzog[1983] und sich damit potentiell für die Zukunft einen Anknüpfungspunkt zur qualitativen Begrenzung des Anwendungsbereiches eröffnete, den der Gesetzgeber jedoch augenscheinlich nicht beabsichtigt hat.

Die verbleibenden Voraussetzungen des materiellen Anwendungsbereichs, die Bestimmung für die allgemeine Öffentlichkeit und die Verbreitung über elektronische Kommunikationsnetze, erfassen schließlich alle öffentlich über das Internet angebotenen Dienste.[1984]

1979 *KommAustria*, Bescheid 1.950/12-042 v. 24.9.2012.
1980 *Cabrera Blázquez/Capello/Fontaine/Valais*, Abrufdienste und der sachliche Anwendungsbereich der AVMD-Richtlinie, IRIS plus 1/2016, 29; *Chavannes/Castendyk*, in: Castendyk/Dommering/Scheuer (Hrsg.), European Media Law, 2008, Art. 1 AVMD, Rn. 37 f.; *Kogler*, MuR 2011, 228 (231); *Schoenthal*, Von der Fernsehregulierung zur Inhalteregulierung, 2009, 266; *Schulz*, EuZW 2008, 107 (109); *Szpunar*, Schlussanträge v. 1.7.2015, Rs. C-347714, Rn. 40.
1981 Art. 1 Abs. 1 lit. b AVMD-ÄRL.
1982 Siehe auch oben unter Dritter Teil. § 2 III. 1. b).
1983 *EuGH*, Urt. v. 21.02.2018 – Rs. C-132/17, Rn. 22 ff.; siehe hierzu oben unter Zweiter Teil. § 1 III. 4. a) dd).
1984 So auch *Szpunar*, Schlussanträge v. 1.7.2015, Rs. C-347714, Rn. 40.

Damit sind insgesamt nur noch wenige Arten von Internetangeboten mit Bewegtbildinhalten vorstellbar, die dem materiellen Anwendungsbereich der AVMD-ÄRL nicht unterfallen würden. Eine Eingrenzung findet daneben durch den räumlichen Anwendungsbereich der Richtlinie statt, der allerdings zumindest für Videoplattformdienste ebenfalls erweitert wurde.[1985]

Der von *Kommission, Parlament* und *Rat* gewählte Ansatz zur Lösung der Probleme des materiellen Anwendungsbereichs scheint zu sein, im Zweifel alle Angebote einzubeziehen. Überspitzt formuliert hätte statt der Definition audiovisueller Mediendienste auch eine Negativliste der (wenigen) nicht erfassten Angebote in die AVMD-ÄRL aufgenommen werden können. Wieder einmal ist an dieser Stelle auf die Schlussanträge von Generalanwalt *Szpunar* im Fall „New Media Online" zu verweisen, der einen derartigen Ansatz explizit ablehnte:

> „Selbstverständlich müssen die nationalen Regulierungsbehörden der Mitgliedstaaten bei der Anwendung der Vorschriften, die zur Umsetzung der Richtlinie 2010/13 erlassen worden sind, den Charakter der auf dem Markt vorhandenen Dienste prüfen, um festzustellen, ob es sich dabei um audiovisuelle Mediendienste im Sinne der Richtlinie handelt oder nicht. Keine Rechtsvorschrift, auch nicht die ausgefeilteste, wird diese Einzelfallprüfung ersetzen können; dies trifft im Übrigen auf jedes Rechtsgebiet zu. Die daraus möglicherweise erwachsenden Schwierigkeiten rechtfertigen aber keine Auslegung der Richtlinie, nach der praktisch alle audiovisuellen Inhalte im Internet von ihr erfasst würden, was zur Überschreitung des vom Gesetzgeber festgelegten Regelungsbereichs führte."[1986]

II. Schaffung gleicher Wettbewerbsbedingungen?

Die Ausweitung des materiellen Anwendungsbereichs durch die AVMD-ÄRL wird zusätzlich flankiert von der erheblichen Anhebung des Regelungsniveaus für nichtlineare Dienste.[1987] Ein nach wie vor relevanter[1988] Regulierungsgrundsatz der AVMD-Richtlinie ist die Schaffung gleicher Wettbewerbsbedingungen[1989] in wirtschaftlicher und publizistischer Hinsicht.[1990] Dieses Ziel verfolgt

---

1985 Vgl. Art. 28a Abs. 1 AVMD-ÄRL-T.
1986 *Szpunar*, Schlussanträge v. 1.7.2015, Rs. C-347714, Rn. 57.
1987 Siehe hierzu näher oben unter Dritter Teil. § 2 III. 2. b).
1988 *ERGA*, Report on material jurisdiction in a converged environment, ERGA 2015 (12), 18.12.2015, 29.
1989 Vgl. *EuGH*, Urt. v. 21.10.2015, Rs. C-347/14, Rn. 22.
1990 Vgl. Erwgr. 5, 11 AVMD-Richtlinie; *ERGA*, Report on material jurisdiction in a converged environment, ERGA 2015 (12), 18.12.2015, 28; *Kammerevert*, promedia 7/2016, 10; siehe hierzu auch oben unter Dritter Teil. § 1 IV. 2.

auch die *Kommission* mit der Annäherung des Regulierungsniveaus für lineare und nichtlineare Dienste.[1991]

Vordergründig betrachtet konkurrieren Abrufdienste, wie etwa Netflix, und lineare Angebote, wie die deutschen Privatfernsehsender, unter der Geltung der AVMD-ÄRL unter ähnlichen Bedingungen um dasselbe Publikum. Gerade große und erfolgreiche on-Demand Anbieter sind das Paradebeispiel für die im Vorfeld der Reform vielfach beklagten Wettbewerbsverzerrungen[1992] durch nichtlineare Dienste. Umgekehrt erscheint es auch nicht unangemessen, diese Dienste ähnlichen oder gleichen Regelungen zu unterwerfen.

Wählt man hingegen andere Dienste zum Vergleich miteinander aus, ändert dies die Bewertung fundamental. Hier zeigen sich die Gesamtauswirkungen der in der AVMD-ÄRl vorgesehenen Regelungen aus unterschiedlichen Bereichen. Zunächst sind durch den erweiterten materiellen Anwendungsbereich der AVMD-ÄRL eine Vielzahl kleinerer Dienste nun miterfasst. Dies betrifft unter anderem die Kanäle vieler aktiver YouTube Nutzer.[1993] Nach dem Bild der AVMD-ÄRL stehen diese in direkter Konkurrenz zu anderen Abrufdiensten und sind inhaltsgleichen Verpflichtungen unterworfen wie etwa Netflix. Durch die zusätzliche Anhebung des Regelungsniveaus in Richtung linearer Angebote würden nach der AVMD-ÄRL für diese Angebote auch lediglich leicht gegenüber Privatfernsehsendern abgestufte Anforderungen gelten. Auf der anderen Seite des Vergleichs könnte man den Privatfernsehsender durch einen linearen Gamingkanal, wie im oben dargestellten „PietSmietTV"-Fall,[1994] austauschen. Dieser ist durch die Beibehaltung der Abstufung nach Linearität, wie schon in

---

1991 *Europäische Kommission,* AVMS Impact Assessment, SWD(2016) 168 final, 25.05.2016, 14.

1992 *Arbeitsgemeinschaft der Landesmedienanstalten (ALM)/Direktorenkonferenz der Landesmedienanstalten (DLM),* Beitrag zur Konsultation zur Richtlinie 2010/13/ EU über audiovisuelle Mediendienste (AVMD-RL) – Eine Mediengesetzgebung für das 21. Jahrhundert, 6.07.2015 – 30.09.2015, 8; *Conseil supérieur de l'audiovisuel de la Communauté française de Belgique (CSA),* Beitrag zur Konsultation zur Richtlinie 2010/13/EU über audiovisuelle Mediendienste (AVMD-RL) – Eine Mediengesetzgebung für das 21. Jahrhundert, 6.07.2015 – 30.09.2015, 7; *ERGA,* Report on material jurisdiction in a converged environment, ERGA 2015 (12), 18.12.2015, 42; *Kluth/ Schulz,* Konvergenz und regulatorische Folgen, 2014, 14.

1993 Siehe hierzu oben unter Dritter Teil. § 2 III. 1. c).

1994 Vgl. *ZAK,* Pressemitteilung 07/2017 v. 21.03.2017, abrufbar unter: https:// www.die-medienanstalten.de/service/pressemitteilungen/meldung/news/zak-beanstandet-verbreitung-des-lets-play-angebots-pietsmiettv-per-internet-stream/ [Stand November 2018]; siehe auch oben unter Dritter Teil. § 1 IV. 4. b).

der alten Fassung der AVMD-Richtlinie, strengeren Regelungen unterworfen als ein großer On-Demand Anbieter wie Netflix und stellt nach dem Konzept der Richtlinie ein gleich regulierungsbedürftiges Angebot zur Verfügung wie ein Privatfernsehsender.

Diese Vergleichskonstellationen verdeutlichen, dass die AVMD-ÄRl das Ziel der gleichen Regulierung gleicher Dienste nicht erreicht. Die vorgesehene Abstufung geht an der Marktrealität der erfassten Angebote vorbei.[1995] Insbesondere werden die Reichweite und die Wirkintensität der Angebote sowie der damit teilweise zusammenhängende Professionalisierungsgrad der Anbieter weder vom Anwendungsbereich der Richtlinie noch von der Abstufung des Regelungsniveaus abgebildet. Das Kriterium der Linearität vermag diese Unterschiede nicht zu erfassen.[1996] Das Kriterium der Fernsehähnlichkeit, das ungeachtet seiner Probleme gerade dieser Rückkoppelung an tatsächlich miteinander konkurrierende Angebote diente,[1997] wird abgeschafft. Zur Verbesserung hinsichtlich des level playing field trägt die AVMD-ÄRl damit insgesamt nicht bei,[1998] die geplanten Regelungen sind vielmehr als partieller Rückschritt für die Schaffung gleicher Wettbewerbsbedingungen zu bewerten.

III. Strukturelles Vollzugsdefizit und nationale Regulierungsstellen

Für die Probleme im Umgang nationaler Regulierungsstellen mit redaktionell verantworteten Inhalten auf Videoplattformen[1999] könnten sich aus den Änderungen durch die AVMD-ÄRL in einzelnen Punkten Verbesserungen ergeben. Zunächst wird zumindest die Unsicherheit bei der Einstufung von Nutzerkanälen als audiovisuelle Mediendienste durch die Klarstellung in Erwägungsgrund 3 AVMD-ÄRL-V ausgeräumt.[2000] Insbesondere im Zusammenhang mit der expliziten Erweiterung des materiellen Anwendungsbereichs auf Kurzvideos und dem Wegfall des Kriteriums der Fernsehähnlichkeit[2001] betrachtet, dürfte die Prüfung für die nationalen Regulierer deutlich vereinfacht werden.

1995 So auch *Brings-Wiesen*, AfP 2016, 323 (325); *Grewenig*, MMR 2017, 649.
1996 Kritisch hierzu auch *Brings-Wiesen*, AfP 2016, 323 (325).
1997 Vgl. *Fiedler*, in: Gersdorf/Paal (Hrsg.), Beck'scher Online Kommentar zum Informations- und Medienrecht, 17. Ed. 1.08.2017, §58 RStV, Rn. 18.
1998 So auch *Grewenig*, MMR 2017, 649 f.
1999 Siehe hierzu oben unter Dritter Teil. § 1 IV. 4.
2000 Siehe hierzu oben unter Dritter Teil. § 2 III. 1. c).
2001 Art. 1 Abs. 1 lit. b AVMD-ÄRL.

Auf der anderen Seite geht mit der Klarstellung zu Nutzerkanälen ein weiterer faktischer Aufgabenzuwachs für die Regulierungsstellen einher. Zwar handelt es sich nicht per se um eine Erweiterung des Anwendungsbereichs im Vergleich zur alten Fassung der Richtlinie, jedoch ist die Auffassung der mangelnden Zuständigkeit für diese Angebote unter der AVMD-ÄRL von den nationalen Regulierern nicht mehr vertretbar. Angesichts der großen Menge von Inhalten auf Videoplattformen[2002] sind zur effektiven Ausübung der Aufsicht erhebliche Personalkapazitäten erforderlich.[2003] Die Spannbreite der derzeit bei den nationalen Regulierungsstellen vorhanden Kapazitäten reicht von 360 Angestellten in Frankreich bis zu zwei Angestellten in Island.[2004] Während der französische Regulierer mit 35 Millionen Euro jährlich ausgestattet ist, können 10 Mitgliedstaaten über weniger als eine Million Euro jährlich verfügen.[2005] In diesem Zusammenhang sind jedoch die Vorschriften zur Unabhängigkeit der nationalen Regulierungsstellen in Art. 30 AVMD-ÄRL zu berücksichtigen. Als Bedingung der effektiven Durchsetzung der Richtlinie regelt Art. 30 AVMD-ÄRL nicht nur die Trennung zwischen der Regulierungsstelle und anderen Stellen, sondern stellt auch Anforderungen an die Ausstattung der Regulierer mit finanziellen Mitteln und Personalressourcen.[2006] Die Mitgliedstaaten wären damit aus der neuen Fassung der AVMD-Richtlinie verpflichtet, ihren Regulierungsstellen entsprechend angemessene Mittel zur Bewältigung der rechtlich oder faktisch neu hinzugetretenen Aufgaben zur Verfügung zu stellen. Daraus kann zwar noch keine direkte Prognose über die praktischen Auswirkungen auf das strukturelle Vollzugsdefizit abgeleitet werden, immerhin enthält die AVMD-ÄRL jedoch Vorkehrungen zu dessen Behebung.

Schließlich muss bezüglich der Durchsetzung der Richtlinie im Umfeld von Videoplattformen noch berücksichtigt werden, dass auch die Einbeziehung der Plattformanbieter zu Erleichterungen für die Regulierungsstellen führen könnten. Wie oben ausführlich dargestellt,[2007] müssen sich alle Nutzer von Videoplattformen gegenüber dem Videoplattformdienstanbieter zur Einhaltung in

---

2002 Vgl. oben unter Erster Teil. § 1 II.
2003 Vgl. *Ruttig*, Kontrollieren die Landesmedienanstalten bald das Internet?, Legal Tribune Online v. 21.10.2015, 2; siehe auch oben unter Dritter Teil. § 1 IV. 4.
2004 *Europäische Kommission,* AVMS Impact Assessment, SWD(2016) 168 final, 25.05.2016, 43.
2005 Ebd.
2006 Art. 30 Abs. 4 AVMD-ÄRL-T; vgl. auch *Europäische Kommission,* AVMS Impact Assessment, SWD(2016) 168 final, 25.05.2016, 43.
2007 Siehe oben unter Dritter Teil. § 2 III. 3. b) cc) und Dritter Teil. § 2 III. 3. c).

den Nutzungsbedingungen festgelegter Standards hinsichtlich Jugendschutzes, Hasskommunikation und kommerzieller Kommunikation[2008] verpflichten. Insofern erfolgt auch eine eingeschränkte nachträgliche Kontrolle durch den Plattformanbieter im Fall von Hinweisen durch Dritte.[2009] Zwar bestehen diese Verpflichtungen des Plattformanbieters neben und unabhängig von der Aufsicht der Regulierungsstellen über den Teil der nutzergenerierten Inhalte, die als audiovisuelle Mediendienste einzustufen sind. Es ist jedoch nicht unwahrscheinlich, dass viele Beschwerden der Einfachheit halber zunächst über die Meldefunktionen der jeweiligen Plattform an den Plattformbetreiber gerichtet werden, bevor die im Zweifelsfall aufwändigere Beschwerde an die zuständige Aufsichtsstelle formuliert wird. Faktisch würde der Plattformanbieter so als vorgelagerte Instanz der Aufsichtsstelle fungieren und deren mengenmäßigen Arbeitsaufwand bezüglich der Videoplattform so verringern. Auf die Defizite und Bedenken bezüglich der Verpflichtungen der Videoplattformdienstanbieter wurde bereits ausführlich eingegangen.[2010] Isoliert in Bezug auf das strukturelle Vollzugsdefizit betrachtet, wäre durch die Regelungen der AVMD-ÄRL jedoch eine Verbesserung, wenn auch eher faktischer als rechtlicher Art, zu erwarten.

IV. Vereinbarkeit der Videoplattformregulierung mit der e-Commerce Richtlinie

Den potentiell positiven Auswirkungen der Videoplattformdienstregulierung auf die Rechtsdurchsetzung stehen jedoch ernste Bedenken hinsichtlich der Rechtkohärenz der Regelungen entgegen. Die zahlreichen Widersprüche und Unklarheiten der Vorschriften in Art. 28a ff. AVMD-ÄRL wurden im letzten Abschnitt bereits analysiert.[2011] Aus den geplanten Regelungen des *Parlaments* und des *Rats* geht schon nicht klar hervor, welche Dienste zukünftig als Videoplattformen gelten sollen, zudem sind die Definitionen der Aufstachelung zu Hass und Gewalt sowie die Abwägungskriterien der erforderlichen Maßnahmen der Plattformanbieter unbestimmt. Diese Bedenken wiegen umso schwerer, soweit die Kommunikationssphäre der Plattformnutzer unmittelbar von den Maßnahmen betroffen ist.[2012]

2008 Dies ist lediglich in den Fassungen von Parlament und Rat vorgesehen, hat jedoch Eingang in die Trilogfassung gefunden, vgl. dazu oben unter Dritter Teil. § 2 IV. 4.
2009 Siehe zum Konzept und den Handlungspflichten des Videoplattformdienstanbieters oben unter Dritter Teil. § 2 III. 3. b) cc) und Dritter Teil. § 2 III. 3. c).
2010 Siehe dazu oben unter Dritter Teil. § 2 III. 3. d).
2011 Siehe oben unter Dritter Teil. § 2 III. 3.
2012 Siehe hierzu unter Dritter Teil. § 2 III. 3. d).

Daneben berühren viele der direkt auf den Plattformanbieter bezogenen Verpflichtungen den Regelungsbereich der e-Commerce Richtlinie. Videoplattformen sind Dienste der Informationsgesellschaft gemäß Art. 2 lit. a e-Commerce Richtlinie in Verbindung mit Art. 1 Nr. 2 Richtlinie 98/48/EG, d.h. eine „in der Regel gegen Entgelt elektronisch im Fernabsatz und auf individuellen Abruf eines Empfängers erbrachte Dienstleistung" und fallen damit in den Anwendungsbereich der e-Commerce Richtlinie.[2013] Zudem bestehen ihre Angebote „in der Speicherung von durch einen Nutzer eingegebenen Informationen", so dass für sie das Hostingprivileg des Art. 14 Abs. 1 e-Commerce Richtlinie ebenfalls gilt.[2014]

Eine Modifikation der e-Commerce Richtlinie soll durch die AVMD-ÄRL ausdrücklich nicht vorgenommen werden.[2015] *Kommission, Parlament* und *Rat* gehen dementsprechend davon aus, dass die von ihnen jeweils vorgeschlagenen Vorschriften mit der e-Commerce Richtlinie, insbesondere den Art. 14, 15 e-Commerce Richtlinie vereinbar sind. Dies kann auch als Auslegungsmaßstab der zum Teil nicht eindeutig formulierten Pflichten herangezogen werden. In Zweifelsfällen ist die Pflicht auf ein nach der e-Commerce Richtlinie noch zulässiges Maß begrenzt.[2016] Ein Beispiel hierfür ist die Pflicht zur Kennzeichnung entwicklungsbeeinträchtigender Inhalte in der Parlamentsfassung, die nach Erwägungsgrund 9 AVMD-ÄRL-P auch für Videoplattformdienstanbieter gelten sollte. Unter Berücksichtigung des im Erwägungsgrund explizit aufgeführten Vorbehalts der Art. 14, 15 e-Commerce Richtlinie kann diese Pflicht sich nur auf eine nachträgliche Kennzeichnung einzelner Inhalte bei konkreten Hinweisen beschränken.[2017]

An diesem Beispiel lässt sich jedoch auch die Schwäche des Gesamtkonzepts der Videoplattformregulierung in den AVMD-ÄRL erkennen. Die Regelungen sollen einerseits dem effektiven Schutz vor bestimmten Inhalten dienen, sind andererseits jedoch durch die Eigenart der zu regulierenden

---

2013 *Raji*, AfP 2017, 192 (194).
2014 *Europäische Kommission*, Vorschlag für eine Richtlinie des Europäischen Parlaments und des Rates zur Änderung der Richtlinie 2010/13/EU zur Koordinierung bestimmter Rechts- und Verwaltungsvorschriften der Mitgliedstaaten über die Bereitstellung audiovisueller Mediendienste im Hinblick auf sich verändernde Marktgegebenheiten, COM(2016) 287 final, 25.05.2016, 3.
2015 Erwgr. 29 AVMD-ÄRL-V; siehe auch *Brings-Wiesen*, AfP 2016, 323 (325); *Kammerevert*, promedia 7/2016, 10 (11).
2016 *Raji*, AfP 2017, 192 (195 f.).
2017 Vgl. oben unter Dritter Teil. § 2 III. 3. b) cc).

Kommunikationsumfelder auf Videoplattformdiensten begrenzt. Der Plattformdienstanbieter als Intermediär kann nicht im selben Maß wie ein Mediendiensteanbieter die inhaltlichen Standards innerhalb seines Angebots gewährleisten und kann dazu im Übrigen gemäß Art. 15 e-Commerce Richtlinie auch nicht verpflichtet werden. Dennoch besteht ein vielfach geäußertes Bedürfnis der Mitregulierung der Anbieter.[2018] Der aus diesen Gegensätzen entstandene Kompromiss in den Art. 28a ff. AVMD-ÄRL wird keinem seiner Ziele vollends gerecht. Ein lückenloser Nutzerschutz kann unter Wahrung der e-Commerce Richtlinie nicht erreicht werden, ein restriktiveres Schutzkonzept wäre hingegen nicht lediglich in Bezug auf die e-Commerce Richtlinie problematisch, sondern auch in Hinblick auf Art. 11 GRCh sowie die Wirtschaftsfreiheiten der Anbieter nicht zu rechtfertigen.

Konsequent innerhalb des Konzepts der alten Fassung der AVMD-Richtlinie wäre gewesen, auf den jeweils redaktionell für die Inhalte verantwortlichen Nutzer zuzugreifen. Dieser Zugriff wäre natürlich beschränkt gewesen auf Nutzer, die zum einen als Anbieter audiovisueller Mediendienste anzusehen sind und zum anderen auch in den räumlichen Anwendungsbereich der AVMD-Richtlinie fallen. Auf alle verbleibenden Inhalte passt das Konzept der Richtlinie nicht. Diese Restriktionen wollten die europäischen Gesetzgeber jedoch offensichtlich nicht hinnehmen. Faktisch hat sich in diesem Bereich der Zugriff auf die der Richtlinie unterfallenden Videoplattformdienstnutzer zudem als schwierig erwiesen.[2019] Stattdessen erfolgt nun mit der AVMD-ÄRL der Zugriff nicht auf den Kommunikator, sondern auf den Intermediär.

V. Zusammenfassung der Ergebnisse

Die AVMD-ÄRL weist in allen hier untersuchten Regelungsbereichen Defizite auf. Bezogen auf den materiellen Anwendungsbereich für audiovisuelle Mediendienste lassen sich die Probleme zurückführen auf die mangelnde Berücksichtigung der Meinungsbildungsrelevanz der regulierten Angebote.[2020] Dies betrifft

---

2018 *Bundesrepublik Deutschland*, Positionspapier zur Novellierung der Audiovisuellen Mediendienste Richtlinie (AVMD), 3.11.2015, 3; *Conseil supérieur de l'audiovisuel de la Communauté française de Belgique (CSA)*, Beitrag zur Konsultation zur Richtlinie 2010/13/EU über audiovisuelle Mediendienste (AVMD-RL) – Eine Mediengesetzgebung für das 21. Jahrhundert, 6.07.2015 – 30.09.2015, 10; *Europäische Kommission*, Synopsis report of the Public consultation on Directive 2010/13/EU on Audiovisual Media Services (AVMSD) – A media framework for the 21st century, 25.05.2016, 4.
2019 Siehe zum strukturellen Vollzugsdefizit oben unter Dritter Teil. § 1 IV. 4.
2020 Siehe hierzu oben unter Dritter Teil. § 1 IV. 3.

sowohl die Merkmale der Definition audiovisueller Mediendienste als auch die Beibehaltung der Abstufung nach Linearität. Wie oben dargestellt, erfasst der erweiterte Anwendungsbereich der AVMD-ÄRL Dienste, für die nicht dasselbe Regulierungsniveau angemessen ist, wie für das lineare Fernsehen und große Online-Videotheken.[2021] Die Grenzen des sachlichen Anwendungsbereichs mögen in der Praxis einfacher als zuvor zu bestimmen sein, dies hängt aber hauptsächlich damit zusammen, dass kaum noch Bewegtbildangebote im Internet außerhalb des Anwendungsbereichs liegen.[2022] Das Regulierungskonzept bildet das Wirk- und Gefährdungspotential der Dienste in publizistischer Hinsicht nicht ab. Es entfernt sich damit gerade von dem Anknüpfungsmerkmal, das die Regulierung von Medien in offenen Netzen ohne Zugangshürden primär zu rechtfertigen vermag.[2023] Der Gewinn an Rechtsklarheit im materiellen Anwendungsbereich für audiovisuelle Mediendienste wird damit zu Lasten der Verhältnismäßigkeit der Regulierung erzielt.

Die Mehrzahl der Regelungen der AVMD-ÄRl bezieht sich auf nicht-kommunikationsbezogene[2024] Schutzziele. Zum einen sollen die wirtschaftliche Konkurrenz zwischen bisher regulierten Angeboten und bisher unregulierten Angeboten berücksichtigt und die Wettbewerbsbedingungen angenähert werden, zum anderen sollen bestimmte Personengruppen vor schädlichen oder verletzenden Inhalten geschützt werden. In dieser Dimension lassen sich sowohl die restriktiveren Regelungen für nichtlineare Dienste begreifen, als auch die für Videoplattformdienste vorgesehenen Vorschriften. Beispiele hierfür sind unter anderem die Vereinheitlichung der Jugendschutzvorschriften für alle audiovisuellen Mediendienste[2025] sowie die (indirekte) Übertragung der Werbevorschriften auf nutzergenerierte Inhalte auf Videoplattformen[2026]. Im Fall der Videoplattformen ist das vorgesehene Regulierungskonzept von Widersprüchen und Unklarheiten beherrscht, die bereits Zweifel an der Vereinbarkeit mit dem Bestimmtheitsgebot hervorgerufen haben.[2027] Zusätzlich widersprechen die

---

2021 Siehe hierzu oben unter Dritter Teil. § 3 II.
2022 Siehe oben unter Dritter Teil. § 3 I. 2.
2023 Siehe hierzu oben unter Erster Teil. § 2 II. 2.
2024 Siehe zur Systematisierung der Regulierungsziele grundlegend oben unter Erster Teil. § 2 I.
2025 Vgl. Art. 6a Abs. 1 AVMD-ÄRL-T; siehe hierzu auch oben unter Dritter Teil. § 2 III. 2. b).
2026 Vgl. Art. 28b Abs. 2 AVMD-ÄRL-T.
2027 *European Digital Rights (EDRi)*, Analysis on the CULT compromise on Art. 28a of the draft Audiovisual Media Services Directive (AVMSD) proposal, 13.04.2017, 2.

auferlegten Pflichten dem Charakter des Plattformanbieters als Intermediär und durchbrechen den eigentlich auf die Kommunikatoren bezogenen Ansatz der AVMD-Richtlinie,[2028] während die Effektivität der Vorkehrungen für die verfolgten Schutzziele bestenfalls zweifelhaft ist. Der Rückgriff auf Intermediäre kommt einer Kapitulation vor den Herausforderungen der Konvergenz und speziell der nutzergenerierten Inhalte gleich, denen die europäische Medienregulierung zwar rechtlich, die nationalen Regulierer faktisch jedoch nicht gewachsen sind.

Übergeordnet stellt sich die Frage, ob die nicht-kommunikationsbezogenen Schutzvorschriften überhaupt der Regelung innerhalb der medienspezifischen Regulierung der AVMD-Richtlinie bedürfen. Hierauf wird im Zusammenhang mit den Regelungsalternativen im folgenden Kapitel einzugehen sein. An dieser Stelle ist hingegen festzuhalten, dass im Rahmen der Reform eine Schieflage zwischen der auf wirtschaftlichen und nicht-kommunikationsbezogenen Bedürfnissen fußenden Regulierung und ihrem kommunikationsbezogenen publizistischen Gegenstück entstanden ist. Die im zweiten Teil der Untersuchung verdeutlichten Probleme der AVMD-Richtlinie in ihrer geltenden Fassung werden durch die Reformvorschläge nicht angemessen gelöst. Ebenso sind maßgebliche Ziele des Anforderungshorizonts nicht erfüllt. Ein Fortschritt für die Regulierung der Medien in konvergenten Umgebungen kann hierin insgesamt nicht gesehen werden.[2029]

2028 So auch *Dies.*, AVMS Directive: It isn't censorship if the content is mostly legal, right?, 27.04.2017.
2029 So auch *Brings-Wiesen*, AfP 2016, 323 (325).

Vierter Teil. Entwicklung von Regulierungsalternativen für hybride Online-Bewegtbildangebote

An die im dritten Teil der Untersuchung herausgearbeiteten Defizite[2030] der Reformvorschläge zur AVMD-Richtlinie schließt sich Frage nach Regelungsalternativen an. Die im zweiten Teil der Arbeit verdeutlichten Probleme[2031] im Zusammenhang mit dem materiellen Anwendungsbereich der Richtlinie für nichtlineare Dienste sowie das im Rahmen der Reformdebatte vorgebrachte Reformbedürfnis[2032] in mehreren Bereichen sind dabei ebenso zu berücksichtigen, wie der im dritten Teil grundlegend definierte Anforderungshorizont[2033] für die Reform. Ziel dieses Abschnitts ist die Entwicklung eines an die alte Fassung und die Reformvorschläge zur AVMD-Richtlinie anknüpfenden Konzeptes für die europäische Regulierung audiovisueller Mediendienste mit Schwerpunkt auf dem materiellen Anwendungsbereich der Regelungen.

Als Grundlage dieses Konzeptes sollen zum einen die Perspektiven anderer Staaten auf die regulatorische Bewältigung der Medienkonvergenzentwicklung, zum anderen verschiedene in der deutschen Literatur entwickelte Ansätze zur Medienregulierung dienen. Diese Perspektiven sind abschließend auf den europäischen Rechtsrahmen zu übertragen und mit diesem in Einklang zu bringen.

§ 1 Untersuchungen zum Umgang mit konvergenten Mediendiensten aus Großbritannien, Australien und Neuseeland

Großbritannien,[2034] Australien[2035] und Neuseeland[2036] haben zwischen 2012 und 2013 jeweils eigene, jedoch auf einander Bezug nehmende Untersuchungen zur

---

2030 Siehe oben unter Dritter Teil. § 3.
2031 Siehe oben unter Zweiter Teil. § 3.
2032 Siehe die Zusammenfassung oben unter Dritter Teil. § 1 III.
2033 Siehe zum Anforderungshorizont oben unter Dritter Teil. § 1 IV.
2034 *UK House of Lords – Select Committee on Communications*, Media Convergence, 2nd Report of Session 2012–13, HL Paper 154, 27.03.2013.
2035 *Australian Government*, Convergence Review, Final Report, March 2012; *Finkelstein/Ricketson*, Report of Independent Inquiry into the Media and Media Regulation, 28.02.2012.
2036 *New Zealand Law Commission*, The news media meets "new media": rights, responsibilities and regulation in the digital age, Law Commission Report 128, 22.03.2013.

Regulierung konvergenter Medien unternommen. Die folgende Darstellung der zentralen Ergebnisse dieser Untersuchungen ist auf drei für die Übertragung auf die AVMD-Richtlinie relevante Aspekte zu begrenzen: Welche Dienste und Kommunikatoren sollen von den Regelungen erfasst sein, nach welchen Kriterien sind die erfassten Dienste abzugrenzen und an welche Faktoren knüpft das (gegebenenfalls unterschiedliche) Regelungsniveau an?

I. Hintergrund

Die bisher im Rahmen dieser Arbeit dargestellte Diskussion um Medienkonvergenz betrifft spezifisch und ausschließlich die Regulierung audiovisueller Medien und bezieht sich unmittelbar auf die europäische AVMD-Richtlinie. Den Bezugsrahmen für die Regulierung stellen dabei getreu der Entstehungsgeschichte[2037] der Richtlinie stets die Grundprinzipien der Rundfunkregulierung dar, wenn auch in teils angepasster und abgestufter Form. Die im Folgenden aufgegriffenen Untersuchungen aus Großbritannien, Australien und Neuseeland hingegen haben einen anderen Schwerpunkt. Sie lassen sich grob in zwei Kategorien unterteilen, deren Grenzen jedoch angesichts der sich überlappenden Untersuchungsgegenstände verschwimmen. Auf der einen Seite sind direkt oder indirekt an die britische Leveson Inquiry[2038] angelehnte Untersuchungen zu nennen, die sich zentral mit der Regulierung der Presse beschäftigen.[2039] Daneben wurden Untersuchungen zum allgemeinen regulatorischen Umgang mit konvergenten Medien angestrengt, die sich nicht ausschließlich auf die Presse oder Nachrichtenmedien beziehen.[2040] Im Zentrum stehen jedoch nicht (ausschließlich) Bedenken hinsichtlich mangelnder Standards der „rundfunkähnlichen" Medien sondern vielmehr

---

2037 Siehe hierzu oben unter Zweiter Teil. § 1 I.
2038 *Leveson*, An Inquiry into the Culture, Practice, and Ethics of the Press, Report, Volume I, HC 780-I, November 2012, 4 f.
2039 *Finkelstein/ Ricketson*, Report of Independent Inquiry into the Media and Media Regulation, 28.02.2012; *New Zealand Law Commission*, The news media meets "new media": rights, responsibilities and regulation in the digital age, Law Commission Report 128, 22.03.2013.
2040 *Australian Government*, Convergence Review, Final Report, March 2012; *UK House of Lords – Select Committee on Communications*, Media Convergence, 2nd Report of Session 2012–13, HL Paper 154, 27.03.2013.

Reformüberlegungen zur Regulierung der Presse- und journalistischen Tätigkeit.

1. Die britische Leveson Inquiry als Ausgangspunkt

Einen bedeutsamen Ausgangspunkt dieser Reformüberlegungen stellt die britische Leveson Inquiry[2041] dar. Der Berichterstatter, *Lord Justice Leveson*, wurde im Jahr 2011 beauftragt, die Arbeitsweise, Berufskultur und Berufsethik der Presse in Großbritannien zu untersuchen und auf Grundlage der Ergebnisse Empfehlungen für die zukünftige Regulierung der Presse zu entwickeln.[2042] Ausgelöst wurde die Leveson Inquiry durch verschiedene Skandale im Zusammenhang mit unethischem oder rechtswidrigem Verhalten britischer Journalisten und Medienhäuser.[2043] Routinemäßige Verstöße gegen Datenschutzvorschriften und wiederholte unautorisierte Zugriffe auf Mobiltelefone verschiedener Prominenter und Mitglieder der königlichen Familie durch Journalisten wurden in den Jahren vor der Untersuchung öffentlich bekannt,[2044] ohne dass die betroffenen Zeitungen dies jedoch als strukturelles Problem anerkannten.[2045] Ein 2011 aufgedeckter Einzelfall des „Telefon-Hackings" rief jedoch schließlich derartige öffentliche Empörung hervor, dass die verantwortliche Boulevardzeitung, News of the World, vom News Corp Konzern eingestellt wurde.[2046] Mitarbeiter der News of the World hatten sich im Jahr 2002 unbefugt Zugang zur Mobiltelefon-Mailbox der als vermisst gemeldeten und später tot aufgefundenen Minderjährigen Milly Dowler verschafft, auf Grundlage der so erlangten Informationen irreführende Hinweise veröffentlicht und die noch laufende Polizeiuntersuchung gestört.[2047]

2041 *Leveson*, An Inquiry into the Culture, Practice, and Ethics of the Press, Report, Volume I, HC 780-I, November 2012, 4 f.
2042 Ebd.
2043 *Märten*, Die Vielfalt des Persönlichkeitsschutzes, 2015, 508.
2044 *Link*, epd medien Nr. 49 2012, 11 f.; *Märten*, Die Vielfalt des Persönlichkeitsschutzes, 2015, 508.
2045 *Leveson*, An Inquiry into the Culture, Practice, and Ethics of the Press, Executive Summary, November 2012, Rn. 20 ff.
2046 Ebd., Rn. 28.
2047 Ebd.; vgl. hierzu *Davies/Hill*, Missing Milly Dowler's Mailbox was hacked by News of the World, The Guardian v. 4.07.2011, abrufbar unter: https://www.theguardian.com/uk/2011/jul/04/milly-dowler-voicemail-hacked-news-of-world [Stand November 2018].

Dieser Fall wird als einer der entscheidenden Faktoren zur Einsetzung der Leveson Inquiry angesehen.[2048]
Im 2012 veröffentlichten Abschlussbericht der Inquiry setzt sich *Leveson* zentral mit der institutionellen Umstrukturierung der Presseregulierung in Großbritannien auseinander. Entworfen wird ein anreizbasiertes, freiwilliges Selbstregulierungsmodell[2049] auf gesetzlicher Grundlage,[2050] dessen Organe unabhängig von Presse und Regierung besetzt werden sollen[2051].[2052] Inhaltliche Vorgaben für die Pressetätigkeit werden in *Levesons* Bericht hingegen nicht behandelt, die Festlegung dieser Standards soll allein Aufgabe des vorgeschlagenen Selbstregulierungsorgans bleiben.[2053] Verstöße gegen den Kodex des Selbstregulierers sollen jedoch mit hohen Sanktionen geahndet werden können.[2054] Zum Teil wurden *Levesons* Empfehlungen – trotz massiver Kritik an der damit nach einer Ansicht einhergehenden Einschränkung der Pressefreiheit[2055] – durch die Royal Charter on Self-Regulation of the Press[2056] im Jahr 2013 umgesetzt,[2057] die die Voraussetzungen zur Anerkennung eines Selbstregulierers normiert.[2058]

2048 *Flew/Swift*, Regulating journalists? The Finkelstein Review, the Convergence Review, and News Media Regulation in Australia, Journal of Applied Journalism & Media Standards 2013, 181 f.; *Rowbottom/Young*, Journal of Media Law Special Issue: Media Law after Leveson, 2013 (Vol. 5)/2, 167.
2049 *Leveson*, An Inquiry into the Culture, Practice, and Ethics of the Press, Executive Summary, November 2012, Rn. 51, 65 ff.; siehe auch *Tomlinson*, The New UK Model of Press Regulation, LSE Media Policy Brief 12, 2014, 9.
2050 *Leveson*, An Inquiry into the Culture, Practice, and Ethics of the Press, Executive Summary, November 2012, Rn. 72.
2051 Ebd., Rn. 59.
2052 *Märten*, Die Vielfalt des Persönlichkeitsschutzes, 2015, 509.
2053 *Leveson*, An Inquiry into the Culture, Practice, and Ethics of the Press, Executive Summary, November 2012, Summary of Recommendations Rn. 7 f.; *Tomlinson*, The New UK Model of Press Regulation, LSE Media Policy Brief 12, 2014, 11.
2054 *Leveson*, An Inquiry into the Culture, Practice, and Ethics of the Press, Executive Summary, November 2012, Summary of Recommendations Rn. 19.
2055 *Link*, epd medien Nr. 49 2012, 11 (13); siehe auch *Barendt*, Journal of Media Law Special Issue: Media Law after Leveson, 2013 (Vol. 5)/2, 189 (194 ff.).
2056 UK Royal Charter on Self-Regulation of the Press, 30.10.2013, abrufbar unter: https://www.gov.uk/government/uploads/system/uploads/attachment_data/file/254116/Final_Royal_Charter_25_October_2013_clean__Final_.pdf [Stand November 2018].
2057 *Tomlinson*, The New UK Model of Press Regulation, LSE Media Policy Brief 12, 2014, 5.
2058 Ebd., 5, 10 f.

2. Grundlegende Ansätze der Untersuchungen

Erwägungen zur Medienkonvergenz finden sich in *Levesons* Bericht nicht.[2059] Die an die britische Untersuchung anknüpfenden Berichte aus Australien und Neuseeland setzen sich hingegen auch mit der übergeordneten Frage auseinander, welche Erscheinungsformen der Presse in die Reformüberlegungen einzubeziehen sind.[2060] Die einleitend umrissene Konvergenzentwicklung der Medien[2061] ist kein europäisches sondern ein internationales Phänomen, das die Medienmärkte in anderen Staaten ebenso betrifft.[2062] Die Berichtsformen von Presse und Rundfunk verschwimmen im Bereich des Internets miteinander,[2063] so dass beides nicht mehr klar voneinander zu unterscheiden ist.[2064] Der gesetzliche Regulierungsrahmen hat auf diese Veränderungen jedoch noch nicht angemessen reagiert.[2065] Gleiche Inhalte unterliegen auf unterschiedlichen Verbreitungswegen voneinander abweichenden Standards.[2066] Dies führt zum gleichen Grundkonflikt in der Behandlung von Online-Inhalten, der auch die europäische Diskussion beherrscht: Sind die Inhalte eher nach dem Modell der traditionell staatlich unregulierten[2067] Presse oder nach dem Modell des Rundfunks

---

2059 *New Zealand Law Commission*, The news media meets "new media": rights, responsibilities and regulation in the digital age, Law Commission Report 128, 22.03.2013, Rn. 5.29.
2060 *Finkelstein/ Ricketson*, Report of Independent Inquiry into the Media and Media Regulation, 28.02.2012, Rn. 11.65 ff.; *New Zealand Law Commission*, The news media meets "new media": rights, responsibilities and regulation in the digital age, Law Commission Report 128, 22.03.2013, Rn. 1.65, 2.55.
2061 Siehe hierzu oben unter Erster Teil. § 1.
2062 *Flew/Swift*, Regulating journalists? The Finkelstein Review, the Convergence Review, and News Media Regulation in Australia, Journal of Applied Journalism & Media Standards 2013, 181.
2063 *UK House of Lords – Select Committee on Communications*, Media Convergence, 2nd Report of Session 2012-13, HL Paper 154, 27.03.2013, 5.
2064 *New Zealand Law Commission*, The news media meets "new media": rights, responsibilities and regulation in the digital age, Law Commission Report 128, 22.03.2013, Rn. 1.4.
2065 *UK House of Lords – Select Committee on Communications*, Media Convergence, 2nd Report of Session 2012-13, HL Paper 154, 27.03.2013, 5.
2066 *New Zealand Law Commission*, The news media meets "new media": rights, responsibilities and regulation in the digital age, Law Commission Report 128, 22.03.2013, Rn. 2.55.
2067 *Finkelstein/ Ricketson*, Report of Independent Inquiry into the Media and Media Regulation, 28.02.2012, Rn. 7.1; *Flew/Swift*, Regulating journalists? The Finkelstein Review, the Convergence Review, and News Media Regulation in Australia, Journal

zu behandeln?²⁰⁶⁸ Zentrales Ziel der Reformansätze ist die Entwicklung von Aufsichtsstrukturen, die den Besonderheiten der erfassten Medien Rechnung tragen und insbesondere die Freiheit der Presse von staatlicher Aufsicht erhalten.²⁰⁶⁹ Im Kern knüpft die in den verschiedenen Untersuchungen angestrengte Kategorisierung der erfassten Medien an deren öffentliche Aufgabe an. Statt zur Abgrenzung der Presse an deren Darbietungsform festzuhalten, wird sie funktional,²⁰⁷⁰ ähnlich wie mit der vom *EGMR* verwendete Figur des „öffentlichen Wachhunds",²⁰⁷¹ mit der besonderen öffentlichen Funktion²⁰⁷² zur Vermittlung von Informationen und Kontrolle der Regierung definiert.²⁰⁷³ Als Oberbegriff für die betroffene Mediengattung wird von „news media"²⁰⁷⁴ oder Nachrichtenmedien gesprochen. Alle Angebote, die dieser Funktion dienen, sollen unabhängig von ihrer Form und ihrem Verbreitungsweg grundsätzlich einheitlich behandelt werden.²⁰⁷⁵ Losgelöst vom Begriff der Nachrichtenmedien liegt ein ähnliches Prinzip auch dem australischen Convergence Review zugrunde. Die

---

of Applied Journalism & Media Standards 2013, 181 (186 ff.); *New Zealand Law Commission*, The news media meets "new media": rights, responsibilities and regulation in the digital age, Law Commission Report 128, 22.03.2013, Rn. 4.13.; *Tomlinson*, The New UK Model of Press Regulation, LSE Media Policy Brief 12, 2014, 5.

2068 *New Zealand Law Commission*, The news media meets "new media": rights, responsibilities and regulation in the digital age, Law Commission Report 128, 22.03.2013, Rn. 4.13 ff.

2069 *Finkelstein/ Ricketson*, Report of Independent Inquiry into the Media and Media Regulation, 28.02.2012, Rn. 2.94; *New Zealand Law Commission*, The news media meets "new media": rights, responsibilities and regulation in the digital age, Law Commission Report 128, 22.03.2013, Rn. 7.14 ff.; *Tomlinson*, The New UK Model of Press Regulation, LSE Media Policy Brief 12, 2014, 9.

2070 Siehe zum „funktionalen Rundfunkbegriff" *Gournalakis*, ZUM 2003, 180 (184 ff.).

2071 Vgl. statt vieler *EGMR*, Urt. v. 10.12.2007, Rs. Nr. 69698/01, Rn. 110 = NJW-RR 2008, 1141 (1144).

2072 *Finkelstein/ Ricketson*, Report of Independent Inquiry into the Media and Media Regulation, 28.02.2012, Rn. 2.90.

2073 *New Zealand Law Commission*, The news media meets "new media": rights, responsibilities and regulation in the digital age, Law Commission Report 128, 22.03.2013, Rn. 1.8.

2074 Ebd.

2075 *Finkelstein/ Ricketson*, Report of Independent Inquiry into the Media and Media Regulation, 28.02.2012, Rn. 11.34; *New Zealand Law Commission*, The news media meets "new media": rights, responsibilities and regulation in the digital age, Law Commission Report 128, 22.03.2013, Rn. 2.59 ff.

Kategorisierung erfolgt dort anhand des Einflusspotentials der jeweiligen Angebote.[2076]

Im Unterschied zur europäischen Diskussion halten die Untersuchungen dabei größtenteils nicht an der Unterscheidung verschiedener Publikationsformen fest.[2077] Während in Europa nur über die Aufgabe oder Abstufung der Differenzierung zwischen verschiedenen Kategorien audiovisueller Medien diskutiert wird,[2078] insbesondere die Trennung zwischen linearen und nichtlinearen audiovisuellen Inhalten, gehen die Konzepte aus Neuseeland und Australien weit darüber hinaus und stellen die regulatorische Differenzierung zwischen audiovisuellen Inhalten und textbasierten oder gedruckten Inhalten grundlegend in Frage. Während die europäische Reform der AVMD-Richtlinie zur Übertragung rundfunkähnlicher Standards auf zusätzliche Angebote führt,[2079] weist die vorgeschlagene Neujustierung des Regulierungsniveaus in den Untersuchungen aus Neuseeland und Australien eher eine Tendenz in Richtung der Presse auf. Statt nach „fernsehähnlichen"[2080] Inhalten wird dort nach „presseähnlichen" Angeboten gesucht. Die Untersuchungen bilden daher zusammengenommen einen wichtigen Gegenentwurf zum europäischen Umgang mit der Konvergenzentwicklung der Medien.

a) Finkelstein Report (AU)

In Australien wurde durch die britische Leveson Inquiry eine eigene Untersuchung zur Presseregulierung ausgelöst,[2081] deren Ergebnisse im sogenannten Finkelstein Report,[2082] benannt nach dem Hauptautor der Untersuchung, zusammengefasst sind. Anders als in Großbritannien blieb die australische Untersuchung jedoch nicht auf die (gedruckte) Presse beschränkt.[2083] Die Leitfrage der Untersuchung war die Angemessenheit und Effektivität des aktuellen Systems der Presseregulierung in Australien und insbesondere dessen Ausdehnung auf bisher nicht erfasste[2084] Publikationen im Internet.[2085] Dabei beschäftigt sich der

---

2076 *Australian Government*, Convergence Review, Final Report, March 2012, 10.
2077 Ebd., 107.
2078 Siehe hierzu oben unter Dritter Teil. § 1 II. 1.
2079 Vgl. oben unter Dritter Teil. § 3 I. 2.
2080 Vgl. Erwgr. 24, Art. 1 Abs. 1 lit. b AVMD-Richtlinie; siehe grundlegend auch oben unter Zweiter Teil. § 1 III. 4. a).
2081 *Finkelstein/ Ricketson*, Report of Independent Inquiry into the Media and Media Regulation, 28.02.2012, Rn. 1.5.
2082 Ebd.
2083 Ebd., Rn. 6.1. ff.
2084 Ebd., Rn. 6.
2085 Ebd., Rn. 1.2.

Bericht jedoch auch mit der Regulierung des Rundfunks und entwickelt einen Vorschlag zur Regelung aller Nachrichteninhalte.[2086]

b) Law Commission Report (NZ)

Die *New Zealand Law Commission*, ein unabhängiges Beratungsorgan für Rechtsreformen in Neuseeland,[2087] veröffentlichte ein Jahr nach dem australischen Finkelstein Report ebenfalls einen Bericht zur Regulierung von Nachrichtenmedien (Law Commission Report).[2088] Im Kontext des neuseeländischen Rechts haben diese „news media" einen besonderen, gegenüber herkömmlichen Bürgern privilegierten, rechtlichen Status.[2089] Zu den besonderen Rechten der Nachrichtenmedien gehören etwa Zugangsrechte,[2090] Gewährleistungen zum Schutz journalistischer Quellen[2091] oder auch Publikationsprivilegien durch Ausnahmebestimmungen im Bereich des Datenschutzes[2092]. Mit den diesen Medien eingeräumten Privilegien gehen jedoch gleichsam auch besondere Pflichten einher.[2093]

Unter den Begriff der Nachrichtenmedien fielen in der analogen Medienwelt die öffentlich-rechtlichen und privaten Rundfunkveranstalter und Verleger,[2094] die Nachrichtensendungen ausstrahlen oder Tageszeitungen drucken.[2095] Sie sind daher ansatzweise mit dem europäischen Begriff der Massenmedien[2096] vergleichbar. Abgrenzungsprobleme ergaben sich diesbezüglich nicht, da die Medien anhand ihrer Verbreitungswege klar einzuordnen waren.[2097] Die Leitfragen des Berichts betreffen zum einen die Ausdehnung des Begriffs der Nachrichtenmedien auf Online-Angebote, die bisher nicht erfasst sind, zum anderen die Abgrenzung dieser neu definierten Nachrichtenmedien von anderen

---

2086 Ebd., Rn. 11.44 ff.
2087 *New Zealand Law Commission*, The news media meets "new media": rights, responsibilities and regulation in the digital age, Law Commission Report 128, 22.03.2013, ii.
2088 Ebd.
2089 Ebd., Rn. 2.1 ff.
2090 Ebd., Rn. 2.8 ff.
2091 Ebd., Rn. 2.13 f.
2092 Ebd., Rn. 2.17.
2093 Ebd., Rn. 1.8.
2094 Ebd., Rn. 3.2.
2095 Ebd., Rn. 3.50.
2096 Vgl. Erwgr. 21 AVMD-Richtlinie.
2097 *New Zealand Law Commission*, The news media meets "new media": rights, responsibilities and regulation in the digital age, Law Commission Report 128, 22.03.2013, Rn. 3.2.

Kommunikatoren[2098] und die Angleichung der bisher uneinheitlichen[2099] inhaltlichen Standards.[2100]

c) Convergence Review (AU)

Zusätzlich zum Nachrichtenmedien-spezifischen Finkelstein Report führte die *australische Regierung* auch eine allgemeine Konvergenzuntersuchung durch, die ebenfalls im Jahr 2012 veröffentlicht wurde (Convergence Review).[2101] Der auf den traditionellen Kategorien Rundfunk und Telekommunikation beruhende nationale Rechtsrahmen sollte dabei auf seinen Anpassungsbedarf vor dem Hintergrund der konvergenten Medienentwicklung überprüft werden.[2102] Die Leitfragen der Untersuchung waren die Ermittlung und Definition von Regulierungsadressaten[2103] und plattformübergreifenden Inhaltsstandards[2104]. Die Ergebnisse der Untersuchung verfolgen grundsätzlich einen deregulierenden Ansatz[2105] und sind auf die vollständige Überarbeitung des damaligen australischen Medienregulierungssystems ausgerichtet. Statt punktueller Anpassungen der jeweiligen Rechtsrahmen für unterschiedliche Medienkategorien werden diese zugunsten eines auf Meinungsbildungspotential basierenden Ansatzes aufgegeben, der nur die wichtigsten Kommunikatoren unabhängig vom jeweiligen Verbreitungsweg[2106] ihrer Inhalte erfassen soll.[2107]

d) Convergence Report (UK)

Das *Select Committee on Communications* des Oberhauses des britischen Parlaments veröffentlichte im März 2013 ebenfalls einen Bericht zur Medienkonvergenz (Convergence Report).[2108] Die Rahmenbedingungen der britischen Untersuchung sind geprägt von den zeitgleichen Reformüberlegungen zur Presseregulierung durch die Leveson Inquiry, mit denen die Vorschläge vereinbar

---

2098 Ebd., Rn. 1.65, 2.55.
2099 Ebd., Rn. 9.
2100 Ebd., Rn. 1.65, 2.55.
2101 *Australian Government*, Convergence Review, Final Report, March 2012.
2102 Ebd., VII.
2103 Ebd., VIII f.
2104 Ebd., X.
2105 Ebd., 1.
2106 Ebd., 107.
2107 Ebd., 7 f.
2108 *UK House of Lords – Select Committee on Communications*, Media Convergence, 2nd Report of Session 2012–13, HL Paper 154, 27.03.2013.

sein sollten.[2109] Die Leitfragen des Berichts betreffen unter anderem die inhaltlichen Standards verschiedener Medien sowie die darauf gerichtete Erwartungshaltung des Publikums.[2110] Eine radikale Neukonzeption der Regulierung wird dabei zugunsten eines integrativen Ansatzes abgelehnt.[2111]

II. Zentrale Ergebnisse

Aufgrund der unterschiedlichen Ausrichtungen der Untersuchungen, mit Fokus auf die Presse oder mit Fokus auf Medienkonvergenz allgemein, werden nicht in allen Fällen mit dem materiellen Anwendungsbereich der AVMD-Richtlinie vergleichbare Medienkategorien für die Regulierung entwickelt und voneinander abgegrenzt. Insbesondere die an die Leveson Inquiry angelehnten Untersuchungen aus Australien und Neuseeland betrachten von vornherein nur einen inhaltsbasierten Ausschnitt aus dem medialen Gesamtangebot. Keine der Untersuchungen bezieht sich spezifisch auf audiovisuelle Inhalte. Dennoch ist es für den späteren Vergleich und die weitere Betrachtung relevant, welche Anknüpfungspunkte für die jeweils zu regulierenden Angebote gewählt werden, und nach welchen Kriterien diese gegebenenfalls unterschiedlich intensiv reguliert werden sollen.

1. Regulierungsadressaten und Abgrenzungskriterien

a) Convergence Review und Convergence Report

Der im australischen Convergence Review ausgearbeitete Vorschlag zur Neuordnung des Medienregulierungssystem ist unter den hier betrachteten Untersuchungsergebnissen mit Abstand der revolutionärste Ansatz und gleichzeitig die konsequenteste Antwort auf die Herausforderungen der Medienkonvergenz. Im Mittelpunkt der Überlegungen steht das Meinungsbildungspotential der regulierten Angebote.[2112] Der Regulierungsrahmen müsse statt an die Verbreitungsart der Angebote an deren Größenordnung und Inhalt anknüpfen.[2113] Dies spiegele auch angemessen die Erwartungshaltung der Mediennutzer wieder.[2114] Die Regulierung solle daher in Zukunft auf zentrale, große Kommunikatoren beschränkt werden.[2115] Diese sogenannten bedeutenden

---

2109 Ebd., Rn. 9.
2110 Ebd., Rn. 4, 14.
2111 Ebd., Rn. 6.
2112 *Australian Government*, Convergence Review, Final Report, March 2012, 7.
2113 Ebd.
2114 Ebd., 10.
2115 Ebd.

Inhaltsanbieter[2116] stellen eine einzige Kategorie von Medien, ungeachtet ihrer Angebotsform, dar und werden maßgeblich durch drei Faktoren charakterisiert: die Kontrolle über die von ihnen angebotenen Inhalte, ihre hohe Nutzerreichweite innerhalb Australiens sowie hohe Einnahmen durch das Inhaltsangebot innerhalb Australiens.[2117]

Die Kontrolle des Anbieters über die Inhalte erfasst nach dem Konzept der Untersuchung ausschließlich professionelle Inhalte und soll auch der Abgrenzung zu nutzergenerierten Amateurinhalten dienen.[2118] Auf Plattformen für nutzergenerierte Inhalte sei die Kontrolle des Plattformanbieters typischerweise auf die Möglichkeit der nachträglichen Löschung von Inhalten beschränkt.[2119] Wenn der Plattformanbieter allerdings Vereinbarungen mit professionellen Anbietern trifft, die gegen finanzielle Beteiligung ihre Inhalte auf der Plattform bereitstellen, könne gegebenenfalls auf Grundlage dieser Vereinbarungen ebenfalls das erforderliche Maß an Kontrolle des Plattformanbieters erreicht werden.[2120]

Die quantitativen Voraussetzungen, Nutzerzahlen und Einnahmen der Inhalteanbieter, sollen jeweils bezogen auf den gesamten Konzern beziehungsweise die hinter einzelnen Angeboten stehende Muttergesellschaft ermittelt werden.[2121] Die Mindestgrenze soll dabei so hoch angesetzt werden, dass nur die relevantesten Unternehmen erfasst sind.[2122] Der Vorschlag des Berichts sieht Grenzwerte von mindestens 50 Millionen Australische Dollar (AUD) jährlicher Einnahmen in Australien sowie 500.000 australische Zuschauer beziehungsweise Nutzer monatlich vor.[2123] Zum Zeitpunkt des Berichts 2012 erfüllten nach Schätzung der Autoren etwa 15 Unternehmensgruppen in Australien diese Voraussetzungen.[2124] Die Grenzwerte sollen jedoch je nach Erkenntnisstand des zuständigen Regulierers in der Zukunft angepasst werden können.[2125]

Im Rahmen des britischen Berichts zur Medienkonvergenz wählte der zuständige Ausschuss hingegen einen auf den bisherigen Medienkategorien aufbauenden Ansatz. Nach Meinung des *Committee* wäre die Halbwertszeit

---

2116 „significant content service enterprises", Ebd.
2117 Ebd.
2118 Ebd., 11.
2119 Ebd.
2120 Ebd.
2121 Ebd.
2122 Ebd., 12.
2123 Ebd.
2124 Ebd.
2125 Ebd., 13.

jeder Neubildung von Medienkategorien durch die technische Dynamik ausgesprochen begrenzt.[2126] Statt für begrenzte Zeit schlussrichtige Kategorien um ihrer selbst willen festzulegen,[2127] soll grundsätzlich die Erwartungshaltung der Mediennutzer als Ausgangspunkt der Regulierung genutzt werden.[2128] Die Vorschläge des Medienkonvergenz-Berichts setzen daher nicht auf Ebene der Regulierungskategorien an, sondern graduell auf Ebene der Regulierungsintensität.[2129] Rundfunk, Presse und Abrufdienste sollen weiterhin parallel reguliert werden.[2130] Mittelbar werden jedoch an die Inhalte anknüpfende Unterscheidungen vorgenommen. Als „Unterkategorien" sind hierbei Inhalte der öffentlich-rechtlichen Rundfunkanbieter, Nachrichteninhalte, andere fernsehähnliche Inhalte und sonstige Inhalte zu differenzieren.[2131] Auf materielle Abgrenzungskriterien geht der Bericht dabei nicht ein, sondern knüpft stattdessen an das europäische Verständnis der Fernsehähnlichkeit an.[2132]

b) Definition und Abgrenzung von Nachrichtenmedien

Die neuseeländische *Law Commission* grenzt die Reichweite ihrer Vorschläge materiell von vornherein nur auf bestimmte Medien ein, die jedoch nicht notwendigerweise audiovisuell sind. Zentral ist dabei die Bestimmung des Begriffs der „news media". Diese unterscheiden sich von anderen Kommunikatoren durch die herausgehobene Rolle, die sie für die gesellschaftliche und politische Informationsvermittlung spielen.[2133] Im Gegensatz zu „nachrichtenähnlichen" Aktivitäten, wie Aktivismus und Propaganda,[2134] zeichnen sie sich durch ein gewisses Maß an Zuverlässigkeit in der Berichterstattung aus, die auf angemessen neutraler Informationssammlung und Faktenüberprüfung beruht sowie

---

2126 *UK House of Lords – Select Committee on Communications*, Media Convergence, 2nd Report of Session 2012–13, HL Paper 154, 27.03.2013, Rn. 21.
2127 Ebd.
2128 Ebd., Rn. 30, 38.
2129 Ebd., Rn. 49.
2130 Ebd., Rn. 47.
2131 Ebd., Rn. 55.
2132 Ebd., Rn. 23.
2133 *New Zealand Law Commission*, The news media meets "new media": rights, responsibilities and regulation in the digital age, Law Commission Report 128, 22.03.2013, Rn. 3.22; siehe auch *Finkelstein/ Ricketson*, Report of Independent Inquiry into the Media and Media Regulation, 28.02.2012, Rn. 2.90.
2134 *New Zealand Law Commission*, The news media meets "new media": rights, responsibilities and regulation in the digital age, Law Commission Report 128, 22.03.2013, Rn. 3.23.

faktisch richtig und fair ist.[2135] Die *Law Commission* definiert daher Nachrichtenmedien nicht anhand von Kommunikatoren oder der Größe des Publikums, sondern anhand der Qualität der Inhalte.[2136] Nachrichtenmedien sind Medien, die zu einem bedeutsamen Teil Nachrichten, Informationen und Meinungen mit aktuellem Bezug erstellen oder sammeln und diese regelmäßig und nicht nur sporadisch an ein öffentliches Publikum verbreiten.[2137] Zudem muss der Verantwortliche sich einem Ethikkodex und einem Beschwerdeverfahren unterwerfen.[2138] Die Definition bleibt daher nicht auf die traditionellen Hauptakteure der Nachrichtenverbreitung beschränkt, sondern stellt vielmehr auf die Bereitschaft des jeweilig Verantwortlichen ab, festgelegte inhaltliche Standards einzuhalten, um so in den Genuss der mit der Einstufung als Nachrichtenmedium verbundenen Privilegien zu kommen.[2139] Abzugrenzen sind Nachrichten von Unterhaltungssendungen durch die Präsentation faktischer Informationen unter Einbeziehung realer Personen.[2140] Davon sind unter anderem auch Dokumentationen erfasst.[2141]

Der australische Finkelstein Report knüpft an den neuseeländischen Vorschlag der *Law Commission* zur Definition von Nachrichtenmedien an, der bereits vor Abschluss des Berichts 2013 in einem vorbereitenden Dokument veröffentlicht wurde[2142].[2143] Das im Finkelstein Report entworfene System zur Regulierung von Nachrichtenmedien soll ebenfalls alle Autoren in allen Medienformen und auf allen Plattformen[2144] erfassen, die zu einem bedeutsamen Teil Nachrichten, Informationen und Meinungen mit aktuellem Bezug erstellen oder sammeln und diese regelmäßig und nicht nur sporadisch an ein öffentliches Publikum verbreiten.[2145] Anders als in Neuseeland entfiele dabei in Australien das zentrale Erfordernis der freiwilligen Unterwerfung unter einen Ethikkodex, der im

---

2135 Ebd., Rn. 3.54.
2136 Ebd., Rn. 3.60.
2137 Ebd., Rn. 3.101.
2138 Ebd.
2139 Ebd., Rn. 3.90 ff.
2140 Ebd., Rn. 7.39.
2141 Ebd., Rn. 7.40.
2142 *New Zealand Law Commission*, The news media meets "new media": rights, responsibilities and regulation in the digital age, Law Commission Issues Paper 27, 2011.
2143 *Finkelstein/ Ricketson*, Report of Independent Inquiry into the Media and Media Regulation, 28.02.2012, Rn. 11.63 ff.
2144 Ebd., Rn. 9.
2145 Ebd., Rn. 11.65 ff.

australischen System nach *Finkelstein* verbindlich ausgestaltet wird.[2146] Zudem werden quantitative Mindestanforderungen an die Reichweite der Publikationen definiert. Gedruckte Presseprodukte mit einer Auflage von unter 3000 Kopien werden ebenso aus der Definition ausgeschlossen wie Online-Publikationen mit weniger als 15.000 Zugriffen pro Jahr.[2147]

2. Abstufung der Regulierungsintensität und inhaltliche Standards

a) Convergence Report

Der britische Bericht zur Medienkonvergenz nimmt für sich in Anspruch, den Ausgleich zwischen vollständig auf informierten Entscheidungen der Mediennutzer beruhender Liberalisierung einerseits und paternalistisch strengen Vorgaben andererseits zu bewältigen.[2148] Zwar wird die Erwartungshaltung der Mediennutzer als ein Ausgangspunkt der Regulierungsintensität definiert,[2149] diese beruhe laut den Ergebnissen einer im Bericht zitierten Studie[2150] jedoch zunehmend auf anderen Faktoren als die derzeitige Medienregulierung.[2151] Eine zentrale Rolle spiele dabei etwa der jeweilige Kommunikator der Inhalte, soweit es sich um eine bekannte Marke oder einen Rundfunkanbieter handelt.[2152]

Die erste Stufe der im Bericht vorgeschlagenen Anpassungen des Regulierungssystems bezieht sich daher auf Kommunikatoren, die auf verschiedenen Übertragungswegen unter derselben Marke Inhalte anbieten.[2153] Zunächst sollen Rundfunklizenzen zukünftig derart erteilt werden, dass die vom jeweiligen Rundfunkveranstalter unter derselben Marke auf anderen Verbreitungswegen angebotenen Inhalte den gleichen Bedingungen unterliegen, wie sein lineares Programmangebot.[2154] Zusätzlich sollen Anreize für Anbieter fernsehähnlicher Internetinhalte wie Netflix gesetzt werden, sich diesen Standards freiwillig

---

2146 Ebd., Rn. 11.66.
2147 Ebd., Rn. 11.67.
2148 *UK House of Lords – Select Committee on Communications*, Media Convergence, 2nd Report of Session 2012–13, HL Paper 154, 27.03.2013, Rn. 15.
2149 Ebd., Rn. 4.
2150 *Ipsos MORI*, Protecting audiences in a converged world, Deliberative research report, 25.01.2012.
2151 *UK House of Lords – Select Committee on Communications*, Media Convergence, 2nd Report of Session 2012–13, HL Paper 154, 27.03.2013, Rn. 24 ff.
2152 Ebd., Rn. 25, 52.
2153 Ebd., Rn. 51 f.
2154 Ebd.

ebenfalls zu unterwerfen.[2155] Im Gegenzug könne ihnen eine Art Gütesiegel verliehen werden, das zur Gewinnung des Nutzervertrauens werbewirksam eingesetzt werden könnte.[2156]

Auf der zweiten Stufe des britischen Vorschlags werden vier sogenannte Regulierungsbereiche behandelt, bei denen es sich jedoch im Kern um Inhaltekategorien handelt.[2157] Die Inkongruenz der Anforderungen für Rundfunk, Presse und Onlineinhalte wird im Bereich der Nachrichteninhalte als besonders problematisch identifiziert. Für den Rundfunk galten zum Zeitpunkt des Berichts – ähnlich wie oben für Deutschland dargestellt[2158] – Neutralitäts- und Ausgewogenheitserfordernisse, die kein Gegenstück für Presse und Internet aufweisen.[2159]

Die erste Gruppe der Inhalte wird anhand der öffentlich-rechtlichen Rundfunkanbieter als Kommunikatoren definiert.[2160] Für diese sollen hohe inhaltliche Standards beibehalten werden, so dass sie als Maßstab für andere Inhalteanbieter und Zuschauer fungieren können.[2161] Im Zusammenhang mit dem Vorschlag der Übertragung des Regulierungsrahmens für lineare Angebote auf nichtlineare Inhalte des selben Kommunikators würde der öffentlich-rechtliche Rundfunk diese Funktion sowohl online als auch offline erfüllen.

Als zweite Gruppe werden private Fernsehinhalte und fernsehähnliche Inhalte, bei denen es sich jedoch nicht um Nachrichten handelt, behandelt.[2162] Lineare und nichtlineare Dienste sollen innerhalb dieser Kategorie gleich geregelt werden, das Regulierungsniveau soll sich zwischen den zum damaligen Zeitpunkt für Rundfunk und für On-Demand-Dienste maßgeblichen Vorschriften bewegen.[2163] Statt einer Zulassung soll für all diese nicht öffentlich-rechtlichen Angebote lediglich eine Anzeige erforderlich sein.[2164]

Gesonderte Erwägungen werden daneben für Nachrichteninhalte getroffen.[2165] Die Berichterstatter schlagen vor, die verschiedenen Ausgewogenheitsstandards

---

2155 Ebd., Rn. 53 f.
2156 Ebd., Rn. 54.
2157 Ebd., Rn. 55 ff.
2158 Siehe oben unter Erster Teil. § 2 III.
2159 *UK House of Lords – Select Committee on Communications*, Media Convergence, 2nd Report of Session 2012–13, HL Paper 154, 27.03.2013, Rn. 27.
2160 Ebd., Rn. 58 ff.
2161 Ebd., Rn. 59.
2162 Ebd., Rn. 63 ff.
2163 Ebd., Rn. 73 f.
2164 Ebd., Rn. 84.
2165 Ebd., Rn. 110 ff.

für Presse und Rundfunk größtenteils aufzugeben.[2166] Die Trennung der Verbreitungswege könne kein Anhaltspunkt mehr für die Erwartungshaltung der Nachrichtenkonsumenten sein.[2167] Lediglich der öffentlich-rechtliche Rundfunk soll die bisherigen, hohen Ausgewogenheits- und Neutralitätsanforderungen weiterhin einhalten.[2168]

Zum letzten Bereich, den sonstigen Inhalten im offenen Internet, schlägt der Bericht die Einbeziehung von Intermediären in die Bekämpfung illegaler Inhalte vor.[2169] Während der Zugriff auf die Vielzahl von Inhaltsanbietern unter anderem oft an der fehlenden räumlichen Zuständigkeit scheitere, vermittle eine überschaubare Anzahl von Intermediären für den Großteil der Nutzer den Zugang zu diesen Inhaltsanbietern.[2170] Soweit sich diese Intermediäre freiwillig auf die Einhaltung bestimmter Standards einließen, sei damit ein weitreichender, wenn auch nicht lückenloser, Schutz der Nutzer zu erreichen.[2171] Der verbleibende Rest problematischer Inhalte müsse insofern hingenommen werden, insbesondere die begrenzte räumliche Reichweite jeder gesetzlichen Regelung dürfe nicht mit unverhältnismäßigen Mitteln kompensiert werden.[2172]

b) Insbesondere Nachrichtenmedien

Das von der *New Zealand Law Commission* entworfene Regulierungsmodell für Nachrichtenmedien sieht zwischen den verschiedenen Nachrichtenanbietern und Verbreitungswegen keine explizite Abstufung vor, sondern soll gerade der Vereinheitlichung der besonderen inhaltlichen Standards für diese Unterkategorie der Medien dienen. Allerdings betrifft das System auch nur einen in zweierlei Hinsicht begrenzten Ausschnitt der Regulierung dieser Angebote. Zum einen bleibt es auf nach den oben aufgeführten Kriterien definierte Nachrichtenmedien[2173] begrenzt und schließt alle anderen Veröffentlichungsformen, insbesondere Unterhaltungsangebote,[2174] aus. Zum anderen wird von der *Law Commission* kein abschließendes Regulierungssystem für die erfassten

---

2166 Ebd., Rn. 114.
2167 Ebd., Rn. 115.
2168 Ebd., Rn. 110.
2169 Ebd., Rn. 127 ff.
2170 Ebd., Rn. 127.
2171 Ebd.
2172 Ebd., Rn. 37.
2173 *New Zealand Law Commission*, The news media meets "new media": rights, responsibilities and regulation in the digital age, Law Commission Report 128, 22.03.2013, Rn. 3.101.
2174 Ebd., Rn. 7.36 ff.

Gesamtangebote vorgesehen, sondern lediglich die spezifisch mit der Nachrichtentätigkeit verbundenen Privilegien und Pflichten werden behandelt. Die Angebote würden zusätzlich nicht nur dem allgemeinen Recht unterliegen, sondern hinsichtlich der übrigen Tätigkeit auch dem jeweils für die Angebotsform einschlägigen, nationalen Medienrecht, etwa den Rundfunkgesetzen.[2175] Eine Abstufung der Regulierungsintensität ergibt sich aus dem Vorschlag der *New Zealand Law Commission* insofern mittelbar zwischen Nachrichteninhalten und allen übrigen Inhalten. Konkret sollen die nachrichtenspezifischen Aspekte der Regulierung von einer neuen, einheitlichen Regulierungsstelle durchgeführt werden,[2176] die unabhängig vom Staat und der Industrie einzurichten ist.[2177] Diese Regulierungsstelle soll auf Grundlage eines von ihr zu erstellenden Kodex über Verstöße der Nachrichtenanbieter und Beschwerden Dritter entscheiden.[2178] Innerhalb des Kodex können nach Vorstellung der *Law Commission* allerdings Abstufungen zwischen verschiedenen Medienarten und Kommunikatoren vorgesehen werden.[2179] Als Beispiel nennt der Bericht die Veröffentlichungen von Nachrichtenbeiträge von Bloggern, die nicht in jedem Fall denselben Ausgewogenheitsanforderungen unterliegen sollen wie etwa solche des öffentlich-rechtlichen Rundfunks.[2180] Zu bedenken sei bei dieser Abstufung jedoch auch, dass die Unterwerfung unter den Kodex vollständig freiwillig geschieht und diejenigen, die sich durch die Standards in ihrer Tätigkeit eingeschränkt sehen, auf die Mitgliedschaft verzichten können.[2181]

Die hinter dem australischen Finkelstein Report zur Regulierung von Nachrichtenmedien stehende Idee entspricht in den meisten Punkten dem neuseeländischen Vorschlag. Im Zentrum des Systems steht ebenfalls eine einheitliche staatliche Regulierungsstelle, der *News Media Council*,[2182] der für Nachrichteninhalte auf allen Plattformen[2183] die Aufsicht über Einhaltung der journalistischen Standards[2184] wahrnimmt sowie als Beschwerdestelle[2185] fungiert. Besonderheiten

---

2175 Ebd., Rn. 7.44.
2176 Ebd., Rn. 7.7 ff.
2177 Ebd., Rn. 7.24.
2178 Ebd., Rn. 7.46 ff.
2179 Ebd., Rn. 7.60.
2180 Ebd.
2181 Ebd.
2182 *Finkelstein/ Ricketson*, Report of Independent Inquiry into the Media and Media Regulation, 28.02.2012, Rn. 11.44 ff.
2183 Ebd., Rn. 11.35.
2184 Ebd., Rn. 11.52.
2185 Ebd., Rn. 11.70 ff.

der einzelnen Verbreitungswege sollen vom *News Media Council* bei der Festlegung der journalistischen Mindeststandards berücksichtigt werden,[2186] insofern ist eine gewisse Abstufung innerhalb des Systems vorgesehen, jedoch nicht inhaltlich festgelegt. Im Unterschied zum Vorschlag der *Law Commission* soll die Zuständigkeit des Regulierers auf gesetzlicher Zuweisung beruhen und nicht auf freiwilliger Mitgliedschaft der einzelnen Anbieter.[2187] Für die bisher lediglich der Selbstregulierung der Industrie unterfallende Presse ist dies eine erhebliche Veränderung des Regulierungsrahmens durch die Einführung staatlich veranlasster Aufsicht.[2188]

c) Modularer Ansatz des Convergence Review

Das im Rahmen des australischen Convergence Review entworfene Regulierungssystem knüpft, wie oben dargestellt, zentral an die Eigenschaft als bedeutsamer Inhalteanbieter an.[2189] Je nach Regulierungsbereich werden jedoch auch andere Medienanbieter in die Regelungen einbezogen oder die Regelungen aus dem Medienrecht ins allgemeine Recht verlagert. Insofern ist der australische Ansatz – in Anlehnung an die Formulierung im deutschen Konvergenzgutachten[2190] – als modular zu bezeichnen, da je nach Regulierungsbereich und Schutzziel verschiedene Anbieter nach verschiedenen Kriterien in den Geltungsbereich der Regelungen einbezogen werden.

Ein Beispiel ist der Bereich des Medienkonzentrationsrechts.[2191] Hier soll speziell die Meinungsvielfalt auf lokalen Medienmärkten erhalten werden, indem eine Mindestanzahl von hinter den verfügbaren Angeboten stehenden Kommunikatoren vorgeschrieben wird.[2192] In diesem Zusammenhang wird die Definition bedeutsamer Inhalteanbieter[2193] modifiziert. Die zuständige Regulierungsstelle kann die Geltung auf Anbieter von Nachrichten und Kommentaren erstrecken, die auf einem lokalen Markt eine vom Regulierer festzulegende Mindestanzahl von Nutzern erreichen, auch wenn sie nicht die quantitativen Voraussetzungen

---

2186 Ebd., Rn. 11.52.
2187 Ebd., Rn. 11.66.
2188 Ebd., Rn. 9, 11.32.
2189 *Australian Government*, Convergence Review, Final Report, March 2012, 10.
2190 *Kluth/Schulz*, Konvergenz und regulatorische Folgen, 2014, 81; vgl. näher oben unter Dritter Teil. § 1 II. 2. b) bb).
2191 *Australian Government*, Convergence Review, Final Report, March 2012, 18 ff.
2192 Die genaue Mindestgrenze ist vom zuständigen Regulierer für den jeweiligen Markt zu bestimmen, Ebd., 21.
2193 Vgl. Ebd., 10.

für national bedeutsame Inhalteanbieter erfüllen.[2194] Die Anforderungen an die Reichweite der Angebote ist dabei hoch genug anzusetzen, um nur einflussreiche Medienanbieter zu erfassen.[2195]

Eine weitere Modifikation der erfassten Inhalteanbieter wird für die Förderung australischer Film- und Fernsehproduktionen vorgeschlagen, die durch vorgeschriebene Beiträge und Investitionen bestimmter Inhalteanbieter sichergestellt werden soll.[2196] Die Beitrags- und Investitionspflicht wird allerdings nicht allen bedeutsamen Inhalteanbietern auferlegt, sondern lediglich einer Untergruppe, die weitere Voraussetzungen erfüllt. Zum einen müssen die Angebote „professionelle, fernsehähnliche Fernsehdramen, Dokumentationen oder Inhalte für Kinder"[2197] enthalten, zum anderen wird die Mindestgrenze für jährliche Einnahmen von 50 Millionen AUD auf 200 Millionen AUD erhöht und so nur die finanzstärksten Anbieter in die Förderung einbezogen.[2198]

Bezüglich inhaltlicher Standards sieht das australische Modell mehrere Abstufungen vor.[2199] Unter die inhaltlichen Standards fallen hauptsächlich nicht-kommunikationsbezogene Schutzziele wie die Verhinderung rechtswidriger Inhalte, Jugendschutz und der Schutz der Persönlichkeitsrechte Dritter.[2200] Grundlegend sind zunächst bedeutsame Inhaltsanbieter von allen anderen Medienanbietern zu unterscheiden. Während für erstere an die damalige Rundfunkregulierung angelehnte Vorschriften und zusätzliche Pflichten etwa in Bezug auf Inhalte für Kinder gelten,[2201] unterfallen alle anderen Inhaltsanbieter, die mangels entsprechender Reichweite oder Einnahmen nicht als bedeutsam eingestuft werden, zunächst nur den Vorschriften des allgemeinen Rechts, wie beispielsweise dem Äußerungsrecht und Ehrschutz oder auch Werbeverboten für bestimmte Produkte.[2202] Sie können sich jedoch freiwillig bestimmten Standards des Regulierers anschließen oder Selbstregulierungskodizes entwickeln.[2203] Zuständig für die Aufsicht, Durchsetzung und Beschwerdeverfahren[2204] bezüglich aller

---

2194 Ebd., 21.
2195 Ebd.
2196 Ebd., 66 ff.
2197 Ebd., 66.
2198 Ebd., 67.
2199 Ebd., 41, 107.
2200 Ebd., 37.
2201 Ebd., 38.
2202 Ebd., 41.
2203 Ebd., 38.
2204 Ebd., 42 f.

nicht-kommunikationsbezogener Inhaltsstandards soll die neu zu errichtende, einheitliche Kommunikations-Regulierungsstelle[2205] sein.[2206] Zusätzlich zu den Verpflichtungen aus dem allgemeinen Recht müssen alle Medienanbieter die Auflagen zur Alterseinstufung von Inhalten beachten. Diese waren Gegenstand einer separaten Untersuchung durch die australische *Law Reform Commission*.[2207] Die Pflicht zur Alterseinstufung knüpft dabei allgemein an bestimmte Merkmale der Inhalte an, nicht aber an die verantwortlichen Kommunikatoren oder den jeweiligen Verbreitungsweg. Sie besteht plattformübergreifend[2208] für an die Öffentlichkeit gerichtete[2209] Spielfilme, Fernsehsendungen und Computerspiele.[2210] Problematisch ist jedoch die Definition der Inhaltskategorien, die der Bericht weitestgehend offenlässt. Vorgesehen ist der Ausschluss von nutzergenerierten Kurzinhalten aus der Definition.[2211] Der Begriff der Fernsehsendung soll sich jedenfalls nicht auf den Verbreitungsweg beziehen.[2212]

Die Inhalte müssen zudem kommerziell produziert und verbreitet werden.[2213] Diese Voraussetzungen sind kumulativ zu verstehen und sollen Amateurproduktionen und nicht-kommerzielle nutzergenerierte Inhalte, die zwar auf kommerziellen Plattformen bereitgestellt werden, jedoch nicht mit Gewinnerzielungsabsicht produziert wurden, von der Einstufungspflicht ausnehmen.[2214] Schließlich werden von der Pflicht zur Alterseinstufung noch alle Inhalte ausgeschlossen, die keine ausreichend große Reichweite beim australischen Publikum haben,[2215] wobei die genaue Festlegung der zahlenmäßigen Grenzen dem Gesetzgeber überlassen wird.[2216] Intermediäre, wie Hosts und Zugangsanbieter sind von der Einstufungspflicht ebenfalls befreit.[2217] Die Zuständigkeit für die Aufsicht im Bereich der Alterseinstufung wird dem neu zu errichtenden

---

2205 Ebd., 15 f.
2206 Ebd., 38.
2207 *Australian Government – Australian Law Reform Commission*, Classification – Content Regulation and Convergent Media, Final Report, February 2012, ALRC Report 118, 2012.
2208 Ebd., Rn. 6.17.
2209 Ebd., Rn. 6.77 ff.
2210 Ebd., Rn. 6.24.
2211 Ebd., Rn. 6.33.
2212 Ebd., Rn. 6.34.
2213 Ebd., Rn. 6.55 ff.
2214 Ebd., Rn. 6.63.
2215 Ebd., Rn. 6.65 ff.
2216 Ebd., 6.73.
2217 *Australian Government*, Convergence Review, Final Report, March 2012, 131.

Kommunikationsregulierer zugewiesen.[2218] Die Einstufungsentscheidungen sollen jedoch von einem zusätzlichen *Classification Board* innerhalb dieses Regulierers getroffen werden.[2219]

Kommunikationsbezogene inhaltliche Standards werden innerhalb des Convergence Review nur in Bezug auf Nachrichteninhalte adressiert.[2220] Hierbei werden die Ergebnisse des Finkelstein Report in das Konzept einbezogen. Insbesondere soll angelehnt an dessen Empfehlungen ein unabhängiges Selbstregulierungsorgan für die Aufsicht im Bereich Nachrichten und Kommentare ausschließlich zuständig sein,[2221] der damit der Zuständigkeit des allgemeinen Kommunikationsregulierers vollständig entzogen wird.[2222] Die Mitgliedschaft in diesem Regulierer und damit die Unterwerfung unter dessen Standards für Nachrichteninhalte soll für bedeutsame Inhalteanbieter, deren Inhaltsangebote Nachrichten enthalten, verpflichtend sein.[2223] Davon ausgenommen werden lediglich die öffentlich-rechtlichen Rundfunkanbieter, die eigenen, gesonderten Verpflichtungen unterliegen.[2224] Alle anderen Anbieter von Nachrichteninhalten, die nicht die Voraussetzungen für die Einstufung als bedeutsame Inhalteanbieter erfüllen, sollen angeregt werden, sich der Selbstregulierung freiwillig anzuschließen.[2225] Eine Pflicht hierzu besteht jedoch – im Unterschied zu den Vorschlägen des Finkelstein Reports[2226] – nicht.[2227] Allerdings werden, ähnlich wie im Vorschlag der *Law Commission* aus Neuseeland, rechtliche Privilegierungen für Nachrichtenmedien von der Mitgliedschaft abhängig gemacht.[2228] Die niedrigen quantitativen Grenzen zur Einstufung als Nachrichtenmedium des Finkelstein Report werden vom Convergence Review nicht übernommen.[2229]

2218 Ebd., 38.
2219 Ebd.
2220 Ebd., 37 f.
2221 Ebd., 50 f.
2222 Ebd., 37.
2223 Ebd.
2224 Ebd., 52.
2225 Ebd., 38.
2226 *Finkelstein/ Ricketson*, Report of Independent Inquiry into the Media and Media Regulation, 28.02.2012, Rn. 11.66.
2227 *Australian Government*, Convergence Review, Final Report, March 2012, 51, 155.
2228 Ebd., 51.
2229 Ebd., 52, 155.

III. Systematisierung und Vergleich

Bei der Betrachtung der Untersuchungsergebnisse ist zunächst allgemein zu berücksichtigen, dass diese im zeitlichen Kontext vor 2013 nicht die heutige Bedeutung der großen Video-on-Demand Anbieter, wie Netflix, und Videoplattformen für nutzergenerierte Inhalte, wie YouTube, abbilden können. Seit 2013 hat sich die Menge der bei YouTube pro Minute hochgeladenen Videoinhalte vervierfacht,[2230] Netflix ist in Großbritannien erst seit 2012 verfügbar,[2231] in Australien und Neuseeland trat Netflix sogar erst 2015 auf den Markt.[2232] Die Rahmenbedingungen auf dem Markt für Bewegtbildangebote haben sich daher im Vergleich zum Zeitpunkt der Untersuchungen deutlich verändert. Dies führt jedoch nicht etwa dazu, dass die Ergebnisse und Vorschläge der Untersuchungen irrelevant geworden sind. Der regulatorische Umgang mit Medienkonvergenz ist beherrscht vom Problem der mangelnden Vorhersehbarkeit der Marktentwicklung.[2233] Jeder Regelungsvorschlag nimmt implizit für sich in Anspruch, „zukunftssicher" auf diese Entwicklungen reagieren zu können. Die Zukunftssicherheit der Vorschläge von vor 2013 lässt sich aus heutiger Perspektive zumindest ansatzweise beurteilen, was vorsichtige Prognosen für ihre Geeignetheit für die kommenden Jahre erlaubt.

Eine große Einschränkung ist allerdings der Betrachtung voran zu stellen. Alle hier dargestellten Untersuchungen sind als rein akademische Beiträge zur Regulierungsdebatte zu verstehen. Mit Ausnahme der Leveson Inquiry[2234]

2230 *Brouwer*, YouTube Now Gets Over 400 Hours of Content Uploaded Every Minute, tubefilter v. 26.07.2015, abrufbar unter: http://www.tubefilter.com/2015/07/26/YouTube-400-hours-content-every-minute/ [Stand November 2018]; *Robertson*, 300+ Hours of Video Uploaded to YouTube every Minute, tubularinsights v. 21.11.2014, abrufbar unter: http://tubularinsights.com/YouTube-300-hours/ [Stand November 2018].

2231 *BBC News*, Netflix launches UK film and TV streaming service, BBC News v. 8.03.2012, abrufbar unter: http://www.bbc.com/news/technology-16467432 [Stand November 2018].

2232 *Netflix*, Netflix to launch in Australia and New Zealand in March 2015, Pressemitteilung v. 18.11.2014, abrufbar unter: https://web.archive.org/web/20141129032333/https://pr.netflix.com/WebClient/getNewsSummary.do?newsId=1751 [Stand November 2018].

2233 *Holznagel*, in: Eifert/Hoffmann-Riem (Hrsg.), Innovation, Recht und öffentliche Kommunikation, 2011, 97 (98); *Szpunar*, Schlussanträge v. 1.7.2015, Rs. C-347714, Rn. 2.

2234 Teilweise umgesetzt durch die Royal Charter on Self-Regulation of the Press, vgl. oben unter Vierter Teil. § 1 I. 1.

wurden in keinem der drei Staaten die Vorschläge im Rahmen kohäsiver Reformen umgesetzt. Die *neuseeländische Regierung* lehnte in ihrer Antwort[2235] zum Bericht der *Law Commission* die Aufgabe der Trennung zwischen der Regulierung von Rundfunk und Printmedien ab.[2236] Der Ersatz durch die Trennung zwischen Nachrichtenmedien und Unterhaltung[2237] würde nicht unbedingt der Erwartungshaltung und dem Mediennutzungsverhalten der Zuschauer entsprechen.[2238] Zudem bestanden Zweifel hinsichtlich des Entzugs der Medienprivilegien für Kommunikatoren, die sich dem System nicht freiwillig anschließen.[2239] Insgesamt zog die Regierung das weitere Abwarten und Beobachten der Marktentwicklung der Implementierung der Vorschläge der *Law Commission* vor,[2240] zumal das in sich geschlossene Konzept nicht in einzelnen Punkten, sondern nur vollständig zu adaptieren gewesen wäre.[2241] Das innovative Konzept des australischen Convergence Review konnte sich ebenfalls nicht durchsetzen, entsprechende Gesetzesinitiativen scheiterten 2013 im australischen Parlament.[2242] Seit 2016, vier Jahre nach Veröffentlichung des Berichts, befindet sich zwar eine Reform der australischen Mediengesetze im Gesetzgebungsverfahren, diese nimmt sich jedoch nur einzelner Punkte, insbesondere im Bereich des Medienkonzentrationsrechts,[2243] an und lässt das Kernkonzept der „bedeutsamen Inhalteanbieter"[2244] außer Acht.[2245]

2235 *New Zealand Government*, Government Response to Law Commission report on "The news media meets 'new media': rights, responsibilities and regulation in the digital age" v. 12.09.2013.
2236 Ebd., 7.
2237 Ebd., 6.
2238 Ebd., 7.
2239 Ebd., 8.
2240 Ebd., 10.
2241 Ebd., 5.
2242 *Fernandez*, The Finkelstein Inquiry: Miscarried Media Regulation Moves Miss Golden Reform Opportunity, Western Australian Jurist, Vol. 4 (2013), 23 (53 ff.).
2243 *Australian Ministers for the Department of Communications and the Arts*, Modernising Australian media laws, Pressemitteilung v. 1.03.2016, abrufbar unter: https://www.minister.communications.gov.au/minister/mitch-fifield/news/modernising-australian-media-laws [Stand November 2018].
2244 Siehe oben unter Vierter Teil. § 1 II. 1. a).
2245 *Dean*, Why media reform in Australia has been so hard to achieve, The University of Sydney News v. 12.05.2017, abrufbar unter: http://sydney.edu.au/news-opinion/news/2017/05/12/why-media-reform-in-australia-has-been-so-hard-to-achieve.html [Stand November 2018].

Im Kontext der vorliegenden Arbeit können die Ergebnisse und Konzepte aus Großbritannien, Australien und Neuseeland ohnehin nur in abstrahierter Form als Grundlage der weiteren Ausarbeitung dienen. Die Spezifika der nationalen Rechtslage in den jeweiligen Staaten sowie die überwiegend politischen Faktoren,[2246] die der Umsetzung der Vorschläge entgegenstanden, sind hierfür nicht weiter relevant.

1. Abstraktion der Anknüpfungspunkte der Untersuchungen

Den Untersuchungen liegen bestimmte gemeinsame Prämissen zugrunde. Diese betreffen die Rechtfertigungslogik zur Regelung der jeweils erfassten Sachverhalte und Tätigkeiten. Zum einen wird die Vorstellung von der alleinigen Sonderrolle des Rundfunks und das darauf beruhende höhere Regelungsbedürfnis in Frage gestellt[2247] und – mit Ausnahme des britischen Convergence Reports[2248] – aufgegeben.[2249] In der Konsequenz müssen andere Kriterien zur Identifizierung der besonders regulierungsbedürftigen Medien entwickelt werden. Dies sollen nach den gemeinsamen Ergebnissen der Untersuchungen alle Medien sein, die eine hervorgehobene Rolle für die Meinungsbildung spielen. Diese Rolle wiederum bestimmt sich entweder nach der Art ihrer Tätigkeit und den angebotenen Inhalten oder nach ihrer allgemeinen Größe und Bedeutung im Vergleich zum gesamten Medienmarkt. Auf die Inhalte bezogen soll der Nachrichtenvermittlung eine Sonderrolle zukommen.[2250] Die den Medien klassisch zugeschriebene öffentliche Funktion und Aufgabe[2251] wird im Rahmen der Bereitstellung dieser

---

2246 Ebd.; *Fernandez*, The Finkelstein Inquiry: Miscarried Media Regulation Moves Miss Golden Reform Opportunity, Western Australian Jurist, Vol. 4 (2013), 23 (53 ff.).

2247 *Australian Government*, Convergence Review, Final Report, March 2012, 6; *New Zealand Law Commission*, The news media meets "new media": rights, responsibilities and regulation in the digital age, Law Commission Report 128, 22.03.2013, Rn. 5.8, 7.140 ff.

2248 *UK House of Lords – Select Committee on Communications*, Media Convergence, 2nd Report of Session 2012–13, HL Paper 154, 27.03.2013, Rn. 47.

2249 *Australian Government*, Convergence Review, Final Report, March 2012, 7; *Finkelstein/ Ricketson*, Report of Independent Inquiry into the Media and Media Regulation, 28.02.2012, Rn. 11.34; *New Zealand Law Commission*, The news media meets "new media": rights, responsibilities and regulation in the digital age, Law Commission Report 128, 22.03.2013, Rn. 4.18, 5.126.

2250 *New Zealand Law Commission*, The news media meets "new media": rights, responsibilities and regulation in the digital age, Law Commission Report 128, 22.03.2013, Rn. 3.86.

2251 *Finkelstein/ Ricketson*, Report of Independent Inquiry into the Media and Media Regulation, 28.02.2012, Rn. 2.90.

Inhalte, in Abgrenzung zu Unterhaltungsinhalten[2252] und nachrichtenähnlichen Tätigkeiten,[2253] ausgeübt.[2254] Unabhängig davon, ob Nachrichteninhalte in Textform oder in Form von Bewegtbildern vermittelt werden,[2255] sollen sie daher besonderen Regeln unterliegen.[2256] Dies kann im Einzelnen für die betroffenen Anbieter eine Deregulierung oder auch eine Anhebung des Regulierungsniveaus nach sich ziehen, je nachdem ob sie zuvor den Vorschriften für den Rundfunk oder für die Presse unterfielen. Die in den Untersuchungen zentral behandelte Frage der Aufsichtsstruktur über Nachrichtenmedien wird jedoch in Anlehnung an die Presseregulierung zugunsten von Selbstregulierungsorganen beantwortet.[2257]

Im Einzelnen knüpft der britische Convergence Report sowohl an den Kommunikator und die an ihn gerichtete Erwartungshaltung der Zuschauer an,[2258] als auch sekundär zur Abstufung der Regelungen an die vermittelten Inhalte in den Kategorien Nachrichten, fernsehähnliche Inhalte und sonstige Inhalte.[2259] Der australische Convergence Review hingegen setzt ein zentral auf Meinungsbildungsrelevanz und der Erwartungshaltung der Zuschauer basierendes Konzept deutlich konsequenter um. Die Sonderregulierung wird auf die größten und einflussreichsten Kommunikatoren beschränkt.[2260] Statt einem ganzen Medium

---

2252 *New Zealand Law Commission*, The news media meets "new media": rights, responsibilities and regulation in the digital age, Law Commission Report 128, 22.03.2013, Rn. 7.39.
2253 Ebd., Rn. 3.23, 3.54.
2254 Ebd., Rn. 3.22.
2255 *Finkelstein/ Ricketson*, Report of Independent Inquiry into the Media and Media Regulation, 28.02.2012, Rn. 11.34; *New Zealand Law Commission*, The news media meets "new media": rights, responsibilities and regulation in the digital age, Law Commission Report 128, 22.03.2013, Rn. 4.18, 5.126.
2256 *New Zealand Law Commission*, The news media meets "new media": rights, responsibilities and regulation in the digital age, Law Commission Report 128, 22.03.2013, Rn. 3.88.
2257 *Australian Government*, Convergence Review, Final Report, March 2012, 50 f.; *Finkelstein/ Ricketson*, Report of Independent Inquiry into the Media and Media Regulation, 28.02.2012, Rn. 11.26; *New Zealand Law Commission*, The news media meets "new media": rights, responsibilities and regulation in the digital age, Law Commission Report 128, 22.03.2013, Rn. 7.160.
2258 *UK House of Lords – Select Committee on Communications*, Media Convergence, 2nd Report of Session 2012–13, HL Paper 154, 27.03.2013, Rn. 51 f.
2259 Ebd., Rn. 55 ff.
2260 *Australian Government*, Convergence Review, Final Report, March 2012, 7, 12.

beziehungsweise einem bestimmten Verbreitungsweg besondere Meinungsbildungsrelevanz zu unterstellen, wird diese für die einzelnen Marktteilnehmer nach objektivierbaren Kriterien der Reichweite und des wirtschaftlichen Erfolgs bemessen.[2261]

Der auf Nachrichtenmedien beschränkte Bericht der neuseeländischen *Law Commission* knüpft zur Ermittlung der Regulierungsadressaten einzig an die Nachrichtenqualität der von einzelnen Kommunikatoren angebotenen Inhalte an. Die Besonderheit des neuseeländischen Konzepts liegt darüber hinaus in der Freiwilligkeit[2262] der vorgeschlagenen Regulierung. Soweit ein Anbieter selbst entscheidet, sich dem Regulierer, dessen Ethikkodex und Beschwerdeverfahren unterwerfen zu wollen, gilt er als Nachrichtenanbieter und erlangt im Austausch für die Selbstverpflichtung bestimmte auf Nachrichtenmedien beschränkte rechtliche Privilegien.[2263] Anforderungen an die Größe des Angebots bestehen daneben nicht.[2264] Dies wiederum ist der entscheidende Unterschied zwischen den Vorschlägen der *Law Commission* und dem australischen Finkelstein Report. Letzterer knüpft alle regulatorischen Folgen ebenfalls an die Einstufung von Kommunikatoren als Nachrichtenanbieter.[2265] Obwohl die Definition der Nachrichtenmedien weitgehend identisch bleibt, fehlt dem Modell von *Finkelstein* das im neuseeländischen Konzept zentrale Element[2266] der Freiwilligkeit.[2267] Alle Angebote, die unter die sehr breite Definition von Nachrichtenmedien fallen werden so grundsätzlich erfasst. Allerdings bedient sich *Finkelstein* zur Eingrenzung des Anwendungsbereichs Kriterien, die alle kleineren Angebote unterhalb einer festgelegten Reichweite ausschließen.[2268] *Finkelsteins* Vorschläge wurden durch den späteren Convergence Review wiederum modifiziert. Alle Medienanbieter, die die deutlich höher angesetzte Mindestgröße für die

---

2261 Ebd., 12.
2262 *New Zealand Law Commission*, The news media meets "new media": rights, responsibilities and regulation in the digital age, Law Commission Report 128, 22.03.2013, Rn. 7.156 ff.
2263 Ebd., Rn. 3.92 ff.
2264 Ebd., Rn. 3.90.
2265 *Finkelstein/ Ricketson*, Report of Independent Inquiry into the Media and Media Regulation, 28.02.2012, Rn. 11.59 ff.
2266 *New Zealand Law Commission*, The news media meets "new media": rights, responsibilities and regulation in the digital age, Law Commission Report 128, 22.03.2013, Rn. 7.156 ff.
2267 *Finkelstein/ Ricketson*, Report of Independent Inquiry into the Media and Media Regulation, 28.02.2012, Rn. 11.66.
2268 Ebd., Rn. 11.67.

obligatorische Regulierung nicht erreichen, können sich dem System danach freiwillig anschließen[2269] und erhalten dann – ähnlich wie im neuseeländischen Konzept – bestimmte rechtliche Vorteile.[2270]

2. Vergleich mit dem materiellen Anwendungsbereich der AVMD-Richtlinie

Die so aus den Ergebnissen der Untersuchungen gewonnenen Anknüpfungsmerkmale zur Ermittlung der erfassten Angebote lassen sich in abstrakter Form mit dem materiellen Anwendungsbereich[2271] der AVMD-Richtlinie vergleichen. Dabei ist weniger auf die konkreten Merkmale des Art. 1 Abs. 1 lit. a AVMD-Richtlinie abzustellen, die kein unmittelbares Gegenstück in den ausländischen Regelungsansätzen finden, als vielmehr auf den jeweils hinter den Merkmalen stehenden Regelungszweck. Die Gemeinsamkeiten und Unterschiede in der Ausrichtung des materiellen Geltungsbereichs der Regulierungsmodelle lassen sich angelehnt an den europäischen Begriff des audiovisuellen Mediendienstes dennoch verdeutlichen.

a) Dienstleistung

Erste Voraussetzung zur Einstufung als audiovisueller Mediendienst gemäß Art. 1 Abs. 1 lit. a AVMD-Richtlinie ist das Vorliegen einer Dienstleistung. Dieses Merkmal dient der Abgrenzung auf Gewinn ausgerichteter Tätigkeiten gegenüber nicht-wirtschaftlichen Tätigkeiten, insbesondere privaten Angeboten.[2272] Die australische Convergence Review erzielt mit der zentralen Voraussetzung einer Mindesteinkommensgrenze[2273] für bedeutsame Inhalteanbieter eine ähnliche Abgrenzung. Allerdings ist diese Grenze so hoch angesetzt, dass nicht nur private und nicht-wirtschaftliche Angebote ausgeschlossen werden, sondern im Gegenteil nur wenige, besonders reichweiten- und umsatzstarke Unternehmen überhaupt erfasst sind.[2274] In der Europäischen Union hat Italien das Dienstleistungsmerkmal der AVMD-Richtlinie ähnlich konkretisiert.[2275] Die

---

2269 *Australian Government*, Convergence Review, Final Report, March 2012, 154.
2270 Ebd., 51.
2271 Siehe zu den Tatbestandsmerkmalen des materiellen Anwendungsbereichs im Detail oben unter Zweiter Teil. § 1 III.
2272 Vgl. Erwgr. 21 AVMD-Richtlinie.
2273 *Australian Government*, Convergence Review, Final Report, March 2012, 11 f.
2274 Ebd., 12
2275 *Machet*, 33rd EPRA meeting, Background Document for Plenary Session – Content Regulation and new Media: Exploring Regulatory Boundaries between Traditional

dort gewählte jährliche Einkommensgrenze von 10.000 Euro[2276] liegt jedoch weit unterhalb der umgerechnet etwa 34 Millionen Euro jährlichen Einnahmen, die im australischen Modell zur Einstufung als bedeutsamer Inhalteanbieter erforderlich sind.[2277] Statt dem Ausschluss weniger, kleiner Angebote dient der australische Vorschlag der Eingrenzung auf besonders große und relevante Angebote.

Der auf die Betrachtung von Nachrichtenmedien begrenzte australische Finkelstein Report enthält keine finanzielle Grenze zum Ausschluss nicht-wirtschaftlicher Angebote. Allerdings wird eine Mindestreichweite der Dienste vorausgesetzt.[2278] Die erforderlichen Nutzerzahlen von 15.000 Zugriffen im Jahr sowie alternativ einer physikalischen Auflage von 3000 Exemplaren[2279] sind jedoch aus heutiger Sicht so niedrig angesetzt, dass sie nicht als starkes Indiz für eine entgeltliche Tätigkeit geeignet sind.

Der Law Commission Report aus Neuseeland, der sich ebenfalls ausschließlich mit Nachrichtenmedien beschäftigt, enthält weder finanzielle Grenzwerte noch eine Mindestreichweite.[2280] Das Konzept der Vorschläge beruht hingegen gerade auf der Möglichkeit jedes Anbieters, sich dem System freiwillig zu unterwerfen.[2281] Die Veröffentlichung muss dabei allerdings regelmäßig erfolgen und darf nicht lediglich sporadisch sein.[2282]

b) Redaktionelle Verantwortung eines Mediendiensteanbieters

Art. 1 Abs. 1 lit. c AVMD-Richtlinie bestimmt den Begriff der redaktionellen Verantwortung eines Mediendiensteanbieters als Voraussetzung des audiovisuellen Mediendienstes nach Art. 1 Abs. 1 lit. a AVMD-Richtlinie. Das Merkmal

---

and new Media, EPRA 2011/02, 2011, 9; *Valcke/Ausloos*, in: Donders/Pauwels/Loisen (Hrsg.), The Palgrave Handbook of European Media Policy, 2014, 312 (315). *Viola/Capello*, in: Nikoltchev (Hrsg.), The Regulation of On-demand Audiovisual Services: Chaos or Coherence?, IRIS Special, 2011, 47 (51).

2276 Ebd.
2277 50 Millionen AUD, siehe *Australian Government*, Convergence Review, Final Report, March 2012, 12.
2278 *Finkelstein/ Ricketson*, Report of Independent Inquiry into the Media and Media Regulation, 28.02.2012, Rn. 11.67.
2279 Ebd.
2280 *New Zealand Law Commission*, The news media meets "new media": rights, responsibilities and regulation in the digital age, Law Commission Report 128, 22.03.2013, Rn. 3.59, 3.90.
2281 Ebd., Rn. 3.92.
2282 Ebd., Rn. 3.101.

dient der Abgrenzung zu nicht-professionellen Angeboten[2283] und setzt die Möglichkeit des Anbieters voraus, die Auswahl und Zusammenstellung der Inhalte oder deren Bereitstellung und Organisation innerhalb eines Katalogs zu beeinflussen.[2284] Insbesondere liegt das Merkmal redaktioneller Kontrolle beim bloßen Hosting fremder Inhalte, wie etwa regelmäßig im Fall von Plattformen für nutzergenerierte Inhalte, nicht vor.[2285]

Die australische Convergence Review schlägt als ein zentrales Merkmal bedeutsamer Inhalteanbieter ebenfalls deren Kontrolle über die Inhalte vor, die diese von nicht-professionellen Angeboten unterscheide.[2286] Auch nach diesem Maßstab wären insbesondere Plattformen für nutzergenerierte Inhalte, deren Anbieter lediglich nachträglich auf einzelne Inhalte Einfluss ausüben können, im Regelfall ausgeschlossen.[2287]

Im Modell der neuseeländischen *Law Commission* ist keine direkte Voraussetzung der Kontrolle des Anbieters über die Inhalte vorgesehen. Allerdings wird die Tätigkeit der Nachrichtenmedienanbieter als Erstellung oder Zusammenstellung von Nachrichteninhalten definiert.[2288] Dabei wird die potentielle Geltung bewusst auch auf Aggregatoren ausgedehnt.[2289] Die Verantwortung der betroffenen Anbieter ergibt sich jedoch im Umkehrschluss gerade aus deren freiwilliger Entscheidung,[2290] dem vorgeschlagenen System beizutreten.[2291] Die Kontrolle des Anbieters über die Inhalte ist somit nicht konstitutiv für Regulierung, sondern

---

2283 *Chavannes/Castendyk*, in: Castendyk/Dommering/Scheuer (Hrsg.), European Media Law, 2008, Art. 1 AVMD, Rn. 27.
2284 Vgl. Art. 1 Abs. 1 lit. c AVMD-Richtlinie.
2285 *Chavannes/Castendyk*, in: Castendyk/Dommering/Scheuer (Hrsg.), European Media Law, 2008, Art. 1 AVMD, Rn. 73; *Conseil supérieur de l'audiovisuel de la Communauté française de Belgique (CSA) – Collège d'autorisation et de contrôle*, Recommandation relative au périmètre de la régulation des services de medias audiovisuels, 29.03.2012, 13; *Europäische Audiovisuelle Informationsstelle/Direction du développement des medias*, Video-on-Demand und Catch-Up-TV in Europa, 2009, 110; *Europäische Kommission*, AVMS Impact Assessment, SWD(2016) 168 final, 25.05.2016, 5; *Schulz*, EuZW 2008, 107 (109).
2286 *Australian Government*, Convergence Review, Final Report, March 2012, 11.
2287 Ebd.
2288 *New Zealand Law Commission*, The news media meets "new media": rights, responsibilities and regulation in the digital age, Law Commission Report 128, 22.03.2013, Rn. 3.101.
2289 Ebd., Rn. 3.98 ff.
2290 Ebd., Rn. 3.92.
2291 Ebd., Rn. 3.99.

wird vielmehr mit dem freiwilligen Beitritt zum System der Selbstregulierung übernommen. Die an das neuseeländische Modell angelehnten Vorschläge des australischen Finkelstein Reports hingegen streichen das Element der Freiwilligkeit[2292] ohne jedoch im Ausgleich eine Eingrenzung hinsichtlich der redaktionellen Kontrolle einzuführen. In der Folge werden von der weiten Definition viele Angebote miterfasst, die nach dem Maßstab der AVMD-Richtlinie unter dem Aspekt mangelnder redaktioneller Kontrolle aus dem Anwendungsbereich ausgeschlossen wären.

c) Hauptzweck

Nach der Definition audiovisueller Mediendienste in Art. 1 Abs. 1 lit. a AVMD-Richtlinie muss deren Hauptzweck in der Bereitstellung audiovisueller Inhalte liegen. Hierdurch sollen Angebote, die schwerpunktmäßig nicht-audiovisuelle Inhalte bereitstellen und nur nebensächlich oder ergänzend audiovisuelle Inhalte enthalten, aus dem Anwendungsbereich der Richtlinie ausgeschlossen bleiben.[2293]

Das Kriterium des Hauptzwecks aus der AVMD-Richtlinie hat naturgemäß kein Äquivalent in den ausländischen Untersuchungen, denen ja gerade ein medien- und plattformübergreifender Ansatz gemeinsam zugrunde liegt.[2294] Der Hauptzweck der Angebote kann daher in diesen Modellen nicht auf die Bereitstellung audiovisueller Inhalte begrenzt werden. Allerdings kann aus den quantitativen Merkmalen des australischen Convergence Review eine gewisse Eingrenzung auf den Schwerpunkt der Medientätigkeit abgeleitet werden. Die hoch angesetzten[2295] Grenzwerte für Einnahmen und Nutzerzahlen beziehen sich allein auf das Inhalteangebot der jeweiligen Unternehmen.[2296] Es ist zwar irrelevant, ob der Anbieter mit anderen Tätigkeiten noch höhere Gewinne erzielt, zumindest spricht es jedoch für eine gewisse Bedeutung der Medientätigkeit innerhalb des Gesamtunternehmens, wenn damit innerhalb Australiens jährlich mindestens 50 Millionen AUD[2297] erwirtschaftet werden.

Das von der neuseeländischen *Law Commission* avisierte Regulierungssystem setzt zum einen voraus, dass die Erstellung oder Zusammenstellung von

---

2292 *Finkelstein/ Ricketson*, Report of Independent Inquiry into the Media and Media Regulation, 28.02.2012, Rn. 11.66.
2293 Vgl. Erwgr. 22 AVMD-Richtlinie.
2294 Siehe oben unter Vierter Teil. § 1 III. 1.
2295 *Australian Government*, Convergence Review, Final Report, March 2012, 12.
2296 Ebd., 11.
2297 Ebd., 12.

Nachrichten ein bedeutsames „Element" der Publikationstätigkeit des Anbieters ist,[2298] zum anderen muss diese regelmäßig erfolgen,[2299] was zumindest sporadische Nebentätigkeiten ausschließt. Wie die Bedeutung der Nachrichtenaktivitäten eines Anbieters zu ermitteln ist und ob dabei auf quantitative oder qualitative Kriterien abzustellen ist, geht aus dem Vorschlag leider nicht hervor. Hierzu ist wiederum zu bedenken, dass das gesamte Modell zentral auf der freiwilligen Unterwerfung der Anbieter unter die Regulierung beruht[2300] und der Anwendungsbereich daher potentiell sehr weit gefasst ist.[2301] Eine ältere Formulierung der neuseeländischen Definition war in diesem Punkt abweichend gefasst und stellte auf den bedeutsamen „Anteil" der Nachrichtenaktivitäten ab.[2302] Diese, stärker quantitativ geprägte, Formulierung wird im australischen Finkelstein Report als Grundlage der Definition von Nachrichtenmedien übernommen.[2303] Zumindest das Konzept des Finkelstein Reports läuft damit Gefahr, ähnlichen Auslegungsschwierigkeiten zu begegnen, wie sie sich bezüglich des Hauptzweck-Kriteriums der AVMD-Richtlinie ergeben haben.[2304]

d) Bereitstellung von Sendungen an die Allgemeinheit

Der materielle Anwendungsbereich der AVMD-Richtlinie erfasst lediglich solche Dienste, die Sendungen gemäß Art. 1 Abs. 1 lit. b AVMD-Richtlinie bereitstellen. Durch den Sendungsbegriff erfolgt dabei die zentrale Eingrenzung der Geltung der Richtlinie ausschließlich auf audiovisuelle Medien. In dieser Hinsicht verbietet sich jeder Vergleich mit den plattformübergreifenden Modellen der ausländischen Untersuchungen. Sieht man jedoch davon ab, ergeben sich aus dem Sendungsbegriff nach dem früheren Verständnis darüberhinausgehende, qualitative Anforderungen an die Inhalte.

Zunächst erfordert der Sendungsbegriff in Art. 1 Abs. 1 lit. b AVMD-Richtlinie einen „Sendeplan oder Katalog" anhand dessen die Inhalte bereitgestellt

---

2298 *New Zealand Law Commission*, The news media meets "new media": rights, responsibilities and regulation in the digital age, Law Commission Report 128, 22.03.2013, Rn. 3.101.
2299 Ebd.
2300 Ebd., Rn. 7.156 ff.
2301 Ebd., Rn. 3.79 ff.
2302 Ebd., Rn. 3.63.
2303 *Finkelstein/ Ricketson*, Report of Independent Inquiry into the Media and Media Regulation, 28.02.2012, Rn. 11.65.
2304 Siehe hierzu grundlegend oben unter Zweiter Teil. § 1 III. 3.; vgl. auch Dritter Teil. § 2 III. 1. a) zur AVMD-ÄRL.

werden. Eine ähnliche Anforderung findet sich in der neuseeländischen Definition von Nachrichtenmedien im Law Commission Report sowie in der daran angelehnten Definition des Finkelstein Report aus Australien, wonach die Veröffentlichungen regelmäßig und nicht nur sporadisch erfolgen müssen.[2305] Zudem stellte das mit der AVMD-ÄRL von *Kommission, Parlament* und *Rat* übereinstimmend gestrichene[2306] Kriterium der Fernsehähnlichkeit zentral auf zwei Charakteristika der Inhalte ab: deren Konkurrenz um dasselbe Publikum mit Fernsehsendungen und die Erwartung von regulatorischem Schutz durch die Nutzer.[2307] Nach hier vertretener Ansicht sollten diese Kriterien abstrakt die gesellschaftliche Bedeutung im Sinne der Meinungsbildungsrelevanz der Inhalte abbilden,[2308] wenn auch in nicht mehr zeitgemäßer Form.[2309] Ähnliches wird zum Teil auch bezüglich der in Erwägungsgrund 21 AVMD-Richtlinie näher definierten Ausrichtung an die Allgemeinheit vertreten.[2310] Mit diesem übergeordneten Ziel vergleichbare Ausrichtungen finden sich auch in den ausländischen Untersuchungen.[2311]

Die gesellschaftliche Relevanz von Nachrichteninhalten bildet den Ausgangspunkt der Untersuchung der *Law Commission* aus Neuseeland und des australischen Finkelstein Report.[2312] Sie wird jedoch nicht anhand bestimmter Kriterien für die einzelnen Angebote ermittelt, sondern vielmehr der gesamten Inhaltsgattung, unabhängig vom Kommunikator, unterstellt.[2313] Die entscheidende

---

2305 *Finkelstein/ Ricketson*, Report of Independent Inquiry into the Media and Media Regulation, 28.02.2012, Rn. 11.65; *New Zealand Law Commission*, The news media meets "new media": rights, responsibilities and regulation in the digital age, Law Commission Report 128, 22.03.2013, Rn. 3.101.
2306 Vgl. Art. 1 Abs. 1 lit. b AVMD-ÄRL-T.
2307 Vgl. Erwgr. 24 AVMD-Richtlinie.
2308 So auch *ERGA*, Report on material jurisdiction in a converged environment, ERGA 2015 (12), 18.12.2015, 34.
2309 Siehe hierzu oben unter Dritter Teil. § 2 III. 1. b).
2310 Siehe hierzu oben unter Zweiter Teil. § 1 III. 5. b); Vgl. *Kogler,* MuR 2011, 228 (233); *Schmid/Kitz*, ZUM 2009, 739 (741).
2311 Siehe oben unter Vierter Teil. § 1 III. 1.
2312 *Finkelstein/ Ricketson*, Report of Independent Inquiry into the Media and Media Regulation, 28.02.2012, Rn. 2.89 ff.; *New Zealand Law Commission*, The news media meets "new media": rights, responsibilities and regulation in the digital age, Law Commission Report 128, 22.03.2013, Rn. 3.42, 3.54.
2313 *New Zealand Law Commission*, The news media meets "new media": rights, responsibilities and regulation in the digital age, Law Commission Report 128, 22.03.2013, Rn. 3.89.

Weichenstellung erfolgt dabei in der Definition von Nachrichteninhalten,[2314] die zum einen faktenbasiert Informationen vermitteln müssen[2315] und dabei zum anderen qualitative Mindeststandards einhalten sollen.[2316]

Im australischen Convergence Review wird die gesellschaftliche Relevanz eines Mediendienstes über den objektivierbaren Erfolg des dahinter stehenden Kommunikators, anhand von Nutzerzahlen und Einnahmen, ermittelt.[2317] Die AVMD-Richtlinie hingegen wird überwiegend so ausgelegt, dass die tatsächlichen Nutzerzahlen eines Angebots irrelevant sein sollen[2318] und dessen Ausrichtung an ein potentiell großes Publikum den Anforderungen genügt.[2319] Der Ansatz des Convergence Review weist jedoch in diesem Zusammenhang zwei gravierende Probleme auf. Die Untersuchungsergebnisse sollten explizit nicht nutzergenerierte Inhalte auf entsprechenden Web 2.0 Plattformen erfassen.[2320] Dieser Ausschluss muss jedoch aus heutiger Perspektive überdacht werden. Kein Merkmal der australischen Definition bedeutsamer Inhalteanbieter führt von vornherein dazu, dass Anbieter nutzergenerierte Inhalte nicht in den Anwendungsbereich fallen könnten. Parallel zur Diskussion um professionelle Kanäle auf Videoplattformen[2321] müssten wohl die Anbieter entsprechender Kanäle auch in Australien den Anforderungen an die Kontrolle über ihre Inhalte[2322] genügen.

2314 *Finkelstein/ Ricketson*, Report of Independent Inquiry into the Media and Media Regulation, 28.02.2012, Rn. 11.65; *New Zealand Law Commission*, The news media meets "new media": rights, responsibilities and regulation in the digital age, Law Commission Report 128, 22.03.2013, Rn. 3.101.
2315 *New Zealand Law Commission*, The news media meets "new media": rights, responsibilities and regulation in the digital age, Law Commission Report 128, 22.03.2013, Rn. 7.39.
2316 Ebd., Rn. 3.54.
2317 *Australian Government*, Convergence Review, Final Report, March 2012, 7.
2318 *Chavannes/Castendyk*, in: Castendyk/Dommering/Scheuer (Hrsg.), European Media Law, 2008, Art. 1 AVMD, Rn. 45 f., für die Niederlande vgl. *Machet*, 33rd EPRA meeting, Background Document for Plenary Session – Content Regulation and new Media: Exploring Regulatory Boundaries between Traditional and new Media, EPRA 2011/02, 2011, 10; für Belgien vgl. *Cabrera Blázquez*, in: Nikoltchev (Hrsg.), What Is an On-demand Service?, IRIS plus 4/2013, 7 (16).
2319 Für Belgien vgl. *Cabrera Blázquez/Capello/Fontaine/Valais*, Abrufdienste und der sachliche Anwendungsbereich der AVMD-Richtlinie, IRIS plus 1/2016, 43.
2320 *Australian Government*, Convergence Review, Final Report, March 2012, 1.
2321 Siehe hierzu oben unter Zweiter Teil. § 1 III. 2. b) sowie zur AVMD-ÄRL unter Dritter Teil. § 2 III. 1. c).
2322 *Australian Government*, Convergence Review, Final Report, March 2012, 11.

Als weitere Hürde verbleiben nach der Definition des Convergence Review die quantitativen Nutzer- und Einkommensgrenzen.[2323] Hier zeigen sich nun Wertungswidersprüche. Während die erforderlichen Nutzerzahlen von 500.000 Zugriffen pro Monat von beliebten YouTube Kanälen um mehr als 1000% übertroffen werden können,[2324] bleibt die finanzielle Grenze von umgerechnet etwa 34 Millionen Euro jährlicher Einnahmen[2325] wohl unrealistisch für einen einzelnen Kanal auf einer Videoplattform. Der zeitliche Kontext der Untersuchung aus dem Jahr 2012 mag hierfür eine Rolle spielen. Die konkrete Festsetzung der Grenzwerte müsste für die Zukunft jedenfalls ebenso überdacht werden, wie ihre kumulative Ausgestaltung.

Ein weiteres Problem des Convergence Review ergibt sich aus der Durchbrechung seines medien- und plattformneutralen Ansatzes im Zusammenhang mit der Alterseinstufung von Medien. Hier knüpfen die Empfehlungen an die Medienkategorien Spielfilm, Fernsehsendung und Computerspiel an.[2326] Die Schwierigkeiten der – weitestgehend offengelassenen – Definition dieser Inhalte sind offensichtlich, wenn man die im Verlauf dieser Arbeit dargestellten Auslegungsschwierigkeiten der AVMD-Richtlinie bedenkt. Als Beispiel für einen plattformneutralen Ansatz verweist der dem Convergence Review vorausgehende Classification Review sogar unkritisch auf den Sendungsbegriff und das Merkmal der Fernsehähnlichkeit in der AVMD-Richtlinie[2327] und adaptiert damit dessen Probleme.

2323 Ebd., 11 f.
2324 Am Beispiel eines der erfolgreichsten deutschen YouTube Kanäle, „BibisBeautyPalace", lagen die Nutzerzahlen im Mai 2018 bei ca. 61 Millionen monatlichen Zugriffen, *Socialblade*, BibisBeautyPalace – Youtube Progress Graphs, Stand November 2018, abrufbar unter: https://socialblade.com/youtube/user/bibisbeautypalace [Stand November 2018].
2325 50 Millionen AUD, siehe *Australian Government*, Convergence Review, Final Report, March 2012, 12.
2326 Ebd., 44, in Anknüpfung an *Australian Government – Australian Law Reform Commission*, Classification – Content Regulation and Convergent Media, Final Report, February 2012, ALRC Report 118, 2012, Rn. 6.24.
2327 *Australian Government – Australian Law Reform Commission*, Classification – Content Regulation and Convergent Media, Final Report, February 2012, ALRC Report 118, 2012, Rn. 6.19 f.

§ 2 Zusammenführung mit Ansätzen aus dem deutschen Diskurs zur Rundfunkregulierung

Im Kontext des deutschen Rechts – das gleichwohl maßgeblich von den Vorgaben der europäischen AVMD-Richtlinie in ihrer alten Fassung geprägt ist – wird seit Jahren ein lebhafter Diskurs um die Abgrenzung verschiedener audiovisueller Dienste voneinander sowie das für diese Dienste angemessene Regulierungskonzept geführt.

I. Vorüberlegung

Die Einbeziehung der deutschen Literaturstimmen und Regelungsvorschläge steht im Rahmen dieser Arbeit naturgemäß unter diversen Vorbehalten. Die Diskussion zum deutschen Recht kann keinesfalls direkt auf die AVMD-Richtlinie übertragen werden. Im Mittelpunkt des Diskurses stehen der verfassungsrechtliche Rundfunkbegriff des Art. 5 Abs. 1 S. 2 GG und dessen Abgrenzung zur ebenfalls in Art. 5 Abs. 1 S. 2 GG gewährleisteten Pressefreiheit sowie die einfachgesetzliche Ausprägung des Rundfunkbegriffs in §2 Abs. 1 RStV in Abgrenzung zu anderen Mediendiensten. Eine vertiefte Auseinandersetzung mit den im Detail äußerst umstrittenen Merkmalen beider Verständnisse von Rundfunk soll vorliegend jedoch nicht erfolgen. Keiner der Rundfunkbegriffe ist mit dem materiellen Anwendungsbereich der AVMD-Richtlinie gleichzusetzen.

Vielmehr sollen lediglich ausgewählte Argumentationsleitlinien in abstrakter Form vorliegend Verwendung finden. Die folgende Darstellung orientiert sich daher nicht an der Struktur des deutschen Diskurses, etwa der Trennung nach verfassungsrechtlichem und einfachgesetzlichem Rundfunkbegriff, sondern bleibt angelehnt an für den materiellen Anwendungsbereich der AVMD-Richtlinie relevante Einzelfragen. Insbesondere die Rechtfertigung und das Motiv[2328] rundfunkähnlicher Regulierung im deutschen Recht unter Anknüpfung an die typische Gefährdungslage[2329] und typische Elemente[2330] des Rundfunks im Unterschied zur Presse[2331] können mit entsprechender Qualifikation Rückschlüsse für den Anwendungsbereich der AVMD-Richtlinie erlauben.

2328 *Blaue*, ZUM 2005, 30 (34).
2329 *v. Coelln*, in: Bayerische Landeszentrale für neue Medien (Hrsg.), BLM-Symposium Medienrecht 2010 – Rundfunkstrukturen im Wandel, 2011, 17 (30).
2330 *Direktorenkonferenz der Landesmedienanstalten (DLM)*, Drittes Strukturpapier zur Unterscheidung von Rundfunk und Mediendiensten, 6.11.2003, 8 ff.
2331 Siehe allgemein zur Regulierungsbegründung für Rundfunk und Presse oben unter Erster Teil. § 2.

Insoweit findet auf deutscher Ebene die auch hier vertretene Ansicht Zuspruch, dass die Meinungsbildungsrelevanz der Angebote ein zentrales Element der Abgrenzung ist.[2332] Das Beeinflussungspotential der Angebote bleibt im Bereich des Internets mangels Ressourcenknappheit[2333] der einzige Anlass zur an den Rundfunk angelehnten Regelung. Die Bestimmung dieses Potentials erfordert jedoch Zwischenschritte in Form abgeleiteter Tatbestandsmerkmale.[2334] Die tradierte Herangehensweise, allein dem linearen Rundfunk besonderes Meinungsbildungspotential zu unterstellen und an dieser Fiktion die Regulierungsintensität auszurichten, lässt sich nicht länger aufrecht erhalten.[2335] Dies betrifft übertragen auf die AVMD-Richtlinie zwei der Tatbestandsmerkmale der audiovisuellen Mediendienste. Zum einen setzte die alte Fassung der Richtlinie die Fernsehähnlichkeit der Sendungen als Grund der Regulierung voraus,[2336] zum anderen findet eine Abstufung zwischen linearen und nichtlinearen Diensten statt.[2337] Beide Kriterien lassen sich auf die dem linearen Rundfunk zugeschriebene Meinungsbildungsrelevanz zurückführen.[2338] Im Zuge der Reform der Richtlinie hat sich die Formulierung des materiellen Anwendungsbereichs jedoch mit der Abschaffung des Kriteriums der Fernsehähnlichkeit von diesem Ausgangspunkt entfernt. In der Folge sind von der vorgeschlagenen Regelung eine Vielzahl von Angeboten umfasst, die nach hier vertretener Ansicht nicht der Regulierung der AVMD-Richtlinie bedürfen.[2339]

Stattdessen sind alternative Kriterien für die Konturierung des materiellen Anwendungsbereichs und die Abstufung der Regulierungsintensität zu suchen, die sich von der Meinungsbildungsrelevanz der Angebote ableiten lassen.

2332 *Gersdorf*, Der Rundfunkbegriff, 2007, 74 f.; *Kunisch*, Rundfunk im Internet und der Grundsatz der Staatsfreiheit des Rundfunks, 2011, 115.
2333 *Möllers*, AfP 2008, 241 (249).
2334 Vgl. dazu *Direktorenkonferenz der Landesmedienanstalten (DLM)*, Drittes Strukturpapier zur Unterscheidung von Rundfunk und Mediendiensten, 6.11.2003, 8 ff.
2335 *Schmid/Kitz*, ZUM 2009, 739 (742).
2336 Siehe zur Fernsehähnlichkeit oben unter Zweiter Teil. § 1 III. 4. a).
2337 Siehe hierzu oben unter Zweiter Teil. § 1 II. 1.
2338 Zur Linearität *Kunisch*, Rundfunk im Internet und der Grundsatz der Staatsfreiheit des Rundfunks, 2011, 114; *Michel*, ZUM 2009, 453 (458); *Rahvar*, Die Zukunft des deutschen Presserechts im Lichte konvergierender Medien, 2011, 97; zur Fernsehähnlichkeit vgl. *ERGA*, Report on material jurisdiction in a converged environment, ERGA 2015 (12), 18.12.2015, 34.
2339 Vgl. oben unter Dritter Teil. § 3.

II. Meinungsbildungsrelevanz als zentrales Element des materiellen Anwendungsbereichs

Die AVMD-Richtlinie enthält derzeit kein Merkmal, das direkt auf die Meinungsbildungsrelevanz der jeweiligen erfassten Angebote abstellt.[2340] Dementsprechend ging der *EuGH* im Urteil zu „New Media Online" auf die entsprechend gestellte Vorlagefrage des österreichischen *VwGH*[2341] zur Bedeutung der Meinungsbildungsrelevanz nur oberflächlich ein.[2342] Die von der Richtlinie vorgesehenen Grenzziehungen zwischen regulierten und unregulierten Angeboten anhand der Fernsehähnlichkeit sowie zwischen linearen und nichtlinearen Diensten in ihrem Geltungsbereich lassen sich dennoch als Ableitungen von Meinungsbildungsrelevanz verstehen.[2343] Dabei findet jedoch bisher eine holzschnittartige Abgrenzung anhand der Einordung einzelner Angebote in Kategorien von Diensten und deren Vergleich zum klassischen Fernsehen statt. Dessen „typischen Erscheinungsmerkmale" ändern sich jedoch und taugen so nur eingeschränkt als Vergleichsmaßstab.[2344] Der Regulierung sollten daher stattdessen die „spezifischen Wirkungsmöglichkeiten und Gefahren"[2345] beziehungsweise die gesellschaftliche Bedeutung im Sinne des Einflusspotentials auf die öffentliche Meinungsbildung[2346] und gegebenenfalls Mängel der marktlichen Bereitstellung[2347] eines Mediums zugrunde liegen. Ähnliche Vorschläge wurden auch wiederholt in der Vorbereitung der Reform der AVMD-Richtlinie

---

2340 *Stender-Vorwachs/Theißen*, ZUM 2006, 362 (366).
2341 *VwGH*, Beschl. v. 26.6.2014, 2013/03/0012, 6.
2342 *EuGH*, Urt. v. 21.10.2015, Rs. C-347/14, Rn. 21; vgl. hierzu näher oben unter Zweiter Teil. § 2 III.
2343 So zur Linearität *Kunisch*, Rundfunk im Internet und der Grundsatz der Staatsfreiheit des Rundfunks, 2011, 114; *Michel*, ZUM 2009, 453 (458); *Rahvar*, Die Zukunft des deutschen Presserechts im Lichte konvergierender Medien, 2011, 97; zur Fernsehähnlichkeit vgl. *ERGA*, Report on material jurisdiction in a converged environment, ERGA 2015 (12), 18.12.2015, 34.
2344 *Schmidtmann*, Die verfassungsrechtliche Einordnung konvergenter Massenmedien, 2013, 314.
2345 *v. Coelln*, in: Bayerische Landeszentrale für neue Medien (Hrsg.), BLM-Symposium Medienrecht 2010 – Rundfunkstrukturen im Wandel, 2011, 17 (30).
2346 *Holznagel*, in: Spindler/Schuster (Hrsg.), Recht der elektronischen Medien, 3. Aufl. 2015, §2 RStV, Rn. 12.
2347 *Schulz/Held/Kops*, Perspektiven der Gewährleistung freier öffentlicher Kommunikation, 2002, 14; vgl. auch *Schulz/Held/Kops*, ZUM 2001, 621 (622).

vorgebracht,[2348] haben in die Textfassungen von *Kommission, Parlament* und *Rat* jedoch keinen Eingang gefunden.[2349]

Auf Ebene des deutschen Verfassungsrechts ist das Verständnis des Schutzbereiches der Rundfunkfreiheit geprägt vom Vorliegen besonderer Meinungsbildungsrelevanz im Sinne des Trias der Rechtsprechung des *Bundesverfassungsgerichts* aus Breitenwirkung, Aktualität und Suggestivkraft, die den Rundfunk gegenüber anderen Medien hervorheben.[2350] Zum verfassungsrechtlichen Rundfunkbegriff zählen zumindest Angebote ohne jegliche Meinungsbildungsrelevanz nicht.[2351] Auf Ebene des einfachen Rechts – dessen Rundfunkbegriff deutlich enger gefasst ist als der verfassungsrechtliche[2352] – fand sich die Berücksichtigung der Meinungsbildungsrelevanz bis zum 12. RÄStV im Merkmal der „Darbietung" wieder.[2353] Im Zuge der Umsetzung der AVMD-Richtlinie wurde das Merkmal zwar

---

2348 *Arbeitsgemeinschaft der Landesmedienanstalten (ALM)/Direktorenkonferenz der Landesmedienanstalten (DLM)*, Beitrag zur Konsultation zur Richtlinie 2010/13/EU über audiovisuelle Mediendienste (AVMD-RL) – Eine Mediengesetzgebung für das 21. Jahrhundert, 6.07.2015 – 30.09.2015, 9; *Europäisches Parlament*, Entschließung zu "Connected TV", P7_TA(2013)0329, 4.07.2013, 3. Entschließung, 10. Entschließung; *Europäische Kommission,* Summaries of the replies to the public consultation launched by the Green Paper "Preparing for a Fully Converged Audiovisual World: Growth, Creation and Values", 12.9.2014, 41; *KommAustria*, Beitrag zur Konsultation zur Richtlinie 2010/13/EU über audiovisuelle Mediendienste (AVMD-RL) – Eine Mediengesetzgebung für das 21. Jahrhundert, 6.07.2015 – 30.09.2015, 7 f.
2349 Siehe zum Reformverfahren oben unter Dritter Teil. § 2.
2350 BVerfGE 90, 60 (87).
2351 *Dörr/Holznagel/Picot*, Legitimation und Auftrag des öffentlich-rechtlichen Fernsehens in Zeiten der Cloud, 2016, 60; *Holznagel*, in: Spindler/Schuster (Hrsg.), Recht der elektronischen Medien, 3. Aufl. 2015, §2 RStV, Rn. 10; *Kunisch*, Rundfunk im Internet und der Grundsatz der Staatsfreiheit des Rundfunks, 2011, 113; das erforderliche Maß an Meinungsbildungsrelevanz ist indes umstritten, vgl. *Schulz*, in: Binder/Vesting (Hrsg.), Rundfunkrecht, 4. Aufl. 2018, §2 RStV, Rn. 22; *Martini*, in: Gersdorf/Paal (Hrsg.), Beck'scher Online-Kommentar Informations- und Medienrecht, 17. Ed. 1.08.2017, §2 RStV, Rn. 2 m.w.N.
2352 *Dörr/Holznagel/Picot*, Legitimation und Auftrag des öffentlich-rechtlichen Fernsehens in Zeiten der Cloud, 2016, 60; *Martini*, in: Gersdorf/Paal (Hrsg.), Beck'scher Online-Kommentar Informations- und Medienrecht, 17. Ed. 1.08.2017, §2 RStV, Rn. 1.
2353 *Holznagel*, in: Spindler/Schuster (Hrsg.), Recht der elektronischen Medien, 3. Aufl. 2015, §2 RStV, Rn. 13; *Schulz*, in: Binder/Vesting (Hrsg.), Rundfunkrecht, 4. Aufl. 2018, §2 RStV, Rn. 24; vgl auch *Direktorenkonferenz der Landesmedienanstalten*

aus dem Gesetzeswortlaut gestrichen,[2354] nach überwiegend vertretener Ansicht setzt die Einstufung eines Angebots als Rundfunk im Sinne des § 2 Abs. 1 RStV jedoch nach wie vor eine „inhaltliche Prüfung" eines Mindestmaßes an Meinungsbildungsrelevanz[2355] voraus.[2356] Die Trennlinie zwischen Rundfunk und Mediendiensten orientiert sich daher an der Relevanz der Angebote für die öffentliche Meinungsbildung,[2357] das Maß der Regulierung der Dienste ist daran auszurichten.[2358] In diese Richtung weisen auch die im dritten Strukturpapier der Direktorenkonferenz der Landesmedienanstalten aufgeführten Maßstäbe zum einfachgesetzlichen Rundfunkbegriff, die anhand von Typenmerkmalen das Meinungsbildungspotential als zentrales Element „rundfunktypischer" Dienste konkretisieren.[2359] Hiernach sind unter anderem die Wirkungsintensität sowie die tatsächliche und potentielle Reichweite der Inhalte zu berücksichtigen.[2360] Dies erinnert stark an die gemeinsamen Leitlinien der soeben dargestellten Untersuchungen aus Großbritannien, Australien und Neuseeland, die ebenfalls zentral an die Reichweite und Bedeutung der erfassten Dienste für die öffentliche Meinungsbildung anknüpfen.[2361]

(DLM), Drittes Strukturpapier zur Unterscheidung von Rundfunk und Mediendiensten, 6.11.2003, 5.
2354 *Holznagel*, in: Spindler/Schuster (Hrsg.), Recht der elektronischen Medien, 3. Aufl. 2015, § 2 RStV, Rn. 13.
2355 *Ders.*, in: Eifert/Hoffmann-Riem (Hrsg.), Innovation, Recht und öffentliche Kommunikation, 2011, 97 (105).
2356 *Ders.*, in: Spindler/Schuster (Hrsg.), Recht der elektronischen Medien, 3. Aufl. 2015, § 2 RStV, Rn. 22; *Kunisch*, Rundfunk im Internet und der Grundsatz der Staatsfreiheit des Rundfunks, 2011, 113; *Schulz*, in: Binder/Vesting (Hrsg.), Rundfunkrecht, 4. Aufl. 2018, § 2 RStV, Rn. 177; *Schulze-Fielitz*, in: Dreier (Hrsg.), GG, 3. Aufl. 2013, Art. 5, Rn. 101; vgl. auch Begründung zum 12. RÄStV, LT-Drs. BW 14/3859, 38: „Die so konkretisierte Bestimmung umfasst unverändert die Veranstaltung von Angeboten für die Allgemeinheit und damit die bereits bisher herangezogenen Kriterien der Breitenwirkung, Aktualität und Suggestivkraft.".
2357 *Gersdorf*, Der Rundfunkbegriff, 2007, 54 f.; vgl. zur alten Rechtslage *Gournalakis*, NJW-Beilage 23/2002, 20 (21).
2358 *Direktorenkonferenz der Landesmedienanstalten (DLM)*, Drittes Strukturpapier zur Unterscheidung von Rundfunk und Mediendiensten, 6.11.2003, 5; *Ferreau*, ZUM 2017, 632 (637); *Möllers*, AfP 2008, 241 (246).
2359 *Direktorenkonferenz der Landesmedienanstalten (DLM)*, Drittes Strukturpapier zur Unterscheidung von Rundfunk und Mediendiensten, 6.11.2003, 8;
2360 Ebd., 9.
2361 Siehe hierzu oben unter Vierter Teil. § 1 III. 1.

Daraus folgt, dass Angebote, die eine mit dem Rundfunk vergleichbare Relevanz für die Meinungsbildung aufweisen und mit diesem so „funktional äquivalent" sind, auch auf vergleichbarem Niveau reguliert werden sollten.[2362] Diesem „funktionalen Rundfunkbegriff"[2363] liegt ein ähnliches Verständnis zugrunde wie den gleichsam funktionalen Definitionen der Presse- beziehungsweise Nachrichtenmedien[2364] aus den australischen und neuseeländischen Untersuchungen. Zum Teil wird jedoch gerade Internetangeboten eine dem Rundfunk vergleichbare Wirkung in Ermangelung des „gesamtgesellschaftlichen Medienerlebnisses" abgesprochen.[2365] Im zeitlichen Kontext vor beinahe zehn Jahren mag diese Ansicht noch eher als heute vertretbar gewesen sein. Angesichts der real zu beobachtenden Diskussionen um einzelne Inhalte der Online-Videothek von Netflix[2366] lässt sich die gesamtgesellschaftliche Wirkkraft von Internetangeboten hingegen kaum noch abstreiten. Eine Unterscheidung der Relevanz von Inhalten ließe sich nicht anhand ihrer linearen Ausstrahlung oder Bereitstellung im Internet treffen.[2367] Die „ausgestaltungsbegründende Wirkkraft"[2368] beziehungsweise das Gefährdungspotential von Internetinhalten stehe dem Rundfunk nicht

---

2362 *Rossen-Stadtfeld*, Audiovisuelle Bewegtbildangebote von Presseunternehmen im Internet: Presse oder Rundfunk?, 2009, 57 f.; vgl. auch *Gersdorf*, Der Rundfunkbegriff, 2007, 68; *Gournalakis*, NJW-Beilage 23/2002, 20 (24); *Schmidtmann*, Die verfassungsrechtliche Einordnung konvergenter Massenmedien, 2013, 318.
2363 *Gournalakis*, ZUM 2003, 180 (184); vgl auch *Schulz*, in: Binder/Vesting (Hrsg.), Rundfunkrecht, 4. Aufl. 2018, §2 RStV, Rn. 13.
2364 *Finkelstein/ Ricketson*, Report of Independent Inquiry into the Media and Media Regulation, 28.02.2012, Rn. 2.90, *New Zealand Law Commission*, The news media meets "new media": rights, responsibilities and regulation in the digital age, Law Commission Report 128, 22.03.2013, Rn. 3.22.
2365 *Möllers*, AfP 2008, 241 (249); dagegen: *Gersdorf*, Der Rundfunkbegriff, 2007, 67.
2366 Vgl. *Cabrera Blázquez/Capello/Fontaine/Valais*, Abrufdienste und der sachliche Anwendungsbereich der AVMD-Richtlinie, IRIS plus 1/2016, 12, bezüglich der Netflix Dokumentarserie „Making a Murderer"; vgl. zur Debatte um die Serie auch *Böhm*, Echter Mord, echter Hass, Spiegel Online v. 28.12.2015, abrufbar unter: http://www.spiegel.de/netzwelt/web/making-a-murderer-netflix-doku-ueber-steven-avery-reaktionen-a-1069586.html [Stand November 2018]; sowie *Rehfeld*, Ein Land sucht einen Mörder, FAZ v. 22.01.2016, abrufbar unter: http://www.faz.net/aktuell/feuilleton/medien/warum-scheiden-sich-an-der-netflix-doku-making-a-murderer-die-geister-14025229.html [Stand November 2018].
2367 *Ferreau*, ZUM 2017, 632 (636 f.).
2368 *Rossen-Stadtfeld*, Audiovisuelle Bewegtbildangebote von Presseunternehmen im Internet: Presse oder Rundfunk?, 2009, 88.

unbedingt nach.[2369] Insbesondere wird in diesem Zusammenhang auch vorgebracht, dass die mit dem Merkmal der Linearität zusammenhängende „zeitgleiche Rezeption"[2370] auch im nichtlinearen Bereich eine Rolle spiele, insbesondere bei häufiger und regelmäßiger Aktualisierung der Inhalte z. B. auf Nachrichteninternetseiten.[2371] In einem solchen Umfeld würden neue Videos von sehr vielen Nutzern innerhalb eines begrenzten Zeitraums wahrgenommen, ältere Inhalte würden hingegen deutlich weniger häufig konsumiert.[2372]

III. Gefährdungsregulierung als Alternative zur Begriffsregulierung

Sowohl innerhalb (Linearität) als auch außerhalb (Merkmale des audiovisuellen Mediendienstes) des materiellen Anwendungsbereichs der AVMD-Richtlinie erfolgen Abgrenzungen und Abstufungen bislang nach dem sogenannten Prinzip der Begriffsregulierung[2373]. Dienste werden aufgrund bestimmter Merkmale einer Kategorie zugeordnet und dann auf dieser Grundlage ebenso reguliert, wie alle anderen, derselben Kategorie angehörigen Dienste.[2374] Damit geht beispielsweise die sowohl das deutsche als auch das europäische Medienrecht prägende „Fiktion überragender Meinungsmacht" des Fernsehens einher,[2375] die im Regelungskonzept auf alle linearen Angebote ausgedehnt wird.

1. Linearität als ungeeignetes Merkmal zur Abstufung der Regulierungsintensität

Der abgestufte Regelungsansatz der AVMD-Richtlinie auf Grundlage der Linearität hat sich als ein zentraler Kritikpunkt an der derzeitigen Regulierung audiovisueller Medien herausgestellt. Vielfach wurde auch in den vorbereitenden Konsultationen zur Reform der Richtlinie die Abschaffung oder Abschwächung dieser Unterscheidung anhand der Verbreitungsform der Dienste geäußert.[2376]

2369 *Kunisch*, Rundfunk im Internet und der Grundsatz der Staatsfreiheit des Rundfunks, 2011, 90.
2370 *Lent*, Rundfunk-, Medien-, Teledienste, 2001, 63.
2371 *Schmid/Kitz*, ZUM 2009, 739 (744).
2372 Ebd.
2373 Vgl. zum deutschen Recht Ebd., 739 ff.
2374 Siehe dazu bereits oben unter Erster Teil. § 2 III.
2375 *Schmid/Kitz*, ZUM 2009, 739 (742).
2376 *Bundesrepublik Deutschland*, Positionspapier zur Novellierung der Audiovisuellen Mediendienste Richtlinie (AVMD), 3.11.2015, 2; *Europäische Kommission*, Summaries of the replies to the public consultation launched by the Green Paper "Preparing for a Fully Converged Audiovisual World: Growth, Creation and Values", 12.9.2014,

Die Grundanforderung an schlüssige Ergebnisse der abgestuften Regulierung wäre die Gleichbehandlung gleicher Inhalte unabhängig vom Übertragungsweg,[2377] so etwa eines Films im Fernsehens und desselben Films in einer Abrufmediathek.[2378] Dass die strengere Regulierung linear verbreiteter Dienste zu unbilligen Ergebnissen führt, hat sich nicht zuletzt am Beispiel des Angebots PietSmietTV verdeutlichen lassen.[2379] Stattdessen ist ebenso wie für den materiellen Anwendungsbereich der Regelungen auch für deren abgestufte Intensität eine Rückbesinnung auf die Meinungsbildungsrelevanz der Angebote erforderlich.[2380] Andernfalls entfiele der Bezug zwischen Gefährdungslage und gesetzlich festgelegter Begrifflichkeit.[2381] Nach den Ergebnissen des australischen Convergence Review wird ebenfalls je nach Einfluss eines Mediums auf die Meinungsbildung ein höheres Maß an erforderlicher Regulierung angenommen.[2382]

Obwohl die Linearität eines Dienstes im Konzept der Richtlinie und insbesondere auch nach dem Willen des deutschen Umsetzungs-Gesetzgebers[2383] indirekt an die Meinungsbildungsrelevanz der Inhalte angelehnt war[2384] wird die Folgerichtigkeit dieser Anknüpfung mittlerweile vielfach abgelehnt.[2385] Die Gleichsetzung des linear verbreiteten Fernsehens mit dessen „überragende[r]

41; *Europäisches Parlament*, Entschließung zu "Connected TV", P7_TA(2013)0329, 4.07.2013, 10. Entschließung; *ERGA*, Report on material jurisdiction in a converged environment, ERGA 2015 (12), 18.12.2015, 42.

2377 *Gournalakis*, NJW-Beilage 23/2002, 20 (23).
2378 *Kogler*, K&R 2015, 94.
2379 Siehe oben unter Dritter Teil. § 1 IV. 4. b); vgl auch *Ferreau*, ZUM 2017, 632 (637).
2380 Vgl. *Direktorenkonferenz der Landesmedienanstalten (DLM)*, Stellungnahme im laufenden Verfahren der Überprüfung der EG-Fernsehrichtlinie, 15.7.2003, 2; *Schütz*, MMR 2005, Heft 9, VIII (IX); *Spindler*, JZ 2016, 147 (150).
2381 *Möllers/ Zwiffelhoffer*, MMR 2015, 161 (166).
2382 *Australian Government*, Convergence Review, Final Report, March 2012, 7.
2383 Vgl. Begründung zum 12. RÄStV, LT-Drs. BW 14/3859, 38.
2384 *Ferreau*, ZUM 2017, 632 (637); *Kunisch*, Rundfunk im Internet und der Grundsatz der Staatsfreiheit des Rundfunks, 2011, 114; *Michel*, ZUM 2009, 453 (458); *Rahvar*, Die Zukunft des deutschen Presserechts im Lichte konvergierender Medien, 2011, 97.
2385 *Feldmann*, in: Taeger (Hrsg), Smart World – Smart Law, DSRI-Tagungsband Herbstakademie 2016, 2016, 743 (749); *Ferreau*, ZUM 2017, 632 (636 f.); *Holznagel*, in: Eifert/Hoffmann-Riem (Hrsg.), Innovation, Recht und öffentliche Kommunikation, 2011, 97 (108); *Katsirea*, International Journal of Law and Information Technology 2015, 1 (23); *Kogler*, K&R 2011, 621 (625); *Möllers/ Zwiffelhoffer*, MMR 2015, 161 (166); *Schulz*, in: Binder/Vesting (Hrsg.), Rundfunkrecht, 4. Aufl. 2018, §2 RStV, Rn. 24; *Spindler*, JZ 2016, 147 (150).

Meinungsmacht war schon immer eine Fiktion", allerdings kam diese Fiktion in der Vergangenheit angesichts knapper Übertragungsfrequenzen und begrenzter Informationsangebote „der Realität nahe genug [...], um praktikabel zu sein".[2386] In der Realität des Medienmarktes steige die Meinungsbildungsrelevanz von Internetdiensten.[2387] Gerade in jüngerer Vergangenheit haben sich vermehrt Indizien für die Annäherung des Meinungsbildungspotentials von Online-Inhalten an das Maß des klassischen Rundfunks gezeigt,[2388] so dass zwischen diesen Diensten keine klare Abgrenzung allein anhand ihres Meinungsbildungspotentials gelingt.[2389] Als aussagekräftiger Bestandteil des Rundfunkbegriffs sei Linearität damit mittlerweile ungeeignet,[2390] allenfalls könne das Merkmal als Teil eines alternativen Indizienkatalogs dienen.[2391] In diesem Sinne sprach auch die neuseeländische *Law Commission* in ihrem Bericht der linearen Verbreitung von Inhalten die Aussagekraft hinsichtlich ihrer Relevanz für die Meinungsbildung ab.[2392]

Dem wird zum Teil entgegengehalten, dass die interaktive Komponente nichtlinearer Angebote ihr Einflusspotential auf die Zuschauer verringern würde, denen die klassische „lean back"[2393]- oder „couch-viewing"[2394]-Haltung des linearen Fernsehkonsums fehle.[2395] Zum einen wird darauf erwidert, dass

---

2386 *Schmid/Kitz*, ZUM 2009, 739 (742).
2387 *Möllers/Zwiffelhoffer*, MMR 2015, 161; *Dörr/Holznagel/Picot*, Legitimation und Auftrag des öffentlich-rechtlichen Fernsehens in Zeiten der Cloud, 2016, 65 ff.
2388 *Ferreau*, ZUM 2017, 632 (636); *Katsirea*, International Journal of Law and Information Technology 2015, 1 (23); *Kogler*, K&R 2011, 621 (625).
2389 *Rahvar*, Die Zukunft des deutschen Presserechts im Lichte konvergierender Medien, 2011, 94 ff.; so auch: *Rossen-Stadtfeld*, Audiovisuelle Bewegtbildangebote von Presseunternehmen im Internet: Presse oder Rundfunk?, 2009, 79.
2390 *Ferreau*, ZUM 2017, 632 (636 f.); *Gersdorf*, Der Rundfunkbegriff, 2007, 84; *Holznagel*, in: Eifert/Hoffmann-Riem (Hrsg.), Innovation, Recht und öffentliche Kommunikation, 2011, 97 (108).
2391 *Ferreau*, ZUM 2017, 632 (637).
2392 *New Zealand Law Commission*, The news media meets "new media": rights, responsibilities and regulation in the digital age, Law Commission Report 128, 22.03.2013, Rn. 7.141 ff.
2393 *ERGA*, Report on material jurisdiction in a converged environment, ERGA 2015 (12), 18.12.2015, 41; *Grünwald*, MMR 2003, 551.
2394 *Bullinger/Mestmäcker*, Multimediadienste, 1997, 26.
2395 *Ariño*, Communications & Strategies 2007 (No. 66), 115 (130); *Direktorenkonferenz der Landesmedienanstalten (DLM)*, Drittes Strukturpapier zur Unterscheidung von Rundfunk und Mediendiensten, 6.11.2003, 10; *Lent*, Rundfunk-, Medien-, Teledienste, 2001, 60 ff.; 119 ff.; einschränkend *Gournalakis*, ZUM 2003, 180 (185).

gerade eine solche, aktivere Haltung das Beeinflussungspotential auch erhöhen könnte,[2396] im Übrigen weder für die eine, noch für die andere Auffassung jedoch empirische Belege aus der Kommunikationsforschung vorhanden seien.[2397] Zum anderen zweifeln andere Autoren bereits an der angeblich aktiveren Rolle der Mediennutzer.[2398] Der eigentliche Konsum der nichtlinearen Inhalte erfolge auf die gewohnt passive Art des Fernsehkonsums,[2399] die vorherige Auswahl eines konkreten Inhalts aus einem Katalog sei dabei vergleichbar mit der gezielten Auswahl einer bestimmten linearen Fernsehsendung aus dem Gesamtprogramm,[2400] womit kein Unterschied hinsichtlich des Meinungsbildungspotentials feststellbar sei.[2401] Ob die Auswahl mittels der Fernbedienung oder mittels eines Eingabegeräts am Computer beziehungsweise mobilen Endgeräten getroffen werde, müsse unerheblich sein.[2402] Das *Bundesverfassungsgericht* hat sich ähnlich bereits 1987 zu „rundfunkähnlichen Kommunikationsdiensten" geäußert, deren Verbreitung „auf Zugriff" ebenso wie der „zum zeitgleichen Empfang" ausgestrahlte Rundfunk letztlich von einer Auswahlentscheidung durch „Ein- und Ausschalten" des Teilnehmers abhänge.[2403]

2. Abstufung nach Gefährdungspotential

Angesichts der Unzulänglichkeiten des Abstufungsmerkmals Linearität erscheint es zunächst geboten, das abgestufte Regelungskonzept abzuschaffen.[2404] Alternativ käme jedoch in Rekurs auf die voranstehenden Überlegungen zur Meinungsbildungsrelevanz in Betracht, das Abstufungsmerkmal an diesem Maßstab neu auszurichten. Dies entspräche dem Gedanken der sogenannten Gefährdungsregulierung als Gegenentwurf zur Begriffsregulierung.[2405] Hierbei sollen das

---

2396 *Grünwald*, MMR 2003, 551 (553); *Michel*, ZUM 1998, 350 (352); *Schulz*, in: Binder/Vesting (Hrsg.), Rundfunkrecht, 4. Aufl. 2018, §2 RStV, Rn. 20.
2397 *Gersdorf*, Der Rundfunkbegriff, 2007, 62 f.; *Holznagel*, in: Eifert/Hoffmann-Riem (Hrsg.), Innovation, Recht und öffentliche Kommunikation, 2011, 97 (109.
2398 *Gersdorf*, Der Rundfunkbegriff, 2007, 63 f.; *Schulz*, in: Binder/Vesting (Hrsg.), Rundfunkrecht, 4. Aufl. 2018, §2 RStV, Rn. 20.
2399 *Rossen-Stadtfeld*, Audiovisuelle Bewegtbildangebote von Presseunternehmen im Internet: Presse oder Rundfunk?, 2009, 78.
2400 *Gersdorf*, Der Rundfunkbegriff, 2007, 63 f.
2401 *Schulz*, in: Binder/Vesting (Hrsg.), Rundfunkrecht, 4. Aufl. 2018, §2 RStV, Rn. 20.
2402 *Gersdorf*, Der Rundfunkbegriff, 2007, 64; so auch *Grewenig*, MMR 2017, 649 (650).
2403 BVerfGE 74, 297 (352).
2404 So auch: *Bundesrepublik Deutschland*, Positionspapier zur Novellierung der Audiovisuellen Mediendienste Richtlinie (AVMD), 3.11.2015, 2.
2405 *Schmid/Kitz*, ZUM 2009, 739 (743).

Wirk- und Gefährdungspotential der Angebote ausschlaggebend für die auf sie anwendbaren Regelungen sein.[2406] Das deutsche Konvergenzgutachten von *Schulz* und *Kluth* beschreitet mit seiner „modularen" Ausgestaltung der Medienregulierung einen solchen Weg.[2407] Abhängig vom sogenannten „Mehrwert für die öffentliche Kommunikation"[2408] der jeweiligen Angebote, werden die verschiedenen Bereiche der Medienregulierung nur auf die Angebote angewendet, die für das entsprechende Schutzziel ein erhöhtes Gefährdungspotential innehaben.[2409] In dieser Ausgestaltung erinnert es an den Ansatz des australischen Convergence Review, der ebenfalls die Geltung einzelner Regulierungsbereiche nach am Gefährdungspotential der Dienste ausgerichteten Merkmalen festlegt.[2410]

Beispiele für an dieses Modell angelehnte Vorschläge finden sich auch in der Reformdebatte zur AVMD-Richtlinie. Zunächst kann der bereits erwähnte Konsultationsbeitrag der *KommAustria* zur Einführung von Mindestumsatzgrenzen[2411] wie sie bereits in Italien eingeführt wurden[2412] als eine negative Ausprägung der Gefährdungsregulierung verstanden werden. Ziel des Vorschlags ist es, Dienste mit geringem Wirkpotential und geringer wirtschaftlicher Bedeutung aus der Regulierung der AVMD-Richtlinie auszuschließen und stattdessen allein die e-Commerce Richtlinie auf sie anzuwenden.[2413] Umgekehrt betrachtet bedeutet dies, dass die *KommAustria* nur die Regulierung von Diensten befürwortet, die über die allgemeinen Voraussetzungen des materiellen Anwendungsbereichs hinaus auch ein Gefährdungspotential hinsichtlich der von der

---

2406 *Schmid/Kitz*, ZUM 2009, 739 (744).
2407 *Kluth/Schulz*, Konvergenz und regulatorische Folgen, 2014, 81; siehe dazu oben unter Dritter Teil. § 1 II. 2. b) bb).
2408 Ebd., 23 f.
2409 Ebd., 2014, 78.
2410 Siehe dazu oben unter Vierter Teil. § 1 II. 2. c).
2411 *KommAustria*, Beitrag zur Konsultation zur Richtlinie 2010/13/EU über audiovisuelle Mediendienste (AVMD-RL) – Eine Mediengesetzgebung für das 21. Jahrhundert, 6.07.2015 – 30.09.2015, 7 f.
2412 *Machet*, 33rd EPRA meeting, Background Document for Plenary Session – Content Regulation and new Media: Exploring Regulatory Boundaries between Traditional and new Media, EPRA 2011/02, 2011, 9; *Valcke/Ausloos*, in: Donders/Pauwels/Loisen (Hrsg.), The Palgrave Handbook of European Media Policy, 2014, 312 (315). *Viola/Capello*, in: Nikoltchev (Hrsg.), The Regulation of On-demand Audiovisual Services: Chaos or Coherence?, IRIS Special, 2011, 47 (51).
2413 *KommAustria*, Beitrag zur Konsultation zur Richtlinie 2010/13/EU über audiovisuelle Mediendienste (AVMD-RL) – Eine Mediengesetzgebung für das 21. Jahrhundert, 6.07.2015 – 30.09.2015, 8.

Richtlinie verfolgten Schutzziele[2414] aufweisen. Hierzu zählt sie beispielsweise kleine YouTube-Kanäle offenbar nicht.[2415] Dies erinnert sowohl an die im australischen Finkelstein Report vorgesehenen quantitativen Bagatellgrenzen für Nachrichtenmedien[2416] als auch an die hohen Schwellenwerte für die Regulierung, die der australische Convergence Review vorschlägt,[2417] wobei diese gerade am entgegengesetzten Ende des Anbieterspektrums ansetzen.

Alternativ wurde bereits in der Konsultation zum Grünbuch Konvergenz 2013 von einer nationalen Aufsichtsbehörde vorgeschlagen, die an den Rundfunk angelehnte Regulierung der AVMD-Richtlinie auf einzelne Inhaltsformate zu beschränken.[2418] Die genannten Inhaltsgruppen – Nachrichten, politische Informationen, Bildungssendungen, Sendungen für Kinder und Verbraucherinformationen[2419] – ähneln in ihrer Abgrenzung gegenüber reinen Unterhaltungsformaten dem Grundgedanken der Regulierung für Nachrichtenmedien, der im australischen Finkelstein Report und dem Bericht der neuseeländischen *Law Commission* entwickelt wurde.[2420] Den einbezogenen Inhalten wird eine erhöhte Bedeutung für die öffentliche Meinungsbildung und ein damit korrespondierendes besonderes Gefährdungspotential zugeschrieben, auf dessen Grundlage ihre Regulierung fußt.[2421] Auch der britische Convergence Report sieht eine Abstufung zwischen verschiedenen Inhaltegruppen vor, je nachdem ob es sich um Nachrichten, fernsehähnliche oder sonstige Inhalte handelt.[2422]

2414 Siehe oben unter Dritter Teil. § 1 IV. 2.
2415 *KommAustria,* Beitrag zur Konsultation zur Richtlinie 2010/13/EU über audiovisuelle Mediendienste (AVMD-RL) – Eine Mediengesetzgebung für das 21. Jahrhundert, 6.07.2015 – 30.09.2015, 8.
2416 *Finkelstein/ Ricketson,* Report of Independent Inquiry into the Media and Media Regulation, 28.02.2012, Rn. 11.67.
2417 *Australian Government,* Convergence Review, Final Report, March 2012, 12.
2418 *Europäische Kommission,* Summaries of the replies to the public consultation launched by the Green Paper "Preparing for a Fully Converged Audiovisual World: Growth, Creation and Values", 12.9.2014, 41.
2419 Ebd.
2420 Siehe dazu oben unter Vierter Teil. § 1 II. 1. b).
2421 *Finkelstein/ Ricketson,* Report of Independent Inquiry into the Media and Media Regulation, 28.02.2012, Rn. 2.90; *New Zealand Law Commission,* The news media meets "new media": rights, responsibilities and regulation in the digital age, Law Commission Report 128, 22.03.2013, Rn. 3.22.
2422 *UK House of Lords – Select Committee on Communications,* Media Convergence, 2nd Report of Session 2012–13, HL Paper 154, 27.03.2013, Rn. 55 ff.

Konkretere Ausformungen des Modells der Gefährdungsregulierung im Bereich der audiovisuellen Medien finden sich in der deutschen Literatur. Diese knüpfen grundsätzlich an die Meinungsbildungsrelevanz der Dienste an und weisen Rechtsfolgen differenziert nach kommunikationsbezogenen und nicht-kommunikationsbezogenen Schutzgütern zu. So beschränkt etwa *Ferreau* die bisherige Rundfunkregulierung auf Angebote mit hoher Meinungsrelevanz, während für Angebote mit geringerer Meinungsrelevanz lediglich Gefahrenabwehrrecht gelten soll.[2423] Auch *Blaue* hält eine diensteübergreifende Regelung nicht-kommunikationsbezogener Schutzgüter für vorzugswürdig,[2424] deren Ziele unabhängig vom konkreten Dienst übereinstimmen.[2425] Als Beispiel wird der deutsche Jugendmedienschutzstaatsvertrag mit seinem medienübergreifenden Ansatz herausgestellt.[2426] Für nicht oder weniger meinungsbildungsrelevante Mediendienste sei auch nicht notwendigerweise eine bereichsspezifische Regelung erforderlich.[2427]

Ausgehend vom funktionalen Rundfunkbegriff,[2428] der sich anhand des Beitrags zur öffentlichen Meinungsbildung bestimmt,[2429] stimmt auch *Gournalakis* der Beschränkung publizistischer Regulierung auf meinungsbildungsrelevante Angebote zu.[2430] Dabei seien für Dienste ohne Meinungsbildungsrelevanz die Regelungen des allgemeinen Rechts ausreichend.[2431] Innerhalb der meinungsbildungsrelevanten Angebote sieht *Gournalakis'* Modell eine weitere Abstufung vor. Lediglich der sogenannte Kernrundfunk mit hoher Breitenwirkung soll den strengen Regelungen für Rundfunk, einschließlich des Zulassungsvorbehalts und der sektorspezifischen Konzentrationskontrolle, unterfallen.[2432] Auch die Vorschriften zu Werbezeitbeschränkung sowie inhaltlichen Standards werden auf diesen Teil der Angebote beschränkt.[2433] Für den daneben miterfassten „Randrundfunk"[2434] sollen hingegen nur die in einem allgemeinen Teil zu

---

2423 *Ferreau*, ZUM 2017, 632 (638 f.).
2424 *Blaue*, ZUM 2005, 30 (36 f.).
2425 Ebd., 35.
2426 Ebd.
2427 Ebd., 37.
2428 Vgl. *Gournalakis*, NJW-Beilage 23/2002, 20 (24).
2429 *Gournalakis*, ZUM 2003, 180 (184).
2430 Ebd., 183; Ders., NJW-Beilage 23/2002, 20 (25).
2431 Ebd.
2432 *Gournalakis*, ZUM 2003, 180 (186); Ders., NJW-Beilage 23/2002, 20 (25).
2433 Ders., ZUM 2003, 180 (187).
2434 Ebd.

regelnden Vorschriften zum Jugend-, Daten- und Persönlichkeitsschutz sowie die Regelungen zu Schleichwerbung und das Trennungsgebot für Werbung und Programm gelten.[2435]

IV. Reichweite als Konkretisierung von Meinungsbildungsrelevanz

Sowohl hinsichtlich der Eingrenzung des materiellen Tatbestands als auch hinsichtlich der Abstufung der Regelungsdichte stellt sich die Frage, in welcher Form die Meinungsbildungsrelevanz der Dienste zu konkretisieren ist. Die tradierte Formel des *Bundeverfassungsgerichts*, wonach sich Meinungsbildungsrelevanz anhand von Breitenwirkung, Aktualität und Suggestivkraft bestimmt,[2436] trägt vorliegend nicht maßgeblich zur Konkretisierung bei.[2437] Insbesondere lassen sich lediglich aus der Breitenwirkung gegebenenfalls messbare Faktoren ableiten. Als Bestandteile von Meinungsbildungsrelevanz kommen zunächst die Reichweite[2438] eines Angebots und sein empirisches Beeinflussungspotential in Betracht.[2439] Näher konkretisiert wurden diese Faktoren von *Schulz, Held* und *Kops*. Unter das von ihnen als „gesellschaftliche Bedeutung" eines Angebots zusammengefasste Regulierungsmotiv fallen danach als Faktoren die Breitenwirkung im Sinne der Tagesreichweite eines Angebots, seine publizistische Wirkmacht basierend auf journalistisch-professionellen Kriterien und die Verwendung bewegter Bilder mit erhöhter Suggestivkraft.[2440] Ein Kriterium von Meinungsbildungsbildungsrelevanz ist daher mittelbar das Verhalten der jeweiligen Medienkonsumenten, die über ihre Nutzungsintensität die Reichweite des Mediums festlegen.[2441] Als Beispiel soll hier zur Illustration erneut ein bereits oben erwähnter, erfolgreicher deutscher YouTube-Kanal dienen: dessen Tagesreichweite[2442] entspricht in etwa die der täglichen Nachrichtensendung des

---

2435 Ebd., 186; vgl. auch *Ders.*, NJW-Beilage 23/2002, 20 (24).
2436 BVerfGE 90, 60 (87).
2437 So auch: *Direktorenkonferenz der Landesmedienanstalten (DLM)*, Drittes Strukturpapier zur Unterscheidung von Rundfunk und Mediendiensten, 6.11.2003, 7; *Gournalakis*, ZUM 2003, 180 (184).
2438 *Lent*, Rundfunk-, Medien-, Teledienste, 2001, 71.
2439 *Holznagel*, in: Eifert/Hoffmann-Riem (Hrsg.), Innovation, Recht und öffentliche Kommunikation, 2011, 97 (110).
2440 *Schulz/Held/Kops*, ZUM 2001, 621 (627); vgl auch *Schulz/Held/Kops*, Perspektiven der Gewährleistung freier öffentlicher Kommunikation, 2002, 82.
2441 *Blaue*, ZUM 2005, 30 (34); *Gersdorf*, Der Rundfunkbegriff, 2007, 75.
2442 Am Beispiel eines der erfolgreichsten deutschen YouTube Kanäle, „BibisBeautyPalace", lagen die täglichen Nutzerzahlen zwischen Januar und Mai 2018 bei ca. durchschnittlich 1 bis 1,9 Millionen Zugriffen, *Socialblade*, BibisBeautyPalace – Detailed

deutschen Fernsehsenders Sat1 und übertrifft die Reichweite der Nachrichtensendung auf ProSieben[2443]. Zum deutschen Rundfunkbegriff wird allerdings teilweise vertreten, dass es für die Meinungsbildungsrelevanz eines Angebots nicht auf dessen tatsächliche empirisch belegte Einwirkung ankomme, sondern lediglich auf die Möglichkeit einer solchen Einwirkung[2444] die im Regelfall bereits durch die Ausrichtung an die Allgemeinheit vorliegt.[2445] Für dieses Potential wiederum ist jedoch auch der tatsächlich erreichte Zuschauerkreis bedeutsam,[2446] so dass die Nutzerzahlen zumindest eine starke Indizwirkung bezüglich der Relevanz eines Dienstes haben.[2447] Die Reichweiten der angebotenen Inhalte haben direkte Aussagekraft hinsichtlich des Maßes an Öffentlichkeitsbezugs eines Angebots.[2448] Dies ist wiederum der Maßstab für unterschiedliche Behandlung von Individual- und Massenkommunikation und erlaubt darüber hinaus auch die Differenzierung innerhalb verschiedener Massenkommunikationsmittel.[2449] Dies entspricht auch dem oben dargestellten[2450] Ansatz des australischen Convergence Review.[2451]

Statistics – Average Views per Day per Month, Stand November 2018, abrufbar unter: https://socialblade.com/youtube/user/bibisbeautypalace/monthly [Stand November 2018].
2443 Laut *Zubayr/Gerhard*, Media Perspektiven 3/2017, 130 (136), erreichte die tägliche Nachrichtensendung auf Sat1 in den Jahren 2015 und 2016 täglich ca. 1,3 Millionen Zuschauer, die Nachrichtensendung auf ProSieben hingegen nur etwa 0,8 Millionen Zuschauer.
2444 *Rossen-Stadtfeld*, Audiovisuelle Bewegtbildangebote von Presseunternehmen im Internet: Presse oder Rundfunk?, 2009, 61; *Schulz*, in: Binder/Vesting (Hrsg.), Rundfunkrecht, 4. Aufl. 2018, § 2 RStV, Rn. 15; dagegen *Gersdorf,* Der Rundfunkbegriff, 2007, 74 f.
2445 *v. Coelln*, in: Bayerische Landeszentrale für neue Medien (Hrsg.), BLM-Symposium Medienrecht 2010 – Rundfunkstrukturen im Wandel, 2011, 17 (32); *Martini*, in: Gersdorf/Paal (Hrsg.), Beck'scher Online-Kommentar Informations- und Medienrecht, 17. Ed. 1.08.2017, § 2 RStV, Rn. 7; *Schulz*, in: Binder/Vesting (Hrsg.), Rundfunkrecht, 4. Aufl. 2018, § 2 RStV, Rn. 44.
2446 *Rossen-Stadtfeld*, Audiovisuelle Bewegtbildangebote von Presseunternehmen im Internet: Presse oder Rundfunk?, 2009, 65.
2447 *Direktorenkonferenz der Landesmedienanstalten (DLM)*, Drittes Strukturpapier zur Unterscheidung von Rundfunk und Mediendiensten, 6.11.2003, 10; *Gersdorf,* Der Rundfunkbegriff, 2007, 74;
2448 *Gersdorf,* Der Rundfunkbegriff, 2007, 75.
2449 Ebd.
2450 Siehe oben unter Vierter Teil. § 1 II.
2451 *Australian Government*, Convergence Review, Final Report, March 2012, 10.

Dieser knüpft zentral an den messbaren wirtschaftlichen und gesellschaftlichen Erfolg eines Angebots an und legt als Voraussetzung des materiellen Anwendungsbereichs für bedeutsame Inhalteanbieter quantitative Grenzwerte für Zuschauerzahlen und Jahreseinnahmen der Medienangebote fest.[2452] Einen weniger ausgeformten, aber ähnlichen Vorschlag für Mindestumsatzgrenzen hatte die österreichische Regulierungsbehörde *KommAustria* anlässlich der Konsultation zur Überarbeitung der AVMD-Richtlinie eingereicht.[2453]

In der Literatur existieren vergleichbare Vorschläge, die in Form von positiven und negativen gesetzlichen Vermutungsregeln die Meinungsbildungsrelevanz von Angeboten im einfachgesetzlichen Rundfunkbegriff zu konkretisieren versuchen.[2454] Daneben wurde jüngst ein spezifisch auf Angebote im Internet zugeschnittener Kriterienkatalog zur Ermittlung von Meinungsmacht in der Konzentrationskontrolle vorgeschlagen.[2455] Nach *Lobigs/Neuberger* seien neben der Reichweite eines Angebots[2456] die Reaktionsgeschwindigkeit der Berichterstattung,[2457] die publizistische Relevanz seiner Inhalte,[2458] die Ausrichtung auf politisch relevante Inhalte,[2459] Glaubwürdigkeit des Angebots und Vertrauen auf Nutzerseite[2460] sowie ggf. der gezielte Einsatz von Kommunikationsstrategien zur einseitigen Beeinflussung des Diskurses durch Falschinformationen[2461] entscheidende Faktoren bei der Begründung von Meinungsmacht. Aus der Reichweite allein lasse sich angesichts der Heterogenität der Inhalte und der diffusen Interaktionsmöglichkeiten keine einheitliche Wirkung beim Nutzerkreis ableiten.[2462] Allerdings verweisen die Autoren selbst auf das mangelnde Abstraktionspotential dieser Kriterien innerhalb der hybriden Angebotsstrukturen.[2463]

2452 Ebd., 10, 12.
2453 *KommAustria*, Beitrag zur Konsultation zur Richtlinie 2010/13/EU über audiovisuelle Mediendienste (AVMD-RL) – Eine Mediengesetzgebung für das 21. Jahrhundert, 6.07.2015 – 30.09.2015, 8.
2454 *Ferreau*, ZUM 2017, 632 (639); *Gournalakis*, ZUM 2003, 180 (185); *Rossen-Stadtfeld*, Audiovisuelle Bewegtbildangebote von Presseunternehmen im Internet: Presse oder Rundfunk?, 2009, 68.
2455 Siehe *Lobigs/Neuberger*, Meinungsmacht im Internet, 2018, 50 ff.
2456 Ebd., 62.
2457 Ebd., 54.
2458 Ebd., 54 ff.
2459 Ebd., 57 f.
2460 Ebd., 62 ff.
2461 Ebd., 58 ff.
2462 Ebd., 62.
2463 Ebd., 55, 64.

Ein „Berechnungssystem" lasse sich aus dem Kriterienkatalog nicht entwickeln, vielmehr bleibe die Beurteilung von Meinungsmacht auf seiner Grundlage stets einzelfallabhängig.[2464] Dies ist schlicht der Ausrichtung der Vorschläge auf den Bereich der Konzentrationskontrolle[2465] geschuldet. Für die Suche nach abstrakt-generellen Kriterien als Grundlage des Anwendungsbereiches der Medienregulierung lassen sich die – im Übrigen überaus differenzierten und fundierten –Maßstäbe für individuelle Regulierungsmaßnahmen der Konzentrationskontrolle jedoch nicht operationalisieren. Sie sind in diesem Kontext nicht geeignet, die Rechtssicherheit und Einheitlichkeit der Regulierung zu gewährleisten und würden damit zu ähnlichen Problemen führen, wie aktuell das Definitionsmerkmal der Fernsehähnlichkeit.

Während ältere Modelle noch verstärkt die Linearität eines Dienstes oder das Vorliegen eines Sendeplans als Indizien der Meinungsbildungsrelevanz heranziehen,[2466] sind aus der neueren Literatur zum Rundfunkbegriff hingegen Vorschläge von Schwellenwerten bezüglich der Rezipientenzahl zu vernehmen.[2467] Ein solches „Reichweitenmodell" hatte *Gersdorf* bereits vor gut 10 Jahren entworfen.[2468] Danach soll für die Einstufung eines Dienstes als Rundfunk im Sinne des einfachgesetzlichen deutschen Rundfunkbegriffes neben den bereits bestehenden Merkmalen des redaktionell gestalteten[2469] Angebots audiovisueller[2470] Inhalte entscheidend sein, dass dieser Dienst einen festgelegten Schwellenwert von Zuschauern oder Nutzern erreicht.[2471] Der Schwellenwert soll sich dabei auf die tatsächlich erreichte Rezipientenzahl, in Abgrenzung zur potentiellen technischen Reichweite, beziehen.[2472] Alle Angebote unterhalb der Grenze werden nicht dem strengeren Regulierungsstandard des Rundfunks unterworfen, selbst wenn sie in linearer Form verbreitet werden.[2473] Die Differenzierung zwischen den Angeboten richtet sich ausschließlich nach deren anhand der Rezipientenzahlen konkretisierter Meinungsbildungsrelevanz und rechtfertigt damit auch die „Benachteiligung" wirtschaftlich oder publizistisch erfolgreicher

---

2464 Ebd., 64.
2465 Ebd., 13.
2466 *Gournalakis*, ZUM 2003, 180 (185).
2467 *Ferreau*, ZUM 2017, 632 (639).
2468 *Gersdorf*, Der Rundfunkbegriff, 2007, 77.
2469 Ebd., 70.
2470 Ebd., 69 f.
2471 Ebd., 73 ff.
2472 Ebd., 77.
2473 Ebd., 78.

Anbieter.[2474] Der Gesetzgeber habe einen ähnlichen Ansatz bereits mit der Privilegierung des Bagatellrundfunks in Einrichtungen, Gebäuden und zusammengehörenden Gebäudekomplexen aufgrund niedriger Teilnehmerzahlen umgesetzt.[2475] Die Festlegung der konkreten Schwellenwerte soll entweder durch den Gesetzgeber oder aber die zuständigen Landesmedienanstalten erfolgen.[2476] Dabei sei zwischen den Grenzwerten für bundesweit verbreitete Angebote und denen für nur lokal oder regional verbreitete Angebote angemessen zu differenzieren.[2477]

V. Zwischenergebnis

In Übereinstimmung mit den Zwischenergebnissen des zweiten und dritten Teils dieser Untersuchung[2478] sowie den Ansätzen aus Australien und Neuseeland[2479] steht nach Tendenz der deutschen Literatur zur Rundfunkregulierung die Meinungsbildungsrelevanz audiovisueller Angebote am Ausgangspunkt der Regulierungsbegründung.[2480] Dabei kann die Meinungsbildungsrelevanz der

---

2474 Ebd., 75 f.
2475 Ebd., 76.
2476 Ebd., 76 f.
2477 Ebd., 77.
2478 Siehe oben unter Zweiter Teil. § 3. sowie Dritter Teil. § 3.
2479 Siehe oben unter Vierter Teil. § 1 III. 1.
2480 Vgl. zum verfassungsrechtlichen Rundfunkbegriff: *Dörr/Holznagel/Picot*, Legitimation und Auftrag des öffentlich-rechtlichen Fernsehens in Zeiten der Cloud, 2016, 60; *Holznagel*, in: Spindler/Schuster (Hrsg.), Recht der elektronischen Medien, 3. Aufl. 2015, §2 RStV, Rn. 10; *Kunisch*, Rundfunk im Internet und der Grundsatz der Staatsfreiheit des Rundfunks, 2011, 113; das erforderliche Maß an Meinungsbildungsrelevanz ist indes umstritten, vgl. *Schulz*, in: Binder/Vesting (Hrsg.), Rundfunkrecht, 4. Aufl. 2018, §2 RStV, Rn. 22; *Martini*, in: Gersdorf/Paal (Hrsg.), Beck'scher Online-Kommentar Informations- und Medienrecht, 17. Ed. 1.08.2017, §2 RStV, Rn. 2 m.w.N.; vgl zum einfachgesetzlichen Rundfunkbegriff: *Holznagel*, in: Spindler/Schuster (Hrsg.), Recht der elektronischen Medien, 3. Aufl. 2015, §2 RStV, Rn. 22; *Kunisch*, Rundfunk im Internet und der Grundsatz der Staatsfreiheit des Rundfunks, 2011, 113; *Schulz*, in: Binder/Vesting (Hrsg.), Rundfunkrecht, 4. Aufl. 2018, §2 RStV, Rn. 177; *Schulze-Fielitz*, in: Dreier (Hrsg.), GG, 3. Aufl. 2013, Art. 5, Rn. 101; vgl. auch Begründung zum 12. RÄStV, LT-Drs. BW 14/3859, 38: „Die so konkretisierte Bestimmung umfasst unverändert die Veranstaltung von Angeboten für die Allgemeinheit und damit die bereits bisher herangezogenen Kriterien der Breitenwirkung, Aktualität und Suggestivkraft.".

Dienste sowohl das „Ob"[2481] dienstespezifischer Sonderregulierung nach Vorbild des Rundfunks als auch das „Wie"[2482] des Regulierungsniveaus bestimmen. Die Ausrichtung des Regulierungsniveaus am Merkmal der linearen Verbreitung wird hingegen überwiegend mit überzeugender Begründung abgelehnt.[2483] In der Tat lässt sich längst keine pauschale Aussage über die Bedeutung aller Fernsehsender gegenüber allen audiovisuellen Internetangeboten mehr treffen.[2484] Das Regulierungsniveau ist hingegen am jeweiligen Gefährdungspotential der Angebote auszurichten,[2485] wobei zwischen kommunikationsbezogenen und nicht-kommunikationsbezogenen Schutzgütern zu unterscheiden ist.[2486]

Nun ist zur Übertragung dieser Ansätze auf die europäische AVMD-Richtlinie zunächst einschränkend zu berücksichtigen, dass hier keine mit dem nationalen Recht der Mitgliedstaaten vergleichbare Regelungstiefe besteht. Viele kommunikationsbezogene Schutzgüter erfahren durch die AVMD-Richtlinie gerade keine Regelung, denn sie verbleiben nach dem Subsidiaritätsprinzip[2487] und dem Prinzip der begrenzten Einzelermächtigung[2488] in der Kulturhoheit der Mitgliedstaaten.[2489] Dies ist jedoch nicht weiter schädlich und kann als Prinzip auch bei Implementierung eines gefährdungsbezogenen Regelungssystems beibehalten werden. Gleiches gilt grundsätzlich auch für

---

2481 *Blaue*, ZUM 2005, 30 (37); *Gournalakis*, ZUM 2003, 180 (183); *Gournalakis*, NJW-Beilage 23/2002, 20 (25).
2482 *Gournalakis*, ZUM 2003, 180 (186); vgl. auch *Ders.*, NJW-Beilage 23/2002, 20 (24).
2483 Vgl. *Feldmann*, in: Taeger (Hrsg), Smart World – Smart Law, DSRI-Tagungsband Herbstakademie 2016, 2016, 743 (749); *Ferreau*, ZUM 2017, 632 (636 f.); *Holznagel*, in: Eifert/Hoffmann-Riem (Hrsg.), Innovation, Recht und öffentliche Kommunikation, 2011, 97 (108); *Katsirea*, International Journal of Law and Information Technology 2015, 1 (23); *Kogler*, K&R 2011, 621 (625); *Möllers/ Zwiffelhoffer*, MMR 2015, 161 (166); *Schmid/Kitz*, ZUM 2009, 739 (742); *Schulz*, in: Binder/Vesting (Hrsg.), Rundfunkrecht, 4. Aufl. 2018, §2 RStV, Rn. 24; *Spindler*, JZ 2016, 147 (150).
2484 *Rahvar*, Die Zukunft des deutschen Presserechts im Lichte konvergierender Medien, 2011, 94 ff.; so auch: *Rossen-Stadtfeld*, Audiovisuelle Bewegtbildangebote von Presseunternehmen im Internet: Presse oder Rundfunk?, 2009, 79.
2485 Vgl. *Direktorenkonferenz der Landesmedienanstalten (DLM)*, Stellungnahme im laufenden Verfahren der Überprüfung der EG-Fernsehrichtlinie, 15.7.2003, 2; *Schütz*, MMR 2005, Heft 9, VIII (IX); *Spindler*, JZ 2016, 147 (150).
2486 *Blaue*, ZUM 2005, 30 (36 f.); *Ferreau*, ZUM 2017, 632 (638 f.); *Gournalakis*, ZUM 2003, 180 (183); *Gournalakis*, NJW-Beilage 23/2002, 20 (25).
2487 Art. 5 Abs. 3 EUV.
2488 Art. 5 Abs. 2 EUV.
2489 Art. 167 AEUV.

die nicht-kommunikationsbezogenen Schutzbestimmungen des allgemeinen Rechts, für die keine europäischen Regelungen vorhanden sind, wie etwa Äußerungsrecht und Persönlichkeitsschutz. Diesen Regelungen unterfallen jeweils auf nationaler Ebene auch ohne zusätzliche Vorkehrung ohnehin alle Angebote. Jedenfalls sollte jedoch im Rahmen der europäischen AVMD-Richtlinie die Geltung der kommunikationsbezogenen Vorschriften auf solche Angebote begrenzt werden, die nach den oben entwickelten Maßstäben besonderes Gefährdungspotential im Sinne von Meinungsbildungsrelevanz aufweisen. Hierfür kommen grundlegend zwei Optionen in Betracht. Zum einen wäre denkbar, den Anwendungsbereich der AVMD-Richtlinie so weit zu verengen, dass alle Angebote, die davon erfasst sind, ein vergleichbares Meinungsbildungspotential aufweisen und dementsprechend auch vollständig den gleichen Vorschriften unterfallen. Dies hätte eine Beschränkung der Regulierung auf deutlich weniger Angebote mit besonders hoher Meinungsbildungsrelevanz zur Folge, wie sie im australischen Convergence Review entworfen wird.[2490] Das abgestufte Regelungskonzept würde in diesem System vollständig entfallen. Alternativ käme in Betracht, den Anwendungsbereich ausreichend weit zu fassen, um Angebote mit unterschiedlich hoher Meinungsbildungsrelevanz einzubeziehen. Zusätzlich wäre in dieser Variante das abgestufte Regelungskonzept beizubehalten, allerdings unter Ersatz der Linearität als Anknüpfungspunkt durch ein stärker an das Meinungsbildungspotential der Angebote angelehntes Kriterium.[2491]

Zur Konkretisierung der Meinungsbildungsrelevanz sind Tatbestandsmerkmale zu entwickeln, die einerseits an die individuelle Bedeutung eines Angebots anknüpfen und andererseits messbar sind und damit auch rechtssicher sowohl vom Anbieter als auch von den zuständigen Aufsichtsstellen erfasst werden können. Hier bietet es sich an, auf die konkrete Reichweite im Sinne der nachweisbaren Nutzer- beziehungsweise Zuschauerzahlen der Dienste abzustellen.[2492] Erklärtes Ziel der AVMD-Richtlinie ist es, Dienste, die um dasselbe Publikum konkurrieren, auch gleichen Rahmenbedingungen zu unterstellen.[2493] Es gibt

---

2490 *Australian Government*, Convergence Review, Final Report, March 2012, 12.
2491 Vgl. *Europäisches Parlament*, Entschließung zu "Connected TV", P7_TA(2013)0329, 4.07.2013, 10. Entschließung.
2492 *Blaue*, ZUM 2005, 30 (34); *Direktorenkonferenz der Landesmedienanstalten (DLM)*, Drittes Strukturpapier zur Unterscheidung von Rundfunk und Mediendiensten, 6.11.2003, 10; *Ferreau*, ZUM 2017, 632 (639); *Gersdorf*, Der Rundfunkbegriff, 2007, 75; *Schulz/Held/Kops*, ZUM 2001, 621 (627); vgl auch *Schulz/Held/Kops*, Perspektiven der Gewährleistung freier öffentlicher Kommunikation, 2002, 82.
2493 Vgl. Erwgr. 11, 24 AVMD-Richtlinie.

jedoch – von demografischen Unterschieden in den Nutzungsgewohnheiten[2494] abgesehen – kein dezidiertes „Online"- Publikum in Abgrenzung zu einem „Fernseh"-Publikum. Letztlich konkurrieren in der konvergenten Marktumgebung alle Dienste um ein und dasselbe Publikum.[2495] Zu unterscheiden sind die Angebote nur am Maß ihres Erfolges bei diesem Gesamtpublikum. Mit steigenden Nutzerzahlen wächst auch das Einflusspotential eines Angebots[2496] und damit dessen regulierungsbegründendes Gefährdungspotential. Das auf dieser Grundannahme beruhende „Reichweitenmodell" von *Gersdorf*[2497] ließe sich mit leichter Modifikation auf die europäische Ebene übertragen.

Die Anknüpfung an Rezipientenzahlen entspricht im Übrigen auch der wirtschaftlichen Realität auf dem Medienmarkt. Die medienrechtliche Konzentrationskontrolle bedient sich zur Ermittlung von Meinungsmacht ebenfalls Daten zur Rezipientenreichweite.[2498] Auch die Kosten für Werbeschaltungen, als eine maßgebliche Einnahmequelle vieler Medienangebote, werden in Bezug auf die Reichweite des Mediums berechnet. Als Messgröße hat sich der sogenannte Tausend-Kontakt-Preis etabliert, der die Kosten der Werbeschaltung im Verhältnis zur Reichweite multipliziert mit dem Faktor 1000 angibt.[2499] Damit sollen die Werbekosten gemessen an der Verbreitung der Werbeinhalte an 1000 Rezipienten über mehrere Mediengattungen hinweg verglichen werden können.[2500] Aus diesem Grund wird die erforderliche Datengrundlage zu den Nutzerzahlen regelmäßig durch die Medienanbieter selbst sowie die Werbetreibenden

---

2494 Vgl. *Arbeitsgemeinschaft der Landesmedienanstalten (ALM)*, MedienVielfaltsMonitor I/2016, 1.09.2016, 7; *Dörr/Holznagel/Picot*, Legitimation und Auftrag des öffentlich-rechtlichen Fernsehens in Zeiten der Cloud, 2016, 31 f.; *ERGA*, Report on material jurisdiction in a converged environment, ERGA 2015 (12), 18.12.2015, 5.
2495 *Cabrera Blázquez/Capello/Fontaine/Valais*, Abrufdienste und der sachliche Anwendungsbereich der AVMD-Richtlinie, IRIS plus 1/2016, 9.
2496 *Blaue*, ZUM 2005, 30 (34); *Gersdorf*, Der Rundfunkbegriff, 2007, 75; *Rossen-Stadtfeld*, Audiovisuelle Bewegtbildangebote von Presseunternehmen im Internet: Presse oder Rundfunk?, 2009, 65.
2497 *Gersdorf*, Der Rundfunkbegriff, 2007, 77 ff.
2498 *Natt*, Meinungsmacht in einer konvergenten Medienwelt, 2016, 42; siehe auch *Hasebrink*, Zur Berücksichtigung medienrelevanter verwandter Märkte bei der Anwendung des Zuschaueranteilsmodells (§26 Abs. 2 Satz 2 RStV), 8.08.2003, kritisch hierzu jedoch *Lobigs/Neuberger*, Meinungsmacht im Internet, 2018, 62.
2499 *Jungheim*, Medienordnung und Wettbewerbsrecht im Zeitalter der Digitalisierung und Globalisierung, 2012, 519.
2500 Ebd.

ermittelt und stünde damit auch grundsätzlich für die Bewertung im Rahmen eines Reichweitenmodells zur Verfügung.[2501]

§ 3 Übertragung auf die AVMD-Richtlinie

Abschließend sind die aus den ausländischen Untersuchungen[2502] und der Auswertung der deutschen Literaturstimmen[2503] gewonnenen Erkenntnisse auf die AVMD-Richtlinie zu übertragen. Im Vordergrund steht hierbei entsprechend der Ausrichtung der Untersuchung[2504] die Umgestaltung des materiellen Anwendungsbereichs der Richtlinie. Als Ausgangspunkt soll die alte Fassung der AVMD-Richtlinie dienen, wobei die im dritten Teil der Arbeit analysierten Reformvorschläge[2505] ebenfalls einzubeziehen sind.

I. Konzept

1. Ziele

Allgemein formuliert soll ein Vorschlag zur Umgestaltung des materiellen Anwendungsbereichs entwickelt werden, der die im zweiten Teil dieser Arbeit herausgearbeiteten Abgrenzungsschwierigkeiten[2506] besser bewältigt, als die im Rahmen des Reformverfahrens vorgebrachten Entwürfe der *Europäischen Kommission*[2507], des *Europäischen Parlaments*[2508] und des *Rats der Europäischen*

2501 Vgl. unter Verweis auf *Seufert*: Ebd., 583.
2502 Siehe oben unter Vierter Teil. § 1.
2503 Siehe oben unter Vierter Teil. § 2.
2504 Vgl. zum Untersuchungsgegenstand oben unter Erster Teil. § 3.
2505 Siehe zur Analyse der Reformvorschläge oben unter Dritter Teil. § 2 III.
2506 Siehe zusammenfassend hierzu oben unter Zweiter Teil. § 3.
2507 *Europäische Kommission*, Vorschlag für eine Richtlinie des Europäischen Parlaments und des Rates zur Änderung der Richtlinie 2010/13/EU zur Koordinierung bestimmter Rechts- und Verwaltungsvorschriften der Mitgliedstaaten über die Bereitstellung audiovisueller Mediendienste im Hinblick auf sich verändernde Marktgegebenheiten, COM(2016) 287 final, 25.05.2016 (AVMD-ÄRL-V).
2508 *Europäisches Parlament*, Report on the proposal for a directive of the European Parliament and of the Council amending Directive 2010/13/EU on the coordination of certain provisions laid down by law, regulation or administrative action in Member States concerning the provision of audiovisual media services in view of changing market realities (COM(2016)0287 – C8-0193/2016 – 2016/0151(COD)), A8-0192/2017, 10.05.2017 (AVMD-ÄRL-P).

Union[2509]. Als Bewertungsmaßstab ist dabei der im dritten Teil formulierte Anforderungshorizont[2510] zugrunde zu legen.

Anknüpfend an die Ergebnisse der vorangestellten Abschnitte steht im Mittelpunkt des Regelungsvorschlags zum einen eine stärkere Einbeziehung der Meinungsbildungsrelevanz der erfassten Angebote,[2511] zum anderen die Konkretisierung[2512] dieser Anforderung im Wege praxistauglicher Merkmale. Das zentrale Regelungskonzept der AVMD-Richtlinie soll dabei jedoch nicht verworfen werden. Ziel ist es vielmehr, durch Anpassungen der Merkmale des Anwendungsbereichs eine kohärentere Umsetzung dieser Grundausrichtung zu gewährleisten. Generell soll der Anwendungsbereich audiovisuelle Inhalte erfassen, die unter der redaktionellen Kontrolle eines Mediendiensteanbieters stehen, den Schwerpunkt von dessen Angebot bilden und ein ausreichendes Maß an Meinungsbildungsrelevanz aufweisen.

Dies entspricht weitestgehend der bereits in der alten Fassung der Richtlinie beabsichtigten Konturierung des Anwendungsbereiches.[2513] Im Folgenden wird zu untersuchen sein, welche der bestehenden Kriterien ihren Abgrenzungszweck noch uneingeschränkt erfüllen und daher unverändert übernommen werden können und welche Kriterien auf der anderen Seite zu unbilligen Ergebnissen führen. Letztere sind auf Grundlage der Erkenntnisse der vorangestellten Abschnitte zu modifizieren. Bereits aus dem zweiten Teil dieser Arbeit hat sich ergeben, dass sowohl das Kriterium des Hauptzwecks als auch der Sendungsbegriff dringend einer Überarbeitung bedürfen.[2514] Die Reformvorschläge von *Kommission, Parlament* und *Rat* haben die Probleme dabei nicht beheben können.[2515] Die nach hier vertretener Ansicht zu ausufernde Gestaltung des materiellen Anwendungsbereichs[2516] durch die Reformvorschläge ist auf ein verhältnismäßiges Maß zurückzuführen. Diesem Ziel dient auch die Einbeziehung

---

2509 *Rat der Europäischen Union,* Proposal for a directive of the European Parliament and of the Council amending Directive 2010/13/EU on the coordination of certain provisions laid down by law, regulation or administrative action in Member States concerning the provision of audiovisual media services in view of changing market realities – General approach, 9691/17, 24.05.2017 (AVMD-ÄRL-GA).
2510 Siehe oben unter Dritter Teil. § 1 IV.
2511 Vgl. hierzu oben unter Vierter Teil. § 1 III. 1. sowie Vierter Teil. § 2 II.
2512 Vgl. hierzu oben unter Vierter Teil. § 2 IV.
2513 Siehe zum Anwendungsbereich grundlegend oben unter Zweiter Teil. § 1 III.
2514 Siehe oben unter Zweiter Teil. § 2 VI. sowie Dritter Teil. § 1 II. 2.
2515 Vgl. oben unter Dritter Teil. § 3 I.
2516 Vgl. oben unter Dritter Teil. § 3 V.

der Meinungsbildungsrelevanz der Angebote als Voraussetzung des Anwendungsbereichs.[2517]

Gleichzeitig muss eine Abstufung der Regulierungsintensität ebenfalls an der Meinungsbildungsrelevanz der Angebote ausgerichtet sein. Das Kriterium der Linearität hat sich hierzu als untauglich erwiesen.[2518] Insofern besteht ein nicht trennbarer Rückbezug zwischen dem materiellen Anwendungsbereich der Richtlinie im engeren Sinne und dem übergeordneten abgestuften Regelungskonzept bezüglich der inhaltlichen Anforderungen an die Mediendiensteanbieter. Die Frage des „Ob" der Regulierung ist nicht vollständig vom „Wie" der Regulierung zu lösen. Folglich ist auch auf die inhaltlichen Regelungen für Mediendiensteanbieter zumindest abstrakt im Rahmen des folgenden Vorschlags einzugehen.

2. Abgrenzung und Abstufung anhand von Schwellenwerten

Als Grundidee wird das sowohl im australischen Convergence Review entwickelte[2519] als auch von *Gersdorf* zum deutschen Rundfunkbegriff vorgeschlagene Reichweitenmodell[2520] übernommen und in die AVMD-Richtlinie integriert. Die Meinungsbildungsrelevanz von Angeboten wird in diesem Modell abstrakt anhand im Einzelnen festzulegender Schwellenwerte für Nutzer- beziehungsweise Zuschauerzahlen abgebildet.

Anstatt den Anwendungsbereich über das Kriterium der Fernsehähnlichkeit einzugrenzen, soll die Abgrenzung gegenüber nicht von der AVMD-Richtlinie regulierten Inhalten durch die konkrete Reichweite der Angebote erfolgen. Angebote unterhalb des Schwellenwertes würden umgekehrt gegebenenfalls lediglich als Dienste der Informationsgesellschaft von der e-Commerce Richtlinie erfasst.

Zusätzlich ist das abgestufte Regelungskonzept in modifizierter Form beizubehalten. Die bisher maßgeblich lineare Verbreitungsform[2521] ist dabei durch einen zweiten Schwellenwert für die Reichweite der Angebote zu ersetzen, der deutlich höher als der Schwellenwert des Anwendungsbereichs anzusetzen ist.

2517 Vgl. zum Kriterium der Fernsehähnlichkeit *ERGA*, Report on material jurisdiction in a converged environment, ERGA 2015 (12), 18.12.2015, 34; *Fiedler*, in: Gersdorf/Paal (Hrsg.), Beck'scher Online Kommentar zum Informations- und Medienrecht, 17. Ed. 1.08.2017, §58 RStV, Rn. 18.
2518 Vgl. oben unter Vierter Teil. § 2 III. 1.
2519 *Australian Government*, Convergence Review, Final Report, March 2012, 10.
2520 *Gersdorf*, Der Rundfunkbegriff, 2007, 77.
2521 Vgl. Art. 1 Abs. 1 lit. e, g AVMD-Richtlinie.

Ähnlich wie bisher lineare und nichtlineare Dienste würden so alle Angebote oberhalb des Anwendungsbereich-Schwellenwerts als audiovisuelle Mediendienste den Regelungen eines allgemeinen Teils der AVMD-Richtlinie unterfallen, während nur für die Angebote mit besonders hoher Reichweite oberhalb des Abstufungs-Schwellenwerts zusätzliche, höhere inhaltliche Anforderungen in einem besonderen Teil festzulegen sind. Letztere Angebote sollen im Folgenden als „bedeutsame audiovisuelle Mediendienste" bezeichnet werden.

II. Ausgestaltung der Kriterien des materiellen Anwendungsbereichs

Das maßgeblich auf der Reichweite der Angebote basierende Konzept ist im Folgenden auf die einzelnen Bestandteile des materiellen Anwendungsbereichs zu übertragen. Insgesamt werden die bisher wesentlichen Merkmale zur Bestimmung audiovisueller Mediendienste[2522] übernommen und im Einzelnen gegebenenfalls modifiziert. Es ist kein Grund ersichtlich, die Ausrichtung und das Regelungskonzept der Richtlinie vollständig aufzugeben.

1. Zu erhaltende Kriterien

Zunächst ist daher zu ermitteln, welche Kriterien der Definition audiovisueller Mediendienste unverändert beibehalten werden können.

a) Audiovisuelle Inhalte

Die Grundentscheidung des Richtliniengebers, den Anwendungsbereich der AVMD-Richtlinie auf audiovisuelle Inhalte zu begrenzen,[2523] ist aufrecht zu erhalten. Es haben sich weder im Rahmen des Reformprozesses noch in der Regulierungspraxis der nationalen Aufsichtsstellen Hinweise auf Probleme im Zusammenhang mit diesem Merkmal ergeben. Unabhängig von Abgrenzungsproblemen hinsichtlich des Hauptzwecks[2524] eines Angebots ist die Frage, ob das Angebot grundsätzlich audiovisuelle Inhalte aufweist, leicht zu bewerten.

Von vornherein abzulehnen ist insofern die Übertragung eines medienübergreifenden Regulierungskonzepts, insbesondere für Nachrichtenmedien,

---

[2522] Siehe grundlegend zum materiellen Anwendungsbereich oben unter Zweiter Teil. § 1 III.
[2523] Vgl. Erwgr. 23 AVMD-Richtlinie.
[2524] Siehe hierzu oben unter Zweiter Teil. § 1 III. 3. sowie Zweiter Teil. § 2 VI. 1.; Zweiter Teil. § 2 VI. 2.

wie es in den Vorschlägen aus Australien und Neuseeland entworfen[2525] wird. Eine Ausdehnung des Anwendungsbereichs der AVMD-Richtlinie auf nichtaudiovisuelle Inhalte würde dem Regelungszweck der Richtlinie fundamental zuwiderlaufen. Ein solches Konzept wäre nicht in das bestehende europäische Medienregulierungssystem zu integrieren, sondern würde vielmehr die Überarbeitung aller einschlägigen europäischen Rechtsakte erfordern. Zudem ist kein Anlass für eine europäische Regelung der Pressetätigkeit im nicht-audiovisuellen Bereich gegeben.[2526] Die folgende Ausarbeitung bleibt daher explizit auf die Betrachtung audiovisueller Inhalte beschränkt.

Andererseits bedeutet dies nicht, dass Angebote von Presseanbietern automatisch aus dem Anwendungsbereich der Richtlinie ausgeschlossen bleiben, soweit sie audiovisuelle Inhalte enthalten. Es hat sich schlichtweg als nicht zielführend erwiesen, zwischen „presseähnlichen" und „fernsehähnlichen" Angeboten abzugrenzen, insbesondere ist auch der hinter dem jeweiligen Angebot stehende Kommunikator irrelevant für die Beurteilung.[2527] Eine Unterscheidung zwischen Presse und Rundfunk muss vor dem Hintergrund der Konvergenz umgedacht werden in eine Unterscheidung zwischen regulierungsbedürftigen Inhalten und nicht regulierungsbedürftigen Inhalten[2528] auf Grundlage der übrigen, im Folgenden zu entwickelnden Kriterien.

b) Redaktionelle Verantwortung eines Mediendiensteanbieters

Auch am Prinzip der redaktionellen Verantwortung eines Mediendiensteanbieters[2529] ist als Voraussetzung des materiellen Anwendungsbereichs für audiovisuelle Mediendienste unbedingt festzuhalten. Rein begriffslogisch ist ein hinreichendes Maß an Kontrolle und Einfluss des Anbieters über beziehungsweise auf die von ihm angebotenen Inhalte notwendig, um den Anforderungen der Richtlinie

---

2525 Vgl. oben unter Vierter Teil. § 1 II. 1.; siehe auch *Australian Government*, Convergence Review, Final Report, March 2012, 10; *Finkelstein/ Ricketson*, Report of Independent Inquiry into the Media and Media Regulation, 28.02.2012, Rn. 11.63 ff.; *New Zealand Law Commission*, The news media meets "new media": rights, responsibilities and regulation in the digital age, Law Commission Report 128, 22.03.2013, Rn. 3.101.
2526 Vgl. auch *Fiedler*, in: Gersdorf/Paal (Hrsg.), Beck'scher Online Kommentar zum Informations- und Medienrecht, 17. Ed. 1.08.2017, §58 RStV, Rn. 18.
2527 *Schmidtmann*, Die verfassungsrechtliche Einordnung konvergenter Massenmedien, 2013, 307.
2528 Siehe zur Gefährdungsregulierung oben unter Vierter Teil. § 2 III.
2529 Vgl. Art 1 Abs. 1 lit. c AVMD-Richtlinie.

Übertragung auf die AVMD-Richtlinie 361

überhaupt nachkommen zu können.[2530] Zudem nimmt der Anbieter über die redaktionelle Gestaltung auch Einfluss auf die Erwartungshaltung des Publikums bezüglich des Regulierungsniveaus.[2531] Schließlich ist die redaktionelle Verantwortung das zentrale und zuverlässigste Merkmal zur Abgrenzung zwischen Mediendiensteanbietern und Videoplattformdienstanbietern[2532] und begrenzt den Anwendungsbereich der Richtlinie damit wirksam auf diejenigen Adressaten der Regulierung, für die die inhaltlichen Regelungen ursprünglich entworfen wurden.[2533] Diese Differenzierung zwischen Inhalteanbietern und Intermediären muss als Grundlage der zukünftigen Regulierung bestehen bleiben.

Die Unklarheiten im Zusammenhang mit der Einstufung einzelner Kanäle auf Videoplattformen als audiovisuelle Mediendienste auf Abruf[2534] werden durch die Klarstellung in Erwägungsgrund 3 AVMD-ÄRL effektiv ausgeräumt. Unabhängig von der übergeordneten „Umgebung" in der sie angeboten werden, stehen solche Kanäle unter der redaktionellen Verantwortung des jeweiligen Kanalbetreibers und können damit vorbehaltlich der übrigen Voraussetzungen als audiovisueller Mediendienst auf Abruf eingestuft werden.[2535] Die Klarstellung ist zu begrüßen und wird in die hier vorgeschlagene Ausgestaltung des materiellen Anwendungsbereichs integriert. Einer Überregulierung kleiner Angebote, wie etwa auch kleinen YouTube-Kanälen,[2536] wird im Rahmen des folgenden

---

2530 Vgl. *Conseil supérieur de l'audiovisuel de la Communauté française de Belgique (CSA) – Collège d'autorisation et de contrôle*, Recommandation relative au périmètre de la régulation des services de medias audiovisuels, 29.03.2012, 13.
2531 Vgl. zur empirischen Grundlage der Regulierungs-Erwartungshaltung des Publikums *Essential Research*, The regulation of video-on-demand: consumer views on what makes audiovisual services "TV-Like" – a qualitative research report, December 2009, 9.
2532 Vgl. zum Ausschluss von Plattformanbietern für nutzergenerierte Inhalte aus der AVMD-Richtlinie oben unter Zweiter Teil. § 1 III. 2. b); siehe auch *Chavannes/Castendyk*, in: Castendyk/Dommering/Scheuer (Hrsg.), European Media Law, 2008, Art. 1 AVMD, Rn. 73; *Conseil supérieur de l'audiovisuel de la Communauté française de Belgique (CSA) – Collège d'autorisation et de contrôle*, Recommandation relative au périmètre de la régulation des services de medias audiovisuels, 29.03.2012, 13; *Europäische Audiovisuelle Informationsstelle/Direction du développement des medias*, Video-on-Demand und Catch-Up-TV in Europa, 2009, 110; *Europäische Kommission*, AVMS Impact Assessment, SWD(2016) 168 final, 25.05.2016, 5; *Schulz*, EuZW 2008, 107 (109).
2533 *European Digital Rights (EDRi)*, AVMS Directive: It isn't censorship if the content is mostly legal, right?, 27.04.2017; *Kammerevert*, promedia 7/2016, 10 f.
2534 Siehe hierzu oben unter Dritter Teil. § 1 IV. 4.
2535 Vgl. Erwgrd. 3 AVMD-ÄRL-T.
2536 Vgl. *KommAustria*, Beitrag zur Konsultation zur Richtlinie 2010/13/EU über audiovisuelle Mediendienste (AVMD-RL) – Eine Mediengesetzgebung für das 21. Jahrhundert, 6.07.2015 – 30.09.2015, 8.

Vorschlags durch die Einschränkungen anderer Merkmale entgegengewirkt. Bezüglich der redaktionellen Verantwortung ist jedoch die Herangehensweise grundsätzlich konsequent und lässt sich rechtssicher anwenden.

c) An die Allgemeinheit gerichtet über elektronische Kommunikationsnetze

Des Weiteren sollen die Kriterien der Ausrichtung des Angebots an die Allgemeinheit sowie der Verbreitung über elektronische Kommunikationsnetze[2537] Bestand haben. Die Definition der elektronischen Verbreitungstechnik hat soweit ersichtlich keinerlei Rechtsunsicherheiten hervorgerufen. Hierzu gilt auch das zur anhaltenden Begrenzung des Anwendungsbereichs auf audiovisuelle Inhalte Ausgeführte.[2538] Ein medienübergreifender Ansatz wird hier nicht verfolgt. Dementsprechend ist an der Begrenzung auf elektronische Übermittlungstechniken festzuhalten.

Zur Ausrichtung des Angebots an die Allgemeinheit wird zum Teil der Ausschluss von Angeboten ohne Meinungsbildungsrelevanz diskutiert.[2539] Die Integration von auf Meinungsbildungsrelevanz beruhenden Merkmalen in den materiellen Anwendungsbereich der AVMD-Richtlinie steht gerade im Mittelpunkt des folgenden Vorschlags. Jedoch ist die Ausrichtung an die Allgemeinheit nicht die geeignete „Schnittstelle" zur Einbeziehung dieser Belange. Entsprechend der wohl überwiegend verwendeten Auslegung soll in Zukunft dieses Kriterium als erfüllt angesehen werden, wenn das Angebot darauf ausgerichtet[2540] ist von einem nicht eingrenzbaren Personenkreis genutzt beziehungsweise empfangen zu werden und potentiell eine nicht eingrenzbare Zahl von Nutzern[2541] auch unter den gleichen Bedingungen auf das Angebot zugreifen

---

2537 Siehe hierzu oben unter Zweiter Teil. § 1 III. 5.
2538 Siehe oben unter Vierter Teil. § 3 II. 1. a).
2539 So *VwGH*, Beschl. v. 26.6.2014, 2013/03/0012, 6; Vgl. *Stender-Vorwachs/Theißen*, ZUM 2006, 362 (368); siehe auch *Schütz*, MMR 2009, 228 (231); siehe hierzu oben unter Zweiter Teil. § 1 III. 5. b).
2540 *Valcke/Ausloos*, in: Donders/Pauwels/Loisen (Hrsg.), The Palgrave Handbook of European Media Policy, 2014, 312 (323).
2541 Für Belgien vgl. *Cabrera Blázquez*, in: Nikoltchev (Hrsg.), What Is an On-demand Service?, IRIS plus 4/2013, 7 (16); *Machet*, 33rd EPRA meeting, Background Document for Plenary Session – Content Regulation and new Media: Exploring Regulatory Boundaries between Traditional and new Media, EPRA 2011/02, 2011, 11.

können.²⁵⁴² Die tatsächlichen Rezipientenzahlen sollen für die Ausrichtung an die Allgemeinheit hingegen als unerheblich angesehen werden.²⁵⁴³

2. Zu modifizierende Kriterien

Die verbleibenden Merkmale des materiellen Anwendungsbereichs für audiovisuelle Mediendienste erfordern hingegen Anpassungen. Dies betrifft im Einzelnen das Merkmal der Dienstleistung, das Hauptzweck-Kriterium sowie den Sendungsbegriff. Für diese drei Merkmale wird die Einführung von Grenzwerten für Einnahmen und Nutzerzahlen empfohlen. Erwägungen zur konkreten H diesieseahr nicht ermittelt werfohlen. Erwägungen zur konkreten Häboten, deren Einahmen im vergangenen Jahr nicht ermittelt weröhe der Schwellenwerte werden zunächst ausgeklammert und abschließend für alle drei Merkmale gemeinsam behandelt.

a) Konkretisierung der Dienstleistung

Der bisher als Voraussetzung audiovisueller Mediendienste festgelegte Dienstleistungsbegriff ist grundsätzlich weiterhin nach den zu Art. 57 AEUV entwickelten Maßstäben zu beurteilen.²⁵⁴⁴ Zusätzlich ist jedoch innerhalb der AVMD-Richtlinie eine Erheblichkeitsschwelle einzuführen, wie sie bereits in

---

2542 *Chavannes/Castendyk*, in: Castendyk/Dommering/Scheuer (Hrsg.), European Media Law, 2008, Art. 1 AVMD, Rn. 47, *Valcke/Ausloos*, in: Donders/Pauwels/Loisen (Hrsg.), The Palgrave Handbook of European Media Policy, 2014, 312 (323); für Großbritannien vgl. *Machet*, 33rd EPRA meeting, Background Document for Plenary Session – Content Regulation and new Media: Exploring Regulatory Boundaries between Traditional and new Media, EPRA 2011/02, 2011, 10.

2543 So auch *Chavannes/Castendyk*, in: Castendyk/Dommering/Scheuer (Hrsg.), European Media Law, 2008, Art. 1 AVMD, Rn. 45 f., für die Niederlande vgl. *Machet*, 33rd EPRA meeting, Background Document for Plenary Session – Content Regulation and new Media: Exploring Regulatory Boundaries between Traditional and new Media, EPRA 2011/02, 2011, 10; für Belgien vgl. *Cabrera Blázquez*, in: Nikoltchev (Hrsg.), What Is an On-demand Service?, IRIS plus 4/2013, 7 (16).

2544 Siehe zum Verständnis des Dienstleistungsbegriffs im Rahmen der AVMD-Richtlinie grundlegend oben unter Zweiter Teil. § 1 III. 1.

Italien besteht[2545] und auch im Rahmen der Konsultation zur AVMD-Reform vorgeschlagen[2546] wurde. Anders als im Modell des australischen Convergence Review soll der finanzielle Grenzwert jedoch nicht so hoch[2547] angesetzt werden, dass nur wenige bedeutsame Medienunternehmen diese Umsatzgrenze überhaupt erreichen können. Der Zweck des Grenzwertes soll nicht die Begrenzung des Anwendungsbereiches auf wirtschaftlich besonders erfolgreiche Angebote sein. Ebenso soll die Meinungsbildungsrelevanz der Angebote nicht aus diesem Kriterium gefolgert werden. Vielmehr bietet es sich, angelehnt an den italienischen Ansatz, an, die im Einzelnen unklare Auslegung des Dienstleistungsbegriffs für die Zwecke der AVMD-Richtlinie rechtssicher zu konkretisieren. Flankierend sind die ohnehin bestehenden Einschränkungen des Dienstleistungsbegriffs weiterhin zu beachten, insbesondere in Bezug auf staatliche[2548] und nicht auf Gewinnerzielung ausgerichtete Tätigkeiten.[2549]

Gerade außerhalb klassischer Mediendienste, im Umfeld sozialer Netzwerke und nutzergenerierter Inhalte kann so eine zweckgerechte Differenzierung zwischen den Angeboten erzielt werden. Von einzelnen Videoplattformnutzern betriebenen Kanälen ist beispielsweise nur schwer anzusehen aus welcher wirtschaftlichen Motivation heraus der Verantwortliche seine Inhalte anbietet. Sehr erfolgreiche Kanäle können durchaus beachtliche Einnahmen durch Werbeschaltung erzielen.[2550] Bei kleineren und unbekannteren Kanälen bewegen

---

2545 *Machet*, 33rd EPRA meeting, Background Document for Plenary Session – Content Regulation and new Media: Exploring Regulatory Boundaries between Traditional and new Media, EPRA 2011/02, 2011, 9; *Valcke/Ausloos*, in: Donders/Pauwels/Loisen (Hrsg.), The Palgrave Handbook of European Media Policy, 2014, 312 (315). *Viola/Capello*, in: Nikoltchev (Hrsg.), The Regulation of On-demand Audiovisual Services: Chaos or Coherence?, IRIS Special, 2011, 47 (51).
2546 *KommAustria*, Beitrag zur Konsultation zur Richtlinie 2010/13/EU über audiovisuelle Mediendienste (AVMD-RL) – Eine Mediengesetzgebung für das 21. Jahrhundert, 6.07.2015 – 30.09.2015, 9.
2547 *Australian Government*, Convergence Review, Final Report, March 2012, 12.
2548 Vgl. *Kogler*, MuR 2011, 228 (230).
2549 Vgl. Erwgr. 21 AVMD-Richtlinie; siehe zur Slowakei und den Niederlanden *Machet*, 33rd EPRA meeting, Background Document for Plenary Session – Content Regulation and new Media: Exploring Regulatory Boundaries between Traditional and new Media, EPRA 2011/02, 2011, 9; *Valcke/Ausloos*, in: Donders/Pauwels/Loisen (Hrsg.), The Palgrave Handbook of European Media Policy, 2014, 312 (315).
2550 Vgl. *Schimansky*, Ein Biss und 500 Millionen Klicks, Zeit Online v. 20.09.2012, abrufbar unter: http://www.zeit.de/wirtschaft/2012-09/youtube-business [Stand November 2018]; „Managergehalt": Was Youtube-Star und geschmähte Neo-Sängerin

sich diese Einnahmen jedoch in einem überschaubaren Rahmen. Durch die Einführung eines zahlenmäßigen Grenzwertes ist sowohl für die jeweils zuständigen nationalen Regulierungsstellen, als auch für die Anbieter selbst einfach und zuverlässig ersichtlich, ob das Dienstleistungsmerkmal des Anwendungsbereichs der AVMD-Richtlinie als erfüllt anzusehen ist.

Der finanzielle Schwellenwert soll in Form einer widerlegbaren Vermutung eingeführt werden.[2551] Soweit ein audiovisuelles Angebot die im Folgenden noch darzulegende Reichweitengrenze des materiellen Anwendungsbereichs überschreitet, wird zunächst vermutet, dass es sich bei dem Angebot um eine Dienstleistung handelt. Diese Vermutung kann jedoch vom Anbieter unter Verweis auf die Unterschreitung der Einnahmengrenze widerlegt werden. Handelt es sich bei dem Angebot jedoch um einen bedeutsamen audiovisuellen Mediendienst, dessen Nutzerzahlen auch den höheren Abstufungs-Schwellenwert überschreiten, ist die Widerlegung der Vermutung ausgeschlossen.

Der Grenzwert soll sich ausschließlich auf die durchschnittlichen jährlichen Einnahmen des audiovisuellen Angebots beziehen. Daher ist bei gemischten Angeboten zwischen diesen Einnahmen und den Einnahmen aus anderen Angebotsteilen zu differenzieren.[2552] Der Beurteilungsmaßstab soll sich wie in Italien[2553] auf die Einnahmen des vergangenen Jahres beziehen. Durch die Verwendung der Vermutungsregel ist grundsätzlich keine jährliche Überprüfung aller Angebote durch die Regulierungsstelle erforderlich, sondern die Initiative zur Widerlegung der Vermutung anhand geringer Einnahmen muss vom Anbieter selbst ausgehen und sollte jederzeit möglich sein. In Kombination mit den Voraussetzungen zur Reichweite des Angebotes werden die jeweiligen Einnahmen ohnehin erst relevant, sobald das Angebot sich hinreichend am Markt

---

Bibi verdient, derstandard.at v. 15.05.2017, abrufbar unter: http://derstandard.at/2000057586538/Was-Youtube-Star-und-geschmaehte-Neo-Saengerin-Bibi-verdient [Stand November 2018].

2551 Vgl. zur Ausgestaltung des deutschen Rundfunkbegriffs durch Vermutungsregeln *Ferreau*, ZUM 2017, 632 (639); *Gournalakis*, ZUM 2003, 180 (185); *Rossen-Stadtfeld*, Audiovisuelle Bewegtbildangebote von Presseunternehmen im Internet: Presse oder Rundfunk?, 2009, 68.

2552 Siehe zur Kritik am italienischen Modell, das ebenfalls eine solche Differnzierung erfordert *Betzel*, in: Nikoltchev (Hrsg.), The Regulation of On-demand Audiovisual Services: Chaos or Coherence?, IRIS Special, 2011, 53 (59); *Valcke/Ausloos*, in: Donders/Pauwels/Loisen (Hrsg.), The Palgrave Handbook of European Media Policy, 2014, 312 (315).

2553 *Machet*, 33rd EPRA meeting, Background Document for Plenary Session – Content Regulation and new Media: Exploring Regulatory Boundaries between Traditional and new Media, EPRA 2011/02, 2011, 9; *Valcke/Ausloos*, in: Donders/Pauwels/

etabliert hat. Dies sollte bereits einige Schwierigkeiten im Umgang mit neuen Angeboten, deren Einnahmen aus dem vergangenen Jahr nicht ermittelt werden können, ausräumen.

b) Neuausrichtung des Kriteriums der Fernsehähnlichkeit am Nutzer-Schwellenwert

Das Herzstück des hier entwickelten Konzepts ist die Neuausrichtung des Kriteriums der Fernsehähnlichkeit an der Reichweite der vom Anwendungsbereich der AVMD-Richtlinie zu erfassenden Angebote. In der alten Fassung der AVMD-Richtlinie bestimmte die Fernsehähnlichkeit der Inhalte maßgeblich den Sendungsbegriff und sollte so der Einschränkung des Anwendungsbereichs der Richtlinie auf Angebote dienen, die aus Sicht der Nutzer mit dem klassischen Fernsehen vergleichbar und daher regulierungsbedürftig sind.[2554]

Der Vergleich mit dem Fernsehen erklärt sich aus der Regelungshistorie der Richtlinie, die erst nachträglich auf die damals neuen, nichtlinearen Dienste ausgeweitet wurde.[2555] Aus dieser Perspektive ergab es Sinn, im Rahmen des Sendungsbegriffs auf den Vergleich zu den ursprünglich und zentral erfassten Angeboten des linearen Fernsehens abzustellen. Wie bereits dargestellt hat sich jedoch das tatsächliche Angebot an Diensten sowie auch das Nutzungsverhalten der Zuschauer mittlerweile so entwickelt,[2556] dass die Ähnlichkeit eines audiovisuellen Angebots zum Fernsehen nicht mehr der entscheidende Anknüpfungspunkt für seine Regulierungsbedürftigkeit sein kann.[2557] Die zahlreichen Auslegungsschwierigkeiten in der Regulierungspraxis belegen dies ebenfalls anschaulich.[2558] Die Streichung des Merkmals der Fernsehähnlichkeit, die von

---

Loisen (Hrsg.), The Palgrave Handbook of European Media Policy, 2014, 312 (315). *Viola/Capello*, in: Nikoltchev (Hrsg.), The Regulation of On-demand Audiovisual Services: Chaos or Coherence?, IRIS Special, 2011, 47 (51).

2554 Vgl. hierzu oben unter Zweiter Teil. § 1 III. 4. a); siehe auch *ERGA*, Report on material jurisdiction in a converged environment, ERGA 2015 (12), 18.12.2015, 34.
2555 Siehe zur Entstehungsgeschichte der AVMD-Richtlinie oben unter Zweiter Teil. § 1 I.
2556 Siehe zur Konvergenzentwicklung allgemein oben unter Erster Teil. § 1.
2557 So auch *Arbeitsgemeinschaft der Landesmedienanstalten (ALM)/Direktorenkonferenz der Landesmedienanstalten (DLM)*, Beitrag zur Konsultation zur Richtlinie 2010/13/ EU über audiovisuelle Mediendienste (AVMD-RL) – Eine Mediengesetzgebung für das 21. Jahrhundert, 6.07.2015 – 30.09.2015, 8; *Europäische Kommission*, AVMS Ex-post REFIT evaluation, SWD(2016) 170 final, 25.05.2016, 17; *ERGA*, Report on material jurisdiction in a converged environment, ERGA 2015 (12), 18.12.2015, 34.
2558 Siehe hierzu oben unter Zweiter Teil. § 1 III. 4.; speziell zu Videoangeboten auf Internetseiten der Presse siehe unter Zweiter Teil. § 2 VI. 3.

der *Kommission* für die Überarbeitung der AVMD-Richtlinie vorgeschlagen wurde[2559] und in den Textfassungen von *Parlament* und *Rat* sowie der Trilogfassung übernommen wird,[2560] genügt jedoch nicht zur Ausräumung dieser Probleme. Statt einer ersatzlosen Streichung des Kriteriums ist eine Modifikation erforderlich, die den Anwendungsbereich nicht unter Bezugnahme auf den überholten Vergleichsmaßstab des linearen Fernsehens begrenzt, sondern stattdessen an die Meinungsbildungsrelevanz der Angebote anknüpft. Statt die mit dem Fernsehen vergleichbare Form, Präsentation und Inhalte der Angebote vorauszusetzen, muss das Kriterium gewährleisten, dass Angebote mit hoher gesellschaftlicher Wirkung und Bedeutung im Sinne von Meinungsbildungsrelevanz vom Anwendungsbereich erfasst sind und Angebote, denen diese Eigenschaften fehlen, vom Anwendungsbereich der Richtlinie ausgeschlossen werden.

Wie bereits ausgeführt gelingt die Objektivierung dieser Relevanz anhand konkreter Grenzwerte für die Reichweite der Angebote in Form von Nutzerzahlen.[2561] Wiederum soll hierbei nicht der australische Ansatz des Convergence Review verfolgt werden, die Grenze so hoch anzusetzen, dass nur noch sehr wenige, große Anbieter entsprechende Nutzerzahlen aufweisen können.[2562] Auf der anderen Seite soll die Grenze jedoch hoch genug angesetzt werden um kleine Nischenangebote auszuschließen. Der Einsatz sehr niedriger Grenzwerte wäre nur vertretbar, wenn damit die allgemeine Senkung des Regulierungsniveaus einherginge. So wären zwar sehr viele, auch kleine, Angebote erfasst, die an sie gestellten inhaltlichen Anforderungen wären jedoch nicht sehr hoch. Diese Variante wird hier jedoch nicht verfolgt. Das bestehende Regulierungsniveau der AVMD-Richtlinie, auch in der im Reformverfahren vorgeschlagenen Form,[2563] soll nicht verändert werden. Allerdings muss der Geltungsbereich dieser Regelungen angemessen eingegrenzt werden.

Anders als im Rahmen des Dienstleistungsbegriffs soll die Reichweite der Angebote nicht in Form einer Vermutungsregel einbezogen werden. Die Anbieter audiovisueller Mediendienste, die die übrigen Voraussetzungen des materiellen Anwendungsbereichs erfüllen, soll eine Anzeigepflicht treffen, sobald ihre Angebote den Nutzer-Grenzwert erreichen. Damit ist auch für zunächst nicht

---

2559 Vgl. Art. 1 Abs. 1 lit. b AVMD-ÄRL-V.
2560 Vgl. Art. 1 Abs. 1 lit. b AVMD-ÄRL-P, AVMD-ÄRL-GA, AVMD-ÄRL-T.
2561 Siehe oben unter Vierter Teil. § 2 IV.; so auch *Gersdorf,* Der Rundfunkbegriff, 2007, 73 ff.
2562 Vgl. *Australian Government,* Convergence Review, Final Report, March 2012, 12.
2563 Siehe zu den Regelungsvorschlägen im Rahmen des Reformverfahrens zur AVMD-Richtlinie detailliert oben unter Dritter Teil. § 2.

erfasste Angebote gewährleistet, dass diese nahtlos in die Regulierung durch die AVMD-Richtlinie übernommen werden können, sobald sich ihre Bedeutung ändert.

c) Verständnis des Hauptzwecks

Schließlich bereitet der im materiellen Anwendungsbereich der Richtlinie vorausgesetzte Hauptzweck der Angebote, der in der Bereitstellung audiovisueller Inhalte bestehen muss, zahlreiche Probleme und bedarf damit ebenfalls der Überarbeitung im Rahmen des vorliegenden Vorschlags. Die Abgrenzung verschiedener Angebotsteile voneinander sowie die damit zusammenhängende Frage nach der getrennten oder gemeinsamen Beurteilung des Hauptzwecks dieser Angebote wurde, wie im zweiten Teil dieser Arbeit ausführlich dargestellt, von den nationalen Regulierungsstellen in der Vergangenheit höchst unterschiedlich vorgenommen.[2564] Die nun im Rahmen des Reformvorschlags getroffene Klarstellung der Zulässigkeit getrennter Beurteilung verschiedener Angebotsteile[2565] führt hingegen zur immensen Ausdehnung des Anwendungsbereichs und ist nach hier vertretener Ansicht damit nicht mehr geeignet, den Anwendungsbereich der Richtlinie angemessen auf regulierungsbedürftige Angebote zu begrenzen.[2566]

aa) Von der Hauptzweckprüfung ausgeschlossene Angebote

Die maßgebliche Eingrenzungsfunktion des Hauptzweck-Kriteriums muss im Zusammenhang mit dem Sendungsbegriff der AVMD-Richtlinie gesehen werden. Den Regelungen der Richtlinie sollen grundsätzlich Dienste unterfallen, die einerseits eine hinreichende Bedeutung für die öffentliche Meinungsbildung und ein damit verbundenes Gefährdungspotential aufweisen und andererseits primär dem Zweck dienen, diese Funktion mittels audiovisueller Inhalte zu erfüllen. Nun steht im Mittelpunkt des hier vorgeschlagenen Modells die Konkretisierung des ersten Faktors, der Meinungsbildungsrelevanz der Angebote. Durch die in den Sendungsbegriff zu integrierenden Nutzer-Schwellenwerte erfolgt bereits eine erhebliche Eingrenzung des Anwendungsbereichs auf Dienste, die gerade und spezifisch mittels ihres audiovisuellen Angebots geeignet sind, auf die öffentliche Meinungsbildung einzuwirken. Dementsprechend

---

2564 Siehe oben unter Zweiter Teil. § 1 III. 3.; speziell zu Videoangeboten auf Internetseiten der Presse siehe oben unter Zweiter Teil. § 2 VI. 1.; Zweiter Teil. § 2 VI. 2.
2565 Vgl. Art. 1 Abs. 1 lit. a AVMD-ÄRL-T.
2566 Siehe oben unter Dritter Teil. § 3 I.

können die Maßstäbe zur zweiten kumulativen Komponente, dem Hauptzweck der Angebote, großzügiger angelegt werden.

Hier wird ein Ansatz vorgeschlagen, der die Prüfung des Hauptzwecks an die Schwellenwerte des Anwendungsbereichs und des abgestuften Regelungsansatzes koppelt und so im Ergebnis in vielen Fällen verzichtbar macht. Die maßgebliche Eingrenzung des Anwendungsbereichs erfolgt im Wege der Reichweiten-Grenzwerte. Soweit die audiovisuellen Inhalte eines Anbieters nicht von ausreichend Nutzern abgerufen werden, um diesen Grenzwert zu erreichen, erübrigt sich die Prüfung des Hauptzwecks des Angebots. Es ist in diesen Fällen irrelevant, ob der Anbieter hauptsächlich oder nur nebenbei audiovisuelle Inhalte bereitstellt, denn seine Inhalte werden jedenfalls nicht von einem ausreichend großen Publikum empfangen, um das Mindestmaß an Gefährdungspotential aufzuweisen, dass die Regulierung durch die AVMD-Richtlinie begründet.

Eine zweite, höhere Reichweiten-Schwelle wird zudem als Kriterium des abgestuften Regelungsansatzes integriert. Soweit ein Angebot mit seinen audiovisuellen Inhalten ausreichend Nutzer erreicht, um diesen zweiten Grenzwert zu überschreiten (bedeutsame audiovisuelle Mediendienste), soll auf die Prüfung des Hauptzwecks des Dienstes ebenfalls verzichtet werden. In diesem Fall ist es unerheblich, ob der verantwortliche Dienstanbieter auch andere, nicht-audiovisuelle Inhalte bereitstellt. Wird das audiovisuelle Angebot von derart vielen Rezipienten genutzt, dass es den Abstufungs-Schwellenwert erreicht, genügt dies unabhängig vom Hauptzweck des Angebotes zur objektiven Begründung der Regulierungsbedürftigkeit des audiovisuellen Teils.

bb) Eigenständigkeit des audiovisuellen Angebots

Es verbleiben daher nur die Angebote, deren Nutzerzahlen hoch genug sind, um den Anwendungsbereichs-Schwellenwert zu erfüllen, die jedoch gleichzeitig unterhalb des Abstufungs-Schwellenwerts für bedeutsame audiovisuelle Mediendienste liegen. In diesen Fällen muss der Hauptzweck des Angebots als Voraussetzung des materiellen Anwendungsbereichs ermittelt werden. Zu unterscheiden sind die der Prüfung des Hauptzwecks vorgelagerte Abgrenzung verschiedener Dienste sowie die Gewichtung verschiedener Bestandteile eines einheitlichen Angebots als Hauptzweckprüfung im engeren Sinne.[2567] Zunächst stellen sich die Fragen des „Ob" und „Wie" der Dienstedifferenzierung. Soll diese grundsätzlich zugelassen werden und falls ja, nach welchen Maßstäben soll sie

---

2567 Siehe oben unter Zweiter Teil. § 1 III. 3.; speziell zu Videoangeboten auf Internetseiten der Presse siehe oben unter Zweiter Teil. § 2 VI. 1.; Zweiter Teil. § 2 VI. 2.

erfolgen? Obwohl sich zumindest Generalanwalt *Szpunar* grundsätzlich gegen jede Dienstedifferenzierung im Zusammenhang mit der Prüfung des Hauptzwecks ausspricht,[2568] kann darauf bei näherer Betrachtung nicht vollkommen verzichtet werden. Würde man die Differenzierung zwischen verschiedenen Diensten eines Anbieters ausschließen, würden in der Praxis absurde Ergebnisse erzielt. Als Beispiel eignet sich hier einer der beliebtesten Video-on-Demand Anbieter auf dem europäischen Markt, Amazon Prime Video. Niemand wird vernünftigerweise bezweifeln können, dass es sich bei dem umfangreichen und komfortabel zu bedienenden Videodienst um einen audiovisuellen Mediendienst auf Abruf handelt. Vielmehr ist Amazon Prime Video geradezu ein Paradebeispiel für solche Dienste. Allerdings besteht die Haupttätigkeit von Amazon nicht in dem erst vor einigen Jahren hinzugetretenen[2569] Videoangebot, sondern im Online-Versandhandel. Der *Kommission* ist insofern zuzustimmen, dass die getrennte Beurteilung verschiedener Angebotsteile grundsätzlich zulässig ist. Diese Maßgabe wird in den vorliegenden Vorschlag übernommen, allerdings unter der Einschränkung, dass die Hauptzweckprüfung überhaupt nur für einen bestimmten Teil von Diensten zwischen den zwei Nutzer-Schwellenwerten erfolgt.

Eine weitere Weichenstellung der Dienstedifferenzierung erfolgt daher über das „Wie". Die *Kommission* verortete dabei als Maßstab, angelehnt[2570] an das Urteil des *EuGH* zu „New Media Online",[2571] eine „untrennbare Verbindung" der Angebotsteile, die in der Trilogfassung übernommen wird.[2572] Dies entspricht einer Vermutung getrennter Dienste, die nur unter hohen Voraussetzungen widerlegt werden kann. Für sich genommen ist dieser Maßstab zu hoch. In Kombination mit den hier bereits vorgenommenen Eingrenzungen durch die Reichweiten-Schwellenwerte kann er jedoch übernommen werden. Im Mittelpunkt des vorliegenden Vorschlags steht das Gefährdungspotential audiovisueller Angebote. Hierfür ist der Hauptzweck des Angebots schlichtweg weniger erheblich als die tatsächliche Nutzerreichweite. Ähnlich wie beim Dienstleistungsbegriff besteht dann für Angebote unterhalb des Abstufungs-Schwellenwertes für bedeutsame audiovisuelle Mediendienste eine Ausnahmeregelung, soweit ihr Hauptzweck nicht die Bereitstellung audiovisueller Inhalte ist. Zusätzlich sind

---

2568 *Szpunar*, Schlussanträge v. 1.7.2015, Rs. C-347714, Rn. 42.
2569 *Croce/Grece*, Trends in video-on-demand revenues, November 2015, 4.
2570 *Europäische Kommission*, AVMS Ex-post REFIT evaluation, SWD(2016) 170 final, 25.05.2016, 17.
2571 *EuGH*, Urt. v. 21.10.2015, Rs. C-347/14, Rn. 33.
2572 Vgl. Art. 1 Abs. 1 lit. a, Erwgr. 3 AVMD-ÄRL-T.

diejenigen Angebote faktisch ausgenommen, die mit dem audiovisuellen Teil ihres Dienstes nicht ausreichend Einnahmen erzielen, um den Dienstleistungsbegriff zu erfüllen. Sie können unter Berufung auf diese Einnahmengrenze den Dienstleistungscharakter des Angebots widerlegen.

Auf diesem Wege wird das Hauptzweck-Kriterium zu einer nachgeordneten Ausnahmeregelung. Diesen Status hatte auch der Kommissionsvorschlag ihm jedoch bereits faktisch zugewiesen. Nur wenige, auf bestimmte Art und Weise strukturierte Angebote werden die „untrennbare Verbindung" aufweisen, die zur Annahme eines einheitlichen Dienstes erforderlich ist. Diese Gestaltung liegt grundsätzlich in der Hand des Anbieters. Eine Umgehung der Regelungen der Richtlinie ist im hier vorgeschlagenen Modell dennoch nicht zu befürchten. Primär greifen die Schwellenwerte für die Nutzerzahlen ein, so dass Anbieter, deren audiovisuelle Inhalte eine besonders hohe Reichweite erreichen, sich der Regulierung nicht entziehen können. Auf der anderen Seite ist es gerechtfertigt, kleinere Dienste, in denen audiovisuelle Inhalte nicht unabhängig von anderen Inhalten konsumiert werden können, auf ihren Hauptzweck zu untersuchen.

cc) Die Hauptzweckprüfung im engeren Sinne

Die nachgelagerte Gewichtung der audiovisuellen Inhalte im Vergleich zu den nicht-audiovisuellen Inhalten gestaltet sich äußerst schwierig und bleibt notwendig einzelfallgeprägt.[2573] Vergleichen zwischen Textmenge und Videomenge beispielsweise mangelt es bisher bereits an einem praxistauglichen Maßstab.[2574] Im Rahmen der Reformvorschläge zur AVMD-Richtlinie wurden hierzu keine Vorgaben eingebracht.[2575] Der Rechtsprechung des *EuGH* lassen sich ebenso wenig Aussagen entnehmen.

Auch wenn die Hauptzweckprüfung im engeren Sinne nach dem hier entwickelten Konzept nur noch für sehr wenige Angebote erforderlich ist, sollte sie dennoch klaren und rechtssicheren Maßgaben unterliegen. In Betracht käme hier, nicht auf das Erscheinungsbild des Angebots abzustellen, sondern stattdessen den Aufwand für den Betrieb des audiovisuellen Angebots aus Sicht des Anbieters zu Grunde zu legen. Dieser Aufwand kann anhand des mit der Erstellung, Auswahl und Bearbeitung der audiovisuellen Inhalte betrauten Personals,

---

2573 Siehe zu den Gewichtungskriterien oben unter Zweiter Teil. § 1 III. 3. b); siehe auch *Valcke/Ausloos*, in: Donders/Pauwels/Loisen (Hrsg.), The Palgrave Handbook of European Media Policy, 2014, 312 (320).
2574 Ebd., 319.
2575 Vgl. hierzu oben unter Dritter Teil. § 2 III. 1. a) cc).

beziehungsweise deren für diese Tätigkeiten aufgewendeter Arbeitszeit, bemessen werden. Diese Arbeitszeit ist auf mehreren Ebenen aussagekräftig: die professionelle Produktion hochwertiger audiovisueller Inhalte erfordert in der Regel ein ganzes Team von Beteiligten vor sowie hinter der Kamera. Die Übernahme und Auswahl fremdproduzierter, gegebenenfalls laienhafter Inhalte zur begleitenden Illustration eines Textes beispielsweise ist hingegen mit deutlich geringerem Arbeitsaufwand verbunden. Dabei sollte der Arbeitsaufwand Dritter für eigens vom Mediendiensteanbieter in Auftrag gegebene Produktionen einbezogen werden. Nicht zumindest redaktionell ausgewählte Inhalte sind hingegen nicht zu berücksichtigen.

Am Beispiel eines großen Pressehauses wird höchstwahrscheinlich eine Arbeitsteilung zwischen der Erstellung von Textartikeln und der Produktion, Bearbeitung und Auswahl von Videoinhalten für den Internetauftritt bestehen. Je nachdem, wie viele Mitarbeiter jeweils in diesen Bereichen beschäftigt sind, kann der Aufwand gegeneinander abgewogen werden. Am Beispiel eines kleineren Medienanbieters besteht möglicherweise keine derartige Arbeitsteilung. Der jeweilige Aufwand an Arbeitszeit für die verschiedenen Tätigkeiten im Zusammenhang mit audiovisuellen Inhalten und im Zusammenhang mit anderen Inhalten kann jedoch auch hier als Vergleichsmaßstab dienen. Schließlich steht hinter der Mitarbeiterzahl beziehungsweise der eingesetzten Arbeitszeit aus Sicht des Anbieters auch ein finanzieller Aufwand. Wenn ein Anbieter sich entscheidet, die Personalkosten hauptsächlich für die Erstellung audiovisueller Inhalte aufzuwenden, ist dies ein stichhaltiger Anhaltspunkt dafür, dass hierin auch der Hauptzweck des Angebots liegt.

d) Die Festlegung der Schwellenwerte

Zu klären bleibt die Festlegung der Nutzer-Schwellenwerte für den Anwendungsbereich und die Abstufung für bedeutsame audiovisuelle Mediendienste sowie des finanziellen Grenzwertes für die Einnahmen, der im Rahmen des Dienstleistungsbegriffs zu berücksichtigen ist. Anders als im von *Gersdorf* vorgeschlagenen Reichweitenmodell[2576] und auch im Konzept des australischen Convergence Review[2577] kann diese Festlegung nicht zentral und einheitlich für den betroffenen Rechtsraum erfolgen.

Die europäische Union besteht derzeit aus 28 Mitgliedstaaten und erkennt 24 offizielle Amtssprachen an.[2578] Daher sind gerade Fernsehsender und regionale

---

2576 *Gersdorf*, Der Rundfunkbegriff, 2007, 77.
2577 *Australian Government*, Convergence Review, Final Report, March 2012, 10.
2578 Vgl. Art. 55 EUV.

Nachrichtenangebote vorwiegend national geprägt. Die verschiedenen Sprachgemeinschaften und die Bevölkerung der Mitgliedstaaten sind zahlenmäßig nicht miteinander zu vergleichen. Die Gesamt-Einwohnerzahl von Malta[2579] liegt beispielsweise etwa auf dem Niveau einer einzelnen deutschen Großstadt wie Duisburg.[2580] Die Nutzerreichweite eines Mediendienstes hat daher je nach Sprachraum und Mitgliedstaat eine völlig unterschiedliche Bedeutung. Gleichzeitig besteht auch ein Rückbezug zwischen der Größe des Publikums und den potentiell zu erwirtschaftenden Einnahmen der Mediendienste. EU-weit einheitliche Reichweiten- und Einnahmen-Grenzwerte würden dazu führen, dass nur noch Angebote aus den bevölkerungsreichen Mitgliedstaaten in den verbreitetsten Sprachen von der AVMD-Richtlinie erfasst werden. In kleineren Mitgliedstaaten oder weniger verbreiteten Sprachen stünden hingegen ausschließlich nicht von der Richtlinie erfasste Dienste zur Verfügung. Dies ist offenkundig nicht mit der Zielsetzung des Vorschlags zu vereinbaren.

Diesem Problem kann nur begegnet werden, indem die Festlegung der Grenzwerte nicht durch die Richtlinie selbst erfolgt, sondern auf die nationale Ebene delegiert wird. Innerhalb jedes Mitgliedstaats sollen – gegebenenfalls auch unter Berücksichtigung verschiedener Sprachgemeinschaften – an die potentielle Reichweite und wirtschaftlichen Möglichkeiten eines Angebots innerhalb dieses Staats angepasste Schwellenwerte definiert werden. So verfährt auch der australische Convergence Review mit lokal begrenzten Angeboten im Bereich des Medienkonzentrationsrechts.[2581] *Gersdorf* sieht in seinem Reichweitenmodell ebenfalls differenzierte Grenzwerte für bundesweit verbreitete und nur regional verbreitete Angebote vor.[2582]

In der Folge muss auch die Ermittlung der Angebotsreichweite auf Anbieterseite nach Herkunft der Nutzer differenziert erfolgen. Die jeweiligen national definierten Schwellenwerte müssen durch Nutzer aus dem jeweiligen Land

---

2579 Im Jahr 2017 lag die Bevölkerungszahl für Malta bei ca. 440.400 Einwohnern, *Eurostat*, Bevölkerung am 1. Januar, abrufbar unter: http://ec.europa.eu/eurostat/tgm/table.do?tab=table&init=1&language=de&pcode=tps00001&plugin=1 [Stand November 2018].
2580 Duisburg hat laut den Ergebnissen des Zensus 2011 über 491.000 Einwohner, *Statistisches Bundesamt*, Städte nach Fläche, Bevölkerung und Bevölkerungsdichte, Stand Juli 2017, abrufbar unter: https://www.destatis.de/DE/ZahlenFakten/LaenderRegionen/Regionales/Gemeindeverzeichnis/Administrativ/Aktuell/05Staedte.html [Stand November 2018].
2581 *Australian Government*, Convergence Review, Final Report, March 2012, 21.
2582 *Gersdorf*, Der Rundfunkbegriff, 2007, 77.

überschritten werden. Legt also ein kleiner Mitgliedstaat wie Malta einen Grenzwert x fest und ein bevölkerungsreicherer Mitgliedstaat wie Deutschland legt einen höheren Grenzwert y fest, müssen auch jeweils mindestens x maltesische Rezipienten oder y deutsche Rezipienten auf ein Angebot zugreifen, damit der Grenzwert als erreicht angesehen werden kann. Andersherum genügt es nicht, wenn lediglich x deutsche Nutzer auf das Angebot zugreifen, solange der für sie geltende, höhere Grenzwert y nicht erreicht wird. Gleiches gilt auch für die Einnahmengrenze. Ähnlich ist auch das Modell des australischen Convergence Review ausgestaltet. Die dort vorgeschlagenen Grenzwerte für Nutzer und Einnahmen sollten ebenfalls ausschließlich bezogen auf australische Nutzer gelten.[2583]

Sobald ein Angebot nach diesen Maßstäben zumindest einen national definierten Schwellenwert erreicht und im Übrigen alle weiteren Voraussetzungen des Anwendungsbereichs der AVMD-Richtlinie in der hier vorgeschlagenen Form erfüllt, gilt es für die Zwecke der Richtlinie im gesamten räumlichen Geltungsbereich als audiovisueller Mediendienst. Hierfür ist auch den in den nationalen Umsetzungsgesetzen Sorge zu tragen. Die gegenseitige Anerkennung der nationalen Schwellenwerte kann über ein ähnliches Verfahren sichergestellt werden, wie die Listen-Regelung zu Ereignissen von erheblicher gesellschaftlicher Bedeutung in Art. 14 AVMD-Richtlinie.[2584] Diese räumt jedem Mitgliedstaat die Möglichkeit ein, die für den Staat besonders bedeutsamen Ereignisse gesetzlich festzulegen, die dann innerhalb dieses Staates nicht ausschließlich in nicht frei zugänglichen Fernsehsendungen ausgestrahlt werden dürfen.[2585] Die ergriffenen Maßnahmen werden gemäß Art. 14 Abs. 2 AVMD-Richtlinie der *Kommission* mitgeteilt und von dieser nach Prüfung veröffentlicht sowie den anderen Mitgliedstaaten mitgeteilt. Die Mitgliedstaaten haben daraufhin gemäß Art. 14 Abs. 3 AVMD-Richtlinie dafür Sorge zu tragen, dass die unter innerstaatlicher Rechtshoheit stehenden Fernsehveranstalter auch ihre Rechte an Ereignissen, die auf der Liste eines anderen Mitgliedstaats aufgeführt sind, nicht derart ausüben, dass die Empfangbarkeit in frei zugänglichen Fernsehsendungen dieses Mitgliedstaats vereitelt wird. Damit wird verhindert, dass ein Fernsehanbieter durch Verlegung seines Hauptsitzes die Listenregelung eines Mitgliedstaates

---

2583 *Australian Government*, Convergence Review, Final Report, March 2012, 12.
2584 Siehe zur gegenseitigen Anerkennung im Rahmen des Art. 14 AVMD-Richtlinie *Rossen-Stadtfeld*, in: Binder/Vesting (Hrsg.), Rundfunkrecht, 4. Aufl. 2018, § 4 RStV, Rn. 90 ff.
2585 Vgl. für Deutschland § 4 RStV.

umgehen kann.[2586] Gleiches muss auch bezüglich der Nutzer-Schwellenwerte sichergestellt werden.

Zur Festsetzung der Schwellenwerte für Nutzer-Reichweiten im Anwendungsbereich und für die Abstufung kann eine Orientierung an den durchschnittlichen Nutzerzahlen linearer und nichtlinearer audiovisueller Mediendienste innerhalb der jeweiligen Mitgliedstaaten erfolgen. Als Bemessungszeitraum ist die durchschnittliche Tagesreichweite zu Grunde zu legen. Die Werte sollten so ausgestaltet werden, dass eine regelmäßige Anpassung an die Marktentwicklung möglich bleibt. Hierzu kommt eine weitere Delegation vom Gesetzgeber an die nationalen Regulierungsstellen zur zukünftigen Modifikation der Grenzwerte in Betracht.

Eine letzte Vorkehrung ist bezüglich Anbietern erforderlich, die für mehrere Dienste verantwortlich sind und gegebenenfalls gleiche Inhalte auch über mehrere dieser Dienste verbreiten. Die Beurteilung der Meinungsbildungsrelevanz und des damit zusammenhängenden Gefährdungspotentials kann in diesen Fällen nicht auf die einzelnen Dienste bezogen bleiben, sondern muss die daneben bestehenden weiteren Angebote mitberücksichtigen. Abzustellen ist dabei auf den verantwortlichen Mediendiensteanbieter im Sinne des Art. 1 Abs. 1 lit. d AVMD-Richtlinie. Alle von diesem angebotenen Dienste sind gemeinsam in die Berechnung der Reichweite und Einnahmen einzubeziehen. Dies entspricht auch der Herangehensweise des britischen Convergence Report, auf Grundlage der Erwartungshaltung der Zuschauer einheitliche Standards für alle Angebote eines Kommunikators zu gewährleisten.[2587] Auch der australische Convergence Review bezieht die Einnahmen und Reichweite aller Angebote eines gesamten Konzerns in die Beurteilung ein.[2588]

III. Abgestuftes System der Gefährdungsregulierung

Parallel zur Neugestaltung des materiellen Anwendungsbereichs der AVMD-Richtlinie ist auch der abgestufte Regelungsansatz zu modifizieren und stärker am Gefährdungspotential der betroffenen Angebote auszurichten. Der Schwerpunk dieser Untersuchung liegt jedoch auf der Eingrenzung der von der Richtlinie erfassten Angebote, so dass im Folgenden die abgestuften Regelungen

---

2586 *Rossen-Stadtfeld*, in: Binder/Vesting (Hrsg.), Rundfunkrecht, 4. Aufl. 2018, §4 RStV, Rn. 90.
2587 *UK House of Lords – Select Committee on Communications*, Media Convergence, 2nd Report of Session 2012–13, HL Paper 154, 27.03.2013, Rn. 51 f.
2588 *Australian Government*, Convergence Review, Final Report, March 2012, 11.

hauptsächlich bezüglich ihres Rückbezugs zum Anwendungsbereich skizziert werden sollen.

1. Ersatz des Kriteriums der Linearität durch Abstufungs-Schwellenwert

Wie oben bereits dargestellt[2589] ist das bisher von der Richtlinie implementierte Kriterium der Linearität nicht mehr geeignet, eine angemessene Abstufung der Regulierungsintensität zwischen unterschiedlichen Diensten zu gewährleisten.[2590] Daraus kann jedoch nicht geschlossen werden, dass der abgestufte Regelungsansatz per se aufgegeben werden sollte. Im Gegenteil ist angesichts der zunehmenden Ausdifferenzierung der Dienste eine Abstufung schon aus Gründen der Verhältnismäßigkeit[2591] geboten. Die Regulierungsziele der AVMD-Richtlinie sind auf die Schaffung eines level playing field[2592] in publizistischer und wirtschaftlicher Hinsicht ausgerichtet.[2593] Diesem Ziel ist nur durch die Gleichbehandlung von Diensten gedient, die in diesen beiden Dimensionen auch vergleichbare Charakteristika ausweisen. Umgekehrt ist eine Differenzierung zwischen nicht vergleichbaren Diensten weiterhin erforderlich. Ein zweistufiges Regulierungssystem innerhalb der AVMD-Richtlinie mit allgemeinen Vorschriften für alle Dienste und erhöhten Anforderungen an nach eigenen Kriterien definierte „bedeutsame audiovisuelle Mediendienste" ist daher beizubehalten.

2589 Siehe oben unter Vierter Teil. § 2 III. 1.
2590 So auch *Bundesrepublik Deutschland*, Positionspapier zur Novellierung der Audiovisuellen Mediendienste Richtlinie (AVMD), 3.11.2015, 2; *Europäische Kommission*, Summaries of the replies to the public consultation launched by the Green Paper "Preparing for a Fully Converged Audiovisual World: Growth, Creation and Values", 12.9.2014, 41; *Europäisches Parlament*, Entschließung zu "Connected TV", P7_TA(2013)0329, 4.07.2013, 10. Entschließung; *ERGA*, Report on material jurisdiction in a converged environment, ERGA 2015 (12), 18.12.2015, 42; *Feldmann*, in: Taeger (Hrsg), Smart World – Smart Law, DSRI-Tagungsband Herbstakademie 2016, 2016, 743 (749); *Ferreau*, ZUM 2017, 632 (636 f.); *Holznagel*, in: Eifert/Hoffmann-Riem (Hrsg.), Innovation, Recht und öffentliche Kommunikation, 2011, 97 (108); *Katsirea*, International Journal of Law and Information Technology 2015, 1 (23); *Kogler*, K&R 2011, 621 (625); *Möllers/ Zwiffelhoffer*, MMR 2015, 161 (166); *Schulz*, in: Binder/Vesting (Hrsg.), Rundfunkrecht, 4. Aufl. 2018, §2 RStV, Rn. 24; *Spindler*, JZ 2016, 147 (150).
2591 *Barata*, in: Nikoltchev (Hrsg.), The Regulation of On-demand Audiovisual Services: Chaos or Coherence, IRIS Special, 2011, 95 (96).
2592 Vgl. Erwgr. 2 AVMD-Richtlinie.
2593 Vgl. Erwgr. 5 AVMD-Richtlinie.

Die Regulierungsbedürftigkeit ist im Einklang mit den Vorschlägen zum materiellen Anwendungsbereich[2594] jedoch mit der Meinungsbildungsrelevanz der Angebote zu verknüpfen. Hierzu soll wiederum eine Konkretisierung anhand der Nutzer-Reichweite der Dienste erfolgen. Neben dem Nutzer-Schwellenwert des materiellen Anwendungsbereichs[2595] ist daher ein zweiter, deutlich höherer Schwellenwert zu definieren, der Angebote mit besonderer Meinungsbildungsrelevanz kennzeichnet. Die bisher an die lineare Verbreitungsform geknüpfte „Fiktion überragender Meinungsmacht"[2596] wird damit auf diesen Abstufungs-Schwellenwert übertragen, bildet das erhöhte Gefährdungspotential ab und begründet somit die erhöhte Regelungsdichte für diese Gruppe bedeutsamer audiovisueller Mediendienste.

Gleichzeitig besteht ein Rückbezug zwischen der Abstufung des Regelungsniveaus anhand des Schwellenwerts und dem materiellen Anwendungsbereich der Richtlinie. Bei Überschreiten der höheren Reichweiten-Grenze werden bestimmte Vermutungsregeln des materiellen Anwendungsbereichs unwiderlegbar ausgelöst. Dies betrifft zum einen den Dienstleistungsbegriff, der nicht unter Berufung auf geringe Einnahmen des audiovisuellen Angebots widerlegt werden kann, wenn es sich nach Maßgabe der Nutzer-Reichweite um einen bedeutsamen audiovisuellen Mediendienst handelt. Zum anderen wird auf die Prüfung des Hauptzweckes des Angebots in Fällen bedeutsamer audiovisueller Mediendienste verzichtet. Unabhängig von sonstigen Inhaltsangeboten innerhalb des Dienstes und unabhängig von den damit erzielten Einnahmen geht aus den hohen Nutzerzahlen des audiovisuellen Angebots bereits die regulierungsbegründende Bedeutung des Angebots hervor.

Die Abweichung von bestimmten Merkmalen des materiellen Anwendungsbereichs entspricht im Übrigen auch dem bisherigen Umgang der Richtlinie mit linearen Diensten. Lineare audiovisuelle Mediendienste unterlagen nämlich anders als audiovisuelle Mediendienste auf Abruf nicht der Voraussetzung der „Fernsehähnlichkeit" ihres Angebots im Rahmen des Sendungsbegriffs. Die hinter dem Merkmal der Fernsehähnlichkeit stehende Vermutung der gesellschaftlichen Wirkkraft des Angebots wird bei linearen Diensten vielmehr allein aufgrund ihrer Verbreitungsform vorausgesetzt. Sie stellten im bisherigen Konzept der AVMD-Richtlinie gerade den Vergleichsmaßstab dar, an dem Abrufdienste gemessen werden sollten.[2597] Dieser Grundgedanke wird hier lediglich auf

---

2594 Siehe oben unter Vierter Teil. § 3 II. 2.
2595 Zur Festlegung der Schwellenwerte siehe oben unter Vierter Teil. § 3 II. 2. b).
2596 *Schmid/Kitz*, ZUM 2009, 739 (742).
2597 Vgl. grundlegend zur Fernsehähnlichkeit oben unter Zweiter Teil. § 1 III. 4. a).

das neue Abstufungskriterium übertragen. Bedeutsame audiovisuelle Mediendienste sollen danach im Mittelpunkt der Regulierung der AVMD-Richtlinie stehen. Ihre hohen Rezipientenzahlen genügen zur zweifelfreien Identifikation der Angebote und überlagern damit gewissermaßen andere Abgrenzungskriterien des Anwendungsbereiches, die nur zur Differenzierung zwischen „einfachen" audiovisuellen Mediendiensten und anderen Angeboten in weniger eindeutig gelagerten Fällen erforderlich sind.

2. Differenzierung des Regelungsniveaus und Ausschluss von Intermediären

Die Ausgestaltung der einzelnen Pflichten für Mediendiensteanbieter, die sich aus der AVMD-Richtlinie ergeben, steht nicht im primären Fokus des vorliegenden Vorschlags. Der hier verfolgte Ansatz beruht vielmehr darauf, den Kreis der regulierten Angebote so einzugrenzen, dass für diese Dienste das Regelungsniveau der Richtlinie allgemein angemessen ist. Folglich können nur vereinzelte Aussagen über das abgestufte System und dessen Grundsätze getroffen werden.

Zu den Vorschriften, die weiterhin für alle audiovisuellen Mediendienste gelten sollten, zählen etwa die in Art. 5 AVMD-Richtlinie festgelegten Informationspflichten sowie die Werbevorschriften einschließlich der Regelungen zu Sponsoring und Produktplatzierung. Daneben erscheint die Ausweitung des Gegendarstellungsrechts in Art. 28 AVMD-Richtlinie auf alle audiovisuellen Mediendienste angemessen. Abstufungen sind hingegen beispielsweise hinsichtlich der Förderungspflichten für europäische Werke[2598] beizubehalten. Unbedingt zu differenzieren ist zudem im Bereich der Inhaltsverbote.

a) (Rück-)Verlagerung von Inhaltsverboten und Drittschutz ins allgemeine Recht

Im Rahmen der Überarbeitung der AVMD-Richtlinie sind vermehrt Vorschriften eingeführt oder erweitert worden, die der Verbreitung bestimmter als problematisch empfundener Inhalte über audiovisuelle Medien entgegenwirken sollen. Insbesondere sind hier die Verbote von Hass- und Gewaltkommunikation zu nennen.[2599] Diese betreffen sowohl audiovisuelle Mediendienste als auch Videoplattformdienstanbieter als Intermediäre, auf die sogleich gesondert zurückzukommen sein wird.

2598 Vgl. Art. 13 Abs. 1 AVMD-ÄRL-T, Art. 16 Abs. 1 AVMD-Richtlinie.
2599 Vgl. Art. Vgl. Art. 6 Abs. 1 lit. a, 28b AVMD-ÄRL-T.

Der Schutz der Rechtsgüter Dritter sowie die Entscheidung über die rechtliche Zulässigkeit oder Unzulässigkeit von Inhalten ist grundsätzlich Gegenstand des (nationalen) allgemeinen Rechts. So werden beispielsweise die Persönlichkeitsrechte Dritter auf zivilrechtlicher und strafrechtlicher Ebene geschützt. Auch grundsätzliche Entscheidungen über die Rechtswidrigkeit bestimmter Äußerungen und Inhalte werden vom Gesetzgeber im Rahmen des Strafrechts getroffen, wie etwa mit dem Straftatbestand der Volksverhetzung in Deutschland.[2600]

Auch andere nicht-kommunikationsbezogene Belange, etwa bestimmte Werbeverbote für Tabakerzeugnisse in Diensten der Informationsgesellschaft,[2601] sind bereits außerhalb der AVMD-Richtlinie geregelt. Für die Zukunft wäre gerade in diesem Bereich zu erwägen, allgemeine Werbeverbote weiter zu vereinheitlichen und aus der spezifischen Regulierung audiovisueller Mediendienste herauszulösen. Ein Verbot verdeckter Werbung ergibt sich für Dienste der Informationsgesellschaft aus Art. 6 lit. a e-Commerce Richtlinie. Zudem regelt auch Art. 5 i.V.m. Anhang I Nr. 11 der Richtlinie gegen unlautere Geschäftspraktiken[2602] ein solches Verbot, das sich allerdings an das werbetreibende Unternehmen und nicht an den Autor beziehungsweise Kommunikator richtet.

Dieser Rechtsrahmen hat grundlegend ebenso für Mediendienste Geltung und zwar völlig unabhängig von ihrer zusätzlichen Sonderregulierung durch die AVMD-Richtlinie. Daraus folgt zunächst, dass auch den nach dem vorliegenden Regelungsvorschlag zukünftig nicht mehr von der Richtlinie erfassten Angeboten weiterhin inhaltliche Grenzen gesetzt sind. Die irreführend verwendete Legende vom Internet als „rechtsfreiem Raum"[2603] hat in Bezug auf diese Dienste keinen Bestand. Andersherum besteht auch im Internet ebenso wie

---

2600 Vgl. §130 StGB.
2601 *Europäische Kommission*, Vorschlag für eine Richtlinie des Europäischen Parlaments und des Rates zur Änderung der Richtlinie 2010/13/EU zur Koordinierung bestimmter Rechts- und Verwaltungsvorschriften der Mitgliedstaaten über die Bereitstellung audiovisueller Mediendienste im Hinblick auf sich verändernde Marktgegebenheiten, COM(2016) 287 final, 25.05.2016, 3.
2602 Richtlinie 2005/29/EG des Europäischen Parlaments und des Rates über unlautere Geschäftspraktiken im binnenmarktinternen Geschäftsverkehr zwischen Unternehmen und Verbrauchern und zur Änderung der Richtlinie 84/450/EWG des Rates, der Richtlinien 97/7/EG, 98/27/EG und 2002/65/EG des Europäischen Parlaments und des Rates sowie der Verordnung (EG) Nr. 2006/2004 des Europäischen Parlaments und des Rates (Richtlinie über unlautere Geschäftspraktiken) v. 11.05.2005.
2603 Vgl. *Wefing*, Wider die Ideologen des Internets!, Zeit Online v. 28.05.2009, abrufbar unter: http://www.zeit.de/2009/23/Internet-Grenze [Stand November 2018].

in der analogen Welt kein uneingeschränkter Anspruch auf einen vollständig „unanstößigen Raum". Innerhalb der insbesondere durch das Strafrecht festgelegten Grenzen muss ein Mangel an politischer Korrektheit[2604] auch in Bezug auf Hass- und Gewaltkommunikation zwar nicht begrüßt, aber doch schließlich hingenommen werden. Höhere inhaltliche Standards als die strafrechtlichen Grenzen unterliegen einem besonderen Rechtfertigungsbedürfnis, das nur hinsichtlich der bedeutsamen audiovisuellen Mediendienste erfüllt sein wird.

b) Ausschluss von Intermediären

Aus den vorstehenden Überlegungen zum Anwendungsbereich sowie den Ergebnissen des dritten Kapitels[2605] ergibt sich, dass die im Rahmen der AVMD-ÄRL vorgesehene Einbeziehung von Videoplattformdienstanbietern in das Regulierungssystem der AVMD-Richtlinie entschieden abzulehnen ist. Zwar mögen diese Dienste hohe Nutzer-Reichweiten aufweisen, die auch audiovisuelle Mediendienste nach dem hier entworfenen Modell maßgeblich kennzeichnen, es mangelt ihnen jedoch unbestritten an der zentralen Voraussetzung redaktioneller Verantwortung für die bereitgestellten Inhalte.[2606] Intermediäre stellen damit gerade das Gegenteil von Mediendiensteanbietern dar, deren Pflichten im Rahmen der AVMD-Richtlinie richtigerweise geregelt werden. Die zahlreichen Unklarheiten und Widersprüche, die sich aus den Regelungsvorschlägen der *Kommission*, des *Parlaments* und des *Rats* für Videoplattformdienste ergeben,[2607] lassen sich letztlich auf die Unvereinbarkeit des Systems der Richtlinie mit Intermediären als Regelungsadressaten zurückführen.

Richtige Adressaten der Vorschriften in Bezug auf Jugendschutz, Werbung und Persönlichkeitsverletzungen können nur die für die jeweiligen Inhalte verantwortlichen Nutzer der Videoplattformen sein. Als Kanalbetreiber auf

---

2604 So auch *Fiedler*, in: Gersdorf/Paal (Hrsg.), Beck'scher Online Kommentar zum Informations- und Medienrecht, 17. Ed. 1.08.2017, §58 RStV, Rn. 37.
2605 Siehe oben unter Dritter Teil. § 3 III; Dritter Teil. § 3 IV.
2606 *Chavannes/Castendyk*, in: Castendyk/Dommering/Scheuer (Hrsg.), European Media Law, 2008, Art. 1 AVMD, Rn. 73; *Conseil supérieur de l'audiovisuel de la Communauté française de Belgique (CSA) – Collège d'autorisation et de contrôle*, Recommandation relative au périmètre de la régulation des services de medias audiovisuels, 29.03.2012, 13; *Europäische Audiovisuelle Informationsstelle/Direction du développement des medias*, Video-on-Demand und Catch-Up-TV in Europa, 2009, 110; *Europäische Kommission*, AVMS Impact Assessment, SWD(2016) 168 final, 25.05.2016, 5; *Schulz*, EuZW 2008, 107 (109).
2607 Siehe hierzu oben unter Dritter Teil. § 2 III. 3.

Videoplattformen unterfallen diese zumindest potentiell der AVMD-Richtlinie, vorausgesetzt die Merkmale des materiellen und räumlichen Anwendungsbereichs sind erfüllt. Mit den hier vorgeschlagenen Schwellenwerte für Nutzer-Reichweiten der Angebote[2608] treten weitere Voraussetzungen des Anwendungsbereichs hinzu, die von einer Vielzahl solcher Kanäle auf Videoplattformen voraussichtlich nicht erreicht werden. Dies entspricht jedoch gerade dem Sinn und Zweck des Vorschlags. Nur Angebote mit hinreichender Meinungsbildungsrelevanz bedürfen nach hier vertretener Ansicht auch der Sonderregulierung. Die Angebote auf Videoplattformen, die entsprechend hohe Nutzerzahlen und alle übrigen Merkmale des Anwendungsbereichs aufweisen, unterliegen jedenfalls allen Pflichten der Richtlinie. Der verantwortliche Nutzer ist als Mediendiensteanbieter für die Einhaltung dieser Pflichten, zum Beispiel bezüglich des Jugendschutzes, zuständig.

Der Videoplattformanbieter hingegen sollte weiterhin nur die spezifisch auf seine Rolle zugeschnittenen Pflichten[2609] aus der e-Commerce Richtlinie erfüllen müssen. Hieraus ergeben sich bereits entsprechende Handlungspflichten bezüglich rechtwidriger Inhalte.[2610] Die darüber hinausgehenden und unbestimmten Definitionen von Hass- und Gewaltkommunikation sind hingegen ungeeignet, für den Intermediär konkrete Pflichten auszulösen.[2611] Die Grenze zwischen zulässigen und unzulässigen Inhalte muss zwingend die Rechtmäßigkeit oder Rechtswidrigkeit nach allgemeinen Recht sein, nicht hingegen nach unklaren Maßstäben zu bestimmende „Unerwünschtheit", „Anstößigkeit" oder auch „Schädlichkeit" der Inhalte.[2612]

Der Versuch der Änderungsrichtliniengeber, mit dem Zugriff auf Intermediäre die Vollzugsprobleme der Regulierungspraxis zu lösen und die Begrenzungen des räumlichen und sachlichen Anwendungsbereichs der Richtlinie zu umgehen, erinnert stark an die Diskussion zum „Google Spain"-Urteil[2613] des

---

2608 Siehe zur Einführung der Schwellenwerte oben unter Vierter Teil. § 3 II. 2. b).
2609 Vgl. oben unter Dritter Teil. § 2 III. 3. b) cc).
2610 Vgl. Art. 14 e-Commerce Richtlinie.
2611 So auch *European Digital Rights (EDRi)*, Analysis on the CULT compromise on Art. 28a of the draft Audiovisual Media Services Directive (AVMSD) proposal, 13.04.2017, 2.
2612 Vgl. hierzu im Bezug auf Falschmeldungen *Drexl*, ZUM 2017, 529 (539 ff.); siehe auch *European Digital Rights (EDRi)*, AVMS Directive: It isn't censorship if the content is mostly legal, right?, 27.04.2017; *McNamee*, AVMS Directive – censorship by coercive comedy confusion, EDRi.org v. 19.04.2017.
2613 *EuGH*, Urt. v. 13.05.2014, Rs. C-131/12.

EuGH. Insbesondere Zugriffsprobleme auf außerhalb der Jurisdiktion agierende Anbieter sind jedoch letztlich als unvermeidbar hinzunehmen.[2614] Einen globalen Geltungsanspruch kann schließlich keine einzelne Rechtsordnung für sich proklamieren.[2615] In diese Richtung gehen jedoch die in den AVMD-ÄRL vorgesehenen Pflichten der Videoplattformdienstanbieter, bestimmte Inhaltsverbote in ihre Nutzungsbedingungen aufzunehmen.[2616]

IV. Zusammenfassung der Prüfungsmerkmale

Zusammenfassend ergibt sich auf Grundlage der vorstehenden Neuausrichtung des materiellen Tatbestands der AVMD-Richtlinie folgender Prüfungsablauf für die Einstufung eines Angebots als audiovisueller Mediendienst: Zunächst ist als Grundvoraussetzung der Anwendbarkeit der Richtlinie erforderlich, dass das fragliche Angebot überhaupt audiovisuelle Inhalte, d.h. Abfolgen bewegter Bilder mit oder ohne Ton,[2617] enthält. Zudem muss das Angebot eine Dienstleistung im Sinne der Art. 56 und 57 AEUV, also eine wirtschaftliche Tätigkeit,[2618] darstellen. Das Angebot muss über elektronische Kommunikationsnetze derart an die allgemeine Öffentlichkeit gerichtet sein, dass ein nicht näher bestimmter Personenkreis potentiell darauf zugreifen[2619] kann.[2620] Diese Ausrichtung werden Internetangebote im Allgemeinen unproblematisch aufweisen.[2621]

Im nächsten Schritt ist zu prüfen, ob das fragliche Angebot unter der redaktionellen Verantwortung eines Mediendiensteanbieters steht. Dies erfordert eine wirksame Kontrolle[2622] des Anbieters über die „Zusammenstellung und

---

2614 So auch *UK House of Lords – Select Committee on Communications*, Media Convergence, 2nd Report of Session 2012–13, HL Paper 154, 27.03.2013, Rn. 37.
2615 Vgl. zu Google Spain *Holznagel/Hartmann*, in: Miller (Hrsg.), Privacy and Power, 2017, 586 (609 f.).
2616 Vgl. Art. 28b Abs. 3 lit. a AVMD-ÄRL-T.
2617 Vgl. Erwgr. 23 AVMD-Richtlinie.
2618 Vgl. Erwgr. 21 AVMD-Richtlinie.
2619 *Chavannes/Castendyk*, in: Castendyk/Dommering/Scheuer (Hrsg.), European Media Law, 2008, Art. 1 AVMD, Rn. 47, *Valcke/Ausloos*, in: Donders/Pauwels/Loisen (Hrsg.), The Palgrave Handbook of European Media Policy, 2014, 312 (323); für Großbritannien vgl. *Machet*, 33rd EPRA meeting, Background Document for Plenary Session – Content Regulation and new Media: Exploring Regulatory Boundaries between Traditional and new Media, EPRA 2011/02, 2011, 10.
2620 Vgl. Art. 1 Abs. 1 lit. a AVMD-Richtlinie.
2621 *Szpunar*, Schlussanträge v. 1.7.2015, Rs. C-347714, Rn. 40.
2622 Vgl. Erwgr. 25 AVMD-Richtlinie.

Bereitstellung"[2623] der Inhalte.[2624] Die redaktionelle Verantwortung des Anbieters ist nicht dadurch ausgeschlossen, dass sein Angebot „im Rahmen einer Videoplattform dargeboten [wird], bei der es ihrerseits an einer redaktionellen Verantwortung fehlt",[2625] so dass insbesondere einzelne Kanäle auf Plattformen für nutzergenerierte Inhalte als audiovisuelle Mediendienste in Betracht kommen.[2626]

Bis zu diesem Punkt entspricht die Prüfung den in der AVMD-Richtlinie sowie den AVMD-ÄRL festgelegten Maßstäben des materiellen Anwendungsbereichs. Die hier entwickelte Modifikation setzt nun bei den folgenden Prüfungsschritten an.

Für alle Dienste, die die ersten Kriterien der Prüfung erfüllen, ist nun zu überprüfen, ob das Angebot eine hinreichende Wirkung beim Publikum erzeugt,[2627] d.h. ob es aufgrund seiner Reichweite in den Kreis der regulierungsbedürftigen Angebote zu zählen ist, bei denen die Nutzer eines Regelungsschutzes bedürfen.[2628] Dies gilt gleichermaßen für lineare und nichtlineare Angebote. Die hinreichende Wirkung ist anhand der von den Mitgliedstaaten im Einzelnen festzulegenden Schwellenwerte für die Nutzerzahlen der Dienste zu beurteilen, wobei die Anzahl von Nutzern aus mindestens einem Mitgliedstaat die vorgegebene Mindestreichweite dieses Staates überschreiten muss.[2629] Liegt diese Voraussetzung ausreichend hoher Nutzerzahlen vor, gilt der materielle Anwendungsbereich der AVMD-Richtlinie vorläufig als eröffnet.

Durch die Überschreitung des Nutzer-Schwellenwertes wird sowohl das Vorliegen ausreichender Einnahmen[2630] des audiovisuellen Angebots vermutet, als auch, dass der Hauptzweck des Angebots in der Bereitstellung der audiovisuellen Inhalte besteht und diese keine bloße Nebenerscheinung[2631] darstellen. Ob diese Vermutung widerlegbar ist und ob die Hauptzweck-Ausnahmen[2632]

2623 Vgl. Art. 1 Abs. 1 lit. c AVMD-Richtlinie.
2624 Siehe hierzu grundlegend oben unter Zweiter Teil. § 1 III. 2. a).
2625 Erwgr. 3 AVMD-ÄRL-V.
2626 Siehe zur Klarstellung der Kommission oben unter Dritter Teil. § 2 I. 2.
2627 Siehe oben unter Vierter Teil. § 2 II. 2. b); vgl. auch Erwgr. 21 AVMD-Richtlinie in Bezug auf die Ausrichtung an die Allgemeinheit.
2628 Siehe zur Gefährdungsregulierung oben unter Vierter Teil. § 2 III.; vgl. auch Erwgr. 24 AVMD-Richtlinie zur Fernsehähnlichkeit.
2629 Siehe zur Festlegung der Schwellenwerte im Detail oben unter Vierter Teil. § 3 II. 2. d).
2630 Siehe zur finanziellen Erheblichkeitsschwelle oben unter Vierter Teil. § 3 II. 2. a).
2631 Vgl. Erwgr. 22 AVMD-Richtlinie.
2632 Siehe oben unter Vierter Teil. § 3 II. 2. c).

geprüft werden müssen, hängt wiederum vom Unter- oder Überschreiten des zweiten Nutzer-Schwellenwertes ab.[2633] Sollte das Angebot eine ausreichende Reichweite innerhalb mindestens eines Mitgliedstaats aufweisen um nach dessen festgelegtem Abstufungs-Schwellenwert als „bedeutsamer audiovisueller Mediendienst"[2634] zu gelten, ist die Prüfung an diesem Punkt beendet. Der fragliche Dienst fällt dann in den materiellen Anwendungsbereich der AVMD-Richtlinie und muss zudem die höheren Anforderungen innerhalb des abgestuften Regelungskonzepts erfüllen.[2635] Eine Prüfung des Hauptzwecks des Dienstes ist in diesen Fällen ausgeschlossen.[2636]

Wird der Abstufungs-Schwellenwert hingegen nicht überschritten und handelt es sich bei dem Dienst somit nicht um einen „bedeutsamen audiovisuellen Mediendienst", stehen weitere Prüfungsschritte aus. Zunächst ist zu untersuchen, ob neben den audiovisuellen Inhalten noch weitere, nicht-audiovisuelle Inhalte angeboten werden. Diese verschiedenen Bestandteile des Angebots müssen sodann auf ihre Eigenständigkeit[2637] überprüft werden. Besteht zwischen den audiovisuellen Inhalten und anderen Inhalten keine „untrennbare Verbindung" durch Verknüpfungen[2638], ist die Eigenständigkeit der Bestandteile zu bejahen.[2639] In diesem Fall erübrigt sich die Prüfung des Hauptzwecks des Angebots faktisch, denn der so abgegrenzte Dienst besteht ja gerade nur noch aus audiovisuellen Inhalten.[2640] Das Hauptzweckerfordernis ist damit erfüllt und der materielle Anwendungsbereich der Richtlinie ist eröffnet.

Sollte hingegen eine „untrennbare Verbindung" der Angebotsteile vorliegen, ist der Hauptzweck des Gesamtangebots im engeren Sinne zu ermitteln. Zur Gewichtung der einzelnen Bestandteile des Angebots ist der Arbeits- und Personalaufwand des Anbieters für deren Erstellung, Auswahl und Organisation innerhalb des Angebots zu vergleichen.[2641] Sollte der Aufwand für die audiovisuellen Inhalte überwiegen, liegt der Hauptzweck des Angebots in der

---

2633 Siehe oben unter Vierter Teil. § 3 III. 1.
2634 Siehe zum Verständnis des bedeutsamen audiovisuellen Mediendienstes oben unter Vierter Teil. § 3 I. 2.
2635 Siehe oben unter Vierter Teil. § 3 III.
2636 Siehe oben Vierter Teil. § 3 II. 2. c) aa).
2637 Siehe dazu grundlegend oben unter Zweiter Teil. § 1 III. 3. a); vgl. auch Erwgr. 3 AVMD-ÄRL-V.
2638 *EuGH*, Urt. v. 21.10.2015, Rs. C-347/14, Rn. 33; vgl. Erwgr. 3 AVMD-ÄRL-V.
2639 Siehe zum Maßstab der Prüfung oben unter Vierter Teil. § 3 II. 2. c) bb).
2640 Siehe zur Kritik am Kommissionsvorschlag oben unter Dritter Teil. § 2 III. 1. a).
2641 Siehe oben unter Vierter Teil. § 3 II. 2. c) cc).

Bereitstellung audiovisueller Inhalte. Damit ist der Anwendungsbereich der AVMD-Richtlinie eröffnet.

Zuletzt besteht für audiovisuelle Mediendienste, die die Bedeutsamkeits-Schwelle der Abstufung nicht überschreiten jedoch noch die Möglichkeit, sich auf ihre niedrigen Einnahmen zu berufen.[2642] Unterschreiten die Einnahmen aus dem audiovisuellen Angebot durch Nutzer aus jedem einzelnen Mitgliedstaat die von den jeweiligen Mitgliedstaaten festgelegten finanziellen Grenzwerte zum Dienstleistungsbegriff,[2643] wird so die Vermutung der Dienstleistung widerlegt und der materielle Anwendungsbereich der AVMD-Richtlinie ist nicht eröffnet.

§ 4 Zwischenergebnis: Vorteile des vorgeschlagenen Modells

Abschließend ist das vorstehend entwickelte Modell im Vergleich zum aktuellen Regelungskonzept der AVMD-Richtlinie zu bewerten. Der Bewertungsmaßstab ist dabei der zuvor definierte Anforderungshorizont.[2644] In diesem Rahmen sollen insbesondere die eingangs dargestellten Praxisfälle von Videoangeboten auf Internetseiten der Presse[2645] sowie der Fall „PietSmiet.TV"[2646] zur Veranschaulichung der vorgeschlagenen Neufassung des materiellen Anwendungsbereichs herangezogen werden.

I. Lösung der Auslegungsprobleme: Anwendung auf Presseangebote mit Videos

Zur Veranschaulichung der mit dem hier entwickelten Vorschlag[2647] verbundenen Wertungen, soll dieser auf die im zweiten Teil analysierten Behörden- und Gerichtsentscheidungen zu Videoangeboten auf Internetseiten der Presse[2648] angewendet werden. Ziel der Überarbeitung des materiellen Anwendungsbereichs muss unter anderem sein, die zahlreichen Auslegungsschwierigkeiten und -unterschiede in der nationalen Regulierungspraxis[2649] im Zusammenhang

---

2642 Siehe zur Widerlegung des Dienstleistungsbegriffs im Rahmen der AVMD-Richtlinie oben unter Vierter Teil. § 3 II. 2. a).
2643 Siehe zur nationalen Ausgestaltung der Schwellenwerte oben unter Vierter Teil. § 3 II. 2. d).
2644 Siehe oben unter Dritter Teil. § 1 IV.
2645 Siehe oben unter Zweiter Teil. § 2.
2646 Vgl. oben unter Dritter Teil. § 1 IV. 4. b).
2647 Siehe zum vorgeschlagenen Prüfungsablauf oben unter Vierter Teil. § 3 IV.
2648 Siehe oben unter Zweiter Teil. § 2.
2649 Siehe grundlegend zur Regulierungspraxis zum materiellen Anwendungsbereich der AVMD-Richtlinie oben unter Zweiter Teil. § 1 III.

mit den einzelnen Merkmalen in Art. 1 Abs. 1 lit. a AVMD-Richtlinie zu beheben. Diese haben sich insbesondere bei der Einstufung gemischt-medialer Angebote der Presse gezeigt.[2650] Die Ergebnisse des dritten Kapitels haben gezeigt, dass die im Rahmen der Reform der AVMD-Richtlinie vorgesehene Überarbeitung des materiellen Anwendungsbereichs die Probleme der Beurteilung dieser Angebotsformen nicht schlüssig zu lösen vermag[2651] und zudem nach hier vertretener Ansicht den Anwendungsbereich unangemessen ausdehnt.[2652]

In allen im zweiten Kapitel dargestellten Fallkonstellationen von Presseseiten mit audiovisuellen Anteilen waren die Angebote über das Internet an einen nicht begrenzten Personenkreis gerichtet.[2653] Zudem wurde auch in keinem Fall bestritten, dass es sich bei den Angeboten um Dienstleistungen nach dem Verständnis der Art. 56, 57 AEUV handelte. Ebenso bestanden keine Zweifel an der redaktionellen Verantwortung der Anbieter für die audiovisuellen Inhalte. Bis zu diesem Punkt besteht sowohl Einigkeit zwischen den verschiedenen zuständigen Regulierern, als auch Übereinstimmung zwischen dem Anwendungsbereich der AVMD-Richtlinie in der damaligen Form und dem hier entwickelten Vorschlag.[2654]

Die unterschiedlichen Auslegungen der Regulierer betrafen hingegen das Merkmal des Hauptzwecks,[2655] insbesondere bezüglich der vorgelagerten Differenzierung zwischen verschiedenen Angebotsteilen[2656] sowie die Beurteilung der Fernsehähnlichkeit[2657] der Inhalte. Im Konzept des hier entwickelten Anwendungsbereichs werden die Unbestimmtheit der Merkmale und der daraus resultierende Wertungsspielraum in der Anwendungspraxis jedoch weitestgehend ausgeräumt.

Zunächst wäre zu prüfen, ob die Reichweiten der fraglichen Angebote ausreichen, um mindestens einen nationalen Nutzer-Schwellenwert zu überschreiten. Im Fall „Cultvisual"[2658] aus Österreich erscheint dies angesichts der geringen

---

2650 Siehe die Zusammenfassung der unterschiedlichen Maßstäbe der Regulierer oben unter Zweiter Teil. § 2 VI.
2651 Siehe oben unter Dritter Teil. § 2 III. 1.
2652 Siehe zur Kritik an den Reformvorschlägen oben unter Dritter Teil. § 3.
2653 Vgl. die Sachverhaltsschilderungen oben unter Zweiter Teil. § 2.
2654 Siehe zu den hier entwickelten Merkmalen des materiellen Anwendungsbereichs detailliert oben unter Vierter Teil. § 3 II.
2655 Vgl. oben unter Zweiter Teil. § 2 VI. 2.
2656 Siehe hierzu oben unter Zweiter Teil. § 2 VI. 1.
2657 Siehe oben unter; Zweiter Teil. § 2 VI. 3.
2658 *KommAustria*, Bescheid 1.950/12-042 v. 24.9.2012; vgl. oben unter Zweiter Teil. § 2 II. 1.

Zwischenergebnis: Vorteile des vorgeschlagenen Modells

Größe des Angebots, das nur vier Videobeiträge und 16 Textbeiträge aufwies,[2659] unwahrscheinlich. In jedem Fall ist davon auszugehen, dass die höhere Abstufungs-Schwelle für die Nutzerzahlen nicht erreicht würde. Dementsprechend wäre – für den Fall nicht ausreichender Reichweite hilfsweise – die Eigenständigkeit des audiovisuellen Angebots zu prüfen. Die Videobeiträge auf der Internetseite der Netvisual OG waren ohne Ausnahme zur Illustration längerer Textbeiträge zu Kulturveranstaltungen in die entsprechenden Artikel eingebunden.[2660] Die hohen Anforderungen der untrennbaren Verbindung wären damit für diesen Fall als erfüllt anzusehen und das Angebot einheitlich zu beurteilen. Folglich müsste zur Ermittlung des Hauptzwecks im engeren Sinne der Personal- und Arbeitsaufwand bezüglich der Texte und bezüglich der Videos verglichen werden.[2661] Die auf der Seite angebotenen Videos zeigten ausschließlich abgefilmte Ausschnitte aus verschiedenen Bühnenproduktionen.[2662] Berücksichtigt man zusätzlich die geringe Menge von nur vier Videos, deutet einiges darauf hin, dass der Aufwand des Anbieters für den nicht-audiovisuellen Teil des Angebots überwog. Der Hauptzweck des Angebots wäre damit nicht die Bereitstellung audiovisueller Inhalte. Zusätzlich bestünde für die Netvisual OG noch die Möglichkeit, die Unterschreitung der finanziellen Mindestgrenze für die Einnahmen aus dem audiovisuellen Angebot nachzuweisen.[2663] Insgesamt ist davon auszugehen, dass das Cultvisual Angebot nach den hier entwickelten Maßstäben nicht als audiovisueller Mediendienst einzustufen ist.

In allen übrigen Fällen entscheidet sich die Einstufung ebenfalls an der Frage der Reichweite. Für das Angebot der Tiroler Tageszeitung, das etwa 350 Videoclips umfasste,[2664] sowie das Angebot von Styria Multi Media mit etwa 50 bis 150 Videoclips[2665] liegt ähnlich wie im „Cultvisual"-Fall die Vermutung nahe, das die Nutzerzahlen der Dienste nicht ausreichend zur Überschreitung des Schwellenwerts wären. Von einer untrennbaren Verbindung der audiovisuellen Inhalte mit anderen Angebotsteilen auf der Internetseite wäre in diesen Fällen jedenfalls nicht auszugehen,[2666] womit die Hauptzweckprüfung im engeren Sinne entfiele.

2659 Ebd., 2 f.
2660 Ebd., 1, 6 f.
2661 Siehe zum Hauptzweck im engeren Sinne oben unter Vierter Teil. § 3 II. 2. c) cc).
2662 *KommAustria*, Bescheid 1.950/12-042 v. 24.9.2012, 6.
2663 Siehe zur Einnahmensgrenze oben unter Vierter Teil. § 3 II. 2. a).
2664 *KommAustria*, Bescheid 1.950/12-048 v. 9.10.2012, 5.
2665 *KommAustria*, Bescheid 1.950/13-044 v. 17.6.2013, 3.
2666 Siehe zur Tiroler Tageszeitung insofern *KommAustria*, Bescheid 1.950/12-048 v. 9.10.2012, 11; zu „Styria Multi Media" siehe *KommAustria*, Bescheid 1.950/13-044 v. 17.6.2013, 9.

Probleme bei der Anwendung der Prüfungsmerkmale sind in diesen Fällen nicht ersichtlich.

Auch das Videoangebot der Sun[2667] sowie der Fall „Vice Video"[2668] wären eindeutig zu beurteilen, soweit die notwendigen Informationen über ihre Reichweite vorlägen. Beide Angebote haben wohl einen eher größeren Rezipientenkreis als beispielsweise die Tiroler Tageszeitung. Der von Vice betriebene YouTube-Kanal erreichte zwischen Januar und Mai 2018 durchschnittliche tägliche Nutzerzahlen zwischen 1 und 1,3 Millionen Nutzern,[2669] die in die Reichweite des Anbieters insgesamt einzubeziehen wären.[2670] Allerdings wäre eine zusätzliche Differenzierung nach Herkunft der Nutzer notwendig.[2671] Vorausgesetzt die Angebote würden zumindest einen nationalen Schwellenwert des Anwendungsbereichs erreichen, ergäben sich in der anschließenden Prüfung keine Probleme. Die Überschreitung des Abstufungs-Schwellenwerts[2672] erscheint unwahrscheinlich, so dass es sich nicht um bedeutsame audiovisuelle Mediendienste handelt und die Eigenständigkeit des audiovisuellen Angebots zu prüfen bleibt.[2673] Von einer untrennbaren Verbindung verschiedener Angebotsteile ist jedoch auch in diesen Fällen nicht auszugehen. Angesichts der Angebotsgröße wäre die Widerlegung der Dienstleistung aufgrund geringer Einnahmen[2674] wohl ausgeschlossen.

Insgesamt wird an den zu erwartenden Einstufungsergebnissen deutlich, dass eine Differenzierung nicht zwischen Angeboten der Presse und anderen audiovisuellen Angeboten erfolgt. Dies kann auch vor dem Hintergrund der Konvergenz nicht Ziel eines zukunftsfähigen Regulierungsmodells sein. Vielmehr bestimmt sich die Beurteilung an der jeweiligen Bedeutung der Angebote für die öffentliche Meinungsbildung in Form der tatsächlich erreichten Rezipienten. Reichweitenstarke Videoangebote der Presse würden hier denselben Anforderungen unterliegen wie die reichweitenstarken Dienste anderer Anbieter. Die Merkmale des materiellen Anwendungsbereiches der AVMD-Richtlinie nach den hier vorgeschlagenen Maßstäben bieten zur Einstufung dieser Angebote

---

2667 Vgl. zum Fall „Sun Video" oben unter Zweiter Teil. § 2 I. 1.
2668 Vgl. zum Fall „Vice Video" oben unter Zweiter Teil. § 2 I. 2.
2669 Vgl. *Socialblade*, Vice – Detailed Statistics – Average Views per Day per Month, Stand November 2018, abrufbar unter: https://socialblade.com/youtube/user/vice/monthly [Stand November 2018].
2670 Siehe zur Bemessung der Reichweite oben unter Vierter Teil. § 3 II. 2. d).
2671 Siehe zur Bemessung der Reichweite oben unter Vierter Teil. § 3 II. 2. d).
2672 Siehe hierzu oben unter Vierter Teil. § 3 III. 1.
2673 Siehe zur Hauptzweckprüfung oben unter Vierter Teil. § 3 II. 2. c).
2674 Siehe zur Einnahmengrenze oben unter Vierter Teil. § 3 II. 2. a).

jedoch eine bestimmtere und rechtssicherere Grundlage als die AVMD-Richtlinie in der bisherigen Form[2675] sowie die im Reformverfahren entworfenen Regelungen.[2676]

II. Keine Überregulierung linearer Angebote und Milderung des strukturellen Vollzugsdefizits: Anwendung auf PietSmietTV

Neben Videoangeboten der Presse haben sich auch Kanäle auf Plattformen für nutzergenerierte Videoinhalte in der Vergangenheit als problematisch für die nationale Regulierungspraxis erwiesen. Ein Beispielfall aus diesem Bereich ist das oben diskutierte lineare Angebot von PietSmiet.TV.[2677] Die Einstufung dieses Angebots gelingt unter Verwendung der hier vorgeschlagenen Merkmale des materiellen Anwendungsbereichs ebenfalls ohne Schwierigkeiten. Das Vorliegen audiovisueller Inhalte, der Dienstleistungsbegriff, die Ausrichtung an die Allgemeinheit über elektronische Kommunikationsnetze sowie die redaktionelle Verantwortung des Mediendiensteanbieters für die Inhalte liegen bei PietSmiet. TV eindeutig vor.[2678]

Entscheidend wäre auch in diesem Fall die Reichweite des Angebots. Hierbei ist zu unterscheiden zwischen dem linearen Angebot auf der Plattform Twitch. TV, das Gegenstand der Entscheidung der ZAK in Deutschland war,[2679] und parallelen Angeboten auf anderen Plattformen, wie etwa dem YouTube-Kanal von PietSmiet. Die Statistiken für den Twitch-Kanal von PietSmiet weisen eine eher geringe Reichweite von durchschnittlich unter 7.000 Nutzern am Tag im März 2017 aus.[2680] Der nichtlineare YouTube-Kanal des Anbieters erreicht hingegen

---

2675 Siehe zu den Auslegungsproblemen des materiellen Anwendungsbereichs zusammenfassend oben unter Zweiter Teil. § 3.
2676 Siehe zur Kritik an den Vorschlägen des Reformverfahrens oben unter Dritter Teil. § 3.
2677 Siehe zum Fall oben unter Dritter Teil. § 1 IV. 4. b); siehe auch *ZAK*, Pressemitteilung 07/2017 v. 21.03.2017, abrufbar unter: https://www.die-medienanstalten.de/service/pressemitteilungen/meldung/news/zak-beanstandet-verbreitung-des-lets-play-angebots-pietsmiettv-per-internet-stream/ [Stand November 2018].
2678 Siehe zum Sachverhalt oben unter Dritter Teil. § 1 IV. 4. b).
2679 Vgl. *ZAK*, Pressemitteilung 07/2017 v. 21.03.2017, abrufbar unter: https://www.die-medienanstalten.de/service/pressemitteilungen/meldung/news/zak-beanstandet-verbreitung-des-lets-play-angebots-pietsmiettv-per-internet-stream/ [Stand November 2018].
2680 *Socialblade*, Detailed Twitch Statistics for Pietsmiet – Daily Average Channel Views, abrufbar unter https://socialblade.com/twitch/user/pietsmiet/monthly [Stand November 2018].

deutlich mehr Rezipienten, durchschnittlich über 950.000 tägliche Videoaufrufe waren dort im selben Zeitraum zu verzeichnen.[2681] Diese Gegenüberstellung verdeutlicht erneut den Wertungswiderspruch des nach Linearität abgestuften Regulierungskonzepts.[2682] Während nach der Entscheidung der ZAK für das ungleich kleinere Angebot eine Zulassung erforderlich gewesen wäre und zudem die höheren Standards für lineare Dienste einschlägig waren, hätte umgekehrt das größere Angebot niedrigeren Anforderungen unterlegen.

Im Rahmen des hier vorgeschlagenen Modells wären die Reichweiten der Angebote gemeinsam am Nutzer-Schwellenwert zu messen,[2683] denn für beide Dienste ist derselbe Anbieter redaktionell verantwortlich. Je nach Ergebnis dieses Vergleichs ergäbe sich die Einstufung als audiovisueller Mediendienst. Probleme im Zusammenhang mit der Eigenständigkeit des audiovisuellen Angebots sind nicht ersichtlich. Auch das Unterschreiten der Einnahmengrenze erscheint unwahrscheinlich.

Das ebenfalls im Zusammenhang mit Videoplattformen bestehende strukturelle Vollzugsdefizit der AVMD-Richtlinie durch die nationalen Regulierungsstellen[2684] sollte durch die deutliche Eingrenzung des materiellen Anwendungsbereichs abgemildert werden. Die Einführung der Nutzer-Schwellenwerte dürfte einen großen Teil der Nutzerkanäle auf Videoplattformen vom Anwendungsbereich ausschließen. Damit ginge auch die Reduktion der Zuständigkeit der Medienaufsicht in diesem Bereich einher. Gleichzeitig würde eine Konzentration der Aufsicht auf die bedeutsameren und damit regulierungsbedürftigeren Angebote erfolgen.

III. Rechtskohärenz und Erhaltung der Regulierungsziele

Schließlich umfasst der Anforderungshorizont noch die Vereinbarkeit der Regelungen mit übergeordnetem Primärrecht[2685] und flankierendem Sekundärrecht[2686] sowie die Förderung und Erhaltung der in der AVMD-Richtlinie selbst festgelegten Regulierungsziele.[2687]

2681 *Socialblade*, PietSmiet – YouTube Statistical History – Average Views per Day per Month, Stand November 2018, abrufbar unter https://socialblade.com/youtube/user/pietsmittie/monthly [Stand November 2018].
2682 Siehe hierzu oben unter Vierter Teil. § 2 III. 1.; so auch *Ferreau*, ZUM 2017, 632 (637).
2683 Siehe zur Bemessung der Reichweite oben unter Vierter Teil. § 3 II. 2. d).
2684 Siehe hierzu oben unter Dritter Teil. § 1 IV. 4.
2685 Siehe zur Grundrechtecharta oben unter Dritter Teil. § 1 IV. 1. a).
2686 Siehe zur e-Commerce Richtlinie oben unter Dritter Teil. § 1 IV. 1. b).
2687 Vgl. zu den Regulierungszielen oben unter Dritter Teil. § 1 IV. 2.

Zwischenergebnis: Vorteile des vorgeschlagenen Modells 391

Die Ergebnisse des dritten Kapitels weisen Probleme bezüglich der Vereinbarkeit der AVMD-ÄRL mit den in der e-Commerce Richtlinie festgelegten Grundsätzen für Intermediäre aus.[2688] Die Neueinführung von Pflichten für Videoplattformdienstanbieter im Rahmen der AVMD-Richtlinie ist nach hier vertretener Ansicht abzulehnen und wird daher nicht in das vorgeschlagene Konzept übernommen.[2689] Widersprüche zur e-Commerce Richtlinie werden so umgangen, da die unter die Privilegierungen der Art. 14, 15 e-Commerce Richtlinie fallenden Dienste keine Regelungsadressaten der AVMD-Richtlinie mehr sind.

Daneben dient die Neufassung des materiellen Anwendungsbereichs sowie auch des Anknüpfungsmerkmals für das abgestufte Regelungskonzept der Wahrung der Verhältnismäßigkeit der Regulierung. Die Meinungsbildungsrelevanz audiovisueller Angebote sowie ihr daraus resultierendes Gefährdungspotential stellen nach den Grundsätzen des vorliegenden Vorschlags sowohl den Grund der Regulierung als auch den Maßstab zur Abstufung des Regulierungsniveaus dar.[2690]

Bezüglich des von der AVMD-Richtlinie verfolgten Schutzes gleicher Wettbewerbsbedingungen[2691] werden durch die modifizierten Abgrenzungs- und Abstufungsmerkmale zunächst Wettbewerbsverzerrungen zwischen gleichbedeutsamen Diensten verhindert. In publizistischer Hinsicht konkurrieren Angebote innerhalb des Anwendungsbereiches der AVMD-Richtlinie mit zumindest ähnlich erfolgreichen Angeboten, wobei eine zusätzliche Abstufung zwischen reichweitenstarken und besonders reichweitenstarken Mediendiensten erfolgt.[2692] Daneben sind alle nicht hinreichend reichweitenstarken Angebote vom Anwendungsbereich ausgeschlossen. Die wiederholt beklagte[2693]

2688 Siehe zur e-Commerce Richtlinie grundlegend oben unter Dritter Teil. § 1 IV. 1. b); vgl. zur Kritik an der Videoplattformregulierung oben unter Dritter Teil. § 2 III. 3. d).
2689 Siehe oben unter Vierter Teil. § 3 III. 2. b).
2690 Vgl. zum abgestuften Regelungskonzept als Ausprägung der Verhältnismäßigkeit *Barata*, in: Nikoltchev (Hrsg.), The Regulation of On-demand Audiovisual Services: Chaos or Coherence, IRIS Special, 2011, 95 (96); siehe zur Meinungsbildungsrelevanz als Unterscheidungsmerkmal *Gournalakis*, ZUM 2003, 180 (183).
2691 Vgl. Erwgr. 2, 11 AVMD-Richtlinie; siehe auch *EuGH*, Urt. v. 21.10.2015, Rs. C-347/14, Rn. 22.
2692 Siehe zum abgestuften Regelungskonzept in hier vorgeschlagener Form oben unter Vierter Teil. § 3 III.
2693 Siehe nur *Arbeitsgemeinschaft der Landesmedienanstalten (ALM)/Direktorenkonferenz der Landesmedienanstalten (DLM)*, Beitrag zur Konsultation zur Richtlinie 2010/13/EU über audiovisuelle Mediendienste (AVMD-RL) – Eine Mediengesetzgebung für das 21. Jahrhundert, 6.07.2015 – 30.09.2015, 8; *Conseil supérieur de*

Verzerrung des Wettbewerbs zwischen linearen und nichtlinearen Diensten sollte durch den Wegfall des Kriteriums der Linearität behoben werden. In wirtschaftlicher Hinsicht beruht der Erfolg eines Angebots ebenfalls indirekt auf der Zahl der Rezipienten, so dass durch die Anknüpfung an die Reichweite der Dienste auch gleiche Wettbewerbsbedingungen für wirtschaftlich ähnlich bedeutsame Angebote geschaffen werden. Schließlich gewährleistet das vorgeschlagene Modell auch die Senkung der Marktzutrittsschranken[2694] für neue Angebote. Bevor sich Angebote ausreichend finanziell etabliert haben, um die Einnahmengrenze im Rahmen des Dienstleistungsbegriffs zu überschreiten, können sie die Regulierung durch die AVMD-Richtlinie verhindern.[2695] Gleichsam fallen sie nicht unter die Richtlinie, so lange ihre Nutzerzahlen nicht ausreichend hoch sind, um einen nationalen Schwellenwert zu erreichen.[2696]

An diesen Maßstäben sind auch die Drittschutzziele der Richtlinie auszurichten und abzustufen. Bezüglich bestimmter nicht-kommunikationsbezogener Belange, wie etwa dem Jugendschutz, wird das Schutzniveau dabei durch den Ausschluss kleinerer Angebote aus der Regulierung unbestritten abgesenkt. Hier wäre für die Zukunft in Betracht zu ziehen, einen Großteil dieser Belange unabhängig von der AVMD-Richtlinie im Rahmen des allgemeinen Rechts zu klären.[2697] Zudem ist letztlich zu berücksichtigen, dass auch die von der AVMD-Richtlinie nicht erfassten Angebote nicht völlig ungeregelt in einem „rechtsfreien Raum" existieren. Klare Grenzen werden für die Rechtmäßigkeit von Inhalten maßgeblich in anderen Gesetzen gezogen. Die auf den ersten Blick daneben verbleibenden „Regelungslücken" sind letztlich Teil der gesetzgeberischen Entscheidung über die Nichtregelung dieser Sachverhalte und damit über die Rechtmäßigkeit gerade solcher Inhalte.

Die AVMD-Richtlinie in der Form von 2007 nahm für sich in Anspruch, eine zukunftsfähige Regulierung der sich noch entwickelnden audiovisuellen Angebote zu erzielen.[2698] Aus den Ergebnissen der vorstehenden Kapitel ist klar

---

l'audiovisuel de la Communauté française de Belgique (CSA), Beitrag zur Konsultation zur Richtlinie 2010/13/EU über audiovisuelle Mediendienste (AVMD-RL) – Eine Mediengesetzgebung für das 21. Jahrhundert, 6.07.2015 – 30.09.2015, 7; *ERGA*, Report on material jurisdiction in a converged environment, ERGA 2015 (12), 18.12.2015, 42; *Kluth/Schulz*, Konvergenz und regulatorische Folgen, 2014, 14.
2694 Vgl. Erwgr. 10 AVMD-Richtlinie.
2695 Siehe zur Einnahmengrenze oben unter Vierter Teil. § 3 II. 2. a).
2696 Siehe zur Bemessung der Reichweite oben unter Vierter Teil. § 3 II. 2. d).
2697 Siehe hierzu oben unter Vierter Teil. § 3 III. 2. a).
2698 *Valcke/Ausloos*, in: Donders/Pauwels/Loisen (Hrsg.), The Palgrave Handbook of European Media Policy, 2014, 312 (313).

Zwischenergebnis: Vorteile des vorgeschlagenen Modells

ersichtlich, dass die Regelungen diesem Anspruch nicht gerecht werden[2699] und auch die Reform der Richtlinie dieses Defizit nicht zu beheben vermag.[2700] Zum Teil hängt dies mit den inhärenten Schwierigkeiten der Medienregulierung und den mangelnden hellseherischen Fähigkeiten des Gesetzgebers zusammen.[2701] Diese Rahmenbedingungen kann selbstverständlich auch der vorliegende Vorschlag nicht durchbrechen.

Eine vorsichtige Prognose der Zukunftsfähigkeit des Modells ergibt jedoch zumindest drei Vorteile gegenüber den bisher verwendeten Merkmalen zur Einstufung der Mediendienste. Zum einen ist die Erfassung konkreter Angebote fließend in dem Sinne, dass ein einzelner Dienst, sobald er ausreichend an Bedeutung gewinnt um die entscheidenden Schwellenwerte[2702] zu erreichen, von den Regelungen erfasst wird. Zum anderen bleibt das System auf der übergeordneten Ebene flexibel hinsichtlich der Bedeutung verschiedener Medienarten für die Gesellschaft. Es erfolgt keine Kategorisierung der Medienformen, so dass beispielsweise bei Verlagerung der Nutzungsgewohnheiten in Richtung einer bestimmten Art audiovisueller Mediendienste keine Anpassung der Merkmale des Anwendungsbereiches notwendig ist. Die Rechtsfolgen der Regulierung sind ohnehin schon an die Reichweiten der Dienste geknüpft,[2703] in denen sich die Gesamttendenzen der Nutzungsgewohnheiten der Zuschauer abbilden. Schließlich ist auch die Möglichkeit vorgesehen die konkreten Schwellenwerte regelmäßig anzupassen,[2704] so dass wiederum auf übergeordneter Ebene auf größere Veränderungen auf dem Gesamtmedienmarkt reagiert werden kann und der materielle Anwendungsbereich der AVMD-Richtlinie so weiterhin schlüssige Ergebnisse erzielen kann.

2699 So auch *Szpunar*, Schlussanträge v. 1.7.2015, Rs. C-347714, Rn. 34.
2700 Siehe zur Kritik an den Reformvorschlägen oben unter Dritter Teil. § 3.
2701 Vgl. *Holznagel*, in: Eifert/Hoffmann-Riem (Hrsg.), Innovation, Recht und öffentliche Kommunikation, 2011, 97 (98).
2702 Siehe zum Schwellenwerte im materiellen Anwendungsbereich oben unter Vierter Teil. § 3 II. 2. b).
2703 Siehe die Zusammenfassung der hier vorgeschlagenen Merkmale des materiellen Anwendungsbereichs oben unter Vierter Teil. § 3 IV.
2704 Siehe zur Ausgestaltung der Schwellenwerte oben unter Vierter Teil. § 3 II. 2. d).

Fünfter Teil. Fazit

Die Ausgangsfragestellung dieser Untersuchung bezog sich auf die Einordnung hybrider audiovisueller Internetangebote in den materiellen Anwendungsbereich der AVMD-Richtlinie.[2705] Bereits die Ergebnisse des zweiten Kapitels,[2706] das sich auf den Anwendungsbereich in der Form der Richtlinie seit 2007 bezieht, zeigen, dass dessen Merkmale für viele der Angebote Zweifel aufwerfen. Dies kann zusammenfassend auf eine Überspannung[2707] des Anwendungsbereichs zurückgeführt werden.

In der ursprünglichen Fassung der Fernsehrichtlinie blieb die Geltung der Regelungen auf Fernsehprogramme beschränkt. Im Laufe der Überarbeitung zur AVMD-Richtlinie wurde der Anwendungsbereich auf neue, in diesem Fall nichtlineare, Mediendienste erweitert,[2708] ohne dass jedoch die Grundlagen des Regelungskonzepts überdacht wurden. Mit dem Versuch, im Laufe der Zeit stetig neue Dienste unter die Merkmale zu fassen, die in der Marktrealität als Konkurrenz zum Fernsehen empfunden wurden, hat sich der Geltungsbereich zunehmend vom historischen Ausgangspunkt der Regelungen entfernt. Alle Definitionen sind gewissermaßen „vom Rundfunk aus" entworfen worden. Dieser dient sowohl als Vergleichsmaßstab hinsichtlich der Charakteristika der erfassten Dienste als auch als primärer Schutzgegenstand für die Verhinderung von Wettbewerbsverzerrungen durch unregulierte Angebote. Dabei werden jedoch falsche Schwerpunkte in den regulatorischen Wertentscheidungen gesetzt, die sich unmittelbar in den Auslegungsproblemen des materiellen Anwendungsbereichs widerspiegeln. Die beiden in der Anwendungspraxis als besonders problematisch empfundenen Merkmale[2709] des Hauptzwecks sowie der Fernsehähnlichkeit der Medienangebote sind gleichzeitig gerade die Bestandteile der Definition audiovisueller Mediendienste, die am deutlichsten auf den linearen Fernsehrundfunk als Vergleichsmaßstab zugeschnitten sind. Auf dem Medienmarkt haben sich jedoch Angebotskategorien entwickelt, die unabhängig vom klassischen Rundfunk verstanden werden müssen und nicht direkt mit diesem

---

2705 Vgl. oben unter Erster Teil. § 3.
2706 Siehe oben unter Zweiter Teil. § 3.
2707 Vgl. *European Digital Rights (EDRi)*, AVMS Directive: It isn't censorship if the content is mostly legal, right?, 27.04.2017.
2708 Siehe zur Entstehungsgeschichte der AVMD-Richtlinie oben unter Zweiter Teil. § 1 I.
2709 Siehe hierzu grundlegend oben unter Zweiter Teil. § 1 III.

vergleichbar sind.[2710] An der Abbildung dieser Marktentwicklung, die nicht mit der Erwartungshaltung des Gesetzgebers aus dem Jahr 2007 übereinstimmt, scheitert die AVMD-Richtlinie jedoch.

Eine technologieneutrale Fassung des Anwendungsbereichs kann nur erreicht werden, wenn das Fernsehen als Ausgangspunkt und Vergleichsmaßstab für den Anwendungsbereich endgültig aufgegeben wird. Statt „neue" Medien und Angebotsformen mit tradierten Medien zu vergleichen, muss der Anwendungsbereich an Merkmalen ausgerichtet werden, die im Kern das Gefährdungspotential und damit die Regulierungsbedürftigkeit von Angeboten abbilden. Die Chance zur Überarbeitung und Neuausrichtung in diesem Sinne bot sich für die Richtliniengeber im Rahmen des Reformverfahrens seit 2016.[2711] Die Vorschläge von *Kommission*, *Rat* und *Parlament* zur Änderung des materiellen Anwendungsbereichs der AVMD-Richtlinie werden diesem Anspruch jedoch ebenfalls nicht gerecht. Trotz der Aufgabe des Kriteriums der Fernsehähnlichkeit[2712] findet keine Abkehr vom überholten Modell statt. Das Gefährdungspotential der Angebote wird im Gegenteil eher weniger berücksichtigt als in der Fassung der Richtlinie von 2007.

Ein besonderes Augenmerk der Untersuchung lag auf audiovisuellen Angeboten auf Internetseiten der Presse.[2713] Als Unterfrage hat sich speziell deren Einordnung an den Maßstäben des Anwendungsbereichs ergeben. Die Besonderheit dieser Konstellation liegt im plakativen Aufeinandertreffen der zwei Medienformen Presse und Rundfunk, auf die die Medienregulierung als Grundmodelle zurückzuführen ist.[2714] Die Kollision der weiten presserechtlichen Maßstäbe mit dem engmaschigeren Regulierungskonzept für audiovisuelle Mediendienste erscheint zunächst als systematischer Widerspruch. Dieser Widerspruch ist jedoch nicht durch die Abgrenzung zwischen Angeboten der Presse und anderen Medienangeboten zu lösen. Sicherlich ist der Regulierungsmaßstab der AVMD-Richtlinie für viele Internetseiten der Presse ungeeignet.[2715] Dies ergibt sich jedoch nicht aus ihrem Zusammenhang mit Presseunternehmen, sondern vielmehr aus anderen Merkmalen der Angebote selbst. Letztlich stellen audiovisuelle Inhalte auf Presseinternetseiten nur ein besonders deutliches Beispiel für die allgemein bestehenden Fehlwertungen des materiellen Anwendungsbereichs dar. Die entscheidende Frage bei der Einstufung dieser Angebote ist damit

---

2710 Siehe grundlegend zur Entwicklung der Dienste oben unter Erster Teil. § 1 II.
2711 Siehe zum Reformverfahren im Detail oben unter Dritter Teil. § 2.
2712 Siehe hierzu oben unter Dritter Teil. § 2 III. 1. b).
2713 Siehe die Beispiele zu dieser Fallgruppe oben unter Zweiter Teil. § 2.
2714 Vgl. zu den Grundlagen der Medienregulierung oben unter Erster Teil. § 2.
2715 Vgl. hierzu die Anwendungsbeispiele unter Vierter Teil. § 4 I.

nicht, ob ein Videoangebot von einem Presseunternehmen betrieben wird, sondern ob dieses Angebot der Regulierung durch die AVMD-Richtlinie bedarf. Die Kriterien, nach denen die Einstufung bisher vorgenommen wird, sind dabei überarbeitungsbedürftig. Ziel dieser Überarbeitung ist jedoch nicht ein genereller Ausschluss von Presseangeboten, sondern die Entwicklung allgemeingültiger und angemessener Einstufungsmerkmale für alle Kommunikatoren.

Neben der besonderen Berücksichtigung von Internetangeboten der Presse mit audiovisuellen Inhalten wurde im Laufe der Untersuchung auch der Umgang mit Anbietern von Plattformen für audiovisuelle Inhalte, die selbst keine redaktionelle Kontrolle ausüben, wiederholt aufgegriffen.[2716] Diese Frage stellt sich insbesondere angesichts der im Rahmen des Reformverfahrens zur AVMD-Richtlinie vorgesehenen Vorschriften für eben diese Kategorie von Diensteanbietern.[2717] Anders als Presseunternehmen stellen Videoplattformdienstanbieter nicht bloß ein weiteres Beispiel zur Verdeutlichung von Auslegungsproblemen des materiellen Anwendungsbereiches dar. Sie sind hingegen von vornherein völlig ungeeignet als Adressaten der Regelungen der AVMD-Richtlinie. In ihrer Rolle als Intermediäre mangelt es ihnen an redaktioneller Verantwortung für die angebotenen Inhalte, mithin an der Grundvoraussetzung des Regulierungskonzepts der AVMD-Richtlinie. Ihre Einbeziehung in den Adressatenkreis der Richtlinie kann nur als Ausdruck eines primär politisch begründeten Bedürfnisses gesehen werden. Die mit den für sie entworfenen Regelungen verfolgten Schutzziele sollten tatsächlich durch andere Maßnahmen gewährleistet werden. Der Zugriff auf Intermediäre stellt wieder einmal lediglich eine Umgehung der Schwierigkeiten beim Zugriff auf die eigentlich verantwortlichen Inhaltsanbieter dar, die insbesondere in den Limitationen des räumlichen und sachlichen Geltungsbereichs der Richtlinie begründet liegen.

Anders zu beurteilen ist der Themenkreis nutzergenerierter Inhalte auf den Videoplattformen.[2718] Die für die Inhalte verantwortlichen Nutzer stellen grundsätzlich geeignete Adressaten der Regulierung dar. Allerdings ist der Anwendungsbereich so zu gestalten, dass wiederum nur diejenigen Angebote einbezogen werden, für die auch ein hinreichendes Regulierungsbedürfnis besteht. Für Anbieter nutzergenerierter Inhalte sind damit, ebenso wie für Presseunternehmen, keine Sonderregelungen vorzusehen. Sie sind an den allgemeinen Maßstäben des Anwendungsbereichs zu messen. Sollten einzelne Angebote

---

2716 Siehe hierzu oben unter Dritter Teil. § 1 II. 3.
2717 Vgl. zu den Regelungsentwürfen oben unter Dritter Teil. § 2 III. 3.
2718 Siehe hierzu grundlegend oben unter Zweiter Teil. § 1 III. 2. b).

danach nicht unter die AVMD-Richtlinie fallen, verbleibt es bei den durch allgemeines Recht gezogenen Grenzen. Alles andere ist im Hinblick auf das ohnehin bereits eklatante strukturelle Vollzugsdefizit[2719] in der nationalen Praxis auch schlicht unrealistisch. Nicht jeder einzelne europäische YouTube-Kanal muss und sollte auf demselben Niveau reguliert werden wie beispielsweise Netflix.

Auf Grundlage dieser Einzelergebnisse, die gleichsam die Defizite der AVMD-Richtlinie in ihrer bisherigen und auch in ihrer für die Zukunft von den Richtliniengebern vorgesehenen Form widerspiegeln, hat sich als Leitfrage der Untersuchung die Suche nach einer alternativen Ausgestaltung des materiellen Anwendungsbereiches herausgeprägt, die eben diese Defizite für die Zukunft zu beheben vermag.[2720] Im Mittelpunkt des Lösungsvorschlags steht dabei die Meinungsbildungsrelevanz einzelner audiovisueller Angebote als Maßstab ihrer Regulierungsbedürftigkeit.

Die Regulierung des Rundfunks als Ursprungsform audiovisueller Mediendienste wird begründet mit den Zugangshürden für die Aufnahme der Rundfunktätigkeit und dem besonderen Meinungsbildungspotential des Mediums.[2721] Für die Verbreitung von Inhalten in offenen Netzen wie dem Internet bestehen keine vergleichbaren Zugangshürden, so dass zur Rechtfertigung ihrer Regulierung lediglich die Meinungsbildungsrelevanz der Angebote verbleibt. Der Anwendungsbereich der AVMD-Richtlinie knüpft jedoch mit keinem Merkmal direkt an das Einflusspotential der Dienste an. Stattdessen wurde im Wege des Merkmals der Linearität zur Abstufung der Regulierungsintensität sowie über die begriffliche Rückkopplung des Sendungsbegriffs für nichtlineare Angebote an die Fernsehähnlichkeit der Inhalte die Fiktion überragender Meinungsmacht[2722] des Fernsehens in die Richtlinie integriert. Dies führte wiederum zu den im Verlauf der Arbeit dargestellten Auslegungsproblemen und letztlich auch zur Erzielung unbilliger Einstufungsergebnisse.

Angemessene Einstufungsergebnisse lassen sich nach hier vertretener Ansicht hingegen nur durch einen Rückbezug des Anwendungsbereiches zur Meinungsbildungsrelevanz der erfassten Angebote erreichen. Dies entspricht auch der gemeinsamen Ausrichtung mehrerer ausländischer Untersuchungen zur Regulierung konvergenter Medien[2723] und wird ebenso zum Teil in der

---

2719 Vgl. oben unter Dritter Teil. § 1 IV. 4.
2720 Siehe dazu Vierter Teil. .
2721 Siehe dazu im Detail oben unter Erster Teil. § 2 II.
2722 *Schmid/Kitz*, ZUM 2009, 739 (742).
2723 Siehe zu den Konvergenzuntersuchungen aus Australien, Großbritannien und Neuseeland oben unter Vierter Teil. § 1.

deutschen Diskussion um die nationale Rundfunkregulierung vertreten.[2724] Als Konkretisierung der Meinungsbildungsrelevanz ist auf die Reichweite der Angebote abzustellen.[2725] Diese ist als Kriterium in den Anwendungsbereich der AVMD-Richtlinie zu integrieren. Die Fernsehähnlichkeit ist zu ersetzen durch die Voraussetzung einer hinreichenden Wirkung des Angebots beim Publikum am Maßstab der Rezipientenzahlen.[2726] Zudem ist der abgestufte Regelungsansatz beizubehalten, wobei das Kriterium der Linearität zu ersetzen ist durch die besonders hohe Reichweite der strenger regulierten Angebote.[2727] Im Ergebnis wird damit eine Vereinfachung des materiellen Anwendungsbereiches unter Ausräumung der größten Auslegungsschwierigkeiten erzielt. Gleichzeitig wird jedoch auch der Kreis der regulierten Angebote angemessen begrenzt.

Im Umgang mit den nach diesen Maßstäben nicht (mehr) von der Richtlinie regulierten Diensten ist primär auf die Wertungen des allgemeinen Rechts zu setzen, wobei gegebenenfalls bestimmte Schutzvorkehrungen aus dem nichtkommunikationsbezogenen Bereich dort zu integrieren sind.[2728] In diesem Zusammenhang ist das sogenannte „Law of the Horse"[2729] erwähnenswert. Im frühen Stadium der juristischen Auseinandersetzung mit dem Internet wurde dieser Ausdruck verwendet, um die Überflüssigkeit (internetrechtlicher) Sonderregelungen für viele Sachverhaltskonstellationen zu umschreiben, die sich bereits unter Rückgriff auf bestehendes, allgemeines Recht lösen ließen.[2730] Diese Wertung hat auch in Bezug auf Medienangebote im Internet Bestand. Die grundsätzlichen gesetzgeberischen Wertungsentscheidungen sind für die meisten Bereiche bereits getroffen und geben so den Umgang mit nicht der AVMD-Richtlinie unterfallenden Angeboten weitestgehend vor.

Ein daran anknüpfender, wenn auch für die Untersuchung nicht per se relevanter Punkt ist schließlich die offenbare Affinität von Medienrechtlern zu equinen Metaphern.[2731] Der Streit um Esel und Pferde, die eigentlich Maulesel oder

---

2724 Vgl. zu den Ansätzen aus der deutschen Literatur oben unter Vierter Teil. § 2.
2725 Siehe hierzu oben unter Vierter Teil. § 2 IV.
2726 Siehe zur hier vorgeschlagenen Ausgestaltung des materiellen Anwendungsbereichs oben unter Vierter Teil. § 3 II. 2.
2727 Vgl. hierzu oben unter Vierter Teil. § 3 III.
2728 Siehe hierzu oben unter Vierter Teil. § 3 III. 2. a).
2729 Vgl. *Easterbrook*, Cyberspace and the Law of the Horse, University of Chicago Legal Forum, 1996, 207.
2730 Ebd.
2731 Vgl. zum „Law of the Horse" Ebd.; zum Vergleich der Regelungen der AVMD-Richtlinie mit Vorschriften für Eselkarren siehe *European Digital Rights (EDRi)*, AVMS Directive: It isn't censorship if the content is mostly legal, right?, 27.04.2017; zum

Maultiere sind, diente in der Einleitung der vorliegenden Arbeit zur Illustration des Dilemmas der europäischen Medienregulierung.[2732] Den Dorfbewohnern Anatevkas ist die Untersuchung jedoch bisher eine Antwort schuldig geblieben. Schlussendlich ist Generalanwalt *Szpunar* nicht zuzustimmen in seiner These, jeder wisse wie ein Pferd aussieht.[2733] Auf Grundlage der Ergebnisse dieser Arbeit müsste man vielmehr überdenken, ob die Kategorien „Pferd" und „Esel" allein zur Bestimmung der Spezies von Einhufern geeignet sind. Sinnvoller wäre es doch gegebenenfalls, an die individuellen Merkmale der Tiere anzuknüpfen, um sie schlüssig in Kategorien zu unterteilen. Sowohl Maultiere als auch Maulesel weisen Charakteristika von Pferden und Eseln auf, unterscheiden sich jedoch in anderen Punkten auch von diesen. Da die Tiere jedoch jeweils überwiegend von ihrer Mutterstute geprägt werden, sind sie entweder Pferden oder Eseln ähnlicher, als die jeweils andere hybride Spezies. Zudem lassen sich zumindest Maultiere und Maulesel einfach voneinander unterscheiden, nicht zuletzt anhand ihrer Körpergröße.[2734] Hier schließt sich nun auch der Bogen zu den Regelungsvorschlägen für audiovisuelle Mediendienste. Anstatt die Hybriden mit Pferden zu vergleichen, könnten sich die streitenden Dorfbewohner aus Anatevka beim nächsten Handel unter Umständen vorher auf die Mindestkörpergröße des Tieres einigen.

Abschließend ist mit gewisser Ernüchterung der Blick in Richtung der am Gesetzgebungsverfahren zur AVMD-Richtlinie beteiligten europäischen Institutionen zu richten. Die hier als zentral identifizierten Belange fanden im Rahmen des Reformverfahrens keine Berücksichtigung. Zu erwarten ist in den kommenden Jahren eine weitere Verschärfung der ohnehin vorhandenen Probleme im Zusammenhang mit den Wertungen des materiellen Anwendungsbereichs. Eine erneute Überprüfung der Richtlinie ist jedoch bereits angesichts der Berichtspflicht der *Kommission* über die Anwendung und den möglichen Anpassungsbedarf der Richtlinie aus Art. 33 AVMD-ÄRL unausweichlich. Der europäische Richtliniengeber ist mit seiner Zögerlichkeit hinsichtlich der Umsetzung neuer

---

Vergleich hybrider Medienangebote mit Kreuzungen aus Pferden und Zebras siehe *Kogler*, Convergence 2016 (Vol. 22), 468; zum Vergleich des materiellen Anwendungsbereichs der AVMD-Richtlinie mit einem Enzyklopädie-Eintrag zu Pferden siehe *Szpunar*, Schlussanträge v. 1.7.2015, Rs. C-347714, Rn. 1.

2732 Siehe oben unter Zweiter Teil.
2733 Vgl. *Szpunar*, Schlussanträge v. 1.7.2015, Rs. C-347714, Rn. 1.
2734 Die Körpergröße der Tiere hängt von der Mutterstute ab. Da Pferde größer sind als Esel werden Maultiere als Nachkommen einer Pferdestute und eines Eselhengstes in der Regel größer als Maulesel, als Nachkommen einer Eselstute.

Regulierungsmodelle auch keinesfalls allein. Wirklich bedauerlich erscheint die mangelnde Umsetzung[2735] des innovativen Konzepts, das im Rahmen des Convergence Review entworfen wurde, in Australien. Andernfalls könnte dies als Anwendungsbeispiel für zukünftige europäische Reformverfahren dienen. Es mangelt jedenfalls nicht an Vorschlägen zur Regulierung von Medien in konvergenten Umgebungen. Langfristig wird sich die konservative Zurückhaltung des europäischen Regulierungskonzepts negativ auf die Ergebnisse der Medienregulierung in Europa auswirken.

Zusammenfassung der Kernthesen

(1) Als Produkt der Konvergenzentwicklung haben sich massenhaft Medienangebote, insbesondere im Internet, herausgebildet, die keiner mit dem frequenzbasiert verbreiteten Rundfunk vergleichbaren Beschränkung unterliegen, durch die hybride Zusammenführung verschiedener medialen Darbietungsformen gekennzeichnet sind und zunehmend an Bedeutung bei den Nutzern gewinnen. Diese Dienste stehen mit klassischen Medienangeboten in Konkurrenz um die Aufmerksamkeit der Zuschauer.

(2) Bei der Einstufung dieser Dienste innerhalb des bestehenden Medienregulierungskonzepts ist die Begriffszuordnung zu einer an die Grundmodelle „Presse" und „Rundfunk" angelehnten gesetzlichen Definition erforderlich. Mit der Zuordnung geht auch die Fiktion eines bestimmten Maßes an Meinungsbildungsrelevanz einher, die Teil der Begründung der rundfunkrechtlichen Sonderregulierung darstellt. Gleichzeitig wird das tatsächliche Vorliegen von Meinungsbildungsrelevanz jedoch nicht als Definitionsmerkmal vorausgesetzt.

(3) Die Annahme im Vergleich zu allen anderen audiovisuellen Mediendiensten erhöhter Meinungsbildungsrelevanz der linearen Dienste entspricht nicht mehr der Realität der Mediennutzung. Nicht jedes Rundfunkprogramm ist bedeutsamer für die öffentliche Meinungsbildung als jeder Abrufdienst.

(4) Die europäische AVMD-Richtlinie verfolgt das Ziel, gleiche Wettbewerbsbedingungen für den ursprünglich ausschließlich erfassten Fernsehrundfunk und die später mitregulierten, anderen audiovisuellen Mediendienste

---

2735 Vgl. *Dean*, Why media reform in Australia has been so hard to achieve, The University of Sydney News v. 12.05.2017, abrufbar unter: http://sydney.edu.au/news-opinion/news/2017/05/12/why-media-reform-in-australia-has-been-so-hard-to-achieve.html [Stand November 2018].

zu schaffen. Obwohl die AVMD-Richtlinie den Anspruch hat, den Anwendungsbereich an technologieneutralen Kriterien auszurichten, findet eine deutliche Anknüpfung an den klassischen Fernsehrundfunk als Vergleichsmaßstab statt. Die Konkurrenz nichtlinearer Dienste zum Fernsehen ist Grund und Voraussetzung ihrer Regulierung zugleich.

(5) Die Einstufung eines Angebots als audiovisueller Mediendienst hat für die Anbieter greifbare wirtschaftliche und publizistische Konsequenzen. Die Merkmale des materiellen Anwendungsbereichs, anhand derer die Einstufung stattfindet, werden jedoch in der Anwendungspraxis der Mitgliedstaaten uneinheitlich ausgelegt.

(6) Besonders deutlich werden die Auslegungsprobleme des materiellen Anwendungsbereichs und die divergierende Rechtsanwendung verschiedener nationaler Regulierungsstellen im Zusammenhang mit der Einstufung von Internetangeboten der Presse, die audiovisuelles Material enthalten (hybride Angebote). Die Abgrenzung zwischen verschiedenen Angebotsteilen als Vorprüfung des Hauptzwecks des Angebots sowie die Beurteilung der Fernsehähnlichkeit der Angebote stehen im Mittelpunkt dieser Probleme. Die Regulierer aus Großbritannien, Österreich und der Slowakei wären nach der alten Rechtslage bezüglich identischer Sachverhalte zu unterschiedlichen Entscheidungen über die Eröffnung des materiellen Anwendungsbereichs gekommen.

(7) Der *EuGH* hatte im Rahmen des österreichischen Vorabentscheidungsverfahrens „New Media Online" erstmals Gelegenheit zur Klärung vieler Detailfragen in der Auslegung des materiellen Anwendungsbereichs der AVMD-Richtlinie. Im Ergebnis hat er diese Gelegenheit jedoch nicht ausreichend genutzt und ließ die Maßstäbe zur Beurteilung einer untrennbaren Verbindung verschiedener Angebotsteile sowie zur Bestimmung des Hauptzwecks eines Medienangebots im engeren Sinne ungeklärt. Übergeordnete Fragen der Angemessenheit der durch die weite Auslegung der Merkmale des Anwendungsbereiches erzielten Regulierungsergebnisse wurden ebenfalls nicht behandelt. Dies betrifft insbesondere auch die Einbeziehung der Meinungsbildungsrelevanz der Angebote in die Einstufung als audiovisuelle Mediendienste.

(8) Als zentrale Auslegungsfragen ergeben sich in Bezug auf den materiellen Anwendungsbereich der AVMD-Richtlinie für nichtlineare Angebote (1) die Differenzierung zwischen verschiedenen Angebotsteilen als individuell zu beurteilende Dienste in der Hauptzweckprüfung, (2) die Gewichtung verschiedener Inhalte im Rahmen der Hauptzweckprüfung im engeren Sinne sowie (3) die Voraussetzungen der Fernsehähnlichkeit nichtlinearer Inhalte, insbesondere die Bedeutung der Meinungsbildungsrelevanz der Inhalte.

(9) Beinahe gleichzeitig mit dem Inkrafttreten der AVMD-Richtlinie begann bereits eine Diskussion über den Reformbedarf der Richtlinie. Als Kernpunkte der Debatte haben sich die Überarbeitung des Hauptzweck-Merkmals sowie des Sendungsbegriffs im materiellen Anwendungsbereich und die Wettbewerbsverzerrungen zwischen linearen und nichtlinearen audiovisuellen Mediendiensten sowie zwischen audiovisuellen Mediendiensten und Angeboten ohne redaktionelle Kontrolle ergeben. Wiederholt wurde im Rahmen der Konsultationen und Studien die Einbeziehung der Meinungsbildungsrelevanz der Dienste in den materiellen Anwendungsbereich sowie in das abgestufte Regelungskonzept der Richtlinie gefordert.

(10) Als Anforderungen an die Überarbeitung der AVMD-Richtlinie sind die Vereinbarkeit mit dem Primärrecht, insbesondere dem Verhältnismäßigkeitsgrundsatz, die Kohärenz mit den Regelungen der e-Commerce Richtlinie für Intermediäre und die Erhaltung der Regulierungsziele der Richtlinie selbst, insbesondere bezüglich der Schaffung gleicher Wettbewerbsbedingungen in wirtschaftlicher und publizistischer Hinsicht, zu stellen. Die Auslegungsprobleme des materiellen Anwendungsbereichs sind auszuräumen. Daneben muss auch das Abstufungsmerkmal der Linearität überdacht werden und das auf Anwendungsebene bestehende strukturelle Vollzugsdefizit im Zusammenhang mit nutzergenerierten Inhalten ist zu beheben.

(11) Der Vorschlag der *Europäischen Kommission* für eine Änderungsrichtlinie zur AVMD-Richtlinie von 2016 beschränkt sich für den materiellen Anwendungsbereich auf die Klarstellung des Hauptzweck-Merkmals und die Streichung des Kriteriums der Fernsehähnlichkeit und wird dem Anforderungshorizont damit nicht gerecht. Der materielle Anwendungsbereich der Richtlinie wird unangemessen erweitert, während die Auslegungsprobleme nicht vollständig behoben werden. Gleiche Wettbewerbsbedingungen für gleichartige Dienste werden damit nicht geschaffen. Auch die überholte Abstufung nach Linearität wird beibehalten. Eine Anknüpfung an die Meinungsbildungsrelevanz der Angebote findet nicht statt. Die Textfassungen des *Europäischen Parlaments* und des *Rats der Europäischen Union* sowie die Trilogfassung übernehmen die Vorschläge der *Kommission* in diesen Punkten und sind mithin gleichermaßen negativ zu bewerten.

(12) Die im Rahmen der Reformvorschläge eingebrachten Regelungen zu Videoplattformdienstanbietern weisen in weiten Teilen Defizite der Bestimmtheit auf. Ihr effektiver Regelungsgehalt ist darüber hinaus teilweise fragwürdig und die Regelungen sind zudem nicht mit den Wertungen der e-Commerce Richtlinie zu vereinbaren.

(13) Die Ansätze der Konvergenzuntersuchungen aus Australien, Großbritannien und Neuseeland weichen deutlich vom europäischen Regulierungskonzept für audiovisuelle Medien ab. Als ein zentrales Element werden die Regulierungsvorschläge mittelbar an die Meinungsbildungsrelevanz der regulierten Angebote geknüpft. Die Regulierungsintensität wird grundlegend am Gefährdungspotential der Dienste ausgerichtet. In der deutschen Literatur zur Rundfunkregulierung finden sich ebenfalls Vorschläge zur Anknüpfung an das aus der Meinungsbildungsrelevanz der Angebote folgende Gefährdungspotential. Damit wird ein Rückbezug der Regulierungsentscheidung zum Regulierungsgrund erzielt. Das Abstufungsmerkmal der Linearität ist hingegen ungeeignet, um das Gefährdungspotential der Dienste abzubilden.

(14) Die zukünftige Regulierung audiovisueller Mediendienste in Europa ist an der Meinungsbildungsrelevanz der Angebote auszurichten und abzustufen. Die Meinungsbildungsrelevanz kann anhand der Reichweite der audiovisuellen Dienste als Merkmale des Anwendungsbereichs und der Abstufung in Form von Schwellenwerten konkretisiert werden.

(15) Ein Schwellenwert für Nutzerzahlen soll das Kriterium der Fernsehähnlichkeit im materiellen Anwendungsbereich der AVMD-Richtlinie ersetzen und zu einer Voraussetzung hinreichender Wirkung beim Publikum modifizieren.

(16) Ein zweiter, höherer Schwellenwert für Nutzerzahlen soll das Abstufungskriterium der Linearität ersetzen und bedeutsame audiovisuelle Mediendienste kennzeichnen, für die sich besondere Anforderungen aus der AVMD-Richtlinie ergeben. Die Beibehaltung des abgestuften Regelungsansatzes dient dabei der Verhältnismäßigkeit und der Gleichbehandlung gleich bedeutsamer Dienste.

(17) Die Schwellenwerte sind auf nationaler Ebene für jeden Mitgliedstaat festzulegen und beziehen sich jeweils ausschließlich auf Nutzer aus diesem Mitgliedstaat. Nur auf diesem Wege können die verschiedenen nationalen und regionalen Publikumskreise und Sprachgemeinschaften des gesamteuropäischen Rechtsraums berücksichtigt werden.

(18) Der Dienstleistungsbegriff ist durch eine finanzielle Einnahmengrenze zu konkretisieren, die als Vermutung von einzelnen Anbietern audiovisueller Mediendienste widerlegt werden kann. Diese Möglichkeit besteht jedoch nicht für Anbieter bedeutsamer audiovisueller Mediendienste.

(19) Die Prüfung des Hauptzwecks des Angebots ist ebenfalls zu modifizieren. Für Anbieter bedeutsamer audiovisueller Mediendienste fällt das Merkmal des Hauptzwecks als Voraussetzung des materiellen Anwendungsbereichs

weg. Für alle übrigen Anbieter gilt der Maßstab einer untrennbaren Verbindung verschiedener Angebotsteile für die einheitliche Beurteilung des Dienstes. Sollte ein einheitlicher Dienst vorliegen, ist der Hauptzweck des Angebots im engeren Sinne anhand des Arbeits- und Personalaufwands des Anbieters für die audiovisuellen Bestandteile im Vergleich zu den nicht-audiovisuellen Bestandteilen zu ermitteln.

(20) Die Merkmale der Ausrichtung des Dienstes an die Allgemeinheit sowie der Verbreitung über elektronische Kommunikationsnetze sind zu erhalten. Ebenso wird die Anwendung der AVMD-Richtlinie weiterhin auf Dienste beschränkt, die audiovisuelle Inhalte bereitstellen.

(21) Die Voraussetzung der redaktionellen Kontrolle eines Mediendiensteanbieters ist ebenfalls im materiellen Anwendungsbereich der AVMD-Richtlinie beizubehalten. Intermediäre wie Videoplattformdienstanbieter sind hingegen sowohl von den Regelungen für audiovisuelle Mediendienste, als auch von daneben eingeführten Sonderbestimmungen auszuschließen. Sie stellen keine passenden Adressaten für die Vorschriften der AVMD-Richtlinie dar und sollen weiterhin ausschließlich den Regelungen der e-Commerce Richtlinie unterliegen.

(22) Der materielle Anwendungsbereich der AVMD-Richtlinie wird durch die hier vorgeschlagene Ausgestaltung deutlich eingeschränkt. Für alle nicht von der Regulierung der Richtlinie erfassten Dienste muss daher auf das allgemeine Recht zur Lösung von Konflikten und zur Gewährleistung des Drittschutzes vertraut werden. Hierzu sollten nicht-kommunikationsbezogene Schutzbestimmungen der AVMD-Richtlinie zum Teil ins allgemeine Recht verlagert werden.

(23) Ein an diesen Grundsätzen ausgerichtetes Regulierungsmodell weist gegenüber der AVMD-Richtlinie von 2007 und den Reformvorschlägen im Rahmen des Gesetzgebungsverfahrens seit 2016 deutliche Vorteile auf. Die Auslegungsprobleme im materiellen Anwendungsbereich werden weit überwiegend gelöst und die Rechtssicherheit und einheitliche Anwendung der Richtlinie damit verbessert. Zudem wird die Regulierung auf regulierungsbedürftige Dienste begrenzt und verspricht damit die Milderung des strukturellen Vollzugsdefizits. Gleichzeitig werden die gleiche Regulierungsintensität und damit auch gleiche Wettbewerbsbedingungen für gleich bedeutsame Dienste gewährleistet und es findet eine verhältnismäßige Abstufung zwischen unterschiedlich bedeutsamen Diensten statt.

Literaturverzeichnis

Advertising Standards Authority (ASA)/Committee of Advertising Practice (CAP), Videoblogs: Scenarios – Advice Online, 19.08.2015, abrufbar unter: https://www.asa.org.uk/advice-online/video-blogs-scenarios.html#.VzrwhSE3H88 [Stand November 2018].

Arbeitsgemeinschaft der Landesmedienanstalten (ALM), FAQs – Antworten auf Werbefragen in sozialen Medien, 2016, abrufbar unter: https://www.die-medienanstalten.de/fileadmin/user_upload/Rechtsgrundlagen/Richtlinien_Leitfaeden/FAQ-Flyer_Kennzeichnung_Werbung_Social_Media.pdf [Stand November 2018].

Dies., MedienVielfaltsMonitor I/2016, 1.09.2016, abrufbar unter: https://www.blm.de/files/pdf1/alm_vielfaltsmonitor_1-halbjahr-2016-1.pdf [Stand November 2018].

Dies., Rundfunk oder nicht? Erläuterungen zur Pietsmiet TV-Entscheidung der ZAK, 6.04.2017, abrufbar unter: https://www.die-medienanstalten.de/atrium/rundfunk-oder-nicht-erlaeuterungen-zur-pietsmiet-tv-entscheidung-der-zak/ [Stand November 2018].

Dies./Direktorenkonferenz der Landesmedienanstalten (DLM), Beitrag zur Konsultation zur Richtlinie 2010/13/EU über audiovisuelle Mediendienste (AVMD-RL) – Eine Mediengesetzgebung für das 21. Jahrhundert, 6.07.2015 – 30.09.2015, abrufbar unter: http://ec.europa.eu/newsroom/dae/document.cfm?doc_id=11224 [Stand November 2018].

Ariño, Monica, Content Regulation and New Media: A Case Study of Online Video Portals, Communications & Strategies 2007 (No. 66), S. 115–135.

Artymiak, Sebastian, Introduction to Different Forms of On-demand Audiovisual Services, in: Nikoltchev, Susanne (Hrsg.), The Regulation of On-demand Audiovisual Services: Chaos or Coherence, IRIS Special, 2011, S. 31–34.

Australian Government – Australian Law Reform Commission, Classification – Content Regulation and Convergent Media, Final Report, February 2012, ALRC Report 118, 2012, abrufbar unter: https://www.alrc.gov.au/sites/default/files/pdfs/publications/final_report_118_for_web.pdf [Stand November 2018].

Australian Government, Convergence Review, Final Report, March 2012, abrufbar unter: http://www.abc.net.au/mediawatch/transcripts/1339_convergence.pdf [Stand November 2018].

Barata, Joan, Legislators' and Regulators' Expectations in the Field of On-demand Audiovisual Media Services, in: Nikoltchev, Susanne (Hrsg.), The Regulation of On-demand Audiovisual Services: Chaos or Coherence, IRIS Special, 2011, S. 95–100.

Barendt, Eric, Statutory Underpinning: A Threat to Press Freedom?, Journal of Media Law Special Issue: Media Law after Leveson, 2013 (Vol. 5)/2, S. 189–201.

BDRC Continental, Attitudes to Online and On Demand Content – 2014 report, April 2015, abrufbar unter: https://www.ofcom.org.uk/__data/assets/pdf_file/0019/75124/attitudes_to_online_and_on_demand_content_report_2014_report.pdf [Stand November 2018].

Betzel, Marcel, Finetuning Classification Criteria for On-demand Audiovisual Media Services: the Dutch Approach, in: Nikoltchev, Susanne (Hrsg.), The Regulation of On-demand Audiovisual Services: Chaos or Coherence?, IRIS Special, 2011, S. 53–63.

Beyvers, Eva Miriam Alexandra/Beyvers, Sarah Elisabeth, Einordnung von Let's Play-Videos aus Sicht des Urheber-, Jugendschutz- und Strafrechts – Überblick über die relevanten Rechtsfragen und Stand der Diskussion, MMR 2015, S. 794–800.

Binder, Reinhart/Vesting, Thomas (Hrsg.), Beck'scher Kommentar zum Rundfunkrecht, 4. Aufl., München 2018 (zitiert *Bearbeiter*, in: Binder/Vesting (Hrsg.), Rundfunkrecht).

Blaue, Andreas, Meinungsrelevanz und Mediennutzung – Zu Konvergenz und Regulierung elektronischer Medien, ZUM 2005, S. 30–41.

Braml, Birgit/Hopf, Kristina, Der neue Jugendmedienschutz-Staatsvertrag – Fort- oder Rückschritt für den Jugendmedienschutz?, ZUM 2010, S. 645–655.

Brings-Wiesen, Tobias, Zum ersten Entwurf eines Vorschlags zur Änderung der AVMD-Richtlinie, AfP 2016, S. 323–327.

Bullinger, Martin/Mestmäcker, Ernst-Joachim, Multimediadienste – Struktur und staatliche Aufgaben nach deutschem und europäischem Recht, Baden-Baden 1997.

Bundesrepublik Deutschland, Positionspapier zur Novellierung der Audiovisuellen Mediendienste Richtlinie (AVMD), 3.11.2015, abrufbar unter: http://ec.europa.eu/newsroom/dae/document.cfm?action=display&doc_id=12013 [Stand November 2018].

Bundesverband Deutscher Zeitungsverleger (BDVZ)/Verband Deutscher Zeitschriftenverleger (VDZ), Beitrag zur Konsultation zur Richtlinie 2010/13/EU über audiovisuelle Mediendienste (AVMD-RL) – Eine Mediengesetzgebung für das 21. Jahrhundert, 6.07.2015 – 30.09.2015, abrufbar unter: http://ec.europa.eu/newsroom/dae/document.cfm?action=display&doc_id=11641 [Stand November 2018].

Bund-Länder-Kommission zur Medienkonvergenz, Bericht v. Juni 2016, abrufbar unter: https://www.bundesregierung.de/resource/blob/973862/473 870/07ba875e860ada4556526641bd9151b6/2016-06-14-medienkonvergenz-bericht-blk-data.pdf?download=1 [Stand November 2018].

Dies., Zwischenbericht v. Dezember 2015, abrufbar unter: https://www.rlp. de/fileadmin/rlp-stk/pdf-Dateien/Medienpolitik/Zwischenbericht_Bund-Laender-Kommission_zur_Medienkonvergenz_Dezember_2015.pdf [Stand November 2018].

Cabrera Blázquez, Francisco Javier, On-demand Services: Made in the Likeness of TV?, in: Nikoltchev, Susanne (Hrsg.), What Is an On-demand Service?, IRIS plus 4/2013, S. 7–28.

Cabrera Blázquez, Francisco Javier/Capello, Maja/Fontaine, Gilles/Valais, Sophie, Abrufdienste und der sachliche Anwendungsbereich der AVMD-Richtlinie, IRIS Plus 1/2016.

Calliess, Christian/Ruffert, Matthias (Hrsg.), EUV/AEUV – Das Verfassungsrecht der Europäischen Union mit Europäischer Grundrechtecharta, 5. Aufl., München 2016 (zitiert: *Bearbeiter*, in: Calliess/Ruffert (Hrsg.), EUV/AEUV).

Castendyk, Oliver/Böttcher, Kathrin, Ein neuer Rundfunkbegriff für Deutschland? – Die richtlinie für audiovisuelle Mediendienste und der deutsche Rundfunkbegriff, MMR 2008, S. 13–18.

Castendyk, Oliver/Dommering, Egbert/Scheuer, Alexander (Hrsg.), European Media Law, Alphen a/d Rijn 2008, (zitiert: *Bearbeiter*, in: Castendyk/ Dommering/Scheuer (Hrsg.), European Media Law).

CDU/CSU/SPD, Koalitionsvertrag 18. Legislaturperiode: Deutschlands Zukunft gestalten, 27.11.2013, abrufbar unter: https://www.bundesregierung.de/ resource/blob/72488/336570/be89704c0e89fe01a1594f00c5acc938/2013-12-17-koalitionsvertrag-data.pdf?download=1 [Stand November 2018].

CDU/FDP, Koalitionsvertrag für Nordrhein-Westfalen 2017–2022, 16.06.2017, abrufbar unter: https://www.cdu-nrw.de/sites/default/files/media/docs/ nrwkoalition_koalitionsvertrag_fuer_nordrhein-westfalen_2017_-_2022.pdf [Stand November 2018].

von Coelln, Christian, Die Entwicklung des Rundfunkbegriffs, in: Bayerische Landeszentrale für neue Medien (Hrsg.), BLM-Symposium Medienrecht 2010 – Rundfunkstrukturen im Wandel, BLM-Schriftenreihe Band 96, München 2011, S. 17–53.

Cole, Mark D., The European Legal Framework for On-demand Services: What Directive for Which Service?, in: Nikoltchev, Susanne (Hrsg.), The Regulation of On-demand Audiovisual Services: Chaos or Coherence, IRIS Special, 2011, S. 35–46.

Conseil supérieur de l'audiovisuel de la Communauté française de Belgique (CSA), Beitrag zur Konsultation zur Richtlinie 2010/13/EU über audiovisuelle Mediendienste (AVMD-RL) – Eine Mediengesetzgebung für das 21. Jahrhundert, 6.07.2015 – 30.09.2015, abrufbar unter: http://ec.europa.eu/newsroom/dae/document.cfm?doc_id=11223 [Stand November 2018].

Conseil supérieur de l'audiovisuel de la Communauté française de Belgique (CSA) – Collège d'autorisation et de contrôle, Recommandation relative au périmètre de la régulation des services de medias audiovisuels, 29.03.2012, abrufbar unter: http://csa.be/system/documents_files/1713/original/CAC_20120329_recommandation_competence_materielle.pdf?1333030000 [Stand November 2018].

Contact Committee established by the Television Without Frontiers Directive, Minutes of the 27th meeting, Doc CC TVSF (2008) 4, 16.04.2008, abrufbar unter: http://ec.europa.eu/archives/information_society/avpolicy/docs/reg/tvwf/contact_comm/27_minutes_en.pdf [Stand November 2018].

Croce, Laura/Grece, Christian, Trends in video-on-demand revenues, November 2015, abrufbar unter: https://rm.coe.int/16807835c9 [Stand November 2018].

Direktorenkonferenz der Landesmedienanstalten (DLM), Drittes Strukturpapier zur Unterscheidung von Rundfunk und Mediendiensten, 6.11.2003, abrufbar unter: https://www.lfm-nrw.de/fileadmin/user_upload/lfm-nrw/Die_LfM/Rechtsgrundlagen/Materialien/drittes_strukturpapier.pdf [Stand November 2018].

Dies., Medienkonvergenzmonitor v. 16.11.2015, Ergebnisse des MedienVielfaltsMonitor für das 1. Halbjahr 2015, abrufbar unter: https://www.blm.de/files/pdf1/DLM_Vielfaltsmonitor_I__Halbjahr_2015.pdf [Stand November 2018].

Dies., Nachrichtensendungen im privaten Rundfunk, Positionspapier v. 1.3.2010, abrufbar unter: https://www.die-medienanstalten.de/fileadmin/user_upload/die_medienanstalten/Ueber_uns/Positionen/2010_03_01_Nachrichtensendungen_im_privaten_Rundfunk.pdf [Stand November 2018].

Dies., Stellungnahme im laufenden Verfahren der Überprüfung der EG-Fernsehrichtlinie, 15.7.2003, abrufbar unter: http://ec.europa.eu/archives/information_society/avpolicy/docs/reg/modernisation/2003_review/contributions/wc_dlm.pdf [Stand November 2018].

Dörr, Dieter/Holznagel, Bernd/Picot, Arnold, Legitimation und Auftrag des öffentlich-rechtlichen Fernsehens in Zeiten der Cloud, Frankfurt am Main 2016.

Dörr, Dieter/Kreile, Johannes/Cole, Marc D. (Hrsg.), Handbuch Medienrecht – Recht der elektronischen Massenmedien, 2. Aufl., Frankfurt 2011 (zitiert: *Bearbeiter*, in: Dörr/Kreile/Cole, Handbuch Medienrecht).

Dreier, Horst (Hrsg.), Grundgesetz Kommentar – Band I: Präambel, Artikel 1–19, 3. Aufl., Tübingen 2013 (zitiert als *Bearbeiter*, in: Dreier (Hrsg.), GG).

Drexl, Josef, Bedrohung der Meinungsvielfalt durch Algorithmen – Wie weit reichen die Mittel der Medienregulierung?, ZUM 2017, S. 529–543.

Easterbrook, Frank H., Cyberspace and the Law of the Horse, University of Chicago Legal Forum 1996, S. 207–211, abrufbar unter: http://chicagounbound. uchicago.edu/cgi/viewcontent.cgi?article=1204&context=uclf [Stand November 2018].

Engels, Christoph, Die Europäische Grundrechtecharta und die Presse, ZUM 2000, S. 975–1006.

Essential Research, On-demand services: understanding consumer choices – A research report for *OFCOM*, October 2012, abrufbar unter: https://www. ofcom.org.uk/__data/assets/pdf_file/0025/28906/research_report.pdf [Stand November 2018].

Dies., The regulation of video-on-demand: consumer views on what makes audiovisual services „TV-Like" – a qualitative research report, December 2009, abrufbar unter: https://www.ofcom.org.uk/__data/assets/pdf_file/0018/16218/ vod.pdf [Stand November 2018].

Europäische Audiovisuelle Informationsstelle/Direction du développement des medias, Video-on-Demand und Catch-Up-TV in Europa, October 2009, abrufbar unter: https://rm.coe.int/09000016807835d2 [Stand November 2018].

Europäische Kommission, Beschluss zur Einsetzung der Gruppe europäischer Regulierungsstellen für audiovisuelle Mediendienste, C(2014) 462 final, 3.02.2014, abrufbar unter: http://ec.europa.eu/newsroom/dae/document. cfm?doc_id=4295 [Stand November 2018].

Dies., Commission Staff Working Document – Impact Assessment accompanying the document „Proposal for a Directive of the European Parliament and of the Council amending Directive 2010/13/EU on the coordination of certain provisions laid down by law, regulation or administrative action in Member States concerning the provision of audiovisual media services in view of changing market realities (COM(2016) 287 final)", SWD(2016) 168 final, 25.05.2016, abrufbar unter: http://eur-lex.europa.eu/legal-content/EN/ TXT/PDF/?uri=CELEX:52016SC0168&from=EN [Stand November 2018]. (zitiert als *Europäische Kommission*, AVMS Impact Assessment, SWD(2016) 168 final, 25.05.2016).

Dies., Commission Staff Working Document, Ex-post REFIT evaluation of the Audiovisual Media Services Directive 2010/13/EU, SWD(2016) 171 final, 25.05.2016, abrufbar unter: http://eur-lex.europa.eu/legal-content/EN/TXT/ PDF/?uri=CELEX:52016SC0170&from=EN [Stand November 2018] (zitiert als *Europäische Kommission*, AVMS Ex-post REFIT evaluation, SWD(2016) 170 final, 25.05.2016).

Dies., Erster Bericht an das Europäische Parlament, den Rat, den Europäischen Wirtschafts- und Sozialausschuss und den Ausschuss der Regionen über die Anwendung der Richtlinie über audiovisuelle Mediendienste (Richtlinie 2010/13/EU) – Audiovisuelle Mediendienste und vernetzte Geräte: Entwicklung und Zukunftsperspektiven, COM(2012) 0203 final, 4.05.2012, abrufbar unter: http://eur-lex.europa.eu/legal-content/EN/TXT/PDF/?uri=CELEX:52012DC0203&from=EN [Stand November 2018].

Dies., Focus Group 1 Working Paper on the Regulation of Audiovisual Content, 2004, abrufbar unter: http://ec.europa.eu/archives/information_society/avpolicy/docs/reg/modernisation/focus_groups/fg1_wp_en.pdf [Stand November 2018].

Dies., Grünbuch über die Vorbereitung auf die vollständige Konvergenz der audiovisuellen Welt: Wachstum, Schöpfung und Werte, COM(2013) 231 final, 24.4.2013, abrufbar unter: http://eur-lex.europa.eu/legal-content/EN/TXT/PDF/?uri=CELEX:52013DC0231&from=EN [Stand November 2018].

Dies., Konsultation zur Richtlinie 2010/13/EU über audiovisuelle Mediendienste (AVMD-RL) – Eine Mediengesetzgebung für das 21. Jahrhundert, Fragebogen, 6.07.2015, abrufbar unter: http://ec.europa.eu/newsroom/dae/document.cfm?action=display&doc_id=10121 [Stand November 2018].

Dies., Mitteilung an das Europäische Parlament, den Rat, den Europäischen Wirtschafts- und Sozialausschuss und den Ausschuss der Regionen, Strategie für einen digitalen Binnenmarkt für Europa, COM(2015) 192 final, 6.05.2015, abrufbar unter: http://eur-lex.europa.eu/legal-content/DE/TXT/PDF/?uri=CELEX:52015DC0192&from=DE [Stand November 2018].

Dies., Mitteilung der Kommission an das Europäische Parlament, den Rat, den Europäischen Wirtschafts- und Sozialausschuss und den Ausschuss der Regionen, Arbeitsprogramm der Kommission für 2015 – Ein neuer Start, COM(2014) 910 final, 16.12.2014, abrufbar unter: https://eur-lex.europa.eu/legal-content/DE/TXT/?uri=CELEX%3A52014DC0910 [Stand November 2018].

Dies., On-Demand Audiovisual Markets in the European Union, final report, 2014, abrufbar unter: http://ec.europa.eu/newsroom/dae/document.cfm?doc_id=14346 [Stand November 2018].

Dies., Summaries of the replies to the public consultation launched by the Green Paper "Preparing for a Fully Converged Audiovisual World: Growth, Creation and Values", 12.9.2014, abrufbar unter: http://ec.europa.eu/information_society/newsroom/cf/dae/document.cfm?action=display&doc_id=6761 [Stand November 2018].

Dies., Synopsis report of the Public consultation on Directive 2010/13/EU on Audiovisual Media Services (AVMSD) - A media framework for the 21st century, 25.5.2016, abrufbar unter: http://ec.europa.eu/newsroom/dae/document.cfm?action=display&doc_id=15874 [Stand November 2018].

Dies., Vorschlag für eine Richtlinie des Europäischen Parlaments und des Rates zur Änderung der Richtlinie 2010/13/EU zur Koordinierung bestimmter Rechts- und Verwaltungsvorschriften der Mitgliedstaaten über die Bereitstellung audiovisueller Mediendienste im Hinblick auf sich verändernde Marktgegebenheiten, COM(2016) 287 final, 25.05.2016, abrufbar unter: https://ec.europa.eu/transparency/regdoc/rep/1/2016/DE/1-2016-287-DE-F1-1.PDF [Stand November 2018].

Europäischer Wirtschafts- und Sozialausschuss, Stellungnahme zu dem Grünbuch über die Vorbereitung auf die vollständige Konvergenz der audiovisuellen Welt: Wachstum, Schöpfung und Werte (COM(2013) 231 final), TEN/524, 18.9.2013, abrufbar unter: https://webapi.eesc.europa.eu/documentsanonymous/ces4163-2013_00_00_tra_ac_de.doc [Stand November 2018].

Ders., Stellungnahme zum Vorschlag für eine Richtlinie des Europäischen Parlaments und des Rates zur Änderung der Richtlinie 2010/13/EU zur Koordinierung bestimmter Rechts- und Verwaltungsvorschriften der Mitgliedstaaten über die Bereitstellung audiovisueller Mediendienste im Hinblick auf sich verändernde Marktgegebenheiten (COM(2016) 287 final - 2016/0151 (COD)), TEN/599,. 19.10.2016, abrufbar unter: https://webapi.eesc.europa.eu/documentsanonymous/eesc-2016-03427-00-00-ac-tra-de.docx [Stand November 2018].

Europäisches Parlament, Entschließung zu "Connected TV", P7_TA(2013)0329, 4.07.2013, abrufbar unter: http://www.europarl.europa.eu/sides/getDoc.do?pubRef=-//EP//NONSGML+TA+P7-TA-2013-0329+0+DOC+PDF+V0//DE [Stand November 2018].

Dass., Entschließung zu der Anwendung der Artikel 4 und 5 der Richtlinie 89/552/EWG „Fernsehen ohne Grenzen" - in der Fassung der Richtlinie 97/36/EG - im Zeitraum 2001-2002 (2004/2236(INI)), P6_TA(2005)0322, 6.09.2005, abrufbar unter: http://www.europarl.europa.eu/sides/getDoc.do?pubRef=-//EP//NONSGML+TA+P6-TA-2005-0322+0+DOC+PDF+V0//DE [Stand November 2018].

Dass., Entschließung zur Anwendung der Richtlinie über audiovisuelle Mediendienste (2012/2132(INI)), P7_TA(2013)0215, 22.05.2013, abrufbar unter: http://www.europarl.europa.eu/sides/getDoc.do?pubRef=-//EP//NONSGML+TA+P7-TA-2013-0215+0+DOC+PDF+V0//DE [Stand November 2018].

Dass., Entschließung zur Vorbereitung auf die vollständige Konvergenz der audiovisuellen Welt (2013/2180(INI)), P7_TA(2014)0232, 12.03.2014, abrufbar unter: http://www.europarl.europa.eu/sides/getDoc.do?pubRef=-//EP//NONSGML+TA+P7-TA-2014-0232+0+DOC+PDF+V0//DE [Stand November 2018].

Dass., Legislative Entschließung zu dem Vorschlag für eine Richtlinie des Europäischen Parlaments und des Rates zur Änderung der Richtlinie 2010/13/EU zur Koordinierung bestimmter Rechts- und Verwaltungsvorschriften der Mitgliedstaaten über die Bereitstellung audiovisueller Mediendienste im Hinblick auf sich verändernde Marktgegebenheiten (COM(2016)0287 – C8-0193/2016 – 2016/0151(COD)) (Ordentliches Gesetzgebungsverfahren: erste Lesung), P8_TA-PROV(2018)0364, 2.10.2018, abrufbar unter: http://www.europarl.europa.eu/sides/getDoc.do?pubRef=-//EP//TEXT+TA+P8-TA-2018-0364+0+DOC+XML+V0//DE [Stand November 2018].

Dass., Report on the proposal for a directive of the European Parliament and of the Council amending Directive 2010/13/EU on the coordination of certain provisions laid down by law, regulation or administrative action in Member States concerning the provision of audiovisual media services in view of changing market realities (COM(2016)0287 – C8-0193/2016 – 2016/0151(COD)), A8-0192/2017, 10.05.2017, abrufbar unter: http://www.europarl.europa.eu/sides/getDoc.do?pubRef=-//EP//NONSGML+REPORT+A8-2017-0192+0+DOC+PDF+V0//EN [Stand November 2018].

Europäisches Parlament – Ausschuss für Binnenmarkt und Verbraucherschutz, Stellungnahme zu dem Vorschlag für eine Richtlinie des Europäischen Parlaments und des Rates zur Änderung der Richtlinie 2010/13/EU zur Koordinierung bestimmter Rechts- und Verwaltungsvorschriften der Mitgliedstaaten über die Bereitstellung audiovisueller Mediendienste im Hinblick auf sich verändernde Marktgegebenheiten (COM(2016)0287 – C8-0193/2016 – 2016/0151(COD)), PE589.291v03-00, 7.12.2016, abrufbar unter: http://www.europarl.europa.eu/sides/getDoc.do?pubRef=-//EP//NONSGML+COMPARL+PE-589.291+03+DOC+PDF+V0//DE&language=DE [Stand November 2018].

Europäisches Parlament – Ausschuss für bürgerliche Freiheiten, Justiz und Inneres, Stellungnahme zu dem Vorschlag für eine Richtlinie des Europäischen Parlaments und des Rates zur Änderung der Richtlinie 2010/13/EU zur Koordinierung bestimmter Rechts- und Verwaltungsvorschriften der Mitgliedstaaten über die Bereitstellung audiovisueller Mediendienste im Hinblick auf sich verändernde Marktgegebenheiten (COM(2016)0287 – C8-0193/2016 – 2016/0151(COD)), PE593.952, 3.02.2017, abrufbar unter: http://www.europarl.europa.eu/sides/getDoc.do?pubRef=-//EP//NONSGML+COMPARL+PE-593.952+03+DOC+PDF+V0//DE&language=DE [Stand November 2018].

Europäisches Parlament – Ausschuss für Kultur und Bildung, Entwurf eines Berichts über den Vorschlag für eine Richtlinie des Europäischen Parlaments und des Rates zur Änderung der Richtlinie 2010/13/EU zur Koordinierung bestimmter Rechts- und Verwaltungsvorschriften der Mitgliedstaaten über die Bereitstellung audiovisueller Mediendienste im Hinblick auf sich verändernde Marktgegebenheiten (COM(2016)0287 – C8-0193/2016 – 2016/0151(COD)), 5.09.2016, abrufbar unter: http://www.europarl.europa.eu/sides/getDoc.do?pubRef=-//EP//NONSGML+COMPARL+PE-587.655+02+DOC+PDF+V0//DE&language=DE [Stand November 2018].

European Digital Rights (EDRi), Analysis on the CULT compromise on Art. 28a of the draft Audiovisual Media Services Directive (AVMSD) proposal, 13.04.2017, abrufbar unter: https://edri.org/files/AVMSD/compromise_article28a_analysis_20170413.pdf [Stand November 2018].

Dies., AVMS Directive: It isn't censorship if the content is mostly legal, right?, 27.04.2017, abrufbar unter: https://edri.org/avmsd-it-isnt-censorship-if-the-content-is-mostly-legal/ [Stand November 2018].

European Magazine Media Association (EMMA)/European Newspaper Publishers Association (ENPA), Beitrag zur Konsultation zur Richtlinie 2010/13/EU über audiovisuelle Mediendienste (AVMD-RL) – Eine Mediengesetzgebung für das 21. Jahrhundert, 6.07.2015 – 30.09.2015, abrufbar unter: http://ec.europa.eu/newsroom/dae/document.cfm?action=display&doc_id=11558 [Stand November 2018].

European Regulators Group for Audiovisual Media Services (ERGA), Report on material jurisdiction in a converged environment, ERGA 2015 (12), 18.12.2015, abrufbar unter: http://ec.europa.eu/newsroom/dae/document.cfm?action=display&doc_id=13287 [Stand November 2018].

Feldmann, Thorsten, Rundfunkrechtliche Regulierung für Video-Inhalte im Internet, in: Taeger, Jürgen (Hrsg), Smart World – Smart Law, DSRI-Tagungsband Herbstakademie 2016, Edewecht 2016, S. 743–755.

Fernandez, Joseph, The Finkelstein Inquiry: Miscarried Media Regulation Moves Miss Golden Reform Opportunity, Western Australian Jurist, Vol. 4 (2013), S. 23–60.

Ferreau, Frederik, Rundfunkbegriff und Rundfunkregulierung – Revision erforderlich?, ZUM 2017, S. 632–639.

Fiedler, Christoph, Zunehmende Einschränkung der Pressefreiheit – Verbraucherschutz, Persönlichkeitsrecht, Datenschutz und Sicherheitsrecht, Rundfunkregulierung und unzulängliches Urheberrecht gefährden die Freiheit der Presse, ZUM 2010, S. 18–27.

Fielden, Lara, Regulating for Trust in Journalism – Standards regulation in the age of blended media, Oxford 2011.

Finkelstein, Raymond/ Ricketson, Matthew, Report of Independent Inquiry into the Media and Media Regulation, 28.02.2012, abrufbar unter: http://www.abc.net.au/mediawatch/transcripts/1205_finkelstein.pdf [Stand November 2018].

Flew, Terry/Swift, Adam Glen, Regulating journalists? The Finkelstein Review, the Convergence Review, and News Media Regulation in Australia, Journal of Applied Journalism & Media Standards 2013, S. 181–199.

Freude, Alvar C.H./Tillmann, Henning/Ertelt, Jürgen, Jugendschutz im Internet – Warum die Novelle des Jugendmedienschutz-Staatsvertrags nicht nur das Ziel verfehlt, sondern auch schädlich ist und welche Alternativen besser sind, Offener Brief an die SPD-Abgeordneten des nordrhein-westfälischen Landtags, 18.11.2010, abrufbar unter: http://ak-zensur.de/download/JMStV-Brief--Alternativen--SPD-MdL-NRW.pdf [Stand November 2018].

Fuchs, Thomas/Hahn, Caroline, Erkennbarkeit und Kennzeichnung von Werbung im Internet – Rechtliche Einordnung und Vorschläge für Werbefragen in sozialen Medien, MMR 2016, S. 503–507.

Gerecke, Martin, Kennzeichnung von werblichen Beiträgen im Online-Marketing, GRUR 2018, S. 153–159.

Gersdorf, Hubertus, Anreizregulierung zu Lasten Dritter? (Verfassungs-) Rechtliche Bewertung einer anreizorientierten Regulierung des privaten Rundfunks zu Lasten der Kabelnetzbetreiber, MMR-Beilage 6/2012, S. 1–16.

Ders., Der Rundfunkbegriff: Vom technologieorientierten zum technologieneutralen Begriffsverständnis, Schriftenreihe der LPR Hessen Band 24, München 2007 (zitiert als: *Gersdorf*, Der Rundfunkbegriff).

Ders./Paal, Boris P. (Hrsg.), Beck'scher Online-Kommentar zum Informations- und Medienrecht, 17. Ed. 1.08.2017, München (zitiert *Bearbeiter*, in: Gersdorf/Paal (Hrsg.), Beck'scher Online Kommentar Informations- und Medienrecht).

Gournalakis, Georgios, Konvergenz der Medien – Sollte das Recht der Medien harmonisiert werden?, NJW-Beilage 23/2002, S. 20–26.

Ders., Regulierung von Presse, Rundfunk und elektronischen Diensten in der künftigen Medienordnung, ZUM 2003, S. 180–192.

Grabenwarter, Christoph/Pabel, Katharina, Europäische Menschenrechtskonvention, 6. Aufl., München u. a. 2016.

Grabitz, Eberhard/Hilf, Meinhard/Nettesheim, Martin (Hrsg.), Das Recht der Europäischen Union – Band IV: Sekundärrecht, 40. EGL, München 2009 (zitiert *Bearbeiter*, in: Grabitz/Hilf (Hrsg.), Das Recht der Europäischen Union – Bd. 4).

Dies. (Hrsg.), Das Recht der Europäischen Union, 61. EGL, München 2017 (zitiert *Bearbeiter*, in: Grabitz/Hilf/Nettesheim, Das Recht der Europäischen Union).

Grewenig, Claus, Auf der Zielgeraden im EU-Trilog zur AVMD-Richtlinie, MMR 2017, S. 649–650.

Ders./Beaujean, Daniela, Konvergente Medienordnung auf der Zielgeraden: Die Weichen sind gestellt, MMR 2016, S. 73–74.

Grünwald, Andreas, Towards a Review of the European Convention on Transfrontier Television – Regulatory Options and Policy Considerations, MMR 2003, S. 551–556.

Hain, Karl E., Die zeitlichen und inhaltlichen Einschränkungen der Telemedienangebote von ARD, ZDF und Deutschlandradio nach dem 12. RÄStV, Baden-Baden 2009.

Ders./Brings, Tobias, Die Tagesschau-App – Showdown in Karlsruhe (?) – Zum Urteil des BGH v. 30.4.2015 – I ZR 13/14, AfP 2016, S. 11–15.

Dies., Die Tagesschau-App vor Gericht – Eine kritische Würdigung der Entscheidung des LG Köln, Urteil vom 27.09.2012 – 31 O 360/11- Tagesschau-App, WRP 2012, S. 1495–1500.

Hartstein, Reinhard/Ring, Wolf-Dieter/Kreile, Johannes/Stettner, Rupert/Dörr, Dieter/Cole, Mark D./Wagner, Eva Ellen, Kommentar zum Rundfunkstaatsvertrag und zum Jugendmedienschutz-Staatsvertrag, 75. EGL, Heidelberg 2018 (zitiert als *Bearbeiter*, in: Hartstein/Ring u. a. (Hrsg.), Kommentar zum Rundfunkstaatsvertrag).

Hasebrink, Uwe, Zur Berücksichtigung medienrelevanter verwandter Märkte bei der Anwendung des Zuschaueranteilsmodells (§26 Abs. 2 Satz 2 RStV) – Kommunikationswissenschaftliches Gutachten für die Kommission zur Ermittlung der Konzentration im Fernsehbereich (KEK), 8.08.2003, abrufbar unter: https://www.kek-online.de/fileadmin/user_upload/KEK/Publikationen/Gutachten/Gutachten_Zur_Beruecksichtigung_medienrelevanter_verwandter_Maerkte.pdf [Stand November 2018].

Hermanns, Olivier/Matzneller, Peter, Whose Boots Are Made for Walking? – Regulation of On-demand Audiovisual Services, in: Nikoltchev, Susanne (Hrsg.), The Regulation of On-demand Audiovisual Services: Chaos or Coherence, IRIS Special, 2011, S. 7–30.

Hoeren, Thomas, Jugendmedienstaatsvertrag und Altersfreigabe im Internet, beck-blog v. 30.11.2010, abrufbar unter: https://community.beck.de/2010/11/30/jugendmedienstaatsvertrag-und-altersfreigabe-im-internet [Stand November 2018].

Ders./Sieber, Ulrich/Holznagel, Bernd, Multimedia-Recht – Rechtsfragen des elektronischen Geschäftsverkehrs, 45. EGL., München 2017, (zitiert: *Bearbeiter*, in: Hoeren/Sieber/Holznagel, Multimedia-Recht).

Holtz-Bacha, Christina, Medienpolitik für Europa, Wiesbaden 2006.

Holznagel, Bernd, Grünbuch Konvergenz der Medien 2013 – Verpasste Chance oder gangbarer Weg aus dem Globalisierungsdilemma, MMR 2014, S. 18–24.

Ders., Multimedia zwischen Regulierung und Freiheit, ZUM 1999, S. 425–435.

Ders., Recht der Mediendienste auf der Suche nach operationalisierbaren Kriterien kohärenter Ausdifferenzierung, in: Eifert, Martin/Hoffmann-Riem, Wolfgang (Hrsg.), Innovation, Recht und öffentliche Kommunikation, Berlin 2011, S. 97–122.

Ders./Hartmann, Sarah, Do Androids Forget European Sheep? – the CJEU's Concept of a „Right to be Forgotten" and the German Perspective, in: Miller, Russel (Hrsg.), Privacy and Power – A Transatlantic Dialogue in the Shadow of the NSA-Affair, Cambridge 2017, S. 586–614.

Hopf, Kristina, Der Jugendmedienschutz-Staatsvertrag: Die Novelle ist tot, es lebe die Novelle – die umstrittenen Regelungen auf einen Blick, K&R 2011, S. 6–11.

Ipsos MORI, Protecting audiences in a converged world, Deliberative research report, 25.01.2012, abrufbar unter: https://www.ofcom.org.uk/__data/assets/pdf_file/0021/53832/protecting-audiences.pdf [Stand November 2018].

Jarass, Hans D. (Hrsg.), Charta der Grundrechte der Europäischen Union: GRCh, 3. Aufl., München 2016 (zitiert *Bearbeiter*, in: Jarass (Hrsg.), Charta der Grundrechte der EU).

Joecks, Wolfgang/Miebach, Klaus (Hrsg.), Münchener Kommentar zum StGB – Band 3: §§80–184j, 3. Aufl., München 2017 (zitiert *Bearbeiter*, in: Joecks/Miebach (Hrsg.), Münchener Kommentar zum StGB).

Jungheim, Stephanie, Medienordnung und Wettbewerbsrecht im Zeitalter der Digitalisierung und Globalisierung, Tübingen 2012.

Kammerevert, Petra, Es ist kein Quantensprung – Eine erste Einschätzung der Vorschläge der EU-Kommission zur Überarbeitung der Richtlinie über audiovisuelle Mediendienste (AVMD-RL), promedia 7/2016, S. 10–11.

Katsirea, Irini, Electronic Press: 'Press-like' or 'Television-like'?, International Journal of Law and Information Technology 2015, S. 1–23.

Dies., Press regulation in an era of convergence: An introduction, Convergence Journal 2016 (Vol. 22), S. 463–467.

Klein, Winfried, Wie die Online-Zeitung zum Fernseher wird, K&R 2015, S. 793–794.

Kleist, Thomas/Scheuer, Alexander, Audiovisuelle Mediendienste ohne Grenzen, MMR 2006, S. 127–132.

Kluth, Winfried/Schulz, Wolfgang, Konvergenz und regulatorische Folgen – Gutachten im Auftrag der Rundfunkkommission der Länder, 2014, abrufbar unter: https://

www.rlp.de/fileadmin/rlp-stk/pdf-Dateien/Medienpolitik/Konvergenz-Gutachten.pdf [Stand November 2018].

Kogler, Michael R., Fernsehähnliches TV-On Demand – Was ist (k)ein „Audiovisueller Mediendienst auf Abruf"?, Medien und Recht (MuR) 2011, S. 228–237.

Ders., Hauptzweck und wesentliche Funktionalität der Bereitstellung audiovisueller Inhalte, K&R 2018, S. 537–544.

Ders., Hybrid-TV – Modernes „Fernsehen" im unmodernen EU-Rechtsrahmen: (Hypo-)Thesen zu den rechtlichen Rahmenbedingungen für Inhalte am Fernsehbildschirm, K&R 2011, S. 621–626.

Ders., Not everyone knows what a zebroid is: Various types of (audiovisual) media, Convergence: The International Journal of Research into New Media Technologies 2016 (Vol. 22), S. 468–471.

Ders., Was sieht dem Fernsehen ähnlich? – Über das Potenzial, Fernsehprogramme zu ersetzen, Journal für Rechtspolitik (JRP) 2014, S. 233–240.

Ders., Zu kurz für's Fernsehen? – Potenzieller Fernsehersatz und seine Wirkung, K&R 2015, S. 90–94.

Kommunikationsbehörde Austria (KommAustria)/ Rundfunk- und Telekomregulierungs-GmbH (Fachbereich Medien sowie Fachbereich Telekommunikation), Beitrag zur Konsultation zur Richtlinie 2010/13/EU über audiovisuelle Mediendienste (AVMD-RL) – Eine Mediengesetzgebung für das 21. Jahrhundert, 6.07.2015 – 30.09.2015, abrufbar unter: http://ec.europa.eu/newsroom/dae/document.cfm?doc_id=11221 [Stand November 2018].

Kunisch, Johann Kaspar, Rundfunk im Internet und der Grundsatz der Staatsfreiheit des Rundfunks – Eine Untersuchung zur Rundfunkqualität von Internetdiensten und der Einhaltung des Staatsfreiheitsgrundsatzes bei der Aufsicht über Internetdienste im Schutzbereich der Rundfunkfreiheit, 2011, 24 f.

Laoutoumai, Sebastian/ Dahmen, Anna, Influencer Marketing – Neue Stars, alte Pflichten?, K&R 2017, S. 29–33.

Leeb, Christina-Maria/Seiter, Florian, Rundfunklizenz für Streaming-Angebote?, ZUM 2017, S. 573–581.

Leitgeb, Stephan, Virales Marketing – Rechtliches Umfeld für Werbefilme auf Internetportalen wie YouTube, ZUM 2009, S. 39–49.

Lent, Wolfgang, Rundfunk-, Medien-, Teledienste – Eine verfassungsrechtliche Untersuchung des Rundfunkbegriffs und der Gewährleistungsbereiche öffentlich-rechtlicher Rundfunkanstalten unter Berücksichtigung einfachrechtlicher Abgrenzungsfragen zwischen Rundfunkstaatsvertrag, Mediendienstestaatsvertrag und Teledienstegesetz, Frankfurt am Main u. a. 2001.

Leveson, Brian Henry, An Inquiry into the Culture, Practice, and Ethics of the Press, Report, Volume I, HC 780-I, November 2012, abrufbar unter: http://webarchive. nationalarchives.gov.uk/20140122145618/http://www.official-documents.gov. uk/document/hc1213/hc07/0780/0780_i.asp [Stand November 2018].

Ders., An Inquiry into the Culture, Practice, and Ethics of the Press, Executive Summary, November 2012, abrufbar unter: https://www.gov.uk/government/ uploads/system/uploads/attachment_data/file/229039/0779.pdf [Stand November 2018].

Link, Christiane, Abhörskandal auf zweitausend Seiten – Großbritannien streitet um Presseregulierung, epd medien Nr. 49 2012, S. 11–14.

Lobigs, Frank/Neuberger, Christoph, Meinungsmacht im Internet und die Digitalstrategien von Medienunternehmen – Neue Machtverhältnisse trotz expandierender Internet-Geschäfte der traditionellen Massenmedien-Konzerne, Gutachten für die Kommission zur Ermittlung der Konzentration Medienbereich (KEK), Leipzig 2018 (zitiert: *Lobigs/Neuberger*, Meinungsmacht im Internet).

Loewenheim, Ulrich (Hrsg.), Handbuch des Urheberrechts, 2. Aufl., München 2010 (zitiert *Bearbeiter*, in: Loewenheim (Hrsg.), Handbuch des Urheberrechts).

Machet, Emanuelle, 33rd EPRA meeting, Background Document for Plenary Session – Content Regulation and new Media: Exploring Regulatory Boundaries between Traditional and new Media, EPRA 2011/02, 2011, abrufbar unter: http:// epra3-production.s3.amazonaws.com/attachments/files/102/original/Ohrid_ session1_revised.final.pdf?1327492407 [Stand November 2018].

Dies., 35th EPRA meeting, Comparative Background Document for Plenary Session – New Media & Regulation: Towards a Paradigm Shift? New Services and Scope: "What's in, what's out Revisited", EPRA/2012/02a, 2012, abrufbar unter: https://epra3-production.s3.amazonaws.com/attachments/files/2011/ original/Plenary%201_overview_responses_questionnaire_publicversion. pdf?1340972148 [Stand November 2018].

Märten, Judith Janna, Die Vielfalt des Persönlichkeitsschutzes – Pressefreiheit und Privatsphärenschutz in der Rechtsprechung des Europäischen Gerichtshofs für Menschenrechte, in Deutschland und im Vereinigten Königreich, Baden-Baden 2015.

McNamee, Joe, AVMS Directive – censorship by coercive comedy confusion, EDRi.org v. 19.04.2017, abrufbar unter: https://edri.org/avms-directive-censorship-coercive-comedy-confusion/ [Stand November 2018].

Metzdorf, Jenny, Regulierung der elektronischen Presse in Großbritannien – Ein Anwendungsbeispiel zum Erwägungsgrund 28 der AVMD-RL, in: Taeger, Jürgen (Hrsg.), IT und Internet – Mit Recht gestalten, DSRI-Tagungsband Herbstakademie 2012, Edewecht 2012, S. 497–516.

Dies., The Implementation of the Audiovisual Media Services Directive by National Regulatory Authorities – National Responses to Regulatory Challenges, Journal of Intellectual Property, Information Technology and Eletronic Commerce Law (JIPITEC) 2014 (Vol. 5), S. 88–104.

Meyer, Jürgen (Hrsg.), Charta der Grundrechte der Europäischen Union, 4. Aufl., Baden-Baden 2014 (zitiert *Bearbeiter*, in: Meyer, Charta der Grundrechte der Europäischen Union).

Michel, Eva-Maria, Rundfunk und Internet – Die Zulässigkeit von Internet-Aktivitäten der öffentlich-rechtlichen Rundfunkanstalten, ZUM 1998, S. 350–357.

Michel, Eva-Maria, Senden als konstitutiver Bestandteil des Rundfunkbegriffs? – Der Rundfunkbegriff im Lichte neuerer europarechtlicher Entwicklungen, ZUM 2009, S. 453–460.

Möllers, Christoph, Pressefreiheit im Internet – Zu verfassungsrechtlichen Grenzen der Regulierung von Online-Bewegtbildern von Zeitungen, AfP 2008, S. 241–251.

Ders./Zwiffelhoffer, Lara, Zulässigkeit einer rundfunkrechtlichen Opt-in-Regulierung – Verfassungsrechtliche Möglichkeiten und Grenzen optionaler Regime im deutschen Rundfunkrecht, MMR 2015, S. 161–166.

Natt, Alexander, Meinungsmacht in einer konvergenten Medienwelt – Erfassung medialen Einflusspotentials und seine rechtliche Bewertung, Frankfurt am Main u. a. 2016.

New Zealand Government, Government Response to Law Commission report on „The news media meets 'new media': rights, responsibilities and regulation in the digital age", 12.09.2013, abrufbar unter: http://lawcom.govt.nz/sites/default/files/governmentResponseAttachments/News-media-meets-new-media-government-response-to-law-commission-report%20%28D-0503423%29.PDF [Stand November 2018].

New Zealand Law Commission, The news media meets „new media": rights, responsibilities and regulation in the digital age, Law Commission Report 128, 22.03.2013, abrufbar unter: http://r128.publications.lawcom.govt.nz/uploads/NZLC-R128-The-news-media-meets-new-media.pdf [Stand November 2018].

Dies., The news media meets „new media": rights, responsibilities and regulation in the digital age, Law Commission Issues Paper 27, 2011, abrufbar unter: http://www.lawcom.govt.nz/sites/default/files/projectAvailableFormats/NZLC%20IP27.pdf [Stand November 2018].

News Media Association (NMA), Beitrag zur Konsultation zur Richtlinie 2010/13/EU über audiovisuelle Mediendienste (AVMD-RL) – Eine Mediengesetzgebung für das 21. Jahrhundert, 6.07.2015 – 30.09.2015, abrufbar unter: http://ec.europa.eu/newsroom/dae/document.cfm?action=display&doc_id=11700 [Stand November 2018].

Nordemann, Jan Bernd, Das deutsche Presse-Grosso: Ein zulässiges Kartell?, in: Alexander, Christian/Bornkamm, Joachim/Buchner, Benedikt/Fritzsche, Jörg/Lettl, Tobias (Hrsg.), Festschrift für Helmut Köhler zum 70. Geburtstag, München 2014, S. 495–506.

Office of Communications (OFCOM), Beitrag zur Konsultation zur Richtlinie 2010/13/EU über audiovisuelle Mediendienste (AVMD-RL) – Eine Mediengesetzgebung für das 21. Jahrhundert, 6.07.2015 – 30.09.2015, abrufbar unter: http://ec.europa.eu/newsroom/dae/document.cfm?doc_id=11230 [Stand November 2018].

Dass., Future regulation of on-demand programme services, 17.12.2015, abrufbar unter: https://www.ofcom.org.uk/__data/assets/pdf_file/0024/82806/future_regulation_of_on-demand_programme_services.pdf [Stand November 2018].

Dass., Who Needs to Notify – Guidance notes on who needs to notify an on-demand programme service to Ofcom, 18.12.2015, abrufbar unter: https://www.ofcom.org.uk/__data/assets/pdf_file/0028/71839/guidance_on_who_needs_to_notify.pdf [Stand November 2018] (zitiert als: *OFCOM,* Notification Guidance).

Paal, Boris P., Öffentlich-rechtliche presseähnliche Angebote in Telemedien – Tagesschau-App – Zugleich Anmerkung zu *BGH* v. 30.04.2015 – I ZR 13/14, AfP 2015, S. 500–504.

Papier, Hans-Jürgen/Schröder, Meinhard, „Gebiet des Rundfunks" – Gutachten zu „Presseähnlichen Angeboten", epd medien Nr. 60 2010, S. 16–34.

Parlamentarische Versammlung des Europarats, Indicators for media in a democracy, Resolution 1636 (2008), 2008, abrufbar unter: http://assembly.coe.int/nw/xml/xref/xref-xml2html-en.asp?fileid=17684&lang=en [Stand November 2018].

Paschke, Marian, Medienrecht, 3. Aufl., Heidelberg 2009.

Polak, Juraj, Slovakia: tvsme Considered On-demand Audiovisual Media Service, IRIS 2012-9:1/38, abrufbar unter: http://merlin.obs.coe.int/iris/2012/9/article38.en.html [Stand November 2018].

Rahvar, Zahra, Die Zukunft des deutschen Presserechts im Lichte konvergierender Medien, Baden-Baden 2011.

Raji, Behrang, Kollisionen der Plattformregulierung des Entwurfs der Kommission zur AVMD-RL mit der geltenden E-Commerce-RL, AfP 2017, S. 192–196.

Rat der Europäischen Union, Council Conclusions on European Audiovisual Policy in the Digital Era, 25.11.2014, abrufbar unter: http://www.consilium. europa.eu/media/24972/145950.pdf [Stand November 2018].

Ders., Proposal for a directive of the European Parliament and of the Council amending Directive 2010/13/EU on the coordination of certain provisions laid down by law, regulation or administrative action in Member States concerning the provision of audiovisual media services in view of changing market realities – General approach, 8572/17, 5.05.2017, abrufbar unter: http://www. statewatch.org/news/2017/may/eu-council-audiovisual-media-services-compromise-8572-17.pdf [Stand November 2018].

Ders., Proposal for a directive of the European Parliament and of the Council amending Directive 2010/13/EU on the coordination of certain provisions laid down by law, regulation or administrative action in Member States concerning the provision of audiovisual media services in view of changing market realities – General approach, 9691/17, 24.05.2017, abrufbar unter: http://eur-lex.europa.eu/legal-content/EN/TXT/PDF/?uri=CONSIL:ST_9691_2017_INIT&from=EN [Stand November 2018].

Rat der Europäischen Union – Ratsdelegationen von Tschechien, Dänemark, Finnland, Irland, Luxemburg, den Niederlanden und Schweden, Joint non-paper on the scope of the Audiovisual Media Services Directive – Revised Presidency compromise text amending Directive 2010/13/EU (AVMS) – The Scope of the Audiovisual Media Services Directive – Main points, 2017, abrufbar unter: http://www.politico.eu/wp-content/uploads/2017/04/AVMSD-scan-POLITICO.pdf [Stand November 2018].

Rossen-Stadtfeld, Helge, Audiovisuelle Bewegtbildangebote von Presseunternehmen im Internet: Presse oder Rundfunk? Rechtsgutachterliche Stellungnahme im Auftrag der Bayerischen Landeszentrale für neue Medien, BLM-Schriftenreihe Band 92, München 2009.

Rowbottom, Jacob/Young, Alison, Introduction, Journal of Media Law Special Issue: Media Law after Leveson, 2013 (Vol. 5)/2, S. 167–172.

Ruttig, Markus, EuGH zu audiovisuellen Mediendiensten – Kontrollieren die Landesmedienanstalten bald das Internet?, Legal Tribune Online v. 21.10.2015, abrufbar unter: https://www.lto.de/recht/hintergruende/h/eugh-urteil-c-34714-videos-onlinezeitung-anzeigepflichtig-audiovisueller-mediendienst/ [Stand November 2018].

Sauer, Norwin, §5 Pkw-EnVKV und audiovisuelle Mediendienste – Kennzeichnungspflicht für Werbevideos in den YouTube-Kanälen und Online-Videotheken der Pkw-Hersteller und Händler, WRP 2016, S. 807–814.

Scheuer, Alexander, Convergent Devices, Platforms and Services for Audiovisual Media – Challenges Set by Connected TV for the EU Legislative Framework, in: Nikoltchev, Susanne (Hrsg.), Converged Media: Same Content, Different Laws?, IRIS plus 3/2013, S. 7–22.

Schmid, Tobias/Kitz, Volker, Von der Begriffs- zur Gefährdungsregulierung im Medienrecht – Möglichkeiten und Grenzen von Fiktionen in einer modernen Medienordnung, ZUM 2009, S. 739–744.

Schmidtmann, Karin, Die neue „heute"-App des ZDF – ein presseähnliches Angebot?, ZUM 2013, S. 536–541.

Dies., Die verfassungsrechtliche Einordnung konvergenter Massenmedien – Eine Analyse der Auswirkungen des Medienwandels auf Presse und Rundfunk aus verfassungsrechtlicher Sicht, Hamburg 2013.

Schoenthal, Max, Von der Fernsehregulierung zur Inhalteregulierung – Die Konzeption der Einstufung von Mediendiensten im Recht der europäischen Gemeinschaft und die „Mediakabel"-Rechtsprechung des Europäischen Gerichtshofes, Hamburg 2009.

Schöwerling, Helena, Videoplattformdienste als dritte Kategorie der überarbeiteten AVMD-RL, MR-Int. 2016, S. 85–88.

Schulz, Wolfgang, Medienkonvergenz light – Zur neuen Europäischen Richtlinie über audiovisuelle Mediendienste, EuZW 2008, S. 107–111.

Ders./Held, Thorsten/Kops, Manfred, Perspektiven der Gewährleistung freier öffentlicher Kommunikation – Ein interdisziplinärer Versuch unter Berücksichtigung der gesellschaftlichen Bedeutsamkeit und Marktfähigkeit neuer Kommunikationsdienste, Baden-Baden 2002.

Dies., Perspektiven der Gewährleistung freier öffentlicher Kommunikation – Ein interdisziplinärer Versuch unter Berücksichtigung der gesellschaftlichen Bedeutsamkeit und Marktfähigkeit neuer Kommunikationsdienste, ZUM 2001, S. 621–642.

Schütz, Raimund, Das Kommunikationsrechtliche Thema – Liverpool: Neuer EU-Rechtsrahmen für audiovisuelle Inhalte, MMR 2005, Heft 9, S. VIII–IX.

Ders., Rundfunkbegriff: Neutralität der Inhalte oder der Übertragung? Konvergenz und Innovation, MMR 2009, S. 228–232.

Seufert, Wolfgang/Gundlach, Hardy, Medienregulierung in Deutschland – Ziele, Konzepte, Maßnahmen, Baden-Baden 2012.

SPD-Bundestagsfraktion, Reform der Medien- und Kommunikationsordnung – Antworten zur Branchenbefragung der SPD-Bundestagsfraktion, 2014, abrufbar unter: http://www.spdfraktion.de/system/files/documents/reform-medienkommunikationsordung_anlagen-antworten.pdf [Stand November 2018].

Spindler, Gerald, Anmerkung zu Urt. v. 21.10.2015, Rs. C-347/14 – New Media Online, JZ 2016, S. 147–150.

Ders./Schuster, Fabian (Hrsg.), Recht der elektronischen Medien, 3. Aufl., München 2015, (zitiert *Bearbeiter*, in: Spindler/Schuster (Hrsg.), Recht der elektronischen Medien)

Stender-Vorwachs, Jutta/Theißen, Natalia, Die Revision der Fernsehrichtlinie – Ist die Revision eine Reform?, ZUM 2006, S. 362–370.

Tomlinson, Hugh, The New UK Model of Press Regulation, LSE Media Policy Brief 12, 2014, abrufbar unter: http://www.lse.ac.uk/media@lse/documents/MPP/LSE-MPP-Policy-Brief-12-The-New-UK-Model-of-Press-Regulation.pdf [Stand November 2018].

UK House of Lords – Select Committee on Communications, Media Convergence, 2nd Report of Session 2012–13, HL Paper 154, 27.03.2013, abrufbar unter: https://publications.parliament.uk/pa/ld201213/ldselect/ldcomuni/154/154.pdf [Stand November 2018].

Ullberg, Erik/Plogell, Michael, Schweden: Hörfunk- und Fernsehgesetz gilt für Web-TV-Dienste von Zeitungen, IRIS 2013-1/35, abrufbar unter: http://merlin.obs.coe.int/iris/2013/1/article35.de.html [Stand November 2018].

United Kingdom, Contribution to the Public Consultation for the review of the "Television without Frontiers" Directive – Towards a modern framework for audiovisual content, 2005, abrufbar unter: http://ec.europa.eu/archives/information_society/avpolicy/docs/reg/modernisation/issue_papers/contributions/ip1-uk.pdf [Stand November 2018].

Valcke, Peggy/Ausloos, Jef, Audiovisual Media Service 3.0: (Re)defining the Scope of European Broadcasting Law in a Converging and Connected Media Environment, in: Donders, Karen/Pauwels, Caroline/Loisen, Jan (Hrsg.), The Palgrave Handbook of European Media Policy, London 2014, S. 312–328.

Verband Österreichischer Zeitungen (VOEZ), Beitrag zur Konsultation zur Richtlinie 2010/13/EU über audiovisuelle Mediendienste (AVMD-RL) – Eine Mediengesetzgebung für das 21. Jahrhundert, 6.07.2015 – 30.09.2015, abrufbar unter: http://ec.europa.eu/newsroom/dae/document.cfm?action=display&doc_id=11686 [Stand November 2018].

Viola, Roberto/Capello, Maja, Regulating On-demand Services in Italy, in: Nikoltchev, Susanne (Hrsg.), The Regulation of On-demand Audiovisual Services: Chaos or Coherence?, IRIS Special, 2011, S. 47–52.

Wissenschaftlicher Dienst des Bundestages, Medienregulierung in Deutschland und Kanada, 2015, WD 10-3000-057/15, abrufbar unter: https://www.bundestag.de/blob/416426/21c4f613adab817cca9e55bd0fd24c4d/wd-10-057-15-pdf-data.pdf [Stand November 2018].

Zubayr, Camille/Gerhard, Heinz, Fernsehgewohnheiten und Fernsehreichweiten im Jahr 2016: Tendenzen im Zuschauerverhalten, Media Perspektiven 3/2017, S. 130–144.

Fundstellen-Verzeichnis der internationalen Entscheidungen

Österreich

Bundeskommunikationssenat (BKS), Bescheid GZ 611.191/0005-BKS/2012 v. 13.12.2012, abrufbar unter: https://www.ris.bka.gv.at/Dokumente/Bks/BKST_20121213_611191_0005_BKS_2012_00/BKST_20121213_611191_0005_BKS_2012_00.pdf [Stand November 2018].

KommAustria, Bescheid 1.950/12-042 v. 24.9.2012 („Cultvisual"), abrufbar unter: https://www.rtr.at/de/m/KOA195012042/KOA_1.950-12-042.pdf [Stand November 2018].

Dies., Bescheid 1.950/12-048 v. 9.10.2012 („New Media Online"), abrufbar unter: https://www.rtr.at/de/m/KOA195012048/29200_KOA_1.950-12-048.pdf [Stand November 2018].

Dies., Bescheid 1.950/13-044 v. 17.6.2013 („Styria Multi Media"), abrufbar unter: https://www.rtr.at/de/m/KOA195013044/29848_KOA_1.950-13-044.pdf [Stand November 2018].

Verwaltungsgerichtshof (VwGH), Beschl. v. 26.6.2014, 2013/03/0012, abrufbar unter: https://www.vwgh.gv.at/rechtsprechung/vorabentscheidungsantraege_an_den_eugh/2013030012.pdf?61pgel [Stand November 2018].

Ders., Urt. v. 16.12.2015, ZI 2015/03/0004, abrufbar unter: https://www.vwgh.gv.at/rechtsprechung/vorabentscheidungsantraege_an_den_eugh/archiv/2015030004.pdf?61pges [Stand November 2018].

Großbritannien

Advertising Standards Authority, Adjudication on Mondelez UK Ltd. v. 26.11.2014, Beschwerde A14-275018, abrufbar unter: https://www.asa.org.uk/rulings/mondelez-uk-ltd-a14-275018.html [Stand November 2018].

Authority for Television On Demand (ATVOD), Determination v. 29.11.2010, Notice of determination that the provider named below has contravened section 368BA of the Communications Act 2003: BNP TV, abrufbar unter: http://web.archive.org/web/20140408030429/http://www.atvod.co.uk/complaints/determinations/2010-determinations/bnp-tv [Stand November 2018] (zitiert als: *ATVOD*, Determination BNP TV, 29.11.2010)

Dies., Determination v. 7.12.2011, Summary of determination that the provider of the service named below has contravened section 368BA (requirement to notify an on-demand programme service) and section 368D(3)(za) (requirement to pay a fee) of the Communications Act 2003: OK!TV, abrufbar unter: http://web.archive.org/web/20140802015716/http://www.atvod.co.uk/uploads/files/

Literaturverzeichnis 427

OK_FD_120711_FOR_PUBLICATION.pdf [Stand November 2018] (zitiert als: *ATVOD*, Determination OK!TV, 7.12.2011).

Dies., Determination v. 23.01.2012, Summary of Determination that BSKYB LTD as the provider of the service named below has contravened section 368BA (requirement to notify an On-demand Programme Service) and section 368(3)(ZA) (requirement to pay a fee) of the Communications Act 2003: MTV Networks Europe ("MTV")/ Nickelodeon UK Limited ("Nickelodeon") / Paramount UK Partnership trading as Comedy Central ("Comedy Central) (collectively "Viacom Channel Providers") content on the Sky Anytime platform ("the Service"), abrufbar unter: http://web.archive.org/web/20130930022159/http://www.atvod.co.uk/complaints/determinations/2012-determinations/viacom-content-on-sky-anytime [Stand November 2018] (zitiert als: *ATVOD*, Determination BSKYB LTD, 23.01.2012).

Office for Communications (OFCOM), Decision v. 13.05.2011, Appeal by Playboy TV against a notice of determination by ATVOD that the service "Climax 3 Uncut" has contravened section 368BA of the Communications Act 2003, abrufbar unter: http://webarchive.nationalarchives.gov.uk/20150107171751/ http://stakeholders.ofcom.org.uk/binaries/enforcement/vod-services/ Climax3Uncut.pdf [Stand November 2018] (zitiert als: *OFCOM*, Scope Appeal Playboy TV, 13.05.2011).

Dass., Decision v. 21.12.2011, Appeal by News Group Newspapers limited against a notice of determination by ATVOD that the provider of the service "Sun Video" has contravened section 368BA of the Communications Act 2003, abrufbar unter: http://webarchive.nationalarchives.gov.uk/20150109065940/ http://stakeholders.ofcom.org.uk/enforcement/video-on-demand-services/ sun-video-decision-appendices/?pageNum=2#in-this-section [Stand November 2018] (zitiert als: *OFCOM*, Scope Appeal Sun Video, 21.12.2011).

Dass., Decision v. 18.01.2012, Appeals by (1) Nickelodeon UK Limited (in relation to "Nickelodeon content on Virgin Media"); (2) The Paramount (UK) Partnership (in relation to "Comedy Central content on Virgin Media"); and (3) MTV Networks Europe (in relation to "MTV content on Virgin Media") against notices of determination by ATVOD that the providers of the services have contravened section 368BA of the Communications Act 2003, abrufbar unter: http://webarchive.nationalarchives.gov.uk/20150107171749/ http://stakeholders.ofcom.org.uk/binaries/enforcement/vod-services/ nickelodeon.pdf [Stand November 2018] (zitiert als: *OFCOM*, Scope Appeal Virgin Media Content, 18.01.2012).

Dass., Decision v. 14.12.2012, Appeal by Channelflip Media Limited against a notice of determination by ATVOD that the service "Channel Flip" has contravened section 368BA of the Communications Act 2003, abrufbar unter: http://webarchive.nationalarchives.gov.uk/20150107171741/http://stakeholders.ofcom.org.uk/binaries/enforcement/vod-services/Channel_Flip_scope_appeal.pdf [Stand November 2018] (zitiert als: *OFCOM*, Scope Appeal Channelflip, 14.12.2012).

Dass., Decision v. 14.08.2014, Appeal by Harry Barret against a notice of determination by ATVOD that the provider of the service "Frankie and Friends" has contravened sections 368BA and 368D(3)(ZA) of the Communications Act 2003, abrufbar unter: http://webarchive.nationalarchives.gov.uk/20150107171701/http://stakeholders.ofcom.org.uk/binaries/enforcement/vod-services/Frankie_and_Friends_Decision.pdf [Stand November 2018] (zitiert als: *OFCOM*, Scope Appeal Frankie and Friends, 14.08.2014).

Dass., Decision v. 14.08.2014, Appeal by Itziar Bilbao Urrutia against a notice of determination by ATVOD that the provider of the service "The Urban Chick Supremacy Cell" has contravened section 368BA and 368D(3)ZA of the Communications Act 2003 whilst operating an ODPS, abrufbar unter: http://webarchive.nationalarchives.gov.uk/20150107171703/http://stakeholders.ofcom.org.uk/binaries/enforcement/vod-services/ucsc.pdf [Stand November 2018] (zitiert als: *OFCOM*, Scope Appeal Urban Chick Supremacy Cell, 14.08.2014).

Dass., Decision v. 21.07.2015, Appeal by Vice UK limited against a notice of determination that the provider of the service "Vice (Video)" has contravened sections 368BA (requirement to notify an on-demand programme service) and section 368D(3)(za) (requirement to pay a fee) of the Communications Act 2003, Rn. 29. abrufbar unter: http://webarchive.nationalarchives.gov.uk/20160107180436/http://stakeholders.ofcom.org.uk/binaries/enforcement/vod-services/Appeal_by_Vice_UK_Limited_Ofcom_Decision.pdf [Stand November 2018] (zitiert als: *OFCOM*, Scope Appeal Vice Video, 21.07.2015).